ROLF PEPPERMÜLLER (HG.)

ANONYMI AUCTORIS SAECULI XII

EXPOSITIO IN EPISTOLAS PAULI
(AD ROMANOS – II AD CORINTHIOS 12)

ASCHENDORFF MÜNSTER

BEITRÄGE ZUR GESCHICHTE DER PHILOSOPHIE
UND THEOLOGIE DES MITTELALTERS

Texte und Untersuchungen

Begründet von Clemens Baeumker
Fortgeführt von Martin Grabmann und Michael Schmaus

Im Auftrag der Görres-Gesellschaft
herausgegeben von Ludwig Hödl und Wolfgang Kluxen

Neue Folge
Band 68

Gedruckt mit Unterstützung
der Görres-Gesellschaft zur Pflege der Wissenschaft

Druck: Aschendorff Medien GmbH & Co. KG. Druckhaus Aschendorff, Münster, 2005
Gedruckt auf säurefreiem, alterungsbeständigem Papier ∞

ISBN 3-402-04019-0

LUDOVICO HÖDL OCTOGENARIO

Wenn hier nach langer Vorarbeit endlich die Edition eines anonymen Paulus-Kommentars aus dem 12. Jahrhundert vorgelegt werden kann, so gilt mein Dank zunächst Herrn Prof. Dr. L. Hödl, der das Entstehen von Anfang an mit Interesse und fachkundigen Ratschlägen begleitet hat. Ihm und Herrn Prof. Dr. W. Kluxen habe ich es auch zu verdanken, daß der Kommentar in die Reihe der BGPhThMA aufgenommen werden konnte. Zu danken habe ich auch der Görres-Gesellschaft, die durch einen Druckkostenzuschuß das Erscheinen des Werkes ermöglichte.

Für Hilfen bei der Erstellung der Textfassung danke ich Herrn Dr. Stefan Hagel (Wien) und Herrn Dr. Christian Peppermüller (Erlangen).

Bochum, im November 2004

R.P.

INHALTSVERZEICHNIS

Der Paulinenkommentar Paris Arsenal lat. 534, Vaticanus Otto-Bonianus lat. 445 und Troyes lat. 770

Der Kommentar eines unbekannten Verfassers aus der zweiten Hälfte des 12. Jahrhunderts, der im Folgenden erstmals ediert wird, ist aus mehreren Gründen äußerst interessant[1]:

Wie ein Vergleich des Textes mit den Büchern 6 – 8 der *Allegoriae super Novum Testamentum*, die *Allegoriae in epistulas Pauli*, die unter den Schriften Hugos von S. Victor überliefert sind[2] zeigt, scheint der Kommentar deren einzige Quelle zu sein; man wird die *Allegoriae* als eine *Abbreviatio* bezeichnen dürfen[3]. Die *Allegoriae* selbst sind dann ihrerseits wiederum zu einem der meistverbreiteten Kommentare des Mittelalters geworden[4] und haben so das Gedankengut des anonymen Paulinen-kommentars an die folgenden Generationen weitergegeben[5].

Überraschend ist, daß der Verfasser des Kommentars an so zahlrei-chen Stellen aus Abaelards *expositio* des Römerbriefes zitiert, daß man daraus den Schluß ziehen muß, daß ihm dieses Werk vorgelegen hat, auch wenn Abaelard nicht namentlich genannt wird. Damit sind aber durch den Kommentar (bzw. seine *Abbreviatio*, die *Allegoriae in epistulas Pauli*) auch Gedanken Abaelards an die Folgezeit weitergegeben wor-den.[6]

---

1 In seiner Dogmengeschichte der Frühscholastik spricht A.M. Landgraf von einem "dogmatisch sehr wertvollen Paulinenkommentar" (I, 2, 78). Auch O. Lottin hat die Handschrift Ars. 534 benutzt und führt daraus mehrere längere Zitate an (so Psycholo-gie et morale IV, 1, 82-84. 85. 288s). Nach einer Durchsicht der Texttranskription des codex Ottobonianus 445 sprach sich J. Châtillon 1972 in Cluny für eine Edition des Werkes aus.

2 PL 175, 879D-924A.

3 Bedenken äußert J.-I. Sarayana, La discusión medieval sobre la condición femenina, siglos VIII ad XIII, Salamanca 1997, 88. Daß jedoch auch ein Abbreviator eigene Meinungen vertreten kann, hat bereits Landgraf an der Abbreviatio des Abaelardschen Römerbriefkommentars aufgezeigt: Petri Abaelardi expositionis in epistolam ad Romanos abbreviatio, Leopoli 1935, 6f; vgl auch R. Peppermüller, Zum Fortwirken von Abaelards Römerbriefkommentar in der mittelalterlichen Exegese, in: Pierre Abélard - Pierre le Vénérable. Abbaye de Cluny 2 au 9 juillet 1972. Paris 1975, 557-567.

4 Vgl. P.S. Moore, The autorship of the Allegoriae super Vetus et Novum Testamentum. The New Scholasticism 9 (1935) 209-225; die Zusammenstellung im RBMA 4, 187-189 Nr. 3847/3848; Glorieux, Essay sur les QEP 56-59, sowie RBMA 3, 184f Nr. 3831-3844 zu Ps.-Hugo, QEP; Peppermüller a.a.O. 566s.

5 Vgl. dazu Peppermüller, Zum Fortwirken von Abaelards Römerbriefkommentar in der mittelalterlichen Exegese, 565.

6 Vgl. Anm. 5.

Auch methodisch folgt der Autor Abaelard, das heißt: Nach einem ausführlichen Prolog, der am Schema des *accessus ad auctores*[7] orientiert ist, finden sich -neben einer durchgängigen Glossierung, wie in der Schule von Laon üblich- ausführliche Exkurse und Quaestionen, in denen der Autor seine philosophisch-theologischen Fähigkeiten zeigt. Die längsten Quaestionen bilden schon eigene theologische Traktate, so vor allem im Anschluß an Rm 1, 3 die Ausführungen zum christologischen Streitt[8]. Recht ausführlich werden auch die Themen Beschneidung und Taufe[9], Erbsünde[10], Ehe[11], Eucharistie[12] behandelt. Besonderen Wert hat der Autor schließlich auf Begriffsdefinitionen und -distinktionen gelegt.

Auffällig ist die -im Vergleich zu seinen Vorgängern unter den Kommentatoren- sehr engagierte persönliche Ausdrucksweise des Verfassers. Sie zeigt sich z. B, in der scharfen Polemik gegen die Vertreter der Habitus-Theorie ("*Absit, absit, o bone Jhesus...*"[13], als Anrede an den Gegner "*Quicquid fingas, quamcunque expositionem queras ...*"[14]). Stellungnahmen des Autors[15] und Beispiele[16] werden häufig in der ersten Person Singular formuliert.

Wie bei einem Paulinenkommentar zu erwarten, nimmt die Auslegung des Römerbriefes bei weitem den größten Raum ein; sie enthält auch die meisten Quaestionen: Nach Meinung des Autors ragt ja der Brief an die Römer inhaltlich hervor und ist auch aus diesem Grunde an die erste Stelle des Briefkorpus gestellt worden. Trotzdem ist auffällig, wie knapp die Kommentierung im weiteren Verlauf zunehmend wird: Zu II Cor 7 fehlt gar überhaupt eine Auslegung, die von I Cor 16 und II Cor 9 umfaßt jeweils nur wenige Zeilen, und mit der (kurzen) Behandlung von II Cor 10, 12 bricht der Kommentar unvermittelt ab. Da dies nicht nur in allen drei Handschriften, sondern auch bei den

---

7   Zum *accessus ad auctores:* G. Glauche, Art. Accessus ad auctores, LMA 1, 71s.

8   Unten S. 14-27

9   Im Anschluß an Rm 4, 11 (S. 94-98).

10   Im Anschluß an Rm 5, 18 (S. 113-119).

11   Im Anschluß an I Cor 7, 1 (S. 278-283).

12   Im Anschluß an I Cor 11, 20-27 (S. 309-316).

13   17, 231.

14   19, 269f. Ein Vergleich des Traktates zur Inkarnationslehre im Anschluß an Rm 1, 3 mit der Darstellung Walters von S. Victor in seinem Werk *Contra quatuor labyrinthos Franciae* läßt es unwahrscheinlich erscheinen, daß dieser der Autor des vorliegenden Paulinenkommentars ist (so als Möglichkei R. Berndt, LMA 8, 2001).

15   z. B. 60, 24 ad Rm 2, 4; 95, 188f ad Rm 4, 11; 173, 59 ad Rm 10, 2; 183, 352f ad Rm 10, 21; 239, 31f ad Rm 15, 9; 254, 142 ad I Cor 1, 12; 302, 142 ad I Cor 10, 13.

16   z. B. 91, 39-43 ad Rm 4, 3; 165, 233-238 ad Rm 9, 13; 188, 115-118 ad Rm 11, 12; 285, 182-184 ad I Cor 7, 6; 324, 33-35 ad I Cor 14, 21; 345, 17-21 ad II Cor 6, 1.

Allegoriae super epistulas Pauli der Fall ist, dürfte das Werk tatsächlich unvollendet geblieben und nicht nachträglich durch äußere Umstände verstümmelt worden sein. Offenbar ist der Verfasser so auch nicht mehr dazu gekommen, die angekündigte Auslegung des Briefes an die Hebräer und die geplanten Ausführungen zu den Themen *caritas* und *angeli* fertigzustellen[17].

Bereits 1932 wies A. M. Landgraf erstmals auf dieses Kommentarwerk hin; er hatte es im Codex Paris, Bibliothèque de l' Arsenal, lat. 534, fol. 133-206 entdeckt[18]. Einige Jahre später fand er in der Bibliotheca Vaticana eine zweite Handschrift: Codex Vat. Ottob. lat. 445, fol. 1-130[19]. Als drittes Manuskript führte dann F. Stegmüller Troyes, Bibliothèque Municipale lat. 770, fol. 124-351 an[20].

Landgraf erkannte schon, daß der Kommentar von Robert von Melun abhängig ist[21]. Auch wies er bereits auf Zusammenhänge zwischen diesem Werk und den *Quaestiones et Decisiones in epistulas D. Pauli*[22] und den *Allegoriae in Novum Testamentum*, libri VI-VIII[23], hin, die unter dem Namen Hugos von S. Victor überliefert sind. Er schrieb: "Die Zusammenhänge in den vier Werken lassen sich nicht dadurch erklären, daß Robert allein dafür haftbar gemacht würde; denn es finden sich nicht alle gemeinsamen Stücke bei ihm[24]." Später konnte er zeigen, daß die *Allegoriae in Novum Testamentum* vom Kommentar des Codex Arsenal 534 abhängig seien[25]. Zu diesem gab U. Horst noch den Hinweis, daß in ihm "Magister Acardus" (von St. Victor, + 1171) erwähnt

---

[17] Hinweis auf die geplante Auslegung des Briefes an die Hebräer im *prologus* S. 5, 116s: *"...sicut, dum ea tractabimus, ostendemus";* zu *caritas:* S. 220, 156s ad Rm 13, 8 : *"...alias deo uolente ...proponemus...et in quantum dederit ipse, dicemus";* gegen die Ansicht, Engel seien vor der Schöpfung von Himmel und Erde geschaffen worden S. 248, 82f ad Rm 16, 25: *"...deo uolente alibi diligentius ostendemus".*

[18] RBMA IV, 297 Nr. 6582. Landgraf, Familienbildung bei Paulinenkommentaren des 12. Jahrhunderts. Biblica 18 (1932) 61-72. 169-193, dort vor allem 170; ders.: The Commentary on St. Paul of the Codex Paris Arsenal lat. 534 and Baldwin of Canterbury. The Catholic Biblical Quarterly 10 (1948) 55-62, dort 55: Jahr des Auffindens 1928.

[19] RBMA ibid; Landgraf, Untersuchungen zu den Paulinenkommentaren des 12. Jahrhunderts. RThAM 8 (1936) 253-281. 345-368; dort 254 Anm. 8; vgl. The Commentary on St. Paul 56: Datum Ostern 1935.

[20] RBMA 4, 297s Nr. 6582.

[21] *Vgl.* Landgraf, DG IV, 1, 315: "...der zu seinen [scil. Robert von Melun] Trabanten zählende Paulinenkommentar des Cod. Paris Asenal 534"; ähnlich DG III/2, 58.

[22] PL 175, 749D-924A. Diese Beziehungen müßten nunmehr auf der Basis der Textedition des Kommentares neu untersucht werden.

[23] PL 175, 879D-924A.

[24] Familienbildung 190s.

[25] The Commentary on St. Paul,.., vor allem 60.

wird[26]. Wie weit die Benutzung reicht, muß offen bleiben, da Achardus'
Werk *De Trinitate* noch nicht aufgefunden ist[27].

Im Kommentar namentlich erwähnt wird Hugo von St. Victor, der
zur Zeit der Abfassung des Textes offenbar nicht mehr lebte, denn es
heißt: "Magister Hugo dicebat - Magister Hugo pflegte zu sagen"[28].
Demnach scheint also der Verfasser des Kommentars Hugo noch selbst
gehört zu haben[29]. Wie sehr er diesen schätzt, zeigt er auch durch die
Formulierung: "Magister Hugo in omni peritus scientia"[30]. Namentlich
genannt wird auch noch ein "magister Anselmus"[31].

Sicher ist, daß der Verfasser, wie zahlreiche teils wörtliche Zitate und
Parallelen nahelegen, die Sentenzen des Petrus Lombardus benutzt hat.
Dafür scheint auch zu sprechen, daß er im Anschluß an Rm 1, 3 die
(bekämpfte) Habitus-Theorie wörtlich nach den *sententiae* des Petrus
Lombardus referiert, und zwar werden die Abschnitte 3 Sent 6, 4, 1[32]
und 3 Sent 7, 1, 16s[33], in denen die dritte Theorie zur Inkarnationslehre
dargestellt wird, aneinandergefügt. Eben diese Kontamination findet
sich nun aber in genau derselben Form auch im *Eulogium* des Johannes
von Cornwallis[34], so daß der Schluß naheliegt, entweder unser Kom-
mentator habe diesen ausgeschrieben oder umgekehrt. Für die Origina-
lität des Johannes spricht, daß dieser auch die beiden anderen Inkarna-

---

[26] Beiträge zum Einfluß Abaelards auf Robert von Melun. RThAM 26 (1959) 314-326; dort
S. 318 Anm. 4.

[27] In den AEP wird auch zu Rm 13, 8 (PL 175, 902B) Achardus erwähnt. Dieses Zitat findet
sich nicht im vorliegenden Kommentar; der Verfasser der AEP hat also offenbar eine
andere Handschrift als O vorliegen gehabt. Daß O kein Autograph ist, zeigen auch die
im textkritischen Apparat nachgewiesenen Schreibfehler. Zu Achardus: J.Châtillon,
Achard de St. Victor et les controverses christologiques au XIIᵉ siècle. Mélanges F.
Cavallera, Toulouse 1948, 317-337; H.J. Oesterle, Art. Achard v. St. Victor (A. v. Bridlington), LMA 1, 78.

[28] ad Rm 8, 15 (S. 144, 127); " magister Hugo diffinit": ad Rm 1, 17 (S. 40, 864f).

[29] A. Landgraf, Der Einfluß des mündlichen Unterrichts auf theologische Werke der
Frühscholastik, Collectanea Franciscana 23 (1953) 285-290, dort 289s: "*Ebenso wäre in
Betracht zu ziehen, ob nicht doch das* magister dicebat, ... *auf den mündlichen Unterricht des
Magisters Bezug nimmt.*"; vgl. auch Smalley, The Study of the Bible 99.

[30] ad Rm 10, 2 (S 172, 36).

[31] ad Rm 2, 7 (S. 68, 229f). Damit scheint jedoch nicht Anselm von Canterbury gemeint zu
sein, bei dem sich die angeführte Formulierung nicht findet; eher könnte es sich um
Anselm von Laon handeln.

[32] Ed. Brady 2, 55.

[33] Ed. Brady 2, 64.

[34] N. M. Häring, The Eulogium ad Alexandrum Papam tertium of John of Cornwall. MS
13 (1951) 253-300 (lat. Text 256-300). Berührungspunkte gib es auch zu der anonymen
apologia de verbo incarnato (Ed. Häring, FS 16 (1956) 102-143) sowie zu Walters von St.
Victor *contra quatuor labyrinthos Franciae* (Ed. P. Glorieux, AHDL 19, 1952, 187-385).

tionstheorien (3 Sent 6, 2[35]; 6, 3[36]; 7, 1, 1-15[37]) mitteilt. Möglich wäre allerdings auch, daß sowohl Johannes als auch der Kommentar die Darstellung einer dritten Quelle, etwas dem von beiden genannten Achardus[38], verdanken[39].

Bei einem Vergleich des Kommentars mit Balduinus de Forda Schrift *De sacramento altaris* in der Edition PL 204[40] fand bereits Landgraf eine identische Passage[41], doch hat sich bei der Neuedition dieser Schrift gezeigt, daß die Stelle gar nicht von Balduinus stammt, sondern offenbar vom Herausgeber der *editio princeps*, B.Tissier, hinzugesetzt worden ist, so daß man sie zu Recht nunmehr fortgelassen hat[42].

Als weitere zeitgenössische Quellen lassen sich jedoch mit Sicherheit die *Glossa Ordinaria* und Abaelards Römerbriefkommentar ausmachen, der dem Verfasser in der gegenwärtigen Form vorgelegen haben muß[43]. Zum *Commentarius Cantabrigiensis*, dem Werk eines Abaelardschülers beziehungsweise der *Reportatio* einer Vorlesung Abaelards, finden sich nur wenige Parallelstellen, so daß man annehmen kann, daß der Verfasser Abaelards Vorlesung nicht gehört hat.

Von den Kirchenvätern wird -wie zu dieser Zeit zu erwarten- am häufigsten Augustinus zitiert (unter seinem Namen auch Fulgentius von Ruspe, *De fide ad Petrum*); daneben finden sich Sentenzen unter anderem aus den Werken von Hieronymus (Auch der Paulinenkom-

---

[35] Ed. Brady 2, 50-52.

[36] ibid 52-54.

[37] ibid 59-64.

[38] Erwähnung bei Johannes: Eulogium (Ed. Häring 267): *Magister Achardus in libro suo De Trinitate* sowie in der *retractatio* (Ed. Häring 256); im vorliegenden Kommentar Randbemerkungen (nur bei O!): *secundum (magistrum) Acardum:* zu Rm 4, 3 (91, 43), zu Rm 4, 15 (99, 43) und zu Rm 5, 5 (106, 100).

[39] Châtillon, Achard de St. Victor et les controverses christologiques au XIIe siècle. Mélanges offerts au R. P. Ferdinand Cavallera, Toulouse 1948, 317-337, führt S. 331 die folgende Stelle aus dem *sermo de resurrectione* des Achardus an (cod. Paris, BN lat. 16461 fol 65[v]): *Sunt adhuc quidam inimici veritatis qui dicunt quod quando verbum factum est homo non est factum alliquid, nec in eo quod est homo est aliquid quod nos sumus.* Die gleiche Passage in ausführlicherer Form auch bei Landgraf, DG II, 1, 135.

[40] PL 204, 769B-774C = Komm zu I Cor 11, 20-27 (unten 306-314).

[41] Landgraf, The Commentary... 58.

[42] vgl. die Ausführungen der Editoren SChr 93, 54-58! Schon De Ghellinck, DTC V(2), 60 zweifelte an der Authentizität dieses Textes; Landgraf, The Commentary...59 vermutete, daß er von einem Kopisten hinzugefügt worden sei; dies ist durch die Neuedition bestätigt worden (vgl. SC 93, 58): Nur im Ms Troyes lat. 404 (aus Clairvaux) und dessen Abschrift Ms Lissabon 137 findet sich am Ende nach einem Zwischenraum der betreffende Text (vgl. SChr 93, 58).

[43] R. Peppermüller, Zum Fortwirken von Abaelards Römerbriefkommentar in der mittelalterlichen Exegese 561-564; vgl. oben S. VII!

mentar des Pelagius wird als "Ieronimus" angeführt), Gregorius Magnus, Ambrosius (Auch der Kommentar des Ambrosiaster erscheint unter Ambrosius´ Namen). Origenes wird -ebenso wie die Kirchengeschichte des Eusebius- nach der Übersetzung Rufins zitiert[44].

Während bei diesen Quellen nicht feststeht, ob der Verfasser des Kommentars sie unmittelbar aus den Werken selbst oder mittelbar aus Florilegien oder Arbeiten seiner Vorgänger kennt, müssen ihm Haimos *In Divi Pauli epistolas expositio,* die *Glossa Ordinaria* sowie die *sententiae* des Petrus Lombardus vorgelegen haben; darauf weisen zahlreiche wörtliche Entlehnungen hin.

An mehreren Stellen schließlich zeigt der Verfasser des Kommentars große Vertrautheit mit der zeitgenössischen Kanonistik, so in seinem großen Ehetraktat zu 1 Cor 7, 1[45]: Dort wird zu Beginn sogar ausdrücklich auf das *decretum* Gratians hingewiesen[46].

Da der Kommentar die Meinung vertritt, eine gültige Ehe könne niemals geschieden werden[47], muß er nach Landgraf[48] vor 1180 entstanden sein, also vor dem Erscheinen der Dekretale Alexanders III.[49], die eine entgegengesetzte Auffassung verbindlich machte. Der terminus post quem sind die Erscheinungsjahre der Sentenzen des Robert von Melun[50] und des Petrus Lombardus[51].

Mit einiger Sicherheit dürfte das Werk aus dem Umkreis Roberts von Melun stammen, und zwar von einem Schüler, der auch Hugo von St. Victor noch persönlich gehört hat. Leider ist es bislang noch nicht gelungen, es einem bestimmten Autor zuzuweisen[52]. Der Verfasser beherrscht das theologische, philosophische und kanonistische Wissen seiner Zeit und ist besonders an systematischen Fragestellungen interes-

---

[44] Zu den benutzten Quellen vgl. die Textanmerkungen sowie das Verzeichnis S. 349ss.

[45] S. 278-292, dazu H.J.F. Reinhardt: Der Ehetraktat "De sacramento coniugii" im Römerbriefkommentar (sic!) der Hs. Vat. Ottob. Lat. 445 und parr., FS L. Hödl zum 60. Geburtstag, hrsg. von M.Gerwing / G. uppert, Münster 1985, 25-43.

[46] 278, 9f ad I Cor 7, 1: ...*decem causarum siue decemlibrorum tractatibus in decretis....*

[47] Vgl. auch Gratianus, decr II, 32, 7, 1-28 (Ed. Friedberg I, 1140-1147).

[48] Familienbildung 182. Vorsichtiger Landgraf allerdings 1945 in der Einleitung zum *Commentarius Porretanus* S. XIVs.

[49] Denzinger-Hünermann 331f Nr. 754 Brief an den Bischof von Brescia "Ex publico instrumento"; 332 Nr. 755 an den Erzbischof von Salerno "Verum post". Bei beiden Briefen ist die Datierung unsicher.

[50] Nach Martin (oeuvres III, sententie 1, S. VI) 1152-1160.

[51] Nach Brady, Prolegomena (Sent 1, 122*-129*) 1158 oder kurz davor. Dieselben Datierungskriterien treffen auch für das *Eulogium* des Johannes von Cornwallis und die *apologia de verbo incarnato* zu.

[52] Stegmüller, RBMA 4, 297, nennt Petrus Comestor? als Verfasser, ohne dies näher zu begründen.

siert. Daher erhält man durch die Lektüre seines Werkes einen sehr guten Überblick über die theologischen Diskussionen in Paris während der zweiten Hälfte des 12. Jahrhunderts ·

DIE HANDSCHRIFTEN

Die älteste und beste Handschrift bietet der Codex Vaticanus Otto-bonianus lat. 445 (O[53]); sie dürfte noch aus dem 12. Jahrhundert stammen[54] und enthält lediglich den Paulinenkommentar, der fol. 130ra endet[55]. Ein späterer Vermerk nach dem Ende des Textes weist darauf hin, daß die Handschrift dem Konvent von Ara Coeli in Rom gehört hat. Sie ist kein Autograph, wie einige Fehler des Schreibers so wie die Tatsache, daß es Anweisungen für den Rubrikator gibt, vermuten lassen. Die Orthographie entspricht -wie auch die der beiden anderen Handschriften- der der Zeit, auch was die Verwendung von Kürzeln und Abbreviaturen für *nomina sacra* betrifft. Eigennamen sind meistens mit kleinen Anfangsbuchstaben geschrieben.

Die Handschrift Paris, Bibliothèque de l´Arsenal lat. 534 (A)[56] dürfte nur wenig jünger als O sein[57]; sie enthält jedoch mehr Schreibfehler. Es handelt sich um eine Sammelhandschrift, die aus der Bibliothek von St. Victor stammt[58]. Der Paulinenkommentar steht in ihr an sechster Stel-

---

[53] RBMA IV, 297 Nr. 6582. Landgraf, Familienbildung bei Paulinenkommentaren des 12. Jahrhunderts. Biblica 18 (1932) 61-72. 169-193, dort vor allem 170; ders.: The Commentary on St. Paul of the Codex Paris Arsenal lat. 534 and Baldwin of Canterbury. The Catholic Biblical Quarterly 10 (1948) 55-62, dort 55.

[54] RBMA ibid.

[55] Fol. 130 [r a]; die Paginierung ist in neuerer Zeit mit Hilfe eines Paginierstempels durch-geführt; handschriftlich ist noch oben rechts 129 eingetragen. Es folgt vom selben Schreiber der Vermerk *uolumen super epistolas pauli quod incipit totius sacre scripture libros (!), danach von späterer Hand der Bessitzvermerk des Conventes von Ara Coeli, Rom.* Am unteren Rande steht ein siebenzeiliges Zaubergedicht mit dem *Incipit: ad fugandos mures. in nomine p. et f. et s. s. am. Accipe farinam et dic hoc carmen ix[ies] ...,* und dem *Explicit: hoc dic ix[ies] et ix[ies].*
Auf der Verso-Seite befinden sich zwei große konzentrische Kreise, zwischen denen Windnamen stehen. Im Kreisinneren findet sich der Vermerk: *Epl pauli quod incip. totius sacre scripture* mit einem Hinweiszeichen auf einen auf dem Kopf stehenden (beschnit-tenen) Text am unteren Rand: *volumen super eplas pauli .... quod incipit totius sac scripture.* Von späterer Hand ist oben rechts auf der Seite noch einmal das *Incipit totius sacre scripture* angegeben.

[56] H. Martin, Catalogue général , 4° series t. 2: Biblothèque de l´ Arsenal t. 1 (1885) 394-396; RBMA 4, 297f Nr. 6582; vgl. auch Landgraf, Familienbildung 170s.

[57] RBMA l. cit.; der Catalogue général gibt Ende des 13. Jahrhunderts an.

[58] Notiz auf dem Vorsatzblatt (auf dem Kopf stehend): *Iste liber est sancti Victoris super Paulum.* Die Handschrift ist noch im Katalog von 1514 aufgeführt: Gerz-von Buren S. 167.

le[59]. Besonderes Merkmal dieser Fassung ist, daß in ihr der lange Exkurs im Anschluß an Rm 1, 3 zum christologischen Streit fehlt. An späterer Stelle wird jedoch auf ihn zurückverwiesen[60], so daß es sich bei dem Exkurs nicht um eine nachträglich eingefügte Erweiterung handeln kann. Die Erklärung für die Auslassung dürfte eher sein, daß zur Zeit, als der Text abgeschrieben wurde, der christologische Streit um die Habitus-Lehre durch die Dekretale des Papstes Alexanders III.[61] bereits entschieden und somit nicht mehr aktuell war. Da Landgraf zuerst die Handschrift A und danach O fand, übersah er wohl diesen äußerst wichtigen Beitrag zum christologischen Streit, der ja bei A fehlte. Auch in der neuesten Darstellung bei Marcia L. Colish[62] ist dieser Text daher nicht berücksichtigt.

Troyes 770 (T), die jüngste der drei Handschriften, aus dem 12. oder 13. Jahrhundert[63], stammt aus Clairvaux[64]. Sie enthält eine Psalmenglosse, die Disticha Catonis und an dritter Stelle[65] den Paulinenkommentar, 250 der hier die Ausführungen zum christologischen Streit enthält. Ihr besonderes Charakteristikum sind zahlreiche Wortumstellungen sowie einige Male das Ersetzen von Ausdrücken durch Synonyma[66]. Vielleicht waren für den Schreiber hierfür stilistische Gründe maßgebend. Zahlreiche Wörter sind ausgelassen[67], Zusätze finden sich hingegen nur 255 zweimal[68]. Neque und nec, enim und autem, etiam und autem sind häufig vertauscht[69]. Bei der Auslegung von Rm 1, 3 ist vom Schreiber ein spatium freigelassen worden, offenbar konnte er das Wort *peccatum*

---

[59] Fol. 133ra - 206ra. Am unteren Rand von fol. 140^v. 148^v. 156^v. 164^v. 172^v. 180^v. 188^v. 188^v. 196^v. 204^v finden sich Lagenbezeichnungen I - IX mit den jeweils zugehörigen Lemmata; fol. 206rb und 207^rab sind freigelassen; auf fol. 207^v steht unten ein Gedicht: *dextera pars penne* mit dem Incipit: *dextera pars penne debet succedere lene.*

[60] Zu Rm 7, 17s: *Quod super locum illum: Qui factus est ei ex semine Dauid, prout potuimus, diligentius executi sumus.*

[61] Denzinger-Hünermann 329 Nr. 749 "Cum in nostro" vom 28, Mai 1170 und ebda. 330 Nr. 750 "Cum Christus" vom 18. Februar 1177; cf Châtillon, Achard de St. Victor 318 Anm. 7.

[62] M.L.Colish, Christological nihililanism in the second half of the twelfth century. RThAM 63 (1996) 146-155.

[63] Catalogue général des manuscrits des bibliothèques publiques des départements II (1855), 317f; dort wird das 13.-14. Jahrhundert genannt, doch vgl. Stegmüller, RBMA l. cit.!

[64] Fol. 178^v Notiz von späterer Hand: *liber sancte marie clarauallensis . Glose continue super psalterium et super epistolam ad romanos.*

[65] Fol. 124ra-178ra. Lagenbezeichnungen I^us - VI^us fol 131^v. 139^v. 147^v. 155^v. 163^v. 171^v.

[66] Man vergleiche dazu den textkritischen Apparat!

[67] Vgl. den textkritischen Apparat!

[68] zu Rm 1, 7 und zu Rm 1, 9.

[69] Auch hierzu vergleiche man den textkritischen Apparat!

in der Vorlage nicht lesen. Insgesamt ist T weit weniger sorgfältig und
260 elegant geschrieben als A und O.

Z<small>UR</small> E<small>DITION</small>

Der Edition wird die Handschrift O zugrunde gelegt; nur bei offensichtlichen Fehlern werden Lesarten aus A oder T in den Text übernommen.

Auch die Orthographie folgt weitgehend O. Um die Benutzung des Textes zu erleichtern, sind bei O alternierende Formen vereinheitlicht worden. Dabei wurde als Textform jeweils die häufiger vorkommende gewählt: so zum Beispiel *caritas* für *karitas*[70]; *iusticia* für *iustitia;* *loquuntur* für *locuntur; mendacium* für *mendatium; gratia* für *gracia; michi* für *mihi; nunquam* für *numquam; nunquid* für *numquid*[71]. Bei Komposita findet sich häufig die etymologische statt der phonetischen Schreibweise, zum Beispiel *inm-* für *imm-*[72]; *exspectare* für *expectare*). Kürzel in der Handschrift sind aufgelöst, *nomina sacra* ausgeschrieben und -wie auch andere Eigennamen- mit großen Anfangsbuchstaben versehen worden; das *nomen sacrum* jhs (überstrichen) ist als *Jhesus* transskribiert. Abweichend vom Original sind Satzanfänge immer mit Großbuchstaben, alle kommentierten Textlemmata, soweit sie bei O unterstrichen sind, wie bei Texteditionen üblich, mit Versalien geschrieben worden. Sonstige Bibel- sowie wörtliche Zitate von *auctores* sind in Kursivschreibung wiedergegeben.

Im Gegensatz zum mittelalterlichen Brauch, durch die Interpunktion Lese- (beziehungsweise Sprech-) Einheiten zusammenzufassen, folgt die Edition der heutigen Praxis, Sinneinheiten zu verdeutlichen, um das Textverständnis für den Leser zu erleichtern[73]. Hierzu soll auch dienen, daß in der Edition der Text in Abschnitte gegliedert ist. Zugrunde gelegt ist dabei auch die Kapitel- und Verseinteilung der Vulgata: Die modernen Verszahlen, die es ja zur Entstehungszeit des Kommentars noch nicht gab, sind in eckigen Klammern hinzugefügt wordent[74].

---

[70] Vorkommen insgesamt 185 mal, davon 88 mal Schreibweise mit k!

[71] Silbenschließendes m oder n ist fast immer durch Überstreichen des vorhergehenden Vokals angegeben, so daß an diesen Stellen beide Lesarten möglich wären.

[72] Vgl. aber die voraufgehende Anmerkung!

[73] Bei einer Untersuchung des Textes auf Klauseln hin (nach T. Janson, Prose Rhythm in Medieval Latin from the 9th to the 13th Century, Stockholm 1975) müßte natürlich die ursprüngliche Interpunktion der jeweiligen Handschrift zugrunde gelegt werden.

[74] Bei O sind Kapitelzahlen zumeist von späterer Hand von Rm 1 bis Rm 9 (fol 60r) am oberen Rand der Verso-Seiten vermerkt worden, in einigen Fällen die Kapitelanfänge auch noch am Seitenrand (Rm 5. 6. 8. 9). Fol 94vb/95rab steht am oberen Rande: Epla Prima ad Corinthios.

Psalmen werden nach der Zählung der Vulgata (bzw. Septuaginta) angegeben.

Der Quellenapparat kann keinen Anspruch auf Vollständigkeit erheben; alle nicht namentlich erwähnten zeitgenössischen Autoren (so insbesondere die als *quidam* eingeführten) werden sich kaum jemals aufspüren lassen, für andere fehlen noch Untersuchungen und Editionen. Zitate aus Kirchenvätern und profanen Autoren sind in den Handschriften einige Male mit einer falschen Herkunftsangabe versehen[75]; in einigen Fällen ist eine Identifizierung bislang nicht gelungen. In den Quellenapparat sind auch Stellen aufgenommen, die aus späteren Autoren stammen, die der Verfasser des Kommentars also noch nicht benutzt haben kann. Sie können jedoch deshalb interessant sein, weil sie einen Eindruck davon geben, welche Sentenzen und Vorstellungen im 12./13. Jahrhundert bei den Exegeten im Umlauf waren.

MANUSCRIPTA

A = Paris, Arsenal 534
O = Vaticanus Ottobonianus 445
T = Troyes 770

AUCTORES QUI SAEPIUS AFFERUNTUR

Ab = Petrus Abaelardus, commentaria [expositio] in epistolam Pauli ad Romanos, CCM 11
AEP = Allegoriae in epistulas Pauli = (Ps.-Hugo, Posteriores excerptiones 6 - 8), PL 175
Bernardus = Bernardus Claraevallensis
Gl = Glossa Ordinaria vol. IV
Haimo = Haimo, in Divi Pauli epistolas expositio PL 117
Hervaeus = Hervaeus, commentaria in epistolas Divi Pauli PL 181
Hugo = Hugo de S. Victore
Lom = Petrus Lombardus, Collectanea in omnes Divi Pauli epistolas PL 191. 192
Rob = Robertus Melidunensis, Questiones [theologice] de epistolis Pauli

---

[75] Als besonders typisches Beispiel sei die Sentenz "Tanta fuit unio ..." genannt, die hier Augustinus zugeschrieben wird, sich jedoch weder bei diesem noch bei Ambrosius findet; vgl. dazu unten zu Rm 1, 3!

LIBRI SACRAE SCRIPTURAE[76]

Gn; Ex; Lv; Nm; Dt; Ios; Idc; Rt; I-II Sm; III-IV Reg; I-II Par; I-II Esr; Tb,
Idt; Est; Iob; Ps; Prv; Ecl; Ct; Sap; Sir; Is; Ier; Lam; Bar; Ez; Dn; Os; Ioel;
Am; Abd; Ion; Mi; Na; So; Agg; Za; Mal; I-II Mcc
Mt; Mc; Lc; Io; Act; Rm; I-II Cor; Gal; Eph; Phil; Col; I-II Th; I-II Tim; Tit;
Phlm; Hbr; Iac; I-II Pt; I-III Io; Iud; Apc

ALIAE ABBREVIATIONES[77]

* = manus prima
c = manus correctoris
Ab Petrus Abaelardus
add = addidit / addiderunt
adv = adversus
AGLB = Aus der Geschichte der lateinischen Bibel: Vetus Latina. Nach
       Petrus Sabatier neu gesammelt und herausgegeben von der Erzab-
       tei Beuron unter der Leitung von Roger Gryson. Freiburg 1957ss
AHDL = Archives d´ histoire doctrinale et littéraire du moyen-âge
Ambr = Ambrosius
Abst = Ambrosiaster
Art. = Artikel
Aug = Augustinus
b. = beatus/-a
BGPhThMA = Beiträge zur Geschichte der Philosophie und Theologie
       des Mittelalters
BT = Bibliotheca scriptorum Graecorum et Romanorum Teubneriana
c = capitulum
cf = confer
CCL = Corpus Christianorum, series Latina
CCM = Corpus Christianorum, Continuatio Mediaevalis
comm = commentaria/um/us
corr = correxit
CSEL = Corpus Scriptorum Ecclesiasticorum Latinorum
decr = decretum

---

[76] Biblia Sacra iuxta vulgatam versionem (Ed. Weber) XXXI.

[77] S. Schwertner, Internationales Abkürzungsvaerzeichnis für Theologie und Grenzgebiete, Berlin 1992².

del = delevit

dextr = dextra

DG = [Landgraf] Dogmengeschichte der Frühscholastik

DSp = Dictionnaire de spiritualité, ascétique et mystique

DThC = Dictionnaire de théologie catholique

Ed. = Editio

e.g.= exempli gratia

enarr = enarratio(nes)

epist = episto/u/la(e)

eras = erasit

ev = evangelium, -i, -a, -orum

expos = expositio(nes)

expunct = expunctatum

fasc = fasciculus

FC = Fontes Christiani

fol = folio

fort = fortasse

FrS = Franciscan Studies

FS = Festschrift

GCS = Die griechischen christlichen Schriftsteller der ersten drei Jahr-
      hunderte

Gregorius = Gregorius Magnus

Hier = Hieronymus

hom = homilia(e)

^{i} = interlinearis

ibid = ibidem

inf = inferior(e)

l = linea

l. cit. = loco citato

LMA = Lexikon des Mittelalters

Lom = Petrus Lombardus

m = Migne, Patrologia Latina 204 (Ps.-Balduinus de Forda)

^{mg} = (in) margine

MGH (SS) = Monumenta Germaniae Historica (Scriptores)

MS = Mediaeval Studies

om = omisit / omiserunt

Or = Origenes

p = pagina

par = parallelae

PG = Patrologia Graeca

PL = Patrologia Latina

PLS = Patrologia Latina Supplementum

pon = ponit
praef = praefatio
praem = praemittit / praemittunt
prooem = prooemium
prol = prologus
Ps.- = Pseudo-
Ps = psalmus *et casus obliqui*
q = quaestio
QEP = [Robertus] Quaestiones [et decisiones] in epistulas Pauli
   = [Ps.-Hugo PL 175] Quaestiones in epistulas Pauli
quaest = quaestiones
^{r} = recto
rec = recensuit
Repr = Reprint
repr = reprinted
s. = sanctus/-a
s = sequens
SChr = Sources Chretiennes
sec = secundum
sent = sententia(e)
serm = sermones
sin = sinistra
ss = sequentes
SS = [Ps.-Hugo] summa sententiarum
sup = superior(e)
supr lin = supra lineam
[AB] Th Chr - Th Sch - t sch - Th SB = Petrus Abaelardus, Theologia
       Christiana -Theologia Scholarium - Theologia Scholarium, recen-
       sio brevis - Theologia Summi Boni
tr = tractatus
TRE = Theologische Realenzyklopädie
trp = transposuit
TTS = Trierer Theologische Studien
v = versus
^{v} = verso

[PROLOGUS] Totius sacre scripture consummatio in duobus contine- A 133ra
tur testamentis, ueteri scilicet et nouo Sacra autem scriptura dicta est ad O 1ra
differentiam ethnice scripture, id est scripture gentilium. Sacra autem T 124ra
dicitur et sancta, quia de sanctis agit et obseruatores suos sanctos reddit,
5 uel: sacra, quia nichil est in ea falsitatis admixtum.

Testamentum dicitur scriptum, quo aliquis moriturus sibi heredem
instituit, et est uiuente eo mutabile, sed post mortem eius immutabile.
Vetus autem testamentum populo ueteri in bonis temporalibus hereditatem promittebat, et in scripto. Vnde et testamentum appellatur. Scrip-
10 tum est enim in eo: *Si hec feceritis, bona terre comedetis*. Vetus ideo appellatur, quia nouo superueniente secundum cerimoniales ritus et carnales
obseruantias abiciendum erat. Nouis enim superuenientibus uetera abici
solent; uel: uetus dicitur respectu noui.

Vetus / testamentum in tribus clauditur distinctionibus: in lege, hoc O 1rb
15 est in quinque libris Moysi, in sedecim prophetis, et octo agiographis, id
est sanctis scriptoribus, qui sanctorum scilicet gesta scripserunt. Veteris
testamenti duplex est officium, docere scilicet et precipere, que agenda
sunt et que dimittenda, quod lex facit, et monere ad obseruationem
preceptorum legis, quod prophete et agiographi faciunt duobus modis,
20 promissione scilicet boni temporalis et comminatione pene temporalis.
Et non solum monent ad obseruationem preceptorum legis, sed etiam
rigorem eius temperant. In lege namque habetur: *Dentem pro dente,
oculum pro oculo;* quod Dauid temperauit dicens: *Si reddidi retribuentibus
michi mala, decidam merito ab inimicis meis inanis*. Iste namque non solum
25 dentem non esse dandum pro dente docuit, sed nec mala pro bonis
retribuentibus mala esse retribuenda. Item in lege scriptum est: O*dio
habebis inimicum tuum.* Quod Salomon temperauit / dicens: *Si esurit* O 1va
inimicus tuus, ciba illum, si sitit, potum da illi. Quod etiam per factum illud
saluatoris ostendi potest, quando qinque milia hominum pauit de quin-
30 que panibus ordeaceis et duobus piscibus. / Quinque panes quinque A 133rb
libros Moysi significant. Qui bene ordeacei memorantur propter asperitatem legis. In ordeo dulcis medulla latet sub cortice duro. Littera legis
cortex est ordei, medulla interior mistica significatio. Populus ergo Iudai-

---

10 Si...comedetis] Is 1, 19.   14 Vetus...22 temperant] cf Rob 2, 16-20.   22 Dentem...oculo]
Ex 21, 24; Lv 24, 20; Dt 19, 21.   23 Si...inanis] Ps 7, 5.   26 Odio...tuum] Mt 5, 43.   27 Si...
illi] Prv 25, 21; cf Rm 12, 20.   29 quinque...piscibus] Io 6, 1-13; cf Mc 6, 35-44 parr.

---

1   *Totius]* T *littera initialis* AOT; t *in mg pro rubricatore* O   2   ueteri scilicet] *trp* T dicta est]
dicitur T   8   temporalibus] *praem* operibus O   12   Nouis] Nouus O superuenientibus]
superuenientibur O* 15 sedecim] .xvi.^{cim} O .ix. AT 18 dimittenda] *add* sunt T   26 scriptum est] scriptus ubi O   27   esurit] esurierit T   31   asperitatem legis] *trp* legis *(supr lin)*
asperitatem O

cus littere adherens medulle dulcedinem non sentit. Cui tamen duo
pisces appositi sunt, ut ordei mitigent asperitatem, id est prophete et 35
agiographi, qui legis temperant rigorem. Ad id ualet illud factum Iere-
mie, qui in lacum missus est; sed per funem, cui alligati sunt panni
ueteres, ne lederentur manus eius, extractus est. Ieremias speciem tenet
T 124rb / peccatoris, qui de profundo peccatorum per funem, id est per legem,
O 1vb extrahitur, / cui panniculi ueteres nouis mitiores alligantur, id est ne 40
eum legis ledat asperitas, prophete et agiographi adiunguntur.

Sicut ueteris testamenti triplex est distinctio, sic et noui, quod merito
testamentum appellatur: Promittit enim eternam hereditatem, et scripto,
quod morte testatoris, id est Christi, confirmatum est. Nec cuiquam in eo
mutare licet aliquid uel addere. Nouum dicitur respectu ueteris, uel: 45
nouum, quia nos innouat et nouo homini, id est Christo, conformat, uel:
nouum, quia semper noua sunt, semper grata que promittit, id est eterna
beatitudo, in qua est sacietas sine fastidio quia semper cum desiderio;
quanto enim plus habetur, tanto plus desideratur et e conuerso. Habenti
enim illam nichil deest quod uelit adesse, nichil adest quod uelit abesse; 50
quod non est in temporalibus istis: Cum enim desiderantur, non habentur, et cum habentur, non desiderantur, sed est in eis sine sacietate
desiderium uel cum sacietate fastidium.

O 2ra Distinguitur autem / nouum testamentum in euangelia, que optinent
locum legis, et in epistolas canonicas et epistolas Pauli, que ponuntur 55
loco prophetarum, et in apocalipsim et actus apostolorum, qui locum
tenent agiographorum. Alii autem loco agiographorum scripta ponunt
Augustini, Ieronimi et aliorum doctorum. Actus uero apostolorum et
apocalipsim cum epistolis canonicis et epistolis Pauli locum credunt
A 133va optinere prophetarum. / Sed prior distinctio magis autentica est et a 60
pluribus approbata.

Est autem noui testamenti sicut et ueteris duplex officium, scilicet
docere que agenda sunt et que non, quod faciunt quattuor euangelia, et

---

36   Ad...38 est] Ier 38, 11-13.   Ad...41 adiunguntur] cf Ab 41, 22-26; Rob 2, 21-3, 6.
54 Distinguitur...65 apostolorum] cf Ab 41, 27-42, 32; Rob 3, 11-13; idem, sent 1, 1, 12 (Ed.
Martin III/ 1, 191).   57 Alii] cf Pelagius, argumentum omnium epistolarum (Ed. Souter 2,
3-5; PLS 1, 1110; Vg [Ed. Weber 1748s]); Gl 271a; Rob 3, 15-17; idem, sent 1, 1, 12 (Ed.
Martin l. cit.); Hugo, sent (Ed. Piazzoni 917).   62   Est...68 promerendam] cf Comm
Cantabrigiensis 1, 3.

---

41 ledat asperitas] *trp* T   42 testamenti] .t. *et add in mg* test. O   44 id est] *om* T   46 nos
innouat] *trp* T* conformat] confirmat T   47   eterna beatitudo] eternam beatitudinem
AT   50 enim] autem T adesse] abesse A nichil².... abesse] *om* AT   52 est.... eis] *trp* in
eis est T 54 Distinguitur] D *littera initialis et praem* § *cum inscriptione* mo......dus O^{mg} 55 cano-
nicas] canonum AT canonicarum O* 58 uero apostolorum] *trp* T

monere ad obseruationem preceptorum euangelicorum, quod faciunt
65 epistole, apocalipsis et actus apostolorum.

Vnde soluitur illa questio Ieronimi querentis, quare scripte sint epistole et alie scripture post euangelia, cum eorum doctrina ad salutem
sufficiat promerendam. Monent enim nos / duobus modis, amore O 2rb
scilicet eterni boni et timore eterne pene. Quorum uterque habendus est
70 propter deum. Nam qui utrumque causa dei habet, ille perfectus est,
quod sapiens ille ostendit dicens: *Timentibus deum nichil deest, nec his qui
diligunt in ueritate, hoc est omnis homo, id est perfectus homo.*

---

66 Vnde...83 esse] cf Rob 3, 15-47.   71 sapiens] cf Ecl 12, 13s; Sir 1, 28; cf: Aug, de civitate
dei 20, 3 (CCL 48, 702); Isaac de Stella, sermo 8, 13 (SChr 130, 200).   *Timentibus...deest]*
Prima pars huius sententiae sumpta esse videtur ex Ps 33, 10b *(LXX:* οτι ουκ εστιν υστερημα τοις
φοβουμενοις αυτον; Vg: *quoniam non est inopia timentibus eum; alia versio latina (sicut praesens
expositio): Timentibus deum nichil deest:* Gregorius I, in VII Ps poenitentiales 18 (PL 79, 656C);
Ps.-Beda, de psalmorum libro exegesis, ad Ps 22 (PL 93, 599B); Rabanus, comm in Ecclesiasticum (PL 109, 836D); Haimo, ad Ps 22 (PL 116, 629A); idem, hom 127 (PL 118, 682D);
Notgerus Leodiensis, vita S. Hadalini 6 (PL 139, 1141A); Urbanus II, sermones (PL 151,
568A); Bruno Astensis, sermo 1 (PL 165, 864B); Baldricus Dolensis, Hierosolymitanae
historiae I (PL 166, 1068); Udascalus Augustanus, vita Chounradi 6 (PL 170, 868D);
Hildebertus, sermo 68 (PL 171, 671B); Guibertus Gemblacensis, epist 8 (CCM 66, 114);
Scriptores ordinis Grandimontensis, regula Stephani Muretensis 15 (CCM 8, 78); Hervaeus,
ad II Cor 6 (PL 181, 1057D). ad Phil 4 (ibid 1312C); Isaac de Stella, sermo 8, 13 (SChr 130,
200); Lobienses monachi, epist (MGH SS 7, 446); Sigebertus Gemblacensis, gesta abbatum
(MGH SS 8, 533. 540); Lom, comm Ps 33, 9 (PL 191, 341C); idem, ad II Cor 6 (PL 192,
48C); Thomas Cisterciensis, comm (PL 206, 192C. 678C. 773B); Petrus Cellensis, de conscientia (PL 202, 1093B); Alanus de Insulis, de VI alis Cherubim (PL 210, 275B) - *Hanc
versionem et versionem Vg editionis praebet* Bruno Carthusianorum, expos Ps 33 (PL 152, 772B)
- *Ad sensum cf etiam* Ecl 8, 12: *Ego cognovi quod erit bonum timentibus deum, qui verentur faciem
eius..*   nec...ueritate] *Continuatio sententiae:* Guibertus Gemblacensis, epist 8 (*vide notam
praecedentem*); Baldricus Dolensis (*vide supra*); Scriptores ordinis Grandimontensis, regula 15
(*vide supra*); Thomas Cisterciensis, comm (*vide notam praecedentem*).   72   hoc...homo]
Continuatio sententiae: Ecl 12, 13 Vg: *deum time et mandata eius observa, hoc est enim omnis homo:*
Aug, de civitate dei 20, 3 (CCL 48, 702 [bis]); Beda, in Prv Salomonis 2, 21, 8 (CCL 119B,
108); idem, expos actuum apostolorum 10 (CCL 121, 50); idem, in epist septem catholicas
ad I Pt II, 8 2 (CCL 121, 237); Gregorius I, dialogi 4, 4, 2 (SChr 265, 26); Andreas de S.
Victore, expos historicae in libros Salomonis, in Ecclesiasten 1, 1 (CCM 53B, 93). 12, 13s
(ibid 137s [6^{ies}]); Paschasius Radbertus, expos in Mt 1, praef (CCM 56, 14); Balduinus de
Forda, sermo 12, 27 (CCM 99, 190); Guibertus Gemblacensis, epist 42 (CCM 66A, 419);
Hugo, didascalicon 5, 7 (Ed. Buttimer 108 = FC 27, 344); Guillelmus de S. Theodorico, de
contemplando deo 8 (SChr 61, 88). 11 (ibid 106); idem, epist ad fratres de Monte dei 202
(SChr 223, 310); idem, liber de natura corporis et animae 2 (PL 180, 726B); idem, super Ct
expos 18, 84 (CCM 87, 66); Bernardus, sent 3, 113 (opera 6, 2, 196 [bis]); idem, sermo 20,
1 super Ct (opera 1, 114); Isaac de Stella, sermo 10, 14 (SChr 130, 232); Salimbene de
Adam, cronica 260 ad 1247 (CCM 125, 273); anonymus, speculum virginum 9 (CCM 5,
294); Thomas de Chobham, summa de arte praedicandi 2, 2 (CCM 82, 28); Bonaventura,

---

70 causa] causam O

Est item alia causa, quare scripte sint epistole Pauli post euangelia.
Magna enim dubitatio erat, an lex Mosayca cum euangelio tenenda esset.
Quam dubitationem nullus ante apostolum soluit. Ipse enim primus 75
dixit: *Si circumcidamini, Christus nichil uobis prodest.* Idem alibi legem dicit
esse peccati et mortis, et multa in hunc modum ad euacuationem legis
inducit. Plura etiam addit, que in euangelio scripta non erant, nunc
precipiendo nunc consulendo, sicut est fidelem et infidelem coniugatos
O 2va simul habitare, ut per fidelem Christo lucretur infi/delis; et de uirgini- 80
bus dicit, quia, preceptum non habet a domino, consilium tamen dat, ut
T 124va sic perma/neant. Ex his ergo manifestum est nulla superfluitate sed
summa necessitate epistolas Pauli compositas esse.

Quarum omnium communis materia est generalis status ecclesie
secundum quinque diuersitates, id est perfectos, mediocres, infirmos, 85
formam sacramenti habentes et caritatis uinculo carentes, fraudulentos
et male operantes.

Intentio generalis est monere perfectos, ut in perfectione perseue-
rando proficiant; mediocres, ut ad perfectionem tendant; infirmos, ut
fortes fiant; formam sacramenti habentes sed uinculo caritatis carentes, 90
ut sicut in forma sacramenti fidelibus coniunguntur, ita illis in caritate
connectantur; fraudulentos et male operantes, ut ad fidelitatem / con-
O 2vb uertantur.

Sunt enim quidam sub forma sacramenti tepentes, qui euomuntur ab
A 133vb ore dei. Tepor namque / uomitum prouocat. Vnde aqua tepida sumi 95
solet ad uomitum prouocandum. In tepore quodam sunt qui, et si aliena
non rapiant, crimina non committant, bona tamen que possunt uel
omnino non faciunt uel cum quodam torpore siue negligenter agunt.
Tales, quia nec frigidi sunt nec calidi, euomuntur ab ore dei.

Fraudulenti sunt heretici siue dolosi quilibet, qui uelleribus ouium 100
conteguntur, ut eas laniare possint, et qui ore blanda loquentes corde
machinantur dolos.

---

collationes de septem donis spiritus sancti, 2, 20 (opera 5, 467); Christianus Stabulensis,
expos in ev Mt (PL 106, 1266).   id...homo] *Add:* Bonaventura, l. cit.: "Et Salomon dicit:
*Deum time et mandata eius observa; hoc est omnis homo, id est perfectus. Ergo si vis perfectus esse, time
Deum.* ".
76   Si...prodest] Gal 5, 2.   alibi] Rm 8, 2.   78   Plura...80 habitare] cf Ab 42, 36-44.
79 sicut est] 1 Cor 7, 12s.   81 consilium...dat] cf 1 Cor 7, 25.   94 tepentes...dei] cf Apc 3,
16.   100 uelleribus...ouium] cf Mt 7, 15.

---

73 Est] *littera initialis et praem* § O scripte sint] *trp* T sint] sunt O epistole] *om* T 75 primus]
add ita T 76 nichil uobis] *trp* T 78 etiam] autem T 84 Quarum] Q *littera initialis* O 86 for-
mam] F *littera initialis; in mg* f *pro rubricatore* O 96 quodam] *add* quidam *supr lin* A 98 tor-
pore] O *supr lin:* uel te(pore) 99 nec^1] non A

Non autem uacat a misterio numerus epistolarum Pauli, que sub denario et quaternario complectuntur. Scripsit tamen epistolas ad Sene-
105 cam et Seneca ad eum. Scripsisse creditur et Laodicensi ecclesie. Sed quia in his quattuordecim perfectio doctrine ueteris / et noui testamenti O 3ra consistit, merito ab ecclesia recipiuntur et in summa auctoritate habentur. Septem autem epistole, una scilicet Iacobi due Petri tres Iohannis et una Iude, canonice dicuntur quasi catholice, quia ab uniuersali ecclesia
110 sine omni disceptatione recepte fuerunt.

Sed de epistolis Pauli dissensio fuit. Dixit enim Ebion hereticus quidam eas recipiendas non esse, quia Paulus contrarius erat legi et ideo inimicus dei. Inter fideles etiam dubitatio fuit de illa, quam scripsit ad Hebreos. Tertullianus enim dicebat illam Pauli non esse sed Clementis
115 uel Luce. Postea uero ab uniuersali ecclesia statutum est, ut inter epistolas Pauli illa poneretur, quia et eius esse -sicut cum de ea tractabimus ostendemus- manifestis rationibus comprobatur.

Sunt igitur numero quattuordecim; denarius ad decalogum, id est decem precepta legis, pertinet, quaternarius ad quattuor euangelia.
120 Quorum / uterque numerus perfectus est: denarius secundum porrecti- O 3rb onem, quaternarius secundum dispositionem. Denarius primam habet

---

103 Non...108 habentur] cf Rob 7, 6-14; Lom 1298B-1299A.   104 Scripsit...eum] Epistulae Senecae ad Paulum et Pauli ad Senecam (Ed. Barlow); cf Hier, de viris illustribus 12 (Ed. Richardson 15).   111   Dixit...113 dei] cf Epiphanius, adv haereses 30 (Eusebius ecclesiastica historia 3, 27, 4 (GCS 9, 1, 257).   113   dubitatio...Hebreos] cf Pelagius, argumentum (Ed. Souter 2, 3s; PLS 1, 110; Vg (Ed. Weber 1748); cf Gl 271a.   114   Tertullianus] Tertullianus, de pudicitia 20, 2 [bis] (SChr 394, 262), *ubi epistola ad Hebraeos Barnabae attribuitur.*   115   ab...poneretur] Hier, de viris illustribus 5 (Ed. Richardson 10s); cf Lom 1200AB.   116   cum...tractabimus] *Sed non tractavisse videtur auctor de epistola ad Hebraeos!.*   118   Sunt...euangelia] cf Gl 272b.   120   Quorum] Ad numerum perfectum vide: Euclides, elementa VII, def. 23 (Ed. Busard 124): *Perfectus numerus est qui sui ipsius partibus aequalis est.* Cf Philon, de opificio mundi 49 (Ed. Cohn/Wendland I, 16); Aug, de Genesi ad litteram 4, 7, q 26 (CSEL 28, 1, 102s); idem, quaest in heptateuchum 2 , 107 (CCL 33, 122); Ps.-Aug, dialogus quaest LXV, q 26 (PL 40, 741D); Ps.-Aug = Caesarius Arelatensis, expos in Apc (PL 35, 2421); Beda, in Pentateuchum (PL 91, 202C); Boethius, de institutione arithmeticae 1, 19 (Ed. Friedlein 41). I, 20 (ibid 41s); Beda, in S. Io ev, ad Io 6, 17 (PL 92, 710B); Ps.-Beda, quaest super Gn (PL 93, 248AB); Isidorus, etymologiae III, de Mathematica 4-7 (Ed. Lindsay); ars Ambrosiana (CCL 133C, 8); Alcuinus, comm in S. Io ev (PL 100, 826A); idem, de divinis officiis (PL 101, 1188C); Sedulius Scottus, in Donati artem maiorem II (CCM 40B, 68); anonymus, comm in Ruth e codice Genovefensi 45 c 3 (CCM 81, 1990); Hugo, sent prol (Ed. Piazoni 920). 1 (ibid 934); idem, de scripturis et scriptoribus sacris 15 (PL 175, 22A-23B); Petrus Damiani, sermo 46, 5 (CCM 57, 277); Rupertus Tuitiensis, comm in Ct ad 6, 2-9 (CCM 26, 138); idem, comm in ev S. Io ad 2, 12 (CCM 9, 111); idem, de sancta trinitate 15, ad Lv 2, 40 (CCM 22, 906).

---

103 Non] N *littera initialis;* N *in mg pro rubricatore* O; *praem* § O 108 tres] tercia O 110 disceptatione] disceptione AO* 115 ut.... poneretur] *trp* ut illa inter...poneretur T

perfectionem secundum porrectionem: Crescit enim numerus usque ad denarium, deinceps cum repeticione denarii usque ad centenarium, a centenario usque ad millenarium. Sic itaque denarius primam, centenarius secundam, millenarius terciam habet perfectionem. Senarius autem 125
T 124vb perfectus est secundum multiplicationem, quia nec partes suas ex/cedit nec ab eis exceditur.

Quaternarius perfectus est secundum dispositionem: Nam quadrangula figura firmissimam habet positionem. Omne enim quadrum firmum. 130

Vtriusque igitur testamenti in epistolis Pauli continetur perfectio, ad
A 134ra utriusque / obseruationem perfecta admonitio.

Ecce que sit communis omnium epistolarum Pauli materia, generalis scilicet status ecclesie. Habet tamen unaqueque propriam materiam et
O 3va intentionem, modum et ordinem, sicut ista, que Romane destinata est / 135 ecclesie, illius statum materiam habet talem, qualis tunc erat, quando eis hec epistola scribebatur.

Erat autem tunc Romana ecclesia ex duobus parietibus, Iudeis scilicet et gentibus, in uno angulari lapide Christo Jhesu non conuenienter sibi coherentibus. Dissentiebant enim inter se, se se inuicem preferentes. 140 Iudei se se digniores gentibus astruebant, utpote nati ex patribus et quibus prima lingua in confusione ceterarum remanserat, quos deus per medium sicci maris in terram promissionis induxerat, quadraginta annis manna de celo pauerat, ad ultimum illud singulare beneficium, saluatorem scilicet mundi Christum Jhesum, de eis natum ad eos tantum mise- 145 rat, sicut ipse in euangelio perhibet dicens: *Non sum missus nisi ad oues que perierunt domus Israel.*

Hec omnia gentes concedebant, sed illa ad inproperium et ignomini-
O 3vb am Iudeorum conuertebant dicentes eos semper rebelles et / incredulos et tot beneficiis ingratos exstitisse et, quod super omnem ingratitudinem 150 pernitiosum erat, saluatorem suum ad eos tantum, sicut dicebant, missum morte turpissima condempnasse. "Nos autem deum antea non cognouimus, quia nec prophetas nec legem habuimus. Sed ab eo uocati statim ei obediuimus, sicut de nobis scriptum est: *Populus quem non cognoui seruiuit michi; in auditu auris obediuit michi.* In hunc modum con- 155

---

125 Senarius...127 exceditur] 1+2+3 = 6 *et* 1x 2 x3 = 6.   134 Habet...161 commendando] cf Comm Cantabrigiensis 1, 9; Rob 4, 11-5, 11.   141 Iudei...147 Israel] cf Gl 271b; Lom 1300C - 1301A.   142   quibus...remanserat] cf Gn 11, 1-9.   quos...induxerat] cf Ex 14, 15-30. 146   Non...Israel] Mt 25, 24.   148   Hec...152 condempnasse] cf Gl 272b Lom 1301AB. 154 Populus...michi²] Ps 17, 45.

---

123 denarii] den. O denarius T 138 autem]   enim T 139 sibi coherentibus]   *trp* T 142 prima] ita T 145 Christum Jhesum]   *trp* T 155 in.... michi] *om* T

tendebant, huiuscemodi rationibus se se Iudei gentibus et e conuerso preferebant.

Interponit apostolus partes suas superbam eorum altercationem resecare intendens eos ad humilitatem et concordiam reuocando, quod 160 facit modo conuenienti, merita eorum adnichilando et gratiam dei commendando.

Ordo agendi hic est: Premittit salutationem, cui addit proprie persone commendationem tribus modis: nomine, ubi dicit *Paulus*, conditione, ubi *seruus*, dignitate, ubi dicit *apostolus*. Commendat quoque negotium 165 suum ab auctore, / Christo scilicet, qui est auctor euangelii, et a testibus, O 4ra id est prophetis, qui aduentum Christi predixerunt. Auctorem etiam commendat, a natiuitate diuina scilicet / et humana, quia natus est de A 134rb deo patre et de regie styrpis uirgine matre. Deinde inuectiones facit in Iudeos separatim et in gentes et in utrosque communiter quasdam etiam 170 questiones interserendo, quarum quasdam soluit quasdam non. Disputationem postea de lege aggreditur. Ad ultimum moribus eos informare intendit, in quo est consummatio epistole et fructus scientie.

Queri solet, quare hec epistola in corpore epistolarum prima sit posita, cum non fuerit primum / composita. Quod enim non fuerit T 125ra 175 primum composita, ex fine eiusdem epistole perpendi potest: Corinthiis enim scribens eos hortatur ad collectas faciendas sanctis, qui erant Ierosolimis. Collectas autem illas in fine epistole huius dicit iam factas esse. Vnde et Romanos exemplo Corin/thiorum ad opus simile cohorta- O 4rb tur. Quare autem fuerit primum disposita, plurime et congrue satis ratio- 180 nes redduntur: tum quia ceteris excellit in uerborum grauitate et sententiarum subtilitate, tum quia spiritualiter principale uicium eradicare, id est superbiam, et primam uirtutum, id est humilitatem, in eis plantare intendit. Vel, sicut quibusdam uidetur: Quia Romani caput et domini totius orbis erant, merito epistolam, que ad eos directa fuit, in capite 185 poni debuit.

158   Interponit...161 commendando] cf Pelagius, prol specialis (Ed. Souter 2, 6s; PLS 1, 113); cf Comm Cantabrigiensis 1, 8; Gl 272a.   162   Ordo...172 scientie] cf Rob 5, 12-23; Lom 1302BC.   173   Queri...185 debuit] cf Ab 45, 161-169; Gl 271a; Rob 6, 19-7, 5; Lom 1299CD. 1300A.   175 Corinthiis...177 Ierosolimis] I Cor 16, 1s.   178 Romanos...cohortatur] cf Rm 15, 26.   183 quibusdam] E.g. Haimo 363AB; Lom 1299D.

162 Ordo] O *littera initialis* O; *praem* § O   165 auctor] auditor A   168 matre] *corr ex* maria A   173   Queri] Q *littera initialis* O; *praem* § O *in textu* AT; q *in mg pro rubricatore* O   prima] primum T   174 primum] prima T   181 principale uicium] *trp* T   183 domini.... orbis] totius mundi domini T

Notandum autem, quia magna dubitatio et etiam dissensio uidetur esse etiam inter sanctos, a quo isti Romani primo ad fidem conuersi sint. Nam in ecclesiastica historia sic habetur: *In tempore Claudii Neronis diuine prouidentie clementia Petrum Romam adduxit. Qui primus adueniens euangelii sui clauibus eis ianuam regni celestis aperuit.* Item Ieronimus super illum 190 locum: *Desidero uidere uos ut aliquid impertiar* etc. dicit, quia / apostolus a Corintho Romanis scribens fidem, quam per Petri predicationem susceperant, confirmare uolebat. Item Gregorius Turonensis: *Temporibus Claudii imperatoris Petrus Romam aggreditur et uirtute predicationis Christum dei filium esse manifestissime comprobauit. Exinde enim Christiani Rome esse* 195 *ceperunt.* Sed Haimo in prologo expositionis huius epistole dicit, quia nullus apostolorum primum Romanis predicauit, sed quidam ex Iudeis discipuli Petri apostoli a Ierosolimis Romam uenientes fidem, / quam acceperant ibi, predicauerunt.

Lector discretus inter istos nullam in sensu dissensionem esse aduer- 200 tere potest. Quod enim quidam dicunt et ecclesiastica historia Petrum primum Romanis predicasse, primum de apostolis intelligendum est, uel: quod eius discipuli fecerunt, hoc ei asscribunt.

O 4va (margin, left)

A 134va (margin, left)

186   Notandum...203 fecerunt] cf Ab 44, 112- 45, 160; Comm Cantabrigiensis 1, 4s; Rob 5, 24-6, 18; Lom 1300A-C.   188   In...190 aperuit] Ecclesiastica historia 2, 14, 6 (GCS 9, 1, 139s); cf Gl 273a^{mg.}   191   Desidero...impertiar] Rm 1, 11.   apostolus...193 uolebat] Pelagius, argumentum (Ed. Robinson 4); cf Gl 273a^{mg}.   193   Temporibus...196 ceperunt] Historia Francorum 1, 24 (Ed. Krusch/Levison 20).   197   nullus...199 predicauerunt] Haimo 361C; cf Gl 273a^{mg}.   201 Quod...est] cf Gl l. cit.

186 Notandum] N *littera initialis* AO; *praem* § O 187 sint] sunt T 194 imperatoris] Neronis T 196 Haimo] anno T 203 asscribunt] *post asscribunt vacant duae lineae* O

[1, 1] PAULUS. More scribentium epistolas salutationem / premittit O 4vb
apostolus. Que quidem salutatio cum quibusdam, que adnectit, locum
optinet proemii, ubi eorum attentionem captat, docilitatem et beniuolentiam. Attentos quidem facit tum a propria persona, tum a persona
5 Christi, tum a re ipsa, id est euangelica doctrina, ad cuius obseruationem
eos adhortatur.

Propriam autem personam tribus modis commendat: nomine conditione et dignitate. Nomine, ubi dicit *Paulus*, quod est celebre nomen;
conditione, ubi dicit *seruus*: Hoc enim modo se precipue commendat,
10 ubi illius se profitetur seruum, cui seruire regnare est. Dignitate uero
personam suam commendat, ubi *apostolum* se nominat.

Commendat autem et personam domini nostri Jhesu Christi duobus
modis: natiuitate et potentia; natiuitate uero dupliciter: dum eum *filium
dei* dicit et eundem in terris *de / semine Dauid* natum; potentia: ubi ait *qui* O 5ra
15 *predestinatus est filius dei* in *uirtute*, hoc est in eadem potentia cum / patre. T 125rb
Potentia etiam eius commendatur, ubi per eum resurrectio mortuorum
facta esse perhibetur. Magne enim potentie fuit, qui mortuus mortuos
suscitare potuit.

Negotium suum, id est euangelium, tribus commendat modis: a
20 tempore, a testibus, ab auctore; a tempore: ubi dicit *quod ante promiserat*,
quia res parua a tanto tempore promitti non solet; a testibus: ubi dicit *per
prophetas* et *in scripturis*; ab auctore: ubi dicit *de filio suo*, qui et actor est
euangelii et auctor. Actor: quia ipse primus instituit, auctor quia confir-
mauit illud et ei auctoritatem dedit.

25 Dociles eos reddere intendit: ubi eis materiam, de qua acturus est,
proponit, ubi sibi dicit esse iniunctum euangelice predicationis officium.

Beniuolentiam illorum captat per hoc, / quod amore, quem erga eos O 5rb
habet, se scribere demonstrat: ubi uidelicet illos salutat et ubi se pro
conuersione eorum *gratias* agere / et pro eisdem *sine intermissione* orare A 134vb
30 insinuat.

---

1 Paulus...6 adhortatur] cf Ab 47, 2-9; Comm Cantabrigiensis 1, 6; Lom 1302B. More...4
beniuolentiam] cf Gl 273a^{mg}. 7 Propriam...17 perhibetur] cf Ab 47, 9-14; Rob 5, 20-23.
13 filium dei] Rm 1, 3- 14 in...natum] Ibid. qui...uirtute] Rm 1, 4. 20 quod...promise-
rat] Rm 1, 2. 21 per...scripturis] Ibid. 22 de...suo] Rm 1, 3. 25 Dociles...officium] cf Ab
47, 18-20. 27 Beniuolentiam...30 insinuat] cf Ab 47, 21-26. 29 gratias agere] Rm 1, 8.
sine intermissione] Rm 1, 9.

---

1 Paulus] P *littera initialis* A; *lacuna, sed in mg* p *pro rubricatore* O; *praem* § AOT 6 adhortatur]
hortatur T 12 autem] *etiam* T nostri] *om* T 14 dei] *om* T 22 actor] auctor O; *trp* actor et
auctor est euangelii T

Notandum uero quod iuxta expositionem Rufini in hanc epistolam
-que quidem expositio translatio expositionis Origenis creditur esse- apostolus ante conuersionem binomius erat, ut tam uidelicet Saulus quam
Paulus uocaretur. *Sicut scriptum est*, inquit, *in actibus apostolorum: Saulus
qui et Paulus.* Iuxta Augustinum uero et Ieronimum ceterosque exposito- 35
res ipse sibi apostolus mutauit nomen a Paulo proconsule, quem per
miraculum primum conuertit, ut in actibus apostolorum legitur: ut post
eius conuersionem sicut nouam uitam et nouum predicationis assumpsit
officium, ita et nouum sortiretur uocabulum, sicut et beato Petro dominus fecit, a quo ipse post conuersionem Petrus est uocatus, qui antea 40
O 5va Symon uoca/batur. Vnde et Romana ecclesia in consuetudinem duxit ut,
quos in cathedra beati Petri sullimat, nomina mutet eis. Saulus autem
quasi a Saule ante dictus erat, qui de eadem tribu, id est de Beniamin,
erat et in persecutione fidelium Saulem imitabatur, qui Dauid et suos
persequebatur sicut iste Christum et membra eius.   45

Sicut autem Saul primo humilis, postea superbus factus est, ita hic e
contrario primo superbus et maximus ecclesie persecutor nunc Paulus,
id est per humilitatem "modicus" siue "quietus" appellatur. Hoc nomen
uero Paulus, sicut beatus Ambrosius dicit, Hebraicum est inuentione et
contrariam habet significationem prioris nominis. Saulus enim inquie- 50
tudo interpretatur, Paulus uero quietus, uel secundum alios Paulus idem
sonat quod modicus. Vnde et dicere solemus "paulum exspecta", id est
modicum.

O 5vb SERUUS. Cum dicat dominus discipulis suis: *Iam non / dicam uos* seruos,
sed amicos, quare nunc apostolus se seruum uocat? Vnde notandum est, 55
quia est seruus, quem timor pene subiectum tenet, de quo dicitur: *Seruus
non manet in domo in eternum.* Est alius, quem amor obedientem facit, de

31   Notandum...45 eius] cf Ab 47, 28-48, 48; Comm Cantabrigiensis 1, 6; Rob 8, 5-20.
32   apostolus...34 uocaretur] Or, ad Rm praef (AGLB 16, 42. 44 = FC 2/1, 72); cf Gl
273b^mg.   34 Sicut...Paulus] Act 13, 9.   35 Augustinum] Confessiones 8, 4 (CSEL 33, 177).
Ieronimum] In Phlm 1 (PL 26, 604A).   36 apostolus...proconsule] cf Gl 273b^mg.   37 ut^l...
legitur] Act 13, 6-12.   38 nouum...41 uoca/batur] Mc 3, 16 par   44 in...persequebatur]
Act 9, 4s; 22, 4-8; 26, 11-15; Gal 1, 13.23; Phil 3, 6.   Saulem...persequebatur] cf I Sm 18-30.
46 Sicut...48 appellatur] cf Ab 48, 54-57.   48   per...quietus] cf Gl 273b^j.   Hoc...53
modicum] cf Ab 48, 61-65; Rob 8, 20-23.   49 Ambrosius] Abst, in Rm prooem (CSEL 81/1,
9); cf Gl 273b^mg.   50 Saulus...52 modicus] cf Gl 273b^i+mg.   51 secundum alios] Aug, enarr
Ps 72, 4 (CCL 39, 988).   54   Seruus...68 tua] cf Ab 53, 194-223; Rob 9, 2-6; Lom
1303D-1304A.   Iam...amicos] Io 15, 15.   56 Seruus...eternum] Io 8, 35.

31 uero] autem T 34 uocaretur] appellaretur T 36 apostolus] apostolo T 43 ante] prius
T*; ante T^c dictus] *corr ex* dicto A de^l.... tribu] trp de tribu eadem T   48   modicus]
medicus T 52 paulum] paululum T 54 Seruus] S *littera maior (in textu)* O

quo dicitur: *Euge, serue bone et fidelis* etc. Dominus ergo apostolos suos iam non uocat seruos quasi ex coactione et seruili timore seruientes, sed
60 amicos, per dilectionem scilicet sibi adherentes et amore obedientes. Vbi uero apostolus / et ceteri sancti / se seruos uocant, non seruilis timor T 125va sed filialis obedientia designatur. Serui autem generaliter dicuntur, siue A 135ra eos qui presunt diligant siue non, dummodo eis ita subiecti sint, ut in eorum penitus potestate tam res eorum quam ipsi permaneant, ut nec se
65 ipsos nec aliquid aliud possideant proprium. Hoc modo se apostolus seruum Christi profitetur, cui se penitus ita subiecerat, ut nichil suo relinqueret arbitrio, sed totum Christi se subderet uoluntati dicens illud ei per /omnia: *Fiat uoluntas tua*!   O 6ra

CHRISTI JHESU. Christus commune nomen est omnium tam in reges
70 quam in sacerdotes inunctorum. Vt autem hunc Christum, cuius se seruum dicit apostolus, a ceteris tam singularitate persone quam dignitate distinguat, addit proprium nomen eius, quod est Jhesus. Jhesus interpretatur saluator. Multi autem uocati sunt "Jhesus", sicut Beda dicit, sed nuncupatiue, non substantialiter. Nomen enim habebant saluatoris,
75 non substantiam, nuncupationem, non potestatem, ipso nomine prefigurantes eum, qui et re et nomine saluator erat uenturus.

Et notandum quia, sicut hoc nomen Jhesus conuenit filio dei ex tempore, sic et hoc nomen Christus. Vnctus est enim secundum quod homo non secundum quod deus, unctione spiritus sanctus pre partici-
80 pibus suis. Participes enim habet secundum quod homo, non secundum quod deus. Qua enim ratione dicetur ab eterno unctus et non pater uel spiritus sanctus? Nomen uero Christi persone patris uel spiritus sancti conuenire nulla ratio pa/titur et omnis auctoritas contradicit.   O 6rb

In figuram uero Christi huius reges sub lege et sacerdotes inunge-
85 bantur, qui a deo nobis rex et sacerdos est constitutus. Sacerdos enim nobis exstitit se ipsum in ara crucis pro nobis immolando. Rex uero pro potentia dictus est, qua potest sibi subicere omnia et tanquam fortior fortem alligare diabolum, utpote ille cui pater omnia dedit in manu.

---

58 Euge...fidelis] Mt 25, 21-23.   68 Fiat...tua] Mt 6, 10.   69 Christus...72 Jhesus[1]] cf Ab 54, 232-237; Comm Cantabrigiensis 1, 8.   72 Jhesus[2]...saluator] Haimo 364D-365A); cf Lom 1304A.   73 Beda] In Mc ev expos 4, 16, 6 (CCL 120. 641).   77 Et...80 suis] cf Comm Cantabrigiensis 1, 8.   85 Sacerdos...88 manu] cf Ab 54, 252-246.   87 fortior...diabolum] cf Mc 3, 27; Mt 12, 29.

---

61 apostolus] apostoli T se] *om* T timor.... filialis] *om* O 69 Christi] X *littera initialis; in mg* x *pro rubricatore* O 70 se seruum] *trp* T 71 quam] *qua* O 72 eius] *om* T 73 autem] enim T 74 nuncupatiue] nuncupantem O 78 sic] *om* T 81 dicetur] *supr lin* O et] uel T 84 figuram] figura T 85 qui a] quia T 88 omnia.... manu] *trp* dedit in manu omnia T

VOCATUS APOSTOLUS, a deo in apostolum electus, non a se ipso ueniens. Alioquin fur esset et latro iuxta illud ueritatis: *Omnes quotquot uene-* 90
runt, fures sunt et latrones. Venerunt, inquit Ieronimus, *non qui missi sunt.*
A 135rb Vnde bene apostolus "missus" siue "legatus" interpre/tatur. Attende
etiam humilitatis sue commendationem, cum dixerit *uocatus* potius quam
"electus". Vocari nempe solent longe positi, ut accedant. Per hoc ergo
quod se uocatum dicit, patenter innuit se prius longe fuisse a deo in 95
regione dissimilitudinis./

O 6va   SEGREGATUS seorsum et per se, non cum aliis apostolus electus, non a
Christo adhuc in terra mortali sed iam glorificato et in celestibus ad
dexteram patris constituto. Vnde et ad Galathas scribens aduersus eos,
qui calumpniabantur eum ceteris apostolis non esse connumerandum eo 100
quod non fuerit a Christo in terra cum ceteris electus, suam commendat
electionem dicens: *Paulus apostolus, non ab hominibus neque per hominem*
etc., et item: *Nec enim ego ab homine accepi illud neque didici, sed per reuelati-*
onem Jhesu Christi.

T 125vb   Dicitur etiam *segregatus* / a ceteris apostolis circa predicationem 105
Iudeorum adhuc occupatis et specialiter ad gentes destinatus. Vnde et
doctor gentium specialiter appellatus est. Hinc est illud in actibus apostolorum dicente spiritu sancto: *Segregate michi Barnabam et Paulum in opus*
ministerii, quo assumpsi eos. Vel: *segregatus* a synagoga Iudeorum et doctrina
O 6vb Phariseorum et receptus in consortium et numerum apostolorum. / IN 110
EUANGELIUM DEI. Euangelium dicitur bona annuntiatio. Predicatio autem

---

89 Vocatus...94 accedant] cf Ab 54, 247-254.   non...ueniens] cf Gl 273b^{mg}.   90 Omnes...
latrones] Io 10, 8.   91 Ieronimus] Hier, comm in Os 2 ad 7, 1 (CCL 76, 71); idem, comm
in ev Mt praef (CCL 77, 1): idem, hom in Io evangelistam (CCL 78, 520); idem, dialogi
contra Pelagianos 2, 17 (CCL 80, 77); *inde:* Alcuinus, contra epist ab Elipando 1, 17 (PL
101, 252C); Ab 54, 250s; Wernerus S. Blasii, libri deflorationum (PL 157, 902C); Zacharias
Chrysopolitanus, in unum ex quatuor (PL 186, 421B); cf Salimbene, cronica ad 1248 (CCM
125, 427. 446); *vide etiam* Aug, contra Faustum 16, 12 (CSEL 25/1, 451).   97 Segregatus...
104 Christi] cf Comm Cantabrigiensis 1, 8s.   102 Paulus...hominem] Gal 1, 1.   103 Nec...
Christi] Gal 1, 12.   105 Dicitur...109 eos] cf Ab 55, 271-278.   107 doctor gentium] 1 Tim
2, 7.   108 Segregate...eos] Act 13, 2.   109 Vel...Phariseorum] cf Gl 273b^{mg}; Lom 1304D.
111 Euangelium...122 congregauerunt] cf Ab 55, 278-280; Rob 9, 16-10, 4; Gl 273b^{mg}; Lom
1305A.   bona annuntiatio] cf Aug, sermo 133, 6 (PL 38, 740); idem, contra Faustum
Manichaeum 2, 2 (CSEL 25/1, 255); Ps.-Hier, comm in Mc 1 (PL 30, 591B); idem, in epist
ad Rm 1 (ibid 646A); Cassiodori discipulus, comm in epist S. Pauli, ad Rm 1 (PL 68, 417A);
Isidorus, etymologiae 2, 43 (Ed Lindsay); Smaragdus, collectiones, ad Rm 1 (PL 102, 17A);
Rabanus, de universo (PL 111, 110A); Haimo 671B); Ab 55, 278; Comm Cantabrigiensis 1,
9; Gl ad Mc 1 (PL 114, 179A, non in Ed. Rusch); eadem, in actus apostolorum 1, 1 (Ed.
Rusch IV, 451ab^{mg}); eadem ad Rm 1, 1 (ibid 273b^{mg}); Paschasius Radbertus, expos in Mt I,

---

89 Vocatus] V *littera initialis* O 90 uenerunt] ueniunt T 97 Segregatus] S *littera initialis; in*
mg s *pro rubricatore* O aliis] *om* T 98 mortali] *pon post* Christo O^{c} 109 synagoga] turba T

Christi et apostolorum eius quadam prerogatiua dicitur euangelium. In lege siquidem de terrenis bonis, in prophetis uero de futuris, in euangelio autem et de celestibus et presentibus agitur bonis. Celestia autem
115 specialiter et singulariter bona sunt et bona dicuntur, quia et antequam habeantur eos, qui ea desiderant, etiam in presenti bonos faciunt, et cum habentur, beatos. In euangelio completum esse ostenditur, quod in prophetis fuerat prenuntiatum. Vnde dictum est: *Alius est qui seminat et alius qui metit.* Prophete enim seminauerunt, apostoli messuerunt. Pro-
120 phete in frigidis cordibus Iudeorum Christum uenturum annuntiauerunt; apostoli uero Christum uenisse predicantes Iudeos pariter et gentiles in unitatem ecclesie congregauerunt. Euangelium strictius acceptum dicuntur quattuor codices euangelistarum. Dicitur etiam euangelium / O 7ra quelibet que ad salutem est enuntiatio. / Ea uero sola est, que de fide et A 135va
125 incarnatione uerbi est.

DEI, non hominis. Non est enim ab homine inuentum, sed a deo promissum, institutum et confirmatum.

[2] QUOD ANTE PROMISERAT etc. Commendatio euangelii est, sicut superius assignauimus. *Nemo enim rem uilem,* ut ait Ambrosius, *magnis*
130 *preconiis nuntiat.* Per Ieremiam dominus dicit: *Ecce dies ueniunt, et consummabo testamentum nouum* etc. PER PROPHETAS. *Prophetia est inspiratio diuina futuros euentus rerum immobili ueritate denuntians.* Est tamen, et si non ita proprie dici possit, prophetia de preterito, ut: *In principio creauit deus celum et terram.* Est et de presenti, ut hoc est: *Et unde hoc michi, ut ueniat*

---

praef (CCM 56, 11); Rob 9, 15; Radulfus Ardens, hom (PL 155, 1671D-1672A); Zacharias Chrysopolitanus, in unum ex quatuor, praef (PL 186, 14B); Lom ad Rm 1 (PL 191, 1305A); Petrus Blessensis, de divisione et scriptoribus (PL 207, 1056A).
118 Alius...metit] Io 4, 37.   126 Non...inuentum] cf Gl 273b^{mg}.   128 Commendatio...131 nouum] cf Ab 55, 281-285; Lom 1305B.   129   Ambrosius] Abst ad Rm 1, 2 (CSEL 81/1, 13).   130 Ecce...nouum] Hbr 8, 8; *sec* Ier 31, 31; *sic etiam* Ab 55, 284s; Gl 273b^{mg}.   131 Prophetia...denuntians] Cassiodorus, expos Ps, c. 1 [praef] (CCL 97, 7): *prophetia est aspiratio divina, quae eventus rerum aut per facta aut per dicta quorumdam immobili ueritate pronuntiat. Item:* Rabanus, comm in Par (PL 109, 347D); Haimo, ad Ps 1, praef (PL 116, 195B); anonymi benedictio dei (PL 129, 1405B); Gl ad Ps 1, praef (Ed. Rusch II, 457a); Hugo, adnotiunculae in Ioelem (PL 175, 356A); *cf etiam:* codex Vaticanus Barberinus lat. 620 (saec. XI) et 719 (saec XVII): *Prophetia est divina inspiratio, eventus futurarum rerum aut factis aut dictis aut somniis immobili veritate denuntians..:* Stegmüller, RBMA 7, 414 Nr. 11505; *similiter* codex Paris, Arsenal 81 (saec XII ex bibolitheca S. Victoris), ibid 204 Nr. 10693): *Prophetia est inspiratio divina, qua eventus rerum humanae rationi incognitarum vel per facta, vel per dicta, vel per somnia, sive per visum, quod alii dicunt per rerum imaginem, immobili veritate pronuntiat.* 132 Est...136 filium] cf Gregorius I, hom in Ez prophetam 1, 1, praef (CCL 142, 5); Cassiodorus, expos Ps, praef I, 1 (CCL 97, 7).   133 In...terram] Gn 1, 1.   134 Et...me] Lc 1, 43.

---

114 et^2] et de T 118 et....   qui] alius est qui T 119 apostoli] *praem* et T 130 dicit] nuntiat T 133 deus] *om* O 134 est] *om* T Et] *om* T hoc^2] hec AT

mater domini mei ad me? Est et de futuro, ut: *Ecce uirgo concipiet et pariet* 135
filium. Propheta autem interpretatur "uidens". Vnde prophete in multis
O 7rb diuine scripture locis "uidentes" appellantur. Non est autem propheta, /
qui casu aliquo siue etiam naturali ratione aliquid predicit quod est
futurum, sed ille solus, per quem deus reuelat, quod uenturum est.

    SUOS. Suos dicit ad differentiam illorum, qui spiritu phitonico aguntur 140
uel etiam de corde suo falsa loquuntur. Vel: SUOS dicit non omnes,
quibus dat prophetiam, sed qui sui sunt per inhabitantem gratiam.

    IN SCRIPTURIS SANCTIS. Promissum est, dico, euangelium non modo
uerbis, sed ut firmior sit promissio, etiam scriptis. Que scripture dicantur
sancte et quare, ubi de materia huius operis agebatur, aliquantulum 145
tetigimus.

    [3] DE FILIO SUO. Scripturis, dico, sanctis de filio suo, uel: euangelium
T 126ra quod est de filio / suo. Euangelium enim et scripture diuine omnes uel
de diuinitate et humanitate filii dei aperte agunt ut testamentum nouum,
uel de his, que ad fidem ipsius habendam spectant, et si obscurius, ut 150
scripture legis et prophetarum.

    QUI FACTUS EST EI EX SEMINE DAUID SECUNDUM CARNEM. Queri solet, ad
O 7va quid fiat / relatio per istud *qui.* Non enim uidetur fieri posse ad filium
dei, cum ipse consubstantialis sit et coeternus patri. Quare factus esse
non potest.   155

    Ad quod dicimus, quia fit ibi relatio ad filium dei non secundum
naturam illam, in qua est consubstantialis et coeternus patri, sed secundum illam, secundum quam factus est minor patre, id est humanam.

    De unione uerbi et hominis hic solet queri, cuiusmodi fuerit, et utrum
deus factus sit aliquid, quando factus est homo, et multa alia, que ad 160
hanc spectant questionem.

---

135 Ecce...filium] Is 7, 14.   136 Propheta...139 est] cf Rob 10, 4s.   140 Suos^2...aguntur]
cf Comm Cantabrigiensis 1, 9.   Suos^2...loquuntur] cf Ab 5, 285s; Rob 10, 5s.   143 non...
uerbis] cf Gl 273b^i.   145 ubi...tetigimus] Vide supra: prol p 1s.   154 consubstantialis...
coeternus] cf Gl 273b^{mg}; Lom 1305C.   156 fit...158 humanam] cf Comm Cantabrigiensis 1,
10.   159 De] *Ad sequentia vide Landgraf, Untersuchung zum christologischen Streit des 12. Jahr-*
hunderts. DG II/1, 116-137.

---

135 et^1] etiam T 136 Propheta] prophetia AT 137 uidentes appellantur] *trp* T 139 quod...
... est] *om* T   140   Suos dicit] *trp* T phitonico] *sic* AOT *pro* Pythonico; *item* Rob 10,
5s 142 qui] *supr lin* O inhabitantem] habitantem T 145 quare] q(ueritu)r O 147 sanctis]
factis A 148 scripture diuine] *trp* T 152 ei] *om* T 158 secundum quam] in qua T id....
humanam] *om* T 159 De] D *littera initialis* O. **Totam quaestionem de unione uerbi (usque ad l.**
612) *om* A! et^2] E *littera maior* O

Beatus Ambrosius super hunc locum apostoli dicit, quia *tanta fuit unio utriusque nature, ut uicissim dicatur homo deus et deus homo, et totum deus et totum homo.*

165 De hac unione quidam contra usum communem et fidem uniuersalis ecclesie sentire uidentur et sentiunt plane, si corde credunt, quod ore loquuntur. Negant enim incarnationem / uerbi: Non solum personam O 7vb Christi naturis compositam, uerum etiam hominem aliquem siue etiam aliquid ibi ex carne et anima compositum uel factum diffitentur. Sed sic
170 illa duo, animam scilicet et carnem, uerbi persone uel nature unita esse aiunt, ut non ex illis duobus uel ex illis tribus persona aliqua siue aliud aliquid fieret siue componeretur, sed ex illis duobus uelut uestimento uerbum dei uestiretur, ut mortalium oculis congruenter appareret.

Qui ideo dicitur factus uerus homo, quia ueritatem carnis et anime
175 accepit. Que duo etiam in singularitatem uel unitatem persone sue accepisse dicitur, non quia illa duo uel aliqua res ex illis composita sit una persona cum uerbo uel sit uerbum, sed quia illis duobus accedenti-

---

162   tanta...164 homo] cf Gl 273b^{mg}: *Tanta est unio utriusque nature, ut totum dicatur deus, totum homo et vicissim homo deus, deus homo. Quod non est in substantiis hominis.* Cf Rob 11, 4s; idem, sent II, 45 (Ed. Anders 94); Lom 1307C; idem, sent 3, 6, 6 (Ed. Brady 2,58); Ps.-Hugo, SS 1, 15 (PL 176, 71C); Simon Tornacensis, disputationes (Ed. Warichez 237); apologia de verbo incarnato 9 (Ed. Häring 113); sent divinitatis 4, 1 (Ed. Geyer 70); Rolandus Bandinelli, sent (Ed. Gietl 197s); Gualterus de S. Victore, sermo 16, 3 (CCM 30, 138); cf etiam QEP q 3 (PL 175, 432CD).
Hanc sententiam, quae ad verbum nondum reperta est, attribuunt Augustino: Gl l.cit.; *[Martin, nota ad 11, 4-11, Augustinum, de trinitate 4, 21, 31 (CCL 50,203s) fontem esse suspicatur; cf etiam Châtillon, (CCM 30, 60 notam) , sed verba glossae ibi non reperiuntur!]. Ambrosium pro fonte habet -praeter auctorem praesentis expositionis- Robertus Melidunensis, sent II, 40 (Ed. Anders 94).*
Compilata esse haec sententia videtur ex Iohanne Damasceno, de fide orthodoxa 47 (Ed. Buytaert 173s *et* 392s): *vide* Petrum Pictaviensem, sent 4, 9, 24s (PL 211, 1169D-1170A): *...ut dicit Damascenus: Tanta fuit unio Dei ad hominem et hominis ad Deum, ut et Deus diceretur homo et homo Deus.*   164   homo] Ad *continuationem huius sententiae:* quod non in substantiis hominum *vide supra p 26, 470 et:* Rob 13, 4; eundem, sent II, 40 (Ed. Anders 94); *similiter:* Ps.-Hugo, QEP Rm q 3 (PL 175, 432D); sent divinitatis 4, 5 nota (Ed. Geyer 70).
167   Negant...179 trinitate] *Idem textus apud* P. Lom, sent 3, 6, 4 (Ed. Brady 2, 55) *et* Iohannem Cornubiensem, Eulogium VI (Ed. Häring 260).

---

166 sentiunt plane] *trp* T 167 incarnationem.... uerbi] in incarnatione uerbi Lom, sent 3,6,6 (Ed. Brady 2,54); Iohannes Cornubiensis, Eulogium VI (Ed. Häring 260) 168 Christi] ex T ; Lom l.c.; Iohannes Cornubiensis l.cit. 169 aliquid] aliquam substantiam Lom l.cit.; Iohannes Cornubiensis l.cit. carne.... anima] trp Lom l.cit.; Iohannes Cornubiensis l.cit. 170 animam scilicet] *trp* T; Lom l.cit.; Iohannes Cornubiensis l.cit. nature] nec O 171 ex illis^2] ex his Lom l.cit.; Iohannes Cornubiensis l.cit. persona.... aliquid] aliqua substantia uel persona Lom l.cit.; Iohannes Cornubiensis l.cit. 172 ex] *om* Lom l.cit.; Iohannes Cornubiensis l.cit. uestimento] indumento Lom l.cit.; Iohannes Cornubiensis l.cit. 175 persone sue] *trp* Lom l.cit.; Iohannes Cornubiensis l.cit. 176 dicitur] legitur Lom l.cit.; Iohannes Cornubiensis l.cit.

bus uerbo non est personarum auctus numerus, ut fieret quaternitas in trinitate.

Deus ergo sic dicitur factus homo, quia hominem accepit; et sic dicitur 180 esse homo, quia hominem habet uel quia est habens hominem; et homo O 8ra factus / est deus, quia est assumptus a deo; et homo est deus, quia habens hominem est deus. Cum ergo dicitur: "Deus est homo", uel habitus predicatur uel persona, sed humanata.

Si enim, sicut obiciunt, quando deus factus est homo, factus est aliqua 185 substantia que prius non erat, uel aliquid, quod ipse prius non erat: ergo aliqua substantia nunc est deus, que prius non erat deus; et nunc aliquid est deus, quod ab eterno non fuit deus. Et si aliquid nunc est deus, quod ab eterno non fuit deus: ergo deus uel non-deus nunc est deus, quod ab eterno non fuit deus. Sed falsum est, quod non-deus sit deus. Ergo deus 190 nunc est deus, qui non ab eterno fuit deus. Quare recens deus nunc est deus. Quod est contra illud: *Non erit in te deus recens.*

Item: Deus nunc est aliquid, quod ipse in tempore Abrahe non fuit. Ergo nunc aliquid est deus, quod in tempore Abrahe non fuit deus. Et sic T 126rb aliquid est, quod adoramus, in quod et credimus, / quod Abraham nec 195 credidit nec adorauit. Illud enim tantum adorauit, quod in tempore suo deus fuit.

O 8rb Item: Omnis tercia persona / in trinitate est diuina substantia. Homo autem assumptus tercia est in trinitate persona. Quare homo assumptus est diuina substantia.   200

Item: Aliquid est filius quod non est pater. Ergo non est uerum quod pater et filius sint tantum unum uel prorsus idem.

Item: Aliqua substantia est filius, que est alia ab illa substantia que est pater: ergo pater et filius non sunt eadem substantia, uel: ergo pater et filius sunt plures substantie. Quod est contra fidem.   205

---

180   Deus...184 humanata] Lom 1306B; idem, sent 3 ,7 ,1, 16s (Ed. Brady 2, 64); Iohannes Cornubiensis, Eulogium VI (Ed. Häring 260); apologia de verbo incarnato 56 (Ed. Häring 133).   183 Cum...humanata] *Sec* Cassiodorum; *vide* Lom, sent 3, 7, 1, 17 (Ed. Brady 2, 64), notam!   185   Si...188 deus²] cf Lom sent 3, 7, 1 , 1s (Ed. Brady 2, 59); apologia de verbo incarnato 21 (Ed. Häring 118).   192 Non...recens] Ps 80,10.   198 Omnis...200 substantia] cf Lom, sent 3, 10, 1, 2 (Ed. Brady 2, 72); Rob, sent II, 27 (Ed. Anders 61); Ps.-Hugo, QEP 14 (PL 175, 435B); apologia de verbo incarnato 21 (Ed. Häring 118).

---

178   auctus] actus OT auctus Lom l.cit.; Iohannes Cornubiensis l.cit. auctus numerus] *trp* Lom l.cit.; Iohannes Cornubiensis l.cit.   180   Deus....   factus] sic dicitur deus factus Lom, sent 3,7,1,16 (Ed. Brady 2, 64); Iohannes Cornubiensis l.cit.   182   est¹] om Lom l.cit.; Iohannes Cornubiensis l.cit. est assumptus] *trp* T; Lom l.cit.; Iohannes Cornubiensis l.cit. est³]   esse Lom l.cit.;Iohannes Cornubiensis l.cit. (*sed* est *in recensionibus A et C*) 195 quod²] quo T 197 deus fuit] *trp* T 199 assumptus²] *add* tercia T*

Hec, ut aiunt, et multa huiusmodi inconuenientia et fidei catholice repugnantia sequuntur eos, qui concedunt quod deus factus sit aliquid, quando factus est homo, et qui concedunt quod deus fuerit uel sit aliquis homo uel aliqua humana substantia.

210 Quia ergo de numero eorum nos esse fatemur -et utinam ita opere sicut ore et corde!- qui dicunt et credunt deum factum esse aliquid, quando factus est homo, et quod deus est aliquis homo constans ex anima et carne, et quod homo assumptus tercia est in trinitate persona, et cetera huiusmodi, que fides / catholica profitetur, obiectionibus O 8va
215 predictorum respondere tenemur iuxta illud apostoli: *Paratus esto omni poscenti te reddere rationem de ea que in te est fide et spe.*

Omni igitur contentione postposita et confidentia clamoris ab eis in principio queramus, an credant nos errare, qui ita credimus. Certum est enim quia uel ipsi errant uel nos. Se autem errare non dicunt. Quare nos
220 in errore esse respondebunt. Error autem iste dampnabilis est uel non. Dampnabilem esse non negabunt. Quemadmodum enim circa diuinitatem Christi errare dampnabile est, et circa humanitatem. Quare quicunque in hoc errore sunt, in errore dampnabili sunt et sic in mortali. Quare in nullo talium caritas est nec esse potest, quamdiu in tali errore est.
225 Ergo nemo in tali fide descendens saluari potest.

Absit, absit o bone Jhesu, ut, quicunque te credit uerum hominem esse ex anima rationali et / humana carne subsistentem, pereat! Absit ut, O 8vb quicunque hominem assumptum siue humanam substantiam terciam esse in trinitate personam profitetur, a sinceritate fidei cadat! Consulant
230 caput ecclesie dominum papam, consulant religiosos uiros in uniuersa dei ecclesia, quos spiritum dei habere ipsimet dicunt: Hoc omnes confitentur et pie credunt, hanc fidem ipse saluator nobis tradidit, hanc illi, qui per spiritum sanctum locuti sunt, in scriptis suis formam credendi nobis reliquerunt. Audiant et intelligant Augustinum super illud psalmi:

---

208 aliquis homo]   210   Quia...214 profitetur] cf apologia de verbo incarnato 46 (Ed. Häring 129).   212 homo²...carne] cf Lom ad Hbr 2, 16 (PL 192, 421A); Ps.-Hugo, QEP 30 (PL 175, 616C); Iohannes Cornubiensis, Eulogium XIV (Ed. Häring 285); apologia de verbo incarnato 56 (Ed. Häring 133).   215   Paratus...spe] 1 Pt 3, 15: *Dominum autem Christum sanctificate in cordibus vestris parati semper ad satisfactionem omni poscenti vos rationem de ea quae in vobis est spe.*   229   Consulant...papam] Vide Rob, sent II, 54 (Ed. Anders 110): *"Audi testimonium Leonis papae...."*. Locus a Roberto laudatus est ex sermone 49, 1 et 2 de passione domini XI (SChr 74, 73-77, ibi p. 74); cf Gratianus, decr 1, 15, 3 § 14 (Ed. Friedberg I, 37).

---

207 sit] est T 209 humana substantia] *trp* T 220 in.... esse] *trp* esse in errore T iste] *om* T 222 errare.... est] *trp* dampnabile est errare T 223 in³] etiam T 224 potest] *add* et sic in mortali T* tali] hoc T 225 descendens] decedens T 226 Absit absit] absit T 228 terciam.... personam] *trp* in trinitate personam esse T 229 sinceritate fidei] *trp* T

Domine refugium factus es nobis: Refugium, inquit, *id est homo, quia nobis* 235
incepit esse quod non erat, tamen seruata substantiarum differentia: quod erat
creabile, mansit creabile, et quod increabile, increabile, et quod mortale, mortale, et
quod immortale, immortale, utrumque tamen una immortalis persona. Huic
consonat illud Hylarii in quinto libro de trinitate: *Ex potentis* est *uirtute*
O 9ra *nature, cum in eo, quod esset, maneret* / tamen, ,quod non erat, esse posset. 240
Idem in octauo de trinitate: *Deo itaque proprium fuit aliud esse quam mane-*
bat, nec tamen non esse quod manserat. Et ne cui esset dubium quod dixerat,
T 126va subiungit: *Nasci in hominem* / *deum nec tamen deum esse desinere,* dum non
amittit ille, quod deus est, *et homini acquiritur, ut deus sit.* Idem in nono:
Homini acquirebatur, ut deus esset; sed manere in diuinitate assumptus homo 245
nullo modo poterat, nisi per unitatem dei in unitatem naturalis dei euaderet.

Ecce credit Augustinus quia deus, quando factus est homo, incepit
esse aliquid quod non erat. Credit hoc et Hylarius, qui illud deo proprium fuisse dicit, ut manens quod erat posset esse quod non erat. Habemus, quia homini acquirebatur, ut deus esset. Querant expositionum 250
diuerticula, appellent hominem humanitatem siue animam et carnem,
dum tamen respondeant, cui acquirebatur ut deus esset: Non enim
persone uel diuinitati, que naturaliter deus est.

---

235   234s Domine...nobis] Ps 89, 1.   Refugium...homo] cf Aug, enarr Ps 89, 1 (CCL 39,
1244): *Mose, per quem hominem suum Deus legem dedit populo suo ... ;* cf Rob, sent II, 54 (Ed.
Anders 108)*;* Lom, comm ad Ps 89, 1 (PL 191, 835BC): *Domine, tu factus homo nobis factus es*
refugium, in hoc saxo saeculi [Cassiodorus. Aug]. Bene dicit factus refugium, quia per hoc quod homo
factus est, nobis coepit esse, quod non erat ita plene, scilicet refugium.   quia...erat] Aug, enarr Ps
89, 3 (CCL 39, 1245): *...quoniam scilicet ...nobis coepit esse quod non erat;* cf Lom l.cit.; Iohannes
Cornubiensis, Eulogium VII (Ed. Häring 272); apologia de verbo incarnato 15 (Ed. Häring
115); Rob sent II, 54 (Ed. Anders 107).   236 seruata...differentia] cf Iohannes Damascenus, de fide orthodoxa 47, 6 (Ed. Buytaert 178 *et* 395); Rob, sent II, 54 (Ed. Anders 107);
Iohannes Cornubiensis, Eulogium VII (Ed. Häring 272); apologia de verbo incarnato 15
(Ed. Häring 115).   quod²...238 immortale²] Iohannes Damascenus l. cit.; cf Lom sent 3, 6,
3, 4 (Ed. Brady 2, 54): *Quod creabile, mansit creabile, et quod increabile increabile, et mortale*
mortale, et immortale immortale...; cf Rob sent II, 54 (l. cit.); Iohannes Cornubiensis, l. cit.
239   Ex...posset] Hilarius, de trinitate 5, 18 (CCL 62, 168); cf Rob, sent II, 54 (Ed. Anders
109); apologia de verbo incarnato 32 (Ed. Häring 123).   241 Deo...manserat] ibid 9, 4
(CCL 62A, 375); cf Rob, sent II, 54 (Ed. Anders 109); apologia de verbo incarnato 18 (Ed.
Häring 117). 22 (ibid 118). 30 (ibid 122). 74 (ibid 143).   243 Nasci...desinere] ibid 9, 4
(CCL 62A, 375).   244 et...sit] Hilarius l. cit.   245 Homini...euaderet] Hilarius, de trinitate
9, 38 (CCL 62A, 412); cf Iohannes Cornubiensis, Eulogium XIV (Ed. Häring 286); apologia
de verbo incarnato 14 (Ed. Häring 115).

---

235 es] est O   236 tamen] cum T   243 hominem] homine T   244 acquiritur] adquirit Hilarius
nono] O^mg; II° O*; X° T   245 ut] quod T* diuinitate] dei unitate Hilarius   246 unitatem²]
uninitatem O naturalis dei] *trp* O*T euaderet] euadere O   247   incepit] nec incepit
T 249 Habemus] habens T

Quod autem filius dei sit humana substantia, / Augustinus in libro de O 9rb
255 trinitate non tacet dicens: *Cum filius sit deus et homo, alia substantia deus,*
alia homo. Idem: *Christus aliud est de patre et aliud de matre et utrumque unus*
Christus Christus. Cum ergo dicit, quia filius est deus et homo et deus alia
substantia est, id est diuina, et alia homo, id est humana, constat quia
filius substantia diuina est et humana.
260   Nulli uideatur mirum quod dicimus, immo quod Augustinus docet et
ecclesia dei tenet, quod humana substantia est filius dei, cum Ysidorus
dicat in libro de summo bono: *Sola trinitas sibi integre nota est, et humanitas*
a Christo suscepta, que est tercia in trinitate persona. Quicquid fingas, quamcunque expositionem queras: Humanitas a Christo suscepta tercia est in
265 trinitate persona; humanitas a Christo suscepta deus est, Christus est,
uerbum dei est. Nec te terreat nomen humanitatis, tanquam aliqua
proprietas creata dicatur esse persona. Nam humanitatis nomine quandoque significatur quod est homo, quandoque quo est homo, id est
quandoque ipsa humana substantia, quandoque humane substantie
270 proprietas, cuius participatione aliquid est homo. /
     Hylarius in decimo: *Cum natus sit Christus lege hominum, non tamen* O 9va
hominum lege conceptus est habens in se constitutionem humane conditionis in
origine. Idem in eodem: *Christum non ambigimus esse deum uerbum, neque*
rursum filium ex anima et corpore constitisse ignoramus.

---

255   Cum...homo^2] Aug, de trinitate 1, 10, 20 (CCL 50, 57); cf Lom, sent 3, 7, 1, 8 (Ed.
Brady 2, 61); Rob, sent II, 54 (Ed. Anders 107); Ps.-Hugo, SS 1, 15 (PL 176, 70D); Iohannes
Cornubiensis, Eulogium XI (Ed. Häring 280); apologia de verbo incarnato 7 (Ed. Häring
112).   256   Christus...matre] Ps-Aug, contra Donatistas = Vigilius Thapsensis, contra
Felicianum c 12 (PL 42, 1167); sec Vigilium: Lom sent 3, 7, 1, 8 (Ed. Brady 2, 61); Rob, sent
II, 54 (Ed. Anders 107); Iohannes Cornubiensis, Eulogium XI (Ed. Häring 279). XII (ibid
282); Hildebertus, tr 12 (PL 171, 1097A); Ps.-Hugo, SS 1, 15 (PL 176, 70D); Petrus Pictaviensis, sent 4, 10 (PL 211, 1175D).   utrumque...Christus^2] Aug, enarr Ps 42 ,4 (CCL 38,
476); idem, in Io ev tr 69, 3 (CCL 36, 501); Rob, sent II, 54 (Ed. Anders 110); Iohannes
Cornubiensis, Eulogium XI (Ed. Häring 280).   262   Sola...persona] Isidorus, de summo
bono = sent 1, 3, 1b (CCL 111, 11); cf Ps.-Isidorus, quaest in Vetus Testamentum 42, 3 (PL
83, 308C); Rob, sent II, 54 (Ed. Anders 110); cf Iohannes Cornubiensis, Eulogium VII (Ed.
Häring 273); apologia de verbo incarnato 15 (Ed. Häring 116). 22 (ibid 118).   266   Nec...
270 homo] cf apologia de verbo incarnato 17 (Ed. Häring 116): ...*Firmiter ergo tenendum*
quod nomine "humanitatis" quandoque id quod est homo, quandoque id quo est homo significatur..
271 Cum...273 origine] Hilarius, De trinitate 10, 47 (CCL 62A, 500); cf Rob, sent II, 54 (Ed.
Anders 109); apologia de verbo incarnato 47 (Ed. Häring 129).   273   Christum...
ignoramus] Hilarius l. cit.. 10,57 (CCL 62A, 512); Rob, sent II, 54 (Ed. Anders 109); Lom
sent 3, 6, 2, 8 (Ed. Brady 2, 52); Iohannes Cornubiensis, Eulogium XIV (Ed. Häring 286);
apologia de verbo incarnato 48 (Ed. Häring 129s).

---

255 deus^2] dei O 257 et^2] *supr lin* O 263 Quicquid.... 265 persona] O *mg dext; add mg inf*
alia manu: Quicquid fingas, quamcunque expositionem queras   271   hominum] om
T 273 origine] partu Hilarius 274 filium] *add* hominis Hilarius

Fidutialiter ergo de Christo credamus, quod sic affirmat Hylarius, 275
filium hominis scilicet hominem esse ex anima et corpore constantem.
Vnde Augustinus in enchiridion: *Quis hoc congruentibus explicet uerbis, quod
uerbum caro factum est?* Carnem uero hic hominem debemus accipere, a
parte totum significante locutione, sicut ibi dictum est: *Quoniam ex
operibus legis non iustificabitur omnis caro,* hoc est omnis homo. Idem in 280
libro de trinitate: *Aliud est uerbum in carne, aliud est uerbum caro, id est:
aliud est uerbum in homine, aliud uerbum homo.* Quod autem uerbum assumpsit, filius est hominis. Audis quia, quod assumptum est, filius est
hominis? Necessarium ergo est, quod sit et filius dei. Filius enim dei filius
est uirginis.   285

Veniamus ad lumen euangelici sermonis et apostolici. In Iohanne
loquitur Christus Iudeis dicens: *Soluite templum hoc, et in triduo excitabo
illud.* Quod exponens euangelista ait: *Hoc autem dicebat de templo corporis*
O 9vb *sui.* / Gloriosum illud templum solutum est a Iudeis et excitatum uirtute
deitatis. Queso, cuius rei uel quarum rerum fuit illa solutio. Solutio hec 290
anime et corporis fuit separatio. Sed qualiter in his soluendis locum
habuit diuortium mortis, que ut aliquid uiuens constituerent, non coniunxit nodus unionis? Quomodo soluta sunt moriendo, que coniuncta
T 126vb non fue/runt uiuendo? Beda super Marcum dicit: *Dominus, ut ostenderet
animal uiuum et spirans templum, dixerat: Ego in triduo excitabo illud. Aliud est* 295
edificare et aliud excitare. Cum ergo templum illud uiuum animal et spirans
fuerit et adhuc sit, numquid aliud animal quam homo erit?

Item: Quid in Christo fuit capax mortis? Vtrum habens uel habitum,
assumens uel assumptum? Mortuus est homo ille. Numquid tuo more id
expones, id est: Habens hominem mortuum est? Hic progredi esset 300
insania! Absit enim, ut mortuum sit quod assumpsit! Non ergo ibi est

---

277 Quis...est] Aug, enchiridion 10, 34 (CCL 46, 68); cf apologia de verbo incarnato 3 (Ed.
Häring 111). 48 (ibid 130).　　278 Carnem...locutione] cf apologia de verbo incarnato 3
(Ed. Häring 111).　　279 Quoniam...caro] Rm 3, 20; Gal 2, 16.　　281 Aliud...homo] Aug, de
trinitate 2, 6 (CCL 50, 94); cf idem, in Io epist ad Parthos tr 69, 3 (PL 35, 1817); Rob, sent
II, 54 (Ed. Anders 108); Lom, sent 3, 7, 1 (Ed. Brady 2, 61); apologia de verbo incarnato 36
(Ed. Häring 125). 60 (ibid 140).　　282 Quod...hominis] cf Rob, sent II, 54 (Ed. Anders
108).　　286 In...297 erit] cf Iohannes Cornubiensis, Eulogium XIII (Ed. Häring 284).
287 Soluite...illud] Io 2, 19.　　288 Hoc...sui] Io 2, 21.　　294 Dominus...296 excitare] Beda,
in Mc ev expos 14, 58s (CCL 120, 622); *vide iam* Hier, in ev Mt 4 (CCL 77, 260).　　295 Ego...
illud] Io 2, 19.　　298 Quid...312 animal] cf apologia de verbo incarnato 50 (Ed. Häring
130s).

---

284 filius².... uirginis] *trp* uirginis filius est T 289 excitatum] excitant O*; *corr* O^{mg} 295 di-
xerat] dixit T 296 excitabo] suscitabo Beda l.cit.　　296　et¹] *om* T excitare] suscitare Beda
l.cit.; Hier l.cit. animal.... sit] animal fuerit et adhuc sit et spirans etiam T 300 hominem
mortuum] *trp* T*

mortuum nisi quod fuit assumptum. Illa uero anima mortis expers fuit, quoniam anime non est mori nisi peccare, quod de illa credere nephas est. Aut igitur corpus est mortuum aut ex carne et anima constitutum.
305 Sed negatum est constare aliquid ex illis, quia neque aliquis homo neque aliquid aliud./

Porro, si corpus mortuum est, ipsum uixit. Si ergo sustinuit corpus O 10ra illud mortem nostre similem, uite quoque fuit particeps humane. Vixitne uita hominis quod neque fuit homo neque pars hominis? Cum igitur
310 constet corpus illud uixisse uita humana, confiteri necesse est illud animatum fuisse atque sensibile, id est potens sentire. Quare rationale fuit uel irrationale et sic animal.

Iterum: Quid in Christo fuit quod ieiunauit? Nam huius actus nec anima susceptibilis est per se nec corpus nisi unitum anime.
315 Porro: Sensus expers creatura comedendi nescit appetitum et esuriei non nouit incitamentum. Sedere et stare propositiones sunt animalium, dormitio autem quies est animalium uirtutum cum intensione naturalium. Fatigatus est, fleuit, comedit, bibit: Aut fantastice hec acta sunt, aut ipse, in quo hec fierent, uerum animal fuit.
320 Item: Asserunt predicari habitum, cum dicitur: "Christus est homo", id est secundum eos: Christus habet animam et carnem.

Queritur quid sit ille habitus, quo Christus est homo. Cum enim eo uerbum est homo, nefas est dicere illum nichil esse. Quid autem erit? Nec aliquid nec aliqua nec constans ex aliquibus est, quod sit homo?
325 Iterum: Christus habet hominem, et Petrus est homo. Quomodo coniungi potest, ut dicatur: / "Christus et Petrus sunt homines"?   O 10rb

Item apostolus: *Qui predestinatus est filius dei* etc. Confitentur Christum predestinatum esse secundum humanitatem. Sed quomodo secundum humanitatem predestinatus est, nisi quia humanitas ipsa predestinata
330 est? Homo secundum corpus uisibilis dicitur quia corpus uisibile, secundum animam rationalis quia anima talis, secundum frontem caluus quia frons calua. Nisi ergo humanitas sit aliquid, quod predestinari potuit, quomodo per illam Christus predestinationi subiacebit?

Sufficere possent ad hunc errorem tollendum predicte rationes et
335 auctoritates, si tamen rationibus adquiescere et auctoritatibus credere

---

313 ieiunauit] cf Mt 4, 2.   317 dormitio...naturalium] cf Honorius Augustodunensis, de philosophia mundi 21 (PL 172, 94A); Iohannes Sarisberiensis, Polycraticus 2, 14 (CCM 118, 93); Alanus de Insulis, de arte praedicatoria 48 (PL 210, 195D); Iohannes de Forda, super extremam partem Ct, sermo 97 (CCM 18, 658); *vide et infra p. 228, 403s ad Rm 13, 10!* 327 Qui...dei] Rm 1, 4.

---

304 aut] et T   316 non.... incitamentum] *trp* incitamentum non nouit T nouit] nouum O 318 bibit] *praem* et T 324 quod] quid T 325 Iterum] item T 329 quia] *supr lin* O; *om* T

uellent. Sed Arius nunquam auctoritate conuinci potuit. Quam enim aperte refutare non audebat, illam exponendo peruertebat et ad sensum suum callide conuertebat. Non minus insaniunt, qui uerba sanctorum premissa, quibus fidem suam quo apertius poterant exprimebant, omnia T 127ra figuratiua esse et ideo ea recipi non oportere dicunt. Sed nunquid / 340 negare audent uerba, que Augustinus recipit? Ea enim ipse recipit et concedit, que ipsemet scripsit et docuit. Ait enim: *Cum filius sit deus et homo, alia substantia deus et alia homo.* Recipiant hec uerba, quia auctorita- O 10va tis sunt, et si non in proprio / saltem in sensu suo! Recipiant, quia *Christus aliud est de patre et aliud de matre et utrumque unus Christus*! Recipiant, 345 quia *manens quod erat factus est quod non erat*! Hec omnia uerba auctoritatis sunt, que, et si exponantur, tamen refutari non possunt. Vtinam in uerbis -et si nondum in sensu- nobiscum sentirent! Vtinam hec uerba: *Aliquis homo humana substantia tercia est in trinitate persona* nobiscum reciperent! Verba auctoritatis, etiam si figuratiua sint, omnino recipienda 350 sunt et concedenda. Concedo quia Christus est *petra*, Christus *lapis*, Christus *serpens*, Christus *peccatum*. Qua fronte enim negarem, quod apostolus, immo etiam ipse Christus affirmat?

Restat nunc, ut rationes, si quas habent, uideamus et absurditatibus, quas nobis obiciunt, respondeamus.   355

Quod eis uidetur absurdum, quod aliqua substantia nunc sit deus, que non semper fuerit deus, uel aliquid nunc sit deus, quod non semper fuerit deus, nostre fidei uidetur et est consonum, qui credimus deum factum esse aliquid ex tempore et humanam substantiam esse deum. Quod autem inferunt: "Ergo aliquid recens nunc est deus" uel: "Deus 360 nunc est aliquid recens", ut sic saltem uerbotenus contra illud dicere O 10vb uideamur: *Non erit in te deus recens, /* non est recipiendum. Hoc enim esset, quod aliquis nouus deus nunc incepisset esse, qui ab eterno non fuisset deus. Simile habent, quod negare non possunt: Substantia panis

---

342   Cum...homo²] Aug, de trinitate 1, 20, 20 (CCL 50, 57); *vide superius l. 256s!* 344   Recipiant...Christus²] *Vide superius l. 256s!*   Christus...matre] Ps.-Aug = Vigilius Thapsensis, contra Felicianum c 12 (PL 42, 1167); *vide superius l. 256s!*   345   utrumque...Christus] Aug, enarr Ps 42, 4 (CCL 38, 476); *vide superius l. 256s!*   346   manens...erat²] *Vide superius l. 239-242!*   349 Aliquis...persona] cf Isidorus, de summo bono = sent 1, 3, 1a (CCL 111, 11); *vide superius l. 262s!*   351   petra] I Cor 10, 4; I Pt 2, 7s.   lapis] I Pt 2, 7s; Mt 21, 42 par; Act 4, 11.   352 serpens] Io 3, 14.   peccatum] II Cor 5, 21   356 Quod...364 deus] *Vide superius l. 185–192!*   362 Non...recens] Ps 80, 10

---

340 ea....   non] *trp* ea non recipi T 342 ipsemet] ipse T 345 aliud¹] om T de²] praem est T   349 tercia est] *trp* T   352 peccatum] *om* T fronte enim] *trp* T quod] id quod T 353 etiam] *om* T 354 rationes] *add* eorum T   356 eis] enim T   360 inferunt] infertur T^c

365 proposita in altari erit corpus Christi, non tamen aliqua noua substantia
uel aliqua substantia, que non est nata de uirgine.

Item: Quod dicunt, quod nos aliquid adoramus, quod Abraham non
adorauit, non est uerum. Quem enim nos uenisse credimus et adoramus,
ipse uenturum credidit et uenturum adorauit.

370   Item: "Omnis tercia persona in trinitate est diuina substantia, homo
autem assumptus tercia est in trinitate persona. Quare homo assumptus
diuina est substantia": In statua et ere, in anulo et auro predicte complexionis patet deceptio. Omne enim es opus est nature; hec autem
statua es est, non tamen est opus nature.

375   Notandum autem, quia ignorantia predicationis, ignorantia diuersi
termini eiusdem acceptionis, huius ex magna parte occasionem parit
erroris. Cum enim dicitur: "Homo est deus", "Verbum siue pater siue
spiritus sanctus est deus", aliud et aliud predicatur. Ibi enim persona
diuine substantie, hic ipsa diuina substantia predicatur. Vnde non licet
380 inferre: Homo est deus. Ergo est diuina substantia. Nomen enim hoc
"deus" nomen est ipsius persone, non substantie. Perso/nalitatem enim O 11ra
suam homini assumpto uerbum dei contulit, ut fieret cum ipso una
eademque persona. Sed substantiam suam ei conferre non potuit, ut
humana diuina fieret substantia uel e conuerso. Si enim humana fieret
385 diuina et diuina humana, iam nec diuina diuina esset nec humana humana. Eadem enim substantia diuina non potest esse et humana.

Iterum: "Aliquid est filius quod non est pater. Ergo non sunt tantum
unum uel prorsus idem pater et filius.": Non est uerum. Hoc enim esset
secundum eandem naturam, in qua prorsus unum sunt et idem. "Sicut
390 filius est homo, et pater non est homo. Ergo non sunt prorsus idem pater
et filius", uel: "Filius fuit mortalis, et pater tunc non fuit mortalis. Ergo
tunc filius erat talis, qualis non erat pater": Quod non est uerum; hoc
enim esset secundum eandem naturam.

Item: "Christus quia est homo et deus, est duo talia, quorum neutrum
395 est alterum nec esse potest. Ergo nec homo est deus nec deus homo":
Hoc argumentum, quamuis ualidissimum putent, tanquam sit infirmissi-

---

367 Quod...369 adorauit] *Vide superius l. 198-200*   371 tercia...substantia] *Vide superius l.*
193-197.   387 Aliquid...filius^2] *Vide superius l. 201*   389 Sicut...392 pater] *Vide superius l.*
203s.

---

365 proposita.... altari] *trp* in altari proposita T 372 diuina.... substantia] *trp* est diuina
substantia T 373 deceptio] fallacia T 374 es est] *trp* T 375 Notandum] *om* N, *sed spatium et*
in mg n *pro rubricatore* O ignorantia^1] ignorata AT diuersi] diuerse AO*T   377   Homo....
deus] homo uerbum est deus T 381 ipsius] .i. O 384 conuerso] *add* fieret T humana^2....
humana] trp humana diuina et diuina humana fieret T 387 Iterum] item T 391 pater....
non] *trp* tunc pater non T 395 homo^1.... deus] *trp* deus homo est T* homo^2] *om* O*; *corr*
O^c

T 127rb mum, inde patet, quia in pri/ma propositione de naturis agitur, ubi una
esse altera negatur. In conclusione uero persona ab utraque naturarum
remouetur, que tamen de utraque predicatur. Vnde, cum de alio proponat et de alio concludat, patet, quia nec arguit nec argumentatur, quem- 400
O 11rb admodum si di/cam: "Anulus iste secundum quod aurum est, opus est
nature; secundum quod anulus, opus artificis, et nullum opus nature est
opus artificis et e conuerso. Ergo nec anulus iste aurum est nec aurum
anulus." Similiter: "Christus secundum quod homo minor est patre, et
secundum quod deus est equalis patri; et nullus minor patre equalis est 405
patri et e conuerso, nec esse potest: Ergo nec homo est deus nec deus
homo."

    Item Ieronimus: *Hominem postquam assumpsit, nunquam deposuit.* Ergo
Christus in morte sicut et ante mortem homo fuit. Ergo eadem ratione
uel alia in morte homo dici potuit qua et ante mortem. Si alia ratione in 410
morte et alia ante mortem homo fuit, tunc uel ante mortem uel in morte
non proprie et ueraciter homo dici potuit. Sed hominem, quem assumpsit, in morte non deposuit, sed in morte Christus ille homo fuit. Ergo
eadem ratione ante mortem qua et in morte homo dici debuit. Sed in
morte homo dici non potuit -quod esset aliquid constans ex anima 415
rationali et humana carne-, quia tunc nichil ex eis constabat, quando a se
omnino diuisa erant. Ergo nec ante mortem Christus homo dici potuit
uel debuit, eo quod esset aliquid, quod constaret ex anima rationali et
humana carne.

    Responsio: Christus in morte et ante mortem eadem ratione homo 420
O 11va dici potuit, sed non / omni eadem in morte qua et ante mortem. In
morte enim homo fuit, quia naturam humanam, id est animam rationalem et carnem, sibi unitam habuit, licet tunc anima a carne diuisa fuerit.
Anima enim a carne in morte separata fuit, uerbum a neutro. Vnde et
tunc uerbum homo fuit, quia totam humanam naturam sibi tunc unitam 425
habuit. Ante mortem uero non hac sola ratione Christus homo fuit, sed
ea etiam qua Petrus et Paulus et quilibet ceteri hominum, quia aliquid
constans ex anima rationali et humana carne fuit. Illud enim, quod ex
anima illa et carne illa constabat et quod ex coniunctione illorum duo-
rum uiuebat, illud ex eorundem separatione mortuum fuit. Quid erat 430
illud? Homo procul dubio. Christus itaque in morte homo fuit nec

---

408 Hominem...deposuit] Aug, in Io ev 10, 17, tr 47, 10s (CCL 36, 409s); cf Lom sent 3, 21,
1, 8 (Ed. Brady 2, 133): *Verbum, ex quo suscepit hominem, id est carnem et animam, nunquam*
deposuit animam, ut esset anima separata a Verbo...

---

398 uero] negatur T 401 dicam] dicat T opus est] *trp* T 403 aurum est] *trp* T 405 est¹] om
T 406 deus²] add est T 409 ante mortem] *in mg* T 416 humana] h. O *et supr lin* humana
O^c 421 qua] ita T 426 Christus.... fuit] *om* T 428 enim] etiam T

mortalis nec immortalis; erat tamen homo, sicut prediximus, propter
plenitudinem humane nature, quam in morte habuit. Eadem ratione
modo dicitur Petrus esse Rome qua et ante mortem suam, sed non omni
435 ea. Nunc enim propter corpus ibi esse dicitur, ante mortem etiam quia
in corpore et in anima ibi erat. Vtrumque tamen uere dicitur, quod et
nunc Petrus Rome est et quod tunc Rome erat.

Sequitur, ut glosam illam uideamus et, quomodo / intelligenda sit, O 11vb
pro intellectu nostro dicamus: *Tanta fuit unio utriusque nature, ut uicissim*
440 *dicatur homo deus et deus homo et totum deus et totum homo.* Beatus Augustinus dicit, quia *mediante anima* diuinitas carni unita est et quod anima fuit
quasi uinculum inter carnem et deum. Verum est quia mediante spiritu
rationali carnem assumpsit diuinitas. Spiritus enim creatus magis quam
caro spiritui accedit increato, quippe imago eius est. Sed si anima uincu-
445 lum fuit inter carnem et diuinitatem, quomodo illa recedente a carne
unita carni remansit diuinitas? Solent aliqui duo tercio mediante in
dilectione sociari, et est quasi uinculum / dilectionis eorum tercius, et T 127va
tamen illo recedente illi nichilominus remanent federati. Sed et in ligaturis corporalibus solet quandoque aliquid apponi ut firmius cohereant,
450 quo tamen postmodum sublato reliquorum ligatura non soluitur.

Vt totum dicatur deus et totum homo. Queritur, quomodo hic accipiatur
totum, maxime cum Ieronimus dicat: *Christus pro parte deus, pro parte*
dicitur homo. Quomodo enim deus pro parte deus uel homo, quod totum
est deus et totum homo? Dicitur autem totum quandoque respectu
455 partium. Vnde totum et pars dicuntur esse relatiua. / Quandoque dicitur O 12ra
totum collectione multorum, ut populus; aliquando etiam dicitur totum
non per positionem sed per remotionem partis, ut: *Anima tota in singulis*

---

439 Tanta...homo³] *Vide superius* l. 162-164.   440 Augustinus] Aug, epist 169 (CSEL 44,
618); cf Lom sent 3, 2, 2, 1 (Ed. Brady 2, 29); Gregorius I, moralia 33, 16 (CCL 143, 1701);
cf Landgraf, Das Axiom "Verbum assumpsit carnem mediante anima". DGII/1, 150-171, imprimis
159-157.   451 Vt...homo] *Vide supra p. 15s; cf etiam* Lom, tr de incarnatione 4 (Ed. Brady 2,
57*); Rob 11, 4-11.   Queritur...465 homo] cf apologia de verbo incarnato 44s (Ed. Häring
128).   452   Christus...homo] *Non apud Hieronymum, sed ei attribuitur:* cf Ab, sent 24 (Ed.
Buzzetti 108); idem, Th Chr 4, 44 (*sine nomine Hieronymi:* CCM 12, 285).   457   Anima...
totus] Hilarius, tr super psalmos, ad Ps 118 [koph] c 8, titulus (CSEL 22, 527): *Deus ubique*
*totus, ut anima in omnibus membris tota...*Cf etiam Claudianus Mamertus, de statu animae 3, 2
(CSEL 11, 155); Alcuinus, de animae ratione 8 (PL 101, 642D); Cassiodorus, de anima 6
(CCL 96, 547); Petrus Chrysologus, sermo 34, 5 (CCL 24, 198); Paschasius Radbertus,
expos in Mt 5, ad 9, 18 (CCM 56A, 533); Haimo, hom 19 de tempore (PL 118, 144C);
Anselmus Cantuariensis, Proslogion 13 (Ed. Schmitt I, 111). 18 (ibid 115); Lom sent 1, 37,
3.4 (Ed. Brady 1, 267s).

---

435   dicitur.... etiam] dicitur quod et ante mortem T quia] quando O*   436   quod....
nunc] trp et quod nunc T   438   ut] *add* et T   439   dicamus] uideamus T   443   magis] *add*
accedit T 444 uinculum fuit] *trp* T 453 deus¹] dicitur T 454 et] *om* T 456 etiam] autem T

partibus corporis, et: *Deus ubique totus.* Dicitur etiam quandoque totum non
aliquorum compositione sed unione, ut hic, cum dicitur *totum deus et
totum homo.* Due enim nature ibi unite sunt in unam personam, et illa 460
persona tota deus et tota homo non propter naturarum identitatem sed
propter earundem unionem. Illud enim unitum, quod tamen est utrumque unitorum, dicitur et est totum deus et totum homo. Hoc est: Christus totus deus et totus homo, id est non diuisus sed unus atque idem
deus et homo. Quod autem Ieronimus dicit: *Christus pro parte deus et pro* 465
parte dicitur homo, hoc est: Pro eo quod tanquam pars in Christo est. Non
enim ille due nature partes Christi sunt, cum utraque illarum sit totus
Christus et Christus totus utraque illarum; uel si sint partes unionis in
Christo diuina et humana natura, non tamen simpliciter sunt partes.

    Quod non in substantiis hominum, hoc est in anima et carne. Licet enim 470
anima et caro uniantur in unam personam, non tamen mutuam de se
suscipiunt predicationem, ut dicatur anima caro uel e conuerso uel
anima uel caro homo uel e conuerso. Et notandum, quia uerbum non
O 12rb assumpsit personam -hoc enim esset quod al/terius fieret persone- sicut
assumpsit naturam, quia alterius factus est nature. In Christo enim due 475
sunt nature, nec est inter illas aliqua compositio. Neque enim aliquod
tercium compositum est ex diuinitate et humanitate.

    Item: Christus, hoc nomen significat quiddam commune duabus
naturis, non tamen significat uniuersale, sed duo singularia; et ita non
est, quod dicitur de pluribus, et si sint que dicuntur.   480

    Item: *Quicquid habet filius dei per naturam, et filius hominis per gratiam.*
Quod ipsi sic exponunt: Quicquid habet filius in natura diuinitatis, hoc
idem retinet in assumpta humanitate, quam per gratiam assumpsit. Sed
filius hominis plane contra eos est in euangelio dicens: *Data est michi
omnis potestas* etc. Non enim superiori nature sed inferiori datur potestas. 485

---

465 Christus...homo] *Vide superius l. 461!*   470 Quod...hominum] *Continuatio glossae:* Gl
273b^mg; cf Rob 11, 11-13; *vide superius p. 15, 164* .   473 uerbum...personam] cf apologia de
verbo incarnato 49 (Ed. Häring 130).   481 Quicquid...gratiam] *Hanc sententiam attribuunt
Ambrosio:* Hildebertus, tr theologicus 14 (PL 171, 1103C)*; e schola Hugonis de S. Victore:* SS
(PL 176, 76D; cf 91B); QEP q 19 (PL 175, 436B); *auctorem non nominat* Petrus Pictaviensis,
sent 4, 10 (PL 211, 1182D)*; vide etiam:* Petrus Cantor, summa § 353 *sub nomine Augustini*
(Ed. Dugaucquier 473); *textus huius sententiae nondum repertus est. Ad sensum cf etiam* apologi-
am de verbo incarnato 22 (Ed. Häring 119).   484 Data...potestas] Mt 28, 18.

---

460 totum] totus O* unite] unitate O*   462 utrumque unitorum] *trp* T   465 parte] add est
T et^2] *om* T pro^2] supr lin O   472 uel^2.... conuerso] *om* T   475 factus] *sic Mss! Fortasse
legendum* factum   479 uniuersale] u^ie O*; uniuersale *supr lin* O^c   480 sint] sit O   481 Item] I
littera initialis O; *praem* § O   482 ipsi.... exponunt] ipse sic exponit T   485 inferiori] *add*
nature T

Item de anima Christi solet queri, utrum deus sit, utrum omnipotens et omnia sciens.

Concedi sane potest quod omnipotens sit et omnia sciens per gratiam; non tamen concedendum est quod sit deus -nomen enim anime magis
490 significat naturam quam personam-, et etiam propter heresim illorum, qui dicebant Christum non habere animam, sed uerbum loco anime uiuificabat eius corpus. Ne ergo uideamur eis consentire, non concedimus quod anima Christi sit deus.

Si opponatur de anima / Christi siue de homine assumpto, cum sit O 12va
495 omnipotens, quod creatura equatur suo creatori, non est uerum. Aliud est enim habere aliquid per naturam et aliud habere per gratiam, aliud habere a semet ipso, aliud habere ab alio. Habet autem filius / hominis T 127vb per gratiam, quicquid habet filius dei per naturam. Quod haberi potest salua naturarum distinctione et essentia. Eternitas enim nulli creature
500 conuenire potest, sed statim esse creature tollit. Consimile est illud: "Quicquid habet uel potest pater, et filius": Intelligendum est salua personarum distinctione. Si enim filius posset gignere, posset esse pater, quod nequaquam concedendum est.

QUI FACTUS EST EI SECUNDUM CARNEM, hoc est secundum hominem,
505 sicut *uerbum caro factum est,* / hoc est homo. Factus est secundum homi- A 135vb nem, qui tamen infectus est secundum diuinitatem. *Ei,* hoc est deo patri, hoc est ad honorem eius, cui per omnia obediens fuit, cuius per omnia gloriam quesiuit et uoluntatem facere studuit iuxta illud: *Non quero gloriam meam,* et: *Non ueni facere uoluntatem meam, sed uoluntatem patris mei.*
510 EX SEMINE DAUID, hoc est ex Maria, que fuit de styrpe Dauid propheta attestante, qui ait: *Egredietur uirga de radice Iesse,* / et cetera.   O 12vb

---

490   propter...492 corpus] cf Aug, in Io ev tr 124, tr 47, 9 (CCL 36, 409): ...*contra Apollinaristas, qui dicunt Dominum nostrum Jesum Christum non habuisse animam humanam, id est animam rationalem...;* cf Aug, de diversis quaestionibus 83, q 80, 1 adversus Apollinaristas (CCL 44A, 232); idem, de haeresibus 1, 55 (CCL 46, 325); idem, contra Iulianum opus imperfectum 4, 47 (PL 45, 1366).   494   Si...497 alio] cf Lom sent 3, 14, 1.2 (Ed. Brady 2, 89s).   505 uerbum...est] Io 1, 14.   Factus...diuinitatem] cf Lom 1308D; apologia de verbo incarnato 72 (Ed. Häring 142); Hildebertus, sermo 12, 265 (PL 171, 401A); *vide etiam Landgraf, Die Stellungnahme zur Frage, ob Christus ein Geschöpf sei. DG II/1, 172-198, imprimis 184.*   506 Ei...510 Dauid^2] cf Ab 55, 297s; 56, 300s; Comm Cantabrigiensis 1, 10.   508 Non ...mei] Io 8, 50.   510 hoc...Maria] cf Comm Cantabrigiensis 1, 11.   511 Egredietur...Iesse] Is 11, 1.

---

488   omnipotens] *corr ex* ominpotens O^{mg} omnia] omina O   489   est] *om* T   490   quam] gratiam T heresim] hereses in O   495   creatura.... creatori] *trp* creatori equatur creatura sua T   499   salua.... distinctione] *trp* salua distinctione naturarum T enim] autem T 505 est^3] *om* T   510 Maria] MARIA O   511 Iesse] *om* AT

[4] Secundum spiritum sanctificationis, hoc est per operationem spiritus sancti. Hoc est quod alibi scriptum est: *Qui conceptus est de spiritu sancto*, sicut beate uirgini angelo apparente dictum est: *Spiritus sanctus superueniet in te, et uirtus altissimi obumbrabit tibi*, hoc est non solum desu- 515 per, sicut exponunt, sed super omnes mulieres. Hoc est: Excellenter, abundantius quam in aliquas mulieres, *obumbrabit tibi*. Vmbra contra duo refrigerium prestat, contra caloris ardorem et frigoris asperitatem. Filius autem dei in uirginem descendens uirgini obumbrauit, hoc est ei contra carnis incentiua et malignorum spirituum temptationes refrigerium et 520 tranquillitatem omnimodam prestitit, ut de cetero non esset illi collucta-tio aduersus carnem et sanguinem neque aduersus principes et potentes terrarum harum.

De spiritu sancto dicitur conceptus et non natus, de patre natus et non conceptus. Quare hoc? Spiritus sanctus amor est, quo beata uirgo a 525 deo accensa fuit et pre cunctis, que ipsam precesserunt uel secute sunt, adeo plena, ut pre cunctis dei filium concipere reperta sit digna. Quod, quia totum ex amore spiritus sancti, quo fuit accensa, factum est, merito *de spiritu sancto conceptus* dictus est. Vel aliter: Spiritus sancti nomine O 13ra gratia dei intelligitur. / Vnde, quia incarnatio filii dei siue conceptio 530 neque uirginis neque alterius merito sed ex sola gratia dei facta est, merito *de spiritu sancto* siue *per spiritum sanctum filius dei conceptus* esse dictus est, a quo tamen quia non est, non ab eo natus uel eius filius dici debet, sed solius patris, a quo est.

Qui predestinatus. Non *predestinatus* sed "destinatus" debet hic esse, 535 sicut dicit Origenes. Non enim predestinari potuit qui erat, sed tantum qui non erat. Destinari tamen, hoc est mitti, potuit qui erat. Sed beatus Augustinus aliique expositores "pre-destinatum" hic legunt, non "desti-natum", et in omni codice apostolico "predestinatus" habetur.

A 136ra   Est ergo pre/destinatus secundum quod est et factus, hoc est secun- 540 dum carnem, secundum hominem, hoc est sine meritis sola gratia

---

512 hoc...sancti] cf Ab 56, 319s; Gl 274b^mg.   513 Qui...sancto] Rm 1, 4.   514 Spiritus...tibi] Lc 1, 35.   515 hoc...mulieres] *Ad hanc expositionem praepositionis "super" vide Ab, expos ad Rm 1, 18 (FC 26/1, 144 cum nota 61)!*   516 Excellenter...mulieres] cf Lom 1305D.   521 non... 523 harum] cf Eph 6, 12.   535   Non...Origenes] Or, ad Rm 1, 3 (AGLB 16, 56s; FC 2/1, 94/96); Ab, sic et non 69 (Ed. Boyer/McKeon 357s *cum fontibus in notis 1 et 2*); Comm Cantabrigiensis 1, 11; *cf etiam* Haimo 366D); Rob 13, 6-12; Lom 1310C.   537   beatus... expositores] Aug, e.g.: expos inchoata (PL 35, 2090.2092 [*14^ies*]); *item:* de praedestinatione sanctorum 14, 31 (PL 44, 982s [*bis*]); de trinitate 12, 6,7(CCL 50, 362 [*ter*]); enarr Ps 67, 15 (CCL 39, 878); cf Ab, sic et non (Ed. Boyer/McKeon l.cit.).

---

519 ei] *om* T   527 reperta] *om* T   533 uel] *om* O   537 tamen] *om* T   538 pre-destinatum] predestinant A*O non destinatum] *om* T

preelectus. Est autem predestinatio diuine gratie preparatio, que tanta
homini assumpto ab eterno preparata est et collata in tempore, / ut esset T 128ra
filius dei in uirtute, hoc est in eadem potentia cum patre.

545   Et quod ipse homo assumptus sit filius dei, patet EX RESURRECTIONE,
non solum ex sua, sed MORTUORUM JHESU CHRISTI DOMINI NOSTRI, id est
suorum, quos in testimonium sue resurrectionis secum fecit resurgere,
qui fuerunt eius, quia ad se pertinebant secundum illud: *Multa cor/pora* O 13rb
sanctorum qui dormierant surrexerunt.

550   Et nota, quod proprium nomen pro pronomine posuit more Hebrai-
co, que locutio in scripturis est usitatissima et in ueteris testamenti libris
precipue creberrima. Vt: *Fecit Moyses sicut precepit dominus Moysi.*

Merito ex resurrectione apparuit esse filius dei. In nullo enim tanta
sue uirtutis potentia claruit quam ubi mortuus mortuos secum resurgere
555 fecit. Tunc enim omnis infidelitatis dubitatio abscessit, que de morte eius
etiam discipulis suis acciderat, quorum quidam iam desperati dicebant:
Nos autem sperabamus quod ipse esset redempturus Israel.

Solet hic a quibusdam queri, utrum Christus secundum quod homo sit
filius dei, et si filius, utrum adoptiuus uel naturalis. Adoptiuus filius est,
560 qui de non-filio fit filius, quod de Christo nequaquam dici potest. Nunquam enim fuit non-filius. Propter hoc dicunt nonnulli, quod Christus
filius est gratie secundum quod homo. Sed si "secundum" ibi causale
accipiatur, omnino uidetur falsa esse locutio, cum Christus nec quia
homo deus est nec quia homo filius. Si uero nullam uim cause ibi faciat
565 sed simpliciter intelligatur "Christus secundum quod homo", id est
Christus qui est homo, concedi potest / et uerum est, quia est filius natu- O 13va
ralis filius patris consubstantialis, sed per gratiam. Ex gratia enim hoc

---

542   Est...tempore] *Ad hanc sententiam vide:* Aug, de praedestinatione sanctorum 10, 19 (PL
44, 974); Ab 56, 312s; idem ad Rm 8, 29 (224, 459s); idem, sic et non 29, 1 (Ed. Boyer/-
McKeon 172 *cum fontibus in nota 1; loci ibi ex Glossa citati reperiuntur:* Gl 274a^{mg}. 371b^{mg} ad
Eph 2, 10); *cf etiam* Haimo 456C); Lom 1309B; idem sent 1, 39, 4, 4 (Ed. Brady 1, 283s); tr
de incarnatione 24 (Ed. Brady 2, 69*-71*); Hugo, de sacramentis 21 (PL 176, 213); Ps.-Hu-
go, QEP Rm q 23 (PL 175, 489A); Guillelmus de S. Theodorico, expos super Rm 5, ad Rm
8, 29s (CCM 86, 126 [*bis*]); idem, meditativae orationes 1 (Ed. Davy 46).   545   Et...549
surrexerunt] cf Ab 56, 322-330; Lom 1310D.1313B.C. 1314C; tr de incarnatione 35 (Ed.
Brady 2, 77*).   548 Multa...surrexerunt] Mt 27, 52.   550 Et...552 Moysi] cf Aug, enarr Ps
67, 15 (CCL 39, 878); idem, contra Faustum 17, 4 (CSEL 25/1, 487); Ab 146, 785-791 ad
Rm 4, 17; Gl 274b^{mg}. 371b^{mg} ad Eph 2, 10; tr de incarn c 35 (Ed. Brady 2, 77*).   552 Fecit...
Moysi] Ex 40, 14.   555 Tunc...557 Israel] Ab 56, 330-333.   557 Nos...Israel] Lc 24, 21.
558   Solet...569 consubstantialis] cf Ab 57, 361-372; Comm Cantabrigiensis 1, 12; Rob 14,
4-11.15-21; tr de incarnatione c 25.27.28.29.30 (Ed. Brady 2, 71* - 74*. *Ad sequentia vide*
Landgraf, Die Stellungnahme zum Adoptianismus, DG II/2, 7-43.   561 nonnulli] Ab l. cit.

---

548   quia] qui T secundum] uel O 549 dormierant] dormierunt O, *add* aut O* 550 pro
pronomine] pro nomine OT 551 locutio] loco O 552 creberrima] celeberrima T

habuit homo ille Christus Jhesus uirginis filius, ut fieret uerbum patris, ut fieret et esset filius patri coeternus et consubstantialis.

DOMINI NOSTRI. Notandum quia Jhesus Christus specialiter dicitur 570 dominus noster, quia ipse solus in propria persona nos redemit. Sanguinem suum solus ipse pro nobis dedit, unde et in nobis quadam prerogatiua dominium acquisiuit.

[5] PER QUEM. Commendata Christi persona adnectit commendatio-
A 136rb nem suam apostolus ex officio, dicens / se a tanto auctore gratiam et 575 apostolatum accepisse, ut saltem auctoritate mittentis eius predicatio studiosius audiatur et in maiori ueneratione suscipiatur.

GRATIAM, hoc est remissionem peccatorum, patientiam omnium laborum et alia dona, que nobis ab eo data sunt gratis, ET APOSTOLATUM: salutis legationem, predicandi auctoritatem, uel: GRATIAM ET APOSTOLA- 580 TUM, hoc est gratis apostolatum, non meritis nostris, sed gratia sola.

IN OMNIBUS GENTIBUS. Iudei cohabitatione in gentibus sunt. Vnde, quia in omnibus gentibus predicandi potestatem accepit, et ad gentes eam extendere potuit.

AD OBEDIENDUM FIDEI, ut faciamus eos obedire fidei, id est fidem 585 Christi suscipere et susceptam operibus adimplere. Fides enim dicitur eo
O 13vb quod factis adimpleatur, sicut sapiens quidam dicit. / Non enim fidei obedit, qui fidei sue operibus contradicit.

Accepimus, dico, apostolatum in gentibus, et hoc *pro nomine eius*, hoc est uice eius. Vicarii enim eius sumus. Officium siquidem suum nobis 590 ipse commisit, qui nos ad predicandum quod ipsemet predicauerat misit.
T 128rb Vel: / *pro nomine eius*, hoc est pro gloria nominis eius, non nostri, dilatanda, sicut de ipso apostolo dominus ipse dicit: *Vas electionis factus est michi, ut portet nomen meum in gentibus et cunctis filiis Israel.*

[6] IN QUIBUS, id est inter quos, uos Romani, Iudei et gentes, UOCATI 595 ESTIS JHESU CHRISTI, hoc est a Jhesu Christo. Genitiuus pro ablatiuo more

---

574   Commendata...577 suscipiatur] cf Ab 58, 381-385; Comm Cantabrigiensis 1, 13.
578 hoc...581 sola] cf Ab 58, 385-390; Lom 1315C.   582 Iudei...sunt] cf Gl 247b^{i.}   585 ut...
adimplere] cf Gl 274a^{i}; Lom 1315C.   586   Fides...adimpleatur] *Haec definitio ad verbum
reperta non est*; cf Atto, expos ad Rm 1, 5 (PL 134, 138B. 228B.354C.373D): *quae operibus
adimpletur*, Gl ad Ps 77, 37 (Ed. Rusch II, 554b^{mg}); Ab 59,405-497 ad Rm 1, 5; Lom 1315C;
idem, comm in Ps 77, 41 (PL 191, 735B); Haimo 370A); Heiricus Autissiodorensis, hom II,
13 (CCM 116B, 107).   587   Non...contradicit] cf Lom 1315C.   593   Vas...Israel] Act 9, 15.
595   id...gentes] cf Gl 274b^{i}; Rob 15, 10-12.   596   hoc...Grecorum] cf Gl 274b^{mg}; Lom
1315D. 1346BC.

---

568 ut^2] et T 569 filius patri] filius patris A filius dei patri T 571 nos] *supr lin* O 572 ipse....
nobis] *trp* pro nobis ipse O* 574 commendationem....   576 ut] O^{mg} 578 peccatorum] *om*
T 579 ab eo] a deo T 581 gratia sola] *trp* T 590 uice] nomine T eius^2] illius T 591 quod]
quod id T*; id quod T^c 593 est] es T*

Grecorum. Et est uocatio duplex: Aliquando enim quis uocatur ad fidem
sola interna inspiratione, aliquando exteriori predicatione. Et notandum, quod dicit *uocati*, quasi: Non ex propriis meritis, sed ex sola gratia
600 uocantis fidei gratiam suscepistis, uel: VOCATI JHESU CHRISTI, hoc est
participes nominis Jhesu Christi effecti, Christiani scilicet a Christo dicti.

[7] OMNIBUS. Hucusque pendet littera, quasi diceret: Paulus talis et
talis scribit OMNIBUS QUI SUNT ROME. Quibus omnibus? DILECTIS DEI, hoc
est a deo. Et aduertendum, sicut beatus Augustinus dicit, quod non ait
605 "diligentibus deum", sed *dilectis*, in quo benignitas dei potius commendatur quam meritum illorum. *Prior / enim ipse dilexit nos.* VOCATIS SANC- O 14ra
TIS, hoc est ad sanctitatem. Ad hoc enim nos dilexit, ut ad sanctitatem
uocaret / et uocatos sanctificaret.   A 136va

GRATIA. Hec est salutatio apostolica. Pro eo enim, quod alii solent
610 dicere "salutem", apostolus dicit *gratia* sit *uobis* etc., ac si diceret: Omnibus talibus Rome degentibus scribo, et scribendo sic eos saluto: GRATIA
sit UOBIS, hoc est remissio peccatorum, ET PAX, id est reconciliatio ad
deum, ut qui prius male uiuendo ab eo discordes eratis, deinde bene
operando in gratiam et dilectionem eius redeatis.

615 Sed quid est, quod ita disuiungit apostolus *gratia et pax*? Nonne pax
ista gratia est? Sicut enim gratia est, qua nobis gratis peccata donantur,
ita et gratia est, qua ex inimicis deo reconciliamur. Hanc autem reconciliationem pacem hoc loco uocat apostolus, sicut sancti dicunt, qui locum
istum exponunt.

620 Responsio: Non distinguit apostolus inter genus et speciem, sed inter
eiusdem generis speciem et speciem. Alia enim species siue aliud donum
gratie est ista gratia, hoc est remissio peccatorum, et alia species siue
aliud donum pax ista, id est reconciliatio ad deum. Remissio autem
peccatorum specialiter dicitur gratia, quia ibi est mera gratia, id est sine
625 omni merito operans gratia. Reconciliatio uero ad deum, licet a remissione peccatorum incipiat, quia tamen in bona operatione / consumma- O 14rb

600   hoc...dicti] cf Ab 59, 415s.   602   Hucusque...scribit] cf Ab 59, 417; Lom 1316A.
604 Augustinus] Aug, inchoata expos 7 (CSEL 84, 155); cf Lom 1316A.   606 Prior...nos] I
Io 4, 10.19; cf Gl 274b^mg.   607 Ad...sanctificaret] cf Gl 274b^i; Lom 1316AB.   609 Hec...612
peccatorum] cf Lom 1316BC.   612 hoc...peccatorum] cf Rob 16, 4s.   616 Sicut...reconci-
liamur] cf Aug, inchoata expos 8 (CSEL 84, 155s); Haimo 369BC); Lom 1316C.   618 sancti
...exponunt] Beda, in epist septem catholicas 1, 2 (CCL 121, 226); Atto, expos epist S. Pauli
(PL 134, 702D-703A); cf Ab 60, 454-457.   620 Non...623 deum] cf Rob 16, 2-5.

597 enim] *om* T   599 gratia] gloria T   601 scilicet] A^mg   607 hoc^1] id T nos] *om* T   609 Hec]
Hoc A   610 dicere] *om* T ac....   saluto] *om* T   612 hoc] id T   614 redeatis] *add* nobis gratis
peccata donantur T *(cf infra)*   616 gratia est^1] *trp* T nobis....   donantur] *trp* nobis peccata
donantur gratis T   617 et] *om* T   624 dicitur] dei O mera] uera O   626 tamen] cum T

tur, non simpliciter gratia nuncupatur, quia eam pariter gratia et meritum operantur.

DEO PATRE. Ad cuiuslibet rei effectum duo precipue necessaria sunt: potentia et uoluntas. Si enim potest et non uult uel uult et non potest, 630 res uenire non poterit ad effectum. Vt ergo gratia hec et pax eis detur, oportet quod ille et possit et uelit, a quo dari eis ab apostolo optatur. Quod autem possit, inde patet quia deus est et sic omnipotens; quod uelit, inde manifestum est quia pater. Sed quia pater nichil dat, nichil operatur nisi per filium, supponit ET DOMINO NOSTRO JHESU CHRISTO, per 635 quem pater facit omnia. Sed quare tacet de persona spiritus sancti? Non tacet. Sicut enim in patre filius et in filio pater intelligatur, sic in utroque spiritus sanctus. Vel aliter: *Gratia et pax* dona sunt spiritus sancti, per que et in quibus ipse dari dicitur et in illis intelligitur, unde nominatis donis eius ipse non tacetur. 640

[8] PRIMUM QUIDEM etc. Premissa salutatione et quasi proemio, in quo
T 128va propriam commendauit personam et negotium suum et auc/torem
A 136vb negotii, quia Romanos in sequentibus / asperius corripit, quiddam hic supponit, in quo affectum suum ergo eos beniuolum ostendit, ut uidelicet eum ex sola caritate scribere intelligant et correptionem eius patien- 645 tius ferant. Solent enim quidam predicare magis, ut ipsi predicentur,
O 14va quam ut edificent, / causa scilicet arrogantie et ostentationis scientie sue, quidam cupiditatis causa, lucri uidelicet et loculos implendi. Sunt etiam nonnulli, qui et predicant et aliorum mala reprehendunt non tam ex dilectione quam ut taliter iusti appareant. Que enim in aliis reprehendi- 650 mus, in nobis quodam modo non esse uel non uideri uelle significamus. Quod non his de causis scribat apostolus, patenter innuit, cum se pro ipsis gratias agere dicit: *Primum,* ante alia que uobis dicturus sum, GRATIAS AGO. Gratias agere est, ut Haimo dicit, *corde, uoce et opere deum laudare,* uel secundum alios: pro beneficiis collatis deo laudes referre, siue sint ex 655 natura siue ex gratia.

Beneficia naturalia alia interiora ut ratio et boni et mali discretio et huiusmodi, que insunt homini naturaliter, alia exteriora ut oculi et alia

---

633 Quod...omnipotens] cf Lom 1316C. 638 Gratia...640 tacetur] cf Lom 1316D.
641 Premissa...646 ferant] cf Comm Cantabrigiensis 1, 14. 654 corde...laudare] Haimo, in
Ps 65 (titulus) (PL 116, 408B). Ps 69 (titulus) (PL 116, 428D); cf Gl ad Rm 1, 8 (274b^mg);
Gl in Ps 66, 2 (Ed. Rusch II, 533b^mg [*Cas(siodorus)*]); Bruno Carthusianorum, expos Ps 96
(PL 152, 1152C). ad Ps 135 (ibid 1352B); Hervaeus, ad Rm 1, 8 (PL 181, 604D); Rupertus
Tuitiensis, de sancta trinitate 37, 4 (CCM 24, 1964); Lom 1317A; idem, comm in Ps 66, 1
(PL 191, 599A); anonymi benedictio dei (PL 129, 1420D). 655 alios] cf Ab 61, 487-489;
Comm Cantabrigiensis 1, 14.

---

627 eam] omni A* 629 Deo] *praem a* T 637 Sicut] sic O 641 quo] *supr lin* O 647 sue] *om*
T 648 uidelicet] *om* T 654 uoce.... opere] *trp* opere et uoce T

corporis membra; et pro utrisque deum laudare debemus. Similiter et ea,
660 que ex gratia insunt beneficia, alia interiora ut fides spes caritas et cetere
uirtutes, alia exteriora ut corporis sanitas, prosperitas, diuitie, et honores;
et pro utrisque similiter deum laudare debemus, sed pro interioribus
magis.

DEO MEO, quem facio meum, quod uos non facitis, dum in altercatio-
665 ne estis, uel aliter: Deus omnium est crea/tione et gubernatione; sed O 14vb
quadam prerogatiua dicitur esse deus suorum, eorum scilicet qui eum
colunt, qui ei in ueritate seruiunt, sicut: *deus Abraham, deus Ysaac, deus
Iacob.* Per istos tres ille tres principales uirtutes intelliguntur: fides, spes,
caritas. Eorum enim proprie et per quandam excellentiam deus dicitur,
670 qui ei per istas tres uirtutes inmediate iunguntur.

PER JHESUM CHRISTUM. Ipse enim mediator dei et hominum est; per
ipsum deo patri et gratie referuntur et orationes nostre deferuntur, unde
et in fine orationis solemus dicere: "per dominum nostrum".

PRO OMNIBUS VOBIS. Ampla caritas, que omnes diligit, / dum pro A 137ra
675 omnibus gratias agit.

QUIA FIDES UESTRA ANNUNTIATUR IN UNIUERSO MUNDO. Glosa Augustini: *Non fidem eorum laudat, sed facilitatem et uotum eorum circa Christum,*
hoc est quia opera fidei modo non habebant, sed primum, quando
predicatum est eis, de facili Christi fidem receperunt et deuoti in fide
680 aliquandiu perstiterunt. In fide enim duo necessaria sunt: puritas et
ueritas; puritas, ut sit sine admixtione falsitatis, quod non habebat fides
hereticorum; ueritas, ut sit cum exhibitione operis, unde, ut quidam ait,
fides dicitur quod factis adimpleatur. Fides autem Romanorum, et si
esset sine admixtione falsitatis, non tamen erat in executione operis. Vel
685 breuiter potest dici, quod non lau/dat fidem eorum, sed fructum, qui O 15ra
causa fidei eorum prouenerat, hoc est bonum, quod consecutum erat
per fidem illorum. Ipsi enim principes mundi erant. Vnde et fides eorum
citius innotuit toti mundo quam aliorum. Vnde et alii exemplo eorum
ducti uerbum fidei citius recipiebant. Quanto enim quis in altiori gradu
690 est, tanto eius uita siue bona siue mala magis cognoscitur. Vita enim
prelatorum regula / quedam est et exemplum uite subditorum. T 128vb

---

664   quem...non] cf Gl 274b^i; Lom 1317C.   667   sicut...Iacob] Gl 274b^{mg}; Lom 1317C.
671 Ipse...est] Gl 275a^i; Lom 1317C.   672 unde...nostrum] cf Ab 62, 507-512.   677 Non...
Christum] Abst, ad Rm 1, 11 (CSEL 81/1, 28s); Gl 275a^i; Lom 1318A; Rob 18, 4.   683 fides
...adimpleatur] *Vide supra ad Rm 1, 5.*   687 Ipsi...691] cf Ab 61, 499-62, 505.   690 Vita...
subditorum] *Haec sententia etiam ad I Cor 1, 13.*

---

669   excellentiam] prerogatiuam T   671   enim] *om* T   676   in.... mundo] i.m.u.m. T
679   eis] *om* T   683 adimpleatur] adimpletur T autem] enim T   689 Quanto] quando O
690 magis cognoscitur] *trp* T*   691 est.... exemplum] *trp* et exemplum est T uite] om T

[9] TESTIS ENIM ETC. Iurat hic apostolus. Vnde et contra magistri prohibitionem uidetur agere et sic transgressor mandati. Ait enim magister eius, magister ueritatis, et ipsa ueritas: *Sit sermo uester "Est, est, non, non", quod amplius his est, a malo est.* "Est" duplicatur, ut sit "est" in corde, 695 "est" in ore.

Videndum est igitur, quid sit iuramentum et quando faciendum et quis sit sensus uerborum, quibus utimur in iuramentis.

Primo tamen sciendum, quod dicit Ieronimus tria in omni iuramento necessaria esse: iudicium iusticiam et ueritatem; iudicium, id est discre- 700 tionem; iusticiam, ut iustum sit eum iurare (persona enim talis esse potest, quod iuramentum facere non conuenit); ueritatem, id est obseruationem, ut, quod iurauit, obseruet. Et si hec tria non concurrunt, non

O 15rb tam iuramentum quam periurium dici debere / testatur. Qui ergo indiscrete iurat, obseruare iuramentum non tenetur; et si maius malum 705 contingat obseruato iuramento quam non obseruato, non obseruet; peniteat tamen quia minus discrete iurauit. Iurauit Dauid se se interfecturum Nabal Carmelum: Non obseruauit, / tamen faciens quod melius

A 137rb erat.

Est ergo iuramentum attestatio obligationis facta per deum appositis 710 sacris; quod quidam apponunt et consuetudo habet in communibus iuramentis.

Est autem iuramentum firma promissio. Vnde: *Iurauit dominus Dauid ueritatem,* id est firmiter promisit.

Non est faciendum iuramentum sine magna causa, quod tamen est a 715 malo infirmitatis eorum qui aliter non credunt, sicut sancti exponunt. *Qui frequenter* iurat, dicit Augustinus, *peierat.* Quid ergo dicendum est de nobis, qui in singulis fere uerbis iuramus uel per deum uel per aliquem

---

694 Sit...est³] Mt 5, 37.   699 Primo...ueritatem] Hier, in Ier 2, 4, 2, 69 (CCL 74, 40) ad Ier 4, 2 = Gl 275a^mg; cf Rob 19, 2-10.   703 Et...testatur] cf Gl ibid.   707 Iurauit...709] 1 Sm 25, 22.   710 Est...712 iuramentis] cf Rob 18, 22; idem, questiones de diuina pagina q 1 (Ed. Martin 1).   713 Est...promissio] cf Aug, de sermone domini in monte 1, 17, 51 (CCL 35, 38); Cassiodorus, expos Ps 131, 2 (CCL 98, 1196).   Iurauit...ueritatem] Ps 131, 11.
716   sancti]Aug, epist ad Gal expos 9, 6 ad 1, 20-24 (CSEL 84, 63f); idem, de mendacio 28 (CSEL 41, 448); idem, de sermone domini in monte 1, 17, 51 (CCL 35, 59); idem, contra Faustum 19, 23 (CSEL 25/1, 522); Gl 275a^mg.   717 Qui...peierat] *Non ita inuentum,* sed cf: Aug, de sermone domini in monte I, 17, 51 (CCL 35, 59); Rabanus, comm in Ecclesiasticum 9 (PL 109, 917D. 918B); Beda, in epist catholicas V. 12 (CCL 121, 220); Radulfus Ardens, hom 24 (PL 155, 1397A); cf Haimo, enarr in XII prophetas minores 8 (PL 117, 246A): *Qui enim non jurat, nunquam pejerat;* Rob 20, 2.

---

695 sit] si T   699 sciendum] *om* T Ieronimus....   ueritatem] Hier. In omni iuramento tria sunt necessaria iusticiam iudicium et ueritatem T   702 facere] *praem* eum T   703 quod] quam A   706 obseruet] obseruetur T   707 quia minus] quamuis T se se] se T   715 iuramentum] *om* AT   717 peierat] perierat A*; deierat Aug   718 in] *om* T

sanctorum uel per fidem nostram siue per aliquid tale? Transgressio est
720 plane et contra euangelicam doctrinam; sed multitudo peccantium
pudorem tollit peccati. Iurant etiam religiosi uiri per botas suas uel per
cultellum suum siue per aliquid tale; sed forsitan comice dicta sunt hec,
forma tamen iuramenti reprehensibilis est.

Sensus uerborum: Quando quis per deum / siue per fidem suam O 15va
725 iurat, talis est, quod deum siue fidem suam obsidem ponit ut obseruet,
quod iurat; et qui deierat, et deum et fidem suam negat. Qui autem per
creaturam iurat, in duobus peccat: et in hoc quod iurat et in hoc quod
per creaturam iurat. Quando enim causa necessaria iurare compellit,
tunc iurandum est per creatorem, nunquam per creaturam. Qui tamen
730 per creaturam iurat, per eum iurat, qui creature presidet, qui creaturam
fecit.

Iurat apostolus non leuitatis causa, sed utilitatis eorum, quibus iurat.
Videbat enim illis prodesse, si admonitioni et correctioni eius adquies-
cerent.

735 CUI SERUIO IN SPIRITU MEO. Seruiunt quidam in exterioribus timore
pene temporalis retenta uoluntate mala sicut Iudei tempore legis; alii
non timore pene bona faciunt exterius, sed simulatione ad oculum
seruientes, ut iusti et religiosi uideantur, quales sunt hypocrite. Non sic
seruit apostolus, sed *in spiritu,* hoc est in spiritua/libus. Euangelica enim T 129ra
740 predicatio spiritualis est. Vel: *In spiritu seruio,* qui spiritum deo et carnem
spiritui subicio.

IN EUANGELIO FILII EIUS: Predicando euangelium, quod filius eius
instituit, uel quod est de filio eius. Omnis enim scriptura sacra de filio
dei est uel de membris eius.

745 [10] Vnde sit ei deus testis, supponit: QUOD SINE INTERMISSIONE etc.
Nullli uideatur inpossibile, quod semper / in orationibus suis me-/ A 137va
moriam eorum posset habere, qui simul et perfecte fidem catholicam et O 15vb
euangelicam doctrinam didicerat, sed a deo, sicut ipse de se dicit: *Neque*
enim ab homine accepi illud. Hinc facile perpendi potest, quam magnum
750 sit, quod homines sancti et religiosi memoriam nostri faciunt in orationibus suis, et quam bonum sit bonorum se commendare orationibus.

---

720 euangelicam doctrinam] Iac 5, 12.   721 Iurant...723 est] cf Rob 19, 14s.   738 Non...
spiritua/libus] cf Gl 275a^i; Rob 20, 18s; Lom 1319B.   742 Predicando...instituit] cf Lom
1319B.   748 Neque...illud] Gal 1, 12.

---

719 siue] uel T 722 comice] *om* T 723 iuramenti] sacramenti T 724 siue] uel T suam] add
uel per aliquid tale T 727 in^1.... peccat] *om* T 728 enim] autem T causa] creatura A* causa necessaria] *trp* T iurare] *om* T 729 tunc] *om* T nunquam] umquam T 736 Iudei] *praem*
religiosi T 740 qui] cui O; quia T 744 uel.... eius] uel de dei (expunct) membris filii T*;
uel filii de membris T^c 745 deus testis] *trp* T 746 in] *add* omnibus T

Numquid semper orabat apostolus? Ipse etiam dicit *sine intermissione*
orare. Quod ille implet, qui semper bene uiuit; tota enim uita sanctorum
oratio est; uel: *Sine intermissione* orare, id est: orationes statutas nunquam
intermittite!   755

OBSECRANS. Obsecratio est, sicut dicunt, per sacra facta adiuratio, ut
per natiuitatem, per passionem.

ALIQUANDO. Notandum quia aliquando impediuntur prelati uenire ad
subiectos et uerbum predicationis eis ministrare propter eorundem
culpam subditorum.   760

[11] VT ALIQUID IMPERTIAR. Numquid potest apostolus uel preter
deum aliquis alius gratiam alii impertiri spiritualem uel conferre? Non,
sed ut in aduentu meo et predicatione mea, quod minus in gratia spirituali habetis, uobis suppleatur, et quod plus carnaliter sapitis, minuatur.

[12] ID EST SIMUL CONSOLARI, quasi: Ideo desidero uenire ad uos, ut in 765
gratia spirituali confirmemini, qui modo in quibusdam infirmamini.
O 16ra Vnde et ego desolatus sum et uos desolati esse / debetis. Sed consolatio
uestra erit in aduentu meo ad uos per fidei nostre identitatem, quando
scilicet in nullo aliter sentietis quam ego.

[13] FRUCTUM IN UOBIS: Non tantum pro uobis uel de uobis, sed etiam 770
in uobis, ut fructus iste communis sit et michi et uobis; michi fructus pro
labore meo, uobis pro obedientia uestra.

SICUT ET IN CETERIS GENTIBUS. Exemplo ceterarum gentium lacessit
illos ad fidem rectam. Pronior enim fit quis ad cuiuslibet institutionis
susceptionem, si ei multos uiderit assentiri.   775

[14] GRECIS AC BARBARIS. Per Grecos intelligit tam Romanos, qui ex
magna parte Greci erant, quam Grecos ipsos, per barbaros quaslibet alias
nationes, que respectu Grecorum quasi barbare et inculte erant. Vel:
A 137vb Grecos et barbaros uocat sapientes et insipientes. In Grecis / enim
plurimum uiguit et inde emanasse uidetur quasi a fonte suo sapientia.   780

DEBITOR SUM. Debitum duplex: aliud commune aliud speciale. Communi debito tenebatur apostolus, sed et quilibet alius, omnes diligere,
omnibus predicare. Speciali autem debito, de quo hic loquitur, illis
tenebatur predicare, ex officio scilicet, quia ad illos missus erat et aposto-
O 16rb latum in illos acceperat; et peccaret gra/uiter, si illis non euangelizaret.   785

---

752 sine intermissione] Rm 1, 9.   753 tota...est] cf Petrus Damiani, de horis canonicis (PL
145, 228): *Quamquam igitur tota iusti vita oratio sit rationabiliter asserenda....*   756 Obsecratio...
adiuratio] cf Gl 275a^mg; Lom 1319C.   767   Vnde...debetis] cf Gl 275a^mg; Lom 1302C.
773 Exemplo...775 assentiri] cf Lom 1321C.

---

756 est....   dicunt] *trp* sicut dicunt est T ut] uel A   764 minuatur] *praem* uobis T   766 infir-
mamini] infirmabamini T   770 uel] sed T   771 pro] de T   772 uestra] nostra O   774 enim
fit] *lacuna* T   780 uiguit] uiguisse T   782 et] *om* T

[15] ITA QUOD IN ME PROMPTUM EST etc. Promptitudo hec in tribus consistit: in officio, quod scilicet debeat, in scientia, quod ualeat, in uita, que luceat; cuius enim uita despicitur, consequens est ut eius predicatio contempnatur. / In officio iniunctionis siue missionis scientia erudition- T 129rb
790 is, in uita confirmationis: Hec tria enim omni predicatori, omni ecclesie prelato et rectori necessaria sunt: quod scilicet ad predicandum mittatur, non se intrudat; quod sciat erudire et de ea, que in ipso est, et fide et spe rationem reddere; et quod uita eius *luceat super candelabarum*, non ab- scondatur *sub modio* timore temporalis incommodi uel amore temporalis
795 commodi.

[16] NON ENIM ERUBESCO etc., quasi: Paratus sum euangelizare.

NON ENIM EST, sicut illi, qui falsa predicant et qui crucem Christi putant ignominiam.

VIRTUS ENIM etc., id est: uirtutem dei enuntiat, non infirmitatem,
800 sapientiam, non insipientiam. *Quod* enim *infirmum dei est, fortius est homi- nibus, et quod stultum, sapientius est hominibus.* Vel: *Euangelium est uirtus dei*, credentibus scilicet, non aliis, quia per doctrinam euangelicam peccatum dimittitur credenti, et cum res exigit, fiunt miracula, quibus euangelii commendatur doctrina. Quia enim incredibile uidebatur quod predica-
805 batur, ideo signis et prodigiis firma/batur, ne diffiderent homines de his, O 16va que dicebant qui tanta faciebant.

Euangelium igitur siue quod in eo docetur, id est incarnatio, passio, et resurrectio Christi etc., que fidei sunt necessaria, est *in salutem omni credenti*. Nunquam omnis qui credit saluetur, sed quantum in ipso est,
810 sufficit ad salutem omnium credentium, immo ad salutem omnium. Christus enim pro omnibus mortuus est, et ubi in ipsis remaneret, mors Christi omnes saluaret. Solis enim claritas sufficit ad illuminationem omnium, et si quis ea non illuminatur, / non est in illa sed in ipso. A 138ra

---

788   cuius...contempnatur] Gregorius I, hom in ev 1, 12, 1 (PL 76, 1119A): ...cuius vita despicitur, restat ut eius praedicatio contemnatur. *Haec sententia XXXVI^{ies} inventa est; Rupertus Tuitiensis, comm in ev S. Io 9 (CCM 9, 475): "..illud quod iam vulgo dicitur cuius vita despicitur restat ut et praedicatio eius contemnatur."* Auctor praesentis expositionis istam sententiam *fortasse ex Haimone sumpsit (enarr in XII prophetas minores [PL 117, 285B]; hom de tempore 115 [PL 118, 621B]. 133 [ibid 708A]; hom de sanctis 7 [PL 118, 774A [= hom 58, PL 95, 1528B]).* 792 de...reddere] cf I Pt 3, 15.   793 uita...modio] Mt 5, 15.   794 timore...commodi] cf Gl 275a^{mg}.   797   sicut...804 doctrina] Gl 275a^{mg}; Lom 1322AB.   800   Quod...hominibus^2] I Cor 1, 25.   809   Nunquam...813 ipso] cf Rob 124, 21-125, 15; *ad sensum* cf Ab 241, 331-242, 362 ad Rm 9, 21.

---

786 tribus] *add* modis O*   791 prelato] *om* T   792 et^1] *om* T   794 timore]   796 erubesco] erud. T   799 etc] *om* T   800 est hominibus] *om* T   802 doctrinam] *add* scilicet T   803 fiunt miracula] *trp* A*   806 que] qui A   809 Nunquam] Non quod A*T

Iudeo primum et Greco, id est gentibus. Iudeum preponit tanquam digniorem, quia ex Iudea salus, id est Christus in Iudea et de Iudea 815 natus, Iudeis promissa, Iudeis reddita et a Iudeis et per Iudeos, id est apostolos, ad alios processit salus.

[17] Iusticia enim dei in eo reuelatur. Quasi dicat: Vere euangelium est credenti in salutem, quia est ei in iusticiam, que est causa salutis. Quod clare ostenditur in euangelio. *Iusticia dei* est, *que gratis iustificat* 820 *impium per fidem sine operibus legis.* Hec est *iusticia dei,* que in testamento ueteri uelatur, in nouo reuelatur, que ideo *iusticia dei* dicitur, quia deus impertiendo eam iustos facit. Reuelat euangelium hanc iusticiam, dum

O 16vb in eo dicitur: *Qui crediderit et baptizatus fuerit, saluus / erit.*

Iusticia, dico, tendens *ex fide in fidem: ex fide* dei promittentis *in fidem* 825 hominis credentis, uel: *ex fide* promissionis *in fidem* redditionis, ut scilicet credat deum promisisse ac reddidisse uel redditurum fore, uel: *ex fide* uerborum et spei *in fidem* rerum et speciei, uel: aliis pluribus modis, qui in glosa enumerantur.

Sicut scriptum est in Abacuc: Iustus etc. Quasi: *Ex fide* est iusticia, et 830 ita *ex fide* salus, sicut scriptum est in Abacuc: *Iustus autem ex fide uiuit.* Hec littera duobus modis legitur: *Iustus ex fide uiuit,* uita scilicet eterna, uel: *Iustus ex fide uiuit,* hoc est iustus est *ex fide.* In Abacuc ita est: *Iustus autem in fide sua uiuet.* Sed hec et alia plura testimonia, que ponit, ab Hebraice ueritatis translatione, qua nunc utimur, uidentur discordare. Quod ideo, 835 quia aliquando sumit a LXX interpretibus, aliquando, sicut loquens eodem spiritu quo prophete, sensum sumit tantummodo suis utens uerbis suaque dispositione.

Hic queri solet, quomodo iusticia sit *ex fide,* cum fides possit esse sine

T 129va iusticia. Ad quod prius uidendum est, quid sit fides / et quot modis 840 accipiatur et de quibus sit fides.

820   Quod...euangelio] cf Gl 275b^i; Lom 1323D.   Iusticia...legis] cf Abst ad Rm 1, 17 (CSEL 81/1, 37); Gl 275b^mg; Lom 1323D.   824   Qui...erit] Mc 16, 16.   825   ex^2...829 enumerantur] cf Gl 275b^mg; Lom 1323B; cf Rob 22, 21s. 23, 4s.   831   Iustus...uiuit] Hab 2, 4.   834   Sed...838 dispositione] cf Lanfranc, comm ad Rm 1, 21 (PL 150, 109A); Gl 275b^mg; cf etiam Gl 375a^mg ad Eph 4, 8; Lom 1324D-1325A; idem, sent 3, 23, 2, 1 (Ed. Brady 2, 141); Hervaeus, ad Rm 1, 17 (PL 181, 609 AB).   840   uidendum...fides^2] Lom 1324A.

814 gentibus] gentili AT   818 reuelatur] reuelatus A* Quasi dicat] q. d. AOT   820 clare] dare T 826 scilicet] sic T 830 etc.... Iustus] om T 832 uita scilicet] trp A; id est uita T

Fides est, ut dicunt, *uirtus, qua creduntur que non uidentur.* Et hec est *fides que per dilectionem operatur. Opus* enim *fidei,* / ut dicunt, est diligere; *fides* O 17ra *uero sine operibus mortua est.* Fides autem mortua fides non est, sicut homo
845 mortuus homo non est. Et in hunc modum probant et asserunt fidem sine caritate / esse non posse. Quod falsum est et apostlice contrarium A 138rb ueritati. Ait enim: *Si habuero omnem fidem ita, ut montes transferam, caritatem autem non habeam, nichil michi prodest.* Item beatus Augustinus super illud apostoli: *Fides, spes, caritas, tria hec; maior autem horum est caritas. Ideo maior,*
850 inquit, *quia fides et spes sine caritate esse possunt, caritas uero sine illis esse non potest. Est* igitur *fides,* sicut magister Hugo diffinit, *certitudo animi supra opinionem et infra scientiam.*

Accipitur autem fides tribus modis, scilicet pro eo qua creditur, et est uirtus; et pro eo quo creditur, et non est uirtus; et pro eo quod creditur.
855 Fides enim qua creditur cum caritate uirtus est, et hoc est *fundamentum*

---

842 Fides...uidentur] Sec Hbr 11, 1; cf Aug, quaest ev 2 q 39, 1 CCL 44B, 93); idem, enchiridion 2, 8, 8 (CCL 46, 52); Ab, sic et non q 1, 1 (Ed. Boyer/McKeon 113); Gl 275b^{mg}; Bruno
Astensis, sent II, 1 (PL 165, 903BC); Lom 1323D. 1324A; idem, sent. 2, 27, 8, 4s (Ed. Brady
1, 486s). 3, 23, 2, 1 (Ed. Brady 2, 141); item: Ps.-Hugo, QEP Rm q 32 (PL 175, 438D);
Mauricius, sermo 2, 2 (CCM 30, 205); Heiricus Autissiodorensis, hom I , 65 (CCM 116A,
683). II, 7 (PL 116B, 58). II, 15 (ibid 132).   fides...operatur] Gal 5, 6.   843 Opus...dilige-
re] Aug, enarr Ps 31, 4 (CCL 38, 227); idem, in Io epist ad Parthos tr 10, 1 (PL 35, 2054); cf
Lom, sent 3, 23, 4,1 (Ed. Brady 2, 144); Ps.-Hugo, QEP Phil q 16 (PL 175, 579D).   fides...
est] Iac 10, 26.   847 Si...prodest] 1 Cor 13, 27.   849 Fides...caritas^2] 1 Cor 13, 8.   Ideo...
851 potest] cf Aug, de doctrina Christiana 1, 39, 43 (CCL 30, 31); Lom, sent 3, 25, 5, 2 (Ed.
Brady 2, 159).   851   Est...scientiam] *Ad hanc definitionem cf:* Hugo, de sacramentis legis
naturalis et scriptae (PL 176, 35D); idem, de sacramentis 1, 10, 2 (PL 176, 330C. 331AB);
Ps.-Hugo, miscellanea 1, 18 (PL 177, 487A); Ps.-Hugo, QEP Rm q 32 (PL 175, 438D);
Ps.-Hugo, SS 1, 1 (PL 176, 43BC); Wernerus S. Blasii, libri deflorationum (PL 157, 1180B);
Hildebertus, tr (PL 171, 1069A. 1088D-1089A); Richardus de S. Victore, declarationes (PL
196, 266B); Gerhohus Reicherspergensis, comm aureus ad Ps 61,8 (PL 193, 1782B); apologia de verbo incarnato 1 (Ed. Häring 110); Iohannes Sarisberiensis, metalogicon 4, 13
(CCM 98, 151s): *unde magister Hugo: Fides est uoluntaria certitudo absentium supra opinionem,
infra scientiam constituta..*   853 Accipitur...858 contremiscunt] = Lom 1324AB; cf sent 3, 23,
3, 1-4 (Ed. Brady 2, 142s).   855   fundamentum...bonorum] Fulgentius Ruspensis, de fide
ad Petrum 1 (CCL 91A, 711); Ps.-Aug (= Quodvultdeus?), de symbolo, exordium (PL 40,
1189); Bonifatius, sermo 1, 1 (PL 89, 843C); Cassiodori discipulus, comm ad Hbr 3 (PL 68,
708C); Haimo, ad Hbr 11 (PL 117, 902C); Wolbero S. Pantaleonis, comm in Ct (PL 195,
1162A); Ab 3, 8 ad Rm 3, 30 (CCM 11, 224, 479). 4, 15 ad Rm 15, 13 (ibid 318, 204s). 4, 16
ad Rm 16, 25 (ibid 338, 333s); idem, Th Chr 1, 8 (CCM 12, 75, 1024). 3, 3 (ibid 195, 24s).
4, 75 (ibid 300, 1099); idem, Th Sch 1, 69 (CCM 13, 345s, 766s). 2, 57 (ibid 436, 904s);
idem, t sch 76 (CCM 13, 432, 917); idem, Th SB 1, 6 (CCM 13, 88, 64s). 2, 3 (ibid 114, 14);
Gl ad Hbr 11, 1 (Ed. Rusch IV, 442a^{mg}); Lom 1324B [vide supra!]; Atto, expos epist (PL

---

843 per] *om* T   850 possunt] *praem* non T   851 Hugo] h. O   853 qua] quo O; quod
T 855 enim] autem T hoc] hec AT

omnium bonorum, ut dicit beatus Augustinus, in qua nemo perit. Hec
fideles facit et uere Christianos. Alia uero demonum est et nominetenus
Christianorum. Nam *demones credunt et contremiscunt.*

[18] REUELATUR. *Contrariorum eadem est disciplina.* Non enim perfecta
potest haberi unius contrariorum cognitio nisi et habeatur alterius. Vbi 860
ergo docetur uel reuelatur quid sit iusticia, ibidem docetur et reuelatur /
O 17rb quid sit iniusticia; et utrumque fit in euangelio. Littere continuatio in
glosa satis patet. Aggreditur autem apostolus gentiles hic specialiter
secundum priorem statum, qui ad salutem putant sufficere bonam naturam et excusant turpitudines suas per ignorantiam.   865

IRA DEI. Ne credat quisquam iram siue penitentiam seu quemcunque
motum in deum cadere, qui omnia facit cum tranquillitate; sed quotiens
de deo talia dicuntur, figura quadam loquendi, que antropospatos dici-

---

134, 242B); Hildebertus, sermo primus in die sancto paschae (PL 171, 564A); Ioslenus,
expositio symboli (PL 186, 1481A).
857 Alia...Christianorum] cf Aug, in epist Io ad Parthos, tr 10, 2 (PL 35, 2055); Gl ad Gal 5,
6 (365a^mg); cf Aug, de fide et operibus 27 (CSEL 41, 70); idem, epist 194, 11 (CSEL 57, 3,
185); Mauricius, sermo 2, 2 (CCM 30, 206).   858   demones...contremiscunt] Iac 2, 19.
859   Contrariorum...disciplina] Aristoteles-Boethius, Topicorum Aristotelis 1, 12 (PL 64,
918D). 2, 2 (ibid 926B). 8, 1 (ibid 994C); idem, priorum analyticorum 1, 37, (PL 64, 678B).
2, 26 (ibid 710B); idem, elenchorum sophisticorum 1, 9 (ibid 1019C). 1, 14 (ibid 1026A);
Thomas de Chobham, summa de arte praedicandi 4 (CCM 82, 126); Iohannes Sarisberiensis, metalogicon 2, 13 (CCM 98, 75); cf Iohannes de Fonte: les auctoritates Aristotelis... (Ed.
Hamesse 134 sent 223. 151 sent 135. 163 sent 51. 183 sent 110); eadem glossa etiam infra
ad Rm 5, 18.   862   in glosa] cf Gl 275b^mg.   863   Aggreditur...865 ignorantiam] cf Lom
1335B.   868 antropospatos] Ανθρωποπαθως *et similia iam apud patres Graecos: e. g.* Or, comm
in ev Mt 117, 1 (GCS 40, 636). - *Apud Latinos: terminus Graecus* ανθρωποπαθως *sive*
ανθρωποπαθος : Hier, comm in Is 1, 18 ad Rm 1, 13 (AGLB 23, 166 - CCL 73, 18); idem,
comm in Ier 4, 12, 3, 19 (CCL 74, 184). 5, 27, 2 (ibid 263); idem, comm in Dn 3, 9, 18a
(CCL 75A, 863); idem, comm in Za 1, 14/16 (CCL 76A, 758); idem, comm in Mal 1, 2/5
(CCL 76A, 906); idem, Hebraicae quaest in libro Gn ad 18, 10 (CCL 72, 22); Iohannes
Cassianus, de coenobiorum institutis 4 (PL 49, 328D); Rabanus, expos super Ier (PL 111,
918B. 960C. 1008D. 1058D) Lom, comm in Ps 2,4 (PL 191, 71A). 2, 5 (ibid 71B): Ανθρωπο–
παθως *est hic, id est humana propassio, quando quod creature est attribuitur Creatori [Aug.]*); idem,
comm in Ps 77, 71 (PL 191, 743D) - Transscriptionem Latinam habent: antropospatos (ut
praesens expositio): Lom ad Hbr 3, 1-11 (PL 191, 427B. 1082C); Rob, sent 1, 5, 50 (Ed.
Martin/Gallet 267); Petrus Comestor, historia scholastica (PL 198, 1082B); Rodericus
Ximenius de Rada, breviarium 1, 20 (CCM 72A, 42s); Alanus de Insulis, theologicae
regulae (PL 210, 638D et nota 43); anthropospathos: Andreas de S. Victore, expos super
heptateuchum, in Ex (CCM 53, 98); idem, expos historica in libros Salomonis, in Parabolis
(CCM 53B, 27. 36. 60); anthropopathos: Hier, in Iob 20, 29 (PL 26, 671D); Gl ad Hbr 3, 11
(PL 114, 649B, non in Ed. Rusch); Petrus Lom, comm in Ps 101,11 (PL 191, 910B); Ps.-Hu-
go, QEP Rm q 41 (PL 175, 619A); Alanus de insulis, theologicae regula (PL 210, 638C.D
[bis].

---

856 qua] quo T   858 credunt] tremunt T   860 haberi] idem T   866 Ne] Non AT; n. O

tur, dicta esse intelligantur. Est autem antropospatos humana propassio,
870 que tunc dicitur fieri, quando secundum nostrarum passionum siue
motuum effectus de deo loquimur. Quia enim nos irati punire et uindictam sumere solemus et propitii bona dare, quotiens deum talia operari
uidemus, ipsum tunc uel iratum uel propitium dicere consueuimus. Per
iram ergo dei non perturbatio aliqua dei intelligenda est, sed iusta
875 uindicta, que reuelatur in euangelio uentura esse DE CELO in illo secundo aduentu iudicis et casura SUPER OMNEM IMPIETATEM, uel: dei uenturi
DE CELO.

Impietas, dicit Origenes, *est in deum peccare, iniquitas in proximum,* et
conuenienter satis. Est enim pietas, sicut in Iob legitur, *cultus / dei;* unde A 138va
880 merito cultus ydolatrie dicitur impietas. In deum enim pec/cat, qui pro O 17va
creatore creaturam adorat, qui cultum, quem deo debet, demoni siue
creature alii exhibet. Merito etiam peccare in proximum dicitur iniquitas
quasi peccatum contra equitatem. Omnes enim lege prime conditionis,
lege nature, pares sumus et equales. Vnde qui contra parem et equalem
885 suum facit, contra equitatem facit et sic iniquitatem facit.

VERITATEM DEI DETINENT. Est ueritas que deus est; hec omnia continet
et a nullo detinetur. Est ueritas que deus non est, ipsa tamen / a deo est; T 129vb

---

874   iusta...esse] cf Ab 66, 662; Lom 1325B.   876   dei...celo] Gl 275b^i.   878   Impietas...
proximum] Or, ad Rm 1, 18 (AGLB 16, 83; FC 2/1, 140); Gl 275b^{mg}.   879   pietas...dei] *Ita
permulti auctores sec* Iob 28, 28: θεοσεβεια εστι σοφια LXX; *ecce timor domini ipsa est sapientia* Vg;
sed vide Augustinum, de spiritu et littera 11, 18 (PL 44, 211): θεοσεβεια *porro si ad verbi
originem latine expressam interpretaretur, Dei cultus dici poterat...*; idem, enarr Ps 135, 8 (CCL 40,
1962); idem, de civitate dei 10, 1 (CCL 47, 273); idem, de trinitate 14, 1 (CCL 50A, 421); cf
eundem epist 140, 18, 45 (CSEL 44, 193). 155, 1. 2. 4 (ibid 431. 435. 447). 167, 3 (ibid
598); idem, enchiridion 1, 1 (CCL 46, 49); idem, epist 132, 11 (PL 22, 1143A). . 167, 3, 11
(PL 33, 737); idem, sermo 85, 5, 6 (PL 38, 523A); idem, sermones inediti, sermo 16, II (PL
46, 870); *similiter* e. g.: Pelagius ad I Tim 6 (Ed. Souter 2, 500); Haimo 403C. 788D; Gl
327b^{mg} ad 1 Cor 12, 8; Bernardus, epist 17, 11 (opera 7, 275); idem, sermo 14, 2 de diversis
(opera 6, 1, 135). 72, 1 (ibid 307). 125, 3 (ibid 406); idem, sermo 1, 3 super psalterium
(opera 4, 388); idem, sermo 4, 2 in nativitate domini (opera 4, 265); idem, sent, series 3, 21
(opera 6, 2, 77); idem, sermo 2, 7 in festo ss apostolorum Petri et Pauli (opera 5, 196);
idem, sermo 4, 2 in nativitate domini (opera 4, 265) Guillelmus de S. Theodorico, expos
super epist ad Rm, praef (CCM 86, 3). 1 ad 1, 18 (ibid 18). 2 ad 3, 27 (ibid 47); idem, de
natura et dignitate amoris (Ed. Davy 78); idem, speculum fidei (Ed. Davy 66); idem, epist
ad fratres de Monte Dei 26 (SChr 223, 164); idem, super Ct, expos 4, 25 (CCM 87, 31). 5,
36 (ibid 37). 36, 168 (ibid 115); idem, expos altera in Ct (PL 180, 482B); Gualterus de S.
Victore, sermo 3 (CCM 30, 29); P. Lom, sent 3, 9, 1, 2 (Ed. Brady 2, 69); Rupertus Tuitiensis, de sancta trinitate 41 (CCM 24, 2075); Speculum uirginum 11 (CCM 5, 346).
882   iniquitas...equitatem] cf Richardus de S. Victore, adnotationes mysticae in Ps 25 (PL
196, 281A.C); Pertrus Comestor, historia scholastica in ev (PL 198, 1590C).

---

870   siue] uel T   880   enim] *om* O   884   parem....   suum] *trp* parem suum et equalem
T 886 hec....   continet] *trp* omnia continet hec T

que ne exeat ad actum, a prauo homine per culpam detinetur. Hec est cognitio boni. Sepissime enim intelligit homo bonum, quod facere debeat, impeditur tamen peccato suo, ne faciat. Vel: *Veritatem dei* ueram 890 de deo uocat cognitionem, quam philosophi gentilium et alii multi habebant, qui tamen ydolis seruiebant. Vnde Augustinus: *O gentilis, o philosophe! Inuenisti deum et colis ydolum, inuenisti ueritatem et ipsam detines in iniusticia!* Et hoc uult sequens littera:

[19] QUIA QUOD NOTUM etc. Diceret quis: Quomodo ueritatem deti- 895 nent uel etiam habent illi, ad quos deus locutus non est, qui nec legem habent nec prophetas? Ad hec apostolus: Immo et habent et detinent, quia quod NOTUM EST DEI, id est quod cognoscibile est de deo, MANIFE- STUM EST IN ILLIS, hoc est in naturali ratione eorum, uel: IN ILLIS, hoc est O 17vb in libris eorum. In Platone enim multa de deo et fi/lio eius scripta inue- 900 niuntur, que beatus Augustinus ad fidei nostre confirmationem sepe contra hereticos inducit. Hermes etiam qui et Mercurius appellatus est, de trinitate plura scripsit. Deus autem ex parte cognosci uoluit, ne infide- litas excusationem haberet, et ex parte occultus esse, ut fides meritum et ex merito premium haberet.   905

Sunt autem quattuor modi, quibus cognoscitur deus: duo interiores et duo exteriores. Interiorum primus est in natura, secundus in gratia; primus in naturali ratione, secundus in diuina inspiratione. De primo loquitur hic apostolus: *Quod notum est dei, manifestum in illis.* De secundo

---

890   Veritatem...892 seruiebant] cf Lom 1326AB.   ueram...cognitionem] cf Gl 276a^i. 892 O...philosophe] *Non apud Augustinum,* sed Lom 1326A.   893 Inuenisti...iniusticia] Aug, sermo 141, 3 (PL 38, 776f); Gl 276a^mg; Lom 1326A.   900 In...inueniuntur] Timaios 41a: (Ed. Waszink, Corpus Platonicum Medii Aevi 4,35).   901 beatus...inducit] Aug, con- fessiones 7, 9, 13 (CSEL 33, 101s); idem, de civitate dei 8, 23s (CCL 47, 239s). 10s (ibid 226s); Ps-Aug = Quodvultdeus, adv quinque haereses 3, 4 (CCL 60, 265); cf Ab, Th SB 1, 30-59 (CCM 13, 97-108); Th Chr 1, 54-125 (CCM 12, 94-125); t sch 101 -123 (CCM 12, 442-451); Th Sch 1, 94 - 188 (CCM 13, 356-398); Rob, sent 1, 2, 8 (Ed. Martin III/1, 292-298); Lom, sent 1, 3, 1, 3-6 (Ed. Brady 1, 69s).   902 Hermes...scripsit] Hermes Latinus (Trismegistus), Logos teleios = Asclepius 8 (Ed. Nock/Festugière, Corpus Hermeticum II, 304/306); *vide.* Aug, de civitate dei 8, 6 (CCL 47, 222s). 8, 23s (ibid 239s); idem, contra Faustum 13, 15 (CSEL 25/1, 394); idem, de baptismo 6, 44, 87 (CSEL 51, 340); Ps.-Aug = Quodvultdeus adv quinque haereses 3, 4 (CCL 60, 265); cf Ab, Th SB 1, 61 (CCM 12, 96); t sch 114 (CCM 12, 445s); Th Chr 1, 61 (CCM 12, 96); Th Sch 1, 115 (CCM 13, 363s); sic et non 15, 6 (Ed. Boyer/Mc Keon 146); Rob, sent 1, 2, 8 (Ed. Martin III/ 1, 294).   906 Sunt ...955 solet] Hugo, sent pars III (Ed. Piazzoni 949-953); idem, de sacramentis 1, 3, 3 (PL 176, 217C-218B); Rob 25, 14-27 8; idem, sent 1, 3, 2 *De quatuor modis cognitionum quibus mens rationalis ad divinam potest pervenire noticiam* (Ed. Martin / Gallet 6-18): *Quibus modis cognitio Dei ad homines venit.*

---

892 habebant] habeant A*O* 898 quod²] quia O 903 plura] populo T 906 deus] dicitur A 908 inspiratione] spiratione A* 909 secundo] deo T

910 statim supponit: *Deus enim illis manifestauit,* id est gratia inspirante reuelauit.

Exteriorum / primus est in creaturis, secundus in scripturis. Quod A 138vb
enim per creaturam cognoscitur deus, in apostolo habetis paulo inferius:
Inuisibilia enim etc. Quod autem per scripturam cognosci possit et cog-
915 noscatur deus, non est dubium, sed et exemplis hoc ipsum ostendere
superfluum. Naturalis autem ratio ad cognitionem dei hoc modo procedit: In hac enim factus est homo *ad imaginem et similitudinem* dei, ad
cognoscendum deum scilicet et diligendum. Intelligit enim se se non
semper fuisse et, cum non esset, a se non posse esse; quod enim nichil,
920 ut aliquid sit, facere non potest. Inuenit itaque aliud a se sui, immo
omnis creature, esse principium, et unum omnium, non plura. Si enim
plura essent, nullum eorum / summum esset, uel eorundem aliquid O 18ra
insufficiens esset.

Si autem opponatur de tribus personis quod quelibet earum principi-
925 um est nec tamen aliqua insufficiens, dicimus quod non sunt diuersa
principia, sed unum principium. Sed utrum queque sit sufficiens per se,
dubitari potest. Si enim filius dicitur per se sufficiens creare uel aliquid
facere, si dicatur: per se, hoc est etiam sine patre, falsum est. Si dicatur
per se, quod in se sufficientem ad hoc habeat potentiam, uerum est. Est
930 ergo per se sufficiens sic intellecto, sed non a se, quia a patre hanc habet
sufficientiam, a quo habet essentiam et omnipotentiam. /

Item: Per creaturam cognoscitur non tantum unus sed trinus. Inue- T 130ra
stigandi enim et cognoscendi se uestigia sui in omni creatura creatrix
omnium impressit trinitas. Attende enim, sed diligenter, ipsam uniuersi-
935 tatem, et dei in ipsa manifeste reperies potentiam, sapientiam et benig-

---

914 Inuisibilia enim] Rm 1, 20.   917 ad^1...similitudinem] Gn 1, 26.   932 Per...trinus] cf
Rob 26, 11-13.   935   potentiam...benignitatem] *His tribus nominibus* potentia, sapientia,
benignitas (sive bonitas sive caritas) *multi auctores usi sunt ad signandam trinitatem, ut:* Ab 68,
727-734. 70, 790-794 (ad Rm 1,20); idem, Th SB 1, 1, 1-5 (CCM 12, 86-88). 2, 4, 106 (ibid
152); Th Chr 1, 1- 7 (CCM 12, 72-75). 5, 17 (ibid 354); idem, Th Sch capitula 3 (CCM 13,
317). 1, 40 (ibid 334); idem, dialogus (Ed. Thomas 169, 367s); idem, apologia contra
Bernardum 12 (CCM 11, 365); idem, sent 5 (Ed. Buzzetti 35, 26-29. 37, 98-101; Rob 27,
21-28, 8; idem, sent 1, 3, 17 *"De hoc quod discretio trium personarum conuenienter per hec tria:*
potentia, sapientia, bonitas, fieri potest, quamquam hec tribus personis communia sint" (Ed. Mar-
tin/Gallet 65) *et sequens discussio usque ad* c 27 (ibid 87); *vide etiam notam ad sent 1, 3, 17, p*
65!); Hildebertus, tr theologicus 7 (PL 171, 1083A); Hugo, eruditio didscalica 7, 1 (PL 176,

---

910   Deus.... reuelauit] deus enim manifestum est, id est gratia reuelante inspirante
T 913   creaturam] creaturas T cognoscitur] cognoscatur AT^c in.... habetis] *trp* habetis in
apostolo T 914 cognosci.... cognoscatur] *trp* cognoscatur et cognosci possit T 916 super-
fluum] superfluit O 920 aliquid] aliquod A 922 aliquid] aliquod AT 924 quod] quem O*;
quare O^mg 927 aliquid] aliquod A 928 si] sed O 929 ad.... potentiam] *trp* habeat potentiam ad hoc T 932 cognoscitur] cognoscatur O 933 sui] se T

nitatem; potentiam in creatione, sapientiam in dispositione, benignitatem in gubernatione et administratione. Qui enim per potentiam cuncta
creauit, suis eadem locis aptissime per sapientiam disposuit et, ne in se
ipsis deficiant, unde sustententur singula, per bonitatem suam preparauit.   940

Sed ut quid de uniuersitate ipsa loquor? Propone tibi creaturam
O 18rb aliquam singularem, auiculam siue pis/cem siue quidlibet aliorum.
Considera, si potes, attende, quantum potes, quante fuerit potentie tale
A 139ra aliquid de nichilo creare, quante / sapientie in illa plumas, in isto
squamas et in utroque membra corporis tam conuenienter ordinare!   945

Si de utilitate istorum minorum seu maiorum queras, attende, quia
propter nos hec omnia facta et nobis ad usum data sunt. Etiam que
nociua sunt, nobis utilia sunt. Nonne uenenum ueneno expellitur? Et de
serpente fit tyriaca humanis utilissima corporibus. Est alia summa et

---

811C); idem, sent pars III (Ed. Piazzoni 953 [*potentia, sapientia, gaudium/amor*]); idem, de
sacramentis 1, 2, 8 (PL 176, 209C-210A); Ps.-Hugo, sermo 61 (PL 177, 1087C); Ps.-Hugo, SS
8, 10 (PL 176, 57CD); Ps.-Hugo, miscellanea 52 (PL 177, 778B). 67 (ibid 794C); Guilellmus
de S. Theodorico, aenigma fidei (Ed. Davy 138 [*bis*]. 140 [*bis*]. 142); idem, expos ad Rm 1,
18s (CCM 86, 22). ad 1, 20s (ibid 23); Richardus de S. Victore, de statu interioris hominis
(PL 196, 1148B); Lom, ad Rm 1, 20-23 (PL 191, 1329A); idem, sent, capitula liber I, distinctio 34 (Ed. Brady 1, 14): *Quod potentia, sapientia, bonitas in scriptura interdum ad personas
distincte referuntur;* idem, sent 1, 34, 3s (Ed. Brady 1, 251-253); cf sent 2, 43, 11 (Ed. Brady 1,
577); Gerhohus Reicherspergensis, epist 23 (PL 193, 588B); idem, expos Ps 7, 2 (PL 193,
725BC. 726BC). Ps 27, 2 (ibid 1222A). Ps 43, 4 (ibid 1537B).
948   uenenum...expellitur] cf Ambr, de Elia et ieiunio (PL 14, 725A): Ps.-Aug (= Abst),
quaest veteris et novi test 116 (CSEL 50, 351); Petrus Damiani, de patientia in insectatione
improborum 1 (PL 145, 792B); Haimo, ad Rm 1, superiorum epilogus (PL 117, 665B).
949   tyriaca] Tyriaca *sive* tiriaca *sive* theriaca *sive* teriaca, graece θεριακη, θεριακα: *medi-
camentum, etiam ad expellendum venenum serpentum.* Cf P. Dilg, Art. Theriak, LMA 8, 677-679.
Apud auctores Christianos e. g.: Ambr, explanatio psalmorum XII, ad Ps 37, 8 (CSEL 64, 142);
Ps.-Aug, sermones supposititi de diversis 247, 3 (PL 39, 2201); epistulae ad Augustinum et
alios, epist 11 (CSEL 88, 59); Hier, adv Iovinianum 2, 6 (PL 23, 292A); Iohannes Cassianus,
conlationes 18, 16, 13 (CSEL 13, 531); Iustinianus, digesta 33, 7, 4 (Ed. Krüger/Mommsen
1, 512); Caesarius Arelatensis, sermo 57, 2 (CCL 103, 252); anonymus (Antoninus Placenti-
us), itinerarium 12 (CSEL 39, 201); Beda, de orthographia [T] (CCL 123A, 53); Sedulius
Scottus, collectaneum miscellaneum, sectio 74, 2 (CCM 67, 300, *sec Hier*); Isidorus, etymologiae 183, 8 de remediis et medicaminibus; Aldhelmus Scireburnensis, de laude virginitatis
(PL 89, 113C); Rudolfus I, epist 32 (PL 98, 736B); Christianus Stabulensis, expos 4 (PL 106,
1292B); Richerus S. Remigii, historiae 1, 59 (PL 138, 75AB [bis]); Petrus Damiani, de bono
status (PL 145, 784D); idem, de patientia (ibid 792B); idem, de perfecta informatione (ibid
730C); Ivo Carnotensis, sermo 6 (PL 162, 563D); Hildegardis, subtilitates c. 15 de tyriaca
(PL 197, 1344B); Stephanus Tornacensis, epist 111 (PL 211, 400C); Helinandus Frigidi
Montis, sermo 12 (PL 212, 852D).

---

941 ut quid] nunquid T 944 quante] quanta A illa] ista A illo T 949 tyriaca] sic AOT *pro*
theriaca

950 precipua in omnibus his utilitas: Laudis dei materiam in istis habemus,
propter ista deum laudare et benedicere iubemur, cum etiam ipsa eadem
ad benedicendum et laudandum deum inuitantur.

Sic ergo per creaturam cognoscitur creatrix omnium trinitas. Potentia
enim ad patrem, sapientia ad filium, benignitas ad spiritum sanctum
955 referri solet, unde supponit:

[20] INUISIBILIA ENIM IPSIUS etc. Quid est quod dicit *inuisibilia* et post
supponit *sempiterna quoque uirtus et diuinitas?* Nonne et ista inuisibilia dei
sunt? Sed per inuisibilia intelligitur pater, sicut sancti exponunt, per
uirtutem dei filius (ipse est enim dei uirtus et dei sapientia, quia per
960 ipsum operatur pater), per diuinitatem dei benignitas, id est spiritus
sanctus. In legibus / frequentissime inuenitur: "Diuus Antonius", "diuus O 18va
Augustus", id est benignus, "diuine constitutiones", id est benigne. Ideo
per inuisibilia pater, quia ipse nunquam in uisibili specie apparuit, sicut
filius in homine, spiritus sanctus in columbe et in ignis specie.

965   A CREATURA MUNDI, hoc est ab homine, non solum ab angelis. Homo
creatura mundi dicitur per excellentiam, quia excellit inter alias creaturas;
uel: CREATURA MUNDI, hoc est a constitutione mundi.

ITA UT SINT INEXCUSABILES. Quasi cognitionem habuerint non solum
de uno sed etiam de trino deo, id est fidem unitatis et trinitatis, quam et
970 gratia diuine inspirationis et officio rationis assecuti sunt, et ita error
ignorantie non excusat eos; unde supponit:

[21] QUIA CUM COGNOUISSENT DEUM, NON SICUT DEUM GLORIFICA-
UERUNT. De deo cognitionem habuerunt, sed ad debitum finem, id est
ad dei gloriam, cognitionem illam non conuerterunt, sed abutentes ea
975 eam fine debito priuauerunt.

Quis debeat esse finis omnium operum nostrorum, innuit hic apostolus et apertius in sequen/tibus, ubi dicit: *Omnia quecunque facitis, in* A 139rb
nomine domini facite; et non solum operum, sed et intentionum et uolun-
tatum, ut scilicet deum in omnibus glorificemus, id est propter deum
980 omnia faciamus.

---

953   Sic...trinitas] *Vide ad l- 932-940;* cf Ab 68, 729-734; Rob 27, 21-28, 8; Lom 1329A.
Potentia...955 solet] cf Lom 1329A.   956   Quid...961 sanctus] cf Ab 68, 717-734; 69,
754-765; Rob 25, 1-26, 1; 27, 21-28, 8; Lom 1328C-1329A.   958   sicut...exponunt] Gl
276a^mg.   959 dei^2...sapientia] cf I Cor 1, 24.   964 columbe] Mc 1, 10; Mt 3, 16.   ignis]
Act 2, 3.   965   A...creaturas] Gl 276a^i+mg; cf Lom 1327B.   hoc...angelis] cf Lom 1328B.
ab homine] cf Gl 276a^mg.   977 Omnia...facite] 1 Cor 10, 31.

---

950 materiam] materia A 952 inuitantur] inuitandum A* 953 per] propter T 960 spiritus
sanctus] *trp* A 962 Augustus] *om* T 964 in^3] *om* T 968 habuerint] habuerunt A 969 etiam]
om T deo] *om* T unitatis.... trinitatis] *trp* trinitatis et unitatis T   970   gratia] gratie
T   976   nostrorum] *om* O innuit.... 978 operum] O^mg sin *et*^mg inf hic apostolus] om
T 978 et^2] *om* T

Sunt enim, ut quidam dicunt, omnia opera nostra indifferentia, id est
que et bona et mala intentione fieri possunt; et si bona intentione fiunt,
T 130rb bona sunt, et si mala, mala; per se autem nec bona nec mala, sicut / est
uestire nudum, pascere pauperem. Si enim causa uane glorie fiunt, mala
O 18vb sunt, si causa mi/sericordie, bona. Sed ab his queritur, si preceptum sit 985
pascere pauperem, et concedunt; et etiam omnes eo tenentur, quisque
pro facultate sua. Ergo pascere pauperem indifferens opus non est, sed
tantum bonum.

Item: Deus illud omnibus precepit, ergo uel quia uoluit uel quia
ipsum bonum fuit. Non autem precipit deus, sicut beatus Augustinus et 990
beatus Ieronimus dicunt, quia uult, sed quia bonum est quod precipit.
Item: Potuit iste bona intentione facere quod facit opus bonum uel opus
malum quod facit.

Item: Numquid potest bonum opus mala intentione fieri? Item: Dominus in euangelio: *Cauete ab his qui ueniunt ad uos in uestimentis ouium, intus* 995
autem sunt lupi rapaces. Vestimenta ouium, sicut sancti exponunt, opera
sunt bona, que causa deceptionis et cupiditatis ab hereticis et ypochritis
fiunt.

Sunt igitur opera quedam bona tantum, et quia bona sunt precipiuntur, sicut diligere deum et proximum, uestire nudum, pascere paupe- 1000
rem. Sunt quedam tantum mala et ideo prohibita, sicut furtum, homicidium, fornicatio, et adulteria. Sunt quedam, que ex preceptione uel uoto
bona sunt, et ex hoc solo remunerabilia, quia propter preceptum uel
uotum obseruantur, sicut fuit illa oblatio filii Abrahe ad immolandum,
sicut est et uirginitas post uotum, et religionem professorum obseruantie 1005
O 19ra multe, quibus non professi non tenentur. Sunt / quedam ex sola prohibitione mala, sicut comedere de fructu ligni scientie boni et mali. Sunt

---

981 ut...dicunt] cf Ab 78, 65 (ad Rm 2, 6). 306, 324 (ad Rm 14, 23).   990 Non...precipit²]
cf Hier, in Os, prol (CCL 76, 4): *Et nos dicimus, nihil Deus praecipit nisi quod honestum est, ...*
Sed quia scimus nihil Deum velle nisi quod honestum est, hoc praecepit quod honestum est. Cf: Aug,
de Genesi contra Manichaeos 1, 4, 12, 4 (PL 34, 175); idem, de civitate dei 11, 21 (CCL 48,
339). 11, 24 (ibid 343s); cf Hugo, sent pars II (Ed. Piazzoni 947s); idem, de sacramentis 1,
4, 15 - 23 (PL 176, 240C-244C); cf Lom sent 1, 45, 4 (Ed. Brady 1, 308s).   995 Cauete...
rapaces] Mt 7, 15.   996   sancti exponunt] Aug, de sermone domini in monte 2, 24, 80
(CCL 35, 179); Hier, in Mt 1, 7 ad Mt 7, 15s (CCL 77, 43); Zacharias Chrysopolitanus, in
unum ex quatuor (PL 186, 153AB); Ps.-Hugo, QEP, Rm q 37 (PL 175, 521); Bernardus,
epist 248, 2 (opera 8, 142).   1004 oblatio...immolandum] Gn 22, 1-14.   1007 comedere...
mali] Gn 2, 17.

---

986 et²] *om* T 992 facit] fecit T 996 sancti exponunt] *trp* T 998 fiunt] *om* T 999 opera....
bona] *trp* bona opera quedam T 1000 pascere] *praem* et T 1001 ideo] ita T 1002 fornicatio]
for. O; fornicationes T quedam] etiam T 1003 uel] et T 1004 filii] *om* T 1005 et¹] *om*
T post] *add* par- O* *del* O

quedam indifferentia, que sine adminiculo uoluntatis natura ipsa operatur in nobis, sicut est claudere et aperire oculum, mouere pedem uel
1010 manum, que et ipsa quandoque et ad bonum mouentur et ad malum.

QUIA CUM COGNOUISSENT. Queritur iterum, quomodo fidem de deo
habuerunt. Non enim uidentur / posse simul esse fides et cognitio. Vbi A 139va
enim cognitio est, est scientia. Scientia autem est certa hec rei compre-
hensio. Hec autem fidem expellit. Est enim fides supra opinionem et
1015 infra scientiam. Sed est cognitio triplex: alia fidem precedens, id est
intelligentia uerborum (*Ex auditu enim est fides*, sicut scriptum est); alia
fidem subsequens, id est intelligentia misteriorum (de qua scriptum est:
Nisi credideritis, non intelligetis); alia fidem expellens, que erit in futuro (de
qua apostolus: *Tunc cognoscam sicut et cognitus sum*). Hanc autem cognitio-
1020 nem nec sapientes gentilium nec prophete nec apostoli in uita presenti
habuerunt.

NON SICUT DEUM GLORIFICAUERUNT. *Gloria est*, sicut orator ille Tullius
diffiniuit, *frequens fama cum laude*. Sed orator noster, beatus Augustinus,
aliter diffinit dicens: *Gloria est optime et summe et late patens fama*. Deum
1025 igitur glorificat, qui bonum, quod habet, / a deo se credit habere et O 19rb
bono illo utitur, in quo debet et propter quod debet, id est propter
deum.

AUT GRATIAS EGERUNT. Gratias agere est deum pro beneficiis gratis
datis laudare.

1030   SED EUANUERUNT IN COGITATIONIBUS SUIS. Ecce consummata accusatio,
in eo scilicet, quod non fecerunt quod debuerunt, scilicet gratias agere,
et in eo, quod fecerunt quod non debuerunt, cum euanuerunt in cogitationibus suis. Vtrumque istorum accusat hominem, scilicet non facere
quod debet et facere quod non debet; sed hec duo grauius. Nemo se

---

1013   Scientia...comprehensio] cf Ab, Th SB 2 (CCM 13, 117, 78s); Th Chr 3, 6 (CCM 12,
196, 70s); Th Sch 2, 29 (CCM 12, 421, 447); Andreas de S. Victore, expos super Dn 1 (CCM
53F, 10); cf Hugo, didascalicon, appendix A (Ed. Buttimer 130 ; FC 27, 402); Ps.-Hugo, SS 1
(PL 176, 43BC); Ps.-Hugo, miscellanea 18 (PL 177, 487A).   1014   Est...scientiam] Hugo,
vide supra notam ad p. 39, 851s!   1016   Ex...fides] Rm 10, 17.   1018   Nisi...intelligetis] Is 7,
9.   1019   Tunc...sum] 1 Cor 13, 12.   1023   frequens...laude] Cicero, De inventione 2, 55,
166 (Ed. Strobel 150^b): *Gloria est frequens de aliquo fama cum laude*; cf Aug, in Io ev tr 100, 1
(CCL 36, 588); idem, de diversis quaest 83, q 31, 3 (CCL 44A, 44).   1024   Gloria...fama]
Aug, de moribus ecclesiae 1, 14, 24 ad Rm 11, 36 (CSEL 90, 28).   1028   Gratias...laudare]
Vide supra 654s!

1009   pedem.... manum] *trp* manum uel pedem T   1012   posse] *om* T   1014   Hec] contra
O* autem] om O enim T   1015   precedens] pretendens O   1017   de.... intelligetis] *om*
T   1022   Tullius] .i.O Tullius O^{mg}   1023   diffiniuit] diffinit AT   1024   patens] potens
T 1026 propter¹] ipsum T propter²] ipsum T 1031 scilicet²] *om* T

excuset, si non facit quod non debet, quia accusabitur, si non facit quod 1035
debet.

T 130va   Isti ergo / *euanuerunt in cogitationibus suis* recedendo a fundamento et
cognitione ueritatis, quam habebant, sibi attribuentes -et inde gloriam
propriam querentes- sapientiam, quam a deo habebant. Hi itaque more
fumi quanto altius se per superbiam extollebant, tanto magis euanesce- 1040
bant.

[22] DICENTES ENIM SE ESSE SAPIENTES STULTI FACTI SUNT. Distat inter
insipientem et stultum: Insipiens enim est, qui nichil scit, stultus, qui
parum et minus quam oportet. Dicebant ergo quidam illorum et credebant se a se esse sapientes et proprio labore et ingenio sapientiam ha- 1045
bere. Alii autem sapientiam se a deo habere credebant, sed inde non dei
sed propriam gloriam querebant. Vnde in tantum excecati sunt, quod

[23] GLORIAM INCORRUPTIBILIS DEI CONUERTERUNT IN SIMILITUDINEM
A 139vb HOMINIS CORRUPTIBILIS / etc., id est honorem deo glorie debitum simili-
O 19va tudini hominis et uo/lucrum et quadrupedum et serpentum exhibue- 1050
runt. Alii enim hominum imagines, alii uolucrum, alii quadrupedum, alii
serpentum pro deo colebant. Ecce reprehendit eos apostolus de ydolatria. Sed opiniones, que de ydolo habentur, usque ad locum illum reseruabimus, ubi dicit apostolus, quod *ydolum nichil est in mundo.*

[24] PROPTER QUOD TRADIDIT. Ecce pena precedentium delictorum 1055
siue uindicta, sicut glosa dicit.

Est autem, sicut quidam dicunt, peccatorum aliud peccatum et pena
et causa peccati, aliud pena et non causa peccati, aliud non pena sed
causa peccati. Pena et non causa peccati est peccatum ultimum, causa et
non pena peccatum primum, pena et causa peccatum medium. Isti igitur 1060
concedunt omne peccatum, quod et pena est, esse a deo, non in quantum peccatum sed in quantum pena est. Sed probari potest et uerum est,
quod omne peccatum pena est, et secundum illos quod omne peccatum
in quantum peccatum, est a deo, quod falsum est. Numquid enim omne
peccatum corrumpit ledit et punit naturam? Ergo omne peccatum pena 1065
est nature. Item: In quantum peccatum est, corrumpit; ergo in quantum

---

1039 Hi...euanescebant] cf Ab 71, 833s.   1054 ydolum...mundo] I Cor 8, 4.   1055 Ecce...
uindicta] cf Gl 276bⁱ; Lom 1331A.   1057 Est...1069 est] *Vide Landgraf, Die Abhängigkeit der
Sünde von Gott. DG I/ 2, 204-281, imprimis 238-269!*   sicut...dicunt] Gl 276b^{mg}; Lom 1331A.
1059 Pena...ultimum] cf Ab 164, 354-367; Lom 1331B.

1035 quod²....   1038 attribuentes] O^{mg}; at- *etiam in textu* O*, *sed expunct* 1042 se.... sunt]
se sapientes esse stulti sunt T   1044 ergo] enim T   1046 se.... credebant] *trp* se habere
credebant a deo T   1048 similitudinem.... corruptibilis] similitudinem uel hominis etc
T 1049 similitudini] simili O 1059 est] *om* T 1060 igitur] *om* T 1064 peccatum] peccant
A 1066 peccatum] *om* T

est peccatum, punit; ergo in quantum est peccatum, pena; et in quantum
pena, a deo; ergo et in quantum peccatum, a deo. Quod aperte falsum
est.

1070   Sed quia de peccato disputatio latior hic habetur, huius oc/casione O 19vb
sententie, qua dicit apostolus: *Tradidit* illos deus in desideria cordis sui,
quid sit ista traditio uideamus.

Dicunt quidam: *Tradidit*, id est tradi permisit. Sed que est ergo uindicta precedentium peccatorum, quam apostolus assignat hic dicens:
1075 *Propter quod*, et glosa dicit: *uindicta*. Eodem enim modo posset dici de
omni peccato, quia omne peccatum fieri deus permittit. Item: Dicit
beatus Augustinus, sicut in glosa habetur: *Manifestum est deum operari in*
cordibus hominum ad inclinandas eorum uoluntates, quocunque uoluerit, siue ad
bona pro sua misericordia siue ad mala pro meritis eorum iudicio utique suo
1080 *aliquando aperto aliquando occulto, semper autem iusto.* Ecce quia deus operatur in corde non modo bene uolentis et agentis, sed etiam in corde male
uolentis et male operantis. Quid est autem operari in corde alicuius ad
inclinandam eius uoluntatem ad malum nisi mouere mentem ipsam ad
malum? Motus / autem talis nonne peccatum est? Si uero talem motum A 140ra
1085 deus operatur, qui nec bonus est nec esse potest, quomodo mali alicuius
deus auctor non erit?

Item: Mentem sic mouere nonne est peccare? Quare si deus eam sic
mouet, et peccare comprobatur.

Sentiamus igitur de domino in bonitate, non in peruersitate, dicentes
1090 quod ista inclinatio siue traditio uel operatio, qua dicitur deus operari in
cordibus ma/lorum, nichil aliud est quam gratie subtractio. Iustum est T 130vb
enim ut, quia eum offendit / cuius gratia stabat, ei gratia subtrahatur, ut O 20ra
deterius cadat; nec est causa ruine eius is, qui gratiam subtrahit, sed qui
per culpam, ut subtraheretur, promeruit. Vt si domus casura esset, si quis
1095 manum supponeret et eam ne caderet sustentaret, si postmodum ratione

---

1070   Sed] *Ad sequentia)* cf Rob 30, 10-36, 5.   1073   Tradidit...permisit] Gl 276b^{i}.   Sed...
peccatorum] cf Ab 72, 869s; Lom 1331A.   1075   glosa...uindicta] Gl 276b^{i}; Lom 1332.
1077   Manifestum...1080 iusto] cf Phil 2, 13. Aug, de gratia et libero arbitrio 21, 43 (PL 44,
909); inde Sedulius Scotus, collectaneum ad Rm 1, 24 (AGLB 31, 43); Gl 276b^{mg}. *Haec*
sententia saepius citatur, e. g.: Ratramnus, de praedestinatione (PL 121, 19A); Ab, sic et non q 31,
18 (Ed. Boyer/McKeon 176); Hervaeus 613A; Andreas de S. Victore, expos super
heptateuchum, in Ex 4, 21 (CCM 53, 101); Bernardus, epist 382, 2 (opera 8, 347);
Guillelmus de S. Theodorico, expos ad Rm 1, 20s (CCM 86, 23); Hervaeus, ad Rm 1, 24 (PL
181, 613A); Ps.-Hugo, QEP Rm q 43 ad Rm 1, 24 (PL 175, 442C); Martinus Legionensis,
sermonres (PL 208, 412D).

1067 est^{2}] om T 1074 peccatorum] populorum T 1075 quod] *add supr lin* etc O posset dici]
trp T 1079 utique] itaque T 1087 nonne] in me A mente T 1095 eam] *om* T

exigente manum retraheret, numquid causa quare domus rueret esset?
Non, sed quare non prius cecidit, causa fuit. Sicut et, si aliquis nudus
esset et alter ei uestes daret et ille uestitus deinde offenderet eum, cuius
uestibus est indutus, ut iuste ei uestes auferret et sic nudus moreretur:
quis esset causa mortis eius? Nonne ille qui nudus moritur? Vel si quis 1100
causa exigente doctrinam subtrahat alicui, quam prius exhibuit, hoc facit
non aliquid operando, sed potius non operando quod prius.

Sic quoque dicimus, quod deus subtrahendo gratiam culpa nostra
exigente non ipse est causa, quare in maius malum precipitemur, sed nos
ipsi; nec hoc facit aliquid operando, sed non operando quod prius in 1105
nobis operabatur.

Operari autem accipitur pro operari et non operari, ut ibi: *Operor quod
non intelligo*. Aliter enim, nisi sic acciperet, facere malum et non facere
bonum non essent partes eius, scilicet operari, et illud: *Vnicuique reddet
iuxta opera sua*, scilicet pro eis, que fecit, et pro eis, que non fecit, cum ea 1110
facere debuerit.

O 20rb   Sic igitur nulla ratione conceden/dum est, quod operatione dei fiat
aliquod peccatum, nec quod malus actus siue mala uoluntas sit opus dei
uel sit aliquid, quod sit a deo. Hec enim opera sunt hominum, non dei.
Non enim aliquod malum facit deus, sed nec malum facienti cooperatur. 1115
Quod autem scriptum est: *Non est malum in ciuitate quod* non faciat deus,
de malo aduersitatis et non de malo peruersitatis intelligitur. Peccatum
A 140rb uero aliud secundum se dicitur peccatum, aliud secundum aliud. /
Inordinatio ordinis iusticie secundum se peccatum est et ipsa nichil est,
quia est priuatio, iusticie scilicet absentia. Vnde non est a deo, cum nichil 1120
est. Voluntas autem mala et actio mala peccatum est secundum aliud,
secundum scilicet inordinationem, et hec aliquid sunt et peccata dicuntur. Sed quia tota corrupta sunt, tota inordinata, nec hoc, quod peccata
sunt, nec hoc, quod sunt, a deo habent uel habere possunt.

Non est ergo concedendum, quod omnis uoluntas siue omnis actio sit 1125
a deo. Quod enim scriptum est: *Omnia per ipsum facta sunt*, de naturalibus
intelligendum est.

Sed probare nituntur aliquid quod peccatum est esse a deo hoc modo:
Omne iustum est a deo. Sed hec pena que peccatum est, iusta est, quia

---

1107 Operor...intelligo] Rm 7, 15.   1109 Vnicuique...sua] Mt 16, 27; Rm 2, 6.   1116 Quod
...1123 dicuntur] cf Ps.-Hugo, QEP Rm q 43 (PL 175, 442B-443B).   Non...deus] Am 3, 6.
1119 Inordinatio...iusticie] cf Aug, de diversis quaestionibus 83 (CCL 44A, 122); Ps.-Hugo,
QEP Rm, q 43 (PL 175, 442D-443A); cf q 78 (ibid 453D).   1126 Omnia...sunt] Io 1, 3.

1096 domus rueret] *trp* T 1097 cecidit] caderet T   1101 exigente] cogente T subtrahat]
subtrahit T 1111 debuerit] debuit T 1113 mala uoluntas] *trp* T 1117 et] *om* T 1122 secundum scilicet] *trp* T 1125 ergo] *om* T 1128 peccatum est] sit peccatum T

1130 iustum est eum sic puniri. Quare hec pena est a deo, et sic aliquid, quod
peccatum est, a deo est. Quod non procedit. Pena enim talis non dicitur
iusta ex qualitate sui, sed propter effectum, et dei quod / per ipsam O 20va
impletur iustum iudicium. Per ipsam enim efficitur quod iustum est,
istum scilicet sic puniri, sicut et per malum hominem iustum nonnun-
1135 quam adimpletur iudicium, per angelos malos iustam deus in Egyptios
exercuit iusticiam. Sic et illud intelligendum est, quod scriptum est:
Iustum est ut qui in sordibus est sordescat adhuc. Iusticia talis non est ex
qualitate sorditionis precedentis uel subsequentis, sed est ex lege dei et
iudicio, quo merito precedentium sordium in maiores precipitatur /ille
1140 sordes, in quibus et punitur.   T 131ra

Et notandum, quia pena dicitur tribus modis: aliquando enim pro
materia, in qua punitur quis, ut ignis siue materia alia cruciatibus preparata, aliquando pro actione punientis, aliquando pro dolore penam
sustinentis.

1145   PROPTER QUOD TRADIDIT ILLOS DEUS etc., id est: Gratiam subtraxit, qua
subtracta lapsi sunt.

IN DESIDERIA CORDIS SUI IN IMMUNDICIAM. Immundicia est omnis culpa,
quia omnis inquinat et immundam reddit animam. Immundiciam tamen
hic uocat culpam quandam, que plus feditatis quam cetere culpe habere
1150 uidetur, que fetore sulphureo in Sodomis punita est, quando quis natura
sua abutitur, quando scilicet peruerso more uir in mulierem et e conuerso conuertitur.

[25] QUI COMMUTAUERUNT UERITATEM DEI IN MENDACIUM, id est /
cultum uero deo debitum / falso deo, id est ydolo, quod deum putabant, O 20vb
1155 exhibuerunt, et id est: A 140va

COLUERUNT ET SERUIERUNT CREATURE POTIUS. Seruitus duplex: alia
enim soli deo debetur, id est latria, alia communis est, sub qua comprehenditur illa, que deo, et illa, que homini est exhibenda, que grece
"dulia" appellatur.

1135 per...malos] Ps 77, 49.   iustam...iusticiam] cf Gn 19, 24.   1137 Iustum...adhuc] Apc
22, 11; cf Radulfus Ardens, hom (PL 155, 1437D. 2116A); Ps.-Hugo, QEP Rm q 43 (PL 175,
442C); Hervaeus 730A; Gl 285b^{mg}; Lom 1461C; Alanus de Insulis, liber sent (PL 211, 238B);
idem, distinctiones (PL 210, 905B); Petrus Pictaviensis, sent 2, 12 (Ed. Moore/Dulong 2,
76); idem, summa de confessione 46 (CCM 51, 59); Innocentius III, regesta (PL 214,
924C).   1150 fetore...est] Gn 19, 23-35.

1131 est²] *om* T   1133 enim] *om* T   1142 alia] aliqua T   1147 immundiciam] inmundicia
T   1148 inquinat] inquinatam T   Immundiciam] inmundicia O   1150 Sodomis] Sodomitis T
1151 scilicet] quis T   1154 uero] u° *et rep in mg* O   1156 creature] *om* T   1157 latria] latera
AO   est²] *om* T

Ecce reprehendit istos apostolus, quia adorauerunt creaturam et ei 1160
seruierunt tanquam deo. Sed nunquid nos non adoramus creaturam?
Nonne hominem assumptum adoramus? Ipse profecto creatura est. Item
beatus Augustinus dicit: *Sine impietate terra adoratur.* Terra, id est humanitas Christi, cum pietate, id est cultu diuino, adoratur. *Pietas* enim *est,* ut in
Iob habetur, *cultus dei.* Ecce quia creatura adoratur.   1165

Sed non est hec indefinita concedenda: "Creatura adoratur", quamuis
ista: "Hec creatura adoratur", id est homo assumptus siue humanitas
Christi, sed non pro deo sed cum deo. Eadem enim adoratione deus
adoratur et homo assumptus, sed non quia homo sed quia deus. Homo
enim assumptus deus.   1170

Item: Nonne crucem adoramus? Scriptum est enim: *Tuam crucem*
adoramus, domine, et consimilia multa. Hinc est error et deceptio multorum, qui uerba ista iuxta quod sonare uidentur accipiunt et cruci quandam potentiam et uirtutem inesse, qua possit saluare et protegere ad se
O 21ra confugientes, credunt. Non enim crucis lignum, sed pro / nobis cruci 1175
affixum adoramus, et hunc sensum ·in omnibus talibus locutionibus
habere debemus, ut tamen in maiori ueneratione crucis misterium
habeatur, ante crucem genua flectit, crucem adorat, in cruce gloriatur
deuotio fidelium, sed in ipso sensu.

Item: Nonne Abraham adorauit homines terre, et Betsabee adorauit 1180
regem, et in apocalipsi legitur de Iohanne, quia cecidit ad pedes angeli,
ut adoraret eum? Vbi exponunt sancti, quia ante aduentum saluatoris se
passi sunt angeli ab hominibus adorari; sed postquam naturam humanam supra se eleuatam et exaltatam uiderunt, a natura humana prius

---

1160 Ecce...1191 etc] *Ad sequentia cf Landgraf, Der Kult der menschlichen Natur Christi. DG II/2,*
132-169, imprimis 135-148.   1163   Sine...adoratur] Aug, enarr Ps 98, 9 (CCL 39, 1385); cf
Lom comm ad Ps 98, 5 (PL 191, 895B); idem sent 3, 9, 1, 6 (Ed. Brady 2, 71).   1164 Pietas
...dei] *Vide supra ad p. 41, 879!*   1171   Tuam...domine] *plerumque* "*crucem tuam adoramus...*"
Antiphona (anonyma) in feria sexta (in Passione), introperia III; cf: Gregorius I, liber responsalis
(PL 78, 803D); Liber antiphonarius (PL 78, 676B); anonymus, missale mixtum (PL 85,
432B); anonymus, vita Alcuini c 9 (PL 100, 100D); idem, de divinis officiis c 18 (PL 101,
1210C); Prudentius, excerpta 1 (PL 115, 1445AB); Lanfrancus, decreta pro ordine S.
Benedicti 9 (PL 150, 479B); Innocentius III, sermones de tempore, sermo 27 (PL 217,
438A).   1178 genua flectit] cf Phil 2, 10.   1180 Abraham...terre] cf Gn 18, 1-3.   Betsabee
...regem] III Rg 1, 16.   1181   in...eum] Apc 19, 10. 22, 9.   1182   exponunt sancti] E.g.:
Cassiodorus, expos Ps 96, 7 (CCL 98, 873); Ambr Autpertus, expos in Apc 10, 22, 8 (CCM
27A, 856); Haimo, hom 81 (PL 118, 490D); idem, comm in Ps 143 (PL 116, 677D);
Hildebertus, sermo 49 (PL 171, 851C); Lom, comm in Ps 23, 9 (PL 191, 250C); Thomas
Cisterciensis, comm in Ct 11, 8 (PL 206, 770A).

1160   istos] illos T quia] qui T   1162   hominem] *om* T *(lacuna)* est] *om* T   1169   sed[1]] *om*
T deus] dicitur T 1171 crucem adoramus[1]] *trp* T 1176 locutionibus] *add* his T   1179 ipso]
predicto AT

1185 inferiori modo angelica superiori adorari recusarunt. Sed hec adoratio
est quedam supplicatio cum reuerentia, qua hominem superiorem siue
angelum ado/ramus, non tamen propter hominem uel propter ange- A 140vb
lum. Hunc autem honorem, et si ante aduentum saluatoris angelus ab
homine tanquam ab in/feriori natura susciperet, iam nunc ab eadem sibi T 131rb
1190 exhiberi renuit, quem eidem nature tanquam superiori exhibet, dicens:
Vide, ne feceris, conseruus etc.

[26] PROPTER QUOD TRADIDIT ILLOS IN PASSIONES. Passiones hic uocat
peccata illa contra naturam, de quibus agit inferius. Sed queritur, quare
uocat ea *passiones*, cum ibi non uideatur esse pena, sed delectatio /
1195 magna et si mala. Re uera ibi delectatio est et pena, et quanto maior O 21rb
delectatio et maior pena. Quanto enim quis in malo magis delectatur,
tanto magis natura interior corrumpitur, leditur et fedatur. Sed et natura
exterior quodam modo ibi patitur, quia inde pallescit, deficit et desicca-
tur.

1200 ET SICUT NON PROBAUERUNT DEUM HABERE IN NOTICIA, id est non
putauerunt deum cognoscere. Vel: Non approbauerunt *habere deum in
noticia*, id est noticiam dei, quam habebant, non approbauerunt sed
neglexerunt.

[28] TRADIDIT ILLOS IN REPROBUM SENSUM. Peccantes enim in sensu
1205 dei in suo sensu puniti sunt, sicut glosa dicit. Peccabant enim in sensu
dei, cum putabant deum ignorare peccata sua. Vnde et ipsi in sensu suo
puniti sunt, ut nec ipsi intelligerent se peccare. Vnde sensum dei hic
uocat rationem, per quam sentitur et cognoscitur ab homine deus, quia
hec est imago dei in homine. Quia igitur in ratione peccabant contra
1210 rationem agentes, rationem suo superiori, id est deo, non subicientes,
merito in suo sensu, hoc est in sensualitate, puniti sunt, eam rationi non
subicientes sed contra naturam abutentes.

TRADITI SUNT IN REPROBUM SENSUM, hoc est ab omni probitate remo-
tum, quod est summa ignorantia in uita presenti.
1215 De ista ignorantia / queritur, an sit peccatum uel tantum pena peccati O 21va
et non peccatum. Est autem ignorantia proprie eorum que scire debemus. Ignorantiam ita diuidunt: alia uincibilis, alia inuincibilis. Inuincibi-

---

1191 Vide...conseruus] Apc 19, 10; 22, 9.   1193 inferius] Rm 1, 26s.   1200 non²...1203
neglexerunt] cf Gl 277a^{mg}.   1204   Peccantes...1207 peccare] cf Gl ibid; Lom 1335A.
1215 De...1228 debemus] cf Rob 32, 24-33, 9.   1217 Ignorantiam...1221 est¹] cf Lom, sent
2, 22, 5, 1s (Ed. Brady 1, 446s); *idem textus:* Martinus Legionensis, sermo 7 (PL 208, 855D);
cf etiam Garnerius, sermo 40 (PL 205, 824A).

1185 recusarunt] recusant T 1197 tanto.... corrumpitur] *trp* tanto natura interior magis
corrumpitur T 1200 probauerunt] probra dicitur T deum] *om* T 1204 reprobum] rei T
1210 rationem²] ratione T subicientes] sufficientes T 1216 proprie eorum] *trp* T

lis est illa, que excusabilis est, que est ex infirmitate nature, ut in excessu cibi et potus, quandoque dormiendi, loquendi et in huiusmodi. Vincibilis illa est inexcusabilis. Quia enim homo uincere eam potuit et noluit, 1220
A 141ra merito in eam precipitatus est. Non est autem peccatum, ut dicunt, / ignorantia, sed pena peccati tantum, quia nec est malus actus nec mala uoluntas nec intentio nec consensus nec delectatio nec cognitio. Quare nec peccatum est.

Dicimus autem quia ignorantia peccatum est et pena peccati. Multa 1225 enim sunt peccata, que sub enumeratione predicta non ueniunt. Quid est autem ignorantia nisi nescire, quod scire tenemur? Et hoc peccatum est sicut et non facere quod facere debemus.

VT FACIANT EA QUE NON CONUENIUNT rationi uel nature. Illos dico [29] REPLETOS OMNI INIQUITATE. 1230

Distat inter peccatorem et iniquum et impium. Peccatores enim omnes generali uocabulo nominantur, iniquus autem proprie qui contra proximum agit, impius contra deum. Hic tamen sub iniquitate et iniquos comprehendit et impios. Iniquitatis species enumerat, que in glosa satis exponuntur. 1235
O 21vb Sed nota, quod dicit *homicidiis* pluraliter / et glosa desuper: *Quia sunt actus et uoluntatis.* Vnde et uidentur diuersa esse homicidia, homicidium uoluntatis et homicidium actus. Sed non sunt, sicut meritum uoluntatis et operis non sunt diuersa merita sed unum meritum. Quod enim opus meritum habet, ex uoluntate est. Sed quia multis uidebatur et adhuc 1240 forsitan uidetur homicidium non esse nisi exeat ad actum, pluraliter dicit
T 131va *homicidiis,* et glosa: *actus et / uoluntatis,* quia sola uoluntate quis homicida esse potest; sed interest quomodo. Si enim uelit et tamen operam et studium non adhibeat, ut opere compleat, longe minoris culpe est quam homicidium actus. Si autem studium et operam quantum potest appo- 1245 nat, ut actu compleat, et tamen non faciat, non minus tenetur quam si occidisset, sed quandoque magis quam aliquis qui occiderit. Sed uidetur, quia eodem modo posset dicere pluraliter de fornicatione et de quibusdam aliis speciebus, quas hic singulariter ponit. Quod sic solui potest:

1221 Non...1224 est] cf Ab 306, 326-307, 348; idem, Ethica 1, 16, 6 (CCM 190, 17). 1, 37-39, 2 (CCM 190, 36-39). 42, 2-5 (CCM 190, 41). 45, 1-3 (CCM 190, 44). 1229 rationi...nature] cf Gl 277a^i; Lom 1335BC. 1234 in glosa] 277a^mg. 1236 Sed...1243 quomodo] cf Ab 74, 925s; Gl 277a^i; Lom 1335C. Quia...uoluntatis] Gl ibid; cf Lom 1335C. 1241s

1220 Quia] Quidam T 1222 quia.... actus] om T 1226 Quid.... autem] trp quid autem est T 1227 quod] que T 1232 nominantur] nuncupantur T 1237 homicidium.... actus] trp homicidium actus et uoluntatis T 1238 meritum] merita T 1239 operis] opera T 1242 et glosa] om T et^2] sed T homicida.... potest] trp esse potest homicida T 1243 et^1] cum T tamen] om T

1250 Ideo apostolum de homicidio posuisse pluraliter, quia minus uidebatur
de eo quam de aliis peccatum esse solius uoluntatis.

[32] QUI CUM IUSTICIAM DEI COGNOUISSENT. Ad exaggerationem culpe
eorum repetit apostolus, quod supra dixerat, et ut ex repetitione ipsa
conuenientius addat. *Iusticia est uoluntas reddendi unicuique quod suum / est* O 22ra
1255 propter deum. Istud *suum* / non ad accipientem, ut multi uolunt, sed ad A 141rb
reddentem referendum est. Quomodo enim, ubi deus siue iudex secula-
ris ei cui pena debetur indulget, iusticia esset? Non enim quod illi debetur illi redditur. Iuste tamen agit deus siue iudex secularis indulgendo,
sicut et iuste ageret puniendo. *Iustus est* enim *dominus in omnibus operibus*
1260 *suis*. Misericordia enim non aufert iusticiam, sed rigorem temperat
iusticie. Illa igitur Iustiniani diffinitio: *Iusticia est constans ac perpetua*

1254   Iusticia...est²] *Ad hanc definitionem iustitiae:* Cicero, de inventione 2, 53, 161 (Ed.
Stroebel 148ᵇ); idem, de re publica 3, 7, 10 . 3, 15, 24 (Ed. Ziegler 86. 93); idem, de natura
deorum 3, 38 (Ed. van den Bruwaene III, 67); idem, de officiis 1, 5 (Ed. Winterbottom 7);
Ps.-Cicero, auctor ad Herennium 3, 3 (Ed. Marx/Trillitzsch 74); Seneca, epist 81, 7 (Ed.
Reynolds 1, 265); Ulpianus, liber primus regularum: Digesta Iustiniani Augusti 1, 1, 10 (Ed.
Krüger/Mommsen I, 2) *et* corpus iuris civilis, inst. I, 1 (Ed. Krüger I, 1a); dig. 1, 1, 10 (Ed.
Mommsen I, 29b); cf Constantinus I, oratio de pace (PL 8, 413AB); Ambr, de officiis 1, 24,
115 (CCL 15, 41); Aug, de civitate dei 19, 21 (CCL 48, 688); idem, de diversis quaestionibus
83, q 2 (CCL 44A, 11). q 31 (ibid 41 *sec Ciceronem, de inventione 2, 161* ; Cassiodorus, de
anima 7 (CCL 96, 548); idem, expos Ps 17, 25 (CCL 97, 160); anonymus, expos Pauli
epistolarum e codice S. Michaelis ad Rm 5, 12 (CCM 151, 27); Bruno Astensis, sent 2, 4 (PL
165, 912A); Sedulius Scottus, collectaneum miscellaneum 13, 3, 4 (CCM 67, 56). 52, 1 (ibid
231). 54, 3 (ibid 134); Aelredus, compendium speculi caritatis 8 (CCM 1, 186); idem,
dialogus de anima 1, 14 (CCM 1, 689); idem, de speculo caritatis 1, 91 (CCM 1, 53). 1, 96
(ibid 56). 1, 97 (ibid 56); Atto, expos ad Rm 1,17 (PL 134, 137D-138A); Ab 119, 289s ad Rm
3, 27. 160, 236s ad Rm 5, 17. 167, 466s ad Rm 5, 19; ThSB 2 (CCM 13, 154, 1069); ThChr 3,
182 (CCM 12, 263, 3341); sermo 30 (PL 178, 567D); dialogus (Ed. Thomas 118, 2065s);
sent 32 (Ed. Buzzetti 145); Bernardus, de consideratione 1, 11, 406 (opera 3, 406); idem,
sermo 7 in adventu domini (opera 6, 1, 17). 3, 4 (opera 4, 178); idem, sermo 12, 1 de
diversis (opera 6, 1, 369); idem, sermo 4, 2 in nativitate domini (opera 4, 265); idem, sermo
4, 2 in quadragesima (opera 4, 369); Hildebertus, sermo 5 in adventu domini (PL 171,
367A); Ps.-Hugo, miscellanea 5, 85 (PL 177, 798A); scriptores ordinis Grandimontensis, de
confirmatione 81 (CCM 8, 408 [*bis*]). 82 (ibid 409); anonymus, speculum virginum 4 (CCM
5, 92); epistularium Guiberti, epist 2 (CCM 66, 33); idem, epist 56 (CCM 66A, 586);
anonymus, historia Compostellana 2, 53 (CCM 70, 320); Andreas de S. Victore, expos super
heptateuchum, in Lv 1, 1a (CCM 53, 159); Godefridus Admontensis, hom dominicalis 12
(PL 174, 82D); idem, hom festivalis 56 (PL 174, 913A); Petrus Comestor, sermo 19 (PL 198,
1774D; cf 1808D); Gilbertus Foliot, expos in Ct 1, 12 (PL 202, 1204C); Philippus de
Harveng, de continentia clericorum 86 (PL 203, 782B); Petrus Cantor, verbum abbreviatum 119 (PL 205, 308B); Guntherus Cisterciensis, de oratione (PL 212, 191C); Raimundus
Lullus, ars brevis, dist. II, 2 (CCM 38, 280 *sec corpus iuris civilis I, digestae 1, 1, 10*).   1259 Iustus...suis] Bar 2, 9; Dn 9, 14; cf Ps 144, 17.   1261 Iusticia...tribuens] Sec Ulpianum: *vide
supra notam ad lin 1254!*

1251 eo] ea T 1252 dei] *supr lin* O 1257 ei.... secularis] O^{mg sin + mg inf}

uoluntas ius suum unicuique tribuens secundum maiorem partem data est,
sicut et multe alie diffinitiones, non in omnibus generaliter. Iusticia dei
est ordinatio dei, qua tali peccato talis debetur pena et tali merito premium tale. Hoc prius illi cognouerunt, sed hac cognitione male utentes 1265
adeo excecati sunt postmodum, ut supradicta non intelligerent peccata
esse uel morte digna.

Non intelligere pluribus modis: Aliquando enim dicitur non intelligere omnino ignorare, aliquando in memoria non habere, aliquando
quod in memoria habetur opere non implere, aliquando non approbare. 1270
Eodem modo et nescire. Vnde dominus in euangelio fatuis uirginibus:
Nescio uos, hoc est non approbo. Sic et isti non approbauerunt nec opere
demonstrauerunt, et forsan a memoria eorum elapsum est, eos *qui talia*
agunt dignos esse *morte* eterna.

Mors triplex: Alia est peccati qua moritur anima degens in corpore, 1275
alia est corporis, dissolutio anime scilicet ab eo, alia eterna qua in eter-
O 22rb num / morietur, et semper uiuet ut semper moriatur homo. Sic et uita
triplex: Viuit enim anima uirtute, uiuit corpus anima, uiuet utrumque
uita eterna.

QUI CONSENTIUNT. Queritur hoc loco, quid sit consentire, et utrum 1280
equaliter peccent qui facit et qui consentit, et utrum dici possit deus
consentire peccantibus.

Consentire est non impedire peccatum uel factum non corrigere, cum
debeas et possis. Qui enim peccatum ne fiat non impedit cum debeat et
A 141va possit, consentit, uel qui factum non corrigit cum debeat / et possit. 1285
Posse uero et debere ad prelatos pertinet. Est tamen quoddam generale
debitum caritatis, quo erga omnes obligamur, quo etiam prelatos nostros
-in spiritu tamen lenitatis- monere debemus, ne peccatum illud faciant
T 131vb uel etiam [ut]/factum corrigant; uel, si periculum fidei uel populi pro
peccato tali immineat, quantum possumus eos impedire tenemur.   1290

Quod equaliter peccent qui facit et consentit, inde uidetur haberi
posse, quod dicit Salomon: *Facientes et consentientes pari pena puniendi sunt.*

1272 Nescio uos] Mt 25, 12.   1276 dissolutio...eo] cf Gl 286a^i; Lom 1406A.   1283 Consentire...1285 possit²] cf Ab 74, 951s et capitula haeresum P. Abaelardi 7 (CCM 12, 77s).
1291   Quod...consentit] cf Ps.-Hugo, QEP Rm q 51 (PL 175, 446C).   1292   Salomon] *Sic*
AOT, *sed non inuenitur sententia similis apud Salomonem! Cf notam P. Richée, SChr 225 bis p 246:*
"Maxime non identifiée".   Facientes...sunt] cf Rm 1, 32! *Similiter.* Atto, de pressuris
ecclesiasticis I (PL 134, 61D); Humbertus Silvae Candidae, adv Simoniacos 2, 7 (PL 143,
1069A); Gregorius VII, epist 14 extra registrum (PL 148, 657D); Bernoldus Constantiensis,

---

1266 supradicta] *add* peccata A non intelligerent] *supr lin* O   1268 intelligere¹] intelligitur
T non] om T   1272 Nescio] Non noui T   1275 peccati] pecc T   1276 qua] quia T   1278 uiuet]
uiuit AT   1279 uita eterna] morte *(expunct)* eterna uita T   1281 dici possit] *trp* T   1288 illud]
om T   1289 ut/] *om* AOT uel²] et T   1291 peccent] peccant T

Sed non est usquequaque uerum. Plus enim quandoque facientes, quandoque consentientes, quandoque equaliter peccant utrique. Quod
1295 non est facile discernere, nisi factum et intentio et persone proponantur in medium. Quod tamen dictum est *pari pena,* hoc est communi pena. Par enim nonnunquam pro communi accipitur ut ibi: *Erunt par gaudium in dispari claritate.*

Sed quod deus consentiat peccantibus / hinc uidetur. Prohibere enim O 22va
1300 eos potest, et uidetur quod debeat. Ipse enim prelatus omnium est et dominus, et saluti omnium prouidere habet. Sine eo enim nemo saluari potest, et de ipso scriptum est, quia *uult omnes saluos fieri.*

Ad quod dicimus, quod deus peccata impedit, ne fiant, et peccantes corripit, ut se corrigant. Impedit enim aliquando occasionem et faculta-
1305 tem peccandi penitus auferendo, aliquando monendo, aliquando flagellando, aliquando blandiendo, dum bona promittit, quandoque comminando et terrendo, dum penas peccantibus preparatas esse predicit. Tantum autem unicuique a deo collatum est, unde impediri potest et corripi, nisi culpa sua ei gratia collata subtrahatur et sic precipitetur.
1310   Permittit tamen deus omne peccatum fieri, sed ista permissio sustinentie est, non consensus. Quod autem supra dictum est, quod *deus uult omnes homines saluos fieri,* sic intelligendum est: quia tantum confert

epist pro Gebhardo Constantiensi 6 (PL 148, 1242A); idem, tr de Berengarii damnatione 12 (PL 148, 1458C); Victor III, epist 1 (PL 149, 962A); Bernardus, epist 7, 13 (opera 7, 41); anonymi collectio canonum in V libris 2, 48 (CCM 6, 205); Dhuoda, liber manualis 4, 8 (SChr 225 bis, 246); Gratianus, decr II, 22, 5 (Ed. Friedberg I, 883); Thomas Cantuariensis, epist 118 (PL 190, 593A); Ernasius S. Victoris, epist ad Robertum Herefordensem (PL 190, 688B) = Ps.-Richardus de S. Victore, epist 1 (PL 196, 1226B); Innocentius III, regesta 24 (PL 214, 19AB). 79 (PL 215, 362B). 122 (PL 216, 152B); idem, prima collectio decretalium, titulus 31, 91 (PL 216, 1246B).
1297   Erunt...claritate] *Eadem sententia etiam ad Rm 13, 8 (p 221, 213s) et I Cor 15, 28 (infra p 323, 698). Ad hanc sententiam vide:* Prosper, sent 364 (CCL 68A, 352): *Multae quippe mansiones, in una uita uarias meritorum significant dignitates. Sed ubi Deus erit omnia in omnibus [1 Cor 15, 28], fiet etiam in dispari claritate par gaudium, ut quod habent singuli, commune sit omnibus...-* Cf etiam: Aug, in Io ev tr 67, 2 (CCL 36, 495s); Florus ad I Cor 15, 28 (PL 119, 348D); Gl ad I Cor 15, 28 (Rusch IV, 333b^{mg}); comm in Ruth e codice Genouefensi 45, 2, 12 (CCM 81, 160s); Radulfus Ardens, hom 1, 17 (PL 155, 1365A); Gualterus de S. Victore, sermo 11, 11 (CCM 30, 102[*bis*]); Rob 227, 19-21; Lom 1681D; idem, sent 4, 49, 3, 1 (Ed. Brady 2, 551). 4, 49, 3, 2 (ibid 552); Ps.-Hugo, QEP Rm q 136 (PL 175, 541B-D); Gualterus de S. Victore, sermo 11, 11 (CCM 30, 102); Martinus Legionensis, sermo 30 (PL 208, 1187A); Simon Tornacensis, disputationes 1 q 1 (Ed. Warichez 20); Petrus Pictaviensis, sent 6, 22 (PL 211, 1277D, *ubi editio* charitate *pro* claritate *habet*); Innocentius III, sermones de diversis 5 (PL 217, 673D).   1302 uult...fieri] 1 Tim 2, 4.

1295 est] *om* T 1297 Erunt] Erit T 1301 nemo] nullus T 1302 saluos fieri] saluari T 1303 fiant] fiat T 1308 autem.... est] adeo collatum est unicuique a deo T 1309 precipitetur] precipit *(sequitur lacuna)* T 1310 deus] *om* T omne.... fieri] *trp* fieri omne peccatum T

unicuique, unde saluari possit nisi culpa sua remaneat. Et illud: *Omnia quecunque uoluit fecit,* de dispositione eius legendum est. Illud autem: *Deus non uult mortem peccatoris,* hoc est: non approbat. Voluntas enim dei in 1315
A 141vb hac scriptura multis modis accipitur, sicut / suo loco diligentius ostendemus.

1313 Omnia...fecit] Ps 113, 11; 134,6. 1314 Deus...peccatoris] Ez 33, 11 Vg (cf 18,23): *Nolo mortem impii sed ut revertatur impius a via sua et vivat. Sed apud plerosque auctores pro impii legitur peccatoris (Vide iam Souter 1 [introduction] 166 !). Quae lectio ex antiquis versionibus veteris testamenti sumpta esse videtur; repperitur iam:* Tertullianus, de oratione 7 (CCL 7, 2, 261); Ps.-Cyprianus, ad Novatianum 10 (CCL 76, 144). 18 (ibid 152); Filastrius Brixiensis, diversarum hereseon liber 82, 3 (CCL 9, 252). 132, 3 (ibid 296); Ambr, de Abraham 1, 4, 23 (CSEL 32, 1, 518); idem, de paenitentia 1, 3, 11 (SChr 179, 62). 1, 12, 54 (ibid 100); idem, epist 5, 20, 13 (CSEL 82, 1, 153); Apponius, in Ct 9 (CCL 19, 235); Eusebius, historia ecclesiastica 3, 7, 9 (GCS 9, 1, 215). 5, 1, 46 (ibid 421); Or-Rufinus, in Ex hom 8, 6 (GCS 6, 232); Aug, quaestionum in heptateuchum 5 (Dt), q 55 (CCL 33, 309); idem, sermo 250,3 (SChr 116, 318); idem, contra Adimantum 7 (CSEL 25/1, 130). 27 (ibid 187); idem, de natura boni 48 (CSEL 25/2, 888); Hier, in Ez 6, 32 (CCL 75, 248); idem, in Mi 1, 3, 5-8 (CCL 76, 460). 2, 7, 8-13 (ibid 516). 2, 7, 18-20 (ibid 523); idem, in epist Paulinas ad Gal 3, ad 6, 1 (PL 26, 425A); idem, epist 54, 6 (CSEL 54, 472[*ter*]). 122, 1 (CSEL 56, 59 [*bis*]). 140, 7 (CSEL 56, 277); Fulgentius, epist 7, 10 (CCL 91, 248); idem, ad Euthymium 1, 10, 3 (CCL 91A, 657); Pelagius ad II Cor 2, 7 (Souter 2, 240); Cassiodorus, expos Ps 50, 8 (CCL 97, 459). Ps 55, 10 (ibid 503). Ps 93, 6 (CCL 98, 849). Ps 140, 1 (ibid 1262). Ps 144, 8 (ibid 1293); Leo Magnus, tr 97, tr 50, 1 (CCL 138A, 292); Gregorius I, in librum primum Rg 2, 49 (CCL 144, 148 [*bis*]). 3, 150 (ibid 281); Benedictus de Nursia, regula, prol v. 38 (SChr 181, 422); Ratherius, sermo II, 23 de quadragesima (CCM 46, 76); idem, sermo 7 in cena domini (ibid 104); idem, dialogus confessionalis 19 (CCM 46A, 233). 42 (ibid 264); idem, epist 27 (Ed. Weigle 156); Aelredus, de institutione inclusarum 32 (CCM 1, 675) - *Ex auctoribus posterioribus cf e. g.:* Bernardus, epist 23, 4 (opera 7, 75 [*ter*]). 111, 1 (opera 7, 284). 185, 4 (opera 7, 8). 310 (opera 8, 230); Ab, Th Chr 5, 23 (CCM 12, 357, 371s); idem, Th Sch 3, 23 (CCM 13, 510, 344); Gl ad Ex 20, 5-11 (Ed. Rusch I, 152b^{mg} [*Orig.*]); idem, liber Is prophetae ad 50, 10 (Ed. Rusch III, 76b^{mg}); idem, ev sec Mc ad Mc 1, 40 (Ed. Rusch IV, 93a^{mg} [*Hier.*]); P. Lom, comm in Ps 89, 3 (PL 191, 843B); idem, collectanea ad II Cor 2, 1-11 (PL 192, 18D).
Versionem Vg editionis praebent: Ps.-Cyprianus, exhortatio ad patientiam, PL 4, 1155D. 1177C. 1178D); Aug, speculum 21 (CSEL 12, 110); idem, enarr ad Ps 101, sermo 1, 10 (CCL 40, 1434). ad Ps 144, 11 (ibid 2096s [*bis*]); idem, sermo 71, 21 (Ed. Verbraken 87). 71, 87 (ibid 107). 223, 2 (PL 38, 1093). 339, 2 (Ed. Lambot 113 [*bis*]). 339, 7 (ibid 119 [*bis*]); idem, contra adversarium legis et prophetarum 1 (CCL 49, 62); idem, de baptismo 2, 10, 15 (CSEL 51, 191); Quodvultdeus, liber promissionum 2, 25, 54 (CCL 60, 122); Hier, in Ez 10, 33, 10-20 (CCL 75, 469). 471[*bis*]); Florus, liber adversus Ioannem Scotum 1 (PL 119, 107D); Faustus Reiensis, de gratia 1, 11 (CSEL 21, 38). 1, 18 (ibid 56); Caesarius Arelatensis, sermo 1, 18, 4 (CCL 103, 84s [*ter*]). 18, 6 (ibid 86); Dhuoda, liber manualis 5, 2 (SChr 225 bis, 272); Richardus de S. Victore, de statu interioris hominis 6 (PL 196, 1156B).
1315 Voluntas...ostendemus] *Vide infra p 73s ad Rm 2, 18.*

1314 de] *om* T

[2, 2] SCIMUS ENIM QUONIAM IUDICIUM DEI EST SECUNDUM UERITATEM.
Iudicium dei / aliquando dictatio sententie dicitur, que eterna est (ab O 22ᵛᵇ
eterno enim dictauit deus, qua pena unumquemque dampnaret; de qua
dicit: *Qui non credit, iam iudicatus est),* aliquando prolatio sententie, que
5 fiet in generali et nouissimo iudicio.

SECUNDUM UERITATEM. Humanum iudicium ab exterioribus sumitur et
secundum opinionem, et ideo sepe fallitur; sed dei iudicium ab interioribus, et ideo *secundum ueritatem. Homo enim uidet in facie, sed deus in corde.*

[4] IGNORAS QUONIAM BENIGNITAS DEI AD PENITENTIAM TE ADDUCIT?,
10 hoc est: Nescis quoniam benignitate sua dat tibi deus spacium penitentie
differendo ultionem pene? Adducit et non est adductus sicut *Curaui
Babylonem, et non est curata.*

Sed queritur, quomodo dicatur deus bonitate sua ultionem differre,
cum dilatio illa potius uideatur crudelitas quam bonitas. Cum enim pro
15 certo habeat obstinatum nunquam resipiscere, sed uiuendo diutius
deum magis offendere et penam maiorem / promereri, nonne et benig- T 132ʳᵃ
nius ageret erga eum, si citius eum tolleret de medio? Mitius enim puni-
retur si minus peccasset!

Hec autem questio de omni dampnando fieri potest. Quare enim eum
20 creauit, quem sciebat dampnandum fore, aut quare hominem fecit
talem, qui posset peccare, et non potius talem, qui non posset? / Huius- O 23ʳᵃ
modi questiones non magni ponderis uidentur esse. Idem enim est ac si
quererem: Quare dedit michi deus oculos uel linguam, cum sciret me in
eis lapsurum et mortaliter peccaturum? Nemo sane mentis dicet quod

---

8   Homo...corde] I Sm 16, 7 (*versio Vg: homo enim uidet ea quae parent, dominus autem intuetur
cor); ad praesentem uersionem cf:* Zeno Veronensis, tr II, 2, 9, 2, 3 (CCL 22, 179); Chromatius
Aquileiensis, tr in Mt 44, 1 (CCL 9A, 412). tr 49, 3 (ibid 442). Hier, epist 22, 38, 2 (CSEL
54, 203). 36, 15, 3 (ibid 282). 133, 2 (CSEL 56, 244). 140, 11 (ibid 280); idem, dialogi
contra Pelagianos 1, 39 (CCL 80, 49). 2, 30 (ibid 97); idem, in Ier 3, 15, 3 (CCL 74, 129);
Gesta collationis Carthaginiensis 3, 258 (CCL 149A, 248); Cassiodori discipulus, comm I
Cor 4 (PL 68, 515); Petrus Cellensis, de disciplina claustrali 4 (SChr 240, 138); Rupertus
Tuitiensis, comm in ev S. Io 2 (CCM 9, 92). 3 (ibid 133); idem, de gloria et honore, in Mt 4
(CCM 29, 127); idem, de sancta trinitate 29, 79 in Ier (CCM 23, 1632) - *deus autem intuetur
cor:* Beda, hom I, 16 (CCL 122, 115); Bernardus, epist 42, 24 (opera 7, 120); idem, sermo
25, 5 super Ct (opera 1, 166); anonymus, comm in Ruth e codice Genouefensi 45, 1a (CCM
81, 62) - *deus autem inspicit cor:* Rupertus Tuitiensis, comm in ev S. Io 3 (CCM 9, 133); idem,
de sancta trinitate 7 in Genesim 7 (CCM 21, 448).   11 Curaui...curata] Ier 51, 9.   13 Sed
...31 largitur] cf Rob 39, 4-15.

---

1   Scimus] *om* S , *sed* s *in mg pro rubricatore* O § Aᵐᵍ   8   deus.... corde] *trp* in corde deus
T   15   habeat] *add* deus AT nunquam resipiscere] nunquam relinquere resipiscere
AT   16   et²] *praem* benignius AT   17   eum¹] eaym (y *expunct*) T   19   fieri potest] *trp*
T 20 quem] quam AT aut] et T 21 posset²] *add* peccare T
22 22 uidentur esse] sunt T enim est] *trp* T 23 cum sciret] sciens A

melius fecisset, si ea michi non dedisset. Nos enim abutimur bonis dei, 25
ipse autem bene utitur malis nostris.

Benignus est ergo deus etiam erga obstinatum, cui spacium penitendi
prestat, ammonitionem confert, penam minatur, premium pollicetur.
Reuocat eum ne pereat, sed ille potius ruinam appetit quam salutem. Re
uera melius illi faceret deus, si citius moreretur; sed non ideo male facit, 30
quia diuturniorem uitam ei largitur.

[5] ET COR INPENITENS. Quia de corde inpenitente mentionem facit
hoc loco apostolus, quid sit inpenitentia uideamus; quod melius fiet, si,
A 142ra quid sit penitentia et quot modis dicatur, / prius agnouerimus.

Penitentia alia sera, alia infructuosa, alia inanis, alia uera. Sera est 35
sicut illorum, de quibus Salomon: *Nos insensati uitam illorum estimabamus*
insaniam etc; infructuosa sicut illa Iude, qui penitentia ductus laqueo se
suspendit; inanis sicut ypochritarum, qui exterminant facies suas, ut
O 23rb appareant hominibus ieiunantes: Carnem / domant sed spiritum non
roborant. Vera penitentia est contritio de preteritis malis et propositum 40
abstinendi a futuris; que aliis uerbis dicitur fletus preteritorum et cautela
futurorum; fletum tamen magis intelligas cordis quam corporis. Dicitur
etiam quandoque penitentia safisfactio iniuncta pro peccato.

Inpenitentia alia surgit ex desperatione ut in Cain qui dixit: *Maior est*
iniquitas mea, quam ut ueniam merear, alia ex inpugnatione fidei ut in 45
hereticis; alia ex derogatione ut in illis qui facibus inuidie agitati bonis

---

26 bene...nostris] *Vide infra ad I Cor 11, 19.* 36 Nos...insaniam] Sap 5, 4. 37 Iude...
suspendit] Mt 27, 5 par. 38 ypochritarum...ieiunantes] Mt 6, 16. 40 Vera...43 peccato] cf
Ps.-Hugo, QEP Rm q. 52 (PL 175, 446D). 44 Maior...merear] Gn 4, 13. 46 facibus
inuidie] *Saepissime invenitur, e. g.:* Ps.-Rufinus, in LXXV Davidis Ps comm, ad Ps 57, 11 (PL
21, 876B); Aug, de diversis quaestionibus ad Simplicianum 2, 1, 4 (CCL 44, 62); idem, de
civitate dei 15, 7 (CCL 48, 462); Hier, in Ez 6, 18, 5/9 (CCL 75, 235); idem, dialogi contra
Pelagianos prol 2 (CCL 80, 4); Beda, in primam partem Samuhelis 3, 18, 9 (CCL 119, 166);
idem, in Mc ev expos 3, 11, 22-23 (CCL 120, 581); idem, in Lc ev expos 4, 15, 10 (CCL 120,
287); Gregorius I, moralia 6, 18, 32 (CCL 143, 307). 13, 37, 42 (CCL 143A, 691). 17, 10, 12
(CCL 143A, 858). 31, 22, 39 (CCL 143B, 1577). 233, 38, 67 (CCL 143B, 2730); idem,
prolegomena 8 (PL 66, 148A); idem, hom in ev 1, 2, 8 (PL 76, 1085C). 2, 34, 15 (PL 76,
1256B); idem, dialogi 2, 8, 2 (SChr 260, 160); idem, in VII Ps poenitentiales, ad Ps 37, 13
(PL 79, 576D); Rabanus, comm in Mt 21, III (PL 107, 1045C); idem, hom 95 (PL 110,
327D); Smaragdus, collectiones ad Lc 15 (PL 102, 362C); Prudentius, de praedestinatione
(PL 115, 1224A); Haimo 455A. 586D; idem, de varietate librorum (PL 118, 927A); Petrus
Damiani, sermo 36, 11 (CCM 57, 220); idem, de frenanda ira 3 (PL 145, 653B); Sedulius
Scottus, collectaneum miscellaneum 13, 18, 15 (CCM 67, 87); *item multi auctores posteriores! -*
invidentiae pro invidiae: Aug, de sermone domini in monte 1, 73 (CCL 35, 82); idem,
retractationes 1, 19, 7 (CCL 57, 59); *inde.* Primasius, comm in Apc 4, 16, 9 (CCL 92, 230);

---

27 est] *om* T 28 penam] *add* confert T* 29 ruinam] omnia T 30 si] *add* ille T 38 exterminant.... suas] *trp* facies suas exterminant T 39 appareant] pareant AOT 45 in] om
T 46 facibus] fascibus O

aliorum derogant, quales erant illi, qui de Christo dicebant: *In Beelzebub principe demoniorum eiicit demones*; alia ex consuetudine uel delectatione peccati siue quacunque huiusmodi occasione.

50   De inpenitentia autem queritur, cuiusmodi peccatum sit, an sit idem peccatum quod illud, cuius est inpenitentia, an aliud. Quod ut melius uideatur, unum aliquod speciale peccatum, de quo non peniteat quis, deducatur in medium, et quod super illo dicetur, de ceteris dictum intelligatur.

55   Homicidium fecit iste et penitere non uult, quia forsitan putat se obsequium prestitisse deo, quia malus et perniciosus uidebatur ei ille quem occidit. Inpenitentia huius homicidium non est, quia nec / actus homicidii nec uoluntas; ergo non est homicidium illa inpenitentia; ergo T 132rb aliud erit peccatum quam homicidium, et mortale sicut homicidium, et 60 pro illo dampnabitur iste, quare non pro solo homicidio. Item: De illa inpenitentia non penitet; ergo est illius inpenitentie / alia inpenitentia O 23va que est aliud peccatum ab illa, et sic progressio fiet in infinitum, quique in uno erit peccato, erit / in infinitis.   A 142rb

Responsio: Perseuerantia caritatis donum magnum est dignum 65 remuneratione non minori quam caritas ipsa, nec alia. Non enim dupliciter ideo quis remunerabitur, quia caritatem habuit et quia in caritate perseuerauit; sed ideo remunerabitur caritas, quia perseuerauit. Nichil enim est aliud perseuerantia caritatis quam caritas perseuerans, nec aliud inpenitentia alicuius peccati quam peccatum ipsum inueteratum. Inpeni- 70 tentia ergo homicidii homicidium inueteratum est, nec est hic homicidium nomen actus uel uoluntatis, sed cuiusdam deformitatis siue inordinationis, que proprie dicitur peccatum, quia secundum se, et ideo nichil est, sicut supra diligentius notatum est.

Beda, in Lc ev expos 2, 6, 28 (CCL 120, 143); idem, in epist septem catholicas 4, 5, 15 (CCL 121, 325); Ps.-Beda, hom subdita 39 (PL 94, 353A); Rabanus, comm in Mt 6 (PL 107, 830D); Ambr Autpertus, expos in Apc 7, 16, 8 (CCM 27A, 608); Haimo 810A); Ab, sic et non q 153, 6 (Ed. Boyer/McKeon 515); Hervaeus ad II Tim 4 (PL 181, 1476B); Lom, sent 2, 43, 1, 6 (Ed. Brady 1, 575); Martinus Legionensis, expos epist I B. Io (PL 209, 289B); Petrus Pictaviensis, sent 2, 17B (Ed. Moore/Dulong 2, 129).
47 In...demones] Mt 12, 24.   50 De inpenitentia] *Ad sequentia vide Landgraf, Der Begriff des peaccatum habituale. DG IV/1, 70-154, imprimis 96s!.*   73   supra] ad Rm 1, 24 (p. 51, 1136-1143).

53 dicetur] dicebatur T   55 Homicidium....   58 est] *om* O* *add* O^{mg} 56 ei] *om* T   58 non] nec AT   59 et^{2}] *supr lin* O   62 progressio] processio T   63 in^{1}....   erit^{2}] *trp* in uno peccato erit T   68   aliud^{1}....   caritatis] *trp* perseuerantia caritatis aliud T   caritas] caritatis AO*   70 hic] hoc O* *om* T   73 supra] superius T

THESAURIZAS TIBI IRAM IN DIE, id est accumulas tibi uindictam *in die iusti iudicii dei.* Hic solet queri, quomodo accipiatur *dies iudicii,* quare dies 75 ire et calamitatis dicatur et non leticie et gaudii, cum in die illa bonis reddatur leticia et gaudium sicut malis ira et supplicium, tercio loco de iudicandis et iudicaturis et de iudice summo.

Dies hic accipitur non pro spacio temporis constante ex duodecim O 23vb horis, sed potius / dicitur iudicium illud in die fieri, quia tunc singulo- 80 rum patebunt conscientie, singulorum merita singulis manifesta erunt. Tunc enim ad plenum implebitur quod scriptum est: *Nichil occultum quod non reueletur.*

Quod autem dies illa *dies ire* appellatur potius quam gaudii, ad caute- lam nostram et ammonitionem est, ut nobis prouideamus, ne in die illa 85 iratum iudicem sed placatum nobis habeamus.

Erunt autem, sicut dicunt, quattuor ordines in iudicio: Due quippe sunt partes, electorum scilicet et reproborum, et in singulis partibus bini ordines. Electorum enim alii iudicabunt et non iudicabuntur, alii iudica- buntur et non iudicabunt. Iudicabunt et non iudicabuntur illi, quibus 90 dominus ait: *Cum sederit filius hominis* etc., *sedebitis super sedes duodecim iudicantes duodecim tribus Israel,* et alibi: *Iudicabunt sancti nationes.* Iudica- bunt ergo et non iudicabuntur, ut aiunt, omnes illi, quorum gloria A 142va sancte ecclesie iam certa est. / Alii iudicabuntur et saluabuntur, qui scilicet maculas uite lacrimis tegunt et elemosinarum superinductione 95 operiunt; quibus dominus dicturus est: *Esuriui, et dedistis michi* etc.

Reproborum autem alii non iudicabuntur, id est illi, de quibus ait: *Qui non credit, iam iudicatus est,* quorum scilicet dampnatio toti ecclesie iam O 24ra nota est et certa, et ideo / dicuntur tunc non iudicandi. Alii iudicabun- T 132va tur, illi scilicet qui / professionem fidei sine operibus habuerunt, quibus 100 dominus dicturus est in iudicio: *Esuriui, et non dedistis michi manducare* etc.; unde beatus Gregorius de dampnandis secundum predictos distinc- tionem talem facit dicens: *Illi saltem uerba iudicis audient, qui eius fidem*

---

74 accumulas...uindictam] cf Gl 278a^mg. accumulas...83 reueletur] cf Ab 17, 46-50; Rob 40, 8-13; Lom 1336D.1339A-D. 82 Nichil...reueletur] cf Mt 10, 26; Lc 8, 17. 87 Erunt... 106 dicuntur] Lom, expos Ps 1, 6s (PL 191, 65A-67C); idem, sent 4, 47, 3, 1s (Ed. Brady, 2, 538s); cf Aug, enarratio Ps 1, 6 (PL 36, 69); Ab 78, 33-79, 110: Rob 40, 13-23. Due...89 ordines] Gregorius I, moralia 26, 27, 50 (CCL 143B, 1304). 91 Cum...Israel] Mt 19, 28. 92 Iudicabunt[1]...nationes] Sap 3, 8; cf 1 Cor 6,2. 94 Alii...96 michi] Gregorius I, moralia 26, 27, 50 (CCL 143B, 1304). 96 Esuriui...michi] Mt 25, 35. 97 Qui...est] Io 3, 18. 101 Esuriui...manducare] Mt 25, 42. 103 Illi...105 uoluerunt] Gregorius I, moralia 26, 27, 50 (CCL 143B, 1304); Lom, sent 4, 47, 3, 2 (Ed. Brady 2, 539).

---

74 accumulas] actu malas A* 75 dei] tui A* dies[2]] add et O* 88 scilicet] *om* T 91 dominus] *om* A 95 maculas.... tegunt] *trp* lacrimis tegunt maculas uite T; uite laccrimas A 96 michi] *add* m. T 97 id est] *om* T 99 ideo] ita T

saltem uerbo tenuerunt; illi in dampnatione sua eterni iudicis nec uerba percipi-
105 *ent, qui eius reuerentiam nec uerbotenus seruare uoluerunt;* et ideo illi iudicandi, isti non iudicandi dicuntur.

Nobis uero uidetur, quia omnes in generali illo iudicio iudicabuntur,
tam boni quam mali. Vnde super illum locum apostoli: *Omnes stabimus*
ante tribunal Christi glosa dicit: *ut iudicandi.* Iudicandorum etiam stare est,
110 iudicantium sedere. Iudicabuntur itaque omnes, quia tunc ab eterno
iudice unicuique plena reddetur retributio, prout gessit in corpore siue
bonum siue malum. Iudicabunt tamen apostoli et martyres et ceteri
perfectiores sancti: quod nichil aliud est nisi quod ex eminentia meritorum et glorie eorum apparebit, quanta fuerit insania et quanta debeat
115 esse pena malorum. Vel: Iudicabunt omnes sancti, hoc est iudicium
proferenti assensum prebebunt. Non enim ille solum iudicat, qui sententiam profert, sed et qui asssentit proferenti.

De iudicio illo scriptum est, quia *pater non iudicat quemquam, / sed omne* O 24rb
iudicium dedit filio. Tamen iudicabit tota trinitas, sed per filium. Filius
120 autem secundum quod homo in iudicio apparebit, et secundum quod
homo iudicabit, id est tunc saluabit illos qui crediderunt et adheserunt ei
secundum quod homo, hoc est secundum quod in humanitate sua gessit
et docuit; et illos dampnabit, qui ei / homini non crediderunt nec adhe- A 142vb
serunt. Vel: Secundum quod homo iudicabit, quia secundum quod
125 homo caput est ecclesie; et tunc apparebit, qui fuerunt membra eius, id
est de corpore eius, et qui non. Non autem uerbis sed exhibitione operis
quicunque ibi iudicabitur, id est manifestabitur an premio uel pena
dignus fuerit.

[6] QUI REDDET UNICUIQUE SECUNDUM OPERA EIUS. Supponit quare
130 dixerit *iusti iudicii dei*: quia scilicet *reddet unicuique secundum opera eius.*
Illud "secundum" ad duo refertur: et ad quantitatem et ad qualitatem
operis. Quantitas in duobus consistit, in multitudine scilicet et magnitudine; qualitas similiter in duobus, in qualitate ipsius operis et qualitate facientis. Sunt enim quedam opera bona uel mala ex qualitate sui,
135 quedam ex qualitate, id est intentione, facientis.

Opera ergo, que ex qualitate sui mala sunt, quacunque intentione
fiant, nocent facienti. Pro his uero, que ex qualitate sui bona sunt sed

---

105 et...dicuntur] Lom l. cit. 539.   108 Omnes...Christi] Rm 14, 10.   109 ut iudicandi] Gl
302b^i.   118 pater...filio] Io 5, 22.   126 Non...128 fuerit] Ab 78, 78-86.   129 Supponit...
eius] cf Lom 1341A.   130 iusti...dei] Rm 2, 5.   134 Sunt...facientis] *Vide ad Rm 1, 21!*

---

108 quam] et A apostoli] apostolus O 110 itaque] utique A 116 proferenti] proferente
A prebebunt] probebunt A 117 et] *om* T 120 autem] *om* T 122 hoc] id T 123 non] nec
A adheserunt] adhererunt A* 124   quod^l] supr lin A   130   iudicii dei] *trp* T eius] sua
T 131 132Illud] 132 scilicet] *om* T et] et *bis* O 133 ipsius] operis A

non bona intentione fiunt, non dico aliquem dampnari, sed quia bona
O 24va non bona intentione facit. Illa / enim tenetur facere, et non peccat quia
facit, sed quia non bene facit, et forsan magis peccaret si ea non faceret.   140

    Sed uidetur deus reddere supra opera, cum pro peccato temporali,
unius scilicet hore uel diei, penam reddit eternam. Hec questio sanctorum est, et ei beatus Augustinus ita respondet: *Culpa malorum, quantum in*
ipsis est, eterna est. In uoluntate enim eorum fuit semper in malo permanere, unde
iusto iudicio in eterno dei punientur, qui in suo eterno peccauerunt. Dicunt 145
alii, quia *mala uoluntas et inpenitentia cordis* actu *ipso eterna erunt, unde*
T 132vb *dominus dicturus est ad eos: Discedite a me* / *omnes qui operamini iniquitatem.*
Non dicit "qui operati estis", sed qui etiam nunc *operamini* uoluntate ipsa
iniquitatem. Itaque in eternum peccabunt, et sic pro culpa eterna pena
eterna.   150

    Nobis uero uidetur et sancti dicunt, quia hic est tamen locus merendi
et ibi recipiendi, et quod illa uoluntate non mereantur magis puniri,
cum sit et ipsa graue supplicium.

    Fit igitur comparatio rei ad rem aliquando secundum substantiam rei,
A 143ra aliquando / secundum extrinsecam aliquam occasionem: Rei ad rem 155
secundum substantiam, ut cum dicitur "homo dignior est omni crea-
tura", "aurum pretiosius argento", et in consimilibus. Fit comparatio rei
O 24vb ad rem secundum aliquam extrinsecam causam, ut ubi dominus ui/nee
operarios undecime hore comparauit et pares fecit operariis illis qui
primo mane uenerant. Vtrisque reddidit denarium, utrisque iusticiam 160
seruauit non secundum quantitatem laboris, sed secundum equitatem
conuentionis. Conuentionem fecit cum omnibus eternus iudex, et

---

141 Sed...eternam] cf Lom 1341B.   143 Culpa...145 punientur] *Non apud Augustinum; sed*
idem textus Ps.-Hugo, QEP Rm q 61 (PL 175, 448D).   146 mala...150 eterna] Ps.-Hugo, QEP
(ibid 448D-449A).   147 Discedite...iniquitatem] Ps 6, 9; Mt 7, 23; Lc 13, 27.   148 Non...
iniquitatem] Hier, in Mt I (CCL 77, 46); Gl ad Mt 7, 23 (Ed. Rusch IV, 31a^{mg}); Haimo,
expos Apc (PL 117, 963C. 1132B); Hrabanus, comm in Mt (PL 107, 850D-851A); Christian
Druthmarus, expos in Mt (PL 106, 1323C).   151 hic...recipiendi] Bruno Carthusianorum,
expos 6 ad Hbr (PL 153, 519C); Petrus Pictaviensis, sent 2, 4 (Ed. Moore/Dulong 12. 14);
cf Lom 1341C.   158 ubi...162 conuentionis] cf Mt 20, 1-16.

---

140 bene] bonum A*   143 Culpa....   150 eterna] *textum conturbavit* T: Vnde iusto iudicio
dei eterno puniuntur, qui in suo eterno peccauerunt. Dicunt alii quia mala uoluntas et
inpenitentia cordis actu ipso eterna erit. Vnde dominus dicturus est ad eos: Discedite a me
omnes qui operamini iniquitatem. Culpa malorum quantum in ipsis est, eterna est. in
uoluntate enim eorum fuit semper in malo permanere. Non dicit qui operati estis, sed qui
etiam nunc operamini iniquitatem in ipsa uoluntate. Itaque in eternum peccabunt et sic
pro culpa eterna pena eterna. 145 punientur] puniuntur T 146 erunt] erit T 147 Discedite]
discite A* 148 operamini....   iniquitatem] *trp* iniquitatem ipsa uoluntate T 150 eterna] erit
sempiterna Ps.-Hugo, QEP (PL 175, 449A) 151 tamen] tantum T 152 ibi] *add* tantum T illa]
om T 156 dignior est] *trp* T

temporaliter sed mortaliter peccantibus eternum promisit supplicium et temporaliter sed propter deum bona operantibus premium eternum.

165 Nemo ergo conqueratur, si secundum conuentionis equitatem unicuique reddatur. Quid autem de illis erit, qui credunt et diligunt, sed tempus uel facultatem non habent operandi? Quomodo illis reddetur secundum opera, cum eorum nulla sint opera?

Ad hoc quidam respondent: Secundum opera, id est secundum uolun-
170 tatem operandi; facultas enim ubi deest, uoluntas pro facto reputabitur. Vel potest dici, quia sunt opera interiora sicut et exteriora, sicut est diligere deum et proximum, et sine huiusmodi operibus fides mortua est. Illis ergo secundum opera huiusmodi retribuetur.

Sed quid erit de paruulis, qui statim post baptisma uel ante decedunt?
175 Eis nec secundum opera exteriora uel interiora nec secundum uoluntatem operandi, que nulla sunt, fiet retributio. Vnde Pelagiana et Iouiniana heresis tales dicit nec saluari nec dampnari, inducens hanc auctori/ O 25ra tatem apostoli ad idem probandum. Sed quia fides catholica habet renatos ante tempus discretionis decedentes saluari, non renatos damp-
180 nari, dicunt quidam huiusmodi paruulos sub hac sententia apostoli non includi, sed eos tantum qui uoluntatem habuerunt operandi. Beatus autem Augustinus dicit, quia paruulo renato retribuetur secundum opera sua. Opera enim eius dicit esse que propter ipsum fiunt et ei prosunt, ea scilicet que in baptismate fiunt. Eodem modo forsitan dici
185 poterit, quia paruulo nondum / renato retribuetur secundum opera sua, A 143rb ut uocemus opera sua peccatum originale, quia in eo est et pro eo dampnabitur, et etiam motus illos qui ex originali fomite procedunt, quibus mouetur ad flendum, irascendum, et sitit et esurit, et huiusmodi qui, et si dicantur pene esse potius pro peccato originali humano generi inflicte,
190 tamen quia inordinati et supra modum / sunt, peccata appellari possunt, T 133ra et ante perceptionem baptismatis sunt ad dampnationem, sed renatis sunt ad agonem.

---

166 Quid...173 retribuetur] cf Ab 78, 55-72; Rob 41, 2-5.   178 fides...dampnari] cf Aug, retractationes 2, 45 (CCL 57, 127).   180 quidam] Ab 78, 72-76.   182 paruulo...sua] Aug, epist 166, 8 (CSEL 44, 578s). 167, 1 (ibid 587s); cf Ps.-Hugo, QEP Rm q 59 (PL 175, 448C); Bernoldus Constantiensis, de sacramentis morientium infantium c 2 (PL 148, 1273A).

---

165 conqueratur] conqueritur O* 167 reddetur] reddatur T 169 uoluntatem] facultatem T 171 et] supr lin O 175 exteriora.... interiora] trp interiora uel exteriora T 183 eius] om A 186 ut] et AT 188 mouetur] monetur O flendum] add et T

[7] HIS QUIDEM QUI SUNT SECUNDUM PATIENTIAM BONI OPERIS. Propter
diuersitatem meritorum assignat hic apostolus diuersitatem premiorum:
Quia *reddet unicuique secundum opera sua,* scilicet HIS QUIDEM etc.   195

Patientia hic accipitur pro fortitudine; hec autem est considerata
susceptio periculorum cum perseuerantia. Et notandum quia quidam
O 25rb sunt patientes in / bono quidam in malo, quidam impatientes in bono
quidam in malo. Patientes in bono sunt, qui in bono perseuerant, qui
nulla aduersitate a bono flecti possunt; patientes in malo sunt obstinati 200
in malo qui ab errore suo etiam tormentis reuocari nequeunt. Impatientes in bono sunt, qui a bono proposito suo facile recedunt uel qui
etiam cum molestia quadam et murmure bonum aliquod faciunt; impatientes in malo, qui cito resipiscunt uel etiam qui delinquentes cum
quadam impatientia et supra modum corripiunt et, dum rigorem preten- 205
dunt, iusticie crudelitatis notam incurrunt.

HIS ERGO QUI SUNT, non qui uidentur, SECUNDUM PATIENTIAM BONI
OPERIS, scilicet qui perseuerantes sunt in bono opere, reddet GLORIAM ET
HONOREM. Endiadis est, ut dicunt, id est gloriosum honorem uel gloriam
immortalitatis et honorem dignitatis: apostolis honorem apostolatus, 210
martyribus honorem martyrii, et sic de consimilibus.

ET INCORRUPTIONEM. Incorruptio alia est soliditatis, alia inpassibilita-
tis. Incorruptibilia erunt corpora dampnatorum, id est solida, passibilia
A 143va tamen; incorruptibilia / corpora beatorum erunt et inpassibilia.

QUERENTIBUS UITAM ETERNAM. Hic oritur questio illa magna satis et 215
O 25va subtilis, an seruien/dum sit deo propter uitam eternam an diligendus sit
deus a nobis quia bona tribuit nobis. Huic parti uidentur multe auctorita-

---

195   reddet...sua] Rm 2, 6; cf Apc 22, 12.   196   Patientia...201 nequeunt] cf Rob 41, 7-9.
hec...perseuerantia] *Ad hanc definitionem cf.* Cicero, de inventione 2, 54, 163 (Ed. Stroebel
149^b): *Fortitudo est considerata periculorum susceptio et laborum perpessio. Inde:* Marius Victorinus,
explanationes 1 praef (Ed. Halm, 156); Aug, de diversis quaestionibus 83, q 31, 1 *sec
Ciceronem* (CCL 44A, 43). Cf Cassiodorus, de anima 7 (CCL 96, 549); Ps.-Beda, de mundi
constitutione (PL 90, 908B); Iulianus Toletanus, comm in Na (PL 96, 732C); Ratherius,
praeloquia III, 5 (CCM 46A, 80); Sedulius Scottus, collectaneum miscellaneum 52, 3, 1
(CCM 67, 232); Marbodus Redonensis, sermo 2, 16 (PL 171, 1586B); Thomas de Chobham,
summa de arte praedicandi 6, 4, 1 (CCM 82, 201. 237 [bis] *sec Ciceronem*); Ab, dialogus (Ed.
Thomas 120); Hugo, de fructibus carnis et spiritus (PL 176, 1003B); Bonaventura, collationes in Hexaemeron, visio 1, 3, 15 (Ed. Delorme 95).   209   Endiadis...dicunt] *Ad hunc
terminum* cf: Ps.-Rufinus, comm in LXXV Ps, PL 21,937B): *Endiadis est, quia per diversa idem
dicit;* usus est hoc termino etiam Petrus Comestor, historia scholastica (PL 198,1058B;
1060D).   gloriosum honorem] cf Ab 79, 117; Comm Cantabrigiensis 1, 27.

---

193   operis] *om* o(peris) AT   195   Quia] qui i (*expunct*) T scilicet] *om* A   196   autem est] *trp*
A 197   notandum] nota T quia] quod T   199   in³....   perseuerat] *trp* perseuerant in bono
T 204 in malo] *om* T 212 alia²] *add* est T

tes suffragari, ut illud: *Inclinaui cor meum* etc., *propter retributionem,* et
multe in hunc modum. Sed dicit beatus Ambrosius: *Qui propter uitam*
220 *eternam seruit deo, mercennarius est.*

Ad hoc dicunt quidam hoc dictum esse contra illos qui putabant aliud
a deo esse uitam eternam. Nos autem huic questioni breuiter respondemus, quia seruiendum est deo propter uitam eternam; diligendus est a
nobis, quia bona tribuit nobis. Sed non est hec summa causa: Si enim
225 bonum tuum et non ipsum dilectionis tue et seruiendi ei summam facis
causam, mercenarius es, non filius. Diligendus est a te, quia bonus est,
etiam si tibi amarus, si te dampnaturus esset. Vnde magister Anselmus: *Si*
malles cum Christo esse in inferno quam cum diabolo in celo, uere Christum
diligis. Vere enim amicum diligit qui mauult cum eo exilium pati quam
230 cum inimico regnare.

Et notandum quia huiusmodi dictiones ut "quia", "propter", "secundum" non semper causatiue sed frequenter consecutiue ponuntur, ut ibi:
Propter retributionem, hoc / est in spe retributionis. Qui enim *arat, in spe* T 133rb
debet arare.

235 [8] HIS AUTEM QUI EX CONTENTIONE. Quid retributurus sit deus his,
qui sunt secundum patientiam boni operis, superius ostendit. Nunc quid
in peccato perseuerantibus, consequenter adiungit, et hoc ordine conuenienti: Prius enim mul/cet bona promittendo, postea terret mala commi- O 25vb
nando, ut qui nolunt conuerti amore boni, saltem conuertantur timore.
240 Contentio alia uenialis, alia inquisitionis, alia dampnabilis. Venialis
fuit illa discipulorum Christi, de qua legitur: *Facta est contentio inter*
discipulos etc. Quod enim culpabilis fuerit, manifestum est, cum eos super
illa dominus reprehenderit. Inquisitionis est, que fit causa inquirende
ueritatis. Dampnabilis est illa, de qua superius et hoc loco men/tionem A 143vb
245 facit apostolus, que est inpugnatio ueritatis per confidentiam clamoris.
Super peccata contentionis specialiter hoc loco accusat eos apostolus,
quia plus hoc uicio laborabant quam alio, quod supra plenius ostendimus.

---

218 Inclinaui...retributionem] Ps 118, 112.   219 Qui...est] cf Ambr, expos ev sec Lc 7, 15,
220 (PL 15, 1758B): *Mercenarii autem qui sunt, nisi qui ad mercedem seruiunt...* ; cf Ps.-Hugo,
QEP Rm q 305 (PL 175, 506B): *Dicit enim Ambrosius: Qui spe et desiderio coelestis patriae seruit,*
mercenarius est; Rob 157, 15s; Heiricus Autissiodorensis, hom 1, 41 (CCM 116A, 364):
..mercenarius vero est, qui desiderio ac spe regni caelestis bona agit.   220 mercennarius est] Io 10,
13.   227 Si...229 diligis] *Nondum inuentum; haec sententia Anselmi Laudunensis videtur esse.*
233 Propter retributionem] Ps 118, 112.   Qui...arare] I Cor 9, 10.   241 Facta...discipulos]
Lc 22, 24.   244 superius] Rm 1, 29.   247 supra] cf prol 6s.

---

222 a.... esse] *trp* esse a deo T 224 bona.... nobis] *trp* bona nobis tribuit T summa causa]
trp causa summa T   235 retributurus] retribuiturus T   236 sunt] *om* T   241 inter] in
O* 246 peccata] peccato A

ET QUI NON ADQUIESCUNT UERITATI. Alii *non adquiescunt ueritati* pre infirmitate siue inpossibilitate sicut Thomas, qui aliis dicentibus sibi 250 discipulis: *Vidimus dominum* non credidit, quia forsitan et uidebatur inpossibile in carne mortuum cum carne posse resurgere. Alii *ueritati non adquiescunt* pre amoris magnitudine, sicut Petrus qui dicenti domino: *Ecce ascendimus Ierosolimam, et filius hominis tradetur* etc. respondit: *Absit a te domine!* Tantum enim eum diligebat, quod eum debere mori non crede- 255 bat. Alii pre inuidia siue mentis excecatione, cuiusmodi erant isti, *ueritati non adquiescunt,* sed potius iniquitati; de quibus dominus: *Ego ueni in*
O 26ra *nomine patris mei, et non me re/cepistis. Alius ueniet in nomine suo, et illum recipietis.*

IRA, id est pena eterna, ET INDIGNATIO in se ipsis. Indignabuntur enim 260 in se ipsis dicentes: *Nos insensati uitam illorum estimabamur insaniam.* Et quia dixit, quod hec pena reddetur illis *in die iudicii,* ne interim uide- rentur habere requiem, addit:

[9] TRIBULATIO ET ANGUSTIA, sicut glosa dicit *interim in anima.* Vel aliter potest legi *ira et indignatio.* Quoniam ira frequenter solet sine 265 uindicta mitigari, ne uideretur ira dei sic circa iniquos placari sine ultio- ne, dicit quod eis erit *ira* dei et ex ira *indignatio,* et inde reddetur illis *tribulatio* in corpore *et angustia* in anima; unde scriptum est: *Duplici contritione contere eos, domine!* Angustiatur enim anima, dum sibi omnem uiam euadendi clausam esse contuetur. 270

IN OMNEM ANIMAM HOMINIS OPERANTIS MALUM. Ex hoc loco uidetur haberi posse, quod alia sit pena corporis, alia anime.

Sed quare corpus punietur, cum eius nullum possit esse peccatum? In eo enim solo peccatum est, in quo et uirtus esse potuit, hoc est in anima sola. Re uera omne peccatum in anima est, et illa est que proprie dicitur 275
T 133va peccare et puniri. Corpus enim ex se nec per / se agit aliquid uel sentit.
A 144ra Vnde Plato: *Corpus / frigus et calorem suscipit sed non sentit.*
O 26rb   Dicuntur tamen quedam peccata esse corporis et pene simi/liter, quia per corpus ea agit et per corpus pro eis punitur anima. Peccata dicuntur esse corporis fornicatio ebrietas et ingluuies et huiusmodi, peccata anime 280

---

251 Vidimus dominum] Io 20, 25.   253 Ecce...tradetur] Mc 10, 33; Mt 20, 18.   254 Absit... domine] Mt 16, 22.   257 Ego...259 recipietis] Io, 5, 43.   260 Indignabuntur...insaniam] cf Lom 1342B.   261 Nos...insaniam] Sap 5 ,4.   262 in...iudicii] Rm 2, 5.   264 interim... anima] Gl 278a^mg; cf Lom 1342B.   268 Duplici...domine] Ier 17, 18   275 Re...282 morie- tur] cf Ab 81, 161-82, 210.   277 Corpus...sentit] Platon, Timaios 55D (Ed. Waszink, Corpus Platonicum Medii Aaevi 4, 43); cf etiam Odo Tornacensis, de peccato originali 3 (PL 160, 1093BC).

---

257 Ego] Ecce T   261 uitam] inter A   266 placari.... ultione] *trp* sine placari ultione A 267 illis] eis T 271 operantis] *om* o(perantis) T

ira odium superbia inuidia et huiusmodi. Pena erit corporis ignis qui
non extinguetur, pena anime uermis qui non morietur.

[11] NON EST ENIM ACCEPTIO PERSONARUM APUD DEUM, quia deus
iudicat non secundum personas sed secundum merita, reddens unicui-
285 que secundum quod meruit, sicut supra expositum est.

[13] NON ENIM AUDITORES LEGIS IUSTI SED FACTORES. Videtur hoc
falsum esse, quod factores legis iustificentur. *Lex enim*, ut alibi dicit
apostolus, *neminem ducit ad perfectum.* Item apostolus Petrus: *Onus quod*
neque nos neque patres nostri portare potuimus. Item: *Maledictus qui non*
290 *impleuerit omnia uerba legis.* Sub hoc maledicto omnes tenebantur; omnes
enim transgressores erant, quia nemo omnia implere poterat. Quare lex
non iustificabat sed potius dampnabat. Alias autem auctoritates multe
astruere uidentur, quod lex iustificet et quod per legem uitam eternam
quis mereatur. Legis enim perito querenti, quid faciens uitam eternam
295 possideret, responsum est a domino, quia *scriptum est in lege: Quomodo*
legis? Et ille: *Diliges deum ex toto corde tuo et ex tota anima tua et tota mente tua*
et proximum tuum sicut te ipsum. Et dominus: *Recte respondisti; hoc fac, et*
uiues. Item alio loco adolescenti consimiliter querenti dominus respon-
/dit: *Honora patrem et matrem; non occides* et cetera per ordinem precepta. O 26va
300 Et ait adolescens: *Hec omnia ab adolescentia mea custodiui.* Et dominus
intuitus est eum et dilexit, quod non fecisset nisi iustus esset. Et ita ex
obseruatione mandatorum legis uidetur iustus esse. Item Paulus: M*an-*
datum legis quod erat ad uitam, inuentum est michi ad mortem. Item Beda: *Lex*
tempore suo custodita non solum temporalia bona sed etiam eterna conferebat.
305 Vnde sciendum, quod lex quandoque accipitur pro decalogo legis, id est
decem preceptis duarum tabularum, quandoque pro quinque libris
Moysi, quandoque pro toto ueteri testamento. Quandoque etiam exteriores obser/uantie et ceremonie legales lex appellantur, secundum quas A 144rb
lex post Christum non est tenenda. Hic autem pro toto ueteri testamento
310 lex accipi potest.

---

283   deus...merita] cf Gl 278b^{mg}; Lom 1343AB.   287   Lex...perfectum] cf Hbr 7, 19.
288   Onus...potuimus] Act 15, 10.   289   Maledictus...legis] cf Dt 27, 26; Gal 3, 10.
295 scriptum...298 uiues] Lc 10, 25-28.   299 Honora...occides] Mc 10, 17-31 par; cf Mt 5,
21. 15, 4; Mc 7, 10; Rm 13, 9; Iac 2, 11; Ex 20, 12s; Dt 5, 16.   300   Hec...custodiui] Mt 19,
20; cf Mc 10, 20.   302 Mandatum...mortem] Rm 7, 10.   303 Lex...conferebat] Ps.-Hugo,
QEP Rm q 67 (PL 175, 450B sub nomine Bedae!). q 86 (ibid 456B).   305   Vnde...309
tenenda] cf Rob 42, 24-43, 3.

---

282 extinguetur] exstinguetur O 283 acceptio] hac p(er) T 286 auditores.... iusti] auditor
uel eg. ius. T Videtur] uidentur A* 288 Onus] honus T 289 neque^{1}.... neque] nec nos
nec T 290 maledicto] maledictio A* 292 multe] multi A^{c} 304 suo] *om* T 305 sciendum] *add*
est T 307 toto.... testamento] *trp* ueteri testamenti toto T* etiam] *supr lin* A

Auditores autem *legis* duobus modis dicuntur et *factores* similiter. *Audito-res* enim *legis* dicuntur, qui legem quidem habent, sed nec secundum litteram eam obseruant. Dicuntur etiam *auditores* tantum, qui legem secundum litteralem sensum obseruantes aliud in ea non attendunt. Littera enim ad auditum pertinet. Opus legis duobus similiter accipitur 315 modis, uel quod ipsa secundum littere superficiem docet facere, uel illud propter quod in/stituta est, hoc est opus fidei, scilicet credere in Christum. Quod opus legis quicunque faci/unt, iustificantur. Ad hoc enim est totum uetus et nouum testamentum, ut in Christum credamus et ei per dilectionem adhereamus.   320

O 26vb
T 133vb

[14] CUM ENIM. Probat quod dixit, *non auditores* scilicet *sed factores* legis iustificari, per *gentes, que legem* scriptam *non habent*, opus tamen *legis faciunt*, dum in Christum credunt. Sed quomodo hoc *faciunt naturaliter?* Naturali enim ratione deum esse intelligere possumus; sed deum homi-nem esse, mortuum fuisse et resurrexisse, qua ratione comprehendimus? 325 Fidei hoc est, non hominis. Quomodo ergo hoc opus legis, scilicet crede-re in Christum, gentes naturaliter faciunt?

Naturale est homini ueritatem intelligere et amare et, quod sibi utile est, appetere. Quanto enim in aliquo naturalis ratio magis uiget, tanto facilius ueritatem, cum ei dicitur, intelligit; et tanto auidius, quod sibi 330 bonum est, amat et appetit. Cum ergo homini ueritas predicatur, salus sua ei denuntiatur, naturaliter acquiescere debet. *Prope* enim *est uerbum* salutis *in corde tuo*, id est consentaneum est rationi *uerbum* salutis, ut scilicet cito acquiescas predicationi salutis tue.

Hoc ergo modo gentes *naturaliter* opus *legis faciunt*, hoc est credere in 335 Christum, id est naturali ratione suadente predi/cantibus fidem Christi acquiescunt, quod non faciunt Iudei etiam lege scripta adiuti. Lex enim eis Christum uenturum promittebat, sed ipsi nec rationi nec legi acqui-escentes fidem Christi suscipere contempnebant.

O 27ra

IPSI SIBI SUNT LEX, id est *naturaliter* ratio est eis pro lege, *qui ostendunt* 340 in operibus exterius *opus legis*, id est fidem Christi, scriptam, id est stabi-lem, se habere interius.

[15] CONSCIENTIAM. Conscientia aliquando de / malo, aliquando de bono accipi solet; de malo sicut ibi: *Conscius ipse sibi* etc., et apostolus: *Nichil michi conscius sum*. Item de bono: *Gloria nostra est testimonium consci-* 345

A 144va

---

332 Prope...tuo] Rm 10 , 8.   344 Conscius...sibi] Disticha Catonis 1, 17 (Ed. Boas 53): *Ne cures, si quis tacito sermone loquatur: / conscius ipse sibi de se putat omnia dici.*   345 Nichil...sum] 1 Cor 4, 4.   Gloria...conscientie] II Cor 1, 12.

---

311 autem] enim T 321 scilicet] *om* T 325 comprehendimus] comprehendemus T 326 hoc est] *trp* T hominis] rationis AT 328 et^2] *om* A 329 in.... uiget] *trp* magis in aliquo naturalis ratio uiget T 334 cito] toto A 340 naturaliter] naturalis AT eis] *praem* in T*

entie. Illa, que de malo est, dicitur mala esse non quia peccatum ipsa sit, sed quia amara, quia remordet, sicut pena dicitur mala, quia amara est et grauis. Non est autem conscientia, ubi non est scientia; unde Iudei contra conscientiam non faciunt Christum negando, quia excecati sunt.
350 Hic autem et de bono et de malo accipitur conscientia, que in die iudicii habebitur non solum de operibus sed etiam de cogitationibus.

[16] SECUNDUM EUANGELIUM MEUM. Queritur, quare dicat apostolus *euangelium meum,* cum non possit dicere "baptismus meus". Quid enim amplius facit qui predicat quam qui baptizat? Vterque tantum exterius
355 agit, nec iste cor mouet ad fidem Christi suscipiendam nec ille a peccati sorde purificat animam. *Neque* enim, / sicut ait apostolus, *qui plantat est* O 27rb *aliquid neque qui rigat,* id est neque qui predicat neque qui baptizat, aliquid confert, ubi sola gratia interius operatur, *sed qui incrementum dat deus.* Ad hec in sacramento baptismatis nulla est differentia. Non enim in
360 fide Christi baptizantium alius alio melius baptizat uel deterius. Cadat in casibus, nomina transponat et uerba: Si in fide Christi baptizat, nemo melius, nemo perfectius baptizat.

Inter predicatores est differentia: Alius enim alio me/lius predicat, et T 134ra ad predicationem unius facilius compunguntur et conuertuntur quam ad
365 predicationem alterius. Multum enim cooperatur ad fidem Christi suscipiendam, qui mores hominum, etates et scientiam in predicando discernere nouit et *quibus lac opus sit* quibusue *solidus cibus.* Hoc faciebat apostolus, qui et alios in predicatione excellebat et eam quam diximus in euangelizando discretionem habebat. Vnde et dicere poterat: *Euangelium*
370 *meum,* non "baptismus meus".

[17] SI AUTEM TU IUDEUS COGNOMINARIS. Inuectionem facit hoc loco apostolus specialiter in Iudeos eos super multitudine donorum dei, quibus ingrati erant, / arguendo. IUDEUS COGNOMINARIS, hoc est ex A 144vb cognatione, sicut glosa dicit, tibi hoc nomen uenit. / Iudei uel a Iuda O 27va
375 Machabeo dicti sunt, qui plurimum gentem illam exaltauit, cuius nomen celebre et fama preclara memoratur, uel a Iuda patriarcha, de cuius styrpe reges in populo illo assumebantur, de quo dictum est: *Iuda,*

346 dicitur...esse] cf Hbr 10, 22.   353 baptismus meus] cf 1 Cor 1, 15.   356 qui...rigat] 1 Cor 3, 7.   358 sed...deus] *ibid.*   359 Ad...362 baptizat] *cf Landgraf, Die Frage des Baptizo te zur Form der Taufe. DG III/2, 47-86, imprimis 58!*   367 quibus...cibus] Hbr 5, 12.   373 ex cognatione] Gl 279a^i; Lom 1347B.   374   Iudei...378 tui] cf Ab 90, 461-91, 505; Comm Cantabrigiensis 1, 31; Rob 43, 25-44, 3.   376 a...patriarcha] Aug, enarr Ps 75, 1 (CCL 39, 1036).   377 Iuda...tui] Gn 49, 8.

355 nec²] nisi T 367 nouit] nouum A 371 Iudeus] uides AOT* 372 specialiter] *corr ex* spiritualiter O

laudabunt te fratres tui. Vel: COGNOMINARIS IUDEUS, id est appellaris nomen habens sine re: Iudeus enim "confitens" interpretatur, cum tu diffi-
dens sis; ET REQUIESCIS IN LEGE, hoc est non uagaris erroribus ductus, 380
legens in lege quid tibi agendum quidue dimittendum sit, quod non
gentilis. Vel: REQUIESCIS IN LEGE, hoc est: in temporalibus bonis, que lex
promittit, requiescis; non alia speras nec propter alia laboras; ET GLORIA-
RIS IN DEO, hoc est de cultu unius dei uel de cognitione dei, sicut glosa
dicit. Sed hec gloria tua in uerbis est, non in operibus.   385

[18] ET NOSTI UOLUNTATEM EIUS. Lex enim te instruit, quid te deus
facere uelit, per precepta, et quid te facere nolit, per prohibitiones.

De uoluntate dei magna solet fieri disputatio. Sed quia in hoc ipso
opere ad agendum de ea locus alibi conuenientior occurrit, hoc tantum

---

378 appellaris...re] Gl PL 113, 7$^{r\ mg}$ (*non in Ed. Rusch*!); Lom 1347B.   379 Iudeus...inter-
pretatur] Ambr Autpertus, expos in Apc 2, 2, 9b (CCM 27, 118). 2, 3, 9 (ibid 171); Haimo,
in Apc (PL 117, 969C. 991A); idem, expos epist (PL 117, 383C. 384B); Hervaeus, in Is 65,
15 (PL 181, 573B); Gl ad Rm 2, 28 (279a^{mg}); Lom ad Rm 2, 28.29 (PL 191, 1349C);
Richardus de S. Victore, de exterminatione 2 (PL 196, 1074C). - Eodem modo interpretatur nomen Iuda, Iudas: Hier, liber interpretationis hebraicorum nominum (CCL 72, 67.
136. 152. 157); idem, in Os 3, 12, 2/6 (CCL 76, 134); idem, in Za 3, 11, 14 (CCL 76A, 858).
3, 14, 13.14 (ibid 891); anonymus patristicus, comm in Lc 6 (CCL 108C, 49); Cassiodorus,
expos Ps 75 (de Iudaea) (CCL 98, 692). Ps 77 (ibid 730); Beda, in Esr et Neemiam 3 (CCL
119A, 376); Gregorius I, in librum primum Rg 5, 205 (CCL 144, 546); Rabanus, comm in
Mt 1, 1 (PL 107, 739A); idem, expos Ier 12 (PL 111, 1040A); idem, comm in libros Machabaeorum 1, 2 (PL 109, 1196B). 1, 11 (ibid 1196B); Ps.-Melito, clavis scripturae 14, 5, 58 (Ed.
Laurant 334); Christianus Stabulensis, expos (PL 106, 1268 l.55); comm in Ruth e codice
Genovefensi 45, 1 (a) 1b (CCM 81, 62 et nota). 4 (b) (ibid 81); Haimo, explanatio Ps 59
(PL 116, 397B). Ps 67 (ibid 419C); idem, enarr in XII prophetas minores (PL 117, 86D); Gl
ad II Esr (Neemia) 11, 3 (Ed. Rusch II, 299b^{mg} *sec Bedam*). ad Mc 3, 19 (Ed. Rusch IV,
97b^{mg}); Godefridus Admontensis, hom festivalis 33 (PL 174, 782). 74 (ibid 1005); idem,
hom in diversos scripturae locos 16 (PL 174, 1134A); Hugo, adnotiunculae in Threnos (PL
175, 262B); Bernardus, serm 7, 6 super Ct (opera 1, 34); Hervaeus, in Is 1 (PL 181, 22B). 65
(ibid 573B); Gualterus de S. Victore, sermo 19, 2 (CCM 30, 161); anonymi auctoris sermo
1, 4 (CCM 30, 243); Hermannus de Runa, sermo 51, 2 (CCM 64, 233). 93, 2 (ibid 430);
Gerhohus Reicherspergensis, comm aureus (PL 194, 1185CD); Richardus de S. Victore, in
Apc (PL 196, 722B); idem, Beniamin minor 11 (PL 196, 8B); idem, de eruditione 17 (PL
196, 1258A); Ps.-Hugo, sermo 53 (PL 177, 1050C). 57 (ibid 1072C); Achardus de S. Victore,
sermo 14, 5 (Ed. Châtillon 178); Bonaventura, sermones dominicales 16, 10 (Ed. Bourgerol
249) - Iudith interpretatur confitens: Isidorus, etymologiae 8, 29 (Ed. Lindsday); Rabanus,
expos in librum Idt (PL 109, 559A. 581A); idem, de universo 3, 1 (PL 111, 66A).   380 non
...ductus] Gl 279a^i; Lom 1347B.   384 de^2...dei] Gl 79a^i; Ab 91, 507; Lom 1347B.   389 locus
...conuenientior] *Non inuenitur quaestio de uoluntate dei in praesenti expositione; cf etiam ad Rm
9, 13 (p 161) et ad I Cor 1, 1 (p 251). Cf Hugo, de sacramentis 4, 1-16 (PL 176, 233D-241C);
Ps.-Hugo, SS Rm c 13 (PL 176, 64D-67D).*

---

378 appellaris] *add* Iudeus T   379 habens] habemus A diffidens] diffitens AT   385 uerbis]
uobis T 388 De] *praem* § O ipso opere] *trp* T

390 ad presens in medium deducamus, quia quocunque modo accipiatur
"uoluntas dei", uel de dis/positione eius accipi potest, sicut ibi: *Omnia* O 27vb
quecunque uoluit fecit, uel de beneplacito eius, sicut ibi: *Deus uult omnem*
hominem saluum fieri. Et est hec uoluntas dei ad rem, non ad actum rei.
Est enim uoluntas dei quandoque ad rem et ad actum rei, quandoque ad
395 rem et non ad actum rei. Salutem omnium hominum deus uult, non
tamen hec uoluntas eius est ad actum peccatis nostris impedientibus. In
deo enim causa non est, quare non omnes saluentur, sed dampnationis
eorum propria culpa causa est, qui dampnantur.

Quod dicunt, quia et pro permissione accipitur "uoluntas dei", ut cum
400 dicunt: "Deus permittit mala fieri": Non concedimus, quod deus uelit
mala fieri, quod deus uelit ho/minem peccare. Hoc enim malum est A 145ra
mala fieri et hominem peccare, quia contra prohibitionem dei est. Quanto enim quis magis peccat, tanto magis deo inobediens est et magis
contrarius uoluntati eius.

405 Item: Quomodo proprie dici potest, quod deus permittat malum fieri,
cum ipse prohibeat? Quod enim prohibet quis, non permittit. Vbi ergo
in scriptura autentica scriptum reperis, quia deus permittit mala fieri uel
in hunc modum aliquid, ac si sic diceretur dictum, / intelligas: Hoc est, T 134rb
non impedit /quin fiat.   O 28ra

410 PROBAS UTILIORA, hoc est non solum utilia ab inutilibus scis discernere, sed etiam de utilibus utiliora scis eligere.

[19] CONFIDIS etc. Magis hic intelligenda est quedam uerborum
inculcatio quam diuersa significatio, que sicut ad laudem et gloriam
alicuius nonnunquam fieri solet, sic et ad confusionem, quod hic facit
415 apostolus.

[20] HABENTEM FORMAM SCIENTIE ET UERITATIS. *Formam,* hoc est plenitudinem scientie, sicut glosa interlinearis dicit. Forma enim sepissime
pro perfectione accipitur. Tunc enim res unaqueque perfecta est, quando perfectionem forme habet. Vel: *Formam* habens *scientie et ueritatis* in
420 lege, formam non rem, imaginem non ueritatem.

391 Omnia...fecit] Ps 113, 3.   392 Deus...fieri] II Tim 2,4.   393 Et...rei] cf Rob 50, 6-8.
399 Quod dicunt] cf Rob 50, 12-51, 3.   410 hoc...414 confusionem] cf Ab 91, 509-515.
non...eligere] Gl 279a^i; Lom 1347B.   414 ad...apostolus] cf Gl l. cit.; Lom 1347C.   416 plenitudinem scientie] cf Gl 279a^i.   417 glosa interlinearis] Gl l. cit.; cf Lom 1347C.
420 formam...ueritatem] Gl l. cit.; Lom 1347D.

391 dei] *om* A 393 hec] *in mg* O 394 rei] dei T 400 uelit] uult T 401 Hoc.... peccare] *bis*
O, *sed in mg* "uacat" 405 Item] et A 407 quia] quod T 412 hic] *in mg* O hec AO* *om* T
414 nonnunquam] nunquam T et] om A 416 Habentem] habitantem O Habentem....
ueritatis] *trp* habentem s. formam et u. T 417 glosa] *om* T 419 habens] habemus A

[21] QUI ERGO ALIUM DOCES. Quasi: Cum hec habeas et alios doceas, quare te ipsum non doces? Opera enim tua doctrine tue contradicunt. Doces enim alios uerbis, non operibus, te autem nec uerbis nec operibus. QUI PREDICAS NON FURANDUM, FURARIS, id scilicet quod de Christo in lege scriptum est ad aliud transferendo. 425

[22] QUI DICIS NON MECHANDUM, MECHARIS. *Mecharis*, et si non corporaliter, tamen spiritualiter. *Adulteras enim uerbum dei* ueritatem Christi tollendo et mendacium ponendo. Vel: *Mecharis* a deo per uitam malam recedendo, unde perdidisti omnes, qui fornicantur abs te.

QUI ABHOMINARIS. Sacrilegium dicitur uiolatio rei sacre, sicut eorum 430
O 28rb que ad cultum / dei pertinent, sicut est templum et que ad ipsum spectant. Templum uero dei siue materiale et figuratiuum siue spirituale et uerum Iudei uiolauerunt in ipso manufacto negotiationem exercendo, propter quam inde a domino sunt expulsi, uel: ipsum deum crucifigen-
A 145rb do, qui de templo corporis sui loquens ait: *Sol/uite templum hoc* etc. 435

[24] NOMEN ENIM DEI etc. Quasi: Vere deum, quantum in te est, per preuaricationem legis inhonoras.

QUIA NOMEN DEI PER UOS BLASPHEMETUR ETC., sicut scriptum est in Ezechiele his uerbis: *Nomen sanctum meum polluistis in gentibus.* Recedentes enim a deo Iudei ab ipso deserebantur et in manus gentium trade- 440
bantur et uincebantur. Vnde et gentes ipse deum eorum blasphemabant, quasi inpotens esset defendere eos. Vnde et deum Iudeorum a diis suis uictum esse dicebant.

[25] CIRCUMCISIO QUIDEM PRODEST ETC. Gloriationem, quam de lege sibi ascribebant Iudei, ab eis remouit apostolus. Nunc remouet et eam, 445
quam sibi de circumcisione attribuebant. Sicut enim lex non prodest legis preuaricatoribus, sic nec circumcisio legem non obseruantibus.

Ea que de circumcisione inquiri solent, usque ad locum illum reseruabimus ubi paulo inferius apostolus dicit, quia *signum accepit circumcisi-*
O 28va *onis* Abraham *signaculum iu/sticie.* Ibi enim magna de circumcisione solet 450
fieri disputatio. Hoc tamen hic inquirendum uidetur, secundum cuius temporis statum dicit apostolus: *Circumcisio prodest si legem obserues.* Si

---

423 Doces...operibus] Gl l. cit.   427 Adulteras...dei] cf II Cor 2, 17; 4, 2; Gl 279a^i; Lom 1347D.   ueritatem...ponendo] cf Gl 279a^i.   430 Sacrilegium...435 etc] Ab 92, 526-534. 433 negotiationem...expulsi] Mc 11, 15-18 par.   435 soluite...hoc] Io 2, 19.   438 scriptum ...gentibus] cf Ab 92, 549s.   439 Nomen...gentibus] Ez 36, 22.   444 Gloriationem...447 obseruantibus] cf Ab 93, 553-560.   449 signum...signaculum] Rm 4, 11.   451 Hoc...458 docere] cf Ab 93, 570-586; Lom 1348CD.   452 Circumcisio...obserues] Rm 4, 11.

---

424 de] *add* lege T* 431 spectant] spectate A 433 negotiationem] negotionem O 435 corporis] corpis T   436   dei] dicitur O   438   est] *om* A   440   deserebantur] deserabantur O 451 tamen] tantum T

enim ad statum presentem respiciat, uidetur omnino falsum esse. Circumcisio enim uere non solum non prodest, sed etiam obest. Vnde
455 apostolus ad Galathas: *Si circumcidimini, Christus nichil uobis prodest.* Si ad
tempus / legis referatur, quid ad presentem doctrinam? Secundum T 134va
statum enim, quem tunc habebant, quando eis scribebat apostolus, debet
eos corrigere et docere.

Quod ut melius intelligatur, sciendum est, quia est circumcisio triplex:
460 alia enim est carnis, alia cordis, alia utriusque, anime scilicet et corporis.
Prima statum suum habuit tempore legis, secunda nunc in tempore
gratie, tercia in octaua, id est in resurrectione.

Prima signum fuit secunde et tercie; que etiam in octauo die fieri
precepta est in figuram tercie, que erit in octaua, id est in resurrectione,
465 quando scilicet homo perfecte circumcidetur in anima et in corpore, ab
omni scilicet peccato et omni corruptione, quando *mortale hoc induet
immortalitatem* et corruptibile hoc incorruptibilitatem.

Loquitur itaque apostolus de prima, id est carnali circunmcisione
secundum statum legis, que tunc illis proderat si legem obseruarent,
470 aliter non. / Sed quid ad statum presentem? Multum. De statu / enim O 28vb
illo, in quo data fuit eis circumcisio et quia data, adhuc gloriabantur et se A 145va
se extollebant Iudei, sicut superius ostensum est. Vel: De circumcisione
cordis potius legendum uidetur, que est turpitudinis et immundicie
depositio. Hec prodest si legem obserues, hoc est si opus legis facias,
475 quod est credere in Christum, sicut supra ostensum est.

Dicit itaque, quia circumcisio spiritualis prodest si legem obserues
spiritualiter, non quod possit haberi circumcisio spiritualis sine legis
obseruatione, sed quia obseruatio legis signum est quod habebatur
circumcisio spiritualis, sicut ibi: *Si diligitis me, mandata mea seruate,* non
480 quod possit haberi Christi dilectio sine obseruatione mandatorum eius,
sed quia mandatorum obseruatio signum est dilectionis.

SI AUTEM PREUARICATOR. Gloriabantur de circumcisione Iudei sicut et
de lege, sicut paulo ante dictum est. Hanc gloriam uel potius superbam
iactantiam eis tollit apostolus dicens, quia non est eis gloriandum de

---

455 Si[1]...prodest] Gal 5, 2.   459 sciendum...corporis] cf Ab 93, 553-560; Gl 279a^mg; Lom
1348B.   466 quando...incorruptibilitatem] cf I Cor 15, 53s.   468 Loquitur...481 dilectio-
nis] cf Ab 93, 577-586.   479 Si...seruate] Io 14, 15.

453 uidetur omnino] *trp* T 454 uere] nunc AT non[2]] *om* OT 455 circumcidimini] circumci-
dimus T 457 enim] *om* T 460 anime scilicet] *trp* T 461 nunc.... tempore] uituperationem
T 464 in[3]] *om* A 465 perfecte] *om* T 467 hoc] add induet T 477 spiritualis] *add* sicut ibi
A* sine.... 479 spiritualis] *in mg* O 478 habebatur] habeatur A habetur T 481 dilectionis]
add eius AT 484 eis[2]] *om* T

circumcisione, sed potius de legis obseruatione, que potest esse tam in 485
preputio quam in circumcisione.

CIRCUMCISIO PREPUTIUM FACTA EST. In merito non plus ualet, scilicet
sine legis obseruatione, quam preputium.

O 29ra [26] IUSTICIAS LEGIS, hoc est mandata legis, decalogi scilicet, / que
non possunt obseruari sine gratia, et hec iustificant. Vel: *Iusticias legis* 490
fidem Christi uocat, per quam iustificatur homo.

[27] IUDICABIT etc. Sic lege: Et *preputium* quod est *consummans*, id est
complens legem ex natura, hoc est naturali ratione, gentilis scilicet qui
naturaliter ea *que legis sunt* facit, quemadmodum supra expositum est,
IUDICABIT TE QUI PER LITTERAM ETC. instructus PREUARICATOR LEGIS ES. 495
Iudicabit te, sicut glosa dicit: comparatione sui te dampnabilem ostendet.

[28] NON ENIM ETC. Probat quod dixit, quia potest fieri Iudeus gentilis
et gentilis Iudeus quantum ad meritum. Non enim ille uere Iudeus est,
qui in carne Iudeus; sed qui ore et corde confitetur, ille uere Iudeus est.
Neque illa, que in manifesto est, id est in carne, circumsisio est uera 500
circumcisio, sed illa, que est in occulto, hoc est in corde, ubi deus uidet,
non homo, illa scilicet QUE EST IN SPIRITU, NON IN LITTERA, hoc est interi-

A 145vb or, non exterior, CUIUS LAUS NON EX HOMINIBUS / sed ex deo est. Laudat
enim deus fidem et deuotionem, laudat homo opera exteriora, que

T 134vb sepissime / nec ex fide procedunt nec bona intentione fiunt. Vel: Cordis 505
circumcisio laudem non querit ab hominibus, sed a deo.

---

487 In...preputium] cf Gl 279b^i; Lom 1348D.   490 Iusticias...homo] cf Gl l.cit.   493 complens...natura] cf Lom 1348D.   496 comparatione...ostendet] Gl (PL 114, 477A; *non in Ed.
Rusch!*); Lom 1348D.   501 in^2...uidet] cf I Sm 16, 7; Ab 95, 649.

---

500 est^3.... circumcisio] *om* T *((vacat)* 502 hoc] hec T 503 6] iudeus T

[3, 1] QUID ERGO? Questionem sub disiunctione facit apostolus, quam sciebat sibi obici posse, et factum soluit. Quasi: Coequasse uideor Iudeo gen/tilem et e conuerso.   O 29rb

QUID ERGO AMPLIUS contulit deus Iudeo quam gentili, AUT QUE UTILI-
5 TAS est maior circumcisionis quam preputii?

[2] MULTUM PER OMNEM MODUM. Questionis prime parti respondet apostolus, quid scilicet amplius sit Iudeo quam gentili, dicens: *Multum per omnem modum.* Secunde parti non respondet, scilicet que sit utilitas circumcisionis, quia satis constat, uel etiam paulo post utilitatem circum-
10 cisionis assignat, ubi dicit *quia signum accepit circumcisionis Abraham signa-culum iusticie,* sicut ibi dicturi sumus, uel: quia nomine circumcisionis sepe Iudeos intelligit, sit unum expositio alterius, ut sit sensus: *Quid ergo amplius* Iudeo *aut que utilitas* circumcisionis, id est circumcisorum? *Mul-tum per omnem modum.* Modus omnis in duobus intelligitur, sicut glosa
15 dicit, in reseratione spiritualium et collatione temporalium. His enim duobus modis multo plus contulit deus Iudeo quam gentili. Nulle enim gentes tantam temporalium bonorum copiam, tantam etiam in tempora-libus gloriam et excellentiam habuerunt quantum Iudei aliquando.

Primum quidem etc. Minora pretermittit, scilicet copiam et temporali-
20 um, de maioribus supponit, scilicet de reseratione spiritualium, QUIA CREDITA SUNT ILLIS ELOQUIA DEI, id est lex et prophete, in quibus de reparatione generis humani promissiones dei acceperunt.

Nota quod dicit *credita,* ut de iure premium, id est fru/ctum eloquio- O 29va rum suorum ab eis possit deus exigere. Vel: *credita,* ad tempus concessa,
25 non in perpetuum data. Potest etiam per *eloquia dei* euangelica doctrina intelligi. Ipse enim saluator eis predicauit et non gentibus, et apostolis dictum est ante passionem: *In uia gentium ne abieritis.*

[4] EST ENIM DEUS UERAX. Quasi diceret: Et si quidam / illorum pro- A 146ra missionibus dei non crediderunt, non tamen minus deus reddidit quod
30 promisit, quia uerax est, uerax in effectu, ueritas in essentia.

Veritas aliquando nomen essentie, aliquando persone. Dicitur enim trinitas "ueritas", sicut ibi: *Veritas pater; ueritas filius; ueritas spiritus sanctus.*

---

1 Questionem...soluit] cf Gl 279b^mg; Lom 1350B. 10 quia...iusticie] Rm 4, 11. 11 sicut... sumus] *vide inferius ad Rm 4, 11.* 14 Modus...16 gentili] cf Gl 279b^mg. 19 Minora... temporalium] cf Gl 279b^mg. 21 id...prophete] Gl l. cit. 23 Nota...concessa] cf Ab 97, 227s. 27 In...abieritis] Mt 10, 5. 32 Veritas...sanctus] cf Io 14, 6; Fulgentius Ruspensis, contra Fabianum fr 37 (CCL 91A, 863); anonymus, breviarium fidei (PL 13, 670B); Boethius, de praedicatione trium personarum, PL 64, 1301B; Beda, libellus precum, PL 94, 530C; Ps.-Vigilius Thapsensis, opus contra Varimadum Arianum 3, 95 (CCL 90, 132);

---

6 modum] O^mg *om* AT 15 reseratione] *add* scilicet AT 18 habuerunt] *add* nunc ut O^mg quan-tum] quantam T quantum.... 20 maioribus] O^mg 19 etc] *om* AT 27 uia] uiam T 32 filius] filii T

Sepissime tamen ad filium referri solet. *Ipse est* enim, sicut scriptura dicit,
ueritas patris, sicut quidam dicunt ideo, quia in eo et per eum promissa
sua pater adimpleuit et per eum uerax esse innotuit. Vel, sicut beatus 35
Anselmus dicit, filius dicitur ueritas patris ad confutandum errorem
Arianorum, qui non credebant eum esse naturalem filium patris sed
potius adoptiuum et non de substantia patris natum. Ad confusionem
ergo talium dicitur filius ueritas patris, id est ueram patris naturam
habens. Est enim eiusdem nature, eiusdem cum patre substantie.   40

OMNIS AUTEM HOMO MENDAX, id est mutabile esse habens et per peccata defluens, sicut beatus Augustinus exponit.

O 29vb   De homine assump/to nullo modo concedendum est quod fuerit uel
T 135ra   potuerit esse mendax uel quod peccare potuerit. Concedi for/sitan
potest quia, si homo ille a uerbo non assumeretur et esset homo, peccare 45
potuisset. Assumptus autem peccare non potuit quia a uerbo separari
non potuit. Et si enim assumptus fuerit ex gratia, gratia tamen illi quasi
naturalis facta est, et ei quasi nataurale fuit bonum facere et non posse
peccare.

SICUT SCRIPTUM EST: UT IUSTIFICERIS ETC. Probat apostolus auctoritate 50
prophete Dauid deum ueracem esse dicens: *Vt iustificeris* etc.

Et notandum, quia decisam ponit auctoritatem, non integram, sed
quantum scilicet ad presentis sententie spectabat confirmationem. Quia
tamen illa de precedenti pendet, quid precedat uideamus.

Benedictus Anianensis, opuscula (PL 103, 1398B); Bernardus, serm 80, 8 super Ct, (opera
2, 282).
33 Ipse...patris] cf Io 14, 6; Aug, in Io ev tr 42, 2 (CCL 36, 366); idem, de vera religione 55,
113 (CCL 32, 259s); Beda, in Io ev 6, PL 92, 750CD *[bis]*; Alcuinus, comm in S. Io ev 4, 22
(sec Augustinum, PL 100, 870B *[bis]*); Haimo, hom (PL 118, 214D); anonymus, expos Pauli
epist e codice S. Michaelis ad Eph 1 (CCM 151, 219); Paschasius Radbertus, de benedictionibus 1 (CCM 96, 38); idem, expos in Mt 8 ad Mt 18, 22s (CCM 56A, 903); idem, expos in
Ps 44, II (CCM 94, 58); Bruno Herbipolensis, expos Ps 88, 24 (PL 142, 331B); Gerardus
Moresenus, deliberatio 8 (CCM 49, 141); Gl ad Io 3, 11 (Ed. Rusch IV, 230a^mg); Lom,
comm Ps 42, 3 (PL 192, 425D). Ps 115, 2 (ibid 1034A); idem, sent 1, 3, 1, 8 (Ed. Brady 1,
71); Zacharias Chrysopolitanus, in unum ex quatuor (PL 186, 413A); Martinus Legionensis,
sermones (PL 208, 1275D)   35 sicut...dicit] Anselmus Cantuariensis, monologium 46 (Ed.
Schmitt I, 62; *sed non fit mentio ibi Arianorum!*).   41 mutabile...exponit] *Non inventum apud
Augustinum, sed cf:* Ab 97, 58; Gl 279b^mg; Lom 1351CD; Ps.-Hugo, QEP 74 (PL 175, 452C);
Hervaeus 631A.   43 De...49 peccare] cf Rob 48, 8-17; Comm Cantabrigiensis 1, 38s; *cf
Landgraf, Die Unsündbarkeit Christi. DG II/1, 320-370, imprimis 340s. 349.*   De...53 confirma-
tionem] cf Ab 98, 60-99, 118.   51 Vt iustificeris] Ps 50, 6.

---

35 uerax] ueras T   41 id est] *om* T   45 quia] quod T   50 Probat....   etc] O^mg auctoritate....
Dauid] auctus prophete O^mg

55   Est scriptum ita: *Tibi soli peccaui, et malum coram te feci, ut iustificeris in
sermonibus tuis et uincas cum iudicaris.* Promiserat deus Dauid, quia de
semine eius nasceretur qui sederet in domo Iacob in eternum, qui in
eternum iudicaret Israel saluator mundi. Verum, quia grauiter peccaue-
rat Dauid, committendo scilicet adulterium et homicidium, dicebant
60 eum homines indignum esse impletione promissionis dei, et ita dicebant
deum promissa non soluere, et ita iudicabant eum mendacem esse. Si
enim quod promisit non solueret, / procul dubio mendax esset. Dicit A 146rb
ergo: *Tibi soli peccaui,* quia tu solus peccatum meum dimittere potes, tu
solus iuste punire. Vnde: *Qui sine peccato est, primus in illam lapidem mittat.*
65 ET MALUM CORAM TE FECI / in conspectu tuo, UT IUSTIFICERIS ETC. Istud *ut* O 30ra
non causatiue sed consecutiue legi solet sicut et illud: *Lex intrauit, ut
abundaret delictum.* Similiter et hic: *Vt iustificeris,* id est et tu iustus appare-
as, IN SERMONIBUS TUIS, hoc est in promissionibus tuis quibus pollicitus es
michi filium tuum de styrpe mea carnem assumpturum, ET UINCAS, et
70 conuincas eos de mendacio a quibus IUDICARIS non debere implere
promissiones tuas propter peccata mea. Vel aliter: Promiserat dominus
Dauid, quod de carne eius carnem assumeret saluator mundi. Verum
quia ipse Dauid iustus erat et sanctus, sicut dominus dicit de eo: *Inueni
uirum secundum cor meum,* diuina dispensatione factum est ut ipse pecca-
75 ret, ut commendabilior appareat iusticia dei in promissionis impletione,
ut non ex merito eius sed potius contra meritum et ex sola gratia promissionem suam in ipso adimplere uideatur deus, quasi diceret: TIBI SOLI
PECCAUI, id est ad honorem tuum, ut commendabilior scilicet appareat
iusticia tua contra meritum meum implendo promissa tua; et hoc est UT
80 IUSTIFICERIS IN SERMONIBUS TUIS ETC., ut supra. Vel: *iustificeris in sermonibus tuis,* quibus promisisti: *Quacunque hora ingemuerit peccator, saluus erit.*

---

55   Est...71 mea] cf Ab 99, 119-100, 138; cf Comm Cantabrigiensis 1, 39.   Tibi...iudicaris]
Ps 50, 6.   64 Qui...mittat] Io 8, 7.   65 Istud...solet] cf Lom 1352B.   66 Lex...delictum] Rm
5, 20.   67 id...tuis²] cf Gl 280a^mg; Lom 1352B.   72 Verum...eo] cf Ab 100, 138.   73 Inueni
...meum] Act 13, 22.   77   Tibi...tuum] cf Ab 100, 148; Comm Cantabrigiensis 1, 39.
80 iustificeris²...tuis] Ps 50, 6.   81 Quacunque...erit] *Haec sententia ad verbum in sacra scriptura Vg editionis non invenitur; sed cf Ez 33, 12. 15! Eundem textum ac praesens expositio praebent:*
Eusebius Cremonensis, de morte S. Hieronymi 44 (PL 22, 269); Gregorius I, epist 52 (PL
77, 989A; *cf etiam* in librum primum Regum 2, 27, CCL 144, 135s. 2, 107, ibid 176); Ps.-Be-
da, aliquot quaest (PL 93, 469C); Remigius Antissiodorensis, enarr Ps 6 (PL 131, 174C). Ps
55 (ibid 424C); Ratherius, praeloquia , 24 (CCM 46A, 65; cf itinerarium 598A); Bruno
Carthusianorum, expos Ps 55 (PL 152, 892C); Radulfus Ardens, hom 1, 1 (PL 155, 1669A);
Wernerus S. Blasii, libri deflorationum (PL 157, 1181D. 1184A. 1184C); Ivo Carnotensis,
epist 228 (PL 162, 231C); Honorius Augusstodunensis, elucidarium (PL 172, 1155C);

---

61 iudicabant] dicebant A 64 mittat] m (ittat)] om AO 66 intrauit] subintrauit T 75 in....
impletione] in ueritatis (*expunct*) impletione promissionis T 78 scilicet] *om* T 81 ingemu-
erit] ingemuit A

O 30rb Quod negant illi qui / dicunt peccatum meum tantum esse, quod ueniam habere non possit. ET UINCAS EOS CUM IUDICARIS ab illis uel minus
potens esse uel minus bonus, qui non possis scilicet uel non debeas
peccatum tantum dimittere.   85

[5] SI AUTEM etc. Videbatur carnali et uerba prophetie Dauid premissa
T 135rb non sane intelligenti, quod iniquitas nostra iusticiam dei / commendaret, quod peccata nostra essent ad gloriam ipsius. Ex eo enim ipse
solus iustus, immo iustior uidetur esse, quod alii omnes peccatores sunt;
et ad commendationem glorie ipsius spectare uidetur, quod peccata 90
dimittit. Quod si est, scilicet quod peccata nostra prosint deo, iniquus
uidetur esse, quando pro peccatis infert iram, id est uindictam. Quod si
A 146va est, / quomodo [6] IUDICABIT DEUS hunc MUNDUM? Non erit iustus
iudex.

[7] SI ENIM ETC. Sensum, quem ex uerbis Dauid carnalis trahebat, per 95
inpossibile, quod inde sequebatur, falsum esse probauit apostolus. Nunc
redit ad probationem eiusdem, ut ex ipsa repeticione et alterius falsi
quod addit appositione illa falsior appareat. SI ENIM etc.: Mendacium
ponit pro peccato, partem pro toto. Vel: Similitudine conuenienti mendacium ponit pro peccato, quia peccati nulla est substantia sicut menda- 100
cii nulla ueritas.

[8] ET NON SICUT etc. Non *faciamus mala ut ueniant bona,* SICUT BLAS-
O 30va PHEMAMUR a quibusdam / et sicut aiunt nos predicare: *Faciamus mala ut*

Godefridus Admontensis, hom dominicales (PL 174, 185C); Ab, Ethica I, 59 (CCM 190,
58); idem, liber adversus haereses (PL 178, 1841B; *cf etiam* ad Rm 2, 3, CCM 11, 121. ad Rm
4, 7, ibid 124; sermo 8, PL 178, 440B); Hugo, de sacramentis (PL 176, 560A. 564D. 567A.C;
cf etiam de sacramentis 563D); Ps.-Hugo, miscellanea (PL 176, 652C); Ps.-Hugo, SS 6, 11
(PL 176, 147B.149A); Ps.-Hugo, sermo 53 PL 177, 1051B); Bernardus, sent 3, 120 (opera, 2,
219), Zacharias Chrysopolitanus, in unum ex quatuor (PL 186, 315D); Gerhohus Reicherspergensis, comm aureus (PL 193, 1317D; cf 1683B); idem, expos Ps 105 (PL 194,
663B); Richardus de S. Victore, de potestate (PL 196, 1162D); Philippus de Harveng, in Ct
(PL 203, 571D); Iohannes de Forda, super extremam partem Ct sermo 102, 5 (CCM 18,
693) - *Similiter multi alii; cf e. g. :* Ps.-Aug, de vera et falsa poenitentia 17, 33 (PL 40, 1128A);
anonymus, de conflictu vitiorum et virtutum (PL 40, 1099); Remigius Antissiodorensis,
enarr Ps 6 (PL 131, 174C). Ps 55 (ibid 424C); Ratherius Veronensis, dialogus confessionalis
42 (CCM 46A, 264); idem, itinerarium (Ed. Weigle 154); Lom, sent 4, 17, 1, 4 (Ed. Brady 2,
343).
86 Videbatur...92 uindictam] cf Ab 100, 145-157; Comm Cantabrigiensis 1, 39s.   97 redit...
probationem] cf Gl 280a^{mg}.   98   Mendacium...toto] cf Gl 280aⁱ; Lom 1354D.
102 faciamus...bona] Rm 3, 8.

---

86 prophetie] prophete A 87 non] ut T 91 dimittit] dimittat T 96 quod.... esse] *om*
T 100 sicut.... ueritas] sicut peccati (T*, *del* T) nulla ueritas mendacii T 102 etc] et cur
T faciamus] facimus T

ueniant bona. Occasione enim huius dicti apostolici: *Vbi abundauit delic-*
105 *tum, superabundauit gratia,* dicebant illud apostolum predicare.

[9] QUID ERGO? PRECELLIMUS EOS? Contra gentiles specialiter locutus
est superius apostolus, quorum dixit dampnationem iustam esse. Nunc ut
et Iudeis occasionem superbiendi tollat, dicit eos gentiles non precellere,
in gratia scilicet, quia utrique peccatores erant et neutri eorum pro
110 merito suo collata est gratia Christi.

CAUSATI ENIM ETC. Rationibus ostendimus omnes ante gratiam SUB
PECCATO ESSE, SICUT SCRIPTUM EST de Iudeis, quia de gentibus constat:

[10] NON EST IUSTUS QUISQUAM etc. Notandum: Quod dicit: *Non est*
iustus quisquam, [11] NON EST INTELLIGENS, et [12] OMNES DECLINAUE-
115 RUNT, non ad omnes generaliter, sed ad maiorem partem referendum
est. Sic enim hoc nomen *omnes* non omnium sed maioris partis compre-
hensiuum sepenumero reperitur, sicut ibi: *Omnes quotquot uenerunt ante*
me, fures sunt et latrones, et illud Ieronimi ad Damasum papam de filio
prodigo: *Fili, tu semper mecum es, et omnia mea tua sunt: Nunquid angeli,*
120 *throni?* "Omnia" ergo intellige prophetas et eloquia diuina secundum
illud quod sepe exponimus, "omnia" non ad totum esse referendum sed
ad maximam partem. Ergo non de omnibus Iudeis generaliter legendi
sunt uersus / isti, sed de illis, qui non erant in unitate et fide Christi. O 30vb
Vnde dicit: *Non est qui faciat bonum usque ad unum,* hoc est usque ad
125 Christum. / Nemo enim preter Christum, hoc est qui sit extra unitatem A 146vb
et fidem Christi, bonum facit, quod sibi ualeat ad salutem.

[13] SEPULCHRUM etc. Isti tres uersiculi qui sequuntur, et si secundum
uulgarem editionem in tercio decimo psalmo reperiantur, in Hebraica
tamen ueritate, sicut Origenes dicit et Ieronimus super prologum sexti
130 libri Ysaie, neque in psalmis neque in alio ueteris testamenti libro neque
omnes neque ita continui habentur. Vnde et ibidem questionem hanc
mouet Ieronimus, quare ab apostolo inducuntur. Et soluit ita, quia
partim in Ysaia, partim in psalmis inueniuntur. Vel licet isti uersiculi in
Hebraica ueritate non sint, tamen ab interpretibus .LXX. / superadditi T 135va
135 fuerunt, et ita in auctoritate consistunt.

---

104 Vbi...gratia] Rm 5, 20.   111 Rationibus...esse] cf Gl 280a^i; Lom 1356C.   113 Notandum...122 partem] cf Ab 103, 254-104, 264.   117 Omnes...latrones] Io 10, 8.   119 Fili...
throni] Hier, epist 21, 37 (CSEL 54, 136s).   125 Nemo...facit] cf Gl 280b^{i+mg}.   127 Isti...
135 consistunt] cf Ab 105, 321-107, 370.   129 Origenes] ad Rm 3, 2 (AGLB 16, 295s; FC
2/2, 54).   Ieronimus...Ysaie] Comm in Is, praef 16 (CCL 73A, 641s).

117 ante] ad T 118 filio prodigo] *trp* T 120 intellige] intelligere A 123 qui] om T unitate....
fide] unitatem et fidem AT 126 sibi] ibi T 130 neque^1] nec T neque^2] nec T 131 neque]
nec T 135 consistunt] consulunt T

SEPULCHRUM PATENS, Quasi: Non solum declinauerunt, non solum sibi nocuerunt, sed etiam alios male uiuendo, male docendo corruperunt, et hoc est SEPULCHRUM. De sepulchro patenti fetor exit qui circumhabitantes corrumpit. Sic et de gutture eorum pernitiosa doctrina que multos ad perditionem ducit. Guttur instrumentum est uocis proferende; unde 140 non inmerito, sicut et os et fauces et lingua, pro doc/trina accipitur.

O 31ra

VENENUM ASPIDUM SUB LABIIS EORUM. Venenum aspidum, sicut dicunt, ceteris dulcius est et insanabile. Veneni natura est: Quanto dulcius tanto auidius sumitur tantoque nocentius ledit. Talis erat doctrina istorum, qui in persuabilibus et dulcibus uerbis captabant in animas innocentium et 145 insanabiliter occidebant. *Venenum sub labiis,* dulcedo in ore et dolus in corde. *Venenum sub labiis* occultabatur, quia malitia eorum quibusdam uerisimilibus rationibus tegebatur.

[14] QUORUM OS ETC. De persecutoribus Christi et discipulorum eius specialiter legitur, qui aperte Christo et discipulis eius maledicebant et 150 ad mortem ipsorum toto affectu inhiabant. Sed quid erit talibus?

[16] CONTRITIO ET INFELICITAS IN UIIS EORUM, id est pro operibus eorum infeliciter conterentur et in presenti per Titum et Vespasianum et in futuro, quando debitum et eternum / recipient supplicium.

A 147ra

[17] Quod inde est, quia NON COGNOUERUNT, id est cognoscere nolue- 155 runt, UIAM PACIS, Christum scilicet qui dixit: *Ego sum uia, ueritas et uita,* et *Ego sum ostium; per me si quis* etc.

[19] SCIMUS AUTEM. Ne alio retorquerent auctoritatem premissam Iudei nec ad se pertinere dicerent, occurrit apostolus dicens: *Scimus autem quecunque lex loquitur,* id est auctoritas legis quam induximus, HIS 160 ETC., ita quod et de his. Loquitur enim lex tantum / Iudeis, quia tantum illis data erat. Sed non tantum de illis loquitur. Multa enim ibi de gentibus scribuntur. Ista tamen legis auctoritas, quam contra Iudeos hoc loco induxit apostolus, ita loquitur illis quod et de illis.

O 31rb

Vel: *Quecunque lex loquitur* sine certa determinatione et distinctione, ex 165 qua fit certum quod ad gentes sermo dicatur, et Iudeis et de Iudeis procul dubio loquitur.

---

137 etiam...139 corrumpit] cf Gl 280b^i; Lom 1357A.   140 Guttur...proferende] cf Ab 107, 377s.   142 Venenum^2...insanabile] cf Lom 1357B.   146 dolus...corde] Prv 12, 20. 152 pro operibus] cf Comm Cantabrigiensis 1, 43.   153 conterentur...futuro] cf Gl 280b^mg; Lom 1357BC.   155 cognoscere noluerunt] cf Ab 109, 430s; Lom 1357C.   156 Ego...uita] Io 14, 6.   157 Ego...quis] Io 10, 9.   161 et...his] Gl 280b^i; Lom 1358A/C.

---

139 Sic] *praem* et A 143 dulcius^2] dulcia A 148 uerisimilibus] uisibilibus T 153 Vespasianum] Vasp. O 162 ibi....   gentibus] *trp* de gentibus ibi T

VT OMNE OS etiam Iudeorum OBSTRUATUR sicut et gentium, compescatur et conticescat a glorificatione sua, et ita OMNIS MUNDUS SUBDITUS FIAT
170 DEO, humiliet se sub potenti manu dei bonum omne quod habet deo
attribuens.

[20] QUIA EX OPERIBUS LEGIS etc. Queritur an de operibus tantum
exterioribus hoc dicat, que proprie dicuntur opera, an etiam de interioribus pariter. Si enim de exterioribus, eodem modo et de operibus
175 euangelii dicere posset, quia exteriora opera euangelii non iustificant, et
sic ex euangelio non est iusticia sicut nec ex lege. Item: Videtur quod ex
lege sit iusticia et ex operibus legis. Opus enim legis est precepti cuiuslibet quod in lege est adimpletio. Preceptum autem legis est, quia unum
de decem mandatis est: *Diliges deum ex toto corde* etc., cuius adimpletio
180 uidetur esse, immo est caritatis perfectio. Hec autem / iustificat, quare T 135vb
ex lege uidetur / esse iusticia. Similiter et de hoc mandato legis: *Non* O 31va
concupisces opponi potest.

Ad hoc dici potest: Lex manum cohibet et non animum. Opera ergo
legis sunt que fiunt timore pene et non amore iusticie, quibus laudem
185 quis meretur in conspectu hominum, non dei; et hec non iustificant.
Item: Opera legis proprie dicuntur carnales obseruantie que in lege
precipiebantur, que potius fiunt /amore temporalis boni quam eterni, A 147rb
sicut in lege scriptum est: *Si hec feceritis, bona terre comedetis.* Ex his iustifi-
cabantur homines in conspectu hominum, sed non coram deo. Precepta
190 autem diligendi et non concupiscendi, secundum quod in lege precipiebantur, magis sunt secundum exteriorem conatum et effectum quam
secundum interiorem caritatis affectum.

Si autem opponatur de legis perito cui responsum est a domino: *Hoc*
fac, et uiues, quod scilicet in lege legis: *Diliges deum* etc., sic solui potest:
195 *Hoc fac,* scilicet dilige deum sicut ego diligendum precipio, *et uiues,* non
sicut quidam qui solis operibus exterioribus se diligere ostendunt. Vel
potest dici quod preceptum dilectionis preceptum euangelii sit, et si in
lege scriptum sit, quia et in lege erant homines gratie, qui scilicet iusti
erant ante deum, et illi soli hoc preceptum adimplebant, non sua uirtute
200 sed gratia Christi.

---

168   etiam...171 attribuens] cf Gl 280b^{i+mg}.   compescatur...170 dei] cf Ab 110, 25-30.
172   Queritur] *Ad sequentia vide Landgraf, Die Gnadenökonomie des alten Bundes. DG III/1,*
19-60, imprimis 29!   179 Diliges...corde] Dt 6, 5; Mc 12, 30 par.   181 Non concupisces] Ex
20, 17; Dt 5, 21. 7, 25.   183 Lex...185 dei] cf Lom 1359A.   188 Si...comedetis] cf Is 1, 19.
193 Hoc...uiues] Lc 10, 28.   194 Diliges deum] *Supra l. 179s.*

---

168 compescatur] compescat T 180 Hec] hoc T 183 ergo] enim T 198 scilicet] soli T

O 31vb PER LEGEM ENIM / etc. Probat quia ex operibus legis non iustificatur quis coram deo, quia per legem tantum cognitio peccati, non abolitio.

Queritur hic, cuius peccati cognitionem lex faciat. Peccatum enim pluribus modis accipitur, quia peccatum dicitur quandoque pena peccati, unde dicitur dominus peccata nostra portasse quia penam debitam 205 peccato, id est sitim et famem et mortem, in corpore suo sustinuit. Item hostia pro peccato "peccatum" appellatur, secundum quod Christus dicitur *factus peccatum pro nobis.* Dicitur etiam peccatum satisfactio siue penitentia iniuncta pro peccato; dicitur etiam peccatum opus peccati; dicitur et ipse reatus mentis et quelibet inordinatio cuiuslibet rei.   210

Cum igitur tot modis accipiatur peccatum, non inmerito queritur, quomodo hic accipiatur, precipue cum Iudei non credant esse peccatum nisi opus peccati.

Quod autem cognitio peccati tantum, quod est opus peccati, per legem fiat, non uidetur, cum dicat apostolus: *Nesciebam concupiscentiam* 215 *peccatum esse nisi lex diceret: Non concupisces.* Quod de opere exteriori non potest dici, sed de uoluntate tantum, nec de primo motu sed de consensu.

[21] NUNC AUTEM SINE LEGE ETC. Quasi: Per legem est peccati cognitio,

A 147va non iustificatio. Sed NUNC, hoc est / in tempore gratie, IUSTICIA DEI, que 220 hominem gratis iustificat, MANIFESTA EST aperte SINE LEGE, hoc est sine operibus legis, testificata a lege et prophetis.

O 32ra Queritur quomodo iusticia dei mani/festetur sine lege, cum ipsa, sicut apostolus ait, testimonium habeat a lege. Testimonium autem duabus de causis induci solet: uel ut quod dubium est certificetur, uel ut quod 225 etiam certum est confirmetur. Testimonia autem a lege et prophetis sepissime eisdem de causis in euangelio inducuntur, quod totum ad iusticie dei manifestationem spectare uidetur.

T 136ra Ad / quod dicendum, quia in euangelio iusticia dei manifestatur, non in lege. In euangelio enim iusticia dei, qua gratis iustificat impium, 230 aperte commendatur, fides etiam, ex qua est iusticia, manifeste predicatur, quod non in lege. Et si enim fides in lege doceatur que in euangelio, unde et *rota in rotam,* tamen sub figuris et enigmatibus manifestatur. Ergo

---

201 Probat...deo] cf Lom 1359A.   Probat...210 rei] cf Rob 54, 20-55, 9.   202 cognitio peccati] cf Gl 280b^i.   205 peccata...portasse] I Pt 2, 24.   208 factus...nobis] II Cor 5, 21. 211 Cum...217 uoluntate] cf Rob 55, 10-17.   215 Nesciebam...concupisces] Rm 7, 7. 220 hoc...gratie] cf Ab 111, 52; Lom 1359D.   232 quod...lege] cf Rob 57, 1-13.   233 rota... rotam] Ez 1, 16; 10, 10.

---

211 peccatum] *add* et quelibet inordinatio A* (*del* A)   226 etiam] *om* T   230 enim] *om* T iusticia dei] *trp* T 232 euangelio] ewangelio O

iusticia dei in euangelio sine lege, hoc est non in lege uel sine operibus
235 legis, habens tantum testimonium ab auctoritate ipsius legis.

[22] IUSTICIA AUTEM DEI PER FIDEM. Quasi: Iusticia dei manifestata est
in euangelio, sed hec IUSTICIA est PER FIDEM, id est CHRISTI. Ergo omnes
qui habent fidem Jhesu Christi iusti sunt? Non. Non est enim iusticia ex
qualibet fide, sed ex fide illa *que per dilectionem operatur,* qua quis credit in
240 Christum. Non enim omnis, qui fidem eius habet, credit in illum; quia
aliud est credere deum, quod est fides no/ticie, aliud credere in eo, O 32rb
quod est fides confidentie, aliud credere illi, quod est fides consentiendi,
aliud credere in illum, quod omnia comprehendit, *fides* scilicet *que per*
caritatem operatur. Hoc est enim credere in illum: Illi per dilectionem
245 adherere, credendo eius membrum effici. Quomodo autem ex fide sit
iusticia, superius dictum est, super illum uidelicet locum: *Iustus autem ex*
fide uiuit.

SUPER OMNES, quia desuper gratis datur, non ab inferioribus meretur.
Gratis datur fides, gratis iusticia, gratis caritas cetereque uirtutes. Non
250 eas, sed per eas meretur homo. Fidem Cornelius non meruit, quam/uis A 147vb
religiosus ac timens deum ante fidem susceptam legatur et orationes eius
et elemosine accepte ante deum. Meruit, ut ad eum Petrus mitteretur, ut
fides ei annuntiaretur. Meruit, ut ad fidem suscipiendam aptior haberetur, fidem tamen nec ipse nec alius mereri potuit.

255   [23] OMNES ENIM PECCAUERUNT. Vere super omnes qui credunt in
illum est iusticia dei, quia OMNES, tam Iudei quam gentiles, PECCAUERUNT
ET EGENT GLORIA DEI, id est gratia dei, que peccata remittit. Vnde lauda-
tur et glorificatur deus a nobis.

Omnes, dico, [24] IUSTIFICATI GRATIS. Queritur quomodo iustificati
260 simus gratis per Christum, cum hoc nobis ex imperio patris deberet, et
etiam ut pro nobis / moreretur. Item: Quomodo gratis, cum sit proximus O 32va
noster et hoc nobis debeat ex lege nature, qua tenetur erga proximum
et, quod uellet sibi impendi si esset in eo statu in quo nos sumus et
aliquis alius esset in eo in quo ipse est? Scriptum est enim: *Quicquid uultis*
265 *ut faciant uobis homines etc.*

---

234 hoc...legis] cf Lom 1359D.   236 Iusticia[1]...245 effici] *cf Landgraf, Sünde und Gliedschaft*
am geheimnisvollen Leib. DG IV/2, 48-99, imprimis 93s!   Iusticia[2]...est] Rm 3, 21   239 que...
operatur] Gal 5, 6   241   aliud[1]...243 comprehendit] cf Rob 80, 17-22; Ab 123, 46-50.
243 fides...operatur] Gal 5, 6.   246 superius] P. 39 *ad Rm 1, 17.*   Iustus...uiuit] Rm 1, 17.
248 desuper...datur] Comm Cantabrigiensis 1, 44.   250 Fidem...meruit] Act 10, 2 .22s.
255 Vere...dei] cf Gl 281a[i]; Lom 1362A.   264 Quicquid...homines] Mt 7, 12.

---

235 tantum] tamen T 237 euangelio] ewangelio O 243 per.... operatur] dilectionem (*del*
T^c) operatur caritatem T   257 id.... dei] *om* A   259 Queritur] *add* Questio O^{mg} (*manus*
posterior) quomodo] O^{mg}

Solutio: Et si patri hoc debuit, non tamen nobis ex meritis nostris.
Nulla enim merita nostra precesserunt, ut nos iustificare deberet. Sed
nec tenetur lege nature, ut pro nobis mori deberet. Aliter enim nemo
caritatem infra perfectionem habere posset, quia *maiorem caritatem nemo
habet* quam *ut animam suam ponat quis pro amicis suis.*   270

[25] QUEM PROPOSUIT DEUS, hoc est longe ante predixit uel palam
omnibus posuit, PROPITIATOREM, hoc est reconciliatorem MUNDI. Ipse
enim reconciliauit nos deo et angelis eius PER FIDEM IN SANGUINE IPSIUS,
T 136rb hoc est per fidem passionis eius. Illi enim soli deo reconciliati sunt, qui /
habent fidem passionis eius. Que reconciliatio facta est *ad ostensionem* 275
iusticie eius, sicut paulo ante dixit. Iusticia dei manifestata est per fidem
Jhesu Christi *propter remissionem precedentium delictorum.* Ad hoc enim
iusticia dei manifestata est, ut peccata remitteret et nos, sicut apostolus
O 32vb dicit, gratis iustificaret. PRECEDENTIUM, hoc /est non solum presentium,
sed etiam *precedentium,* que erant   280

[26] IN SUSTENTATIONE DEI. Iustus fuit Abraham, iustus Moyses, /
A 148ra Dauid et alii priores sancti. Tamen ianuam regni celestis clausam iusticia
eorum aperire non poterat, sed propter peccata sua foris erant exspectantes eum, qui solus aperire poterat. Hoc ergo modo peccata priorum
sanctorum erant *in sustentatione dei,* quia in fide et spe illius, quem ad 285
peccata tollenda exspectabant, dimissa erant.

AD OSTENSIONEM IUSTICIE EIUS. Repetit quod superius dixit, ut addat,
quando scilicet ostensa sit hec iusticia dei: IN HOC TEMPORE, hoc est in
tempore gratie. Vnde innuit, quia et gratis ostensa, UT SIT IPSE IUSTUS in
promissis (sic enim ante promiserat), uel: *iustus* ex se *et iustificans* ex 290
gratia *eum,* QUI EX FIDE EST JHESU CHRISTI, qui credit scilicet Christum
deum et hominem esse.

[27] VBI EST ERGO GLORIATIO? Dixi iusticiam dei manifestari sine lege
per fidem Christi. Ergo, o Iudee qui prius in lege gloriabaris, UBI EST
nunc GLORIATIO TUA? EXCLUSA EST, hoc est ablata, *non per legem factorum* 295
sed per legem fidei.

269 maiorem...suis] Io 15, 13.   271 longe...posuit] Gl 281a^{i.}   272 hoc...reconciliatorem]
Ab 112, 88.   274 per...passionis] cf Gl 281a^{mg}.   275 ad...eius] Rm 3, 26.   276 Iusticia...
Christi] Rm 3, 21.   281 Iustus...284 poterat] cf Rob 69, 8-11; Lom 1362B.D; sed aliter Ab
113, 102-105.   288 hoc^2...gratie] Ab 113, 110.   289 in promissis] Gl 281a^{i}; Lom 1363B.
290 iustus...296 fidei] cf Ab 113, 122; 118, 275-279; Lom 1363C. 1364AB.   295 ablata...
fidei] cf Gl 281a^{mg}. 282b^{i}.

267 deberet] debent O 268 nature] nec AO 276 manifestata] manifesta T 277 Jhesu] .i. O
om T 278 apostolus dicit] *trp* T 281 iustus] *add* fuit T 283 sed.... poterat] *om* A 285 dei] *om*
T et] *add* in T 293 gloriatio] *add* tua AT

Lex Moysi dicitur lex factorum, id est operum, quia manum cohibebat, non animum, et ea precipiebat que iustificabant in conspectu hominum, non in conspectu dei. Lex fidei est euangelica doctrina, quia
300 manifeste docet / et ad fidem nos duobus funiculis ligat, hoc est puritate O 33ra et uirtutis operatione, ut sit scilicet fides pura, id est sine admixtione erroris, et sit operans ex uirtute caritatis.

Vel: EXCLUSA EST, id est manifestata, *gloriatio tua*, in quo scilicet nunc debeas gloriari. Excludere enim duobus modis accipitur: et pro repellere
305 et pro extra clausum ponere, id est manifestare. Vnde exclusores dicuntur illi, qui argentum de terra eiciunt.

[28] ARBITRAMUR ENIM. Quasi: Per legem fidei repulsa est *gloriatio tua*; uel, secundum aliam lectionem, manifestata, quod probat apostolus auctoritate sua que celebris est et imitatione digna. Est enim auctoritas
310 dictum uel factum imitatione dignum. *Arbitramur.* Non dicit hoc dubitatiue, sed magis asserit cum discretione. Non est enim arbitrium sine discretione, quod tunc liberum est, cum inclinatur ad bonum, tunc uero oppressum, quando flectitur ad malum.

[29] AN IUDEORUM etc. Probat apostolus, quod per fidem iustificat
315 deus tam gentilem quam Iudeum, quia deus est gentium sicut Iudeorum.

Et notandum quia aliter dicitur deus Iudeorum et gentium siue omnis creature, et aliter / suorum. Suorum enim, eorum scilicet qui membra A 148rb eius sunt, quadam prerogatiua dicitur deus. Quod per tres illos patriarchas sig/nificatur, cum dicitur deus Abraham, deus Ysaac et deus Iacob. O 33rb
320 Per Abraham fides: in eo enim plurimum enituit; ipse enim prima uia credendi. Per Ysaac gaudium, id est caritas, per Iacob uiciorum subplantatio intelligitur.

Horum igitur deus est, / qui ei per fidem et dilectionem et uiciorum T 136va supplantationem adherent. Iudeorum autem et gentium siue generaliter
325 omnium dicitur deus, quia creator est et pater omnium; et quia pater

---

297 Lex...operum] cf Lom 1364AB.   303 id...manifestata] Lom 1364A.   308 secundum... lectionem] Wordsworth-White II, 78 *non notant variam lectionem; sed vide notam praecedentem!* 309 auctoritate sua] Gl 281b^{i}.   320 Per...322 intelligitur] cf Apponius, in Ct 7, 27 (CCL 19, 165s); Ps.-Beda, hom subdita 55 (PL 94, 413D-414A. 414B); Alcuinus, interpretationes nominum Hebraicorum (PL 100, 725A. C-D. 729A); Zacharias Chrysopolitanus, in unum ex quatuor (PL 186, 68D); Gerhohus Reicherspergensis, expos in Ps continuatio, ad Ps 104, 15 (PL 194, 638BC).   prima...credendi] Arevalus Faustinus, Isidoriana (PL 81d, 400C. 825A); Gl ad Gn 14, 14 (Ed. Rusch I, 67b^{mg}); Remigius Antissiodorensis, comm in Gn 14, 14 (PL 131, 85A); Anselmus Laudunensis, enarr in Mt (PL 162, 1230C); AEP 886A.

---

303 manifestata] manifesta T   305 exclusores] exclurores A   308 uel] *om* T manifestata] manifesta T   310 Arbitramur] arbitrantur O hoc] *om* T   316 notandum] notantum O deus] deus deus A siue] quia T 320 prima.... credendi] *trp* T 325 deus] deus deus A O* (*corr* O)

gentium sicut Iudeorum, prouidere habet gentibus sicut et Iudeis. Quare
ergo non dedit legem gentibus sicut et Iudeis? Non tenemur respondere
tali questioni; hoc est enim querere, quare huic dat gratiam suam et non
illi. Potest tamen sane dici, quia Iudeis data est lex et pro gentibus, quia
de Iudeis transitura erat ad gentes. Illi enim habent eam, sed in littera. 330
Nos uero, qui de gentibus sumus, habemus eam in spiritu. Illi enim
carnaliter, nos eam habemus et tenemus spiritualiter, et sic utrisque data
est lex.

[30] *Quoniam quidem* etc. Quod dicit *ex fide* et *per fidem,* idem est sicut
beatus Augustinus dicit.   335

[31] LEGEM ERGO etc. Diximus hominem iustificari per fidem sine
operibus legis. Ergo destruimus legem? NON, SED LEGEM STATUIMUS, hoc
est, sicut quidam exponunt, legi statum damus, ut scilicet stet, non
O 33va longius procedat. Quod et ibi sancti exponunt: / Stabat Iohannes, Jhesus
ambulabat. *Iohannes,* id est lex, *stabat,* id est cessabat; *Jhesus,* id est gratia, 340
ambulabat, proficiebat. Non est autem legem destruere, ut cesset debitum
finem ei dare. Vel: LEGEM STATUIMUS, hoc est statum, quem habere
debet, ei damus, spiritualem scilicet, carnalibus obseruantiis finem
imponentes.

---

334   Quod...est] Aug, de spiritu et littera 29, 50 (CSEL 60, 205); Pelagius, ad Rm 3, 30
(Souter 2, 35); Sedulius Scottus, collectaneum (AGLB 73, 105 [idem textus ac Pelagius]);
Gl 281b^i; Atto, expos epist (PL 134, 164A); Bruno Carthusianorum, expos Rm (PL 153,
42B); Comm Cantabrigiensis 1, 53; Lom 1365D; Guillelmus de S. Theodorico, expos Rm II,
3, 30 (CCM 86, 49).   336 Diximus...legem] cf Ab 122, 383-385.   339 Stabat...ambulabat] cf
Io 1, 35s.   Stabat...341 ambulabat] Gl ad Io 1, 35 (Ed. Rusch II, 226b^{mg}); Zacharias Chrysopolitanus, in unum ex quatuor (PL 186, 107A).

---

326 et] *om* AT 327 tenemur] temur A 330 Illi.... Illi] *om* T 338 legi] legis T 340 Jhesus]
Iohannes A* (*corr* A) T

[4, 1] Quid ergo dicemus? Quandoquidem per fidem est iusticia sine operibus legis, QUID ERGO DICEMUS INUENISSE ABRAHAM PATREM NOSTRUM SECUNDUM CARNEM, id est per illas carnales obseruantias, circumcisionis scilicet et sacrificiorum? Iusticiam? Non. PATREM NOSTRUM, quem scilicet
5 imitari debemus ut filii.

[2] SI ENIM. Probat, quod ex operibus legis non est iusticia, per inconueniens, quod inde sequitur illo concesso. Assumit autem conuenientissimum probationis sue exemplum Abraham, / de quo nulla erat dubitatio, A 148va quin iustus esset antequam lex data esset et etiam antequam preceptum
10 circumcisionis habuisset. SI ENIM ABRAHAM EX OPERIBUS legis IUSTIFICATUS EST, HABET GLORIAM pro iusticia sua, SED NON APUD DEUM, quod constat falsum esse, sed apud homines tantum. *Homo enim iudicat secundum faciem, deus autem intuetur cor.* Opera autem legis magis fiunt timore quam amore.

15   [3] QUID ENIM SCRIPTURA DICIT? Probat testimonio scripture Geneseos, quod non est Abraham iustificatus ex /operibus legis sed per fidem: O 33vb CREDIDIT ABRAHAM DEO, ET REPUTATUM ILLI AD IUSTICIAM. Locus huius scripture in Genesi aspiciatur, et apparebit, cuius rei fides reputata est Abrahe ad iusticiam, fides scilicet de promissione Ysaac et multiplicati-
20 onis seminis eius. Hec autem non est fides Christi.

Ergo obicitur, quod sine fide Christi iustificatus sit. Quod si quis dixerit, quod non sine fide Christi, quia eam tunc habebat et ex ea iam iustus erat, responsio, quia de ista dicitur: *Credidit Abraham deo, et reputatum illi ad iusticiam,* et huic efficatia iusticie attribuitur. Quare uidetur,
25 quod alia fides a fide Christi iustificet, quia ista nec est fides Christi nec articulus fidei Christi. Et sic due fides iustificant, quod est contra fidem, et etiam quod due fides sint, quia una fides, unum baptisma. /

Solutio: Cum dicitur: *Credidit Abraham deo, et reputatum illi ad iusticiam,* T 136vb non solum quod erat in superficie littere credidit, sed potius quod sub
30 figura latebat credidit, scilicet de Christo futuro. Et hoc non tunc primum, sed ante reputatum est ei ad iusticiam, quamuis ibi primum legatur. Vel potest satisque conuenienter dici, quod generalis fides, qua in omnibus credidit deo ab initio credulitatis sue usque ad mortem, reputata est illi ad iusticiam. Sed quia in hoc facto Abraham (quando scilicet
35 non *considerauit corpus suum emortuum, cum fere centum esset an/norum,* nec O 34ra

---

1 Quid...5 filii] cf Ab 122, 1-8.   4 quem...debemus] Gl 281b^j.   12 Homo...cor] I Sm 16, 7.
18 in Genesi] 4, 3   19 fides...Ysaac] cf Ab 123, 23.   23 Credidit...iusticiam] Rm 4, 19.
27 una...baptisma] Eph 4, 5.   28 Credidit...iusticiam] Rm 4, 19.

---

1 dicemus] dii. O   4 scilicet^1] *om* T   8 erat] *add* ei T   9 iustus] om O *trp* esse iustus
T 15 Quid] quod T 17 reputatum] *add* est T 23 reputatum] *add* est T 25 Christi^1] Abrahe
T* (*corr* T) 26 articulus] articuli T 28 reputatum] *add* est T 35 emortuum] mortuum T

emortuam uuluam Sare) fides eius excellenter innotuit, ideo auctoritatem fidei eius hoc loco specialiter commendat.

ET REPUTATUM EST EI AD IUSTICIAM. Si in fide Abrahe uera fuit / iusti-
A 148vb cia, non uidetur proprie dictum esse: *Fides ipsius reputata est ad iusticiam.* Si enim deberes michi aurum, non proprie dicere possem: "Da michi 40 aurum, et reputabo illud tibi pro auro", uel "equum pro equo", sed "asinum pro equo" et "argentum pro auro".

Secundum   Responsio: Si homo non peccasset sed in obedientia preceptorum dei
magistrum perseuerasset, nec fides nec mors Christi ei ad iusticiam necessaria esset,
Acardum que utique tunc in plena preceptorum dei impletione constaret quocun- 45 que modo essent data, siue per solam rationem siue per interiorem inspirationem siue per legem scriptam siue per uocem aliquam. Homo autem excidit a prima uirtute per peccatum nec amplius omnino precepta dei implere ualuit, et postmodum iusticia, que ab eo exigebatur, infelix caruit. Cui infirmo concessit deus, ut solummodo crederet et 50 ipsum credere reputaretur pro iusticia, ut scilicet tantum daretur pro sola fide quantum pro omnium mandatorum dei impletione, scilicet remissio peccatorum et donatio uirtutum.

O 34rb   [4] EI AUTEM QUI OPERATUR ETC. Duplex lectio hic est, sicut et glo/sa duplex ostendit. Legitur enim et de operanti secundum legem et de 55 operanti secundum euangelium. Vnde queritur, de quibus operibus hic agat, opera loquor euangelii, an de exterioribus an de interioribus. Sunt autem exteriora ut uestire nudos, pauperes et uagos inducere in domum suam et consimilia. Quodsi agat de huiusmodi operibus, tunc multi sunt, qui habent tempus operandi et non operantur, ut sunt uiri contempla- 60 tiui, qui tantum contemplationi uacant. Vnde et ipsi minoris erunt meriti quam illi, qui fidem habentes talia operantur.

Item: Si de opere interiore agat, quod est diligere, orare, meditari et huiusmodi, cum unusquisque iustificatus per fidem huiusmodi opera habeat, quomodo dicit hos per solam fidem saluari? Est enim opus dili- 65 gere, sine quo nemo exire potest et saluari, et huiusmodi multa.

Vnde dicimus, quia agit hic de his, quibus licet et possunt in exterio-
A 149ra ribus / operari. Qui si preuenti aliqua necessitate fuerint ne ea operen- tur, sola eis gratia sine meritis sufficit ad salutem. Opera enim exteriora proprie dicuntur. Vnde et hi sine operibus saluari dicuntur, qui tantum 70 cum interioribus saluantur, quia exteriora, sicut dictum est, proprie opera dicuntur.

---

54 glosa duplex] Gl 281b^{i+mg}; Lom 1367BC.1368BC; Rob 71, 4-19.

---

43 Responsio] *add: secundum magistrum Acardum* O^{mg}   44 necessaria esset] *trp* esset necessa- ria T   50 crederet] crederent A 51 ipsum] illud T   54 etc] *om* T et] om A   71 quia] qui O*

[5] *Secundum* PROPOSITUM GRATIE DEI: SIC ENIM deus proposuit se hominem gratis iustificare per fidem.

75 [6] SICUT ET DAUID / dicit. Auctoritate prophete probat iusticiam esse O 34va per fidem sine operibus legis, / et eius prophete, qui inter omnes pro- T 137ra phetas erat eximior, Dauid scilicet.

Beatitudinem hominis. Effectum ponit pro causa, beatitudinem scilicet pro iusticia. Effectus enim iusticie beatitudo est. Beatitudo etiam et hic et

80 in futuro haberi potest. Beatitudo enim quedam est in caritate ceterisque uirtutibus, unde: *Beati pauperes spiritu, beati qui lugent, beati* etiam *qui persecutionem patiuntur propter iusticiam.*

CUI DEUS ACCEPTO, hoc est acceptabili sibi, uel: *accepto,* hoc est gratis, FERT, confert, IUSTICIAM SINE OPERIBUS legis uel precedentibus.

85 [7] BEATI QUORUM REMISSE SUNT INIQUITATES. Tres gradus peccatorum fecit, sicut in glosa habetur: iniquitas, que idem est quod impietas; infide-litas, scilicet ante cognitionem creatoris; peccatum in operibus, actualia scilicet, que post fidem fiunt peccata; et peccatum leue quod non impu-tatur, sine quo nec iustus uiuit super terram, sed non imputatur, quia

90 propter illud apud deum reus non tenetur. Remittitur iniquitas, quando pena eius condonatur per gratiam, que exigi poterat per iusticiam. Teguntur a deo peccata nostra, commissa scilicet post baptismum, quando a nobis deteguntur. Deteguntur autem a nobis tribus modis: cordis contritione, oris / confessione, operis satisfactione. Si ergo uis, ut O 34vb

95 peccata tua a deo tegantur, prius ea detege non solum ipsi deo, sed sacerdoti dei uicario.

[8] BEATUS UIR CUI NON IMPUTAUIT DOMINUS PECCATUM. Beatus est, quia iam iustus est, cui non imputat dominus peccatum leue, peccatum scilicet sine quo nec iustus uiuit super terram. Iustis non imputantur

100 huiusmodi peccata, imputantur tamen iniustis.

Vel aliter potest legi quod / dicit: *Beatus uir cui etc.* Cum enim plurali A 149rb numero beatos dixisset: *quorum remisse sunt* etc., nunc singulariter unum ponit, quem uirum nominat, illum scilicet singularem hominem, qui in una Christi persona deo unitus est, ad quem usque diuine gratie benefi-

105 cia extendit. Vir autem ille singulariter et per excellentiam dicitur, qui

---

73 Sic...fidem] cf Lom 1368A.   79 Beatitudo...potest] cf Gl 282a^i; Lom 1368C.   81 Beati... iusticiam] Mt 5, 3. 5. 10.   83 Cui...precedentibus] cf Gl 282a^i; Lom 1368D.   85 Tres...89 imputatur] cf Gl 282a^{mg}; Lom 1370A.   90   Remittitur...iusticiam] cf Ab 124, 66-68. 101 Cum...107 fuit] cf Ab 125, 86-102.

---

83 hoc^2] id T 84 fert] *add* id est T 85 sunt] *om* A 86 iniquitas.... quod] iniquitas est idem quod T 88 non] *on* T 90 propter] per O* 95 tegantur] teguntur O 102 etc] *om* T 104 benefi-cia] opera T* (*corr*) T

nichil debilitatis ex corruptione peccati traxit. Ei dominus nullum imputauit peccatum, quia nullum habuit, nulla pro peccato pena dignus fuit.

Hic solet queri de gratia et merito hominis, utrum scilicet ex sola
gratia an ex merito suo uel ex gratia simul et merito homo saluetur.

Quod autem ex gratia sola sit hominis salus et totum, quod in homine 110
bonum est, quidam rationibus et auctoritatibus probare nituntur. Dicunt
enim, quia mereri est a se gerere, unde quis mereatur. Ergo cum homo
nec a se habeat nec a se gerat, unde salutem siue bonum aliquod mere-
O 35ra atur, / manifestum est, quia sine merito gratia sola saluatur. Item: Iohannes apostolus: *De plenitudine eius omnes accepimus, gratiam pro gratia,* id est 115
eternam beatitudinem (quam gratiam uocat, quia gratis datur) pro gratia
nobis temporaliter collata. Item apostolus: *Gratia dei sum id quod sum,* et
multe in hunc modum auctoritates concurrere uidentur, quibus nichil
ex merito hominis, sed totum quod in homine bonum est, ex gratia sola
esse astruere conantur.   120

Ad quod dicimus, quia non est sic totum attribuendum gratie, ut
meritum hominis et liberum arbitrium tollantur, qui error Manicheorum
T 137rb erat, nec sic totum hominis merito, ut gratia secludatur, in / quo Pelagius errabat. Est quidem totum ex gratia, aliquid uero ex merito, sed per
gratiam. Naturalis enim ratio hominis sopita est nec excitari potest, nisi 125
gratia superueniens se illi infundat; sed nec ad ipsam se ingerentem erigi
ualet nisi per gratiam sulleuantem. *Vnde et ipsa gratia preuenit nolentem ut
uelit, subsequitur uolentem ne frustra uelit,* et Dauid: *Misericordia eius preueniet
me,* et *Misericordia eius subsequetur me.* /
A 149va   Quid ergo? Numquid naturaliter non uult homo bonum? Naturaliter 130
habet appetitum boni, sed uelle non potest nisi gratia iuuetur et illustretur. Naturalem habet bonum uolendi potentiam, sed eam exercere non

---

110 Quod...120 conantur] cf Rob 71, 23-72, 3.   115 De...gratia] Io 1,16.   117 Gratia...
sum^2] I Cor 15, 10.   121 Ad...129 me^2] = Rob 72, 24-73, 12.   122 error Manicheorum] cf
libellus fidei (= Ps.-Aug, sermo 236, 6, PL 39, 1183); *idem textus:* Aug, de gratia Christi 1, 33,
36 (CSEL 42, 153); scripta et monumenta pertinentia ad historiam Pelagianorum (PL 45,
1718); Marius Mercator, dissertationes (PL 48, 491B. 504C. 504D.690B. 694A); Carolus
Magnus, de imaginibus (PL 98, 1115AB); Alcuinus, confessio fidei (PL 101, 1076D);
Remigius Lugdunensis, de tribus epistolis (PL 121, 1053CD); *sub nomine Hieronymi:* Lom
sent 2, 28, 4 (Ed. Brady 1, 491); Bandinus, de creatione mundi (PL 192, 1068CD). *Cf etiam:*
Aug, contra Iulianum opus imperfectum 1, 106 (CSEL 85/1, 124); idem, contra duas epist
Pelagianorum 2, 2, 2 (CSEL 60, 461s).   123   Pelagius] cf Aug, de gestis Pelagii 35, 65
(CSEL 42, 119-121); idem, de haeresibus 88 (CCL 46, 340-342).   127 Vnde...uelit^2] cf Aug,
enchiridion 9, 32 (CCL 46, 67).   128 Misericordia...me] Ps 22, 6.

108 Hic] § A^mg 113 bonum aliquod] *trp* T 123 secludatur] secluditur T 124 quidem] *om*
T 130 non] *supr lin* T

potest / nisi per superuenientem gratiam, quemadmodum in oculo O 35rb
exteriori apparet: Naturaliter in se habet aptitudinem uidendi et poten-
135 tiam, uidere tamen actualiter non potest nisi claritate exteriori illustretur. Ex hac itaque aeris illuminatione totum, quod uides, esse dicitur,
cum tamen illa exterior frustra infunderetur nisi illa interior relucere
posset. Ex ipsa enim uisus. Hoc idem est in oculo rationis et gratia super-
ne illustrationis.

140   Et notandum, quia nonnulli liberum hominis arbitrium in hoc assignant, ut eo possit bonum et possit malum, bonum tamen non nisi per
gratiam, malum per solius liberi arbitrii potentiam. Sed cum sit naturalis
potentia liberum arbitrium, posse autem malum non nisi inpotentia,
palam est, quia ad liberum arbitrium non spectat posse malum, sed
145 tantum bonum. Vnde dici potest, quia liberum arbitrium est discretio
boni et mali cum facultate exequendi bonum et dimittendi malum. In
illis ergo maius est et liberius liberum arbitrium, qui maiorem habent
facultatem exsequendi bonum, in illis autem liberrimum, qui non possunt inclinari ad malum, sicut in angelis et hominibus perfectis. Hanc
150 autem naturaliter habet homo facultatem, sed ea uti non potest nisi per
gratiam adiutricem.

[9] BEATITUDO ERGO HEC. Dixit, quia beatus / est ille, *cui deus iusticiam* O 35va
confert sine operibus legis. Nunc querit, quis sit ille, Iudeus scilicet tantum
an etiam et gentilis. Et probat per Abraham, quia non est in circumcisi-
155 one tantum hec beatitudo sed etiam in gentili, quia adhuc preputiatus
erat Abraham, quando fides eius reputata est ad iusticiam.

[11] De circumcisione hoc loco queri solet, cui primum precepta sit,
et quare in partibus genitalibus, quare uiris tantum et non feminis, et de
eius efficatia, et quare baptismus ei successerit.

160   Est autem circumcisio / amputatio pellicule illius, que preest in A 149vb
uirilibus; unde et illa pellicula preputium dicitur. Ex qua et gentes
preputiate dicuntur, eo quod sunt absque putatione, id est cesione.

---

133   quemadmodum...136 illustretur] cf Rob 73, 16-19.   136   Ex...138 uisus] = Rob. 73,
19-74, 2.   140   Et...142 potentiam] cf Rob 72, 17-20.   nonnulli...malum] cf Anselmus
Cantuariensis, dialogus de libero arbitrio 1 (Ed. Schmitt I, 207); sent divinae paginis (Ed.
Bliemetzrieder, Anselms von Laon systematische Sentenzen, 28); cf Aug, de correptione et
gratia 1, 2 (PL 44, 917).   nonnulli...142 potentiam] cf Rob 74, 17-20.   145   liberum...
malum] cf Lom, sent 2, 24, 3, 1 (Ed. Brady 1, 452s).   152   cui...operibus] Rm 4, 6.
153 Nunc...gentilis] cf Gl 282a^{i}·   157 De circumcisione] Ad sequens vide: Ab 129, 131-143,
674; Rob 75, 2-76, 22.   De...159 successerit] cf Ab 129, 131; Rob 44, 5-45, 13.

---

134   habet....   uidendi] *trp* aptitudinem uidendi habet T   150   nisi] non T   152   deus....
confert] *trp* confert deus iusticiam T   153   quis sit] *om* T   154   et] *om* T   156   reputata....
iusticiam] O^{mg} 157 De] *praem* § A De....   precepta] *om* O 158 uiris] *praem* in T

Circumcisio uero precepta fuit primum Abrahe. Vnde ipse et familia eius tota circumcisa est, non solum que de styrpe eius erat, sed etiam alienigena, tam uernaculus quam empticius. Sic quippe a domino ei 165 precipitur: *Circumcidetur ex uobis omne masculinum, et circumcidetis carnem* T 137va *preputii uestri, ut sit in / signum federis inter me et uos. Infans octo dierum circumcidetur in uobis, omne masculinum in generationibus uestris, tam uernaculus quam empticius circumcidetur, et quicunque non fuerit de styrpe uestra. Masculus, cuius preputii caro circumcisa non fuerit, peribit anima illa de populo* 170 O 35vb *suo.* Quod dictum est: *Tam uernaculus quam empticius circumcidatur,* et: / *Quicunque non fuerit de styrpe uestra,* ita est intelligendum, ut de uernaculis uel empticiis eorum, siue sint de styrpe sua siue non, dominus hoc precipiat.

Quare autem in partibus illis fieri precipiatur et non in aliis, Ieroni- 175 mus super hanc epistolam dicit: *Ne aliud membrum aut debile fiat aut turpe, quod publice uideretur.* Item: *propter gratie remissionem, in qua erat per castitatem placendum.*

Potest autem alia satis conueniens, ut uidetur, assignari ratio, quare in partibus illis et non in aliis fieri precepta sit: Nam cum duo sint, per que 180 maxime consortium inter aliquos contrahitur, in utroque dominus uoluit populum suum ab aliis nationibus separari. Vnde et uictum gentibus communem ei interdixit, circumcidi quoque in genitalibus iussit, ne partes illas sic sanctificatas cum immundis mulieribus aliqua commixtione polluerent et ut femine gentiles eos ita precisos uidentes eorum 185 matrimonia contempnerent.

Quare autem uiris tantum et non feminis precepta est, non michi A 150ra magna questio uidetur, maxime cum mulieres / ad suscipiendam huiusmodi circumcisionem apte non sint, que tamen aliis cum fide sacrificiis tam ab originali quam ab actuali mundabantur. Cuius autem efficatie 190 O 36ra fuerit circumcisio, nemo / dubitat. Eiusdem enim efficatie fuit cuius et baptismus, nisi quia non statim introducebat in regnum celi, sicut Beda

---

165   Sic...174 precipiat] cf Ab 134, 397-135, 439.   166   Circumcidetur...171 suo] Gn 17, 10-14.   176   Ne...178 placendum] Ps.-Hier = Pelagius ad Rm 2, 26 (Souter 2, 26s); *item:* Cassiodori discipulus, expos Ps 2, 45 (PL 68, 425D-426A); cf Ab 142, 640-642; Sedulius Scottus, collectaneum ad Rm 2, 29 (AGLB 31, 73).   179   Potest...186 contempnerent] cf Rob 44, 20-45, 10.   190   Cuius] *Ad sequentia cf Landgraf, Die Wirkungen der Beschneidung. DG III/1, 61-108, imprimis 79. 81!*   Cuius...196 introierunt] cf Rob 45, 13-18; Ab 129, 237s; Hugo, de sacramentis (PL 176, 349D-350A); Ps.-Hugo, SS 4, 1 (PL 176, 119D). 191   Eiusdem...celi] Beda, hom I, 11 (CCL 122, 74); Lom 1372B; idem, sent 4, 1, 7 (Ed. Brady II, 236).

---

164   erat] erant A*   167   uestri] *om* T   169   et] *om* T   175   fieri precipiatur] *trp* T et] *supr lin* T 176   hanc] *add* ipsam AT 179   satis] satisque AT 180   duo sint] *trp* T 185   precisos] preciosos A*OT (precisos A) 191   cuius] *add* fuit T 192   celi] c^i. O; c. AT

dicit; sed nec baptismus nisi quia sanguis Christi effusus est. Vnde non
est ex baptismo, quod statim decedentes post baptismum introeunt in
195 regnum celi, sed ex sanguinis Christi effusione. Quod apparet in illis, qui
baptizati decedentes ante Christum non introierunt.

Cur ergo circumcisio cessat ut baptismus succedat, cum non plus
conferat baptismus quam circumcisio? Responsio: propter generalitatem.
Circumcisio enim tantum Iudeis et uiris, non feminis, data fuit. Baptis-
200 mus autem Iudeis et gentibus omnibus in utroque sexu conuenit.

Item: propter asperitatem circumcisionis fugiendam. Demum: propter
significationis expressionem. Sicut enim aqua exterius corpus a sordibus
purgat, ita gratia interius, que est uirtus baptismi, animam ab omni sorde
uiciorum mundat. Potest etiam dici, quia propter maiorem salutis effica-
205 tiam, quam baptismus continet. Qui enim baptizatur, in spiritu sancto
renascitur, quod non credimus in circumcisione fieri.

Item: Et si in circumcisione esset remissio peccati, non tamen gratia
bene operandi et in bono opere perficiendi et in profectu perseuerandi,
quod totum fit in / baptismo.   T 137vb
210   Item: Illi, quibus / dimittebatur originale peccatum per circumcisio- O 36rb
nem nec habebant actuale, nonne fiebant digni salute et ita *membra
Christi?* Et si *membra Christi,* nonne spiritu Christi uiuificabantur, et sic
fiebant *templum spiritus sancti,* et sic per circumcisionem accipiebant
spiritum sanctum, et sic ex lege erat iusticia? Quod negat apostolus.
215   Ad quod potest dici, quia illi, quibus dimittebatur originale peccatum
nec habebant actuale, digni erant salute non solum pro eo quod habebant, sed potius pro eo quod habituri erant per gratiam Christi. Reatus
enim originalis peccati non sic dimittebatur, ut omnino nullus esset, sed
ut sustentaretur / usque ad Christum, qui eum penitus tolleret et eos A 150rb
220 meritorum suorum participes faceret, ad quem pertinebant per circumcisionem. Vnde si *membra Christi* dicerentur, non pro eo quod erant, sed
pro eo quod futuri erant. Nullo autem modo concedendum est, quod
per circumcisionem acciperent spiritum sanctum uel quod renati essent
in spiritu sancto.
225   Sed queritur, quare octaua die precepta sit fieri, et de pueris, qui
moriebantur ante octauum diem, utrum saluabantur an dampnabantur.

---

197 Cur...200 conuenit] cf Rob 46, 1-4.   204 Potest...206 fieri] cf Gl 282b^{mg}.   210 Item...
222 erant] *cf Landgaraf, Sünde und Gliedschaft am geheimnisvollen Leib. DG IV/2, 48-99,
imprimis 93s.*   211 membra Christi] I Cor 6, 19.   213 templum...sancti] Ibid.   225 Sed...
228 circumcisionis] cf Ab 131, 311; Rob 75, 61.

---

193 sanguis] *om* T est] esset T 195 sed] *add* i T* 203 animam] *om* T 219 eum penitus] *trp*
T 225 octaua] *praem* in T*

Si enim dampnabantur, uidetur inmisericorditer, immo crudeliter egisse cum illis dominus in precepto circumcisionis.

Prius enim quam daretur circumcisio, a prima die, immo ab hora O 36va natiuitatis sue, usque ad annos / discretionis, saluabantur pueri in fide 230 parentum. Vnde beatus Gregorius in moralibus libro quarto: *Quod ualet apud nos aqua baptismatis, hoc egit apud ueteres uel pro paruulis sola fides uel pro maioribus uirtus sacrificii uel pro his, qui de styrpe Abrahe descenderant, misterium circumcisionis.*

Si ergo paruulis antiquitus sola parentum fides sufficiebat ad salutem, 235 cur hanc innocentibus salutis sue uiam clausit et difficiliorem et ad quam multi preoccupati morte peruenire non poterant, eis aperuit? Si tempore illo neminem sine circumcisione saluari uoluit, quare circumcidi, saltem urgente necessitate, salutis amator eos ante octauum diem non permisit?

Videamus, ne forte in nostri sacramenti, id est baptismi, institutionem 240 huiusmodi redundet obiectio, cum uidelicet propter aque absentiam, cum alius tamen liquor assit, nonnullos in partibus multis sine baptismo decedere contingat.

De circumcisione ita legitur: *Infans octo dierum circumcidetur,* et: *Masculus, cuius caro circumcisa non fuerit, peribit de populo suo,* et de baptismate: 245 *Nisi quis renatus fuerit ex aqua et spiritu sancto, non intrabit in regnum celo-* O 36vb *rum.* Quare ille / ante octauum diem circumcidi non potuit / et iste alio A 150va liquore renasci? Ille causam nouit, qui scit, quare hunc elegerit et illum reprobauerit, cuius *iudicia incomprehensibilia et inuestigabiles uie eius.* Auctoritatem autem diuine scripture immobilem tenentes non audemus 250 T 138ra precipi/tanter diffinire quemquam hoc tempore sine baptismi gratia uel de styrpe Abrahe in tempore legis sine circumcisione posse saluari, nisi

231   Quod...234 circumcisionis] Gregorius I, moralia 4, 3 praef (CCL 143,160); *cf* Beda, hom I, 11 (CCL 122, 74); Alulfus Tornacensis, expos (PL 79, 1242D); Taio Caesaraugustanus, sent (PL 80, 794C); Smaragdus, collectiones (PL 102, 58C); Haimo, hom 14 (PL 118, 91C); Hincmarus, de praedestinatione (PL 125, 304A); Radulfus Ardens, hom 15 (PL 155, 1725D); Ivo Carnotensis, decr c. 49 (PL 161, 80BC); idem, Panormia c. 10 (PL 161, 1049C); Gratianus, decr III de consecratione 4, 5, 2 (Friedberg I, 1362); Hildebertus, tr theologicus c. 40 (PL 171, 1147C); Ab 129, 244-130, 248; idem, sic et non q 109, 2 (Boyer/McKeon 356); Gl 282b^mg; Hugo, de sacramentis (PL 176, 349D-350A); Ps.-Hugo, SS 4, 1 (PL 176, 119A); Rupertus Tuitiensis, liber de divinis officiis 6 (CCM 7, 219); Hildebertus, tr c.40 (PL 171, 1148C); Lom 1372BC; idem sent 4, 1, 8 (Ed. Brady II, 237); Bandinus, de ecclesiasticis sacramentis d. 1 (PL 192, 1091A); Petrus Pictaviensis, sent 3, 29 (PL 211, 1138D). *Vide etiam supra p. 95, 191s!*   240 Videamus...243 contingat] cf Ab 132, 326-330.   244 Infans...circumcidetur] Gn 17, 12.   Masculus...suo] Gn 17, 14.   246 Nisi...celorum] Io 3, 5.   247 Quare ...254 interueniat] cf Ab 132, 333-339.   249 iudicia...eius] Rm 11, 33.

232 pro] *supr lin* O 233 Abrahe] Dauid AT* (*del* T) 235 antiquitus] ante christum T 237 Si] sed T 241 huiusmodi] hoc modo T 242 assit] non in nullos T 243 decedere] descedere O 245 suo] illo T 251 quemquam] quamquam T

uel martyrium uel ultime necessitatis articulus fidem tamen habentibus
interueniat.

255 Octaua autem die precepta est circumcisio in significationem plene
circumcisionis, que fiet in tempore resurrectionis, quando circumciden-
tur ab omni corruptione anime et carnis, quando scilicet *mortale hoc
induet immortalitatem* et *corruptibile hoc incorruptionem.*

ET SIGNUM ACCEPIT etc. Quasi: Ante circumcisionem iustus fuit Abra-
260 ham. Quare ergo accepit circumcisionem? Responsio: In *signum*, scilicet
iusticie sue, que erat ex fide etiam in tempore preputii, non qua fieret,
sed qua ostenderetur iustus, sicut glosa dicit. Cui? Profecto hominibus;
pro hoc enim hominibus iustus et dei amicus esse apparuit, quod deus ei
secreta sua aperuit, precepta familiariter / dedit, et ipse in omnibus O 37ra
265 obediens fuit.

Signum accepit iusticie, et tale signum, quod etiam fuit *signaculum*, id
est uel signate rei expressam habens similitudinem. Sicut enim circumcisione carnali spoliatur homo carne libidinis, sic iusticia animam spoliat
sordibus prime natiuitatis. Vel ideo *signaculum*, quia misterium celat
270 inimicis, quod reuelatur amicis quasi sigillum.

VT SIT PATER. Quasi: In tempore preputii reputata est fides Abrahe ad
iusticiam, *ut* ita *sit pater* et auctor fidei OMNIUM CREDENTIUM *per preputium*,
hoc est in tempore preputii, ut omnes scilicet preputiati credentes
imitentur eum tanquam patrem et auctorem fidei sue. Ipse enim prima
275 uia credendi est, quia in eo primum fides enituit. ET REPUTETUR ILLIS:
Omnibus enim imitantibus / eum reputatur fides *ad iusticiam.*   A 150vb

[12] ET SIT PATER CIRCUMCISIONIS. Quasi: Ideo primus circumcisus, ut
sit *pater circumcisionis*, scilicet Iudeorum. *Sit pater*, dico, *circumcisionis* NON
HIS TANTUM, QUI SUNT EX CIRCUMCISIONE carnali, sed HIS omnibus, QUI
280 SECTANTUR etc., id est: qui imitantur eum in fide, quam acceperunt in
tempore preputii. Hec est totius summa sententie: Ideo Abraham in
preputio iustus est, ideo postea primus circumcisus, *ut sit pater omnium
tam in preputio quam in circumci/sione, uidelicet credentium.*   O 37rb

[13] NON ENIM PER LEGEM. Vere Abraham per fidem *pater* est *omnium
285 credentium*, quia non *per legem.* Quasi ab inmediatis: Quasi enim inmediata

---

255 Octaua...258 incorruptionem] cf Rob 76, 1-3.   257 mortale...incorruptionem] cf I Cor
15, 53.   260   Quare...preputii] cf Ab 127, 165-169.   261   non...iustus] Gl 282aⁱ; Lom
1731AB.   266 Signum...270 sigillum] Gl 282a^{mg.}   272 auctor] Gl 282bⁱ.   273 in...preputii]
Gl ibid.   276 A...eum] Gl 282b^{mg}.   278 scilicet Iudeorum] Gl 282bⁱ.   279 carnali] Gl l.
cit.   280 qui...preputii] cf Lom 1373AB.   281 Hec...283 credentium] cf Ab 143, 675-682.

---

258 immortalitatem] immortalis A* (*corr* A) incorruptionem] *corr ex* nunc A 259 Et] praem
§ A etc] *om* T 263 pro] per T 266 quod] quo T 267 signate.... expressam] *trp* expressam
signate rei T* 270 quasi] quare T 279 qui²] *om* T 282 circumcisus] *add* est T

uidentur esse circa iusticiam fides et lex, cum tamen per legem haberi non possit, sed tantum per fidem. Sed secundum illorum existimationem, cum quibus disputat apostolus, potest. NON ENIM PER LEGEM facta est promissio *Abrahe aut semini eius, ut heres esset mundi,* SED PER IUSTICIAM FIDEI, hoc est per fidem iustificantem.   290

Eorum dicitur esse heres, quorum et pater, credentium scilicet. Possessor est enim, sicut in glosa habetur, eorum de toto mundo qui eum imitantur, et in Christo, qui eius heres est, possidet omnia. Quasi diceret: Per fidem accepit hanc hereditatem in mundo, non per legem.

[14] SI ENIM QUI EX LEGE HEREDES sunt, hoc est si hereditas ista Abrahe 295 et semini eius promissa per opera legis datur, EXINANITA EST FIDES, id est T 138rb meritum fidei euacuatum est, cum eque / infideles sicut fideles opera legis habere possunt. ABOLITA EST PROMISSIO facta Abrahe: *In semine tuo benedicentur omnes gentes,* quia gentes opera legis non habent et sic ad hereditatem uenire non possunt, si ex lege est hereditas.   300

O 37va [15] LEX ENIM IRAM OPERATUR. Iterum probat, quod non est ex / lege hereditas, sed potius ab hereditate repellit, quia *iram* dei *operatur* propter preuaricationem. VBI ENIM NON EST LEX, NON PREUARICATIO.

Sed eodem modo euangelium uidetur iram operari. Vbi enim non est euangelium, nec preuaricatio; et sicut legis preuaricator iram dei incur- 305 A 151ra rit, ita et euangelii. Responsio: Legis impletionem / impediebat preceptorum eius multiplicitas magnaque austeritas et parua utilitas. Impletionem autem euangelii adiuuat magna preceptorum eius breuitas maiorque suauitas et magna utilitas. Quid enim breuius quam: Dilige, et saluus eris? Quid suauius caritate, quid utilius summa beatitudine? Ex quibus 310 omnibus et quibusdam aliis beneficiis in euangelio positis ipsum ad amorem inducit, in quo consistit perfecta eius impletio. Lex uero ad timorem, qui non sufficit ad eius impletionem, scilicet fidem Christi et gratiam, ad que euangelium mittit. Ideoque euangelium salutem opera- Secundum tur, lex autem iram. Potest autem sane dici, quia hic et in multis aliis 315 magistrum locis apostolus nomine legis intelligit mandatum sine gratia. Lex uero Acardum ubicunque sit, id est mandatum sine gratia, siue in lege naturali siue in lege scripta siue in euangelio, *iram operatur.* Vbi ergo *non est lex,* id est

---

290 hoc...iustificantem] Ab 144, 705.   291 Possessor...293 omnia] cf Gl 282b^j.   297 meritum...possunt] cf Ab 144, 716-718.   298 facta Abrahe] Gl 282b^j; Lom 1373D.   301 Iterum probat] Ab 144, 724.   302 propter preuaricationem] Gl 282b^mg; Lom 1374B.   304 Sed... 306 euangelii] cf Rob 77, 20-24.   314 euangelium salutem] cf sermons inédits X, 1 (Ed. Châtillon 109). VI, 3 (ibid 77s).   315 Potest...322 gratia] cf Ps.-Hugo, QEP ad Rm q 17 (PL 175, 462D. 463A); Richardus de S. Victore, explicatio (PL 196, 666B).

---

287   existimationem] estimationem T   293   diceret] d. T   315   Potest] add Secundum Acardum O^mg

mandatum sine gratia, *nec preua/ricatio.* Vbi enim cum mandato gratia O 37vb
320 adest, mandati preuaricatio non est. Sed euangelium uel nouum testamentum, quod testante propheta superinscribitur in cordibus fidelium,
non dicitur simpliciter mandatum, sed mandatum cum gratia. Vnde
Pelagiani de doctrina euangelii male sensisse conuincuntur, qui opinati
sunt euangelium ex propriis uiribus hominis sine gratia posse impleri.

325   [16] IDEO EX FIDE. Quasi: Non est ex lege hereditas, sed ex fide, ET
IDEO EX FIDE, UT SECUNDUM GRATIAM PROMISSIO FACTA FIRMA SIT OMNI
SEMINI Abrahe, quicunque imitatur eum in fide, siue sit ex circumcisione
siue ex preputio.

     [17] QUIA PATREM. In Genesi habetur ita: *Non uocabitur nomen tuum*
330 *Abram, sed uocaberis Abraham, quia patrem multarum gentium constitui te.*
Innuitur itaque ex his uerbis interpretatio nominis Abrahe, quod sonat
pater multarum. Sed quod addidit *gentium,* explanatio est potius quarum
rerum multarum quam interpretatio. Quod autem addit apostolus *ante*
deum cui credidisti, uel nostre translationi est subtractum uel ex parte
335 apostoli ad/ditum, ut uidelicet determinaret Abraham ex fide omnibus A 151rb
in patrem esse prepositum magis quam ex circumcisione. *Ante deum*
pater ponitur, qui magis deo quam sibi filios querit / generare, non ut O 38ra
sue uoluptati satisfaciat, sed ut, quos in fide Christi educare possit, legittime suscipiat.

340   [18] QUI CONTRA SPEM IN SPEM CREDIDIT. Contrariam spei prime spem
habuit ex fide. Spes prima / fuit, ut iuuenis ipse ex iuuencula Sara T 138va
prolem susciperet, nec tamen suscepit. Contrarium huic spei fuit, ut
senex ipse de sene et sterili sobolem speraret. Sperauit tamen cum fide,
et habuit.

345   [21] PLENISSIME SCIENS. Queritur, quomodo his uerbis commendetur
fides Abrahe. Si enim multo intuitu rationis et intelligentia diuinam
potentiam comprehendit, ut expositor sentire uidetur, hoc non est fidei
ascribendum. Quanto enim maior intuitus rationis est, tanto minus

---

321   testante...fidelium] cf Hbr 8, 8-12 *(sec Ier 31, 31-34).*   327   Abrahe] Ab 145, 753s.
329   In...337 generare] cf Ab 146 , 768-781.   Non...te] Gn 17, 5.   340   Contrariam...343
speraret] cf Gl 283a^{mg}.   346 multo intuitu] Gl 283a^{i}.   347 expositor] Lom 1377B.

---

325 est] *om* T et] *om* T 327 imitatur] imitantur T 331 his] *add* itaque T 333 autem] *supr lin*
T addit apostolus] *trp* T

meritum habet fides. Vnde illud: *Fides non habet meritum, cui humana ratio prebet experimentum.*   350

Responsio: Est intuitus rationis, est intuitus fidei. Intuitu fidei Abraham usus est in consideratione diuine uirtutis. Item: Scire dicimur aliquando non solum, quando res ratione, sed etiam quando sola fide inspicitur. Vnde apostolus: *Scimus quoniam diligentibus deum omnia cooperantur in bonum,* et alibi: *Scimus quoniam, cum apparuerit, similes ei erimus.*   355

QUECUNQUE PROMISIT, POTENS EST FACERE. Nonne idem credunt etiam O 38rb hi, / qui modice fidei sunt, scilicet deum omnipotentem esse et quecunque promisit potentem facere? Quid ergo tam magnum et quasi singulariter laude dignum hoc commemoratur?

Responsio: Hoc credere in Abraham magnum erat, et si non in nobis, 360 quia nondum diuina potentia per miracula fuit manifestata nec per totum mundum, ut modo, predicata, sed sine exemplo intuitu fidei uirtutem dei intellexit. Auctores enim cuiuscunque rei maiori laude A 151va digni sunt quam imitatores eorum. Sunt tamen non/nulli qui, et si sciant uerum esse *quecunque promisit deus, potens est facere,* tamen difficultatem 365

---

349   Fides...experimentum] Gregorius I, hom 26, 1 in ev (PL 76, 1197C). *Haec sententia Gregorii apud auctores medii aevi saepissime affertur (reperti sunt plures quam LX loci!), e. g.:* Iulianus Toletanus, de comprobatione II, 15 (CCL 115, 191); Alcuinus, confessio fidei 4 (PL 101, 1090A); Paulus Diaconus, hom 1, 134 (PL 95, 1335D); Gl ad Hbr 10, 20 (Ed. Rusch IV, 441a^mg); Heiricus Autissiodorensis, hom II, 7 (CCM 116B, 49); Hincmarus, de divorcio (PL 125, 665C); idem, vita S. Remigii 40 (ibid 161B); idem, epist 25 (PL 126, 164B); Othlonus S. Emmerammi, vita S. Wolfkangi (PL 146, 414D); Lanfrancus, de corpore et sanguine 21 (PL 150, 439D); Radulfus Ardens, hom 20 (PL 155, 1470C). 29 (ibid 2044C); Ivo Carnotensis, decr 2, 9 (PL 161, 159A); anonymus (Guillelmus de Campellis?), dialogus (PL 163, 1055C); Hildebertus, sermo 129 (PL 171, 919C); idem, tr c. 8 (ibid 1085D); Rupertus Tuitiensis, comm in ev S. Io (CCM 9, 3); Hugo, sent 3 (Ed. Piazzoni 948); Ps.-Hugo, QEP ad Rm q 120 (PL 175, 463C). q 259 (ibid 495C). ad I Cor q 87 (ibid 530C); Ps.-Hugo, SS 1, 11 (PL 176, 59BC); apologia de verbo incarnato 3 (Ed. Häring 123); Ab, dialogus (Ed. Thomas 93); idem, Th Chr 3, 50 (CCM 12, 214s); idem, Th SB 2, 24 (CCM 13, 122); idem, Th Sch 2, 45 (CCM 13, 430). 2, 46 (ibid 431); idem, sic et non q 1, 1 (Boyer/McKeon 113); Guillelmus de S. Theodorico, liber de natura corporis et animae 2 (PL 180, 718B); Algerus Leodiensis, de sacramentis 1, 9 (PL 180, 768C); Bernardus, parabolae 5, 1 (opera 6, 2, 282); Gualterus de S. Victore, sermo 2 (CCM 30, 24); Hugo Metellus, epist 4 (PL 188, 1274C); Petrus Venerabilis, adv Iudaeorum inveteratam duritiem 4 (CCM 58, 112); Lom 483D; idem, sent 4, 11, 3 (Ed. Brady 2, 299); Gerhohus, epist 8 (PL 193, 505C). 21 (ibid 576A); Isaac de Stella, sermo 50, 7 (SChr 339, 184); Wolbero S. Pantaleonis, comm in Ct (PL 195, 1161D); Gilbertus Foliot, expos (PL 202, 1258D); Petrus Cantor, verbum abbreviatum (PL 205, 267A); Petrus Pictaviensis, sent 3, 21 (PL 211, 1092B); *porro 8^ies apud Raimundum Lullum; 6^ies apud Thomam de Chobham.*   354   Scimus... bonum] Rm 8, 28.   355 Scimus...erimus] I Io 3, 2.   360 Hoc...372 est²] cf Rob 81, 12-20.

---

354 cooperantur] *om* c(ooperantur) O   362 ut modo] *om* T   364 et si] et T   365 quecunque] quodcunque T

rei promisse considerantes incipiunt uacillare et titubare circa dei promissionem, quod non fecit Abraham. Et si enim contra siue supra naturam uideretur illa dei facta Abrahe promissio, ut uidelicet senex de sene
et sterili prolem susciperet et quod semen eius sicut stellas celi multipli-
370 caret, *non* tamen circa promissionem illam *hesitauit diffidentia, sed confirmatus est in fide plenissime* credens, *quia quecunque promisit deus, potens est et
facere. Ideoque reputatum est illi ad iusticiam,* sicut supra expositum est.

[25] TRADITUS EST PROPTER DELICTA. Cum passio Christi sit causa
remissionis peccatorum et iustificationis / et resurrectio similiter utrius- O 38va
375 que, cur utrumque non redditur utrique, uel cur potius hoc huic quam
illud illi?

Responsio: Mors Christi signum est interitus ueteris uite, et resurrectio
signum noue, et ideo fit ita. Et nota, quod mors Christi est efficiens causa
utriusque, resurrectio causa sine qua non fit.

---

368   senex...susciperet] Gn 18, 10-14.   369   semen...multiplicaret] Gn 22, 17. 26, 4.
370 hesitauit...372 iusticiam] Rm 4, 20-22.   377 Mors...noue] cf Gl 283b^i.

---

367 fecit] facit A 371 et] *om* T 375 cur^1] cum T 377 Responsio] *om* T

[5, 1] IUSTIFICATI IGITUR ETC. Quandoquidem propter nos scriptum est, quia Abraham iustificatus est ex fide, ut nos uidelicet exemplo eius iustificemur, IGITUR et nos sicut et ille IUSTIFICATI EX FIDE PACEM HABEAMUS ETC.

Pax ista in duobus est, uidelicet in dilectione dei et proximi. Sicut 5 enim deum offendimus uel peccando in his, que ad ipsum, uel in his, que ad proximum spectant, eodem modo et ei reconciliamur uel ipsum diligendo uel proximum, que reconciliatio fit *per* mediatorem dei et hominum, *dominum nostrum Jhesum Christum.*

T 138vb   Est pax in deo, est pax *ad deum.* Pax in deo in futuro / erit, pax *ad* 10 *deum* in presenti. Pax in deo erit, quando deus erit *omnia in omnibus,* quando in deo perfectam quietem habebimus, de qua propheta: *Pacem super pacem,* quod idem est ac si diceret: "Pacem pro pace". quemadmodum *gratiam pro gratia,* de qua et dominus in euangelio: *Pacem relinquo /*
O 38vb   *uobis, pacem meam do uobis.* Pax enim illa / remuneratio erit pacis presen- 15
A 151vb   tis, pacis que habetur *ad deum* que est tranquillitas mentis. *Ad deum* dico, non ad carnem. Quamdiu enim in carne uiuitur, inter carnem et spiritum pugnatur, et, si caro succumbat, cum spiritu uictore et ipsa uicta coronabitur.

---

1   Quandoquidem...4 habeamus] cf Ab 153, 1-5.   11   omnia...omnibus] I Cor 15, 28.
12   Pacem...pacem] Pacem pacem Is 57, 19 Vg (cf 26, 3); *pacem super pacem: ut videtur, ex vetere versione latina, cf* Ps.-Cyprianus, ad Novatianum 10, 6 (CCL 4, 145); idem, exhortatio ad poenitentiam (PL 4, 1154B. 1171A;B); Aug, epist 130, 2 (CSEL 44, 42); idem in Io ev tr 77, 3 (CCL 36, 521), tr 121, 4 (ibid 667); idem, enarr Ps 71, 1 (CCL 39, 971); idem, sermo 260C (Ed. Morin 336); Hier, commentaires sur le prophète Isaie *praebet textum Vg versionis* pacem pacem (Gryson/Gabriel, AGLB 36, 1654), *sed in expositione eiusdem loci "*pacem super pacem*" (ibid 1655. 1657);* "pacem super pacem" idem, comm in IV epist Paulinas: ad Ephesios I (PL 26, 505); Gregorius I, in VII Ps poenitentiales (PL 71, 564A); Cassiodorus, expos Ps 71, 1 (CCL 98, 647); Beda, in S. Io ev (PL 92, 832A. 920D); Ps.-Beda, de Ps libro exegesis (PL 93, 862C. 938B [ter]); Smaragdus, collectiones (PL 102, 210B); Orsiesius, doctrina 8 (PL 103, 468A); Rabanus, enarr (PL 112, 410A); Eulogius Toletanus, documentum 8 (PL 115, 825C); Thiofridus Efternacensis, flores epitaphii (PL 157, 1397D); Wernerus S. Blasii, libri deflorationum (PL 157, 982A); Hildebertus Cenomanensis, sermones (PL 171, 518A); Gl ad Io 14, 27 (Ed. Rusch IV, 259a^mg); eadem ad Rm 10, 15 (296b^mg); Lom, comm Ps 123, 5 (PL 191, 1152D); idem ad Rm 10, 15 (PL 192, 1478A); Gerhohus Reicherspergensis, expos Ps 71, 1 (PL 194, 313B); Bernardus, in vigilia nativitatis domini (PL 183, 104D); idem, in festo Pentecostes (PL 183, 327A); Gilbertus de Hoilandia, sermones in Ct (PL 184, 82A); Zacharias Chrysopolitanus, in unum ex quatuor (PL 186, 517C. 605D); Philippus de Harveng, de institutione clericorum (PL 203, 1162C); Balduinus de Forda, sermo 3, 43 (CCM 99, 58); Petrus Blessensis, sermones (PL 207, 702A).   14   gratiam... gratia] Io 1, 16.   Pacem...uobis²] Io 14, 27.

---

1 Iustificati] iustificatus T | *littera maior et in mg* 5 O   2 quia] quod T   5 in²] *om* T   11 in¹] *praem* est T   12 in.... perfectam] trp perfectam in deo T habebimus] habemus T   14 et dominus] *om* T   17 inter] *add* et A

20   Attendat conditionem et legem huius certaminis, quicunque uiuit in
carne, si tamen in se pugnam sentit et spiritum carni reluctantem. Si
caro uincit, pro uictoria cum spiritu uicto et ipsa punietur. E contrario si
spiritui cedat, cum eo pariter stola immortalitatis et corona glorie remunerabitur.

25   Sed queris, que est hec mentis ad deum tranquillitas, cum ipsa iugiter
a carne inquietetur et inpugnetur. Quomodo enim tranquillum est quod
semper inquietat et inqietatur?

Responsio: In alio et ab alio inquietatio, et in alio et ad alium tranquillitas ista consistit. In temptationibus a carne est inquietatio ista, in
30 spe et ad deum est tranquillitas ipsa. Caro temptationes inmittit, sed
spiritus uictorie cupidus a proposito suo non mouetur, sed confirmatus
in spe iam in presenti de *spe glorie filiorum dei* gloriatur.

[2] IN GRATIA ISTA IN QUA STAMUS. Hec est gratia, qua *pacem habemus ad
deum,* / gratia, qua gloriamur *in spe glorie filiorum dei.* Per Christum enim, O 39ra
35 id est per fidem Christi, in hac gratia firmiter stamus parati ad pugnam,
si in contrarium suggestio aliqua siue aliquid aliud persuadere uoluerit.

Tres status hominis notat hoc loco apostolus: Primus, qui tamen magis
proprie potest dici casus quam status, fuit in peccatis. Vsque ad tempus
gratie, usque ad Christum enim peccatum dominabatur in mundo.
40 Secundus in gratia, quando cepit homo stare et bene operari adiutus per
gratiam Christi. Tercius erit in futura uita, ubi cum Christo sedebimus
regnaturi in beatitudine eterna.

[3] GLORIAMUR IN TRIBULATIONIBUS. Si gloriandum est in tribulationibus, quid est quod legitur de apostolis: *Ibant et flebant mittentes semina sua?*
45 Et beato Petro dominus dicit: *Cum autem senueris, alius te cinget et ducet quo
tu non uis.* Ecce predicitur ei uoce ueritatis, quia mortis tri/bulationem
erat passurus, sed non uolens. Si ergo eam non uolebat, quomodo in ea A 152ra
gloriabatur? Contra enim uoluntatem suam nemo gloriari potest. Item:
Quomodo gloriandum in tribulationibus, cum ipse filius dei imminente
50 tribulatione mortis sue dicat: *Pater, si fieri potest, transfer a me calicem hunc!*

Ad quod melius uidendum, sciendum / est, quod tribulationes tribus O 39rb
de causis contingunt: Contingunt enim quandoque ad penam, ut iniquis;
quandoque ad correctionem, ut imperfectis; quandoque ad augmentum
corone, ut Iob et aliis sanctis.

---

32 spe²...dei] Rm 5, 2.   44 Ibant...sua] Ps 125, 6.   45 Cum...uis] Io 21, 18.   50 Pater...
hunc] Mc 14, 35s.

---

20 huius] *om* T   21 pugnam] pugnat T reluctantem] luctantem T   25 Sed] si T   28 ab] i
(*expunct*) ab *supr lin* T   29 a] *praem* et O   34 gloriamur] gloriam AT   37 qui] *om* T   48 enim]
om T

Sunt autem in tribulatione et circa tribulationem tria attendenda: 55
ipsius amaritudo, causa et finis. Amaritudo tribulationis neque in carne
neque in anima sine quadam anxietate et naturarum repugnantia sentiri
T 139ra potest. Vnde / et naturaliter eam refugit mens humana, secundum quod
et Christus sicut homo mortis timebat angustias et Petrus et alii sancti. Si
uero in causa sit iusticia, gloriandum est propter causam. Vnde: *Beati qui* 60
persecutionem patiuntur propter iusticiam, et illud: *Ibant apostoli gaudentes a*
conspectu concilii, quoniam digni habiti sunt pro nomine Jhesu contumeliam
pati. Semper autem finis attendendus est et gloriandum propter finem,
quia si patienter tolerentur, gloriosam retributionem consequentur.

TRIBULATIO PATIENTIAM OPERATUR. Quomodo operatur patientiam 65
tribulatio, cum ipsa non possit esse ad meritum sine patientia? Quod
enim ad meritum est, hoc ex patientia est. Potius ergo ex patientia uideretur esse quam patientia ex illa.

O 39va   Sed notandum quia patientia quandoque nomen est / dispositionis,
quandoque nomen habitus. Comitanter autem adest, immo nonnun- 70
quam precedit patientia dispositio tribulationem. Exercitium uero tribulationis dispositionem conuertit in habitum, et ita tribulatio operatur
patientiam non dispositionem, sed habitum. Vel -secundum satis usita-
tum in scriptura sacra modum loquendi- dici potest: Tribulatio patientiam operatur, id est per tribulationem patientia adesse monstratur. Et si 75
enim prius assit, tamen per tribulationis operationem mani/festatur.

A 152rb Iuxta hanc loquendi consuetudinem habes: *Jhesus proficiebat sapientia,* et
illud: *Nunc cognoui, quod timeas dominum.*

[4] PATIENTIA PROBATIONEM, id est purgationem. Vnde ibi: *Tanquam*
aurum in fornace probauit, id est purgauit. PROBATIO UERO SPEM. Hec est 80
spes bona, spes firma, ad quam per tribulationem et patientiam et purgationem peruenitur. Est autem spes de futuro bono et cum conscientia
boni. Aliter magis presumptio est quam spes.

[5] Sed hec SPES NON CONFUNDIT, quia non fallitur, sed quod sperauit
assequetur. Quod probat apostolus per hoc, quod cum caritate habetur, 85
que arra quedam est rei habende, quam speramus. Et hoc est quia CARI-
O 39vb TAS DEI DIFFUSA etc. Iohannes apostolus, ubi agit de fraterna carita/te,

---

60 Beati...iusticiam] Mt 5, 10.   61 Ibant...63 autem] Act 5, 41; cf Ab 154, 23.   77 Jhesus...
sapientia] Lc 2, 52.   78 Nunc...dominum] Gn 22, 12.   79 Tanquam...probauit] Sap 3, 6; cf
Ab 154, 30; Lom 1379D. 1380A.   87 Iohannes...90 sit] cf Rob 83, 1-4.

---

56 ipsius] impius O neque] nec T   57 neque] nec T   59 et[1].... homo] refugit *(expunct)*
mortis timebat angustias sicut homo T   62 habiti sunt] *trp* O*   63 Semper.... finem]
semper autem attendendum est et gloriandum propter finem T   67 uideretur] uidetur AT
  71 dispositio] dispo A dispositionem A^supr lin dispositio tribulationem] *trp* T   82 et cum] etc
O   86 arra] ara O*

dicit: *Deus caritas est,* et Augustinus super illud dicens, quia *locus ille ad*
nullam aliam potest deduci sententiam quin concedatur, quod caritas, qua
90 *diligimus fratrem, deus sit.* Sed si deus est, quomodo diffusa est in cordibus
nostris per spiritum sanctum qui datus est nobis? Si ipsa est spiritus,
nunquid spiritus per se ipsum diffusus est?

Ad quod dicendum, quia deus est caritas, que nos instituit et informat
secundum se et accendit ex se. Est et caritas, que deus non est, sed
95 quedam affectio mentis, que nascitur ex eo, quod illa superior, que deus
est, cor accendit. Non tamen ideo concedendum est, quod due
sint in nobis. Quod in multis patet similibus: Calore ignis caleo. Calore, Secundum
qui ex illo in me innascitur, caleo. Ille calor, qui in igne est, non est ille, Acardum
qui in me ex illo natus est; non tamen duobus calefio caloribus. Hoc in
100 solis lumine et radio eius.

Notandum etiam quod dicit beatus Augustinus: *Bonitas nostra nichil*
aliud est quam affectio mentis summe bonitati adherentis. Caritas ergo quid
aliud erit quam affectio anime summe caritati adherentis? *Caritas* hec
diffusa est in cordibus nostris per diuersos riuulos fusa, uno ad amicum
105 altero ad ini/micum. Caritas enim et amicum diligit / in deo, quia iam O 40ra
est in deo, et inimicum propter / deum, ut scilicet sit in deum. Omnis T 139rb
enim homo proximus noster est.   A 152va

PER SPIRITUM SANCTUM QUI DATUS EST NOBIS. Quasi: Diffusa est caritas
in cordibus nostris non ex merito nostro, sed per gratiam dei que data
110 est nobis. Gratia dei ad spiritum sanctum referri solet. Ideoque, quod per
gratiam dei fit, per spiritum sanctum fieri dicitur.

[6] VT QUID ENIM. Alio probat apostolus argumento, quod spes nostra
implenda sit. Cui subest locus a maiori. Maius fuit enim Christum pro

---

88   Deus...est] I Io 4, 8. 16.   locus...90 sit] *Ad sensum cf:* Aug, in epist Io ad Parthos tr 8, 14
(PL 35, 2044). 9, 10 (PL 35, 2052); idem, de trinitate 8, 7, 10 (CCL 50, 284s). 8, 8, 12 (ibid
287s); cf Lom, sent 1, 17, 1, 3 (Ed. Brady 1, 142s). 1, 17, 2. 3 (ibid 143s); cf Rob 83, 1-4.
97 Secundum Acardum] cf sermons inédits 1, 1 (Ed Châtillon 37).   101 Bonitas...adheren-
tis] Aug, de doctrina Christiana 10, 16 (CCL 32, 87); Lom, sent 1, 17, 6, 6 (Ed. Brady 1,
150s). 1, 17, 6, 8 (ibid 151).   106 Omnis...est] cf Aug, sermo 90, 7 (PL 38, 705C); Rabanus,
comm in Ez (PL 110, 706A); Ps.-Hier, in epist Pauli (PL 30, 705C) = Sedulius Scottus,
collectaneum ad Rm 13, 8 (AGLB 31, 283); Christianus Stabulensis, expos (PL 106, 1417B);
Paschasius Radbertus, de fide, spe et caritate 3, 6 (CCM 97, 115); Gl ad Eph 4, 25 Ed. Rusch
IV, 276b^{mg}); Lom 205D; idem comm Ps 11, 2 (PL 191, 155B); idem, sent 3, 30, 4 (Ed. Brady
2, 179); Zacharias Chrysopolitanus, in unum ex quatuor (PL 186, 135B); Petrus Pictaviensis, sent 3, 23 (PL 211, 1098A).   110 Ideoque...dicitur] cf Lom 1382A.   113 locus...maiori]
cf Lom 1382A.

---

88 dicens] dicit AT 90 Sed] *om* T 91 est^1] *om* AT 92 est] *om* A 93 quia] quod T 94 Est....
caritas] et est caritas, est et caritas T 95 superior que] *om* T 96 est^1] *om* T 97 Secundum
Acardum] O 39^{vb mg} 101 etiam] *om* T nichil] nil T 103 caritati] bonitati T 104 uno] *om*
T amicum] *add* immo T 113 fuit enim] *trp* enim fuit A

peccatoribus mori quam reddere quod promisit, et etiam propter hoc
mortuus est, ut quod speramus, scilicet uitam eternam, nobis conferret. 115
Quod dicit *infirmi,* idem est quod paulo inferius dicit *peccatores,* quos
etiam -large accepto uocabulo- uocat *impios.* Impietas enim quodammodo appellari potest omne peccatum, eo quod a pietate et bonitate dei
discordat et quodammodo separat.

    [7] VIX ENIM PRO IUSTO. Estne magnum quod fecit Christus, quia 120
mortuus est pro impiis? Reuera magnum, quia *pro iusto uix moritur aliquis.*
Per hoc, quod dicit *uix,* notat difficultatem, sed non ponit euentus inpossibilitatem. Vnde supponit: Nam PRO BONO -idem est quod pro iusto-
FORSITAN. Quasi: Contingere potest, sed difficile est. Vel -secundum
quosdam- differentiam notat inter iustum et bonum: Iustum uocat exer- 125
O 40rb citatum in iusticia / ceterisque uirtutibus; bonum uero simplicem et
innocentem. Licet autem iusticia illius melior sit, tamen simplicitas huius
et innocentia miserabilior.

    [8] COMMENDAT AUTEM SUAM CARITATEM. Circa idem uersatur tota hec
lectionis apostolice series, in commendatione scilicet caritatis dei et 130
confirmatione nostre spei. COMMENDAT. Quasi: Laudabilis est et com-
mendabilis caritas, que proximum iustum et sanctum diligit; sed illa
commendabilior, que pro peccatoribus et inimicis animam posuit. Et hoc
fecit Christus pro nobis; quod maius est quam nos a futura ira liberare et
nobis uitam donare. Quare etiam hoc nobis facturus est, qui pro nobis 135
fecit quod maius est. Littera satis patet.

    [12] PROPTEREA. Adhuc in eodem consistit disputatio apostoli. Probat
A 152vb quod superius dixit, iustificationem scilicet et uitam / esse per Christum.
Quod probat similitudine a minori, per Adam scilicet, per quem est
peccatum et mors. Si enim Adam potuit mortificare, multo magis Chri- 140
stus potuit iustificare. Illud *propterea* ad precedens respicit, et sic continu-
ari potest: Per Christum reconciliationem habemus; *propterea* per ipsum
est iustificatio et uita in omnes per gratiam eius renatos, *sicut per unum*
hominem, id est per Adam, *peccatum et mors* in omnes ab eo propagatos.
Dicit, quia *per unum hominem peccatum intrauit in mundum.* Sed quare 145
O 40va magis per hominem dicitur intrasse quam per diabolum, qui primus /
pecccauit et, quare homo peccauerit, causa fuit? Ad hec: Mundum appellat apostolus habitatores mundi, qui ab eo acceperunt peccati corruptio-

---

120 Estne...124 est] cf Ab 155, 34-156, 80; Lom 1382D.   125 differentiam...128 miserabili-
or] cf Gl 284a^{mg}; Lom 1383A.   139 Quod...minori] cf Gl 284a^{mg}; Lom 1383B.   142 Per...
propterea] cf Ab 157, 114.   propterea...144 propagatos] cf Lom 1387CD.   per...uita] cf
Gl 284a^{mg}.

---

122 inpossibilitatem] impossibilitate T 134 maius est] *trp* T 135 nobis uitam] *trp* uitam nobis
T Quare] Dicitur T est] om T 138 dixit] dixerat T 139 similitudine] similitudinem T

nem, a quo et generationem. Hoc autem ab homine primo et non a
150 diabolo.

Rursus queritur, quare magis dicatur per Adam / intrasse quam per T 139va
Euam, cum ipsa prius peccauerit et causa fuit, quare Adam peccauerit, et
nos similiter propagationem carnis ab ea habemus sicut ab Adam.

Responsio: In uno homine utrumque intelligit. Licet enim duo sint in
155 persona, sunt tamen unum in carne una. Vel: Ideo per Adam potius
quam per Euam dicitur in mundum intrasse, quia ipse homo caput
mulieris est et, cum suggestioni eius facile resistere posset, consensit. Si
enim persuasioni Eue restitisset, illa admonitione uiri, sicut dicunt,
penitentiam egisset, et deus non solum penitentie eius merito, sed etiam
160 merito obedientie uiri peccatum illius transtulisset, et sic parerent immu-
nes a peccato. Vnde, quia ille, qui resistere eamque corripere et debuit et
potuit, peccanti illi consensit, merito per illum peccatum in mundum
intrauit, et PER PECCATUM MORS. Peccatum enim causa est mortis, dissolutionis scilicet corporis et anime. Si enim Adam non peccasset, non
165 moreretur, sed per/acto obedientie cursu sine gustu mortis immortalit- O 40vb
atis stola uestiretur. Et quia per Adam peccatum in omnes, ideo mors in
omnes pertransiit per ipsum Adam, IN QUO OMNES PECCAUERUNT.

Queritur, quomodo / peccauerint in eo omnes, cum secundum A 153ra
animam, ad quam pertinet peccare, non fuerunt in eo, et si fuerunt
170 secundum carnem. Item queritur, quomodo secundum carnem in eo
omnes fuerunt: uel ita quod tota cuiuslibet caro, uel aliqua pars fuerit in
eo. Siue enim hoc sit siue illud, immense magnitudinis uidetur fuisse
Adam.

Quidam dicunt, quod non omnes dicuntur fuisse in Adam secundum
175 carnem, ideo quod tota caro cuiuslibet uel aliqua pars fuisset in eo, sed
quia omnes traxerunt originem carnis ab eo. Alii asserunt, quod aliqua
pars cuiuslibet fuit in eo; alii quod tota omnium caro, et si non tanta. Hi,
qui dicunt quod tota, sentiunt, quod in se est multiplicata sine mutatione
cibi et potus uel alterius rei in se. Quod Beda affirmat super illum locum

---

155 unum...una] cf Gn 2, 24.   156 ipse...est] cf I Cor 11, 3; Eph 5, 23.   163 dissolutionis...
anime] cf Abst ad Rm 5, 12 (CSEL 81/1, 164s = Rabanus, enarr PL 111, 1378D); Hervaeus,
comm in epist (PL 181, 848A).   164 Si...moreretur] cf Hermannus S. Martini Tornacensis,
tr de incarnatione (PL 180, 18B).   168   Queritur...170 carnem^1] cf Rob, sent 1, 12 (Ed
Martin 83 *nota*) ; Lom, sent 2, 30, 10, 2 (Ed. Brady 1, 501s).   170 Item...fuerunt] *Ad sequens*
vide: J.Gross, Entwicklungsgeschichte des Erbsündendogmas im Zeitalter der Scholastik 11-169.
174 Quidam...176 eo] cf Rob 87, 2-4.   177 Hi...tota] cf Lom, sent 2, 30, 14 (Ed. Brady 1,
503s). 15 (ibid 504s).

---

149 Hoc] homo T 152 Adam peccauerit] *trp* peccauerit Adam T 154 intelligit] intelligitur
T 160   parerent] pareret A parerent uel apparerent T   162   peccanti illi] *trp* illi peccanti
T 168 peccauerint.... eo] *trp* in eo peccauerint T 176 ab eo] a deo A

euangelii: *Quicquid intrat per os in uentrem, in secessum emittitur.* Si enim 180
quicquid intrat in os foras emittitur, nichil in carnem mutatur. Et Plinius
in naturali historia dicit quandam gentem esse apud orientem, que solo
O 41ra fructuum odore uiuit. Ecce / quia gens illa crescit et in se multiplicatur
sine cibi alicuius immutatione.

Iuxta hunc modum forsitan sane dici potest, quia omnes in Adam 185
fuerunt, quemadmodum hec arbor tota in glande una, et in uno grano
grana multa. Caro ergo omnium nostrum in Adam fuit et in eo peccauit.
Non nichil enim agit caro, quando eius adiutorio peccatum adimpletur,
sine qua usque ad opus non perducetur. Caro reuera per se peccare, per
se nichil agere potest. Potest tamen ex anima peccare uel aliquid aliud 190
agere, unde et ipsa puniri digna est uel remunerari. Vel: In Adam omnes
T 139vb peccauimus, quia ab eo causam peccati, carnis scilicet corruptionem, /
contraximus.

[13] VSQUE AD LEGEM. Quasi: Per Adam peccatum in mundum intrauit, et erat in mundo USQUE AD LEGEM, SED NON IMPUTABATUR apud 195
deum, ut glosa dicit, ab hominibus scilicet. Adeo enim excecati erant, ut
A 153rb peccata apud deum impune futura putarent. VEL: PECCATUM NON /
IMPUTABATUR, id est non putabatur ab hominibus esse peccatum. Pauca
enim peccata ante legem peccata esse putabantur respectu eorum, que
data lege peccata esse apparuerunt. Vnde apostolus: *Concupiscentiam* 200
O 41rb *nesci/ebam* esse peccatum nisi lex diceret: *Non concupisces.* Istud *usque*
inclusiuum est. Data enim lege peccatum non est de mundo sublatum
sed auctum.

---

180 Quicquid...emittitur] Mt 15, 17; cf Mc 7, 19.   Si...mutatur] *Vide:* Beda, in Mc ev expos
2, 7 ad Mc 7, 17s (CCl 120, 522 *sec Hier*); idem, comm in ev Mt 2, ad Mt 15, 17 (CCL 77,
131); idem, hom subditae (PL 94, 388D-389A); *item:* anonymus, hom 93 (PL 95,
1270D-1271A); Rabanus, comm in Mt (PL 107, 977BC); Heiricus Autissiodorensis, hom I,
45 (CCM 116A, 407s); Paschasius Radbertus, expos in Mt 7, ad Mt 15, 17 (CCM 56A, 770);
Haimo, hom 45 (PL 118, 271C); Remigius Antissiodorensis, hom 12 (PL 131, 930BC);
Zacharias Chrysopolitanus, in unum ex quatuor (PL 186, 262D); cf etiam: Lom, sent 2, 30,
14 (Ed. Brady 1, 504s).   182 quandam...uiuit] Plinius, naturalis historia 7, 25 (Ed. Schilling
45s).   183 Ecce...immutatione] cf Lom, sent 2, 30, 15, 2 (Ed. Brady 1, 504).   191 Vel...
contraximus] cf Ps.-Hugo, QEP Rm q 137 (PL 175, 467C); Rob 87, 1s; Lom 1425BC; idem,
sent 2, 31, 5, 2 (Ed. Brady 1, 507).   195 apud deum] Gl 284b^{i}.   196 ab...scilicet] cf Ab
157, 145   198 id...putabatur] Lom 1389C.   200 Concupiscentiam...concupisces] Rm 7, 7.
201 usque inclusiuum] cf Iohannes Beleth, summa 137B (CCM 41A, 270); Gl 284b^{mg}.

---

181 Plinius] Plenius O 182 quandam] quendam A quantam T 184 immutatione] mutatione
T* 185 sane] *om* T 191 omnes peccauimus] *trp* peccauimus omnes T

[14] SED REGNAUIT MORS. Quasi: Peccatum non imputabatur, cum lex
205 non esset; *sed regnauit mors*, id est diabolus auctor mortis; uel MORS, id est
peccatum, quod fuit causa mortis; uel: MORS, id est dampnatio eterna, AB
ADAM USQUE AD MOYSEN, id est usque ad legem. Per legem enim cepit in
Iudea regnum mortis destrui, sicut in glosa habetur, id est peccatum. Per
peccatum enim mors regnat in mundo.
210   Sed queritur, quomodo per legem regnum mortis destrui ceperit.
Lege enim data peccatum non est ablatum sed auctum. *Lex enim subintrauit, ut abundaret delictum*. Potius ergo uidetur regnum mortis auctum,
quia auctum est peccatum.
    Responsio: Per legem cepit regnum mortis destrui, peccati scilicet
215 cognitione et timore pene. Hec enim duo lex fecit: Et peccati cognitionem dedit et, cuiusmodi pena quodcunque peccatum puniendum foret,
docuit. Vel: Regnum mortis cepit destrui in ydolatria. Ante legem enim
tam Iudei quam gentiles ydolatrie cultui dediti erant. Lex uero unius dei
cultum docuit et in Iudea ydolatriam destruxit.
220   Regnauit, /dico, MORS, id est eterna dampnatio siue diabolus auctor O 41va
mortis, non in omnes sed IN EOS QUI PECCAUERUNT IN SIMILITUDINEM
PREUARICATIONIS ADE, id est qui neglecto deo creature seruierunt, sicut
ille neglecto deo diabolo consensit. Tales erant fere omnes usque ad
legem; perpauci ut Abraham uni deo seruierunt, et in eos non regnauit
225 mors. Qui sub spe seruati sunt, in aduentu Chisti liberandi.
    Libros, qui aliter habent, dicit Ambrosius corruptos esse. Sed quia in
pluribus, immo / fere in omnibus codicibus alia littera est, etiam et illam A 153va
uideamus: ETIAM IN EOS QUI NON PECCAUERUNT, quasi: *Regnauit mors ab
Adam usque ad Moysen* non solum in eos qui per se preuaricando mortem
230 sibi meruisse uidentur, sed etiam in paruulos qui nichil ex se meruerunt.
    QUI EST FORMA FUTURI: Quantum ad Adam, Christi scilicet FORMA, id
est figura. Figuram enim et similitudinem Christi gestat Adam in multis.
Sicut enim de latere eius dormientis formata est Eua mater omnium
uiuentium, sic de latere Christi profluxerunt sacramenta, sanguis scilicet

---

204 Peccatum...imputabatur] Gl l. cit.; Lom 1389D-1391A.   205 diabolus...mortis] cf
Fulgentius Ruspensis, liber de trinitate 9, 3 (CCL 91A, 643); Riquardus Brugensis, miracula
(MGH SS 15, 856s); Rupertus Tuitiensis, de sancta trinitate, in Gn 2, 28 (CCM 21, 218).
207 usque²...legem] Gl 284b^j.   208 in...habetur] Gl 284b^mg.   211 Lex...delictum] Rm 5,
20.   214 Per...destrui] cf Gl 284b^mg.   220 diabolus...mortis] *Vide supra ad l. 205!*   224 Abraham...226 esse] Gl 284a^mg; Lom 1391D.   226 Ambrosius] Abst ad Rm 5, 14 (CSEL 81/1,
176s).   229 non...meruerunt] Gl 284b^j; cf Ab 158, 165-167.   231 Quantum...Christi] cf Gl
284b^j.   233 Sicut...sacramenta] cf Gl 284b^mg.   de...Eua] Gn 2, 21s.

---

205 id².... mortis] id est peccatum id est quod fuit causa mortis T   223 Tales] *add* enim
T 228 qui] que O 229 eos] *corr ex* s. T 231 Adam] adamdan T

et aqua, in quibus est regeneratio omnium fidelium. Vel: Sicut Adam 235
pater est omnium secundum carnem, sic Christus secundum fidem. Vel:
Sicut ex illo nascuntur omnes in mortem, sic ex Christo / omnes renas-
T 140ra cuntur in uitam. Hanc ultimam similitudinem Ade et Christi prosequitur
apostolus dicens:

O 41vb   [15] SED NON SICUT DELICTUM etc. Quasi: Ex deli/cto Ade omnes 240
nascuntur in mortem, et ex dono Christi omnes renascuntur ad uitam.
Sed non sicut delictum etc., id est: Non est tantum delictum Ade quantum
donum Christi, id est non est tam efficax ad mortem, quantum est
donum Christi ad uitam. Quod probat:

SI ENIM UNIUS DELICTO etc., MULTO MAGIS GRATIA DEI, id est remissio 245
peccatorum, ET DONUM, id est collatio uirtutum, uel: GRATIA ET DONUM,
id est gratuitum donum, IN PLURES ABUNDAUIT. Sed obicitur: Plures dam-
nantur culpa Ade quam saluentur gratia Christi. Ergo plus nocuit culpa
Ade quam profuerit gratia Christi. Vel: Ergo plus mali ex Adam quam
boni ex Christo.   250

Solutio: Non est comparatio inter partes sed inter res. Cum enim
dicitur, quod plus boni ex Christo quam mali ex Adam, non ideo dicitur
quod plures saluentur per Christum quam dampnentur per Adam, sed
salus, que est ex Christo, maior est in se quam dampnatio que est ex
Adam. Et salus que est in paucis, ut in apostolis, maior est illa damp- 255
natione, que est in uniuersis pro originali peccato. Non enim omnis
dampnatio ex Adam, sed illa sola, que est pro originali peccato, que, ut
dicit beatus Augustinus, minima est inter dampnationes. Salus autem
non est nisi ex Christo nulla penitus.

---

235 Vel...fidem] cf Gl 284b^mg; Lom 1392C.   236 pater...omnium] Rm 4, 16   245 id...
peccatorum] cf Gl 285a^i; Lom 1393C.   247 gratuitum donum] cf Gl 285a^i; Lom 1393C; cf
56C. 198C.   Sed...250 Christo] cf Rob 88, 17-21.   258 Augustinus] Aug, de peccatorum
meritis 1, 16, 21 (CSEL 60, 20); idem, enchiridion 23, 93, CCL 46, 99); *idem textus:* Iulianus
Toletanus, prognosticorum 3, 42 (CCL 115, 113); Beda, in Ct, prol (CCL 119B, 165); idem,
in Lc ev 4, 12 (CCL 120, 260); idem, hom 78 (PL 94, 469A); Hildefonsus Toletanus,
annotationes de cognitione 89 (PL 96, 144B); Iulianus Toletanus, prognosticorum 3, 42
(CCL 115, 113); Haimo 628C; idem, de varietate librorum (PL 118, 946C); Ab 169, 543; cf
ibid 555. 589. 631; idem, sic et non 158, 1 (Ed. Boyer/McKeon 527); Gl ad Lc 12, 48 (Ed.
Rusch IV, 188a^mg); Lom, sent 2, 33, 2, 4 (Ed. Brady 1, 520); Wernerus S. Blasii, libri
deflorationum (PL 157, 962B); Hugo, de sacramentis 2, 17, 20 (PL 176, 606A); Ps.-Hugo,
SS 5, 6 (PL 175, 132D); Zacharias Chrysopolitanus, in unum ex quatuor (PL 186, 344C);
Bandinus, de creatione mundi (PL 192, 1063A); Petrus Pictaviensis, sent 2, 19 (Ed.
Moore/Dulong 2, 150).

---

235 fidelium] *supr lin* O 237 renascuntur.... uitam] *trp* in uitam renascuntur T 240 delicto
Ade] *trp* T 241 in] ad T 245 dei] Christi T 248 saluentur] saluantur T 251 partes] personas
A 253 dampnentur] dampnantur T 254 est^3] *om* T 256 Non.... peccato] *om* T

260   Sed obicitur: Pronitas actualiter peccandi est ex Adam, cui uix resistere ualet / quisquam. Sed fere omnes precipitat in / mortem; et ita A 153vb
actualia peccata, et si non originaliter, tamen secundum causam uiden- O 42ra
tur esse ex Adam.

   Responsio: Pronitas quidem ex Adam est, sed non eam ineuitabiliter
265 sequitur peccatum actuale. Et est quidem causa peccati actualis, sed non
efficiens sed, sicut dicunt, causa sine qua non fieret. Christus uero siue
gratuitum donum eius causa est efficiens omnis iustificationis et omnis
salutis, nec sine eo esse potest aliqua. Item: Maior pronitas est ex Christo
in uiris spiritualibus ad bonum quam ex Adam in malis ad malum. Item:
270 Pronitas peccandi non est tota ex Adam, sed ex magna parte ex mala
consuetudine.

   VNIUS HOMINIS JHESU CHRISTI. Erubescant et confundantur a uoce
apostoli, qui negant Christum unum hominem uel aliquem hominem
esse. Quomodo potest dici *in gratia unius hominis*, si non fuit unus homo?
275 Quid peccauit nominatiuus, ut dici non possit sicut obliquus? Sed de his
superius disputatum est.

   [16] ET NON SICUT PER UNUM. Repetit quod dixit *non sicut delictum ita et*
donum, dicens: Et NON SICUT PER UNUM PECCATUM Ade, originale scilicet,
est una dampnatio tantum, ITA ET PER DONUM Christi est una iustificatio
280 tantum, sed omnium delictorum iustificatio per donum Christi est. Et
hoc probat: NAM IUDICIUM etc. Littera satis et glosa patet. /

   [18] *Igitur sicut per unius*: Ex premissis est illatio. Quandoquidem ex O 42rb
uno est condempnatio et ex uno iustificatio, et maior iustificatio quam
dampnatio, IGITUR SICUT PER UNIUS DELICTUM, id est originale peccatum,
285 itum est IN OMNES HOMINES IN CONDEMPNATIONEM, id est omnes homines
dampnationem incurrerunt, SIC ET PER UNIUS ETC. Per hoc quod dicit
unius, innuit quod peccata aliorum non imputantur posteris ad reatum
nisi solius Ade. / Per hoc, quod dicit singulariter *delicto* et *iudicium ex uno* T 140rb
et *mors regnauit per unum*, notat primum peccatum Ade, cetera uero eius
290 posteritati non imputari. Quod dicit apostolus *omnes* et *omnes*, idem est
quod statim supponit *multi* et *multi*. "Omnes" enim non semper totum
includit, sed sepissime totius partem; nec semper singula generum, sed

260 Sed obicitur] cf Ps.-Hugo, QEP Rm q 143 (PL 175, 468CD).   264 Pronitas...268 aliqua]
cf Rob 89, 12-18; Ps.-Hugo, QEP Rm q 148 (PL 175, 469C).   276 superius] *Vide supra ad Rm*
1, 3!   281 glosa] Gl 285a^{i}.   285 itum est] cf Gl 285a^{i}; Lom 1395A.   288 delicto] V 17.
iudicium...uno] v. 16.   289 mors...unum] V. 17.   290 Quod...multi^{2}] cf Rob 90, 12-14.

260 est] est est O 264 quidem] quidam O 268 esse potest] *trp* potest esse T 270 Pronitas]
promptas A 272 a] ex (*expunct*) a T 274 unius hominis] *trp* hominis unius T 275 non] *om*
T 276 disputatum est] *trp* est disputatum T 282] Ergo T 285 itum] iterum O*

aliquando comprehendit tantum genera singulorum. Omnes ergo per Christum dicuntur saluari, sicut et omnis homo per eum dicitur illumi-
A 154ra nari/, quia nullus illuminatur nisi per eum, nec saluatur.   295

PECCATORES. Peccatores sunt non solum qui actu peccant, sed qui habent in se, unde rei sunt.

PER UNIUS OBEDIENTIAM IUSTI. Ecce iusti sunt ex sola gratia Christi etiam paruuli, et si iusticiam actualem non habeant, digni sunt salute, ut
O 42va ex sola culpa Ade sine omni peccato actuali alii constituuntur / iniusti et 300 morte digni.

Quia hic loquitur apostolus de inobedientia primi hominis, id est Ade, et obedientia secundi, id est Christi, de inobedientia illa hoc loco queri solet et de peccato originali et de obedientia similiter siue merito Christi. Quod enim apostolus obedientiam Christi uocat, scolares in diuina 305 pagina studentes meritum eius appellant. Inobedientia primi hominis transgressio fuit mandati dei. Nichil enim aliud est inobedientia quam mandati transgressio. In hac autem transgressione, licet plura, sicut sancti assignant, fuerint peccata, ipsa tamen unum dicitur peccatum propter unius operis effectum. Ipsa enim transgressio in operis consum- 310 matione, id est in pomi uetiti comestione, completa est. Hec autem transgressio animam corrupit. Anima uero corrupta carnem corruptam reddidit statimque sibi rebellem eam habuit. Summa autem equitate factum est, quod anime, que suo superiori, id est deo, obedire noluit, suum inferius, id est caro, obedientiam denegauit. Motus igitur inlicitos 315 statim in carne sua senserunt et erubuerunt, eosdem profecto, quos nos in carne nostra sentimus et erubescimus. Motus autem illi non aliunde in illis, aliunde surgunt in nobis. In nobis uero ex peccato originali, quare et in illis. /

O 42vb   De quo queritur quid sit; qualiter in posteros traducatur; qua iusticia 320 pro illo reus habeatur, qui nec illud fecit nec facienti consentit; quarto loco an ex toto uel secundum quid in baptismo remittatur. Has questiones succincte percurremus, quia eas alibi cum quibusdam aliis, que ad hoc ipsum spectant, latius tractauimus.

---

293 Omnes...295 saluatur] Gl 285a^mg.   296 Peccatores²...sunt²] cf Landgraf, Der Begriff des peccatum habituale. DG IV/1, 97.   302 Quia...304 Christi] cf Ab 163, 336- 340.   320 De] Ad sequentia cf Lottin, Les théories sur le péché originel de Saint Anselme à Saint Thomas d'Aquin. Psychologie et morale IV, 1, 11-280, imprimis 82-86; Gross, Entwicklungsgeschichte des Erbsünden-dogmas im Zeitalter der Scholastik, 11-169.   323 alibi] Non inventum.   324 latius tractauimus] Non inventum.

---

300 42va] iusti T   302 Quia] Q littera initialis, praem § AO   303 hoc loco] om T   307 quam] nisi T   315 igitur] ergo T   319 illis] vacat linea post illis AOT 320 De] littera initialis O   qualiter] praem et T   321 quarto] quanto T   323 aliis] quibus AO*T

325 Credit autem uniuersalis dei ecclesia, quia peccatum originale omnes
ab Adam contrahimus; pro quo etiam paruuli ante perceptionem baptismatis decedentes damp/nantur. Non est ergo nunc contra illos dispu- A 154rb
tandum, qui in etate illa peccatum siue originale siue actuale esse non
credunt. Quod enim dicit Ieronimus, quia in infantili etate non est
330 imputandum peccatum, et Augustinus in epistola ad / Petrum: *Non* T 140va
potentibus uti ratione peccatum imputandum non est, de actuali et nullo modo
de originali intelligendum est.

Dicunt autem quidam originale peccatum nichil aliud esse quam
reatum, qui est in filiis Ade propter inobedientiam ipsius. Sed secundum
335 hoc paruuli digni sunt eterna dampnatione, nec tamen in illis est aliquid,
quod sit causa reatus uel culpe, quia nullum peccatum. Aliud est enim
peccatum, aliud peccati reatus. Si dicatur non esse mirum, si rei sint non
propter aliquid, quod sit in eis, sed fuit in alio -sicut paruuli renati et
parti/cipes meritorum Christi effecti dicuntur digni esse salute non O 43ra
340 propter aliquid, quod in eis sit, sed fuit in Christo-: Dicimus non esse
simile nec uerum. Paruuli enim renati in se habent, quicquid in illa etate
habere debent, quod sit causa salutis. In se enim habent regnerationem
que est in etate illa sufficiens causa salutis. Dicimus plane quia nondum
habent fidem, nondum caritatem, sine quibus adultus saluari non potest.
345 Habent tamen horum sacramenta, que etati illi sufficiunt ad salutem.

Sunt alii, qui dicunt originale peccatum esse ignorantiam boni et
concupiscentiam mali. Sed que ignorantia potest esse in paruulis, cum
secundum eos nulla ibi debeat uel possit esse scientia? Priuatio enim
nusquam est uel esse potest, nisi ubi fuit uel debuit esse habitus. Similiter
350 concupiscentia quomodo est in illa etate? Nunquid concupiscit aliquid
inordinate uel contra rationem, cum nulla ratio debeat ibi esse? Vel, si
concupiscentia est ibi, quomodo non concupiscere et sic peccatum
actuale? Dicunt forsitan: "Ignorantia et concupiscentia sunt in paruulis",
id est necessitas uel pronitas ignorandi, que necessaria sunt ad salutem,

---

327 illos] cf Ab 164, 368-378; 171, 594-605. 329 in...peccatum] cf Hier, in Ez 4, 16 (CCL
75, 168); cf Ab 166, 439s; idem, sic et non q 108, 1 (Ed. Boyer/Mc Keon 353)- 330 Non...
est] Fulgentius, de fide 3, 41 (CCL 91, 739); cf eundem, epist 17, 28 (CCL 91A, 584);
Ps.-Aug = Abst, quaest veteris et novi testamenti, q 2,7 (CSEL 50, 20); cf Ab 166, 439s; idem,
sic et non q 108 (Ed. Boyer/McKeon 353-355); Ethica I, 42, 1 (CCM 190, 41); Hugo, de
sacramentis 1, 7, 26 (PL 176, 298A-C). 1, 7, 31 (PL 176, 301B-302C); Ps,-Hugo, SS 3, 11 (PL
176, 298). 333 quidam] *Vide* Ab 164, 354-372; cf Rob 84, 3s. 346 alii] cf Rob 84, 1s;
Petrus Pictaviensis, sent 2, 15 (Ed. Moore/Dulong 2, 110); Hildebertus Cenomanensis,
sermo de tempore 2 (PL 171, 348D); idem, tr (PL 171, 1135BC); Hugo, de sacramentis 1, 7,
26 (PL 175, 298A-C). 1, 7, 31 (ibid 301B-302C); Ps.-Hugo, SS 3, 11 (PL 176, 107A-D).

346 esse] *om* T 352 concupiscere] concupisceret
325 dei ecclesia] *trp* T 327 est ergo] *trp* T
Lottin, Psychologie et morale IV, 1, 83

O 43rb et concupiscendi, que nociua sunt saluti, nisi / subuentum fuerit eis per 355
gratiam Christi. Sed secundum hoc non assignant peccatum esse in
paruulis, sed causam peccati. /

A 154va Item: Necessitas hec siue pronitas in aliis est minor, in aliis maior. Et
sic non omnes subiacent equaliter originali peccato. Rursus: Hec eadem
remanent post baptismum, et sic non uidetur in baptismo tolli originale 360
peccatum.

Sunt alii qui dicunt peccatum originale esse quandam iniusticiam
originalem. Ad cuius euidentiam talem de peccato faciunt diuisionem:
Peccatum aliud secundum se, aliud secundum aliud dicitur peccatum.
Secundum aliud dicuntur peccata uoluntas mala, actus malus siue opus 365
malum et huiusmodi omnia que in se aliquid sunt. Peccata tamen dicuntur quia inordinata sunt. Et sic non secundum se sed secundum aliud, id
est secundum inordinationem, peccata dicuntur. Peccatum uero secundum se nichil aliud est quam iniusticia, iniusticia nichil aliud quam
absentia iusticie, ubi et quando debet esse. 370

Originale ergo peccatum est iniusticia originalis, id est priuatio siue
absentia cuiusdam originalis iusticie, que debent esse in prima etate
secundum primam institutionem dei.

Alioquin, si non deberet ibi esse iusticia, nec iniusticia ibi esse posset.
Quia ubi habitus non est nec esse potest, nec priuatio esse potest. Et sic 375
O 43va nec essent / iusti nec iniusti, quare nec digni salute nec digni dampnati-
one. Et sic nec saluarentur nec dampnarentur, si tunc descenderent,
T 140vb quod est inconueniens. Quod et sensit Pelagius de paruulis / descen-

---

362   alii] *Vide* AEP (PL 175, 887A), *ubi Acardus nominatur! Ista definitio Anselmi Cantuariensis
est, Gross, Entwicklungsgeschichte des Erbsündendogmas im Zeitalter der Scholastik, 161.* Cf Ps.-Hu-
go, QEP Rm q 43 (PL 175, 443A). q 107 (ibid 461A); Gualterus de S. Victore, sermo 1, 5
(CCM 30, 14).   368   Peccatum...370 esse] cf Reimbaldus Leodiensis, de vita canonica 5
(CCM 4, 17).   378   Pelagius] cf Aug, de haeresibus 88, 6 (CCL 46, 341): *Parvulos etiam
negant, secundum Adam carnaliter natos, contagium mortis antiquae prima nativitate contrahere. Sic
enim illos sine ullo peccati originalis vinculo asserunt nasci, ut prorsus non sit quod eis oporteat
secunda nativitate dimitti: sed eos propterea baptizari, ut regeneratione adoptati admittantur ad
regnum Dei, de bono in melius translati, non ista renovatione ab aliquo malo obligationis veteris
absoluti. Nam etiamsi non baptizentur, promittunt eis extra regnum quidem Dei, sed tamen aeternam
et beatam quamdam vitam suam. - Hanc sententiam refert* Sigebertus Gemblacensis, chronica
(MGH SS 6, 305). *Cf etiam:* Aug, de gratia Christi 2, 13, 14 (CSEL 42, 175); idem, contra
Iulianum 3, 5, 11 (PL 44, 707s); idem, contra duas epist Pelagianorum 4, 3 (CSEL 60, 523);
Beda, in epist catholicas V, 19 (CCL 121, 327); Ps.-Isidorus, dogma Pelagii haeretici (inter

---

358   maior] *praem* est T   359   eadem remanent] *trp* T*   366   malum] bo (*expunct*) malum
T   369   aliud²] *add* est T   370   debet] deberent T   371   ergo] *om* T   375   habitus] habitau(it)
O non] nec T   377   nec¹] uero O   descenderent] decederent T   378   descendentibus] dece-
dentibus AT

dentibus, qui ante annos discretionis nullum credidit saluari uel damp-
380 nari.

Sed quomodo in tali etate iusticia esse potest uel debet, cum ibi non
possit esse usus et exercitium rationis? Ad hoc illi respondent, quod
utrumque ibi esset, si Adam non peccasset nec in se nec in eius posteritate corpus corruptum esset. Si uero corruptum non esset, animam non
385 aggrauaret nec illi esset impedimento. Non enim ex natura corporis
anima aggrauatur, sed ex eius corruptione, ut in libro sapientie legitur:
Corpus quod corrumpitur aggrauat animam. Quasi dicat: Non quia corpus,
sed quia corruptum. Cum ergo nullum impedimentum haberet ex
corpore, si /non esset peccatum, anima, nec ex se, cum naturaliter A 154vb
390 fuisset potens uti ratione, usus et exercitium rationis potuit et debuit esse
in prima etate. Alioquin ut iumenta, immo iumentis inferiores, nascerent-
tur paruuli, ut modo nascuntur. Maior enim uiuacitas sensuum uiget in
brutis animalibus illius etatis quam in paruulis.

Item: Si per exercitium rationis in nullo sibi possent prouidere par-
395 uuli, quantam / prouidentiam et sollicitudinem oportet parentes eis O 43vb
impendere? Non solum ergo a natiuitate, sed etiam ab anime ipsius
infusione, si homo non peccaret, discretio boni et mali in paruulis esset.

Subtiles sunt et subtilia ualde et profunda scrutantur, qui talia dicunt.
Sed de iusticia illa originali et iniusticia originali, quam peccatum origi-
400 nale uocant, nichil in apostolo uel in aliquo alio auctore repperimus. De
iniusticia uero illa originali, quam peccatum originale nominant, quero
utrum in baptismate prorsus tollatur. Quod oportet, cum sit peccatum
secundum se, sicut ipsi dicunt. Cum ergo ipsa priuatio esset iusticie
originalis illaque duo inmediata sunt circa subiectum illud, necessarium
405 est, quod paruulus renatus statim induatur illa iusticia originali. Ergo
secundum eorum rationem pariter assunt usus et exercitium rationis.
Aut si in illa etate ratio esse non potest, cuiusmodi iusticia ibi erit? Item:
Cum sit iusticia constans et perpetua uoluntas tribuens unicuique quod
suum est, que iusticia in illo erit, ubi uoluntas nulla esse potest?
410   Tutius nobis uidetur saniusque consilium apostolum sequi et ceteros
sanctos peccatumque originale illud appellare, cum quo nascitur omnis
homo quodque in eo habitat, quamdiu uiuit homo. / De quo apostolus O 44ra

epist Leonis Magni PL 130, 902D-903A); Lom, sent 2, 28, 2, 3 (Ed. Brady 1, 489). *Vide etiam:*
J.Gross, Entwicklungsgeschichte des Erbsündendogmas I, 275-280!.
387 Corpus...animam] Sap 9, 15.   408 Cum...est] *Vide supra ad Rm 1, 32.*

379 annos discretionis] *trp* T 383 esset] essent O* 384 uero] enim T non[1]] om T 387 Quasi
dicat] q. d. AOT 388 haberet] haberent O* 395 parentes] oporterent O* 401 nominant]
uocant T 402 utrum] an T 404 duo] uero T 410 saniusque] sanius O* 411 peccatumque]
peccatum T

in propria persona et in persona cuiuslibet hominis gratie dicit: *Iam non ego operor illud, sed quod habitat in me peccatum* quodque paulo inferius uocat *legem membrorum repugnantem legi mentis.* Hoc est fomes ille peccati, 415 ex quo surgit omnis concupiscentia in homine, unde surgunt titillationes A 155ra et motus carnis illi/citi, qui quandoque pronitas peccandi, quandoque nomine concupiscentie, nonnunquam designatur aliis nominibus. Sed quia, sicut philosophus dicit, *contrariorum eadem est disciplina* et contraria in eodem subiecto habent fundari, constat, quia peccatum ibi tantum 420 habet esse, ubi et uirtus, hoc est in anima.

Sed cum anima non sit ex traduce, sicut communis ecclesie habet assertio, quomodo peccatum anima contrahit ab Adam, que non est ex T 141ra Adam, presertim cum caro prius generetur et / formetur, antequam anima ei infundatur? Nunquid in carne illa nondum animata peccatum 425 est? Quod si est, non in sola anima peccatum est et, quod non minus falsum est, caro illa inanimata digna dampnatione est.

Solutio: Corpus humanum omne ex illo habet corruptionem, ex quo habet essentiam. Cum corruptione enim seminatur et nascitur. Anima O 44rb uero dum corpori unitur, corruptione eius aspergitur. / Talis enim 430 nature est, quod uasi corrupto infundi non potest, quin ipsa corrumpatur. Corruptio autem anime proprie peccatum appellatur. Vnde, quia corruptionem habet a corpore, que quidem sicut et corpus ex Adam est, merito et peccatum habet ab Adam.

Sed queritur, utrum necessitate an uoluntate contrahat anima pecca- 435 tum hoc, quod originale nominamus. Si enim necessitate, non est ei imputandum, maxime cum ipsa hanc non meruerit necessitatem; si uoluntate, ergo et illud est peccatum actuale.

Huic questioni beatus Augustinus respondet, quemadmodum et questioni cuiusdam heretici respondit, qui quesiuit ab eo, an necessitate 440 uel uoluntate pater genuerit filium; si enim necessitate, et coactus; si "uoluntate" respondisset, concluderet ille: Ergo fuit prius eo. Quamuis autem sane concedi possit, quod uoluntate pater genuerit filium, beatus Augustinus, ut omnem cauillandi occasionem heretico tolleret, medium utrorum elegit respondendum, natura scilicet. Natura enim deus de se 445

---

413 Iam...peccatum] Rm 7, 20.   415 legem...mentis] Rm 7, 23.   419 contrariorum... disciplina] *Vide ad Rm 1, 18 (supra p 40, 859)!*   440 an...filium] Ps.-Aug, dialogus quaest 65, q VII (PL 40, 736); cf Ps.-Aug, de trinitate et unitate dei 3 (PL 42, 1194); Ab, sic et non 15, 8 (Ed. Boyer/McKeon 147); idem, Th Chr 4, 96a (CCM 12, 312); Abaelardi discipulus, Ysagoge III (Ed. Landgraf 251s); Ps.-Hugo, SS 1, 7 (PL 176,53CD); Lom, sent 1, 6 (Ed. Brady 1, 89-91).   445 natura] *Vide notam praecedentem!*

---

415 legem] legi A*   428 omne] *om* T   429 enim] *supr lin* T   434 ab] ex T   437 meruerit] meruit A 439 et] *om* T 443 autem] enim T

deo genuit filium deum. Similiter peccatum hoc anima non necessitate uel uoluntate contrahit, / sed naturaliter, hoc est originaliter. Ex quo A 155rb enim est, et peccati huius maculam habet.

450 Vnde et illud occurrit, quod tercio loco quesiuimus, qua iusticia scilicet pro illo / peccato anima rea teneatur, que nec illud fecit nec O 44va facienti consensit. Cum enim deus sua bonitate sola cuncta facit que facit, quare animam illi corpori infundit, in quo sine peccato esse nequit? Anime non uidetur esse imputandum, quia non eligit, ut tali corpori infundatur, nec infusa uitare potest, quin corrumpatur. Que ergo eius 455 culpa, si corrumpitur, et que dei iusticia, si pro eo, quod euitare nequit, anima dampnatur?

Huiusmodi questionibus solutionem apostolicam adaptamus, ubi iudicia dei admiratur non discutit, dicens: *O altitudo diuitiarum sapientie et scientie dei* etc. Dicimus enim, quia deus iuste agit animas in talibus corpo-460 ribus creando siue ad promerendum ut in adultis siue ad puniendum ut in paruulis, qui sine baptismate decedunt. Causa autem si queritur - solus ille nouit, qui omnia nouit.

Sunt tamen, qui questioni predicte hoc modo respondent: Non possunt conqueri anime paruulorum, quia talibus corporibus infunduntur, 465 in quibus necesse est eas contaminari et culpam contrahere, quia nulla sunt alia corpora, in quibus infundi possint. Si enim, antequam infundentur consuli ualerent, magis eligerent esse in huiusmodi corporibus quam omnino non esse. Non enim possunt esse / primitus sine corpori- O 44vb bus secundum legem creationis. Si enim / sine corporibus, sicuti quidam T 141rb 470 uoluerunt, primitus essent, non anime sed angeli dicerentur. Nec solum uellent in huiusmodi corporibus esse, sed etiam, ut dicit beatus Augustinus, in illa pena, in qua modo sunt anime paruulorum que migrauerunt ante perceptionem baptismatis, mallent esse quam omnino non esse.

Vnde certum est, quia conqueri non possunt aduersus deum, quod sic 475 puniuntur, quamuis penam illam non meruerint. Mitissima est enim pena talium, ut dicit beatus Augustinus, qui pro solo originali dampnantur: Hoc est carere uisione dei, quam naturaliter appetunt et qua carere non possunt et non habere cruciatum et dolorem, cum sciant se in / eternum non habituros. Propter quem cruciatum et dolorem, quem A 155va 480 sustinent ideo, quia deus se non ostendet eis, ueraciter dici potest, quia deus punit eos non adeo aliquid mali inferendo quantum se ipsum

---

458 O...dei] Rm 11, 33.   471 Augustinus] *Non ita apud Augustinum; cf de civitate dei 11, 27, 4 (CCL 48, 346).*   475 Mitissima...477 dei] *vide supra ad Rm 5, 15!*

---

452 facit] *add* queritur A *supr lin*

negando, ut cum dicitur: *Tradidit illos deus in reprobum sensum,* non aliquid maligni eis inferendo, sed gratiam subtrahendo.

    Restat ut, secundum quid in baptismo remittatur peccatum originale,
uideamus. Dicunt, quia remittitur quantum ad culpam et penam eter- 485
O 45ra nam; / remanet tamen secundum causam. Nobis uero uidetur, quod hoc
peccatum etiam post baptismum remanet peccatum. Remittitur tamen
quantum ad eterne dampnationis debitum. Hoc est enim peccatum, de
quo dicit apostolus: *Iam non ego operor illud, sed quod habitat in me peccatum,*
quod et ipse uocat *legem membrorum.* Hoc peccatum in se sentit omnis 490
homo, quod et peccatum est et pena peccati primi hominis et causa
sequentium peccatorum. Si enim anima munda a deo creatur, quod
credendum est, et tamen quia corpori corrupto infunditur ipsa particeps
eius corruptionis efficitur, constat, quia in corrupto corpore manere non
potest incorrupta. Ergo quamdiu in corrupto corpore est, et ipsa corrup- 495
tionem in se habet. Eius autem corruptio peccatum est.

    Peccatum enim solum eam corrumpit. Quare quamdiu in corrupto
corpore est et in se peccatum habet, peccatum scilicet originis, quod in
nobis quidem originale est et non actuale, in Adam uero et actuale et
originale; actuale, quia id uoluntate commisit, quare hoc ei inflictum est; 500
originale, quia in eo sicut in nobis sequentia ex illo orta sunt peccata.

O 45rb   Restat nunc, ut de obedientia siue / merito Christi agamus. Queritur
autem, an Christus sibi meruerit et nobis an nobis tantum.

    Notandum uero, quia sunt nonnulli qui dicunt, quod solus Christus
bonum meruit et nemo preter eum bonum meruit uel mereri potuit. 505
Dicunt enim se diffinitionem merendi habere ex Hilario talem: *Mereri est
ex se habere, quod quis operatur.* Bonum autem nemo ex se operari potest
A 155vb uel potuit nisi Christus. Quare nec mereri / potest uel potuit quis nisi
Christus. Sed si, quod dicunt et Hylarium dixisse fingunt, diligentius
attendatur, nec Christum potuisse mereri fateri conuincentur. Si enim 510
T 141va Christus meruit, secundum alteram / naturam tantum uel secundum
utramque meruit. Secundum utramque non, quia secundum diuinam
nichil erat ei in debitum, nichil addi, nichil reddi potuit. Quare secundum illam non meruit. Aut ergo non meruit aut secundum humanam
naturam meruit. Sed ex illa, sicut ipsi dicunt, bonum, quod operatus est, 515

482 Tradidit...sensum] Rm 1, 24.   484 Restat...486 causam] cf Ab 175, 719-729.   Restat...
501 peccata] V*ide Lottin, Péché originel et baptême. Psychologie et morale IV, 1, 283-305; Landgraf,
Die Wirkungen der Taufe im fictus und im conntritus. DG III/2, 87-181, imprimis 148!*   489 Iam...
peccatum] Rm 17, 20.   490 legem membrorum] Rm 7, 23.   502 de...Christi] *Ad sequentia*
cf Landgraf, Das Verdienst Christi. DG II/ 2, 170-253, imprimis 192-198.   506   Mereri...
operatur] cf Hilarius, de trinitate 11, 19 (CCL 62A, 549): *Mereri enim eius est, qui sibi ipsi*
meriti adquirendi auctor existat.

non habuit. Non enim ex natura hominis bona illa fecit que fecit. Nec ergo secundum humanam naturam meruit. Restat ergo quia nec meruit.

Item: Christus bonum, quod habuit, totum ex patre habuit, non ex se. Filius enim, sicut ipse perhibet de se, a se ipso non potest quicquam. Si
520 autem a se deo non potest quicquam, multo / minus a se homine. Nec O 45va ergo ex se mereri potuit.

Eo usque sua eos pertrahet diffinitio, ut solum patrem potuisse mereri dicere compellentur. Nos autem de merito filii audiuimus, sed de merito patris nichil.

525   Item: Quid absurdius et magis desperationi uicinum quam dicere, quod sancti per passiones et tormenta illa, que pro Christo grauissima passi sunt, nichil meruerunt? Vt quid tam frequenti laude hymnum illum canit ecclesia dei: *Sanctorum meritis* etc., et multa in hunc modum?

Item: Si dicunt, quia sancti ideo non merentur, quia totum ex gratia
530 est quod merentur, ergo nec sancti deum diligunt nec bona opera faciunt, quia totum ex gratia est. Sed quid magis ex ueritate facit homo quam id, quod ex gratia facit? Ea enim, que ex se facit, mala sunt, et ea in falsitate siue in uanitate facit.

Non ergo pro diffinitione habendum sed nec recipiendum, quod ipsi
535 pro diffinitione merendi ponunt. Sed sicubi in autentica scriptura reperiatur, quod tamen me repperisse non recordor, quod *solus Christus meruit,* sub ea figura loquendi dictum est, qua dici solet: "Solus deus bonus est, solus deus mirabilia facit." Petrus tamen bonus est et mirabilia facit: Deus enim ex se, Petrus ex deo; deus bonitate et potentia, que ipse est, Petrus
540 bonitate et potentia, quam a deo /habet.   O 45vb

Item: Non uidetur Christus aliquid meruisse / bonum faciendo, quia A 156ra aliud facere non potuit, quia ad malum inclinari non potuit. Quid ergo meruit, qui necessitate fecit quicquid fecit?

Responsio: Non necessitate aliquid fecit, sed quicquid fecit, ex libero
545 arbitrio fecit. Liberi autem arbitrii due sunt partes: posse facere bonum et posse dimittere malum, non: posse facere malum, sicut quidam male opinantur. Si enim posse facere malum pars esset liberi arbitrii, et posse peccare pars esset liberi arbitrii. Quare posse peccare esset aliqua potentia et esset a deo, quod non est uerum. Posse enim peccare inpotentia
550 est. Quanto enim quis magis peccat, tanto a summa potentia longius recedit. Quare posse peccare ab illa non est, a qua omnis potentia est.

---

528   Sanctorum meritis] Hymnus (Rabanus?): *Sanctorum meritis inclita gaudia / pangamus, socii, gestaque fortia...,* cf Chevalier, Repertorium 3, 566 Nr. 33366; Dreves/Blume, Ein Jahrtausend lateinischer Hymnendichtung 1, 82; Schaller/Könsgen, Initia 653 Nr. 14680. 536 solus...meruit] cf Aug, in Io ev tr 4, 14 (CCL 36, 39) = Ps.-Anselmus Cantuariensis, hom 1 (PL 158, 620D).   541 Non...543 fecit²] cf Rob 91, 9-12.   544 Non...546 malum²] *Aliter* Rob 72, 17-20.   545 Liberi...malum] cf Ps.-Hugo, AEP 899D.

Nec ergo posse peccare potentia est. Liberum uero arbitrium tanto in Christo liberius fuit, quanto facilius bonum facere et malum dimittere potuit. Nichil ergo necessitate -hoc enim esset quod coactus- sed quicq-uid fecit, uoluntarie et ex caritate fecit. Quare et meruit.   555

Sed utrum sibi an nobis tantum an et sibi et nobis, queri solet. Sed
O 46ra quod sibi aliquid meruerit, non uidetur. Ab ini/tio enim Christus deus fuit et omnia in potestate tanquam propria habuit. Verum quia scriptum
T 141vb est: *Factus est obediens usque ad mortem, propter / quod et deus illum exaltauit et donauit illi nomen* quod etc., dicunt quidam quod sibi meruerit, eo tamen, 560 ut dicunt, modo, quo et pater familias operans in agro cibum suum dicit se meruisse. Suus enim erat et sibi debebatur, et si non operaretur. Sic et Christo, etiam si non moreretur, nomen illud et exaltatio debebatur.

Sed uidentur nobis hoc loco duo genera meritorum distinguenda esse. Est enim meritum, quo meremur id habere, quod nondum habe- 565 mus; est et meritum, quo meremur id retinere, quod iam habemus. Dedit rex castrum alicui nullo precedente merito. Tenetur ille deinceps pro castro illo militare et obsequia debita regi prestare. Que si facere recusaret, quod nullo merito prius habuit, merito castrum amitteret. Sic sunt due partes medicine, una ad recuperandam, altera ad recuperatam 570 conseruandam sanitatem. Christus ergo, et si omnia ab initio nullo / suo
A 156rb merito sed sola dei gratia habuit et habere dignus fuit, ut ea tamen retineret, mereri debuit.
O 46rb Dicimus / tamen et uerum est, quia per opera bona, que fecit, etiam id, quod nondum habebat, habere meruit, secundam uidelicet stolam 575 corporis, immortalitatem et inpassibilitatem. Hoc enim per mortem suam meruit. Et si enim ab initio dignus fuerit, ut, si uellet, corporis immortalitatem et inpassibilitatem indueret, tamen non dicimus id eum, quia natus est uel quia baptizatus uel quia ieiunauit et predicauit, sed quia pro nobis gratis mortuus est, meruisse.   580

Ex his ergo patet, quia Christus sibi meruit et ea scilicet, que gratis accepit, retinere et que nondum habuit, accipere.

Quod etiam nobis meruerit, nemo dubitat; sed utrum in omnibus operibus suis equaliter, queri potest. Videtur enim in natiuitate et in morte sua nobis equaliter meruisse. Tantum enim et tanti meriti est opus 585 uniuscuiusque, quanta caritate informatum est. *Non enim censum sed*

---

559 Factus...quod²] Phil 2, 8.   585 Tantum...587 quanto] *Vide etiam infra ad Rm 13, 3!*
586 Non...quanto] Gregorius I, hom 5, 2 in ev (PL 76, 1093C); Ab, sent 34, *ubi Hieronymus pro auctore nominatur* (Ed. Buzzetti 153); Radulfus Ardens, hom (PL 155, 1955D);*.similiter* Ps.-Hugo,AEP 922A).

affectum pensat deus, nec quantum sed ex quanto. Opus autem natiuitatis Christi tanta caritate informatum fuit, quanta et opus mortis. Vtramque enim accepit pro nobis, natiuitatem et mortem, et in utraque parem
590 habuit erga nos caritatem.

Equalis ergo meriti fuit natiuitas eius et passio. Nichil itaque plus nobis meruit in morte sua quam in natiuitate. Ergo et natiuitate sua redempti sumus sicut et morte. Ergo prius / redempti sumus quam O 46va Christus mortuus, quod plane falsum est.

595   Vnde dicimus quia, et si natiuitas Christi nobis multum profuit, non tamen quantum et mors. Morte enim eius redempti sumus, non natiuitate. Nec concedendum uidetur, quod equalis meriti fuerint natiuitas eius et passio nec pari caritate informate. Et si enim bonitas Christi siue caritas in se nullo tempore receperit incrementum, recepit tamen in
600 effectu. Vnde et magis dicitur nos dilexisse, ubi pro nobis magis fecit; magis nobis meruisse, ubi pro nobis maiora et grauiora pertulit. Sic et deus dicitur unum magis / diligere quam alium, propter effectum qui- A 156va dem maiorem, non propter affectum, qui in se nec magis recipit nec minus.

605   [20] LEX AUTEM SUBINTRAUIT. Quasi quis quereret: Tu dicis, quia per Christum / est iustificatio et uita. Quid ergo lex fecit? Nonne iustificauit T 142ra et peccatum abstulit? Ad hec apostolus: Non abstulit sed auxit. SUBINTRAUIT, latenter intrauit. Nemo enim illam sperabat uel exspectabat. Vel: *Subintrauit* post naturalem legem, UT ABUNDARET DELICTUM.

610   Istud *ut,* sicut beatus Ambrosius dicit et in glosa habetur, non causatiue sed consecutiue ponitur. Dicit enim non quid lex fecerit, sed quid data lege prouenerit. "Vt" enim et / "propter" et huiusmodi causatiue O 46vb dictiones aliquando causam, aliquando consecutionem siue potius alicuius euentus occasionem notant, ut: *Exiuit iste ut moreretur.* Potest autem
615 satis conuenienter dici, quod etiam causatiue ponatur illud "ut". Sicut enim alibi habetur, lex propter transgressiones posita est, id est ut transgredi faceret. Sic et hic: *Lex subintrauit ut habundaret delictum,* scilicet ut magis rei essent et magis peccarent. *Iustum enim est,* sicut in glosa quadam

---

587   nec...quanto] Cyprianus, de opere et eleemosynis 15 (CCL 3A, 64); Ps.-Hier, in Mc 12, 42 (PL 30, 627A); cf Gl ad Mc 12, 42 (Ed. Rusch IV, 123b^mg); Petrus Damiani, epist 6 (PL 144, 836C); Radulfus Ardens, hom II, 3 (PL 155, 1955D). I, 11 (ibid 1707B); Ps.-Hugo, posteriorers excerptiones , PL 175, 922A.   605   Quasi...614 moreretur] cf Ab 175, 733-743. 237, 185; Comm Cantabrigiensis 1, 78.   608   latenter intrauit] Gl 285b^mg; Lom 1398B. 609   post...legem] Gl ibid.   610   Ambrosius] Abst (CSEL 81/1, 186/187).   glosa] cf Gl 285b^mg; Lom 1398B; *contra:* Rob 93, 2.   614 Exiuit...moreretur] *Idem exemplum:* Ab 175, 740 *et* 237, 185.   618 Iustum...adhuc] Apc 22, 11; *vide supra ad Rm 1, 24 (p. 51, 1137)!*

---

605 Lex] *praem* § O

super hunc eundem locum habetur, *ut qui in sordibus est sordescat adhuc.*
Sepe contingit, ut quis grauiter infirmetur, infirmitatem tamen suam 620
parum aut nichil sentiat. Medicus infirmitatis illius periculum intelligit
et, ut eam, qui infirmatur, sentiat et agnoscat, aliquid apponit. Sic salutis
hominum amator deus Iudeorum infirmitatem et cecitatem uidens
legem dedit talem, quam implere non possent, ut ita se transgredi uidentes et eorum etiam, que prius ignorabant, peccata esse per legem cogniti- 625
onem habentes, ad medicum currerent et auxilium gratie quererent.
Prius enim dicebant: Non deest qui impleat, sed deest qui iubeat. Data
O 47ra uero lege dictum est eis: / "Non deest qui iubeat, sed deest qui impleat."

VBI ENIM ABUNDAUIT DELICTUM, hoc est in Iudeis, sicut dicunt. Sed
queritur, quomodo in Iudeis abundauerit delictum, cum apostolus dicat: 630
A 156vb *Nos natura / Iudei, non ex gentibus peccatores*, quasi gentes magis peccatores
essent quam Iudei.

Solutio: Istud "ubi" non ad personas refertur sed ad tempus. Tunc
enim peccatum abundauit, *dum medium silentium tenerent omnia et nox in
suo cursu iter perageret.* Tunc *gratia superabundauit*, tunc *omnipotens sermo* 635
tuus, domine, *a regalibus sedibus* uenit. Medium silentium maius est primo
et ultimo. Media enim nocte magis omnia silent quam prima parte noctis
uel ultima. Tempus autem illud deus aduentui filii sui prouiderat, quo
medium silentium tenerent omnia, quando omnes cessarent a laude dei; tempus in quo impletum est: *Non est qui faciat bonum, non est usque ad unum..* 640
Tunc nox, id est peccatum, in cursu suo iter peragebat. Tunc enim
peccatum in mortali corpore regnabat. Nullus amore, uix aliquis timore,
lege pene nullum habente rigorem, manum etiam a peccato cohibebat.
O 47rb Tunc supra peccati abundantiam *gratia super/abundauit*, quando *omnipo-*
tens sermo tuus, domine, id est unigenitus tuus, ad peccata tollenda *a* 645
T 142rb *rega-/libus sedibus uenit.* Vel aliter: Delictum dicitur abundasse in Iudeis
non respectu gentium sed respectu temporis. Lege enim data magis
peccauerunt quam ante. Etiam si Iudeus et gentilis idem facerent, quod
neutri liceret, plus peccaret Iudeus quam gentilis, quia hic legem habet
et non ille.   650

---

626 ad...quererent] cf Gl 285a^mg *ad Rm 1, 24*; Lom 1398CD.   627 Non...iubeat] cf Radulfus
Ardens, hom 2, 3 (PL 155, 1955B); Gl 285a^mg; Hugo, sent prol (Ed. Piazzoni 925); Ps.-Hu-
go, QEP 4 Gal q 19 (PL 175, 560A); Lom, comm Ps 67, 11 (PL 191, 606C); idem, collectanea 122B. 128B; Salimbene, cronica (CCM 125, 320. 468); Garnerius, sermo 5 (PL 205,
605B); Petrus Pictauiensis, sent 4, 3 (PL 211, 1146B).   631   Nos...peccatores] Gal 2, 15.
634 dum...perageret] Sap 18, 14.   635 gratia superabundauit] Rm 5, 20.   omnipotens...
sedibus] Sap 18, 15.   640 Non...unum] Rm 3, 12.   644 gratia...abundauit] Rm 5, 20.
omnipotens...646 uenit] Sap 18, 15

SUPERABUNDAUIT GRATIA. Queritur, quomodo in Iudeis superabundauit gratia, cum pauci ex Iudeis conuersi sint ad fidem respectu gentium.
Vnde uidetur potius superabundasse gratia in gentibus quam in Iudeis.

Responsio: Gratia dicitur abundasse in Iudeis, quia Christus ex eis
655 natus secundum carnem inter eos conuersatus, eis tantum predicauit et
mirabilia eis multa exhibuit. Vel: In his, qui crediderunt ex Iudeis, gratia
superabundauit, ut in apostolis et aliis discipulis Christi.

VT SICUT. Ne quis superabundantiam gratie exspectans securius peccet, / ostendit, quomodo peccatum abundauit et quomodo superabun- A 157ra
660 dat gratia. Sicut enim peccatum in tantum abundauit, ut duceret usque
in mortem perpetuam, sic et gratia in tantum abundat et regnat, ut per
iusticiam ducat / in uitam eternam PER JHESUM CHRISTUM DOMINUM O 47va
NOSTRUM, sine quo nulla est iusticia.

654 Gratia...657 Christi] cf Rob 93, 17-22.   658 Ne...peccet] cf Gl 285b^{mg}; Lom 1401A.

[6, 1] QUID ERGO? Occasione huius dicti apostoli: *Vbi abundauit delic-tum, superabundauit gratia* dicebant quidam apostolum predicare: *Facia-mus mala, ut ueniant bona! Quorum dampnatio iusta est,* sicut ipsemet apostolus supra dixit. Et inde uolebant habere licentiam permanendi in peccato. Quibus obuiat apostolus dicens: *Quid ergo* etc. 5

[2] SI ENIM MORTUI SUMUS per gratiam Christi in baptismate PECCATO, QUOMODO etc. Mortui ergo sunt peccato, qui uel liberantur a peccato uel in quibus mortuum est peccatum, in quibus scilicet et si sit, tamen non dominatur. Illi uiuunt peccato, in quibus uiuit et regnat peccatum.

[3] AN IGNORATIS ETC. Quasi quererent illi: "Quomodo mortui sumus 10 peccato?" Ad hec apostolus: AN IGNORATIS etc. IN CHRISTO JHESU, id est in baptismate Christi Jhesu. IN MORTE, hoc est in fide mortis eius. Vel IN MORTE, hoc est in efficatia mortis. Mors enim Christi hanc confert baptis-mo efficatiam, ut non solum peccata dimittat, sed ut statim in regno celorum introducat. Quod nec baptismus nec aliquod aliud sacramen- 15 tum ante sanguinis Christi effusionem potuit. Vnde sanguine Christi fuso dictum est latroni, quod non est dictum alicui precedentium: *Hodie mecum eris in paradyso.* Vel: IN MORTE IPSIUS, hoc est ad similitudinem O 47vb mortis / eius, BAPTIZATI SUMUS, ut sicut ille mortuus est semel et resurre-xit deinceps non moriturus, sic et nos semel in baptismate peccato 20 mortui in nouam uitam resurgamus et non deinceps peccato uiuamus.

Queritur de his qui ficte accedunt ad sacramentum baptismatis, scilicet non credendo uel non penitendo, utrum possint dici baptizati in A 157rb Christo, cum apostolus alibi dicat: *Quicunque / baptizati estis in Christo, Christum induistis.* 25

T 142va Responsio: / Baptizari in Christo duobus modis dicitur, scilicet uel baptizari ita, ut sit in Christo, uel sic, ut possit esse in Christo. Hoc ideo dicimus quia quando sic ficte baptizati postea credunt et penitentiam agunt, prodest eis baptismus Christi.

[4] CONSEPULTI ENIM. Vere in morte ipsius baptizati sumus. *Consepulti* 30 *enim* SUMUS CUM ILLO, hoc est ad similitudinem eius, PER BAPTISMUM IN MORTEM peccatorum. Per baptismum enim, in quo peccato morimur,

---

1 Vbi...gratia] Rm 5, 20.   2 Faciamus...est] Rm 3, 8.   17 Hodie...paradyso] Lc 23, 43.
18   hoc...21 uiuamus] cf Gl 285b^{mg}.   ad...21 uiuamus] cf Gl 285b^{mg}; Ab 177, 22-26.
22   Queritur...24 Christo^1] cf Rob 94, 18s.   Queritur...29 Christi] *Vide Landgraf, Die Wir-kungen der Taufe im fictus und im contritus. DG III/2, 87-181, imprimis 103s!*   24 Quicunque...
induistis] Gal 3, 27.   31 hoc...eius] cf Gl 285b^i; Lom 1402D.   32 peccatorum] Gl l. cit.

---

2 quidam] quid(em) T 9 uiuunt] uiuent T uiuit....   regnat] *trp* regnat et uiuit T 10 Quasi] *supr lin* O quererent] querent AT sumus] sunt T 18 paradyso] paradiso O 19 resurrexit] *add* in nouam uitam AT 20 deinceps....   mortui] *in mg* O 24 alibi dicat] *trp* T 28 sic] *om* T 30 Vere] *add* enim T 31 similitudinem eius] *trp* T

Christo consepeliemur. Vnde et tociens inmergimur, quot diebus ipse
quieuit sepultus, UT QUOMODO CHRISTUS etc. Vere Christo consepelie-
35 mur per baptismum, et ad hoc, *ut, quomodo Christus* etc.

PER GLORIAM, id est potentiam, PATRIS: Potentia enim patris apparuit
in resurrectione filii. Vnde et glorificando filium glorificatus est a filio,
sicut ipse loquens ad patrem dixit: *Pater, clarifica filium tuum ut filius tuus*
clarificet te.

40 [5] SI ENIM etc. Est plantatio mala, est et plan/tatio bona. Plantatio O 48ra
mala est, de qua dominus in euangelio: *Omnis plantatio, quam non planta-*
uit pater meus celestis, eradicabitur. Plantatio bona est, de qua in psalmo:
Filii tui sicut nouelle plantationes. In planta spes fructus est, si tamen frequenter irrigetur. Primo igitur irriganda est fonte baptismatis, sed hoc
45 semel. Consequenter petenda est a patre nostro illa gemina irrigatio,
quam petiit a patre suo *Anxa filia Calef,* id est *irriguum superius* et *irriguum*
inferius, gratia scilicet *lacrimarum* et pro miseria presentis uite et pro
desiderio celestis patrie. Non erit sine fructu, sed in magnam excrescet
arborem, si ad plantam tuam hunc utrumque deducas riuulum.

50 SI ENIM. Dixi nos accepisse similitudinem sepulture Christi in baptismo, ut similitudinem resurrectionis eius per nouitatem uite teneamus.
Quod bene possumus, quia, SI COMPLANTATI FACTI SUMUS / SIMILITUDINI
MORTIS EIUS, id est si in gratia baptismatis, quod est similitudo mortis A 157va
Christi, quemadmodum supra ostensum est, firmiter radicati fuerimus,
55 sicut ille in obedientia mortis sibi iniuncte a patre immobilis exstitit (que
quidem mors eius fuit quasi plantatio grani fructifican/di et multiplican- O 48rb
di, sicut ipse dicit: *Nisi granum frumenti etc.*):

SIMUL ET RESURRECTIONIS ERIMUS, id est mox erimus *conplantati simili-*
tudini resurrectionis eius, hoc est firmiter *in nouitate uite* radicati. Nouitas
60 uite iusticia est, et culpa uetustas. Huius sententie sensus est: Si similitudinem mortis Christi firmiter in nobis tenuerimus, ut, sicut Christus
semel mortuus est, et nos semel peccato moriamur, non iterum pecce-
mus, ut iterum mori sit necesse, quia mors Christi repetita non est: Et
similitudinem resurrectionis eius procul dubio optinebimus in presenti

---

36 id...potentiam] Ab 177, 33.   38 Pater...te] Io 17, 1.   41 Omnis...eradicabitur] Mt 15,
13.   43 Filii...plantationes] cf Ps 143, 12.   45 illa...47 inferius] Ios 15, 17-19; Idc 1, 15;
expositio sec Gregorium Magnum, dialogi 3, 34, 3s (SChr 260, 402). registrum 7, 23 (CCL
140, 476).   47 gratia...lacrimarum] cf Ier 9, 1.   50 Dixi...57 frumenti] cf Ab 177, 37-45.
57 Nisi...frumenti] Io 12, 24.

---

33   consepeliemur] consepelimur T   34   Christus] *om* T consepeliemur] consepelimur
AT   35 Christus] Christo T   40 plantatio] planta AT   46 Anxa] Axa *Vg* 47 inferius] su (*ex-*
punct) inferius T   48   excrescet] crescet T   50   sepulture.... similitudinem] *in mg*
O 58 conplantati] contemplati AOT

in iusticia et in futuro in immortalitate et gloria. Quia *cum apparuerit,* 65
similes ei erimus, quando uidebimus eum sicuti est.

　　[6] SCIENTES QUIA UETUS HOMO NOSTER SIMUL CRUCIFIXUS EST, ut non
possit impedire. Veterem hominem hic appellant alii uitam et conuersa-
tionem ueterem, alii fomitem peccati, qui in morte Christi, et si non ex
T 142vb toto extinctus, tamen multum debilitatus est et quantum / ad reatum 70
totus mortuus.

　　Sed quomodo in morte Christi debilitatus, cum quandoque post
baptismum maiores uires habeat quam ante, magis insurgat quam ante?
O 48va　　Responsio: Nos ei uires adicimus *curam carnis* faciendo / *in desideriis.*
Vel: Non magis insurgit modo, quod maiores uires nunc habeat quam 75
ante, sed magis nunc eas exerit quia spiritus ei modo resistit, quod non
ante. Vel: ideo fit, quia diabolus uidens hominem ab eius potestate
exutum indignatur et omnibus modis eum precipitare conatur.

　　VT DESTRUATUR CORPUS PECCATI. Quare *uetus homo noster crucifixus?* Vt
in nobis *destruatur corpus peccati. Corpus peccati* uniuersitatem siue collecti- 80
onem uiciorum hic appellat. Cuius caput est diabolus auctor peccati. Vel
aliter: In corpore peccati duo sunt, quod est ex natura corporis et quod
A 157vb ex / peccato. Quod ergo in corpore peccati est ex peccato, iubet apostolus destrui, non quod est ex natura corporis. Sed quia sine peccato nemo
uiuit nec uiuere potest super terram, quomodo in nobis destruendum sit 85
peccatum, subiungit: VT ULTRA NON SERUIAMUS PECCATO, et si sit in nobis,
non tamen dominetur nobis. Et hoc utique possumus, scilicet peccato
non seruire, quia hoc posse nobis in baptismate collatum est.

　　[7] Et hoc est: QUI ENIM MORTUUS EST, semel scilicet, peccato in
baptismate, IUSTIFICATUS EST, id est mundatus et liberatus est A PECCATO.　 90

　　[8] SI AUTEM MORTUI SUMUS, peccato scilicet, CUM CHRISTO, id est ad
similitudinem Christi, CREDIMUS etc.
O 48vb　　Obicitur: / Iste mortuus est cum Christo, qui uel per baptismum uel
etiam post per confessionem iustificatus est a peccato; non tamen uictu-
rus est cum Christo, quia mortaliter casurus est.　　　　　　　　　95

　　Solutio: Sepius potest quis mori peccato, sed tunc tantum ad similitudinem Christi moritur peccato, cum ultra non peccat; mortaliter, dico,
sicut mors Christi repetita non est.

---

65 cum...est] I Io 3, 2.　　68 Veterem...71 mortuus] cf Rob 95, 10s; Lom 1404B.　　69 fomitem
peccati] Rob 95, 10s.　　70 debilitatus est] Rob l. cit.　　74 curam...desideriis] cf Rm 13, 14.
80　　uniuersitatem] Ab 178, 65.　　81　　diabolus...peccati] cf Gl 287a^i; Lom 1416D.1417B.
87 non...nobis] Ab 178, 72.

---

65 gloria] gratia T　66 sicuti] sicut T　68 hic] hoc T　70 est] cum T　76 exerit] *pro* exserit
AOT quod] quo A 78 exutum] exitum T 81 auctor] actor AT 84 destrui] destitui T 89 Qui]
quia T scilicet] *om* T

[9] SCIENTES etc. MORS siue corporis et anime dissolutio; siue diabolus
100 qui ei dominari nisus est per ministros suos ipso permittente. Quod
diabolus mors appellatur, quo mortem attulit mundo, ostendit Iohannes
apostolus inquiens: *Et nomen illi mors.*

[10] QUOD ENIM. Vere mors illi ultra non dominabitur quia, quod
Christus MORTUUS EST PRO PECCATO nostro tollendo, MORTUUS EST SEMEL.
105 Ergo *mors illi ultra non dominabitur.* QUOD AUTEM UIUIT, UIUIT DEO, id est
uita dei eternaliter et immortaliter, qui prius temporaliter et mortaliter.

[11] ITA ET UOS. Littera per se patet.

[13] SED NEQUE EXHIBEATIS etc. Iniquitas est, quicquid equitati contrarium est. Ideoque per iniquitatem omne uicium intelligendum est.
110 Membra corporis nostri ad hoc facta sunt et sensus corporis ad hoc nobis
dati sunt, ut nobis necessaria procurent et deo militent. Si autem inclinamus aurem ad audiendam detractionem de proximo nostro / uel ad O 49ra
aliqua nociua seu otiosa; si aperimus oculos, ut uideamus quod concupis-
camus; si malum odorem, id est malam famam, ex nobis diffundimus, et
115 si male uel nimis in aliquibus delectamus odoribus; si aperimus os ad
loquendum uerbum malum / in deum uel in proximum; si extendimus A 158ra
manus ad rapinam uel ad aliqua munuscula, que prohibita sunt; si dirigi-
mus gressus / pedum ad effundendum sanguinem siue ut malum ali- T 143ra
quod alio in loco faciamus-: Tunc membra nostra exhibemus arma
120 militantia peccato.

SED EXHIBETE, id est habiles facite, UOS DEO, ut deo scilicet seruiatis.
Quod nunc quidem bene potestis, cum sitis UIUENTES facti EX MORTUIS.
Mortui enim eratis, quando peccatis uiuebatis. Nunc uero mortui peccato uiuitis deo. Et exhibete MEMBRA etc. Si aures inclinamus ad audien-
125 dum uerbum dei, si oculos aperimus, ut uideamus, cui misericordiam
faciamus, et cetera membra nostra ad opera consimilia preparamus, tunc
membra nostra arma iusticie deo exhibemus.

[14] PECCATUM ENIM etc. Quasi: Leuiter id potestis, quia peccatum
modo *non dominatur uobis* sicut quando *sub lege* fuistis. Peccatum tunc
130 dominatur, quando usque ad mortale trahit.

---

99 corporis...dissolutio] cf Gl 286a^{i}; Lom 1406A.   102 Et...mors] Apc 6, 8.   103 Vere...
peccato] cf Comm Cantabrigiensis 1, 84.   104 nostro tollendo] Gl 286a^{i}.   105 mors...
dominabitur] Rm 6, 9; Gl 286a^{i}.   121 habiles facite] cf Gl 286b^{i}; Lom 1408A.   122 Quod...
potestis] cf Gl 286b^{i}.   128 Leuiter...uobis] cf Lom 1408B.

---

100 permittente] mittente T 101 quo] quod T 102 inquiens] dicens T 103 Vere mors] mors
anime T 108 neque] nec T 111 sunt] om AT 115 delectamus] *sic* AOT 119 exhibemus]
exhibeamus T 121 habiles] *add* uos T 123 peccatis] peccato A

O 49rb   [15] QUID ERGO? / Dixerat apostolus eos non esse sub lege, que peccatores punit, sed sub gratia, que peccata remittit. Ne ergo quasi penam
non timentes securius peccent, obuiat apostolus dicens: QUID ERGO?
PECCABIMUS etc. Vel aliter: Dixerat eos non esse sub lege sed sub gratia.
Sed quia lex a deo erat eis data, peccare se putarent, si eam dimitterent. 135
Quod remouet apostolus dicens: ABSIT! Sequens tamen littera priori
sententie planius concordat.

[16] AN NESCITIS. Quasi diceret: Vere ultra non debetis peccare, quamuis non sitis *sub lege sed sub gratia*, quia: AN NESCITIS etc. Qui enim facit
peccatum, seruus est peccati.   140

SIUE PECCATI ducentis AD MORTEM eternam SIUE OBEDITIONIS, CHRISTI
scilicet, cui obedire debetis, ducentis AD IUSTICIAM.

[17] FORMAM DOCTRINE. Bona doctrina informat, praua deformat.
TRADITI non per uos, sed per gratiam Christi.

[19] HUMANUM. Superius ostendit apostolus eos, quibus loquitur, 145
liberatos esse a seruitute peccati. Sed quia non sufficit non peccare, id est
a malo declinare, nisi et bonum faciamus, quid eos facere uelit, consequenter adiungit. Sed quia eos infirmos adhuc considerat, ut sapiens
A 158rb medicus / propter infirmitatem carnis medicinam temperat. *Lac potum*
dat, *non escam*, preceptum scilicet leue et ad complendum facile. *Huma-* 150
O 49va *num* dico, id est secundum / indulgentiam dico.

Quattuor sunt: preceptum, prohibitio, indulgentia, et consilium siue
ammonitio. Preceptum est de his, sine quibus salus esse non potest;
prohibitio de his, cum quibus esse non potest; indulgentia est uite laxio-
ris concessio; consilium uite melior ammonitio. Indulgentia est ergo 155
quod dicit apostolus: *Humanum* etc. quia plus debent, plus ab eis de iure
exigi potest. Debitores autem sumus et obnoxii deo, quia creauit nos,
magis autem quia redemit. Quis autem tantum deo reddere potest,
quantum ei pro redemptione sua debet et quantum de iure ab eo exigi
posset? Iuris autem ratio exigit, ut iuxta meriti quantitatem reddatur et 160
premium. Meritum autem Christi, pro quo ei debitores sumus, fuit mors
T 143rb eius, qui nichil morti debebat. Si ergo nos pro Christo morimur, quia /
maius aliquid reddere non possumus, non respondet iuxta equalitatem
merito premium. Sed tanta est imparitatis distantia, quanta inter nos et
deum. Nemo ergo dicat, quia non plus debet quam possit, non plus ab 165
eo exigi debet, quam soluere possit! Quod enim debito minus deus a
nobis accipit, gratia est et misericordia, sine qua nemo saluari potest. Si

---

131 Dixerat…144 Christi] cf Lom 1408C–1409A.   141 ducentis] Gl 286bⁱ.   144 non…
Christi] Gl 286bⁱ. 148 quia…considerat] cf Ab 185, 4s.   149 Lac…escam] I Cor 3, 2.

---

133 non] nunc T 143 praua] prauat A 145 Humanum] *praem* § O 149 Lac] *add* et T 153 sa-
lus] *om* T 155 concessio] *om* T 162 quia] quod A 165 quia….   possit] *bis* O

enim quis tantum posset pro deo facere, quantum ei debet, is misericordia eius non egeret. Non enim misericordia est, ubi tantum redditur
170 quantum / debetur. Quia ergo et isti plus debent facere pro iusticia O 49vb
consequenda quam fecerunt pro iniquitate sua perpetranda, misericorditer agit cum eis apostolus dicens, quod saltem tantum studeant seruire
iusticie, quantum studuerunt seruire iniquitati. Hoc itaque et preceptum
est et indulgentia. Indulgentia, quia plus debent; preceptum, quia, nisi
175 hoc faciant, saluari non possunt.

SICUT ENIM. Quasi: Vere *humanum dico*, quia hoc: SICUT EXHIBUISTIS
etc. IMMUNDICIE, id est libidini, fornicationi / et cuilibet alii iniquitati A 158va
ducenti uos usque AD INIQUITATEM, id est mali consummationem, ITA
NUNC etc.: Ideo nunc seruiendum iusticie.
180   [20] CUM ENIM etc. LIBERI FUISTIS IUSTICIE, id est liberi a dominio
iusticie. Non enim simul dominantur peccatum et iusticia.

[23] STIPENDIA ENIM. Quasi: Merito dixi, quod *finis illorum mors* est,
QUIA *stipendia* PECCATI, id est remuneratio, que peccato debetur, peccato
dico mortali, MORS est eterna. Stipendium dicitur a stipe pendenda, id
185 est a substantia ponderanda. Antiquitus enim potius ponderabatur
pecunia quam numerabatur.

GRATIA AUTEM DEI UITA ETERNA. Quasi: Hi, qui dampnantur, stipendium accipiunt, id est iuxta, non supra quam meruerunt. Sed hi, quibus
uita eterna datur, non stipendium, id est non iuxta proprium meritum,
190 sed totum ex gratia datur. Quia et merita ex gratia sunt, et quod pro illis
redditur, gratia datur. Vnde *gratiam pro gratia*, / quod fit IN CHRISTO O 50ra
JHESU, id est per auxilium Christi Jhesu domini nostri, sine quo nichil
boni facere possumus.

176   Vere...hoc] cf Ab 184, 112.   177   immundicie...libidini] cf Gl 286b^{i}; Lom 1410A-D.
178   ducenti...consummationem] cf Gl 286b^{i}.   180   id...iusticie] cf Ab 186, 38; Gl 287a^{i}.
182   Quasi...186 numerabatur] cf Lom 1412A.   finis...mors] Rm 6, 21.   184   eterna] Gl
287a^{i}.   Stipendium...186 numerabatur] Haimo 418C; *inde* Ab 187, 72-74; Comm Cantabrigiensis 1, 87; Gl 287a^{mg}.   190 Quia...gratia^{3}] cf Gl 287a^{mg}; Lom 1412CD.   191 gratiam...
gratia] Io 1, 16.

173 seruire] seuire A 174 Indulgentia] *in mg* O 176 Sicut^{1}] Si T

[7, 1] AN IGNORATIS. Tota hec disputatio apostoli circa legem uertitur et gratiam ad hoc tendens, ut Romanis persuadeat legem ulterius non esse tenendum. Ad cuius insinuationem conueniens et notum satis allegat exemplum. Ordo constructionis hic est: AN IGNORATIS, FRATRES, QUIA LEX IN HOMINE etc. Quasi: Non. SCIENTIBUS ENIM LEGEM LOQUOR. 5 Qui legem suscipit, quamdiu statum habet, debitor est uniuerse legis adimplende, et hoc probat per simile:

[2] NAM etc. Sed queritur de Dauid et de ceteris iustis, utrum lex dominaretur eis.

Solutio: Secundum quiddam dominabatur, quia exigebatur ab eis, ut 10 eam obseruarent uel propter se uel propter alios. Si enim secundum exteriora eam non obseruarent, infirmiores inde scandalizarentur, et essent eis transgressionis exemplum. Non tamen ita dominabatur, ut ei inniterentur ad querendam iusticiam.

Iterum: Secundum quod sequitur, uidetur Dauid fuisse adulter, cum 15 uiuente lege fuerit *cum alio uiro*, id est cum Christo.

Responsio: Omne esse cum Christo dicitur quis: uel quia per fidem et A 158vb / per gratiam ei adheret uel quia eius instituta / et sacramenta obseruat. T 143va Dauid autem utroque istorum modorum cum Christo fuit, quia ei per O 50rb fidem / et gratiam adhesit et eius instituta legalia obseruauit. Si uero 20 noui testamenti sacramenta admisceret, adulter esset. Vel aliter: Lex ei non uiuebat, sed ei mortua erat, quia per eam, sicut dictum est, iustificari non querebat. Ergo et si cum Christo erat, *non* tamen *adulter*, quia lex ei mortua erat.

[4] ITAQUE FRATRES etc. Iuxta exempli inducti similitudinem lex uiri, 25 nos uero mulieris figuram tenemus. Vnde et hoc loco, ubi similitudinem adaptat, debuit dicere: "Mortua est uobis lex." Sed ne scandalizaret Iudeos, quibus ista scribebat, maluit dicere: *Mortificati estis legi,* quia non habet quod puniat in uobis. Si enim dixisset: "Mortua est lex", contristarentur et scandalizarentur eo, quod diceret illam abolitam et mor- 30 tuam.

PER CORPUS CHRISTI, id est per passionem corporis Christi, qua nobis remissionem peccatorum dedit, ut iam non simus subiecti legi, sed simus

2 legem...tenendum] cf Gl 287a^mg.   3 Ad...exemplum] cf Lom 1412D.1413B.   4 Ordo... est] Gl 287a^mg; Lom 1413C.   7 hoc...simile] Ab 186, 36; Gl 287a^i; Lom 1413C.   25 Iuxta... similitudinem] cf Ab 188, 44; 189, 58-61; Comm Cantabrigiensis 1, 89s; Gl 287a^i.

1 An] *praem* § AT 15 adulter....   uiuente] *trp* adulter fuisse T 16 lege] uiuete T 17 Omne] *om* T esse] *supr lin* O *om* A   18   per.... gratiam] trp ei per gratiam T et.... obseruat] obseruauit et sacramenta T 21 admisceret] admiceret AO* adulter] adultum A 22 quia.... adulter] *in mg* O 25 uiri] niti A 26 loco] *supr lin* O 27 debuit dicere] *trp* T 33 iam] *om* T

ALTERIUS QUI etc. Vel: PER CORPUS CHRISTI, id est per impletionem uerita-
35 tis. Legalia enim illa quasi umbra ueritatis fuerunt, que adueniente
corpore, hoc est impleta ueritate, recesserunt, UT FRUCTIFICEMUS DEO.
Ille fructificat deo, qui animas ei adquirit uerbo et exemplo et quibuscunque modis. Ille etiam fructificat deo, qui talia operatur, pro quibus a
deo remuneretur.

40 [5] CUM ENIM. Probat quod dixit, quod deo scilicet fructificare debemus, cum simus modo Christi, quia prius morti fructificabamus, cum
eramus legi subiecti. / Et hoc est: CUM ENIM ESSEMUS IN CARNE, id est cum O 50va
secundum carnem uiueremus, que carnis sunt scilicet operantes et carnalibus desideriis obsequentes, PASSIONES PECCATORUM, id est concupiscen-
45 tie diuerse, que nos usque ad actum peccati trahebant, QUE PER LEGEM
ERANT note esse peccata, uel: *que per legem erant* aucte, occasione scilicet
accepta a prohibitione legis -: Ille concupiscentie, dico, / *operabantur in* A 159ra
membris nostris, ut fructificarent morti, id est cogebant membra nostra talia
operari, quorum mors stipendium erat, id est condigna retributio.

50 [6] NUNC AUTEM. Quasi: Quando sub lege eramus, morte digna opera-
bamur. Sed NUNC SOLUTI SUMUS A LEGE MORTIS. Lex mortis ideo dici
potest, quia non nisi transgressores faciebat et morte eterna dignos. Vel:
Lex mortis, quia peccantes interficiebat.

VT SERUIAMUS etc. *In nouitate spiritus* seruit, qui in his seruit, que
55 innouant spiritum et Christo nouo homini conformem reddunt. *In
uetustate littere* seruit, qui in his seruit, que ueterem faciunt hominem et
primo homini conformem. *In uetustate littere* seruit, qui legem secundum
superficiem littere seruat. Superficies enim littere legis quasi uetus et
inutilis abiecta est. Sed misticus sensus remansit, qui ad nouitatem
60 spiritus spectat.

[7] QUID ERGO etc. Legem culpasse uisus est / apostolus, ubi eam O 50vb
legem mortis appellauit. Ne ergo ad hoc tendere uideretur, ut auctorem
eius peccasse uellet, qui talem legem dedit, aut ipsam esse causam effici-
entem peccati, remouet hoc dicens: QUID ERGO / etc. LEX PECCATUM EST? T 143vb
65 Hoc est: Peccauit ille, qui talem legem dedit? Vel: Est ipsa efficiens causa
peccati? ABSIT. SED PECCATUM. Quasi: Non est ipsa peccatum, sed docet,

---

34 per...fuerunt] cf Gl 287b^{mg}; Lom 1414D.   41 quia...subiecti] cf Gl 287a^{i}; Lom 1415A.
44 id...diuerse] Gl 287b^{i}; Ab 189, 95-97; Lom 1415A.   46 note] Gl 287b^{i}; Lom 1415A.
aucte] Gl l. cit.   50 Quando...53 interficiebat] Lom 1415B.   61 Legem...appellauit] Lom
1415D.   62 legem mortis] Rm 7, 6 (*vide apparatum ad Rm 7, 6!); Rm 8, 2.*

---

45   que^{2}] qui T per] *supr lin* O   46   note] nocte A   51   mortis^{1}] *varia lectio pro*
morientes 54 que] qui A 55 innouant] innouatum T reddunt] *supr lin* O 56 in.... legem]
om T que] qui A 58 superficiem] superficiens A seruat] seruet A 63 legem] legit A* 65 Hoc
est] *om* T 66 peccati] peccant A

quid sit peccatum, quid uitandum. Pauca ante datam legem cognosce-
bantur esse peccata respectu eorum, que per legem manifestata sunt.
Quod probat per illud peccatum, quod radix est omnium aliorum, quod
per legem peccatum esse cognouit: concupiscentiam scilicet. Et hoc est: 70
NAM CONCUPISCENTIAM.

Sed queritur, de qua concupiscentia dicat. Est enim concupiscentia
nomen primi illius originalis motus, qui ex fomite illo originali surgit.
Sine quo quia in uita presenti homo esse non potest, in lege non prohi-
beri manifestum est. Inutiliter enim prohiberet quod caueri non posset. 75
Est etiam concupiscentia nomen consensus; est et nomen actus. /
A 159rb Quorum uterque in lege prohibetur. Sed quia etiam ante legem actus
ipse peccatum esse non ignorabatur, de consensu hoc apostolum dicere
non dubitatur.

Sed ubi in lege hec prohibitio reperiatur, queri potest. In lege enim 80
O 51ra sic / habetur: *Non concupisces rem proximi.* Vnde et supponit: *Non uxorem,*
non asinum, non bouem etc. Generalius est autem non concupiscere quam
non concupiscere rem proximi. Multa enim et infinita alia illicite concupiscere possumus.

Ad quod dici potest, quod in illa speciali prohibitione concupiscentie 85
rei proximi generalis fuit concupiscentie prohibitio. Multotiens enim in
parte totius fit prohibitio, sicut per partem toti aliquid attribuitur. Vel
potest dici, quod ex dicto illo Salomonis hoc sumpsit apostolus: *Non eas*
post concupiscentias tuas, id est non consentias concupiscentiis tuis. Lex
enim quandoque totum uetus testamentum appellatur.   90

[8] OCCASIONE. Quasi: Per legem peccatum cognoui, sed non per
legem uitare potui. Sed inde nacta occasione ex prohibitione magis
peccaui. Hoc est enim nature nostre infirmitas ut, que prohibentur,
ardentius appetat. Vnde autem hoc contingat, cum etiam in his, que
peccata non sunt, hoc eueniat, ignorare me fateor.   95

PECCATUM, id est diabolus auctor peccati uel fomes peccati. OMNEM
CONCUPISCENTIAM consensus deliberationis, operationis, SIUE OMNEM
CONCUPISCENTIAM transgressionis, ut me faceret in omnibus transgresso-

---

72 Sed...76 actus] cf Rob 97, 2-9.   80 Sed...proximi] cf Rob 98, 1s.   81 Non[1]...proximi] Ex
20, 17.   Non[2]...bouem] Ibid.   85 Ad...87 attribuitur] = Rob 98, 10-13.   88 Non...tuas] Sir
18, 30.   93 ut...appetat] cf Ab 198, 379; Lom 1417A.   96 id...peccati[2]] *Vide supra ad Rm 6,*
6!   97 consensus deliberationis] cf Gl 287a[i]; Lom 1416D.

---

67 peccatum] *add* quid faciendum AT 73 primi illius] *trp* T 74 non[2]] om AT 77 prohibetur]
prohibitur O etiam] *om* T   78 non] *om* T   86 fuit] fiat AT   88 dicto] *om* T sumpsit] sensit
T 93 Hoc] hec A 96 auctor] auctor T *et* Gl 288a[i] ;actor AO 97 deliberationis] delectationis
T

rem. SINE LEGE ENIM PECCATUM ERAT MORTUUM. In respe/ctu dictum est. O 51rb
100 Magis enim cepit uigere data lege quam ante.

[9] Ego AUTEM UIUEBAM SINE LEGE ALIQUANDO. Dicit Augustinus aliquando sibi uisum fuisse in hoc sermone apostoli describi hominem sub
lege; sed quedam, ut ipse ait, subsequuntur, que non nisi homini gratie
conuenire possunt, ut est illud: *Condelector legi dei* et illud: *Quod operor, non*
105 *intelligo,* id est non approbo, et illud: *Nichil dampnationis est his qui sunt in*
Christo Jhesu. Loquitur ergo apostolus in generali persona hominis, ut ei
in hoc sermone suo quedam / conueniant secundum tempus ante datam A 159va
legem, quedam secundum tempus legis, aliqua secundum tempus gratie.
Manifestum est enim, sicut et in glosa habetur, quia hic loquitur in
110 persona hominis, qui nondum susceperat et postea suscepit legem, / ubi T 144ra
ait: *Ego autem uiuebam* etc., SED CUM UENISSET MANDATUM. Quasi: Sine lege
peccatum erat sopitum et quasi mortuum. *Sed cum uenisset mandatum,* id
est lex, PECCATUM REUIXIT, magis uigere et rebellare cepit.

[10] EGO AUTEM MORTUUS SUM. Dum enim peccatum uiuit et regnat in
115 homine, et homo in peccato mortuus est. Vel: *Ego mortuus sum,* hoc est
intellexi me mortuum esse in peccato et morte dignum. Et hoc intellexi
per legem, quam transgressus sum:
ET INUENTUM EST MICHI MANDATUM, QUOD ERAT AD UITAM, quod
custoditum michi proficeret ad uitam, / HOC ESSE AD MORTEM, quia illud O 51va
120 neglexi et transgressus sum.

[11] NAM PECCATUM etc. Quomodo mandatum sit ei ad mortem,
probat: Quia est occasio peccandi, dum peccare prohibet. Et notandum
quod dicit: *Seduxit.* Peccatum enim omne sub quadam specie delectationis hominem fallit, quia nullum ab homine fit peccatum, cuius ipse
125 delectationem propriam non constituat finem. Is enim, qui timore mortis alium occidit, id est ne occidatur ab illo, quia amat uitam suam et
uiuere delectat eum, illum occidit. Hoc idem in omni uoluntario reperies peccato.

[12] ITAQUE LEX. Contra dignitatem legis plura uisus est dixisse
130 apostolus. Vnde, ne in ipsam uel eius auctorem culpam peccati refun-

---

101   Augustinus] Contra duas epist Pelagianorum 1, 10, 22 (CSEL 60, 442s); cf eundem,
expos quarundam propositionum ex epist ad Rm 38 (CSEL 84, 20); eundem, retractationes
1, 23 (CCL 57, 67s).   104   Condelector...dei] Rm 7, 22.   Quod...intelligo] Rm 7, 15.
105   Nichil...Jhesu] Rm 8, 1.   106   Loquitur...hominis] cf Gl 288a^{mg}.   109   loquitur...
hominis] cf 288a^{mg}; Lom 1418A.   111 Sine...mortuum] cf Lom 1418AB.   112 sopitum] Gl
288aⁱ.   113   magis...cepit] Lom 1418B.   116   intellexi¹...dignum] cf Lom 1418C.   me
mortuum] Gl 288aⁱ.   121 mandatum...mortem] Lom 1418D.

---

100   data lege] *om* T   103   subsequuntur] ubsecuntur T subsequentur A subsequenter
O 109 et in] *supr lin* O 111 mandatum] *om* T Sine] sub T 122 probat] peribet A 127 Hoc] si
T

dere uideatur, dicit quia LEX QUIDEM SANCTA EST etc. Idem uocat legem
et mandatum. Vel: Quia lex dicitur ideo, quod ligat maximeque in prohibitione ligatur homo, non inconuenienter lex appellari potest *mandatum*
prohibens, *mandatum* uero in illis, que fieri precipiuntur. *Lex* ergo *sancta*
est et mandatum sanctum, quia, si obseruantur ut obseruari debent, sanct- 135
um faciunt et iustum et bonum. Vel: Legem et mandatum hoc loco
decalogum uocat, qui quidem hominem sanctum facit et iustum et
bonum. Mandatum autem de non concupiscendo unum est de decem.

O 51vb   [13] QUOD ERGO etc. / *Factum est michi mors,* id est effici/ens causa
A 159vb   mortis? ABSIT! Sed PECCATUM. Quasi: Non est lex causa peccati, quamuis 140
sit occasio, SED PECCATUM, id est diabolus auctor peccati, uel: PECCATUM,
id est fomes ille originalis VT PECCATUM, quod prius in me erat sed
sopitum uel incognitum, APPAREAT, PER BONUM, hoc est per legem occasione accepta a lege. OPERATUM EST MICHI MORTEM anime uel causam
mortis anime et corporis. In tantum, dico, *operatum est*, UT FIAT SUPRA 145
MODUM priorem PECCANS PECCATUM, peccare me faciens per mandatum,
occasione uidelicet mandati; dum enim accessit prohibitio, et preuaricatio. Plus enim data lege peccaui quam ante.

   [14] SCIMUS ENIM. Iterum legem commendat, ne eam in aliquo culpare uideatur. Lex Moysi dicitur *spiritualis*, quia spiritualia habet precepta, 150
ea docens que ad salutem anime pertinent; vel: *spiritualis*, quia spiritualiter uult intelligi; vel: quia a spiritu sancto data est. Alia est lex spiritus,
hec est c*aritas, que diffunditur in cordibus nostris per spiritum sanctum.*

   EGO AUTEM CARNALIS SUM. Quasi: Non est in legem culpa refundenda
si pecco, sed in me, quia *carnalis sum*, inpotens resistere carnalibus 155
O 52ra   concupiscentiis, UENUMDATUS SUB PECCATO. Me enim seruum feci /
T 144rb   peccati, quandopropter delecta/tionem, quam polllicebatur, peccare
consensi. *Venumdatus* est sub peccato, id est seruus factus est peccati,
quem usque ad consensum et operationem peccatum trahit.

   [15] QUOD ENIM OPEROR. Vere carnalis sum, quia operor malum, hoc 160
est concupisco, quod *non intelligo*, id est non approbo. Sciebat enim, quia
concupiscebat secundum carnem, sed concupiscentie non consentiebat

---

139 Factum...mortis] cf Lom 1420A.   id...mortis] cf Gl 288b^mg.   141 diabolus...peccati]
Lom 1421A; *vide etiam superius ad Rm 6, 6!*   142   fomes ille] Ab 199, 418; Gl 288b^i; Lom
1421B.   143 occasione...lege] Lom 1421B.   144 anime...corporis] Lom 1421D-1422A.
146   peccare...mandatum] Gl 288b^i; Lom 1421D-1422A.   150   Lex...spiritualis] cf Gl
288b^mg.   151 spiritualis...intelligi] Lom 1421C.1422A.   152 quia...est] cf Ab 205, 598; Gl
288b^i; Lom 1421C-1422A.   153 caritas...sanctum] Rm 5, 5.   154 in...refundenda] cf Gl
288b^mg.   155 carnalibus concupiscentiis] Ab 205, 606; Lom 1422C.   161 non approbo] Gl
288b^i.

---

131 uocat] uocant AT   133 mandatum] mandatur A   134 que] non T   141 auctor] actor
A 149 Iterum legem] *trp* T   154 legem] lege T   155 pecco] *s*peccato O

secundum rationem. Et hoc probat, quod non consentiebat secundum
rationem, quia secundum eam uolebat non concupiscere. Et hoc est:
165 [16] NON QUOD UOLO etc. Si autem *quod nolo* etc., CONSENTIO LEGI.
Dicit apostolus, quia consentit legi per hoc, quod non uult quod facit,
hoc est concupiscere. Concupiscit enim et nollet concupiscere.

Sed quomodo per hoc consentit legi, cum lex, sicut supra dictum est,
concupiscere non prohibeat, sed consentire? Ad quod dici potest, quia
170 lex, et si concupiscentiam non prohibeat, quia caueri non potest, eam
tamen damp/nat et ostendit malam esse, ubi consentire ei prohibet. Non A 160ra
enim consentire ei malum esset, nisi et ipsa mala esset. Vtrumque autem
lex dampnat, id est concupiscere et consentire. Alterum tamen tantum
prohibet, hoc est consentire. Consentit ergo apostolus legi, quia concu-
175 piscentiam dampnat et malam esse dicit, dum eam non approbat.

[17] NUNC AUTEM. / Peccatum remouit a lege, que bonum quidem O 52rb
mandat et malum dampnat. Nunc idem remouet a principali natura
hominis, hoc est a ratione, secundum quam se legi consentire dixit. NON
EGO, interior scilicet homo, OPEROR ILLUD, id est concupiscere, motus
180 uidelicet illicitos concupiscentie, sed QUOD HABITAT IN ME PECCATUM,
fomes scilicet ille originalis, qui et ipse peccatum est et pena primi peccati causaque sequentium peccatorum. Ille solus uere dicere potest: *Non
ego operor illud, sed quod habitat in me peccatum,* qui motibus concupiscentie
insurgentibus non consentit. Alioquin, si consentiat, iam ipse est, qui
185 operatur.

Sed quid est, quod dicit: *Non ego operor illud,* cum superius dicat: *Quod
ego operor, non intelligo?* Nonne contradictio est: *operor* et *non operor,* facio
et non facio? Esset quidem contradictio, si esset secundum idem. Sed est
secundum aliud et aliud, quamuis sit eiusdem. Sunt enim due nature in
190 homine, propter quas et duo homines in uno dicuntur esse, homo
scilicet interior et homo exterior. Exterior uero homo duobus modis
dicitur, hoc est secundum lineamentalem partium compositionem,
corpus scilicet ipsum, prout constat ex partibus, capite uidelicet, manibus et pedibus ceterisque huiusmodi. Dicitur etiam anima homo exterior
195 quandoque, secundum uires tamen et effectus, quos mutuat ex consortio
corporis. Sunt enim uires quedam et potentie in anima ex coniunctione
ipsius et corporis, / quas quidem communes habet cum brutis animali- O 52va
bus, ex quibus et in quibus est sensualitas, hoc est uis sentiendi, uis
uegetandi. Sunt quedam alie, quas habet ex beneficio creationis, quas

---

167 concupiscere^{1}] Gl 288b^{i}.   179 interior] Gl 289a^{i}.   181 fomes...originalis] Lom 1424C.
182 Non...peccatum] Rm 7, 20.   186 Quod...intelligo] Rm 7, 15.

---

165   Non.... uolo] *trp* quod non uolo T   172   esset^{2}] essent T   183   sed] scilicet
O 187 Nonne] non *et* ne *supr lin* O

brutis non communicat, cuiusmodi est ratio, uis scilicet discretionis, 200
A 160rb cuius est inter bonum et malum / discernere, reprobare malum et
bonum eligere. Et hic est interior homo, qui non operatur neque appro-
T 144va bat quod exterior homo, hoc est / sensualitas carnis siue anima secundum sensualitatem, operatur. In hac autem *non habitat bonum*, sicut
apostolus consequenter supponit, sed malum, fomes scilicet concupis- 205
centie, qui semper bellum mouet inter exteriorem et interiorem.

Secundum naturas itaque diuersas earumque uires contrarias dicit
apostolus: *Operor* et: *Non operor.* Quia uero ille due una sunt persona,
utrobique dicit: *Ego.* Talis est enim tantaque anime et corporis unio, ut
quod est uinius, attribuatur alteri et fiat eius, ut sensualitas anime et 210
personalitas corpori. Personalitatem siquidem suam anima prestat corpori, ut possit dici uere: "Corpus persona est" et "Corpus et anima persona
una".

Vnde ad unionem dei et hominis demonstrandam et, quo certius
potuit, exprimendam conuenientissima -sed non satis a quibusdam 215
O 52vb conuenienter intellecta- inducta est ibi / similitudo: Sicut anima rationalis et caro unus est homo, hoc est una persona hominis, ita deus et
homo unus est Christus, id est una persona Christi, naturarum scilicet
nulla facta mixtione sed unius alteri collata personalitate. Quod super
locum illum *Qui factus est ei ex semine Dauid,* prout potuimus, diligentius 220
executi sumus. Ei ergo qui, quando secundum exteriorem quando secundum interiorem loquatur apostolus hominem, diligenter considerabit,
huius sue disputationis facilis exitus erit.

[18] NAM UELLE. Questioni, que sibi fieri posset, respondet apostolus.
Dixerat enim: *Non enim quod uolo bonum, hoc ago.* Vnde, quare non faciat 225
cum uelit, queri posset.

Ad hoc ipse: *Velle* quidem possum, sed non facere. *Velle* enim possum
dote nature, sed opere adimplere nequaquam nisi dono gratie. Naturaliter enim uult omnis homo bonum, quantumcunque malus. Quod inde
est, quia ratio naturalis in uita presenti omnino in homine extingui non 230
potest. Hec est enim, sicut propheta dicit, *aquila que superuolat. Hec est,* ait
A 160va beatus Augustinus, *puer qui periclitantibus aliis / pueris non periclitatur.* Et

---

219 Quod...221 sumus] *vide supra ad Rm 1, 3!*   220 Qui...Dauid] Rm 1, 4.   225 Non...ago]
Rm 7, 19.   231 aquila...superuolat] cf Ier 48, 40; 49, 22.   232 puer...periclitatur] *Non
inventum apud Augustinum; sed vide:* Hier, in Mt 1, ad 8, 26s (CCL 77, 52) *: Ipse uero dormiebat.
Et accesserunt et suscitauerunt eum dicentes: Domine salua nos. Huius signi typum in Iona legimus
[cf Ion 1, 1-4] quando ceteris periclitantibus ipse securus est et dormit et suscitatur et imperio ac*

---

202 bonum eligere] *trp* T hic] hec AO*T neque] nec T 212 persona una] *trp* T 215 non....
quibusdam] *trp* non a quibusdam satis T 226 posset] solet A 231 ait] *praem* ut T 232 pericli-
tatur] periclitantur A

notandum quod dicit: *Velle adiacet.* Iacet enim quasi sopitum et inpotens surgere, nisi gratia subleuetur et illustretur. Quod supra diligentius
235 ostendimus.

[21] INUENIO IGITUR. Dixit, quia *uelle* bonum ei *adiacet*, / tamen *perfi-* O 53ra *cere* non potest, nec etiam auxilio legis, que quidem adiuuat, dum quid agendum quid uitandum sit mandat, sed non usque ad perficiendum. VOLENTI, sed non perficienti supple, quoniam MALUM MICHI ADIACET,
240 fomes scilicet ille originalis, qui rationi obstat et repugnat.

[22] CONDELECTOR. Delectatur in lege dei, ea scilicet amando que precipit et, ut implere ualeat, mente concupiscendo. Quod non nisi homo gratie facere potest.

Potest etiam dici de homine legis, quod ei condelectatur, magis se-
245 cundum rationis approbationem quam amoris delectationem.

[23] VIDEO AUTEM. Lex membrorum est fomes concupiscentie, qui omnem hominem ita ligatum tenet, ut etiam nolentem multa inordinate concupiscere faciat. Lex autem ista hominem legis captiuat in legem peccati, hoc est in consuetudinem et opus peccati; que lex quidem
250 dicitur esse *in membris,* per quorum officia adimpletur, / ut in oculis, per T 144vb quos uidemus quod concupiscimus; in lingua mentiendo et detrahendo; in manibus male operando; et maxime in parte illa, in quam dominium perdidit homo.

De homine uero gratie ita legendum est: CAPTIUANTEM, hoc est niten-
255 tem captiuare. Homo enim gratie *a lege peccati,* id est a consuetudine, per legem spiritus uite liberatus est, sicut ipse apostolus / paulo inferius O 53rb testatur dicens: *Lex enim spiritus uite liberauit me a lege peccati,* que tamen *adhuc est in membris* secundum causam, fomitem scilicet illum originalem, qui in carnis sensualitate dominatur et hominem ad consuetudinem
260 pristinam et malam reuocare crebris temptationibus attentat.

[24] INFELIX. Sentit apostolus, sentit et omnis, qui bene sentit, et dolet / conflictum hunc, qui est inter carnem et spiritum, et clamat se infeli- A 160vb cem, quia adhuc in parte captiuatur, qui totus uellet liber esse et ex toto libere deo seruire, et dicit: QUIS ME LIBERABIT DE CORPORE MORTIS HUIUS?
265 Mors enim quedam est pugna et repugnantia ista. Siue: *De corpore mortis*

---

sacramento passionis suae liberat suscitantes. Inde: Wernerus S. Blasii, libri deflorationum (PL 157, 933C); Zacharias Chrysopolitanus, in unum ex quatuor (PL 186, 178CD).
233 Velle adiacet] Rm 7, 18.   246 Lex...248 faciat] cf Ab 201, 749; Lom 1425C.   fomes] Gl 289b^{mg}.   250 ut...concupiscimus] cf Gl 289a^{i}; Lom 1425C.   257 Lex...peccati] Rm 8, 2.

---

234 diligentius ostendimus] *trp* T   239 supple] *post* supple *vacat linea* T   250 adimpletur] adimplentur T 252 quam] qua A 253 perdidit] perdit O* 255 id est] *om* T *(vacat)* 260 attentat] attentatur AT 263 in.... captiuatur] *trp* captiuatur in parte T

huius, hoc est de congregatione tot et tantorum malorum, que in presenti sustinemus, que quidem quasi quedam massa est et corpus quoddam, sicut et superius dictum est: *Vt destruatur corpus peccati,* id est massa peccatorum. Vel: *De corpore mortis* dicit, quia corpus hoc non solum mortale est, hoc est potens mori, sed etiam mortuum, id est necessitatem habens 270 moriendi.

[25] IGITUR EGO ETC. Legem dei uocat legem Moysi, que a deo data est. Si autem *mente* seruit *legi dei,* et mente est seruus dei; et *si carne* seruit *legi peccati,* carne est seruus peccati. Et cum ipse idem sit, qui sic et sic O 53va seruiat, uidetur quod ipse idem seruus sit / dei et seruus peccati. Si de 275 homine legis legatur, quod mente seruiat *legi dei,* quia approbat quod lex precipit, et si non faciat, tunc non coheret hec littera cum precedente. Non enim nisi de homine gratie legi potest: INFELIX EGO etc.

GRATIA DEI PER JHESUM CHRISTUM. Hoc enim non nisi homo gratie sperare et exspectare potest, qui *mente,* hoc est spontanea uoluntate et 280 deuota, seruit *legi dei* pro posse suo et gratia sibi collata, implendo precepta eius. *Carne* tamen adhuc seruit, id est subiectus est *legi peccati,* qui ex infirmitate carnis *septies in die cadit.* Et: *In multis offendimus omnes.*

---

266 de...malorum] cf Lom 1431B.   268 Vt...peccati] Rm 6, 6.   283 septies...cadit] cf Lc 17, 4.   In...omnes] Iac 3, 2.

---

274 qui] et A et] qui A 276 quia] quod T 278 ego] *add* homo T 282 legi peccati] *om* A

[8, 1] NICHIL ERGO. Quasi: *Mente seruio legi dei, carne autem legi peccati.* Sed macule, que ex carne contrahuntur, nil obsunt ad salutem.

ERGO NIL DAMPNATIONIS etc. *Ambulant secundum carnem,* qui peccato peccatum accumulant, qui in carnalibus desideriis perseuerant. Vel:
5 *Secundum carnem ambulant,* qui adhuc in lege peccati carnaliter uiuunt, qui eam secundum carnales obseruantias tenendam esse dicunt.

[2] LEX ENIM. Quasi: Vere mente legi dei seruio, uere *non secundum carnem* ambulo, quod / utique possum, QUIA LEX SPIRITUS UITE, id est lex A 161ra spiritus sancti, per quem nobis est uita perdita data, LIBERAUIT ME etc.
10 Hec est lex gratie, que hominem cum deo ita ligat firmiter, / ut aposto- O 53vb lus secure clamet: / Scio enim, quod *neque mors neque uita poterit nos* T 145ra *separare a caritate Christi. Lex,* inquam, ista *liberauit me* A LEGE, id est a consensu, delectatione, opere, et consuetudine PECCATI. (Hec quattuor dicuntur esse lex, quia hominem ligant et faciunt seruum peccati.) ET A
15 LEGE MORTIS: Hec est lex Moysi, que transgressores suos morte puniebat.

Aliter: Sex leges, tres bonas et tres malas contrarias inter se, uidetur apostolus in disputatione huius contrarietatis, que est inter carnem et spiritum, nominasse: legem scilicet membrorum et legem peccati et legem mortis; econtra: legem mentis, hec est rationis, legem Moysi, et
20 legem spiritus uite, hec est lex gratie.

Prime legi ab origine subiacet omnis homo. De prima uero cadit in secundam, de secunda in terciam. Fomitem enim illum originalem, quem legem membrorum appellat apostolus, ab origine habet homo; qui est causa sequentium peccatorum, que sunt causa eterne dampnationis.
25 Necessitas enim illa, qua pro peccato dampnationem eternam incurrebat, est lex mortis.

Contra legem primam malam data est lex prima bona, id est lex rationis. Et si enim in primo homine lex rationis legem membrorum precesserit, in omni tamen eius posteritate lex membrorum precedit. /
30 Huic repugnat lex rationis. Vnde apostolus: *Quod operor non intelligo,* et: O 54ra *Non quod uolo bonum, hoc ago.* Sed quia ratio corruptione corporis aggrauatur et ex magna parte cecatur, ut, quid uitandum quidue agendum, non sufficienter intelligat, data est ei in auxilium lex Moysi, que in hoc eam instruit et docet et hominem a lege peccati penam interminando

---

1 Mente...peccati] Rm 7, 25; cf Gl 289b^i; Lom 1432A. 11 Scio...Christi] cf Rm 8, 38s. 23 legem membrorum] cf Rm 7, 23. 30 Quod...intelligo] Rm 7, 15. 31 Non...ago] Rm 7, 15. 19.

---

2 contrahuntur] contrahentur T 3 Ergo] *add* e *in marg pro rubricatore* O 6 tenendam] tenendas T 7 enim] autem T mente] *om* T 9 etc] *om* T 11 neque^1] nec T 13 delectatione] *praem* a AT 15 lex Moysi] *om* T 17 contrarietatis] *om* T 19 hec] hoc T 25 qua] *om* T incurrebat] incurrebant AT 29 precedit] precedat T 32 agendum] *add* sit AT 34 a] ante O*

terret. *Sed cum uenisset mandatum,* sicut apostolus ait, *peccatum reuixit.* 35
Vnde lex illa non solum legem peccati non destruxit, sed auxit. Quod
A 161rb tamen non ex uicio legis fuit, quemadmodum supra osten/dimus, sed ex
superbia hominis. Quia ergo neutra harum legum hominem erurere
potuit, quin terciam illam grauissimam, mortis scilicet eterne, legem
incurreret, data est *lex spiritus uite,* lex gratie, que hominem a secunda et 40
tercia lege liberauit. Vnde apostolus: *Lex,* inquit, *spiritus uite liberauit me a*
lege peccati et a lege mortis. Verum legem illam membrorum non omnino
abstulit, uires tamen ei ex magna parte subtraxit et, ne imputetur ad
dampnationem, donauit. Quia enim ipsa ex corruptione carnis est,
quemadmodum superius ostendimus, quamdiu corruptio manet, eam 45
O 54rb remanere neces/se est.

[3] NAM QUOD. Probat quod dixit, quod *lex spiritus uite liberat a lege*
peccati et mortis, quod neque lex rationis neque lex Moysi facere potuit:
NAM DEUS MITTENS FILIUM etc. Misit, hoc est nobis uisibilem apparere
fecit. Non enim ab eo recessit, nec ubi prius non erat, accessit. DE PECCA- 50
T 145rb TO, hoc est de pena peccati, quam pro nobis sustinuit. IN / CARNE assumpta DAMPNAUIT etc., IN QUO INFIRMABATUR PER CARNEM, id est per
carnales illas obseruantias peccatum tollere et iusticiam afferre non
poterat.

[4] IUSTIFICATIO LEGIS, non quam lex dabat, sed quam promittebat et 55
ad quam habendam instruebat.

[5] QUI ENIM SECUNDUM CARNEM. Idem dicit esse et ambulare secundum carnem, hoc est in carnalibus desideriis perseuerare. *Sapiunt* isti *que*
carnis sunt; que uero ad spiritum pertinent, eis insipida sunt: Verbum
doctrine et edificationis eis amarum est; fabulas et rumores uerbaque 60
dissolutionis curiosa gaudentique aure amplectuntur.

[6] PRUDENTIA CARNIS. Istam multi habent, et abundanter habent.
Prudentiores enim sunt *filii huius seculi filiis lucis. Prudentia carnis* est que,
postpositis his que ad deum spectant, secularia negotia sollicite agit.
Prudentia etiam *carnis* est, que nichil nisi quod secundum solitum cursum 65
O 54va nature contingere solet, possibile credit. / Vnde partum negat uirginis et
hominem deum.

35 Sed...reuixit] Rm 7, 9.   49 nobis...fecit] cf Gl 290a^i; Lom 1433B.   51 hoc...dampnauit]
cf Ab 211, 33s.   52 per^2...54 poterat] cf Gl 290a^i.   55 non...instruebat] cf Lom 1434B.
58 in...desideriis] cf Ab 212, 80.   63 Prudentiores...lucis] cf Lc 16, 8.   65 Prudentia...
credit] cf Lom 1435B (Abst 81/1, 260s).

37 non] supr lin O 38 superbia] superba A 44 ipsa] *om* T 47 quod^3] quia T 48 neque^1] nec
T neque^2] nec T 49 apparere fecit] *trp* T 51 hoc] id T 56 ad.... instruebat] *trp* quam
instruebat habendam T* 58 que] qui AT 65 etiam] enim T

[10] Si AUTEM CHRISTUS IN NOBIS, CORPUS QUIDEM MORTUUM EST, id est A 161va
debilitatum, castigatum, PROPTER PECCATUM tollendum. Nisi enim corpus
70 nostrum mortificetur et castigetur a superfluitatibus, nec Christus est in
nobis, nec peccatum tollitur. Vel sic: Si CHRISTUS EST IN NOBIS, LICET
CORPUS MORTUUM SIT, id est necessitati mortis addictum PROPTER PECCA-
TUM, originale uidelicet, SPIRITUS UIUIT PROPTER IUSTIFICATIONEM, quam
confert ei presentia Christi.

75   [12] DEBITORES SUMUS etc. *Caro nostra iumentum nostrum est,* cui debitores sumus ad prouidentiam duobus modis: ut ei prouideamus scilicet
necessaria, ne deficiat, et superflua resecemus, ne seuiat. Qui enim ei ad
uoluntatem indulget, de iumento facit dominum suum.

[13] Si AUTEM SPIRITU FACTA CARNIS MORTIFICAUERITIS. Sunt, qui car-
80 nem carne mortificant, qui ieiuniis, uigiliis, aliisque abstinentiis pro
gloria exteriori et presenti laude se se affligunt ut hypocrite et Iudei, qui
iustificationem tantum in conspectu hominum querunt. Sunt, qui spiritu
opera carnis mortificant, qui uidelicet iustificationem in conspectu dei
tantum querentes carnem spiritui seruire compellunt.

85   [14] AGUNTUR. Plus est agi quam regi. Reguntur qui ex se aliquid
possunt; aguntur qui nil ex se possunt sed ab alio ducuntur et reguntur.
Regi tantum est ra/tionabilium, agi autem est etiam insensibilium.   O 54vb

[15] NON ENIM ACCEPISTIS SPIRITUM SERUITUTIS ITERUM IN TIMORE,
scilicet seruili qui uos seruire compellat, SED SPIRITUM ADOPTIONIS, spiri-
90 tum scilicet amoris, per quem pater uos adoptauit in filios, et IN QUO, id
est per quem, nos filii CLAMAMUS intenso affectu cordis: ABBA, id est
pater. Vtrumque nominum posuit, quorum alterum, id est ABBA, hebraicum est, alterum, id est PATER, a greco extortum (Patos enim grece, pater
latine), ut ostendat utrosque tam Iudeos quam gentiles per spiritum
95 adoptionis filios dei esse. Non enim potest dicere PATER nisi qui filius est.

---

71 Si...sit] cf Gl 290b^{mg}.   73 originale uidelicet] cf Gl 290bⁱ; Lom 1436C.   75 Caro...est]
Quodvultdeus, sermo 5, 3, 4 de cantico novo (CCL 60, 385); cf Aug, de utilitate ieiunii 3
(CCM 46, 233).   85 Plus...regi] cf Gl 290b^{mg}; Lom 1438D.   90 adoptauit...filios] Ab 217,
37s.   92 quorum...extortum] cf Gl 291aⁱ; Lom 1440B.   abba...est] Gl 291aⁱ.   93 pater
latine] Gl l. cit.

---

69   debilitatum] *add* est T castigatum] *add* est T   82   iustificationem.... querunt] *trp*
iustificationem tantum sub conspectu dei querunt T tantum.... in²] *om* A   86   ducuntur]
d(icuntu)r T 87 autem] *om* T 90 uos] *om* T 92 posuit] possint AO*

Et notandum quia quinque sunt timores. Est enim timor mundanus;
T 145va est timor seruilis; / est timor humanus; est timor initialis; et timor filialis.
A 161vb Timor mundanus est, qui mala facit et bona dimit/tit, ne ab aliis derideatur, ne in mundo uilis habeatur; timor autem iste omnino malus est et
separat a deo.   100

Timor seruilis est, ut dicunt, qui manum cohibet ab opere malo
retenta tamen uoluntate mala. Sed si diligenter attenderent, quid timor
in homine efficiat, non in diffinitione siue quacunque assignatione huius
timoris malam uoluntatem apponerent. Non enim malus timor iste, sed
O 55ra bonus et donum dei, cuius effectus est / cohibere a malo opere timore 105
pene; quod procul dubio bonum est penamque uitat, que pro actu malo
debetur. Quod autem mala retinetur uoluntas et si manus ab actu cohibeatur, non est ex timore sed ex mentis peruersitate.

Timor humanus est, quo mortem, passiones quoque et molestias
corporis abhorremus. Quem quidam dicunt in Christo fuisse imminente 110
tempore passionis sue. Sed quomodo mortem timuit, qui mortem sponte
sustinuit? Vnde beatus Augustinus: *Miles coronandus non timet, et rex coronaturus timet?* Vbi timor est, et aliqua mentis titubatio est. Christus autem in
nullo titubauit, quia carnis sue plenam potestatem habuit, quod non
habuit Paulus, non habuit Petrus. Vnde et uterque eorum mortis amari- 115
tudinem non timere non potuit. Horror autem amaritudinis uel mortis
in Christo fuit maiorque quam in alio quia, quanta sit in morte amaritudo, ipse perfecta cognitione presciuit, quod nemo alius. Vnde imminente
hora passionis eius *sudor eius* pre horrore angustie, quam gustaturus erat,
factus est *sicut sanguis.*   120

De timore initiali magna disputatio est, in quo sit et quid in eo faciat,
O 55rb in quo est. De eo dictum est, ut dicunt, / quia *caritas foras mittit timorem.*

---

96   Et notandum] *Ad sequentia cf:* Gl 291a^mg; Rob 107, 6-108, 6; *cf etiam:* Honorius Augustodunensis, expos in Ct c 8 (PL 172, 483B); Alanus de insulis, liber poenitentialis (PL 210, 290A); idem, theologicae regulae, regula 96 (PL 210, 672B-D); Hildebertus Cenomanensis, tr 39 (PL 171, 1144A1145D); Wernerus S. Blasii, libri deflorationum (PL 157, 861D-864A *de timore et amore dei*); Hugo, de sacramentis 5 *de quatuor timoribus* (PL 176 528A-D); idem, explanatio in Ct(PL 175, 427D-428D); Ps.-Hugo, QEP Rm q 194-197 (PL 175, 479B-480C); Ps.-Hugo, SS 17 (PL 176, 115A-116D); Lom 1440A; idem, sent 3, 34, 4-8 (Ed. Brady 2, 192-197); Wolbero S. Pantaleonis, comm in Ct (PL 195, 1089A-D); Adamus Scotus, de tripartito tabernaculo 175 (PL 198, 781C-782A); Petrus Pictaviensis, sent 3, 18s (PL 211, 1080C-1087B). Vide etiam Landgraf, Die knechtische Furcht. DG IV/1, 276-371, imprimis 303. 313-315.   112 Miles...timet[2]] Aug, enarr Ps 31, 2 (CCL 38, 244): *ergo gaudet coronandus, contristatur coronaturus;* cf Lom, sent 3, 15, 1, 13 (Ed. Brady 2, 98).   119 sudor...sanguis] Lc 22, 44.   122 caritas...timorem] I Io 4, 18.

---

101   manum] malum AT   104 malus] *add* est AT   111 mortem sponte] *trp* A   114 quod....
habuit] *in mg* O   116 non[1]] *om* T uel] *om* T   117 quia] quod A   121 timore initiali] *trp* T et]
om O

Quare cum caritate non est, ergo nec cum filiali timore est, quare cum
seruili timore est tantum, aut in nullo est. Omnis enim homo aut filius
125 aut seruus est. De hoc timore dicit beatus / Augustinus: *Quoniam quemad-* A 162ra
modum seta filum per foramen inducit, quo inducto seta eicitur, sic et timor
initialis caritatem introducit, ab ea tamen eicitur. Magister Hugo dicebat,
quod *timor iste medius est inter seruilem et filialem.* Vnde nec cum isto est uel
cum illo, sed hominem a seruili timore in momento ducit in filialem. Sed
130 quomodo in puncto aliquo quisquam possit esse nec seruus nec filius,
non uideo, nisi in eodem possit esse nec bonus nec malus, quod fieri
non posse credo.

Nobis autem uidetur, quod timor initialis quiddam commune habeat
cum seruili timore, quiddam cum filiali. Cohibet enim manum a malo
135 opere, quod commune habet cum seruili, et animam a mala uoluntate,
quod mutuat a filiali. Hoc tamen facit timore pene gehennalis, in quo
differt ab utroque. Seruilis enim a malo cessat timore temporalis pene,
filialis amore iusticie. Verum quia nemo manum et uoluntatem a malo
continere potest, / nisi etiam et bona operetur amore iusticie -quod non T 145vb
140 nisi bonus potest- dicimus, quod timor iste non nisi in bono est uel esse
potest. Ergo in filio est timor initialis. Omnis enim bonus filius. / Quare O 55va
cum filiali timore est initialis, quod esse non potest, quia aliter timore
pene, aliter a malo cessat amore iusticie, ut supra tetigimus.

Ad hec: Est filius, qui patrem perfecte diligit et perfecte imitatur, qui
145 scilicet bonum facit, quia patri placet, et malum odit, quia patri displicet.
In isto est filialis timor et consummatus amor, id est perfecta caritas. Est
et filius qui patrem quidem diligit et si non ita perfecte, qui scilicet, ne a
patre uerberetur, mala dimittit et, ut ei placeat, bona facit. Et in isto
caritas est, sed non perfecta. Non enim scriptum est: "Caritas foras mittit
150 timorem", sed: *Perfecta caritas foras mittit timorem.* Hunc etiam, hoc est
initialem timorem, dominus ibi uidetur precipere: *Nolite timere eos qui*
occidunt corpus, ... sed eum, qui potestatem habet *animam et corpus perdere in*
gehennam ignis. Cum enim subiungat: / *Qui habet potestatem* etc., causam A 162rb

---

125   Quoniam...127 eicitur] cf Aug, in epist Io ad Parthos tr 9, 4 (PL 35, 1047-1048); *idem*
textus: Gratianus, decr II, 33, 3, 17 = de penitencia 2, 17 (Ed. Friedberg I, 1197); Lom, sent
3, 34, 5, 2 (Ed. Brady 2, 194).   128   timor...filialem] *ita* Ps.-Hugo, QEP q 195 (PL 175,
479D).   136   Hoc...gehennalis] cf Rob 108, 3.   150   Perfecta...timorem] I Io 4, 18.
151 Nolite...153 gehennam] cf Mt 10, 28.

---

125 dicit.... Augustinus] *trp* beatus Augustinus dicit T 127 initialis.... dicebat] *mg dext et*
inf O 128 quod timor] *om* O uel] nec T 130 quisquam.... nec] *trp* possit esse quisquam
T 131 uideo] in deo T 139 et] om T 142 aliter] alter T 146 filialis] *praem* et A

reddere uidetur, quare sit timendus. Quod imperfectis quidem et incipi-
entibus dictum est et non perfectis.   155

[16] TESTIMONIUM REDDENTE. /Spiritus sanctus ignis est. In igne duo
sunt: splendor et calor. Calor inflammat, splendor illuminat; inflammat
in amore, illuminat in cognitione, quod facit spiritus sanctus in spiritu
nostro, per quod nos filios dei esse intelligimus.

[17] HEREDES DEI. Estne magnum esse filios dei? Vtique. Quia *si filii, et* 160
heredes; si heredes, et regni eius participes. Regnum enim dei hereditas
O 55vb nostra est, quam nobis debet ex eo / quod pater noster est. Quod quia a
patre nostro habebimus et in eternum possidebimus, merito hereditas
nostra dicitur. Non tamen ab ea pater decedit, sed nos ad eum accedi-
mus.   165

COHEREDES CHRISTI. Ergo et Christus heres est dei. Si enim coheres
noster est, et eius heres est, cuius et nos sumus. Vnde pater ad eum:
Postula a me, et dabo tibi gentes hereditatem tuam. Nos itaque et hereditas
Christi sumus, quia nos a patre sibi datos in eternum possidebit, et *cohe-*
redes eius, quia regnum patris cum ipso possidebimus, SI TAMEN COMPATI- 170
MUR ad similitudinem eius etiam in corpore, si necesse fuerit. Vel: Ei
compatimur animo, quotiens passiones eius ad memoriam reuocamus et
super eis dolemus et conpungimur. Vel: Ei *compatimur* in membris suis, si
eorum inopias de facultatibus nostris releuemus. Aliter Christo non
compatitur, qui affectu et effectu, si potest, super membris eius non 175
mouetur.

[18] EXISTIMO ENIM. Quasi: Nemo Christo compati uel etiam pro
Christo pati, ut simul glorificetur, abhorreat, quia gloria, quam acceptu-
rus est, incomparabiliter superat omnes passiones, quas in presenti homo
passurus est. Et hoc est: EXISTIMO, hoc est certus sum etc.   180

---

156   Testimonium reddente] *Testimonium reddit* Rm 8, 16; *testimonium reddente* Rm 2, 15.
/Spiritus...est] cf Act 2, 3; Aug, de patientia 17, 14, (CSEL 41, 679); Hier, in Mt 1, ad 3, 11
(CCL 77, 18); Fulgentius, contra Fabianum, fr 22, 3 (CCL 91A, 798). fr 29, 19 (ibid 823);
anonymus (patristicus), comm in Lc 12, 49 (CCL 108C, 81); Ambr Autpertus, expos in Apc
4 ad 8, 3b (CCM 27, 329); Beatus Liebanensis / Eterius Exomensis, adversus Elipandum 2,
33 (CCM 59, 127); Christianus Stabulensis, expos (PL 106, 1293); Gualterus de S. Victore,
sermo 3, 2 (CCM 30, 27); Hildegardis Bingensis, epist 31R (CCM 91, 86); Paschasius
Radbertus, expos in Mt 2 ad 3, 11 (CCM 56, 207); Rupertus Tuitiensis, comm in ev S. Io 7,
39 (CCM 9, 412); idem, de sancta trinitate 14 in Lv 1, 28 (CCM 22, 837). 15 in Lv 2, 7 (ibid
861); Gerardus Iterii, de confirmatione 86 (CCM 8, 416).   In...calor] Anonymus, excerptiones allegoricae (PL 177, 913B); Adamus Scotus, sermo 47, 3 (PL 198, 285B).   167 et¹...
sumus] cf Rob 109, 19-21.   168 Postula...tuam] Ps 2, 8.   171 ad...eius] cf Gl 291aⁱ; Lom
1141D.   172 quotiens...dolemus] cf Rob 110, 3.

---

155 perfectis] perfectus A 157 Calor....   illuminat] *trp* splendor illuminat, calor inflammat
T 167 heres] *om* T 171 eius etiam] *trp* T

Hic solet queri, utrum beatitudinis eterne gloria mereri possit. Ad hoc
quidam respondent: "Nequaquam", distantiam inter meritum omne et
gloriam illam / eternam incomparabilem attendentes. Que enim compa- O 56ra
ratio potest esse inter id quod / temporale est et quasi momentaneum, et A 162va
185 id / quod eternum est? Nulla. Quare nec illud illius potest esse meritum T 146ra
nec eo dignum.

Sunt alii, qui concedunt, quod mereri potest temporali merito quod
eternum est, et est illo dignum sed non condignum, quia plus datur in
premio quam fuerit in merito. Vnde apostolus non ait: "Non sunt digne",
190 sed *condigne*, quia ex gratia dei supra meritum nostrum additur in premio.

Potest et aliter dici: Fit comparatio quandoque rei ad rem secundum
quod in ipsis est; fit quandoque secundum equitatem, quandoque secundum conditionem siue conuentionem. Rei ad rem fit comparatio secun-
195 dum quod in ipsis est, ut cum equus equo, aurum auro, uel utrique
argentum et consimilia secundum pretii estimationem comparantur. Fit
comparatio secundum equitatem, ut in iusticia seculari manifeste apparet: Ecce quis ouem furatus deprehensus est et suspensus. Si rem rei
compares, hoc est ouem homini, iniustissime actum est, ut pro re tam
200 uili res tam pretiosa tam ignominiosa morte uita priuetur. Iudex ergo
non rem sed factum, id est contemptum siue mandati transgressionem,
considerat illumque secundum equitatem secularis iusticie / dampnat. O 56rb
Idem occurrit in consideratione diuine iusticie, que pro peccato unius
momenti hominem eternaliter punit. Si penam peccato secundum
205 utriusque quantitatem compares, nulla ibi equitas sed magna crudelitas
uidetur occurrere. Si uero, quantus in peccato fuerit dei contemptus,
consideres, secundum equitatem retributionem factam esse repperies.
Idem est in remuneratione bonorum, ubi non secundum meriti quantitatem sed secundum dei equitatem pro temporali redditur eternum.
210 Equum enim est ut, qui deum tanta diligit caritate, tantum ab eo recipiat
in retributione.

Comparatio secundum conditionem siue conuentionem est, ut si pro
minimi laboris opere tibi marcam argenti promittam. Quo peracto iuste
quidem a me exi/gere potes marcam argenti et dicere, quia eam merui- A 162vb
215 sti, non tamen opus illud minimum marce comparando sed conuentionem attendendo. Et hec etiam comparatio in pena malorum et remu-

181 Hic...191 premio] cf Rob 110, 19-111, 2.

182   meritum omne] *trp* T   188   quia] *in mg* O in] *om* O*T   197   manifeste apparet] *trp*
T* 201 siue] sui T 211 retributione] retributionem T 212 si] *supr lin* O 214 quidem] quod
A potes.... argenti] *trp* marcam argenti potes T 215 minimum] *om* T 216 in] *om* T et] *om*
O

neratione bonorum non inconuenienter adaptatur. Conditionem enim
hanc siue conuentionem omnibus deus proposuit: Si hec feceritis, hec
recipietis.

Apostolus ergo passionum *huius temporis ad futuram gloriam* incom- 220
parabilem distantiam, secundum quod in ipsis est, considerans ait: *Non*
O 56va *sunt condigne,* qui tamen alibi dicit, quod *momentaneum hoc pondus tribu-/*
lationum immensum *pondus glorie operatur in nobis,* habita comparatione
rei ad rem non secundum quod in ipsis est, sed secundum dei equitatem
et conditionem siue conuentionem. Reuelabitur in nobis, hoc est intus in 225
spiritu, per cognitionem et experientiam. Etiam glorie corporis in spiritu
fit reuelatio.

[19] NAM EXSPECTATIO. Vere reualabitur in nobis, quia hoc omnes
exspectamus pusilli et magni, qui in Christo spem habemus. Et hoc est:
Nam exspectatio etc. ad creatorem relatiue dicitur. Vnde non inconuenien- 230
T 146rb ter creature nomine hoc loco omnes illi intelligun/tur, qui ad creatorem
suum per fidem et dilectionem referuntur. Non autem otiose positum
est: *Exspectatio creature exspectat,* hoc est creatura exspectans exspectat, sed
ad desiderii huius exspectationis magnitudinem innuendam sub repetitione eiusdem uerbi dictum est. Desiderat enim creatura creatoris aduen- 235
tum, in quo gloria hec, quam exspectat, in ipsa reuelabitur. Ille autem
moram facit, sed non tardat. Tardat enim, qui ultra debitum tempus
moram facit, quod non facit Christus. Vnde si moram fecerit, exspecta
eum, quia ueniet et non tardabit.

[20] VANITATI etc. Quasi quis diceret: Quare tam diu exspectat et 240
nondum habet hanc glorie filiorum dei reuelationem? Ad hoc apostolus:
O 56vb Habebit quidem, /sed nondum habet, quia adhuc uanitati subiecta est.
A 163ra Vel aliter: Vere creatura gloriam *filiorum dei reuelationem / exspectat,* hoc
est in spe optinendi desiderat, quia uanitatem, cui adhuc subiecta est,
non amat. Et hoc est: VANITATI etc. 245

Non uolens sed dolens. Dolet enim se subiectam mutabilium uanitati,
que uellet immutabiliter adherere ueritati. Vanitas hec et in his est, que
circa corpus aguntur et in his que in spiritu. Vanitas enim sunt omnia
hec exteriora, que prospera dicimus et aduersa, quia cito transeunt et
quasi fumus euanescunt. Vnde Salomon: *Vanitas uanitatum,* et: *Omnia* 250

---

221 Non...condigne] Ibid.   222 momentaneum...nobis] I Cor 4, 17.   228 Vere...230 etc]
cf Comm Cantabrigiensis 1, 109.   233   creatura exspectans] Gl 291a^i; Lom 1442D.
246 Non...dolens] cf Bernardus, sermo 11 in adventu domini (opera 6, 1, 20).   250 quasi...
euanescunt] cf Lom 1443B.   Vanitas uanitatum] Ecl 1, 2; 12, 8.   Omnia uanitas] Ibid.

---

220 passionum] passion T 222 tribulationum] tributionum O 225 conuentionem] *praem* et
A 228 exspectatio] *add* etc T 240 tam] *praem* non T* 241 habet] *om* T 243 gloriam] glorie
AT 246 Non.... sed] *expunct* O^c

uanitas. Sed multo maior est uanitas spiritus, qui per tot temptationes et uagas cogitationes fere semper euanescit. Huic uanitati apostolus dolebat se subiectum, cum clamaret: *Infelix ego homo, quis me liberabit de corpore mortis huius?* Et illa petiit *irriguum inferius et superius, hoc est fontem lacrima-*
255 *rum,* et pro miseria presentis uite et pro desiderio celestis patrie.

Sed obicitur: Si *non uolens,* immo dolens, ut diximus, huic uanitati creatura subiecta est, ergo inuita eam sustinet. Quare in sustinendo non meretur. Quod falsum est, quia in spe retributionis facit, sicut apostolus consequenter adiungit: *Subiecta est, sed propter eum, qui subiecit eam in spe.*
260 Huic questioni, prout tunc / occurrebat, respondimus, ubi locum illum O 57ra apostoli pre manibus habebamus: *Non solum autem. Sed et gloriamur in tribulationibus.*

[22] PARTURIT, id est mulieris parturientis dolorem et laborem maio-rem esse non credo nec maius desiderium. Vnde et dominus in euange-
265 lio mulieri parturienti discipulorum suorum laborem comparat dicens: *Mulier cum parit, tristiciam habet. Cum autem pepererit filium* etc., ostendens quantum doleant de miseria presentis uite, quantumque laborent, ut ad partum, id est laboris sui fructum, possint exire. Quod et idem et eodem uerbo apostolus ostendit dicens: *Parturit,* id est ad partum exire conatur
270 USQUE ADHUC, hoc est in presenti.

[23] NON SOLUM AUTEM ILLA. Diceret quis: Sic laborat et inge/mescit T 146va minor creatura, hoc est minores, qui sunt in / ecclesia, qui non ita sunt A 163rb securi de libertate glorie filiorum dei, sicut uos apostoli estis. Immo, respondet apostolus, *nos ipsi primitias spiritus habentes* ingemiscimus. *Primi-*
275 *tias spiritus,* hoc est dona spiritus, et tempore prius et ceteris abundantius *adoptionem filiorum dei exspectantes.* Quid ergo? Nonne iam adoptati sumus in filios dei? Nonne iam filii dei sumus? Sumus quidem, sed *nondum* / O 57rb *apparet quid erimus.* Adoptio iam incepta est in nobis per spem, sed tunc perficietur per speciem, quando corpus nostrum a corruptione sua
280 liberabitur et stola immortalitatis uestietur. Adoptionis huius, id est salutis nostre, iam spem in pignore accepimus, sicut apostolus dicit.

---

253 Infelix...huius] Rm 7, 24.   254 Et...patrie] *cf supra ad Rm 6, 4 de Axa, filia Caleb (Ios 15, 18s = Idc 1, 14s).*   fontem lacrimarum] Ier 9, 1.   257   inuita...sustinet] cf Ab 220, 337.
258 in...retributionis] cf Ab 220, 339.   259 Subiecta...spe] Rm 8, 20.   261 Non...tribulatio-nibus] Rm 5, 3.   266   Mulier...habet] Io 16, 21.   Cum...pepererit] *Cum autem pepererit filium* ibid.   275 dona spiritus] cf Ab 221, 375; Lom 1444D.   277 nondum...erimus] I Io 3, 2.   281 spem...accepimus] cf II Cor 1, 22. 5, 5; Eph 1, 14; Aug, de consensu evangelistarum 4, 10, 20 (CSEL 43, 416); Balduinus de Forda, tr de sacramento altaris 3, 2 (SChr 94, 510). sicut...dicit] cf II Cor 1, 22. 5, 5.

---

253 corpore] *om* O   258 sicut] *om* O   260 ubi] nisi O   263 id est] *om* AT   mulieris] *praem* ad O*   266 pepererit filium] pe. p. T   273 glorie] *supr lin* A   274 primitias.... ingemiscimus] primitus primitias spiritus habentes T ingemiscimus] *add* uel T

[24] SPE ENIM SALUI FACTI SUMUS, hoc est spem salutis nostre accepimus. Spes autem futuri est commodi adipiscendi certitudo. SPES ENIM
QUE UIDETUR, hoc est que de re presenti habetur, NON EST SPES, sed
agnitio.   285

[26] SIMILITER AUTEM. Sicut in predictis: Spe adiuuamur, quod est *per
spiritum sanctum*. Similiter et in his que dicturi sumus, eodem adiuuamur
spiritu.

INFIRMITATEM NOSTRAM, hoc est ignorantiam nostram, que uenit ex
infirmitate et corruptione carnis.   290

NAM QUID OPORTET NOBIS. Orat quandoque iustus et non exauditur,
quia sibi non expediret si exaudiretur, ut ipse apostolus, qui petiit, ut
auferretur ab eo *stimulus carnis* sue, qui datus erat ei ad custodiam uirtutis. Orat aliquando iniustus et exauditur, ad confusionem tamen suam et
aliorum profectum, ut Sathan qui petiit a domino, ut daretur ei Iob ad 295
temptandum, et impetrauit. Et tamen in temptando confusus subcubuit.
Omnis autem, qui petit quod petendum est et quomodo petendum,
O 57va procul dubio ad utilitatem suam semper exauditur. / Quod tamen scire
non potest nisi per spiritum sanctum, scilicet quid petere debeat et
quomodo.   300

[28] SCIMUS AUTEM. Quasi: Non solum docet nos spiritus sanctus, quid
et quomodo sit petendum, sed *omnia* etiam facit nobis cooperari *in*
A 163va *bonum*, quod pro certo habemus nos, qui eius magisterio edocti / sumus.
Et hoc est: SCIMUS AUTEM etc.

Hic solet queri, utrum tam mala quam bona bonis *cooperentur in* 305
bonum, hoc est *his, qui secundum propositum*, id est predestinationem dei,
uocati sunt sancti; et utrum bona sicut et mala malis *cooperentur* in malum.

Quod bona bonis *cooperentur in bonum*, nemo dubitat. Sed de malis
questio est, quomodo bonis *cooperentur in bonum*. Ad quod probandum
beatus Augustinus mouet questionem super hunc locum apostoli de 310

283 Spes[1]...certitudo] = Rob 112, 4s; *similiter*. Ab, t sch 12 (CCM 12, 404); idem, Th Sch 1, 1
(CCM 13, 318); Hugo, de arca Noe 10 (PL 176, 658A); Ps.-Hugo, QEP Rm q 122 (PL 175,
537A); Zacharias Chrysopolitanus, in unum ex quatuor (PL 186, 283C); Thomas Cisterciensis,
comm in Ct (PL 206, 338A).   286 Sicut...predictis] Rm 5, 5.; cf Lom 1446B.   291 Orat
...294 uirtutis] cf Ab 221, 421s; Rob 112, 9-113, 10; Lom 1446D.   292 apostolus...sue] II Cor
12, 7s.   295 Sathan...impetrauit] cf Iob 1, 11s. 2, 5-8.   301 Non...303 bonum] Lom 1448B.
305 Hic...307 malum] cf Rob 113, 14-114, 7.   310 questionem] *Ad hanc quaestionem vide:*
Ps.-Aug = Paulinus Aquileiensis, liber exhortationis 7 (PL 99, 202A = PL 40, 1049); Hier,
epist 3, 6 (CSEL 54, 18); Ab, sic et non q 138 (Ed. Boyer/McKeon 470-484); Bandinus, sent
3, 31 (PL 192, 1071A-1090B); Gratianus, decr II, 23, 2 tr de poenitentia 2, 2 (Ed. Friedberg
I, 1190); Hugo, de sacramentis 13, 12 (PL 176, 539B-545D); Ps.-Hugo, QEP Rm q 118 (PL

282 enim] *add* s. T 283 enim] autem T 287 in.... que] que (*expunct*) in his O 291 Orat]
erat T 296 confusus] *om* T 297 autem] enim T 306 predestinationem] predestinatione A

caritate, utrum semel habita possit amitti et amissa recuperari, et probat illud ex his uerbis apostoli: *Scimus quoniam diligentibus deum omnia coope-rantur in bonum.* Potest enim, inquit, *bonus corruere et peccare ad / mortem et* T 146vb *iterum resipisci et per cordis contritionem recuperare caritatem.* Sed inquiunt: 315 Non ex toto amittit caritatem, sed cooperitur et tegitur uelut ignis sub cinere, ne exeat ad effectum. Flamma extinguitur, sed scintille rema-nent. Quod dicunt fuisse in Petro, quando negauit.

Mirum autem nobis uidetur quod dicunt caritatem in illo esse qui peccat ad mortem, qui dignus est tunc dampnatione. Si enim / caritas in O 57vb 320 illo est, dignus salute est. Quare idem tempore eodem dignus est salute et morte, quod nemo sane mentis recipiet. Vnde dicimus, quia caritatem amittit ille qui sic corruit, et iterum per condignam satisfactionem rece-perit eam; et sic corruisse *cooperatur* ei *in bonum,* quia inde cautior resur-git de cetero et humilior.

325 Sed de illo queri potest qui, cum in alto gradu caritatis esset, torpendo ad minorem descendit et sic decedit, cum caritate tamen, quomodo descensus ille *cooperatur* ei *in bonum.* Coronam enim eius minuit et premi-um attenuat.

Ad quod dicimus, quod misericorditer egit cum illo deus, qui eum sic 330 descendere permisit. Nisi enim sic descendisset, procul dubio ex nimio prouectu suo superbisset et meritum suum et premium ex toto perdidis-set. Patet igitur quia descensus ille in bonum ei cooperatus est. Quod descendit, ex negligentia sua fuit; sed quod tunc decessit, ex dei miseri-cordia uenit.

335 De malis similiter queritur, utrum *omnia* eis *cooperantur / in malum.* A 163vb Quod autem mala malis cooperentur in malum, dubium non est; sed de bonis questio est an malis cooperentur in malum. Quod uidetur. Dicit enim apostolus Petrus, quod *melius est uiam ueritatis non agnouisse quam post* agnitam *retro / abisse.* Vnde uidetur grauius delinquere, qui quando- O 58ra

176, 535CD); Lom, sent 3, 31, 1-8 (Ed. Brady 2, 180-182); Petrus Pictaviensis, sent 3, 26 (PL 211, 1125D-1127C); Thomas de Chobham, summa de arte praedicandi 4 (CCM 82, 109); *vide etiam Landgraf, Unverlierbarkeit, Vollkommenheit, Vermehrung und Verminderung der Caritas. DG I//2, 136-203.*
313 Potest...caritatem] *Verba Augustini inventa non sunt.* 315 ignis...cinere] cf Guillelmus de S. Theodorico, meditativae orationes 12 (Ed. Davy 282); Iohannes de Forda, sermo 109, 8 super extremam partem Ct (CCM 18, 739s). 317 negauit] Mc 14, 66-72 par. 335 De... 354 recipiet] cf Rob 113, 19-114, 7. 338 melius...abisse] II Pt 2, 21: *melius enim erat illis non cognoscere uiam iustitiae ....*

314 resipisci] resipiscere T 317 fuisse] *add* semel T in Petro] impetus A quando] quondam T 318 nobis uidetur] *trp* T 319 est] *om* T 322 receperit] recuperat AT 323 cooperatur] cooperantur A 326 tamen] tunc T 327 enim eius] deus T 331 prouectu] profectu T ex toto] *om* T 333 dei misericordia] *trp* O* 336 cooperentur] cooperantur T non] *praem* quod T

que gratia inspirante bonum aliquod agit et postea gratiam illam abicit, 340
quam qui continue mala facit. Contra quod uidetur sentire beatus Augustinus. Dicit enim, quia *utile est per unum diem bonum fuisse.* Quod si est,
bonum, quod malus facit per diem siue per horam unam, ei *cooperatur in
bonum.* Quod esse ita credimus, maxime cum *nullum bonum irremuneratum, nullum malum impunitum,* sicut scriptum est, *relinquetur.* Nec obuiat 345
illud: *Melius est uiam ueritatis non agnoscere* etc. Via enim ueritatis fides est.
Per fidem enim ambulamus et nondum per speciem, sicut apostolus dicit. Et re
uera melius est, hoc est minus malum, nunquam fidem suscepisse quam
susceptam reliquisse. Vel: Viam ueritatis agnoscunt qui, que opera bona
sint per que uenitur ad ueritatem, intelligunt. Et tamen *retro abeunt,* quia 350
opera mala faciunt per que a ueritate se auertunt. In quo ergo malus ille,
qui per horam bonum fecit, remunerabitur? In pene diminutione est. Et
si enim premium aliud non accipiet, penam tamen minorem in boni
illius remuneratione recipiet.

[29] NAM QUOS PRESCIUIT. Exponit quidem sic: *Vocati sunt sancti* 355
O 58rb *secundum propositum / dei,* hoc est: qui presciti sunt a deo et predestinati.
Omnia a deo antequam sint, presciuntur, illa tamen quadam prerogatiua

---

342   utile...fuisse] *Eadem sententia* Rob 113, 23s: *Prodest autem homini per unum diem bonus
fuisse, minus namque punietur. R. M.* Martin (*nota ad locum*) *suspicatur pro fonte Augustinum, de
patientia c. 26, 23 (PL 40, 624); sed verba huius sententiae ibi ita non reperiuntur!*.   344 nullum
...impunitum] Ps.-Aug, sermo 44 ad fratres in eremo commemorantes (PL 40, 1321);
Ps.-Aug Belgicus, sermones (Ed. Caillau/Saint-Yves 175); Remigius Antissiodorensis, enarr
Ps 118 (PL 131, 753C); Radulfus Ardens, hom 5 (PL 155, 1964D); Hugo, de sacramentis 2,
14, 9 /PL 176, 576C); Ps.-Hugo, QEP Hbr q 59 (PL 175, 622B); anonymus, Sancti Bernardi
abbatis Claraevallensis vita VII, 3, 5 (PL 185, 417D); Ioslenus, expos symboli (PL 192,
1495A); Lom 1341D; Richardus de S. Victore, in Apc (PL 196, 819A); Innocentius III,
regesta (PL 214, 1169D. 215, 199A. 521C: 216, 107A); idem, sermones communes (PL 217,
622C); idem, de contermptu mundi (PL 217, 745B); Ps.-Beda, sent philosophicae (PL 90,
1024C); Iohannes de Fonte (= Ps.-Boethius), auctoritates, sent 58 (Ed. Hamesse 291);
Robertus Pullus, sent 5, 24. 25. 35. 36 (PL 189, 857A. 858A. 859C.D); Petrus Pictaviensis,
sent 2, 9 (Ed. Moore/Dulong 54s). 3, 4 (PL 211, 1050B); Innocentius III, regesta 155. 182.
206 (PL 214, 1169D. 215, 199A. 521B); idem, sermo 7 (PL 217, 622C); idem, de contemptu
mundi 3, 15 (PL 217, 745B).
- *Ad secundam partem sententiae vide etiam:* Lom, comm Ps 58, 6 (PL 191, 544A); Hugo, de
sacramentis 14, 9 (PL 176, 573C); Ps.-Hugo, SS 5, 7. 6, 14 (PL 176, 133C-148D); Bernardus,
epist 360 (opera 8, 306); Gaufridus Claraevallensis, declamationes (PL 184, 465D); Robertus Pullus, sent 5, 34-36 (PL 186, 857A.858A.859D); Adamus Perseniae, epist 36 (PL 211,
677A); Rodericus Ximenius de Rada, breviarium1, 16 (CCM 72A, 36).   346 Melius...
agnoscere] II Pt 2, 21.   347 Per...speciem] II Cor 5, 7.   350 retro abeunt] cf II Pt 2, 21
(*non Vg*); cf Ab 197, 343s. 355 Vocati...dei] Rm 8, 28.

---

341 mala] malum T 342 quia] quod T 345 relinquetur] relinquatur T 346 agnoscere] *add*
quam post a. T   347   speciem] spem T   348   hoc] hec O   352   fecit] facit T est] *om*
T 355 quidem sic] quid sit AT

ab eo presciri dicuntur, que ab ipso futura approbantur, sicut / scire T 147ra
dicitur illa que approbat et illa nescire que reprobat. Quoscunque itaque
360 sic *presciuit*, eosdem *predestinuait*, hoc est donis gratie sue preparauit, ut
eis scilicet in tempore dona gratie sue conferret. Hec *est* enim, sicut
dicunt, *predestinatio diuine gratie preparatio*, que tantum in electis est.

Ad quid eos presciuerit et predestinauerit, supponit apostolus: ad hoc
scilicet ut sint CONFORMES IMAGINIS FILII SUI, hoc est Christi qui est imago
365 patris, id est expressa similitudo usquequaque ei similis et equalis, iuxta
illud: *Philippe, qui uidet me, / uidet et patrem*. Electi uero conformes fiunt A 164ra
Christo, non tamen usquequaque ei similes sicut ipse patri, sed pro
modo suo, sequentes uestigia eius in puritate uite, in obedientia et
humilitate.

370 VT SIT. *Conformes*, dico, ita tamen, UT IPSE SIT PRIMOGENITUS IN MULTIS
FRATRIBUS. Secundum quod natus est de patre, dicitur unigenitus, secundum quod fratres habet, dicitur primogenitus, hoc est more primogeni-
torum alios excellens dignitate.

Predestinatio et prescientia, quantum ad essentiam, idem sunt, quia
375 deus facit; quantum uero ad operationis effectum non idem. Prede-
sti/natio enim dei dona preparat, que gratis collatura est in tempore O 58va
electis ab eterno.

Sed de prescientia magna disputatio esse solet, quem effectum scilicet
habeat in rebus. Videtur enim ex ipsa esse, quod omnia que uentura
380 sunt, eueniant ex necessitate. Omnia enim que futura sunt, a deo prescita sunt. Prescientiam autem dei omnimodo implere necesse est. Quare et
illa non euenire inpossibile est. Et sic omnia que eueniunt, ex necessitate
eueniunt; et quicunque peccat, ex necessitate peccat; similiter et qui
bonum facit. Quare perit in utroque liberum arbitrium, ergo et meritum.

385 Hanc necessitatem quidam uitare uolentes duo genera causarum in
rebus assignant, dumque unam necessitatem euadunt, in aliam cadunt.
Sunt enim, inquiunt, cause superiores et cause inferiores. Cause uero
inferiores non semper habent effectum suum, nisi cum superioribus

358 scire...362 est] cf Ab 223, 453-224, 461.　362 predestinatio...preparatio] *Vide supra ad Rm 1, 4!.* que...est] Ab 224, 460s.　363 ad...366 patrem] cf Ab 224, 462-466.　366 Philip-pe...patrem] Io 14, 9.　370 Conformes...ut] Gl 292a^i.　372 more...dignitate] cf Ab 224, 474.　378 Sed...rebus] cf Ab 224, 486-504; idem, sic et non 27 (Ed. Boyer/McKeon 170s cum fontibus); Ps.-Hugo, SS 1, 12 (PL 176, 61D); Ps.-Hugo, QEP Rm q 217s (PL 175, 484B-485C); Bandinus, de sacrosancta trinitate (PL 175, 484BC); Lom, sent 1, 38, 2-9 (Ed. Brady 1, 275-278).　385 quidam] cf Ps.-Hugo, QEP Rm q 220 (PL 175, 486D); Thomas Cisterciensis, comm in Ct (PL 206, 261B).

359 reprobat] improbat T itaque] *om* T 361 conferret] confert T 364 scilicet] *om* T 366 ue-ro] ergo T 368 suo] *om* T 372 more primogenitorum] *trp* O* 376 collatura] collata T 378 scilicet habeat] *trp* T 379 Videtur] Vtrum T esse] est T 381 omnimodo] omnino T

concordent; superiores semper habent. Quod totum exempli causa in
Ezechiele ostendunt. Secundum enim causas inferiores in egritudine illa, 390
quando missus est ad eum propheta, necesse erat eum mori. Naturalium
enim complexio diutius eum uiuere non sinebat. Vnde dictum est illi:
Dispone domui tue, quia morieris et non uiues. Verum quia non erat in dei
O 58vb uoluntate et prescientia, ut tunc more/retur, -quas rerum causas appellant superiores-, eum tunc mori erat inpossibile. Quia ergo prescientiam 395
dei futurorum causam esse dicunt -Non enim, ut aiunt, ideo presciuit
quia futura sunt, sed ideo futura sunt quia prescita-, tam malorum quam
A 164rb bonorum causa erit. Eque enim ad utraque / se habet, cum hec et illa
prescientie dei subiaceant; sicque prescientia dei causa malorum erit.
Quod nullo modo concedendum est.   400

Nobis autem uidetur, quod prescientia dei causa futurorum non sit.
Non enim illis, ut eueniant, necessitatem infert, sed omnibus inordinatis
in se quandam ordinem confert. Malis enim aliorum utitur ad bonum
suorum. Malitiam unius, Iude scilicet, conuertit ad salutem multorum.
T 147rb Hunc itaque in rebus habet effectum: ea, que contingunt, / ad ordinem 405
quendam redigere. Vnde et ipsa cassari uel non impleri non potest, quia
aliqua extra ordinem suum euenire est inpossibile.

Patet itaque quod ea, que de contingenti futuro sunt, et si ea futura
sint et prescita, possunt non contingere. Aliqua tamen prescita esse et ea,
ut prescita sunt, non euenire est inpossibile. Coniuncta enim uera est, 410
sed disiuncta falsa. Vnde non licet inferri: Sed omnia que futura sunt,
O 59ra prescita sunt. Ergo ea necesse est euenire, sicut: ut te uideam / scribentem, et tu non scribas est inpossibile. Hec coniunctio uera est. Sed: Video
te scribentem, ergo te scribere est necesse, non sequitur. Nulla necessitate prescientiam dei coartemus nec uoluntatem nec potentiam, sed eum 415
prescire que non presciuit, uelle quod non uult, posse que non facit, sine
dubitatione credamus.

[30] VOCAUIT. Est uocatio predestinationis, que ab eterno est; uocatio
predicationis, que per apostolos et ceteros predicatores fit, qua quidem

---

390   Ezechiele] *Re vera* Is 38, 1-6: *Isaia propheta ad regem Hisciam, qui aegrotus est, mittitur.*.
393   Dispone...uiues] Is 38, 1.   395   Quia...400 est] cf Ps.-Hugo, QEP Rm q 217 (PL 175,
484B).   408   de...futuro] *Ad sequens vide:* Boethius, in librum de interpretatione Aristotelis:
De futuris contingentibus (PL 64, 329B-342A. 495A-518C); idem, de consolatione philosophiae 5 (CCL 94, 95-98); Petrus Damiani, de divina omnipotentia (PL 145, 602D-604B); Ab,
logica ingredientibus (Ed. Geyer, 426-429); idem, dialetica (Ed. de Rijk 210-222); idem,
comm ad Rm 225, 486-507; idem, Th Sch 3, 96-116 (CCM 13, 539-547); idem, sent 21 (Ed.
Buzzetti 97-99).   418 Est...421 est] cf Lom 1450D.

---

389 concordent] concord(a)nt A 392 illi] ei T 397 tam.... bonorum] bonorum quidem
nalorum T 403 quandam] quemdam T 407 est inpossibile] impossibile (*corr ex* ipsos) est
T 412 ea] *om* T scribentem] uideat T 416 quod] que T

420 *multi sunt uocati* sed *pauci electi.* Est uocatio interne inspirationis, que semper necessaria est.

MAGNIFICAUIT, hoc est glorificauit. Preteritum in diuina pagina frequentissime ponitur pro futuro ad insinuandam eius rei, que promittitur siue predicatur, certitudinem. Nulla enim adeo nobis certa sunt quemad-
425 modum preterita. Vnde et preteritum tempus propter nimiam sui certitudinem diuidi potest, quod nullum aliud tempus.

[33] ACCUSABIT. Sathan Iob apud deum accusauit. Sed non nocuit illi, immo profuit accusatio eius. / Sic electis dei nullius nocebit accusatio.   A 164va

[34] QUI EST AD DEXTERAM DEI. Eos, quos multum honorare et quasi
430 pares nobis facere uolumus, ad dexteram nostram collocamus. Christus ergo *ad dexteram* patris esse siue sedere dicitur, ut eius, secundum quod deus est, cum / deo patre equalitas demonstretur.   O 59rb

INTERPELLAT PRO NOBIS representatione humanitatis, sicut in glosa habetur, hoc est merito obedientie, quam in humanitate sua pro nobis
435 patri exhibuit. Obedientia enim illa adeo patri grata est, ut eius merito nobis uenia peccatorum detur et gratia bene operandi conferatur.

[36] OUES OCCISIONIS. *Oues occisionis* dicuntur oues steriles, que ob hoc tantum reseruantur, ut occidantur. Sic et tyranni uitam sanctorum sterilem et quasi mundo noxiam reputantes eos occidebant. Vel: *Estimati*
440 *sumus* non tanquam homines, sed quasi *oues occisionis* a carnificibus, qui nullum habentes nature sue respectum quasi oues nos trucidant.

[38] CERTUS ETC. Vere *superamus in his omnibus,* quod facit caritas Christi in nobis, a qua *non poterit nos separare* MORS, id est comminatio mortis, NEQUE UITA, promissa conseruatio uite, hoc est neque timor mor-
445 tis neque amor uite, NEQUE ANGELI etc.

Legunt hoc quidam de bonis angelis. Sed non uidetur ad rem pertinere, maxime cum illorum auxilio conseruemur et confirmemur in caritate, in qua et ipsi adeo confirmati sunt, ut nos ab ea separare etiam nec uelle possunt. Item: In hac e/numeratione non nisi talia apponun- T 147va
450 tur, quorum amore uel timore a ca/ritate multi separantur.   O 59va

---

420 multi...electi] Mt 20, 16; 22, 14.   427 Sathan...accusauit] Iob 1, 9-11. 2, 4s.   428 Sic...
accusatio] cf Lom 1452B.   433   representatione humanitatis] cf Gl 292b^i; Lom 1452C;
Comm Cantabrigiensis 1, 115.   437 Oues^2...occidantur] cf Ab 277, 576s.   442 superamus
...omnibus] Rm 8, 37.   443   non...separare] Rm 8, 39.   comminatio mortis] cf Ab 228,
591; Lom 1453B.   446 Legunt...angelis] cf Gl 293a^{mg}; Lom 1453B.

---

424   predicatur] predic. A adeo nobis] *trp* T   427 Accusabit] accusabis A apud deum] deus
apud T*   433   representatione] *corr ex* representationem O   435   adeo patri] a deo patre
O 438 tyranni] tirampni T martir. O 447 illorum] eorum T auxilio] consilio T 448 separare
etiam] *trp* T 449 enumeratione] annumeratione T

Conuenientius igitur -quantum ad precedentium et subsequentium seriem- de malis angelis legendum uidetur, qui nos separare a caritate nocte dieque conantur.

Sunt enim, ut ex multis scripturarum testimoniis habemus, inter eos idem ordines qui et inter bonos preter seraphin, qui "toti ardentes" siue 455 "plenitudo caritatis" interpretantur, quod malis angelis nequaquam A 164vb conuenire / posse manifestum est. Cherub enim inter malos nominatur, id est *plenitudo scientie*, sicut in Ysaia habetur.

455   toti ardentes] Hier, liber interpretationis hebraicorum nominum 50 (CCL 72, 121s): *seraphim ardentes vel incendentes*; cf Beda, hom 2, 24, (CCL 122, 366); Gregorius I, hom 34, 10 in ev (PL 76, 1252B); Rabanus, liber de sacris ordinibus (PL 112, 1181C); Isidorus, etymologiae 7, 5, 24; Gerardus Moresenus, deliberatio 7 (CCM 49, 115); Brendanus, oratio 5 (CCM 47, 4); Dionysius Areopagita sec Iohannem Scotum, de caelesti hierarchia (Ed. Chevalier 993. 1298); Sedulius Scottus, collectaneum in apostolum, ad Eph 1, 22 (AGLB 32, 564); Iohannes Scotus Eriugena, expos in hierarchiam coelestem 15 (CCM 31, 192); Gl ad Is 6, 1 (Ed. Rusch III, 13a^{mg}. 13bⁱ *sec Hier*); Gerardus Moresenus, deliberatio 7 (CCM 49, 115); Rupertus Tuitiensis, de sancta trinitate 27 (CCM 23, 1490); Stephanus Tornacensis, sermo de mutatione (Ed. Desilve 427); Bernardus, sermo 123, 2 de diversis (opera 6, 1, 401); idem, sermo 3, 1 in dominica I Novembris, (opera 5, 311); idem, sent series 3, 33 (opera 6, 2, 86); idem, de consideratione 5, 11 (opera 3, 475); Zacharias Chrysopolitanus, in unum ex quatuor (PL 186, 427C); Ps.-Hugo, SS (PL 176, 85D); Lom 410C; idem, sent 2, 9, 2, 2s (Ed. Brady 1, 371s); Gerhohus Reicherspergensis, comm aureus (PL 193, 917D) *et similiter multi alii.*   456   plenitudo caritatis] *Non sic inventum; sed cf:* Aug, enarr Ps 98, 4 (CCL 39, 1381); Gregorius I, hom 34, 11 in ev (PL 76, 1253B); Lom, sent 2, 29, 5 (Ed. Brady 1, 495). 457   Cherub...habetur] cf Ez 18, 14-16 (de rege Tyri); Hier, in Ez 9, 28 (CCL 75, 389. 396. 398); Iohannes Cassianus, conlationes 8, 8 (CSEL 13, 224); Rupertus Tuitiensis, liber de divinis officiis 11, 18 (CCM 7, 393): *Similiter ironice diabolus quoque appellatur* cherub *in Ezechiele, quod interpretatur* plenitudo scientiae.; Gerardus Moresenus, deliberatio 6 (CCM 49, 95. 96).   458   plenitudo scientie] (*sive* scientiae plenitudo) *Inveniuntur plus quam 200 loci:* e. g.: Or-Rufinus, comm in Ct 12 (GCS 33, 159); Aug, enarr Ps 79, 2 (CCL 39, 1112); idem, de Genesi contra Manichaeos 2 (PL 34, 214); Cassiodorus, expos Ps 79 (CCL 98, 741); Cassiodori discipulus, comm (PL 68, 739D); Gregorius I, moralia 17, 27, 39 (CCL 143A, 873). 32, 23, 48 (CCL 143B, 1667); idem, hom in Hiezechielem 1, 6, 15 (CCL 142, 76). 2, 9, 18 (ibid 372); idem, XL hom in ev 1, 17, 12 (PL 76, 1144D). 2, 25, 3 (ibid 1191C). 2, 34, 10 (ibid 1252A). 2, 34, 11 (ibid 1253B); Iohannes Cassianus, conlationes 14, 10 (CSEL 13, 410); Isidorus, etymologiae 7, 5, 22; Sedulius Scottus, collectaneum in apostolum ad Eph 1, 21 (AGLB 32, 564). ad Hbr 9, 5 (ibid 753); Petrus Damiani, serm 50, 4 (CCM 57, 317); Rupertus Tuitiensis, comm in ev S. Io 5 (CCM 9, 270). 14 (ibid 763); idem, de sancta trinitate 3 (CCM 21, 273). 13 (CCM 22, 751). 21 (ibid 1158); idem, liber de divinis officiis 3, 14 (CCM 7, 85s); Gl ad Gn 3, 24 (Ed. Rusch I, 30b^{mg}). ad Ex 25, 21 (Ed. Rusch I, 164a^{mg}). ad I Sm [1 Rg] 4, 4 (Ed. Rusch II, 9a^{mg}). ad Ps 98, 1 (Ed. Rusch II, 580a^{mg}). ad Hbr 9, 5 (Ed. Rusch IV, 437b^{mg}); Ps.-Hugo, SS (PL 176, 101B); Lom, sent 2, 9, 2, 2 (Ed.. Brady 1, 371). 2, 29, 5 (ibid 495); Bernardus, de consideratione 5, 10 (opera 3, 474); idem, sent series 3, 123 (opera 6, 2, 235); idem, sermo 19, 5 super Ct (opera 1, 111); Guillelmus de S. Theodorico, meditativae orationes 6 (Ed. Davy 150); Richardus de S. Victore, Beniamin

452 qui nos] quos T 457 Cherub] Cherubim T

[39] NEQUE ALTITUDO humane potestatis uel honoris promissa, NEQUE
460 PROFUNDUM, cuiuscunque deiectionis comminatio, A CARITATE, QUE EST
fundata IN CHRISTO JHESU. In ipso enim est fundamentum et firmamentum caritatis nostre.

Hic, ut uidetur, dicit apostolus se adeo in caritate confirmatum, ut ab
ea separari non possit. Quid est ergo, quod idem alibi dicit: *Castigo corpus*
465 *meum, et in seruitutem redigo: ne forte, cum aliis predicauerim, ipse reprobus*
efficiar? Ibi dicit se ideo corpus castigare, ne reprobus efficiatur. Ergo si
non castigaret, poterat reprobus effici, quare et a caritate separari.

Responsio: Nulla hic occurrit contrarietas, si quid utrobique dicat,
diligenter attendamus. Non enim hic dicit se a caritate separari non
470 posse, sed quod *neque uita neque mors* etc. *neque creatura alia poterit* eum *a*
caritate / separare. Ibi dicit quod, nisi corpus suum castigaret, se reprobum O 59vb
faceret, et sic se a caritate separaret. Se ergo a caritate separare poterat,
quod creatura alia non poterat. Nichil enim adeo dominatur homini
quantum ipse sibi. Ipse suam cogere potest uoluntatem et mutare, quod
475 nichil ab eo in eo potest.

---

maior (PL 196, 135C. 139A); *similiter alii auctores. Alia interpretatio* multitudo scientiae sive
scientiae multitudo: *inveniuntur plus quam 70 loci (XVIes apud Hieronymum).* Ysaia] *Non sic*
apud Isaiam, sed vide notam praecedentem!
460 deiectionis] Ab 228, 613.   464 Castigo...466 efficiar] I Cor 9, 27.   470 neque mors]
Rm 8, 38.

---

460   comminatio] communio T   463   dicit apostolus] dicit apostolus dicit T   466   Ibi....
Ergo] *om* O efficiatur] efficeretur A 473 quod] quia O Nichil] nil 475 nichil] nil T in eo] sic
T

[9, 1] VERITATEM. Littera sequens aliquid in se obscuritatis habet. Vnde, sicut in glosis habetur, diuersis modis legi solet. Continuatur autem ita cum precedente, sicut in quadam glosa habetur: Quia contra Iudeos superius uisus est apostolus loqui, affectum suum circa illos ostendit, ut non ex odio sed magis ex amore asperitatem sermonis proce- 5 dere intelligant. Quod etiam iureiurando confirmat, ut ei credant. Non est malum iurare ubi ei, cui iuramus, expedire credimus; a malo tamen est, hoc est ab incredulitate eius, qui simplici uerbo non adquiescit.

VERITATEM DICO IN CHRISTO JHESU, hoc est per Jhesum Christum, uel: ego manens IN CHRISTO JHESU. ET NON MENTIOR. Est qui ueritatem dicit 10 et tamen mendacii reatum incurrit qui, et si uerum dicat, id tamen in A 165ra conscientia non habet uel dolose id loquitur. / Hoc a se remouet aposto- lus habens testimonium conscientie sue fundate in spiritu sancto.

O 60ra   [2] QUONIAM TRISTICIA etc. / pro fratribus meis, qui filium dei ad eos missum non solum non receperunt, sed etiam occiderunt.   15

[3] OPTABAM ENIM. Exponit, quantum de perditione fratrum suorum doleat qui, ut illi saluentur, a Christo separari optat; et hoc est: OPTABAM, T 147vb pro eo quod est / "opto", sicut Aimo legit et quidam alii expositores. ANATHEMA, hoc est separatus a Christo, PRO FRATRIBUS MEIS, hoc est ut frates mei salui fiant.   20

QUORUM EST ADOPTIO FILIORUM. Ipsi enim a domino adoptati sunt in filios et filii dei appellati. Vnde in Exodo: *Filius meus primogenitus Israel,* et in Ysaia: *Filios enutriui et excaltaui, et inde gloria,* quod scilicet populus ille *filius* dei appellatus est et *populus peculiaris*; ET TESTAMENTUM, nouum scilicet, quia ad eos missus eis predicauit Christus et apostoli ipsi primo; 25 et LEGISLATIO, testamentum uetus; et OBSEQUIUM, id est cultus unius dei.

OPTABAM. Consimile est, ut dicunt illi, quod Moyses loquens ad dominum dicit: *Si non dimittis populo huic peccatum suum, dele me de libro quem scripsisti,* hoc est de libro uite. Sciebat Moyses quod de libro illo deleri nec uolebat nec poterat. Tamen quantum erga populum suum 30 affectum haberet, his uerbis ostendebat, cuius salutem tanquam suam O 60rb cupiebat. Sic et apostolus hoc loco, ut aiunt, non / optat a Christo pro

2 in glosis] Gl 293a^mg (= Abst, CSEL 81/1, 202/203); Lom 1454B.   3 in...habetur] Abst l. cit.; Lom l. cit.   10 Est...13 sancto] cf Ab 229, 9-12; Comm Cantabrigiensis 1, 118; Aug, enchiridion 6, 18 (CCL 46, 58s).   14 qui...occiderunt] cf Lom 1454C.   18 Aimo] Haimo 440B.   quidam...expositores] Lom 1454C.   21   a...sunt] cf Ab 236,56; Lom 1454D. 22 Filius...Israel] Ex 4, 22..   23 Ysaia] Is 1, 2.   24 populus peculiaris] Dt 7, 6. 26, 18. nouum] cf Gl 293a^i; Lom 1455A.   26 cultus...dei] Gl 293a^i; Lom 1455A.   27 Consimile... 34 ostendit] cf Rob 118, 11-16.   28 Si...scripsisti] Ex 32, 32. ·

3 ita....   precedente] *trp* cum precedente ita T 6 confirmat] confirmant T ei] om T 10 Et] *om* T 19 ut] *supr lin* O *om* AT 24 testamentum nouum] testimo. T 30 nec^1] non T

fratrum suorum salute separari, sed quantum eos diligat, qui eorum salutem sue equiperat, his uerbis ostendit.

35 Alii dicunt, quia optat apostolus a Christo separari ad tempus, ut fratres sui salui fiant. Sed cum non possit a Christo nisi per peccatum mortale separari, nunquid uellet peccare mortaliter, ut illi saluarentur? Quod iterum fieri nullatenus posset, nisi ipse membrum diaboli fieri uellet. Quod quidem neque angelum neque hominem perfectum etiam 40 pro salute totius mundi uelle existimo.

Alii aliter legunt, sicut et alia in glosa habetur, sicque cum precedenti continuant: Dixi, quod *nichil me potest separare a caritate, que est in Christo Jhesu.* Olim tamen fui separatus et *separatio* aliorum *a Christo,* dum Christianos / prosequerer uolens defendere legem Iudeorum, et inde *michi* A 165rb 45 *tristicia magna est et continuus dolor cordi meo.* Et secundum hanc lectionem littera satis plana est, sed cum subsequente non satis plane coheret. Vnde potest et aliter legi:

Dicturus est apostolus, quod *non omnes, qui* sunt *ex Israel* secundum carnem, *hi sunt* ueri Israelite, *neque* omnes, qui sunt filii Abrahe secun- 50 dum carnem, ad hereditatem Abrahe promissam perueniunt. Quod quidem est ex culpa eorum. Sed ne Iudeis, quibus hec scribebat, exultando uel / improperando talia dicere uideretur, ostendit affectum suum O 60va circa illos quantumque doleat de perditione eorum, qui eos tantum dilexerit, quod etiam optabat aliquando *a Christo* separari, ut illi salua- 55 rentur. Ad tempus uel in perpetuum uoluit aliquando, si fieri posset, carere uisione dei, ut ea fratres sui omnes, qui sunt Israelite, fruerentur. Hoc modo non optat, quia scit nec se a Christo separari posse nec omnes illos ad Christum pertinere. Ergo quando illud optabat, illud nesciebat nec adhuc perfectus erat. Nemo enim repente fit summus: nemo perfec- 60 tus optaret, quod sciret deo / displicere. T 148ra

[6] NON AUTEM QUOD EXCIDERIT. Dixerat apostolus tristiciam magnam doloremque continuum inesse cordi suo pro incredulitate fratrum suorum, Iudeorum scilicet. Sed quia de salute sua promissionem habuerant ut illam Abrahe factam: *In semine tuo benedicentur omnes gentes* -quam ad se 65 Iudei retorquebant-, nisi omnes saluarentur, promissio illa inexpleta

35 Alii...tempus] cf Lom 1454C. 41 Alii...legunt] cf Rob 118, 7s. alia...glosa] Lom 1456B; Rob 118, 11-16. 42 nichil...Jhesu] Rm 8, 39. 43 separatus...Christo] cf Ab 229, 31-33. 44 michi...meo] Rm 9, 2. 48 non...50 perueniunt] cf Rm 9, 6. 52 ostendit... eorum] cf Lom 1454D. 64 In...gentes] Gn 22, 18. 26, 4.

35 dicunt] *om* T separari] *om* T 37 illi] ipsi T 42 potest.... caritate] *trp* a caritate potest separare T 44 prosequerer] persequerer AT defendere] diffundere T 46 satis^1] *om* T 48 Israel] *om* T (*spatium*) 49 omnes] *om* T 53 doleat] *om* T 56 fratres sui] *trp* omnes sui T 57 nec se] *trp* T 59 nemo] *om* T 61 exciderit] *om* T 62 doloremque] dolorem T

uideretur. Hoc remouet apostolus dicens: Neque *omnes, qui sunt ex Israel* secundum carnem, *hi sunt Israelite, neque omnes, qui sunt* ex *Abraham* secundum carnem, *hi sunt filii* Abrahe. Sed cum illa promissio generaliter facta sit de omnibus nec omnes, immo paucissimi, de illis benedicantur, O 60vb uidetur omnimodis inexpleta uel cassa / remanere.   70

Vnde sciendum, quia promissiones dei siue prophetie tribus modis A 165va fiunt: Quandoque enim cum immutabili denuntiatione, ut illa: / *Ecce uirgo concipiet* etc.; quandoque cum comminatione, ut: *Adhuc quadraginta dies, et Niniue subuertetur,* ubi conditio, et si non apponitur, tamen tacite subintelligitur, ut: Nisi a uia sua mala conuertatur, *Niniue subuertetur,* 75 quandoque cum eorum, ad quos fiunt, libera uoluntate, ut in proprio scilicet habeant arbitrio promissionem factam suscipere uel respuere, ut hec: *In semine tuo benedicentur omnes gentes.* In semine enim eius, hoc est in Christo, benedictio omnibus tam Iudeis quam gentibus proposita est et oblata omnibusque liberum est eam apprehendere uel repellere.   80

NON AUTEM, dico, uel: *Non autem* uerum est, QUOD UERBUM, hoc est promissio dei, EXCIDERIT, id est inexpleta remanserit.

NON ENIM etc. [7] SED SCRIPTUM EST: IN YSAAC UOCCABITUR TIBI SEMEN, hoc est in filiis promissionis et gratie, qui scilicet ex sola dei promissione et gratia renascuntur, sed sicut Ysaac ex sola dei promissione natus est et 85 gratia. Conceptio siquidem illa opus fuit gratie, non nature. Quamuis enim senex de iuuencula gignere et iuuencula de sene concipere possit, non tamen senex de sene secundum operationem nec concipere poterit uel gignere.

O 61ra   [10] NON SOLUM AUTEM ILLA, / id est Sara, habuit promissionem, SED 90 ETIAM REBECCA habuit promissionem, illa, dico, HABENS in utero duos filios EX UNO CONCUBITO YSAAC PATRIS NOSTRI, quem imitari debemus. Constructio prius uideatur, postea si quid discutiendum erit, propone-tur.

[11] CUM ENIM. Vere Rebecca habuit promissionem. ENIM, hoc est 95 quia hanc: QUIA DICTUM EST EI, hoc est Rebecce: *Maior seruiet minori. Cum* NONDUM NATI etc., UT SECUNDUM. Quasi: Ideo dictum est ei: *Maior seruiet minori,* antequam nati essent, UT PROPOSITUM DEI MANERET, hoc est imple-retur, SECUNDUM ELECTIONEM, id est gratiam, qua illum elegit, quem

---

72 Ecce...concipiet] Is 7, 14.   73 Adhuc...subuertetur] Ion 3, 4.   78 In^1...gentes] Gn 22, 18. 26, 4.   81 uerum est] cf Gl 293b^mg; Lom 1455C.   82 promissio...remanserit] cf Gl 293b^mg.   83 scriptum est] Gn 21, 12.   84 hoc...gratie] cf Rob 119, 2-6.   95 Vere...minori] cf Ab 234, 72; Comm Cantabrigiensis 1, 124; Gl 293b^mg; Lom 1457B. 1458B.   96 Maior... minori] Gn 25, 23.   98 hoc...100 electurum] cf Gl 293b^i; Rob 120, 3-121, 7; Lom 1457D.

---

69 nec] non T 72 illa] illi T 73 etc] *om* T 74 apponitur] apponit T 80 omnibusque] omni-bus T 83 Sed] sicut O^c mg 86 illa] *add* siquidem T 88 nec] nature T 90 id est] scilicet T

100 proposuit et presciuit se electurum. Impleretur, dico, NON EX OPERIBUS
illorum, qui nil adhuc boni uel mali fecerant, sed EX UOCANTE, hoc est ex
gratia eius, qui alterum uocauit in tempore, quem scilicet elegit ab
eterno, et alterum re/probauit.   A 165vb

[13] SICUT SCRIPTUM EST in Malachia: IACOB DILEXI etc. Nullum saluari
105 nisi ex gratia nullumque dampnari nisi ex propria culpa ostendit hoc
loco apostolus. Cuius rei causa ge/mellos fratres in exemplum assumit, T 148rb
Iacob scilicet et Esau. Quorum alterum electum ex gratia, alterum ex
culpa reprobatum nemo dubitat. Ne autem uel alter de peccato parentum conqueri uel alter de excellentia meriti eorundem gloria/ri posset, O 61rb
110 ut diceret ille: "Pro peccato parentum reprobatus sum" uel alter se pro
eorum meritis electum, dicit apostolus: *Ex uno concubitu.* Nulla enim fuit
causa, ut merita parentum alteri nocerent uel prodessent et non utrique,
qui simul genuerunt utrumque.

Sed de glosa illa: *In Iacob nichil inuenit diligendum nisi misericordie*
115 *donum, in Esau nichil odiendum nisi originale peccatum,* questio est, secundum quem statum hoc dicatur. Aut enim secundum statum diuine dispositionis, que est eterna, aut secundum tempus colluctationis aut discretionis. Secundum statum eterne dispositionis dici non potest, quia tunc
neuter illorum erat, nec in se uel misericordie donum uel originale
120 peccatum habebat.

Item: Secundum tempus colluctationis dictum esse non uidetur, quia
in illa etate donum gratie esse, quo quis diligi mereatur, non potest; nec
Iacob ab utero sanctificatum in aliqua auctoritate legimus; unde nec
illud asserere audemus. De duobus enim legitur tantum, id est de beato
125 Iohanne baptista et Ieremia propheta, quod ab utero sanctificati sint.

Item: Sicut in etate illa in Esau peccatum originale fuit, sic et in Iacob.
Et si in illo causa reprobationis fuit, sic et in altero esse potuit.

Item: Secundum statum discretionis, quomodo intelligitur / dictum O 61va
esse, quod in Esau peccatum originale inuenit? Credimus enim Ysaac,
130 patrem eius, uirum sanctum, eum circumcidisse quemadmodum et Iacob
die octaua. In circumcisione autem peccatum originale ei dimissum est,

---

101 ex gratia] Ab 234, 74.   104 Iacob dilexi] Mal 1, 2s.   111 Ex...concubitu] Rm 9, 10.
114 In...peccatum] Gl 293b^{mg}; Lom 1458D.   124 de...propheta] Ier 1, 5; Lc 1, 15; cf Hier,
in Ier 1, 2, 2 (CCL 74, 4); Gl ad Ier 1, 5 (Ed. Rusch III, 100b^{mg} *sec Hier*); Lom, sent 4, 6, 3, 2
(Ed. Brady 2, 271).

---

101 ex^2] in mg O hoc est] om T 109 eorundem] eorum T 116 diuine] *rep in mg* O 118 eter-
ne dispositionis] *trp* A disp. diuine (diuine *expunct*) T   122 gratie esse] *om* T quis] quisquis
T 124 audemus] diuidemus A 125 sint] sunt T 126 sic] sicut T 128 intelligitur] intelligatur
AT 131 ei] *om* T

sicut et in baptismo nunc dimittitur. Eiusdem enim efficatie tempore illo circumcisio fuit, cuius nunc est et baptismus, excepto quod non statim

A 166ra ianuam regni celestis / aperiebat. Sicque tempore discretionis peccatum originale in eo non fuit.   135

Huic questioni facile satis dabitur responsio. Sed est alia, que magis grauare uidetur, quam multi faciunt et paucissimi soluunt. Eam facit apostolus nec soluit, sed se ad admirationem iudiciorum dei conuertit dicens: *O altitudo diuitiarum sapientie et scientie dei* etc.

Questio autem hec est, quare potius Iacob elegerit quam Esau uel 140 Esau potius reprobauerit quam Iacob. Hanc questionem multi faciunt, sicut prediximus, sed quid querere uelint, ab eis queramus. Aut enim ibi primordialem causam querunt aut finalem, hoc est: uel quare deus illum eligere uoluit potius quam istum, ut uoluntatis eius causam querant, aut quo fine, qua utilitate istum potius elegerit quam illum.   145

Si uoluntatis dei causam querant, stultissime querunt, cum ipsa

O 61vb omnium operum eius suprema sit causa. Su/preme enim cause nulla est causa. Si uero quo fine, hoc est, que utilitas inde prouenerit, quia illo reprobato istum elegerit, querant: facilis est responsio. Ad cuius tamen euidentiam de operibus creationis et reparationis pauca uideamus. 150

T 148va Opera creationis sunt illa sex dierum / opera; opera uero reparationis illa, que uel ab ipso Christo uel per ipsum facta sunt et cotidie fiunt ob reparationem nostre salutis. Illa formam et figuram tenent istorum, sicut de ipso Adam dicit apostolus: *Qui est forma futuri,* id est Christi, futuri quantum ad Adam. Sicut enim ille de uirgine terra formatus, sic et 155 Christus est de uirgine matre natus; et sicut de costa illius dormientis formata est sponsa eius Eua, sic et de latere Christi profluxerunt sponse eius, hoc est ecclesie, sacramenta. Nichil precessit in operibus illis quod similitudinem aliquam non habeat cum istis. Hoc idem considerari potest in operibus illis figuralibus, que omnia in figura contingebant illis. 160 Iacob posterior natu, sicut sancti dicunt, figuram tenet gentilis populi, qui iunior filius appellatus est, Esau primogenitus figuram Iudaici popu-li, qui primogenitus dictus est. Vnde: *Primogenitus meus Israel. Primogenitus*

---

132 Eiusdem...134 aperiebat] *Vide superius ad Rm 4, 11 (p. 95, 191s) et infra ad I Cor 10, 3 (p. 296, 50s).*   136 Sed] *Ad sequentia vide Landgraf, Die Erkenntnis der helfenden Gnade. DG I/ 2, 51-140.*   139 O...etc] Rm 11, 33.   141 Hanc...faciunt] cf Ab 235, 117-236, 143.   146 Si... 148 causa] cf Rob 122, 16-19; 123, 7-11.   154 Qui...futuri] Rm 5, 14.   Qui...Adam] cf Lom 1392B.   155 de...formatus] Gn 2,7.   156 de^2...Eua] Gn 2, 21.   161 Iacob...populi] cf Gregorius I, hom 1, 6, 3 in Ez (CCL 142, 69).   163 Primogenitus^1...Israel] Ex 4, 22.

---

132 133 illo] illa T 136 dabitur] dubitatur T 138 admirationem] mirationem T 139 diuitia-rum sapientie] *trp* T 142 queramus] queram T 143 hoc] hec T quare deus] *supr lin* O 145 il-lum] istum T 153 tenent] teneat T 154 Qui] quod T 158 hoc] id T

autem / dicitur respectu iunioris. Ergo sicut ille *primogenitus* Esau repro- A 166rb
165 batus est, et iunior Iacob electus, / sic et populus ille Iudaicus, cuius O 62ra
figuram gestat Esau, reprobatus est; et iunior, id est gentilis populus,
quem significat Iacob iunior filius, electus est. Valet ergo ad fidei nostre
confirmationem, immo multum fidem nostram confirmat, illa illius
Iacob electio, qui de populo gentili sumus, ut scilicet, quod in duobus
170 illis fratribus a deo factum fuisse uidemus, hoc idem in duobus his populis -quorum illi duo fratres figura sunt- fieri non dubitemus. *Hec enim
omnia,* inquit apostolus, *in figura contingebant illis. Scripta sunt autem propter
nos, in quos fines seculorum deuenerunt.* Nobis enim prouidebat, qui talia in
populo illo faciebat.
175   Ecce illius electionis et reprobationis utilitas, fidei scilicet nostre
confirmatio et gratie Christi et iusticie commendatio. Quantum enim in
reprobatione Esau et Iudaici populi iusticia dei apparet, tantum in electione Iacob iunioris et gentilis populi gratia eius elucet. *In Iacob* itaque
nichil inuenit diligendum *nisi misericordie sue donum,* et ideo gratis dilectus
180 est et electus. Quod quidem potest referri et ad statum eterne dispositionis et ad tempus discretionis. Nichil enim aliud in eo dilexit tempore
discretionis *nisi donum misericordie sue,* quod se in eo di/lecturum preuidit O 62rb
eterna dispositione. Similiter in Esau nichil odiuit nisi peccatum originale, quod ad statum eterne prescientie referri potest et ad tempus discreti-
185 onis. Ipse enim ab eterno presciuit, quod in tempore in eo odio habuit,

---

171 Hec...173 deuenerunt] I Cor 10, 11.   172 propter nos] *Ut videtur, ex antiquo versione:*
Or - Rufinus, de principiis 4, 2, 6 (GCS 22, 315); idem, comm in cant 2 (GCS 33, 161); Aug,
in Io ev tr 28, 9 (CCL 36, 202); idem, enarr Ps 33, 1, 3 (CCL 38, 275); idem, contra Faustum
4, 2 (CSEL 25/1, 268). 6, 2 (ibid 285). 10, 3 (ibid 312). 13, 10 (ibid 389); Caesarius Arelatensis, sermo 81, 1 (CCL 103, 333). 87, 5 (ibid 359). 114, 3 (ibid 475); Beda, Hexaemeron
3, 14, 15 (CCL 118A, 188); idem, de tabernaculo 1 (CCL 119A, 5); idem, in Regum librum
q 16 (CCL 119, 310); idem, de templo 1 (CCL 119A, 148); Gregorius I, in librum I Rg 3, 95
(CCL 144, 252). 4, 14 (ibid 303). 5, 2 (ibid 418); Aelredus, sermo 33, 1 (CCM 2A, 267);
Philippus de Harveng, de continentia clericorum (PL 203, 735. 739); idem, de dignitate
clericorum (ibid 668); *de nobis:* Hier, epist 74, 2 (CSEL 55, 24). - *Lectionem versionis Vg* "ad
correptionem nostram" *praebent:* Or - Rufinus, hom 15, 3 in Lv (*propter commonitionem
nostram* GCS 29, 490; SChr 287, 258); Aug, speculum 31 (CSEL 12, 217); idem, enarr Ps
113, 1, 1 (CCL 40, 1635). Ps 134, 21 (ibid 1953); idem, sermo 260B (Ed. Morin, Miscellanea
Agostiniana 1, 331). sermo 363 (PL 39, 1634 l.47); idem, contra Faustum 32, 9 (CSEL 25/1,
768); idem de trinitate 3, 10 (CCL 50, 151); Hier, epist 78, 1 (CSEL 55, 49); Beda, in
primam partem Samuhelis, prol (CCL 119, 9); Godefridus Admontensis, hom dominicalis
76 (PL 174, 536. 540). hom festivalis 51 (ibid 584); Hermannus de Runa, sermo 14, 1 (CCM
64, 57s); Rupertus Tuitiensis, liber de divinis officiis 8 (CCM 7, 266 l.312); anonymus,
speculum virginum 1 (CCM 5, 34).   178 In...donum] *Vide supra l. 114s!*   183 in...origina-
le] Gl 293b^{mg}; Lom 1458D; *vide supra l. 115!*

---

169 ut scilicet] *om* T 173 prouidebat] prouideat A qui] quod T 176 commendatio] *corr ex*
confirmatio T 180 Quod] *praem* et T 184 prescientie] presentie T 185 habuit] habuerit T

peccatum scilicet originale. Sed nunquid peccatum actuale? Vtique.
Originale tamen tantum in eo dicitur odisse, quia ex ipso tanquam ex
materia et causa quodlibet procedit actuale.

Per hoc ergo quod dicit originale, actuale non excludit, sed in illud
-tanquam in materiam et causam- causam reprobationis eius refundit. 190
Reprobatio autem nichil est quam *gratie subtractio.* Gratia uero nec subtra-
hi potest nec conferri nisi rei existenti.

Quomodo ergo ab eterno reprobauit, cum illud, cui gratiam subtrahe-
T 148vb ret, ab eterno non fuit? Responsio: Ab / eterno dicitur deus aliquem /
A 166va reprobasse, quia ab eterno preordinauit apud se se ei pro culpa eius 195
gratiam suam subtracturum in tempore. Ergo illius preordinationis siue
eterne reprobationis causa fuit culpa temporalis.

Quare eius, quod eternum est, causa est quod temporale est? Responsio: Sane concedi potest, quod illius preordinationis siue eterne reprobationis causa sit culpa temporalis, causa quidem finalis non primordialis 200
causa, in qua terminatur, non inchoatur.

O 62va Item: De duobus queritur equaliter / peccato subiacentibus, quibus
gratia dei equaliter proponitur et offertur, unde sit quod alter ei consentiat et ab altero respuatur. Non enim maior inspiratur uni gratia quam
alteri, nec in minori peccato est alter altero. Cum ergo alter gratie oblate 205
consentiat, hoc autem ei bonum remunerabile sit, aut sine gratia bonum
aliquod remunerabile fieri potest, aut sine gratia nullus gratie consentire
potest. Quod autem sine gratia bonum remunerabile fieri possit, conce-
dere, heresi est consentire. Quare nec sine gratia ille gratie consentire
potuit. Ergo quia alter gratiam consentiendi non habuit, que eius culpa 210
fuit, si gratie non consensit? Hoc enim sine gratia, que ei data non est,
facere non potuit. Si respondeas, quia culpa eius fuit, quare gratia gratie
consentiendi ei data non sit, concludo: Ergo nec alteri data est, quia in
eadem culpa fuit. Equaliter enim peccatores erant, ut positum est, et
equalibus peccatis subiacebant. 215

Responsio: Gratia consentiendi data est utrique, non qua consensit
uterque sed alter, sed qua consentire potuit unus et alter.

Gratia consentiendi est gratia, que mentem huius et illius mouit, ut
bono, quod inspirabatur, consentiret. Mens autem huius mota est et

---

191 gratie subtractio] Lom, sent 1, 41, 1, 2 (Ed. Brady I, 288) 202 De...215 subiacebant] cf
Rob 123, 12-126, 10.

---

187 tantum] ante T dicitur odisse] *trp* T 191 nichil] *add* aliud AT 193 subtraheret] *corr ex*
subtraxit T 194 eterno²] *add* non fuit T* 198 Responsio] quod T 200 sit] fuit T non] *om* T
(*spatium*) 204 uni.... alteri] *trp* uni quam alteri gratia O* 208 gratia] *supr lin* O 211 sine]
corr ex si O que.... quare] *om* T non²] *supr lin* O 212 quare] que T 214 eadem] corde
T 219 huius] *om* T

220 consensit, quod de bono nature potuit. Velle enim ei adiacebat, sed
antequam gratia daretur, perficere non inueniebat. Excitata est mouente
gratia / gratia, et surrexit. Excitata est mens alterius, et non surrexit, sed O 62vb
mouentem et excitantem se gratiam reiecit. De bono ergo nature ille
consensit, sed non sine gratia, que illum, ut consentirert, excitauit.
225 Vtrique / istorum oculis claritas solis infunditur. Non uterque tamen A 166vb
uidet, quia alter oculos claudit et alter aperit. Videt ille, sed non sine
claritate solis. Non uidet iste, quia illam sponte abicit claritatem, quam
ille sponte recipit.

Similiter: Duo in foueam lapsi sunt, et sine superuenientis auxilio
230 exire non possunt. Superuenio et manu extensa manum unius apprehendo. Vnum itaque, quia se inpingit et conatur et quantum potest
michi cooperatur, extraho. Alterius deinde manum apprehendo, sed
quia, quod de se potest, cum auxilio meo scilicet se inpingere et erui,
recusat, eum in fouea relinquo. Quantum primo tantum huic prestiti
235 auxilium utrique sufficiens ad eum extrahendum; alter tamen est extractus et alter sua culpa relictus.

Et notanda est glosa illa: *Hoc de prescientia,* et illa: *Hoc de iudicio.* Hoc
enim: *Maior seruiet minori,* prophetia / fuit, et ideo de prescientia uenit. T 149ra
Hoc uero: *Iacob dilexi et Esau odio habui,* quando per prophetam Malachi-
240 am dictum fuit, longe ante completum fuit. Vnde bene dicitur: *Hoc de
iudicio.* / Iudicium enim de re iam facta fieri solet, non de facienda.   O 63ra

Sed queritur, quomodo hoc uerum fuerit, quod *maior seruiet minori.*
Nusquam enim legitur, quod Esau seruierit Iacob.

Responsio: Et si non in personis illis, tamen hoc completum est in
245 eorum filiis. Nam, sicut in libro regum legitur, Edom qui de Esau natus
est, temporibus Dauid et Salomonis aliorumque regum Israel, seruiuit
Israel. Postea autem rebellauit, sicut ei predictum fuerat ab Ysaac patre
suo: *Veniet,* inquit, *tempus cum excuties iugum illius de ceruice tua.* Vel, secundum alios, in personis illis impletum est: *Maior seruiet minori.* Seruire
250 enim dicitur prodesse. Tibi enim prodest, qui tibi seruit. Hoc modo
dicunt: Esau seruiuit Iacob, id est profuit illi, persequendo uidelicet
illum.

[14] QUID ERGO DICEMUS? Questionem facit hoc loco apostolus, que
ex premissis habet originem quamque postea soluit. Querit enim, quod
255 sibi non propter se sed propter alios querendum et soluendum uidebatur; quod ex antepositis et concessis posse inferri etiam nunc quam

---

237 Hoc^{1}...iudicio] Gl 293b^{i}; Lom 1458C.   238 Maior...minori] Gn 25, 23.   239 Iacob...
habui] Mal 1, 2. 3.   242 Sed...248 tua] cf Lom 1458AB.   248 Veniet...tua] Gn 27, 40.

---

224 que] qua T 225 Vtrique] utriusque AT 233 erui] eruti O* 253 hoc.... apostolus] *trp*
apostolus hoc loco T 254 postea] po+*spatium* T

A 167ra pluribus uidetur: / Dixerat enim superius, quod Iacob elegerit Esauque reprobauerit, *cum nondum nati essent* uel aliquid boni aut mali *egissent.* Vnde uidetur sequi quod, sicut alter sine merito est electus, quod et alter
O 63rb sine merito sit repro/batus. Si autem sine merito reprobatus, et absque 260 merito dampnatus. Reprobatum enim necessario sequitur dampnatio. Quod si absque merito dampnat eum deus, quomodo non est iniquitas in eo? Quod *absit,* inquit apostolus.

[15] Moysi ENIM. Obiectioni predicte auctoritatem scripture opponit apostolus, cuius testimonio probat tam illum ex iusticia reprobatum 265 quam istum gratia electum. *Moysi enim.* Quasi diceret: Ex gratia uocantis, non ex operibus iste electus est et dilectus. Quod ex ipsius eligentis testimonio fit certius, quia IPSE DICIT MOYSI: MISEREBOR in tempore uocando et iustificando illum, CUIUS MISEREOR predestinando, et MISERI-CORDIAM PRESTABO, hoc est uitam eternam, que ideo misericordia dici- 270 tur, quia ipsa ex misericordia datur: *Non* enim *sunt condigne passiones* etc., CUIUS MISEREBOR uocando in tempore et iustificando.

[16] IGITUR. Quia predestinatio, iustificatio et glorificatio ex miseri-cordia dei sunt, IGITUR NON EST UOLENTIS: "Velle" non uelle nature dicit, sed uelle gratie; uelle enim nature sine gratia nichil proficit, NEQUE 275 CURRENTIS currere. Currere uocat operari, hoc est: Principium et con-summatio omnis boni non ex homine est sed ex miserante deo.

[17] DICIT ENIM. Quasi: Quicunque eligitur, gratia eligitur. Quod auctoritatis premisse testimonio declaratur. Similiter quicunque repro-batur, ex iusticia reprobatur. Quod ex sequentis exemplo scripture / 280
O 63va demonstratur. DICIT ENIM SCRIPTURA, hoc est deus per scripturam: PHARAOM EXCITAUI uel: seruaui siue induraui, sicut in quibusdam codi-cibus habetur. Quasi: Prius latebat malitia cordis tui, sed ego manifestaui eam occasione prestita exterius in signis et mirabilibus meis, UT etc.

Ecce utilitas indurationis eius, potentie scilicet dei et nominis per 285 uniuersum mundum dilatatio! Malitia eius causa fuit indurationis; ea

257 superius] Rm 9, 11. 259 sicut...reprobatus] cf Gl 294aⁱ. 266 Ex...operibus] cf Lom 1459C. 268 Miserebor...271 etc] cf Gl 294aⁱ; Lom 1459C. 271 Non...passiones] Rm 8, 18. 272 uocando] cf Ab 236, 156. 273 Quia...276 operari] cf Gl 294aⁱ; Lom 1460B. 282 Pharaom excitaui] cf Ex 9, 16. excitaui...seruaui] cf Gl 294a^{i + mg}; Lom 1460D. induraui] cf Aug, de gratia et libero arbitrio (PL 44, 911); Hincmarus, de praedestinatione (PL 125, 107A. 448A); Gl 294a^{i + mg}.

258 aut] uel T 273 Igitur] *add* m. T Quia] *om* T 274 est] *om* T uolentis] nolentis O 276 ope-rari] opera T 277 deo] *om* T 278 eligitur[1]] elig(it) T gratia eligitur] *om* T 279 auctoritatis] auctoritas T 280 ex sequentis] *corr ex* exequentis O exequentis A exemplo scripture] *trp* T 284 prestita] prescita O 285 indurationis eius] *trp* A 286 dilatatio] dilatio T Malitia] militia T

tamen deus usus est ad gloriam nominis sui, cui bona sunt mala / nostra
ad utilitatem nostram.   T 149rb

Sed queritur, quid ad Esau exemplum hoc de / Pharaone, cum ille A167^rb
290 tantum pro originali peccato dicatur reprobatus, iste etiam pro culpa
actuali. Responsio: Ad hoc inducuntur similitudines et exempla, ut per
magis certum quod minus certum est uideatur. In reprobatione siue
obduratione Pharaonis iusticia dei manifesta apparet et uindicte causa,
malitia scilicet illius. Sic et reprobationis Esau, hoc est quando in tem-
295 pore gratia dei ei subtracta est, causa fuit culpa eius etiam actualis. Que
quia ex originali peccato descendit tanquam ex materia et causa, pro
originali peccato dicitur reprobatus, sicut supra ostensum est. Vel: Ante
tempus discretionis dicatur reprobatus, quando solum originale in eo
fuit, quod quidem causa sufficiens est reprobationis et dampna/tionis.   O 63vb
300 [18] ERGO CUIUS. Ex his uerbis apostoli uidetur utrumque ad uoluntatem dei referri, miseratio scilicet et induratio, ut, sicut sine omni merito
cuius uult miseretur, ita sine merito quem uelit induret. Quod credere
sane fidei contrarium est. Indurat ergo deus gratiam, que cor emollire
poterat, subtrahendo; indurat occasionem, unde deterior fiat, exterius
305 proponendo. Quod quidem totum ex culpa illius est. *Iustum est* enim, *ut
qui in sordibus est, sordescat amplius.* Dicitur ergo indurare quem uult, quia
non coactus sed uoluntarius gratiam subtrahit, non coactus sed uoluntarius occasionem, unde ille deterior fiat, exterius ei proponit. Nec est
semper malum esse occasionem mali. De ipso enim homine Christo
310 legitur: *Ecce positus est hic in ruinam* etc., et apostolus: *Aliis sumus odor
mortis in mortem, aliis odor uite in uitam.*

[19] QUID ADHUC. Occasionem questionis sue ex uerbis apostoli sumit
carnalis dicens: Si *cuius uult miseretur deus, et quem uult indurat,* et item:
Non est uolentis neque currentis, sed miserentis dei, ERGO QUID ADHUC QUERI-
315 TUR, quare iste electus sit et ille reprobatus, uel quare iste bonus sit et
iste malus, cum hoc totum in uoluntate dei sit et nichil in hominis relinquatur arbitrio? Vel: *Quid adhuc conqueritur* deus de peccatis hominum,
cum euitare nequeant quod ipse uelit? /

---

300 Ex...305 proponendo] cf Rob 128, 15-19.   305 Iustum...amplius] Apc 22, 11; *vide supra
p. 51, 1137 ad Rm 1, 24.*   310   Ecce...ruinam] Lc 2, 34.   Aliis...uitam] I Cor 2, 16.
313 cuius...indurat] Rm 9, 18.   314 Non...dei] Rm 9, 16.   315 quare[1]...318 uelit] cf Gl
294b^mg; Lom 1464AB.

---

290 tantum] tamen T 295 etiam actualis] in actual. A 296 originali] *corr ex* actuali T causa]
eam O 297 Ante....   299 quidem] *om* T 305 illius] *supr lin* O enim ut] *om* T 307 coactus[2]]
add occasionem T* 308 Nec] non T 309 occasionem] occasione T 312 Quid] quod
T 313 et[1]] *om* T item] *corr ex* iterum O 314 queritur] *om* T
326

O 64ra   [20]O HOMO./ Audita questione carnalis et insipientis hominis, ut ad
A 167va se redeat, eum increpat apostolus, ex ipsa increpatione prohibens ei ut, 320
si occulta iudiciorum dei penetrare non potest, saltem nec reprehendat.

RESPONDEAS, hoc est contradicas DEO, quia respondentis est contradicere. VEL: RESPONDEAS DEO, hoc est dicas ei, quare ita facis.

NUNQUID ETC. Similitudo hec de uase et de figulo de Ysaia propheta
sumpta est et electioni bonorum et reprobationi malorum ab apostolo 325
conuenientissime adaptata. In domo magni patris familias sunt uasa *in
honorem*, ut ea quibus infertur cibus et potus, que mensis imponuntur;
sunt uasa *in contumeliam*, uasa culine, in quibus cibi coquuntur, sordes
excipiuntur, in quibus ea que in honorem sunt uasa purgantur et mun-
dantur. Boni uasa sunt *in honorem;* mali uasa sunt *in contumeliam*, apta in 330
interitum. Qui tamen in ecclesia dei sunt sicut et boni, quia purgationi
T 149va bonorum adhuc necessarii sunt. / Quod autem uasa *in contumeliam* sunt,
non est ex figulo sed ex materia, de qua alterius modi uasa fieri non
possunt nisi figuli gratia. Vnde quod in *uasa in honorem* fiunt, ex gratia
O 64rb eius est. Similiter natura humana tota corrupta est habens / in se suffici- 335
entem causam reprobationis, peccatum originale. Vnde, quod inde
aliqui eliguntur, gratia dei est; quod alii reprobantur, ex massa perdita
est.

[22] QUOD SI. Similitudine conuenienti inprudentiam carnalis hominis confutauit apostolus; adhuc eandem alia ratione retundit dicens: 340
Quid iterum dices, o homo, qui non percipis *ea que sunt spiritus dei?* Si
deus uolens OSTENDERE IRAM SUAM, hoc est uindictam suam in presenti
ut in submersione Pharaonis et Egyptiorum, et NOTAM FACERE POPULIS
SUAM ut in exhibitione signorum et liberatione Hebreorum, SUSTINUIT
etc.   345

[23] DIUITIAS GLORIE SUE. Diues apparet gloria dei bonis, his scilicet,
qui opera eius diligenter attendunt in sustinentia malorum. Patiens enim
ibi apparet, quantum ad malos, quos sustinet; apparet et misericors
A 167vb quantum ad / bonos, ad quorum profectum utitur diuturna uita malorum.   350

---

322 hoc...contradicas] cf Lom 1464D.   324 Ysaia] Is 45, 9.   333 non[1]...figulo] Gl 294b[i].
337   massa perdita] Aug, contra Iulianum opus imperfectum 3, 161 (CSEL 85/1, 466);
Petrus Venerabilis, adversus inveteratam duritiem 5 (CCM 58, 127); Rupertus Tuitiensis,
comm in ev S. Iohannis 3 (CCM 9, 155); *vide etiam p. 269, 31 ad I Cor 5, 6 (massa corrupta)!*
339 Similitudine...343 Egyptiorum] cf Ab 243, 384s.   341 non...dei] cf I Cor 2, 14.   343 in
...Egyptiorum] Ex 14, 26-30.

---

326 magni....   familias] patris familie magni T 330 mali] multi T 333 uasa] corr ex usasa O
334 in[2]....   fiunt] honore fuerint T   337 est] *om* T alii reprobantur] aliud reprobatur
T 340 eandem] ad hanc T ratione] rationem T retundit] retinend(um) T 343 in] supr lin
O populis] potentiam T 347 diligenter] diligunt T

Sed queritur, an misericorditer an iuste tantum an an etiam et iuste et misericorditer agat cum illis deus, quos scit se se non correcturos, sed de die in diem in deterius casuros, et diutius uiuere sinit. Minus enim punirentur, si citius decederent. Vnde et misericordius cum illis ageret, si eis
355 occasionem peccandi citius auferret.

Non uidetur hic magna questio esse, si, quid ex deo quid ex homine ibi sit, diligenter attendas. Iuste agit cum illis. *Iustum* enim *est ut, qui in sordibus* / est, amplius sordescat; iustum etiam, ut diutius reseruentur, O 64va per quos boni meliores efficiantur. Misericorditer etiam agit cum illis
360 spacium illis penitentie indulgendo. Vnde: *Ignoras quia benignitas dei te ad patientiam adducit?* Ipsi autem secum crudeliter agunt diutius peccando, patientia dei male utendo. Vnde: *Tu autem thesaurizas tibi iram* etc. Potest etiam dici, quia cum illis misericordius ageret, si citius decederent. Melius enim illis esset. Vnde: *Melius erat illi, si natus non fuisset homo ille.*
365   Sed notanda est glosa illa beati Ambrosii super hunc locum et sane intelligenda; multis enim occasio fuit erroris. Vnde etiam quidam eam non intelligentes dicunt eam non esse magni Ambrosii sed cuiusdam alterius, monachi et heretici.

Sed notandum, quia inter multas hereses due fuerunt, una Manicheo-
370 rum, que ita omne bonum gratie ascribebat, ut liberum arbitrium ex toto tolleret; altera Pelagianorum, que non minori insania bonum ab homine sine gratia fieri posse predicabat. Doctores ergo sancti aliquando contra hunc, aliquando contra illum loquuntur errorem. Quod et facit beatus Ambrosius in glosa ista confutans errorem Manichei, qui et ipse Mani-
375 cheus fuerat, sicut idem beato Augustino dicit: *Ego ipse in eodem* / *errore* O 64vb *fui.* Legatur itaque glosa, et intelligatur! *Quibusdam deus gratiam infert quasi coactis,* ut Paulo, quem ui quadam ad fidem conuertit, dum eum in

---

357 Iustum...sordescat] Apc 22, 11; *vide supra ad Rm 1, 24 (p. 51, 1137).*   360 Ignoras... adducit] Rm 2, 4.   362 Tu...iram] Rm 2, 5.   364 Melius[2]...ille] Mt 26, 24.   365 glosa... Ambrosii] *Vide* Gl 294b^mg: *Nota quia quibusdam nec gratiam apponit, cum aliis infert eam quasi coactis. Vnde Ambrosius de praescientia pharaonem damnandum censuit sciens eum se non correctu- rum. Apostolum vero Paulum elegit praescius utique quod futurus esset fidelis. - Secunda pars huius sententiae:* Abst ad Rm 9, 14 (CSEL 81/1, 318/319); *cf etiam:* Rabanus, expos super Ier (PL 111, 1490B); Ab, sic et non 26, 1 (Ed. Boyer/McKeon 169); Lom 1467D; Petrus Pictauiensis, sent 1, 15 (PL 211, 850D *sub nomine Augustini).*   375 Ego...fui] *Non inventum; sed cf:* Ruper- tus Tuitiensis, de sancta trinitate 40, 7, 19 (CCM 24, 2071).   376 Quibusdam...coactis] Gl 294b^mg; Lom 1467CD.

---

351 tantum] tamen T et[1]] om T 354 decederent] deciderent O 355 occasionem] occasione T 356 Non] Nunc T hic] ibi T ex[1].... enim] *om* T 358 etiam] est T 359 etiam agit] *trp* T 361 adducit] ducit T 362 Vnde] *add* euange, T Tu autem] *om* T 363 etiam] autem T illis] om AT 365 hunc] illum T 366 etiam] *om* T 367 sed] *om* T 375 idem] ipse T

T 149vb terra / prostrauit, cecauit. Quibusdam non apponit gratiam, ad effectum
A 168ra scilicet. Quidam enim adeo excecati sunt, quod / nunquam ad resipis-
cendum mouentur. Vnde Ambrosius: *De prescientia Pharaonem dampnan-* 380
dum censuit, hoc est Pharaonem dampnandum presciuit *sciens eum non se*
correcturum. Et *apostolum Paulum elegit prescius utique, quod futurus esset*
fidelis. Hinc est erroris occasio multorum, sicut prediximus, qui istud
causatiue legunt, quasi: Ideo illum presciuit dampnandum, quia se non
erat correcturus, et: Ideo Paulum elegit, quia fidelis erat futurus. Et ita 385
merita futura causam prescientie dei faciunt. Sed glosa non dicit, quod
presciuerit illum talem, quia talis erat futurus, sed presciuit eum talem,
qualis erat futurus; quod utique uerum est. Pharaonem enim presciuit
dampnandum, qui se correcturus non erat, quod posset per bonum
nature adiuuante gratia. Elegit Paulum presciens quod fidelis erat futu- 390
rus, quia adhesit gratie per consensum rationis. In quo Manichei falsitas
destruitur, dum liberum arbitrium gratie cooperari demonstratur.

O 65ra   [28] VERBUM ADBREUIATUM. Mandatum illud de caritate, / sicut dicunt: *Diliges deum tuum ex toto corde tuo, et proximum tuum sicut te ipsum; et*
in his duobus mandatis tota lex pendet et prophete. Vel: *Verbum adbreuiatum* 395
euangelium, quod respectu legis breue, uel: *Verbum adbreuiatum* est, quod
fecit *dominus super terram, uerbum caro factum,* quod *adbreuiatum* est, ut
eum capere et intelligere possemus, qui ad altitudinem maiestatis sue
attingere non poteramus. Quod adbreuiatum est in humilitate, *factum*
obediens patri usque ad mortem. Verbum hoc consummauit legem, hoc est 400
adimpleuit. Non enim uenit *eam soluere, sed adimplere* in equitate, figuralia
recsindens et moralia retinens.

     [29] ET SICUT PREDIXIT YSAIAS. Hoc iterum de Iudeis. Ysaias enim de
illis erat. Vnde dicit nobis: DOMINUS SABBAOTH, exercituum, qui aciem
bellatorum suorum ordinat et armat contra insidias diaboli, sicut scrip- 405
tum est: *Terribilis ut castrorum acies ordinata.*

     NOBIS, hoc est ad utilitatem nostram. SEMEN, apostolos scilicet, quos
Christus seminauit, dum eos per uniuersum orbem dispersit. Quorum
predicatione seges fidelium excreuit. Vel: *Semen* est Christus, qui de

---

379 Quidam...383 fidelis] cf Gl 294b^mg.   380 De...383 fidelis] Abst *ad Rm 9, 14* (CSEL 81,
319).   393 Mandatum...399 humilitate] cf Ab 246, 480-484.   394 Diliges...prophete] Mt
22, 37-40.   397 uerbum...factum] Io 1, 14.   399 factum...mortem] Phil 2, 8.   401 eam...
adimplere] Mt 5, 17.   403 Ysaias^1] Is 1, 9.   404 exercituum...406 ordinata] cf Ab 246,
489-491.   exercituum...411 fructum] cf Gl 295a^{i + mg}; Lom 1470B.   406 Terribilis...
ordinata] Cant 6, 3.

---

378 terra] terram T   384 causatiue] cautiue A   385 correcturus] correpturus T   386 non....
quod] om T   388 utique] itaque T   395 adbreuiatum] *add* est quod fecit dominus super T

410 Iudeis natus est, quod *cecidit in terram* et mor/tificatum est in passione A 168rb
sua, et resurgens multum attulit fructum.

SICUT SODOMA et SIMI/LES SICUT GOMORRA, hoc est: *Nisi semen* hoc O 65rb
nobis relictum fuisset, pares illis duabus ciuitatibus essemus, que funditus
sunt subuerse et delete. Similiter: *Nisi* deus pater *nobis semen* illud *reliquis-*
415 *set,* penitus in infidelitate perissemus.

[30] QUID ERGO DICEMUS? Quia de uocatione gentium auctoritatem
Osee induxerat, ne Iudei auctoritatem illam ad se tantum retorquerent,
obuiat apostolus dicens: QUID ERGO DICEMUS, hoc scilicet QUOD GENTES
ETC.

420 [31] LEGEM IUSTICIE. Ypallage, hoc est: iusticiam legis, que ad oculum
est. Vel: Lex dicitur iusticie, quia preparatio quedam est ad iusticiam,
uel: quia spiritu/aliter intellecta et impleta iusticiam confert. T 150ra

[33] ECCE PONO IN SYON. Hoc iterum de Ysaia est. Verba sunt patris de
missione filii. Per Syon Iudeos intelligit. Mons enim Syon in Iudea est, et
425 in Iudea Christus natus et crucifixus est.

LAPIDEM OFFENSIONIS ET PETRAM SCANDALI. Differentiam faciunt inter
lapidem et petram dicentes, quia petra dicitur ante politionem, lapis post
politionem; alii quod lapides magni petre, minores uero lapides proprie
uocantur. Consuetudo satis usitata est in omnibus scripturis, et maxime
430 in prophetis, in eadem sententia uerba uariare. Vnde ad idem satis
conuenienter referri potest, quod dicit *lapidem offensionis* et *petram scanda-*
li. Quod Christo bene conuenit, in quem *offenderunt,* qui / dixerunt: *Non* O 65va
habemus regem nisi Cesarem; crucifige illum! Qui et *petra scandali* fuit, sicut
euangelium narrat. Vnde discipuli ad illum: *Nescis quia Pharisei audito hoc*
435 *uerbo scandalizati sunt?* Et discipuli etiam sepissime scandalizati sunt in
eum.

---

410 cecidit...terram] Mc 4, 8; Lc 8, 8. 421 Lex...iusticiam] cf Rob 133, 6. 423 Ecce...
Syon] Is 8, 14. 28, 16; I Pt 2, 6-8. Hoc...filii] cf Ab 247, 532. Ysaia] 8, 24; cf I Pt 2, 6-8.
426 Differentiam...petram] cf Gl 295a^{mg}; Lom 1471D. 427 ante politionem] Gl 295a^{mg}.
post politionem] Gl 295b^{mg}. 429 Consuetudo...uariare] cf Ab, 248, 540s. 431 lapidem...
scandali] Rm 9, 32s. 432 Non...illum] Io 19, 15. 433 petra scandali] I Pt 2, 8. 434 Nescis...sunt] Mt 15, 12.

---

416 Quid.... 418 dicens] *pon post* iusticiam (*431*) T gentium] *om* T 428 quod] que T lapides proprie] *trp* T 430 uerba] *om* T 432 offenderunt] *om* T 435 Et.... sepissime] et
sepissime etiam discipuli T

[10, 1] FRATRES. Quia redarguens frequentissime odiosus habetur et etiam quando ex caritate procedit reprehensio fere semper odio ascribitur, ostendit affectum suum et effectum apostolus erga illos, quos reprehendisse uidetur. Per hoc autem quod dicit *fratres*, eos sibi parificat, non se preponit, ut non ex dominio uel odio, sed ex fraterna dilectione magis 5 talia dixise uideatur.

VOLUNTAS CORDIS MEI ET OBSECRATIO ETC. Omnis uoluntas cordis est,
A 168va si proprie / accipiatur uoluntas. Accipitur enim quandoque pro affectu sensualitatis. Cum ergo apponitur siue "spiritus" siue "mentis", uel ad differentiam illius affectus sensualitatis, qui aliquando dicitur "uoluntas", 10 apponitur, uel propter deuotionem notandam adiungitur, sicut hic et in multis aliis locis. Per hoc autem quod dicit *et obsecratio*, ostendit, quanta sit eius ad deum pro illis oratio. Obsecratio enim non est quelibet oratio sed illa, que imminente aliqua necessitate cum summa instantia fit summaque deuotione.   15

O 65vb   [2] Estne pro / eis orandum? Est utique. TESTIMONIUM ENIM etc.

Quid est quod apostolus se pro illis spiritualiter orare dicit, qui zelum dei habent *sed non secundum scientiam?* Nunquid et pro aliis orandum non est, qui hunc zelum non habent? Nonne pro omnibus orandum est? Pro gentibus, que creaturam pro creatore colunt, oramus, nec tamen zelum 20 dei habent.

Responsio: De illis loquebatur apostolus, qui zelum dei habebant, *sed non secundum scientiam.* Vnde, cum se pro illis orare dicit, etiam alios ab oratione sua non excludit. Dicit tamen apostolus Iohannes: *Est peccatum ad mortem, non pro eo dico, ut roget quis.* Quod tamen diuersis modis expo- 25 nitur. Beatus enim Augustinus sic exponit: *Non pro eo roget quis,* hoc est quilibet, sed aliquis magnus. Alii legunt hoc de peccato in spiritum sanctum, pro quo non est orandum, ut dicunt, quia non remittetur hic neque in futuro, sicut dominus dicit.

T 150rb   De hoc peccato, hoc est de peccato in spiritum sanctum, diuersi diuer 30
/sa sentiunt. Dicunt enim quidam illud esse inremissibile, non quia non possit remitti, sed quia nunquam actu contingit remitti. In quolibet enim

---

1 Quia...6 uideatur] cf Comm Cantabrigiensis 1, 143.   3 ostendit...effectum] cf Ab 248, 3s.
20 creaturam...colunt] cf Rm 1, 23.   24 Est...quis] I Io 5, 16.   26 Augustinus] *Non inventum;* cf Aug, de sermone domini in monte 1, 22, 73-75 (CCL 35, 82ss).   27   Alii] cf Lom,
sent 2, 43, 1, 1 (Ed. Brady 1, 572). 2, 43, 1, 5 (ibid 574).   30 De...sentiunt] cf Lom, sent 2,
43 (Ed. Brady 1, 572-577).   De...35 possunt] cf Ab 108, 403-405.

---

1 redarguens] redurguens A 2 etiam] in A 4 non] sibi] *add* op. T 5 uel] *add* s. T 9 apponi-
tur] *add* cordis AT   10   illius] *om* T sensualitatis] sensualita O   12   Per] propter T autem]
etiam AT 14 summa....] fit] *trp* summa cum instantia T* 18 non est] nonne AT 20 que]
qui T 25 eo] illo Vg 26 Augustinus] angus. O quis] *om* Vg Ed. Weber

aliorum peccatorum genere, ut dicunt, aliquod contingit remitti, in hoc
autem nullum. Sed quomodo hoc sciunt, et quare non contingit cum
35 possit, dicant si possunt!

Magister Hugo, in omni peritus scientia, tria genera peccatorum
distinguebat: / peccatum scilicet in patrem, peccatum in filium, pecca- O 66ra
tum in spiritum sanctum. *Quando*, inquit, *ex fragilitate peccamus, peccamus*
in patrem quasi contra potentiam; quando ex ignorantia peccamus, peccamus in
40 *filium quasi contra sapientiam; quando uero ex maliuolentia siue* / ex inuidia, A 168vb
quod fit quando quis scienter inpugnat bonum, peccamus in spiritum
sanctum quasi contra dilectionem. Et ideo peccare in patrem siue in filium hic siue
in futuro remittitur; quia ex fragilitate qui peccat uel ignorantia, sicut aliquam
excusationem habet in culpa, ita etiam aliquam ire remissionem habere debet in
45 *pena, siue in hoc seculo si penituerit, siue in futuro si in malo perseuerauerit, ut*
tolerabiliorem sentiat penam. Qui uero ex malitia peccant, eorum delictum nullam
habet excusationem, et ideo pena eorum habere non debet remissionem, quia siue
penituerint in hoc seculo, plena satisfactione sunt multandi; siue non penituerint,
plena dampnatione in futuro sunt puniendi. Et ideo hi tales nec hic nec in futuro
50 *remissionem accipiunt, non quia penitentibus uenia denegetur, sed quia pleno*
peccato plena retributio debeatur.

Beatus Augustinus dicit, quia *non est desperandum de aliquo, quamdiu in*
uita presenti est. Vix enim po/test sciri, et non nisi a spirituali qui omnia O 66rb
diiudicat, quis peccet in spiritum sanctum, maxime cum peccatum illud
55 cordis sit et nemo confiteatur de eo. Non enim dico, quod, quicunque
bonis operibus fratris sui derogat ex inuidia, peccet in spiritum sanctum.
Hoc enim sepissime fit a multis, et penitentiam agunt Sed ille michi in
spiritum sanctum peccare uidetur, qui spiritui sancto inuidet, eo quod
per hunc siue per illum bona operetur. Vnde peccatum eius redundat in

---

36 Magister Hugo] *Ad sequentia vide Landgraf, Die Überlieferung des Offenbarungsgutes betreff der*
Sünde wider den Heiligen Geist. DG IV/1, 13-69, imprimis 18-21! 38 Quando...51 debeatur]
Hugo, de amore sponsi ad sponsam (PL 176, 989AB); *idem textus apud Petrum Comestorem,*
sermo 29 (PL 198, 1785CD). 52 Beatus...64 merentur] *Vide Landgraf, l. cit. 20 nota 8.* 55 cum
nota 30,! non...est²] cf Aug, sermo 71, 13, 21 (PL 38, 456); idem, retractationes 1, 19, 7
(CCL 57, 59); cf Lom, sent 2, 43, 1, 8 (Ed. Brady 1, 576); cf etiam: Leo I, epist ad Rusticum
Narbonensem episcopum 5 (PL 84, 766D): *Nemo desperandus est, dum in hoc corpore constitutus*
est, quia nonnumquam quod diffidentia etatis differtur, consilio maturiore perficitur; item idem,
epist 167, responsio 7 (PL 54, 1205B); idem, decr 19: Dionysius Exiguus, collectio (PL 67,
289B); Gratianus, decr II, 33. 3, 1, 7, 1 (Ed. Friedberg I, 1244).

---

43 ex.... qui] *trp* qui ex fragilitate T peccat] *om* T aliquam] A *et* Hugo PL 176, 989A;
aliqu(a) OT 44 etiam] *om* T ire] om Hugo l. cit. remissionem] missionem O 45 penituerit]
add ut facilius consequatur indulgentiam, Hugo l. cit. futuro] *add* saeculo, Hugo l.
cit. 46 delictum] peccatum, Hugo PL 176, 989B 48 sunt multandi] super mulctandi
T 52 aliquo] homine T 59 operetur] operatur T

spiritum sanctum, qui scilicet super bonitatem eius quodam dolore 60
afficitur. Cuiusmodi erant illi, qui dicebant: *In Beelzebub principe demoni-*
orum eiicit demones. Cum enim talia scirent non nisi per spiritum sanctum
ab aliquo fieri posse, ipsi spiritui sancto per Christum illa operanti
inuidebant; et tales ueniam non merentur. Adeo enim spiritu maligno
pleni sunt et unus spiritus cum illo effecti, ut iniustum sit, quod ueniam 65
consequantur. Deus autem quod iniustum est facere non potest. Vnde
nec illis misereri debet sicut nec ipsi diabolo, cui iste similis factus est.

T 150va   EMULATIO/NEM DEI HABENT, hoc est zelum dei, / SED NON SECUNDUM
A 169ra SCIENTIAM. De hoc zelo queritur, quid sit et utrum bonus uel malus sit.
Est enim zelus bonus, est et zelus malus, sicut in multis scripturarum locis 70
O 66va habemus. / Zelus bonus siue zelus dei est feruor mentis, quo quis prop-
ter deum putat aliquid faciendum esse uel dimittendum. Hic autem zelus
aliquando est cum scientia, aliquando sine scientia.

Scientia hic appellatur fidei cognitio. Hunc ergo zelum habebant illi,
de quibus hic loquitur apostolus, sed non cum scientia, quia sine fide 75
erant. Hunc zelum habuit apostolus ante conuersionem suam, sed non
cum scientia. Persequebatur enim ecclesiam dei, quia id propter deum
faciendum esse credebat, sicut et isti, sed non cum scientia, quia fidei
agnitionem nondum habebat. Zelus bonus erat, quia dei donum erat.
Per zelum talem contemptum dei uitabat. Vnde et per eum penam illam 80
demerebatur que contemptui dei debebatur. Peccabat re uera ecclesiam
dei persequendo; peccaret etiam si non persequerertur, cum id propter
deum faciendum esse crederet. In tali enim casu nerui testiculorum
Leuiathan perplexi sunt, ut in neutram partem sine peccato quis euadere possit. Sed sicut ipsemet dicit: *Quia id ignoranter feci, misericordiam* 85
consecutus sum. Istud *quia* sancti causatiue legunt, quasi ignorantia causa
sit, quare misericordiam sit consecutus. Est utique causa, sed non efficiens sed accessum prebens. Facilius enim misericordiam consequuntur
qui ignoranter peccant quam qui scienter delinquunt.

[3] IGNORANTES etc. Ecce zelus et ignorantia. Quod enim suam iustici- 90
am, hoc est legalem, constituere uolebant, ex zelo dei erat, cui idem
O 66vb placere putabant. Quod iusticie dei, / hoc est fidei, subiecti non erant,
ex ignorantia erat.

---

61 In...demones] Mt 12, 24.   68 Emulationem...72 dimittendum] cf Ab 249, 22-26.   69 De
...89 delinquunt] cf Rob 134, 12-136, 17.   83   nerui...Leuiathan] Iob 40, 12.   85   Quia...
sum] I Tim 1, 13.

---

68 zelum dei] *trp* T   70 zelus²] *add* et T malus] malum T   81 que] qui A   83 crederet] *corr ex*
credebat T   86 causatiue] cautiue A   87 utique] itaque T   91 legalem] legale T   92 Quod]
quod quia T

[4] FINIS ENIM. Vere iusticie dei non sunt subiecti; nec enim possunt,
95 quamdiu legem obseruare uolunt, cuius *finis Christus est.* Est finis con-
sumptionis, est finis consummationis. Expensa finita est, hoc est con-
sumpta; tela finita, hoc est consummata. *Christus* autem *finis legis* est
consummans. *Non enim,* inquit ipse, *ueni soluere legem sed adimplere.* Ipse
legem impleuit, ut ulterius nichil legi debeatur. *Lex enim et prophete /usque*
100 *ad Iohannem,* id est usque ad gratiam, qua superueniente lex ultra non est A 169rb
tenenda. CHRISTUS ENIM FINIS LEGIS EST OMNI CREDENTI AD IUSTICIAM. Est
enim qui credit, et non *ad iusticiam,* quia iustificatur non per fidem,
cuius scilicet *fides per dilectionem* non *operatur.*

[5] MOYSES. Quia tociens de iusticia legis mentionem facit et de
105 iusticia fidei, que sit utraque, auctoritate docet. Ac si diceret: Merito
distinguo inter iusticiam legis et iusticiam fidei, quia MOYSES distinguens
inter eas SCRIPSIT etc. VIUET IN EA, id est non punietur sicut transgressor,
uel: VIUET IN EA, id est uictum habebit ex ea, sicut scriptum est: *Si hec*
feceritis, bona terre comedetis.

110 [6] QUE AUTEM. Que sit iusticia legis, auctoritate Moysi docuit. Nunc
que sit iusticia fidei, eiusdem auctoritate docet. Verum quia fides nostra
in fide Christi precipue consistit, / hoc est in fide incarnationis eius, O 67ra
passionis et ad inferos descensionis, / resurrectionis et in celum ascensio- T 150vb
nis, duos articulos fidei huius supponit, sine quibus iusticia esse non
115 potest et in quibus ceteri fidei nostre articuli comprehenduntur.

QUE AUTEM. De iusticia legis ita loquitur Moyses; sed de iusticia, que
est ex fide, sic dicit: NE DIXERIS IN CORDE TUO negando uel dubitando:
QUIS ASCENDET IN CELUM? Quid sit dicere hoc, exponit apostolus: ID EST
CHRISTUM, quantum in te est, AD TERRAS DEDUCERE, negare scilicet ipsum
120 in celum ascendisse.

[7] AUT *ne dixeris in corde tuo:* QUIS DESCENDET IN ABYSSUM, hoc est in
infernum? HOC EST ENIM, quantum in te est, CHRISTUM A MORTUIS REUO-
CARE, hoc est negare ipsum mortuum fuisse et propter mortuos liberan-
dos in infernum descendisse. Sensus hic est: Si uis habere iusticiam fidei,
125 ex qua sola salus est, crede Christum uerum deum et uerum hominem

95   Est...consummationis] cf Alanus de Insulis, theologicae regulae 69 (PL 210, 656AB).
97 Christus...101 tenenda] cf Comm Cantabrigiensis 1, 145.   98 Non...adimplere] Mt 5,
17.   99 Lex...Iohannem] Lc 16, 16.   103 fides...operatur] Gal 5, 6.   107 Viuet...ea] Lv 18,
5.   non...transgressor] cf Gl 295b^i; Lom 1474AB.   108   Si...comedetis] cf Is 1, 19.
111 eiusdem auctoritate] Dt 30, 11-14.   116 Que...120 ascendisse] cf Ab 250,65-77; Lom
1474BC.   De...tuo] cf Comm Cantabrigiensis 1, 146.   119   quantum...est] Gl 296a^i.
121 in infernum] Ab 250,273; Gl 296a^i; Lom 1475B.

97 tela] talia T consummata] consummatis A 101 est] *om* T 107 scripsit] Vg dixit; cf Gl
296a^i 111 Verum] Vnde T 117 sic] sicut O 118 celum] e. T 121 Aut] ut T

mortuum fuisse, ad inferos descendisse, et post resurrectionem in humanitate nostra ad celum ascendisse.

[8] SED. Quasi: *Ne* hoc *dixeris.* SED QUID DICIT SCRIPTURA? Moyses in
Deuteronomio, ut tu illud dicas et credas: PROPE EST UERBUM, *uerbum*
A 169va scilicet *fidei / quod predicamus,* IN ORE TUO, hoc est: consentaneum et / 130
O 67rb aptum ad loquendum. Nichil est in eo falsitatis, nichil deceptionis, nichil
inhonestatis admixtum, ut ipsum loqui erubescas. *Prope est* etiam IN
CORDE TUO ad credendum. Adeo enim consentaneum est rationi uerbum
salutis nostre, ut ei, cum predicatur, statim adquiescat suscipiat et credat.
Nichil enim magis desiderat anima rationalis quam beate uiuere, cui 135
nichil aliud sufficit in mundo. Aliud concupiscere potest, aliud tamen ei
sat esse non potest. Vnde, cum illud audit, quod summe appetit, aut
omnino ceca est et rationis expers, aut illi consentit.

Sed uidetur hec auctoritas, quam hoc loco inducit apostolus, longe
alia esse in uerbis et in sensu ab eo, quod Moyses dicit in Deuteronomio. 140
Ibi enim ad filios Israel loquens eosque ad mandatorum legis obseruationem exhortans sic dicit: *Mandatum quod ego precipio tibi hodie, non supra te
est, neque procul positum, nec in celo situm, ut possis dicere: Quis nostrum ad
celum ualet transcendere, ut deferat illud ad nos, et audiamus atque opere comple-
amus? Neque trans mare positum, ut causeris et dicas: Quis ex nobis transfretare* 145
O 67va *poterit et illud ad nos usque deferre, ut possimus audire et facere quod preceptum
est? Sed iuxta est sermo ualde in ore tuo et in / corde tuo, ut facias illum.*

Verba hec et sensus eorum longe uidentur alia esse et propter aliud
inducta a Moyse ab his, que ponit apostolus. Moyses enim hoc solum
uerbis illis dicere uidetur, quod filii Israel, quibus loquebatur et ad obser- 150
uationem legis hortabatur, de transgressione eius excusationem non
haberent, quasi mandatum longe esset positum, ut illud frequenter
T 151ra uidere et audire non possent, uel ne de difficul/tate eius conquerentur,
quasi difficile esset tam ad loquendum quam ad intelligendum. Propter
quod et dicit: *Prope est in ore tuo et in corde tuo.* 155

Responsio: Non est credendum sed nec cogitandum apostolum legis
A 169vb peritum hoc uel aliud aliquod mandatum legis non / intellexisse uel
intellectum peruertisse. Nouit enim ueritatem Hebraice lingue, et magis
sensum quam uerba forsitan huius uel illius translationis uoluit apponere. Quod frequenter et ipse et alii faciunt, qui auctoritates de ueteri 160

---

128 Moyses...Deuteronomio] Dt 30, 14; cf Gl 296a^i.   131 Nichil...136 mundo] cf Rob 137,
25-27.   133 ad credendum] Gl 296a^i; Lom 1475C.   139 Sed...165 credendum] cf Ab 250,
96-252, 125; Comm Cantabrigiensis 1, 147s; Rob 137, 2-14.   142 Mandatum...147 illum] Dt
30, 11-14.

---

142 dicit] dixit T 147 iuxta] *add* te T 150 uerbis] uerbum T 153 possent] *corr ex* possunt
O conquerentur] loquerentur T

testamento in nouum adducunt, utpote eodem loquentes spiritu, quo et
priores locuti sunt. Licet ergo aliud secundum litteram ibi preceperit
Moyse; quid tamen secundum spiritum illic precipiatur, apostolus nouit
et exponit, cui ut legis perito et magne auctoritatis uiro per omnia in
165 lege credendum est sicut et in euangelio.

[10] CORDE ENIM. Ad duo premissa duo, que / sequuntur, respon- O 67vb
dent. Dixit enim, *quia, si ore confitearis et corde credideris, quod deus Jhesum
Christum excitauerit a mortuis, saluus eris.* Hoc probat ostendens, ad quid et
quantum ualeat fides cordis et quantum confessio oris. Sed notanda est
170 glosa illa beati Augustini: *Cetera potest nolens,* sed *credere non potest* quis *nisi
uolens.* Que cetera potest nolens? Exteriora scilicet opera caritatis, opera
misericordie etc. huiusmodi nolens potest homo facere et cum quadam
fictione animi, sed credere non potest nec caritatem habere nisi cum
ueritate cordis.

175 [12] IN OMNES QUI INUOCANT. Non omnis qui uocat inuocat. Vocatio
quippe exterior sonus est uerborum. De quo dicitur: *Non omnis qui dicit
michi "domine, domine" intrabit in regnum celorum.* Inuocatio uero est interi-
or clamor, id est deuotio animi ad deum pro his, que petenda sunt et
desideranda, suspirantis. De qua Moysi dicitur: *Quid clamas ad me?*

180 [15] NISI MITTANTUR. Apostoli dicuntur "missi". Vnde, si missi non
sunt, apostoli non sunt. Vnde dominus in euangelio: *Omnes quotquot
uenerunt, nisi qui missi sunt, fures sunt et latrones.* Supple: Sed missi sunt.

SICUT SCRIPTUM in Ysaia: QUAM SPECIOSI PEDES apostolorum. *Pedes
speciosi fuerunt, quia a domino abluti sunt.* Pedes in sancta scriptura
185 aliquando bonas actiones significant, sicut ibi: *Illumi/nare his qui in* O 68ra
tenebris et in umbra mortis sedent: ad dirigendos pedes nostros in uiam pacis.
Aliquando significant pedes uerbum predicationis, ut illud: *Subiecit
populos nobis et gentes sub pedibus nostris.* Aliquando, immo sepissimie, per
pedes affectus siue intentio / designatur, ut ibi: *Pedes eorum, pedes recti.* Et A 170ra
190 merito, quia sicut pedibus incedimus, sic affectu siue intentione induci-
mur. Quocunque istorum modorum *pedes euangelizantium* intelligantur,
uerum est quia pedes eorum *pedes speciosi.* EUANGELIZANTIUM PACEM, hoc

---

167 quia...eris] Rm 10, 9.   170 Cetera...uolens] Aug in Io ev tr 26, 2 (CC L 36, 260); cf Gl
296a^{mg}; Rob 138, 1.   171 Que...174 cordis] cf Rob 138, 1-4.   175 Vocatio...179 me] cf Ab
253, 163-167.   176 Non...celorum] Mt 7, 21.   179 Quid...me] Ex 14, 15.   180 Apostoli...
sunt^2] cf Gl 296b^i; Lom 1477C.   181 Omnes...latrones] Io 10, 8; Ab 254, 186s. 189s. 193s.
183 in Ysaia] Is 52, 7I; Gl 296b^i; Lom 1477C.   184 a...sunt] Io 13, 5.   185 illuminare...
pacis] Lc 1, 79.   187 Subiecit...nostris] Ps 46, 4.   188 Aliquando...designatur] cf Ab 254,
197s; Lom 1478A.   189 Pedes...recti] Ez 1, 7.

---

166   Corde] C *littera initialis et praem* § O 16767vb] *post euangelio uacat linea* AO   167   quia]
quod T 176 quo] qua T 183 scriptum] *add* est T 191 istorum modorum] *trp* O*

est reconciliationem inter deum et homines, uel: PACEM, id est Christum, quia est uia pacis, de quo dicitur: *Et uiam pacis non cognouerunt.* EUANGELI-ZANTIUM BONA: Bona illa, *que nec oculus uidit nec auris audiuit, que prepara-* 195 *uit deus diligentibus se;* bona illa, de quibus ille dicebat: *Credo uidere bona domini in terra uiuentium.*

[16] SED NON OMNES OBEDIUNT EUANGELIO. Sunt quidam, qui prorsus non / obediunt, qui scilicet euangelicam doctrinam omnino respuunt ut Iudei quilibet infideles. Sunt, qui tantum ore obediunt. De quibus in 200 propheta: *Populus hic labiis me honorat, cor autem eorum longe est a me.* Sunt, qui et ore et opere tantum obediunt, ut hypocrite, qui causa temporalis glorie uel honoris cuiusquam adipiscendi opera euangelii et docent et faciunt. De omnibus his uere potest dici: *Sed non omnes obediunt euangelio.* Obediunt ergo qui, quod credunt corde, ore confitentur et opere com- 205 plent.

AUDITUI NOSTRO, hoc est his, que a nobis audierunt, uel: his que a te, domine, audi/uimus et illis predicauimus. Loquitur enim deus interius iuxta illud: *Audiam quid loquatur in me dominus deus,* et hoc duobus modis: cognitionem scilicet ueritatis reuelando et cognite ueritatis amorem 210 inspirando.

Et notandum, quia "quis" aliquando inpossibilitatem notat, aliquando difficultatem, quandoque raritatem. Inpossibilitatem ut ibi: *Quis in milibus equabitur domino?,* et illud: *Deus, quis similis tibi?,* quasi: nullus. Difficultatem notat sicut ibi: *Generationem eius quis enarrabit?,* et illud 215 apostoli: *Pro bono forsitan quis audeat mori.* Raritatem ut hic: *Domine, quis credidit auditui nostro?,* quasi diceret: pauci.

[17] ERGO FIDES. Quandoquidem inuocare non possunt nisi credant, nec credere nisi, quid credendum sit, audiant: ERGO FIDES EST EX AUDITU exteriori, sed non semper; semper tamen ex interiori. Multi enim credi- 220 derunt, quibus fides exterius predicata non est, nulli tamen nisi quibus a domino interius inspirata est. Auditus itaque exterior multis est causa fidei, causa tamen non efficiens, sed accessum prebens. *Neque enim qui plantat est aliquid neque qui rigat, sed qui incrementum dat deus.*

---

193 reconciliationem...homines] cf Ab 254, 197s; Gl 296b^{i + mg}; Lom 1478A. 194 Et... cognouerunt] Rm 3, 17. 195 que^1...se] I Cor 2,9; cf Is 64, 4. 196 diligentibus se] *Sic permulti auctores;* his qui diligunt eum Vg. Credo...uiuentium] Ps 26, 13. 201 Populus... me^2] Mc 7, 6; Mt 15, 8; cf Is 29, 13. 209 Audiam...deus] Ps 84, 9. 213 Quis...domino] Ps 88, 7. 214 Deus...tibi] Ps 82, 2. 215 Generationem...enarrabit] Is 53, 8. 216 Pro...mori] Rm 5, 7. Domine...nostro] cf Is 53, 1; Io 12, 38. 223 Neque...deus] I Cor 3, 7.

---

200 quilibet] *praem* et AT infideles] fideles T Sunt.... me^2] om O 202 et^1] *om* T 204 omnibus his] *trp* T 214 similis] *add* erit T quasi.... 216 apostoli] *om* A 216 hic] ibi T 218 Ergo.... fides^2] *om* A 219 quid] *om* T 221 fides] *om* T nisi.... 223 tamen] *in mg* O 223 accessum] *corr ex* ascessum O ascessum A assensum T

225 AUDITUS AUTEM PER UERBUM CHRISTI. Quod enim predicatur ab apostolis et aliis sanctis doctoribus, uerbum Christi est, quod in euange-lio / est scriptum et ab ore Christi probatum. Vel: Verbum Christi, quod A 170rb ipse reuelat eis in corde, et loquitur per ora istorum. Auditus non est nisi aliquid audiatur. Quod autem auditur, uerbum Christi est, et sic auditus

230 per uerbum Christi.

[18] SED DICO. Quasi: Qui crediderunt, ex auditu crediderunt. Sed qui non crediderunt, / *nunquid non audierunt*? ET QUIDEM -siue equidem- O 68va audierunt. Quod probat auctoritate prophete: *In omnem terram* etc.

Sed attendenda est glosa illa: *Tempore apostoli nec hoc completum est.* Ergo

235 tempore apostoli nondum omnes uerbum fidei audierunt. Quomodo ergo per auctoritatem illam probat Iudeos audisse?

Quidam ita soluunt: *Terram* uocat simplices, non alta sed terrena tantum sapientes; *fines orbis terre* philosophos et artibus liberalibus eru-ditos, qui non solum ea, que in mundo sunt, scrutantur, sed etiam ambi-

240 tum solis terre et lune metiuntur et arcana nature rimantur.

Sed nec ad omnes tales tempore apostoli uerbum fidei peruenerat. Vnde et aliter dicendum. *Ierusalem in medio* terre posita est sicut umbi-licus uentris, iuxta iillud Psalmiste: *Deus autem rex noster ante secula operatus est salutem in medio terre,* et per Ezechielem dominus dicit: *Ista est,* inqui-

245 ens, / *Ierusalem. In medio gentium posui eam*: populum illum cognitionem T 151va ueri dei et legem scriptam habentem. Ideo deus, ut Aimo dicit, in medio gentium posuit, ut exemplo eius ad cultum unius dei gentes prouocaren-tur, sicut plurimos gentium legimus ad Iudaismum transisse. Vel: Si a lege et cultura dei recederet, ab hostibus undique affligeretur ac depo-

250 pularetur, quod sepissime actum est; uel alia / de causa: ut, quia Christus O 68vb ex eadem plebe erat nasciturus et genus humanum redempturus multa-que miracula in mundo positus paraturus, ibi hec agerentur, unde fama eius ad omnes gentes citius posset transuolare. Bene ergo auctoritate premissa probat uerbum fidei ad Iudeos peruenisse, a quibus incepit, sed

255 usque ad ultimos terrarum fines erat peruenturum. Quomodo enim non audissent, quod ab ipsis / exiuit et in omnem terram erat exiturum? Sed A 170va

---

231 ex...audierunt] cf Gl 296b^i; Lom 1479D.   232 -siue equidem-] Gl 296b^{mg}.   233 In... terram] Ps 18, 5.   234 Tempore...est] Gl 296b^{mg}; Rob 140, 2-4; Lom 1479D.   237 Quidam ...eruditos] cf Haimo 454B.   243 Deus...terre] Ps 73, 12.   244 Ista...eam] Ez 5, 5. 246 Ideo...253 transuolare] Haimo 454AB.

---

225 Christi] dei Vg 227 est scriptum] *trp* T probatum] prolatum AT 232 Et quidem] *sic Vg* 234 est glosa] est glosa est A illa] ista T 242 umbilicus] umblicus O 245 illum] *supr lin* T 249 dei] *praem* unius T* 252 paraturus] patraturus A ibi] u. T unde] u. T 254 fidei] dei T 255 peruenturum] peruenturus T enim] ergo T 256 exiturum] exiturus T

quia possent audisse et non cognouisse, probat eos cognouisse, primum auctoritate Moysi, postea Ysaie.

Sed queritur, quomodo cognouerunt, cum scriptum sit: *Si enim cogno-uissent, nunquam dominum glorie crucifixissent,* et illud apostoli Petri: *Et* 260 *nunc scio, quia per ignorantiam fecistis, sicut et principes uestri.*

Responsio: *Si enim cognouissent* etc.: Hoc beatus Augustinus et alii sancti de demonibus legunt. Si enim demones pro certo sciuissent ipsum esse deum, nunquam persuasissent Pilato et Iudeis, ut eum crucifigerent, cum scirent se per mortem eius potestatem, quam habebant in homini- 265 bus, amissuros. Quod autem dictum est: *Per ignorantiam fecistis, sicut et* O 69ra *principes uestri,* non sic intelligendum est, ut ignorantia referatur ad principes quemadmodum ad minores, / quibus loquebatur et predicabat apostolus Petrus. Sed dicit eos morti Christi consensisse et Christum tradidisse, sicut et principes tradiderant; sed isti, hoc est iuniores, per 270 ignorantiam, illi uero per inuidiam, sicut et de Pilato dicitur: *Sciebat enim, quod per inuidiam tradidissent eum.* Cognouerunt ergo eum esse uirum sanctum et iustum et dei filium. Sciebant enim, quia nemo alius ea facere posset, que ipse faciebat, nisi esset deus, maxime cum diceret se esse deum, et talia operabatur. Deum enim se facere et talia operari non 275 posset, nisi deus esset. Hoc reuera sapientes et principes eorum cogno-scebant, sed inuidia agitati cognitioni huic adquiescere non poterant, ut illum diligerent. Sed scienter et contra conscientiam ipsum inpugnabant. Talis est pestis inuidia: Bonum scienter odit. Nichil a deo inimicatur, et repugnat deo. Ei enim bonitas dei displicet, qui bono, quod deus per 280 aliquem operatur, inuidet. Vel: Potest dici Israel cognouisse, quia talia fecit, unde cognosci potuit et quibus Israel contradicere non potuit, sicut: *Curaui Babylonem, et non est curata,* quia talia ei proposui, per que, A 170vb nisi culpa eius esset, / curari potuit.

T 151vb [19] PRIMUS, hoc est maximus, uel: PRIMUS ante omnes alios. EGO AD 285 O 69rb EMU/LATIONEM. Emulatio siue zelus ali/quando in bona, aliquando in mala significatione ponitur, sicut supra satis ostensum est. Hic autem nomen emulationis malum significat zelum. Hoc Moyses ex persona dei contra Iudeos loquitur, qui ad emulationem et inuidiam ducti sunt

259 Si...crucifixissent] I Cor 2, 8.   260 Et...uestri] Act 3, 17.   262 Hoc...legunt] cf Haimo 521BC; idem, hom 28 (PL 118, 196D); Heiricus Autissiodorensis, hom I, 28 (CCM 116, 238); Innocentius III, serm de tempore (PL 217, 390B).   266   Per...uestri] Act 3, 17.   271 Sciebat...eum] Mc 15, 10; Mt 27, 18.   283 Curaui...curata] Ier 51, 9.   285 hoc...maxi-mus] Gl 296b^i; Lom 1480B.   288 Moyses] Dt 32, 21.   289 qui...sunt] cf Gl 296b^i; Lom 1480BC.

263 de] om T enim] om T sciuissent] seruissent A 273 et^1] supr lin A 276 reuera] uero T 279 est] enim T 283 Babylonem] Babilonem O 287 sicut] cum T

290 contra *non gentem,* id est contra populum ex gentibus credentem. Cui
semper inuident, dum eum in illum credere, quem ipsi occiderunt,
uident, sicut in actibus apostolorum legitur, quod *uidentes Iudei turbas*
gentium credentium *repleti sunt zelo, et contradicebant his, que a Paulo dice-*
bantur. Nisi autem cognouissent Christum esse deum, non inuiderent
295 gentibus in eum credentibus, sed eos potius deriderent, sicut illos faciunt, quos ydola colere uident.

NON GENTEM. Ante aduentum Christi genus humanum in Iudeos
diuidebatur et gentes. Sed gentes per enormitatem malorum ita transce-
derant conditionis sue modum, ut et gentis nomine non meruissent
300 appellari, sed *canes,* dicente domino in euangelio: *Non est bonum sumere*
panem filiorum, et mittere canibus. Vnde et "non gentes" dicebantur, quia
ratione amissa irrationabilitatem omnino sectabantur. Exponens autem
quod ait *non gentem,* supponit: IN GENTEM INSIPIENTEM, hoc est pro deo
uero ydola colentem. Vel aliter: Gens, ut dicunt, eo dicitur, quod maneat
305 in eo rito culture, in quo et genita est. Vnde/ Iudeis ad cultum unius dei O 69va
per circumcisionem et legem transeuntibus ceteri, qui remanserunt in
cultu ydolatrie, gentis nomine appellati sunt. Percepta uero a gentibus
fidei gratia non iam gentes uocantur, sed populus dei dicente domino
per prophetam: *Populus quem non cognoui, seruiuit michi,* et apostolus*:*
310 *Scitis,* inquit, *cum gentes essetis ad simulacra muta prout ducebamini euntes.*

IN GENTEM prius INSIPIENTEM, sed iam sapientem. IN IRAM UOS MITTAM
contra non gentem istam, ut eis irascamini; et persequemini, quia in illum
credunt, quem uos occidetis. Vel: *In iram uos mittam,* in iram aliorum, qui
contra uos irascentur et auferent / locum uestrum et gentem.   A 171ra
315   Nota quod dicit *adducam* et *mittam.* Quod ita exponunt: id est adduci
et mitti permittam. Sed, sicut beatus Augustinus et beatus Ieronimus
dicunt, plus ibi aliquid facit deus quam permittit. *Ipse enim operatur in*
cordibus hominum ad inclinandas eorum uoluntates siue ad bonum siue ad
malum. Vbi uoluntas inclinatur ad bonum, ipse operatur gratiam appo-
320 nendo; ubi uero inclinatur ad malum, ipse operatur gratiam subtrahendo. Operatur enim qui aufert sicut ille qui largitur. Vel: *Adducam eos ad*

---

292 uidentes...dicebantur] Act 13, 45.   300 Non...canibus] Mt 15, 26.   309 Populus...
michi] Ps 17, 45.   310 Scitis...euntes] I Cor 12, 2.   315 Nota...permittam] cf Gl 296b^i; Lom
1480C; Guillelmus de S. Theodorico, expos 6 *ad Rm 10, 19* (CCM 86, 148)   316 Augusti-
nus] cf de gratia et libero arbitrio 21, 43 (PL 44, 909); Bernardus, epist 382, 2 (opera 8,
347).   Ieronimus] *Non inventum.*   317 Ipse...319 malum] *Vide iam ad Rm 1, 24 (p. 549*
1077-1080).

---

298 transcederant] transcendant T   302 autem] apostolus T   304 Gens] gentes AT maneat]
mane *sive* inane + aut T   305 et] *om* T   312 persequemini] persequamini A persequimini
T 313 occidetis] occideritis T 317 deus] *om* T

emulationem, et *in iram mittam,* talia coram eis faciendo, unde in populum credentem michi *ad emulationem* adducantur et contra illum in iram mittantur.

[20] YSAIAS. Quasi: Non solum Moyses testimonium perhibet de 325 O 69vb conuer/sione gentium et emulatione Iudeorum, sed et Ysaias, qui eodem T 152ra loquens spiritu *audet et dicit:* INUENTUS etc. Audatia aliquando in bono, sed frequentius in malo accipi solet. Audax enim ille / dicitur, qui audet audenda et non audenda. Hic autem ponitur pro confidentia animi, que uirtus est, qua pena comminata non timetur. Videbat enim penam sibi 330 paratam, tamen non minus confidenter mala, que uentura erant Iudeis, illis predicebat. Vnde et lignea serra ab eis sectus est per medium.

APPARUI. Ille apparere dicitur qui non speratur, sed subito ex insperato uenit. Merito ergo gentibus apparuisse dicitur Christus, que de ipso nil sperabant, que neque legem neque prophetas neque promissionem 335 aliquam de Christo habebant.

[21] TOTA DIE EXPANDI MANUS MEAS. Hoc quidam de expansione manuum in cruce legunt. Sed, ut dicit beatus Augustinus, hoc non potest esse, cum in cruce tota die non fuerit. Sed dicunt, quia sinodoche est, totum ponitur pro parte. Respondet beatus Augustinus non esse uerum, 340 cum ibi "totum" apponatur. Vbi enim ait: "Totum pro parte ponitur", hoc nomen "totum" cum nomine totius non debet apponi. Sed utrum in scriptura sic positum inueniatur, modo michi non occurrit; in frequenti O 70ra tamen usu loquendi dicimus: "Tota die te exspecto", / "Tota die loque A 171rb ris", / cum tamen hoc non nisi in parte diei fiat, licet magna. 345

Diem ergo hic appellat tempus dominice predicationis usque ad passionem eius, quod presentia ueri solis in mundo degentis illuminatum fuit. Vnde et merito dies appellatur. Toto autem tempore illo expan-

325 Ysaias] 65, 1.   326 Ysaias...audet] cf Ab 255, 244; Gl 296bⁱ.   328 Audax...audenda²] cf Godefridus Admontensis, de benedictionibus (PL 174, 1136CD); idem, hom dominicalis 76 (ibid 514C).   332 Vnde...medium] Is 10, 15; cf Hier, in Is 15, 57, 1 ad Is 57, 1-2 (AGLB 35, 1610s; CCL 73A, 641); Ps.-Antoninus Placentinus, itinerarium 32, recensio altera, (CSEL 39, 210); Rabanus, comm in II libros Par (PL 109, 525C); idem, de universo (PL 111, 566C); Haimo, in Is (PL 116, 1071C); Heiricus Autissiodorensis, hom I, 12 (CCM 116, 111); Gl ad IV Reg 21, 1 (Ed. Rusch II, 173a^{mg} sec Rabanum); Rodericus Ximenius de Rada, breviarium 6, 52 (CCM 72B, 356); Salimbene de Adam, cronica (CCM 125, 530).   337 Hoc ...340 parte] cf Gl 297a^{mg}; Lom 1481A.   338   hoc...fuerit] Aug, enarr Ps 87, 9 (CCL 39, 1214).   340   totum...parte] Aug, ibid; Gl 297a^{mg}.   Respondet...342 apponi] Aug, l. cit. 346 Diem...348 fuit] cf Gl 297a^{mg}; Ab 255, 251s.

327 spiritu] *praem* in T 332 predicebat] predicabat T 339 tota die] cotidie O sinodoche] *sic* AOT *pro* synecdoche/sinecdoche; sinodoche *etiam apud* Mauritium magistrum, sermo 6, 3 (CCM 30, 227s); anonymus, sermo 1, 1 de communi exortatione (CCM 30, 241) 342 utrum] utrumque T 343 inueniatur] inuenitur T 345 non] *om* T 347 presentia] *om* O

dit manus suas ad populum Iudeorum. Expansione manuum largitatem
350 significat munerum. Ipse enim manus dicitur expandere, qui poscenti-
bus beneficia tribuit largissima. Quod dominus toto illo tempore populo
Iudeorum fecit. Nam mortuos illis suscitauit, diuersas infirmitates cura-
uit, esurientes et famelios pauit, multaque innumerabilia bona eis impen-
dit, quibus illi semper contradixerunt dicentes: *In Beelzebub principe*
355 *demoniorum eicit demones* et: *Non est hic homo a deo, qui sabbatum non custodit.*
Vel: tempus gratie *diem* hic appellat, quod dicitur "dies" respectu temporis legis quod "nox" appellatur, quia in umbra fuit. Lex enim *umbra* fuit
futurorum. Quia ergo in tempore gratie corpus apparuit, cuius precesse-
rat umbra, in figuris recedentibus ueritas manifestata est, merito tempus
360 hoc "dies" appellatur. Toto hoc tempore *ad populum non credentem sed*
contradicentem sibi dominus manus suas expandit, more nutricis que solet
ante paruulum manus suas ex/pandere et, ut ad eam ueniat, blandiendo O 70rb
uocare. Sic et dominus adhuc populum illum uocat per predicatores et,
ut ad se ueniat, premia promittendo inuitat dicens: *Venite ad me omnes qui*
365 *laboratis et onerati estis, et ego reficiam uos.*

---

350 Ipse...353 curauit] = Gl 297a^mg; Lom 1481A.   354 In...demones] Mt 12, 24; Lc 11, 15.
355 Non...custodit] Io 9, 16.   357 Lex...futurorum] Ambr, expos Ps 118, He 10 (CSEL 62,
87); Hilarius, tr Ps 118, Alef 5 (CSEL 22, 361); Cassiodorus, expos Ps 118, 4 (CCL 98, 1062);
Cassiodori discipulus (PL 68, 656); Carolus Magnus, epist 13 (PL 98, 913C) = Alcuinus,
epist 81 (PL 100, 265C); Gl ad Num, praef (Ed. Rusch I, 275a). ad Ps 104 (Ed. Rusch II,
591a^mg); Lom, comm Ps 104, 43 (PL 191, 957B). Ps 118, 4 (ibid 1047C); Adamus de S.
Victore, sequentie 5 (PL 196, 1438B).   umbra^2...futurorum] Col 2, 17.   364 Venite...
uos] Mt 11, 28.

---

349 Expansione] expansionem O   352 illis] ill. AO illis T   355 demones] *om* O homo] *om*
T   357 in] *om* T   359 recedentibus] *corr ex* precedentibus A   363 et^2] *om* T   365 onerati]
h(onerati) T

[11, 2] QUAM PRESCIUIT. Est prescientia et generalis, est et specialis, sicut et uocatio. De generali enim uocatione dictum est: *Multi uocati, pauci uero electi.* De speciali ibi superius audiuimus in apostolo, ubi ait: *Quos uocauit, hos et iustificauit.* Similiter autem est generalis prescientia omnium, que uentura sunt; nam et bona et mala presciuntur. Est et 5 specialis, de qua et hic et superius loquitur apostolus, ubi ait: *Quos presciuit, et predestinauit.*

AN NESCITIS. Quasi: Et si uobis pauci uideantur, quos elegerit dominus A 171va de plebe sua, possunt tamen / multi electi esse, quos ignoratis. Quod per T 152rb factum Elie ostendit: 10

INTERPELLAT DOMINUM tanquam iudicem ADUERSUS ISRAEL, contra eos uidelicet, qui ex decem tribubus ydolatre effecti interfecerunt cultores ueri dei. Hoc in libro regum plenius narratur, quomodo Achab et Iezabel prophetas domini occiderunt.

[3] ALTARIA TUA SUFFODERUNT. Altaria Ierosolimitani templi non 15 suffoderant, et ideo intelligendum est, quod in ipsis decem tribubus, licet plurimi uitulos aureos adorarent, quos Ieroboam in Dan et Bethel posuerat, erant tamen inter illos, qui altaria deo edificauerant / et ibi O 70va immolabant non audentes ire Ierusalem propter reges Israel ydolatras. Quare potius uitulos colebant quam alterius modi animalia adorabant, 20 ideo quia hoc in Egypto didicerant. Egyptii enim uitulos colebant, sicut in historiis habetur et auctores gentium scribunt. Vnde et Aaron egressis ab Egypto uitulum eis fabricauit.

[4] SEPTEM MILIA. Per *septem* electorum uniuersitatem significat. Septe-narius enim numerus perfectus est, unde et pro uniuersitate ponitur 25 sepe, ut in psalmo: *Septies in die laudem dixi tibi,* et Iohannes dicit: *Septem ecclesiis,* que generaliter uniuersas significant ecclesias.

---

2 Multi...electi] Mt 20, 16; 22, 14.   4 Quos...iustificauit] Rm 8, 30.   6 Quos...predestinauit] Rm 8, 29.   9 factum Elie] III Reg 19, 18.   11 tanquam iudicem] cf Gl 297a^i.   13 in... regum] III Reg 19, 1-10.   17 Ieroboam...posuerat] III Reg 12, 28.   22 in historiis] cf Haimo 375 AB.   Aaron...fabricauit] Ex 32, 2-4.   24 Per...26 sepe] cf Gl 297a^mg; Lom 1482A.   Septenarius...est] cf Primasius, comm in Apc 3, 11 (CCL 92, 174); Gregorius I. moralia 1, 14, 18 (CCL 143, 33). 35, 8, 15 (CCL 143B, 1783); Ps.-Beda, de libro Ps (PL 93, 677A); Alcuinus, comm in Apc (PL 100, 1092B); Bruno Astensis, expos in Iob (PL 164, 693BC); idem, expos Ps 78 (PL 184, 1008D).   25 numerus perfectus] *Vide ad prologum p. 5, 120.*   26 Septies...tibi] Ps 118, 164.   Septem ecclesiis] Apc 1, 4.

---

1 Est.... specialis] est prescientia generalis est et specialis A et^1] *om* T et^2] *om* T   9 electi esse] *trp* T 10 Elie] helie O 11 Israel] *om (spatium)* T 12 ydolatre] idolatrie T 14 domini] dei T   15 Altaria^2] *om* T   16 suffoderant] suffoderunt T   22 habetur] dicitur T et^2] *om* T 23 Egypto] egyptio A

[6] ALIOQUIN, Quasi: Salus est ex gratia et non ex operibus. Si enim ex operibus esset, gratia, hoc est salus eterna que gratis datur, IAM NON EST
30 GRATIA, quia ex merito.

[8] SPIRITUM COMPUNCTIONIS. Est compunctio bona, est compunctio mala. Conpunctio bona duplex est: Compungitur enim mens quandoque pro peccatis, quandoque pro desiderio eterne beatitudinis. Quod bene per peticionem illius filie Caleb Anxe designatur, cui pater suus iam
35 dederat terram australem, terram scilicet arentem. Illa uero, cum post desponsationem duceretur, petiit a patre suo *irriguum inferius, irriguum superius*, et impetrauit. Sic / in anima fit humana, cum eam iusticie sol O 70vb illuminat et presentia sui humorem peccatorum in ea exsiccat et sic ei terram australem, terram arentem, donat. Sed illi ad amplexus sponsi
40 celestis tendenti et quantum potest properanti non sufficit hec ariditas et mundicia / peccatorum, nisi detur terra *compunctionis*, hoc est gratia A 171vb lacrimarum. In his enim plurimum delectatur, et quando in recordatione transgressionum suarum prodeunt, et quando ex desiderio eterne felicitatis oriuntur. Compunctio mala est, de qua hic auctoritatem Ysaie
45 inducit apostolus dicens: *Dedit illis dominus spiritum compunctionis*, hoc est spiritum inuidie, qua mens ipsa torquetur et cruciatur. Hoc est enim *tormentum, quo maius Siculi non inuenere tyranni*. Hec est, ut ait beatus Augustinus, *nouerca aliene felicitatis*.

---

33 Quod...37 impetrauit] Ios 15, 17-19; Idc 1, 15; cf ad Rm 6, 5. 8, 21!   44 de...46 inuidie] cf Gl 297b^{mg}.   45 Dedit...compunctionis] Is 29, 10.   46 spiritum inuidie] Sedulius Scottus, collectaneum in apostolum (AGLB 31, 245).   47 tormentum...tyranni] Horatius, epist 1, 2, 58s (Ed. Klingner 246): *...invidia Siculi non invenere tyranni / maius tormentum.*   48 nouerca... felicitatis] *Non sic inventum; cf* Ps.-Aug, sermo 35 ad Idc (PL 40, 1297s): *Despice avaritiam, quae noverca dicitur esse et .. ;* Aug, de Genesi ad litteram 11, 14 (CSEL 28, 346): *...invidentia vero sit odium felicitatis alienae...; similis definitio (invidia est ...):* Aug, sermo 353, 1 (ad Ps PL 39, 1561A); idem, enarr Ps 104, 17 (CCL 40, 1545); Prosper, sent 292. 294 (CCL 68A, 329); Ps.-Beda, de Ps libro, ad 104 (PL 93, 1015C); Gl ad Ps 104, 25 (Ed. Rusch II, 590a^{mg}); idem, ad I Pt 2, 1 (Ed. Rusch IV, 522a^{mg}); Ab, sic et non 47, 2 (Ed. Boyer/ cKeon 214); Sedulius Scottus, collectaneum ad Rm 1, 29 (AGLB 31, 46); idem, explanationes 4 (PL 103, 335AB); Wernerus S. Blasii, libri deflorationum (PL 157, 841B); Hugo, de sacramentis 13, 1 (PL 176, 526A); idem, expos moralis in Abdiam (PL 175, 401A); Ps.-Hugo, SS tr 3 (PL 176, 114B); Ps.-Hugo, posteriores excerptiones (PL 175, 775B: *ibi "*livor*" pro "*odium*"*); Guillelmus de S. Theodorico, expos Rm 1, 29 (CCM 86, 25); Lom, comm Ps 104 (PL 191, 953A); Isaac de Stella, sermo 6, 5 (SChr 130, 166); idem, sermo 39, 6 (SChr 207, 322); Gerhohus Reicherspergensis, expos Ps 104, 25 (PL 194, 641C); Richardus de S. Victore, de eruditione hominis interioris 8 (PL 196, 153BC).

---

29 hoc] hec T 30 ex] *praem* est AT 34 Anxe] Axe AOT 36 inferius] *add* et AT 37 iusticie sol] *trp* AT 41 terra] gratia T 43 transgressionum] transgressionis T ex] *om* T 47 Hec] hoc T

Dedit illis OCULOS etc. Oculis corporis uiderunt Iudei dominum, et
auribus corporeis audierunt. Sed oculis fidei et amoris illum uidere et 50
auribus intelligentie audire noluerunt.

T 152va   Nota quod dicit DEDIT. Cecitas enim et surditas cordis et mens inuidie
merito precedentium peccatorum Iudeis a domino data sunt in penam
et uindictam, ut sic etiam in presenti puniantur, qui tamen eterne pene
reseruantur.   55

O 71ra   [9] ET DAUID. Quasi: Non solum / Ysaias de excecatione Iudeorum
loquitur, sed et Dauid, cuius non minor est auctoritas, eidem attestatur.

MENSA. Per mensam sacra scriptura intelligitur, quia sicut in mensa
corporaliter sic in scriptura sacra reficimur spiritualiter. Vbi et diuersa
fercula apponuntur, quia in ea nobis ad refectionem litteralis tropologica 60
et allegorica intelligentia proponitur. Hec mensa coram Iudeis posita est
in lege et prophetis. Vnde psalmista: *Parasti in conspectu meo mensam.*
Cuius intelligentiam quia non recte scrutati sunt Iudei, facta est ipsa
mensa eis *in laqueum et in captationem,* ut illaqueentur et capiantur in ea,
ne per uiam ueritatis incedant que ait: *Ego sum uia, ueritas et uita.*   65

IN SCANDALUM. *Scandalum* grecum est et significat quantum latino
sermone "offensa" uel "ruina" siue "rixa". Pro offensione enim et ruina
ponitur, ubi dominus dicit: *Ve qui scandalizauerit unum de pusillis his,* id est
qui offenderit uel ruere fecerit. Pro rixa, sicut ubi discipuli dixerunt ad
dominum: *Scis quia Pharisei audito hoc uerbo scandalizati sunt,* hoc est rixati. 70
Hic autem sub utroque sensu accipi potest.

A 172ra   ET IN RETRIBUTIONEM, ut, quia per ipsam scripturam / Christum
potuerunt intelligere esse uerum deum, fiat illis retributio, ut per ipsam
excecentur, ne credant in eum. Quod et factum est, dum litteram sequuntur occidentem et spiritum non uident uiuificantem.   75

---

58   Per...intelligitur] cf Gl 297b^mg; anonymus, breviarium in Ps (PL 26, 885C); Ps.-Hugo,
sermo 90 (PL 177, 1182C); Ps.-Hugo, posteriores excerptiones (PL 175, 717D); Heiricus
Autissiodorensis, hom I, 35 (CCM 116A, 311); Haimo 459D; Atto, expos epist (PL 134,
459D); Mauricius, sermo 6 (CCM 30, 227); Bruno Astensis, expos in pentateuchum (PL
164, 456A); idem, sent (PL 165, 862D); Godefridus Admontensis, hom dominicalis 29 (PL
174, 196); idem, hom festivalis 72 (PL 174, 992); idem, liber de decem operibus (PL 174,
1183A).   Per...spiritualiter] cf Comm Cantabrigiensis 1, 160.   Per...65 uita] cf Ab 258,
87-93.   62 Parasti...mensam] Ps 22, 5.   64 in^1...captationem] Ps 68, 23s.   et^2...uita] cf Ab
258, 89-92.   65 Ego...uita] Io 14, 6.   68 Ve...his] Mt 18, 6.   70 Scis...sunt] Mt 15, 12.
74 litteram...uiuificantem] cf II Cor 3, 6.

---

49 corporis.... auribus] om A   50 Sed.... 52 quod] in mg sin + mg inf O uidere] uident
T   51 intelligentie] intelligere T audire noluerunt] trp T   54 et] add in T sic] corr ex sicut
O   57 eidem] eadem T   59 reficimur] reficiuntur T   60 quia.... mensa] in mg O litteralis]
litteralem T   61 et allegorica] bis O*   66 quantum] om T   71 sub] pro T   74 sequuntur]
secuntur O   75 occidentem] cecidentem T uiuificantem] iustificantem T

[10] ET DORSUM. Dorsum, sicut sancti exponunt, / uocat hic liberum O 71rb arbitrium, quod per rationem debet erigi sursum, quia tamen in ipsis pondere peccatorum premitur et ad terram -more eius qui onus graue portat- incuruatur. Quod et Dauid in persona peccatoris, sed penitentis,
80 deplorat dicens: *Quoniam iniquitates mee supergresse sunt caput meum.* Hec uerba non optantis uoto, sed predicentis officio dicuntur.

[11] DICO ERGO. Quia super excecationem Iudeorum auctoritatum produxit testimonia, ne uideretur dicere illos absque spe resurgendi et sine utilitate cecidisse, remouet hoc dicens, quia magna utilitas de casu
85 illorum prouenit et ipsimet resurgere possunt et tandem ad fidem resurgent.

VT CADERENT tantum, quod de casu eorum nulla uenisset utilitas, uel: UT CADERENT tantum sine spe resurgendi.

SED ILLORUM DELICTO. Ecce utilitas casus eorum, *salus* scilicet *gentium.*
90 Distat inter delictum et peccatum. Delictum enim dicitur quasi dere- lictum, quando non fit quod faciendum est; peccatum quando fit quod faciendum non est. Vtrumque tamen frequenter ponitur pro altero.

Delictum Iudeorum propter quosdam hic appellat mortem Christi, per quam *salus* est *gentibus,* uel: delictum quod commiserunt eiciendo a
95 se apostolos Christi nolentes audire predicationem eorum. / Vnde O 71va apostolus Petrus ad eosdem loquens ait: *Vobis oportebat primum predicari regnum dei; sed quoniam reppulistis illud et indignos uos iudicastis eterne uite, ecce conuertimur ad gentes.*

VT ILLUD EMULENTUR. Hoc etiam ad utilita/tem eorum casus spectat, T 152vb
100 ut, qui uerbum fidei primo sibi oblatum suscipere noluerunt, saltem exemplo gentium illud suscipiant et credant, ut, qui primo gentes ad cultum unius dei prouocabant, et ipsi ordine conuerso exemplo gentium ad fidem Christi prouocentur.

[12] QUOD SI DELICTUM. Dixit delictum eorum prodesse, quia ex eo
105 salus est gentibus. Nunc dicit, quia multo magis proderit conuersio / eorum, et probat hoc argumento a minori. Si enim peccatum eorum A 172rb

---

76 Dorsum...sursum] cf Gl 297b^i; Lom 1484A.   80 Quoniam...meum] Ps 57, 5.   Hec... dicuntur] cf Gl 297b^{mg}; Lom 1484A.   83   absque...cecidisse] Gl 297b$^{i + mg}$; Lom 1484B. 90 Distat...92 est] Haimo 460B. 707C; Bruno Astensis, expos (PL 164, 402B); Petrus Come- stor, historia scholastica (PL 198, 1118 B); Alanus de Insulis, theologicae regulae (PL 210, 658D).   93 mortem Christi] Lom 1484C.   96 Vobis...98 gentes] Act 13, 46; cf Lom 1484D. 104   Dixit...106 eorum^1] cf Gl 297b^{mg}; Lom 1484D.   106   argumento...minori] cf Marius Victorinus, explanationes 1, 17 (Ed. Halm 199).

---

77 quod] quia T 79 Quod et] oret T 81 dicuntur] dicunt T 82 excecationem] excecatione AT Iudeorum] *praem* et T   85   tandem] *add* omnes AT ad fidem] *supr lin* O   87 Vt] Vel T 89 eorum] rerum A 90 dicitur] *corr ex* dicit O 98 ecce] *om* A 99 etiam] est T casus] cas. A 100 ut] non T

conuertit deus in bonum, multo magis de bono eorum faciet prouenire bonum.

DIUITIE MUNDI. Fide enim gentium ditatus est mundus et repletus, cuius causa fuit illa expulsio apostolorum a Iudeis, causa quidem non 110 efficiens, sed accessum prebens, oportunitas quedam. Si quis paupertatem tuam operibus suis ditare uellet et ille a te repulsus opes tibi oblatas michi pariter egenti daret, dicere possem paupertatem tuam causam esse abundantie mee et stulticiam tuam me ditasse.

ET DIMINUTIONE, id est: Pauci de eis conuersi, qui diminuti sunt ab eis, 115 O 71vb uel: propter quos / ipsi diminuti sunt et pauciores effecti, ut apostoli sunt.

DIUITIE GENTIUM. Ipsi enim predicatione sua gentes fide ditauerunt.

QUANTO MAGIS PLENITUDO EORUM, que in fine conuertetur, erit *diuitie mundi* et *diuitie gentium?* Tunc enim gentes eorum exemplo ad fidem 120 Christi conuertentur, et uerbum fidei usque ad extremos fines terrarum predicabitur, ut impleatur illud quod scriptum est: *In omnem terram exiuit sonus eorum, et in fines orbis terre uerba eorum.*

[13] VOBIS ENIM. Ne gentes de conuersione eorum desperarent uel ne apostolum eis predicare non debere dicerent, quia *gentium apostolus* est, 125 dicit quia non est de eis desperandum -unde et laborat pro eis, ut conuertat saltem aliquem eorum- et quod eis predicabit, *quam diu gentium apostolus* erit, quod est *ministerium* suum honorare, aliquid scilicet supra debitum impendere. Non enim missus erat nisi ad gentes; unde quod Iudeis predicabat, ex abundantia erat et ad honorem officii sui spectabat, 130 nec dicendus est alterius inuasor parochie, licet Iudeis Petro commissis predicaret. Sic enim gentes sunt Paulo commisse, ut tamen Petro non sint ablati, et Iudei sic Petro commissi, ut et Paulo non sint ablati.

[15] SI ENIM. Vere non est de eis desperandum, sed potius, ut conuer- O 72ra tantur, laborandum, quia AMISSIO, hoc est in/fidelitas EORUM RECONCILI- 135 ATIO EST MUNDI. Infidelitas enim Iudeorum causa quedam est, ut supra ostensum est, fidei gentium, in quarum fide deo reconciliatus est mun- A 172va dus. Que erit ASSUMPTIO eorum, quando scilicet in fine in fidem / assu mentur.

---

109 ditatus...mundus] Ab 260, 152s.   115 Pauci...120 gentium] cf Gl 297b^i; Lom 1485A. 118 predicatione...ditauerunt] cf Gl l. cit.   119 que...conuertetur] Gl l. cit.   122 In... eorum^2] Ps 18, 5; Rm 10, 18.   124 Ne...128 honorare] cf Ab 261, 163-168.   128 aliquid... impendere] cf Rob 142, 22s; Ps.-Hugo, QEP ad Rm q 269 (PL 175, 498D).   135 hoc est infidelitas] cf Gl 298a^i; Lom 1485D.   136 Infidelitas...gentium] cf Gl 298a^i; Lom 1485D. ut...est] *vide superius ad v 11s!*   137 reconciliatus...mundus] cf II Cor 5, 19.

---

112 ditare uellet] ditaret T   114 mee] *om* T   115 ab] *corr ex* ex T   121   122 terrarum] *om* T 130 abundantia] habundanti T 134 eis] his T 137 quarum] quorum T 138 in^2] in T

140 NISI UITA, hoc est resurrectio gentium eorum exemplo et predicatione resurgentium EX MORTUIS, hoc est a morte peccatorum. Tunc enim *plenitudo gentium* in peccatis mortuarum Iudeorum predicatione ad fidem conuertetur, ut tunc de Iudeis et gentibus in lapidem angularem conuenientibus numerus electorum impleatur.

145 [16] QUOD SI. Probat alio argumento posse Iudeos conuerti, argumento a simili propter eandem causam dicens: SI DELIBATIO_etc. Delibatio est parua alicuius rei degustatio ad experimentum totius masse. Delibationem itaque uocat hic paucos, qui de illis as/sumpti sunt ad fidem, ut T 153ra apostolos et alios discipulos Christi. Massam uocat genus ipsum, radicem

150 patres, ramos omnes ex patribus natos. Est itaque massa sancta, et si non secundum se totam, tamen secundum electionem, quia interim de populo illo aliqui conuertentur et in fine masse ipsa tota sanctificabitur. Sunt et rami sancti, et si non omnes, quia *aliqui fracti sunt*, sicut ipsum et apostolus consequenter adiungit. Ex hoc ergo quod deli/batio sancta est, O 72rb

155 potest perpendi, quia massa sancta est. Quod in materiali massa frequenter experimur. Et est eadem causa sanctitatis delibationis et masse, gratia scilicet dei, ex qua sola sanctitas est.

[17] QUOD SI. Super casu et excecatione Iudeorum superius locutus est apostolus, et ideo ut eos, qui de illis crediderunt, humiliet, et gratie

160 dei se se recognoscant obnoxios, quibus non opera legis, non dignitas generis fidem contulit, sed gratia sola. Nunc in eos, qui de gentibus crediderunt, inuehitur, qui aduersus Iudeos se se extollebant et de casu illorum gloriabantur. Eos itaque ad humilitatem reuocat merita ipsorum adnichilando et, ne ipsi per superbiam cadant, promonendo, ostendens,

165 quia et ipsi cadere possunt et illi resurgere. Comparat autem gentiles oleastro, Iudeos oliue. Est autem oleaster oliua siluestris sterilis et infructuosa naturaliter. Tales erant gentiles ante aduentum Christi in cultu ydolatrie permanentes. Quasi oliua fructifera erant Iudei manentes in cultu uinius et ueri dei, fructum bonum facien/tes in patriarchis et A 172vb

170 prophetis et in multis aliis, qui in lege, non per legem iusticiam dei

---

142 plenitudo gentium] Rm 11, 25.   145 argumento^2...simili] Cassiodorus, institutiones 2, 3, 15 (Ed. Mynors 126): *A simili argumentum est, quando rebus aliquibus similia proferuntnr"; eadem sententia* Isidorus, etymologiae 2, 30, 7.   146 Delibatio...degustatio] cf Haimo 461D; Ab 262, 206; Gl 298a^{mg}; Rob 144, 9s; Ps.-Hugo, QEP ad Rm q 223 (PL 175, 499B); Lom 1486A.   147 Delibationem...149 Christi] cf Gl l. cit.; Hervaeus 753B; Lom 1486A. 153 aliqui...sunt] Rm 11, 17.   158 superius] Rm 11, 7.   166 sterilis...naturaliter] cf Gl 298a^i.

---

142 mortuarum] mortuorum T 146 Si delibatio] fid. lib. T 147 Delibationem] delibatione A 148 ad fidem] *om* T 152 conuertentur] conuertuntur AT 153 fracti] *corr ex* facti O sancti T ipsum et] ipsemet T 155 quia] quod T 170 prophetis] *praem* in T

querebant. De quibus ad ultimum ille benedictus prodiit fructus, qui et
O 72va homines et angelos se ipso reficit / et non deficit.

RADICIS. Radicem oliue uocat patres et prophetas, pinguedinem oliue
apostolos, qui ceteris abundantius dona spiritus acceperunt.

[24] *Contra naturam.* Naturam uocat hic consuetum cursum nature. 175
Est enim naturale, ut surculum bone arboris in trunco male inseramus.
Vnde et contra naturam facere diceretur, qui male arboris surculum in
trunco bone insereret, sicut hic a domino factum est, qui fidei Iudeorum
ydolatras gentes sociauit. *Naturam diffinire difficile est. Periculose enim sunt
diffinitiones,* sicut sapiens ille dicit. 180

Notandum tamen, quia omnia, quecunque fiunt, aut fiunt a deo
natura non cooperante, aut fiunt ab ipso natura cooperante, aut fiunt ab
homine imitante naturam.

De peccati actione non loquimur. Peccatum enim non est de his que
sunt, sed magis que non sunt. Facta sunt a deo natura nichil operante 185
celum et terra et ea, que in ipsis primis illis sex diebus creata sunt. Post
hec cepit operari natura et similia ex similibus procreare, que et ipsa
nichilominus a deo fiunt, sed natura cooperante. Fiunt ab homine
imitante naturam artificialia de naturalibus, sicut edificia de lignis et
O 72vb lapidibus ad imitationem nature. Qui enim domum / fecit, montem 190
respexit. Sotulares fiunt iuxta formam pedis, et tunica secundum dimen-
sionem humani corporis.

Idem in consimilibus; nec concedendum est quod, si aliquid a deo fiat
contra solitum cursum nature, quod ideo contra naturam fiat, sed magis
T 153rb supra naturam. Potentia enim / dei tanta est, ut de natura qualibet sine 195
ea facere possit, quicquid sibi placet.

QUI SECUNDUM NATURAM, hoc est qui naturalem a patribus habent
originem, ex quibus nati sunt secundum carnem.

[25] NOLO ENIM. Possent gentes super hac disputatione apostoli
admirari et dicere: "Tu dicis illos modo excecatos esse et postea conuer- 200
tendos. Vnde est hoc?" Ad hec apostolus: *Misterium* est *hoc,* id est res

---

173 Radicem...176 inseramus] cf Gl 298a^{i + mg}; Rob 145, 8s; Lom 1486C.1486A.   175 Naturam...nature] cf Gl 298a^{mg}; Ps.-Hugo, QEP Rm q 273 (PL 175, 499B).   179 Naturam...est]
Cicero, de inventione 1, 24, 34 (Ed. Stroebel 32^b); cf Hugo, didascalicon 1, 10 (Ed. Buttimer 17).   Periculose...diffinitiones] *Non inventum,* sed cf Raimundus Lullus, ars brevis d.
6, 2, 3, 1 (CCM 38, 322): *Omnis definitio in iure civili est periculosa.* Similiter saepius ibid dist.
6 et 10!; Iohannes Sarisberiensis, Polycraticus II, 24 (CCM 118, 138): *In ambiguis autem
omnis diffinitio periculosa est.*   193 in...195 naturam] cf Ps.-Hugo, QEP Rm q 119 (PL 175,
463B).   201 Misterium...continens] Haimo 464A; cf Ab 267, 368s.

---

175 uocat] *om* T 177 in....   insereret] bone T 178 fidei] *add* iustorum T* 183 naturam]
n(atur)a AT 186 illis] *om* T 189 imitante] imitate O naturam] n(atur)a AOT; *fortasse legendum* naturam, cf supra l. 189 194 cursum nature] *trp* T

occulta et secretum aliquod in se continens. Et audite illud, quia NOLO
ETC. / *ut non.* Si enim misterium hoc intellexeritis, non eritis *uobis ipsis* A 173ra
sapientes. Sibi sapiens dicitur quis pluribus modis: quando scilicet sapien-
205 tiam quam habet a se habere credit; uel quando a deo sed pro suo merito sibi datam esse dicit; uel quando sapientia data abutitur, id est quando
nec sapienter nec in his que debet ea utitur, quando scilicet sapientiam,
quam accepit ad proximi edificationem, conuertit ad eius deceptionem;
uel quando ex ea superbiendi / et alios despiciendi sumit occasionem, O 73ra
210 per quam debuit humiliari.
    QUIA CECITAS. Ecce misterium. DONEC PLENITUDO GENTIUM INTRARET.
    Notanda est glosa illa interlinearis; beati Augustini est: "*Donec*" *causa est
et terminus. Donec* causatiue ponitur, ut hic: Non feci hoc, donec tu illud
fecisti. Quasi: Factum tuum causa fuit facti mei. Finaliter ponitur "do-
215 nec", ut si dicam: Exspectabo te, donec uenias. Quid est ergo quod dicit:
"*Donec*" *causa est et terminus.?* Cuiusmodi causa sit cecitas Iudeorum salutis
gentium, superius et sepius dictum est. Terminus autem ideo, non quod
post conuersionem Iudeorum nulli de gentibus conuertantur, sed pauci
respectu precedentium. Plenitudo enim multitudinem significat hic, non
220 uniuersitatem. Superius enim dictum est, quia predicatione Iudeorum in
fine conuersorum etiam gentes ad fidem conuertentur, sicut ibi in
quadam glosa habetur: *Que assumptio nisi uita ex mortuis,* hoc est uita
gentium ex eo quod mortue? Multi enim de gentibus adhuc in morte
infidelitatis iacentibus predicatione eorum uitam promerebuntur eter-
225 nam.
    [28] SECUNDUM EUANGELIUM. Questioni, quam sibi possent facere
gentes, respon/det apostolus. Possent enim querere, quare tantam super O 73rb
salute eorum haberet sollicitudinem, cum ipsi contrario non minori
sollicitudine eum persequerentur et ipsius quererent mortem. Ad hec
230 apostolus: SECUNDUM EUANGELIUM, hoc est propter euangelium, sunt
INIMICI MEI PROPTER UOS, quia scilicet uobis predico euangelium, quomodo ipsi morte condempnauerunt dei filium, ideo inimicantur michi. Vel:
Propter EUANGELIUM SUNT INIMICI, quia scilicet illud a se reppulerunt,
quod totum factum est *propter uos,* hoc est ad utilitatem uestram. Hac
235 enim uia / ad fidem intrastis. SECUNDUM ELECTIONEM CARISSIMI PROPTER A 173rb

---

211   Ecce misterium] Lom 1489A.   212   Donec...terminus] Gl 298b^i; *haec sententia apud
Augustinum inuenta non est.*   220 Superius] *Vide supra ad Rm 11, 15.*   222 Que...mortuis]
Rm 11, 15.   230 hoc...propter] Gl 298b^i; Lom 1489C.   234 hoc...uestram] Gl l. cit.; Lom l.
cit.

---

202 audite] audire T nolo] uolo O   210 quam] quem T   215 si] *corr ex* sic O ergo] *om*
T 221 gentes] *om* O 222 nisi] ni(si) AOT 227 enim] etiam T 228 salute] salutem
T 235 carissimi] karissimi O

PATRES, hoc est propter promissiones patribus factas, que in electis adimplebuntur.

Non autem intelligendum, quod idem inimici sint et carissimi aposto- lo. Relatio enim ibi est non ad personas easdem, licet ad populum eundem, relatio scilicet generalis que in multis locis occurrit, sicut et 240 demonstratio generalis. Qui enim dixit: "Mulier que dampnauit, salua- uit", non de persona intellexit sed de natura. Similiter dominus ad T 153va Iudeos loquens in euangelio dicit: *Vt ueniat super uos / omnis sanguis iustus qui effusus, a sanguine Abel iusti usque ad sanguinem Zacharie, filii Barachie, quem occidistis inter templum et altare.* Nullus quippe illorum, quibus loque- 245 O 73va batur, adhuc natus erat quando interfectus est Zacharias. Sic et in / benedictione fontium dicitur*: qui super te pedibus ambulauit, qui te in deserto de petra produxit.* Non hanc profecto demonstrat aque substantiam, sed naturam. Qui ergo electi sunt a domino in populo illo, illi *carissimi* sunt apostolo propter promissiones patrum in ipsis adimplendas. Licet igno- 250 ret apostolus qui sint electi, diligit tamen electos. Diligo omnes qui me diligunt, licet non omnes nouerim. Diligit apostolus omnes qui deum diligunt. Generalis affectus hic ostenditur, nec certas, erga quas habea- tur, requirit personas.

[29] SINE PENITENTIA. Dicerent iterum gentes: Quomodo dicis inter 255 eos aliquos electos esse uel aliquos de illis conuerti posse, cum ita obsti- nati sint et non peniteant? Ad hec apostolus: DONA ET UOCATIO. Ordine prepostero legatur: VOCATIO, hoc est fidei inspiratio, et DONA gratiarum, sicut est remissio peccatorum et cetera dona, sunt SINE PENITENTIA, hoc est: Quibus deus fidem inspirat, sine precedente eorum penitentia inspi- 260

---

236 propter...factas] cf Gl l. cit; Lom 1490A.   238 quod...carissimi] cf Gl l. cit.   240 relatio ...saluauit] cf Ps.-Hugo, QEP Rm q 12 (PL 175, 612C).   243   Vt...245 altare] Mt 23, 35. 247 qui[1]...ambulauit] cf Mc 6, 45-52 par; Ab, expos in Hexaemeron (PL 178, 780D); anony- mus, sacramentarium Gallicanum (PL 72, 501B); Gelasius I, sacramenta (PL 74, 1111A); Gregorius I, liber sacramentorum (PL 78, 89C); anonymi missale mixtum (PL 85, 465A); anonymi benedictio salis et aquae (PL 138, 1047C); anonymus, liber sacramentorum Engolismensis (CCL 159C, rubrica 757, p. 144).   qui[2]...produxit] cf Nm 20, 7-11; Ex 17, 6; Is 48, 21; anonymus, sacramentarium Gallicanum (PL 72, 501B); Gelasius I, sacramenta (PL 74, 1111A); Gregorius I, liber sacramentorum (PL 78, 89C); anonymus, ordo Romanus (PL 78, 1054B); anonymus, liber sacramentorum Augustodunensis (CCL 159B, rubrica 539h, p 69); anonymus, liber sacramentorum Engolismensis (CCL 159C, rubrica 757, p. 144); anonymus, liber sacramentorum excarpsus (CCM 47, rubrica 62, p. 104); anonymus, liber sacramentorum Gellonensis (CCL 159, rubrica 704b, p. 99).   260   Quibus... penitentia[2]] Gl 298b^mg; Lom 1490CD.

---

238   carissimi] karissimi O   240   et] *om* T   244   effusus] *add* super terram T   245   quem.... Nullus] etc T   247   qui[1]....   pedibus] trp pedibus super te T   249   ergo] igitur T carissimi] karissimi O   253 certas] certus T

rat. Similiter in sacramento baptismatis nulla requiritur penitentia, exterior dico, quia interior ubique requiritur, hoc est contritio cordis, et si non precedat, tantum, ut comitanter assit. Ita legunt quidam, sicut in glosa quadam habetur. Aliter tamen secundum alios legitur et aliter cum
265 precedente continuatur: / Vere secundum electionem et propter patres O 73vb sunt saluandi, quia DONA, hoc est promissiones donorum secundum dispositionem dei / patribus facte, et UOCATIO, hoc est electio predesti- A 173va natorum ab eterno facta, SUNT SINE PENITENTIA, id est sine mutatione. Penitentia ideo pro mutatione ponitur, sicut in multis scripturarum locis
270 habetur, quia quod prius fecimus et fecisse penitet, penitentia mutamus. Vnde et in Genesi et in libro regum legitur in persona domini: *Penitet me fecisse hominem. Penitet me constituisse Saulem regem super Israel.* Quid est: *Penitet me?* Mutabo opus, quod feci, propter malitiam eorum. Augustinus: *Mutat deus sententiam, sed non mutat consilium.* Per sententiam condemp-
275 natur quis et indicitur ei pena. *Mutat* ergo *deus sententiam,* hoc est uindic-tam uel penam, que de merito nostro nobis debebatur, *sed non mutat consilium,* hoc est dispositionem. In consilio enim disponimus quod facturi sumus. Quicquid enim se facturum disponit, et facturus est uel iam fecit.
280 [30] SICUT ENIM. Probat iterum argumento a simili propter eandem causam illos posse conuerti et conuertendos esse.

[32] CONCLUSIT. Quasi: Non sine causa factum est, quod uos prius in infidelitate fuistis, nunc autem deo creditis, et illi modo excecati, ut postea / illuminentur, QUIA DEUS CONCLUSIT OMNIA, non lapides et ligna O 74ra

---

261 Similiter...264 habetur] cf Gl l. cit.; Lom 1490C. 264 Aliter...legitur] cf Ab 270, 471-483. 265 secundum...268 mutatione] = Gl 298b^{i + mg}; Lom 1491A. 268 sine mutatio-ne] Aug, de praedestinatione 16 (PL 44, 985); Cassiodori discipulus, expos 11 (PL 68, 492C); Haimo 466AB; Rob 145, 14; Hildebertus Cenomanensis, sermones (PL 171, 438D); Gl l. cit.; Ps.-Hugo, QEP Rm q 274 (PL 175, 499C); Guillelmus de S. Theodorico, expos 6 (CCM 86, 158); Hervaeus 665A. 759A; Lom 1490BC. 271 Penitet...hominem] Gn 6, 7. 272 Penitet...Israel] I Sm 15, 11. 274 Mutat...consilium] Gregorius I, moralia 16, 10 (CCL 143A, 806): *Omnipotens enim deus etsi plerumque mutat sententiam, consilium numquam. Cf:* anonymus, sent 4, 6, 4 (PL 83, 1195A); Elipandus Toletanus, epist 3, 5 ad Carolum Mag-num (PL 96, 869C); Ratramnus, de praedestinatione dei (PL 121, 25D); Hincmar, epist 19 (PL 126, 111AB); Ab, Ethica 1, 41, 2 (CCM 190, 40); Rob 145, 15; anonymus, speculum virginum 11 (CCM 5, 321). 280 argumento...simili] *Vide superius ad Rm 11, 16!* 284 non ...hominum] cf Hildebertus Cenomanensis, sermo 72 (PL 171, 691C).

262 ubique] utique A 263 comitanter] comittantur O comitantue A conuertantur T; *cf ad hunc locum superius ad Rm 5, 3* 264 tamen] tantum T 267 predestinatorum] predestina T 272 Quid] quod A 275 indicitur] *corr ex* indicetur O 278 et] disposuit A et.... est] *om* T 280 argumento] argento O 284 deus] *supr lin* A

sed omne genus hominum, hoc est Iudeos et gentes. CONCLUSIT, id est 285
concludi permisit. Ita exponunt et conuenienter satis. Sed, sicut in multis
locis exponitur, gratiam subtraxit, ex cuius subtractione in peccato
infidelitatis 5conclusi sunt, exire non ualentes sine gratia dei.

VT OMNIUM. Hic, sicut in quadam glosa habetur, aliquo modo uidetur
T 153vb exponere misterium quod supra dixit: *Quia cecitas ex parte conti/git in* 290
Israel. Quasi: Ideo utrique, hoc est Iudei et gentiles, in peccato infidelitatis conclusi sunt, ut eorum misereatur deus, ut sic misericordiam dei in
se cognoscentes humilientur et gratie dei magis sint obnoxii. Nisi enim
sic cecidissent, in fide et iusticia stantes ex superbia ruerent. Nichil enim
hominem ita humiliat et gratie dei reddit obnoxium quantum casus sui 295
recordatio. /

A 173vb OMNIUM. Istud *omnium* non singula generum colligit, sed genera
singulorum.

[33] O ALTITUDO. Hominem ad se reuocat hoc loco apostolus, ne
scilicet ea que supra se sunt inuestigare presumat, sed ubi figere non 300
ualet rationis, figat oculum admirationis, exclamans cum apostolo: *O*
altitudo. Sed que est hec admirationis exclamatio? Nonne misterii quod
O 74rb supra proposuit, quare scilicet *ceci/tas ex parte cecidit in Israel?* Et etiam
infidelitatis gentium causam sufficientem reddidit ubi ait: *Conclusit deus*
omnia sub peccato infidelitatis, ut omnium misereatur. Quantum ad dubitati- 305
onem, ex qua posset oriri erroris occasio, tollendam, causam conueni-
entem et sufficientem illius misterii assignauit, non quantum ad profun-
ditatis ipsius comprehensionem. Quis enim comprehendere ualet quare
deus apud se disposuerit, ut eorum sic misereretur, quos sic in statu
iusticie confirmare potuit, ut nullus inde laberetur? Quis etiam illud 310
cogitare potest, quare gentes prius, Iudei posterius sint excecati et ad
fidem, quam primo contempserunt Iudei, omnes in nouissimo sint
conuertendi? Hec ad profunditatem misterii propositi spectant, que
admirari potius quam discutere uoluit apostolus dicens: *O altitudo diuitia-*
rum sapientie et scientie dei. Altitudo profunditatem habet et sublimitatem. 315

285　　hoc...gentes] Gl 298a^i; Lom 1491BC; cf Rob 146, 18-147, 3.　id...permisit] Haimo
467A; Gl 298b^{mg}; Rob 146, 18; Atto, expos epist (PL 134, 247A); Hervaeus 760B; Eckbertus
Schonaugiensis, sermo 7, 13 (PL 195, 49B).　　289　in...glosa] Gl 298b^{mg}; Lom 1491C.
290 Quia...Israel] Rm 11, 25.　294 ex...ruerent] Gl 299a^i; Lom 1491C.　297 non...singulo-
rum] cf Radulfus Ardens, hom 12 (PL 155, 1712A); Ps.-Hugo, QEP Rm q 204 (PL 175,
481D). II Cor q 15 (ibid 548A); auctor anonymus,, sermo 7, 3 (CCM 30, 278; Lom, sent 2,
42, 8 (Ed. Brady 1, 571).　303 cecitas...Israel] Rm 11, 25.

289 Hic] hoc T　293 dei] *add* conclusi sunt ut eorum misereatur deus A* (*del* A)　294 sic] si
T　299 O] *praem* § O　300 figere] figure A　301 rationis] *praem* oculum T exclamans] exclamat
T O] *praem* § O　302 hec] *om* T　303 cecidit] contigit T　306 oriri] *om* T　307 non] etiam
T　310 laberetur] liberetur T illud] cum T　311 sint] sunt T

Sapientia uero dei *attingit a fine usque ad finem.* Ecce profunditas et sublimitas; profunditas eius ab eterno, sublimitas extenditur in eternum.

DIUITIARUM. Diues est sapientia et scientia dei; nichil ignorat, crescere non potest sicut nec decrescere. Sapientia in rebus spiritualibus, scientia
320 in temporalibus; sapientia in contemplatione, scientia in temporalium admi/nistratione; sapientia ad Mariam, scientia pertinet ad Martham.　　O 74va

IUDICIA: Eterna dispositio, qua sic de gentibus et Iudeis apud se preordinauit. Pluraliter autem dicit *iudicia* propter effectus diuersos.

VIE: Operationes eius, que non solum in magnis *inuestigabiles* sunt, sed
325 etiam in minimis. Quis enim de qualibet minima creatura / sufficientem A 174ra reddere potest rationem, qualiter de non esse ad esse prodierit uel ad quam utilitatem deus eam preparauerit, maxime cum ab ipso nichil fiat sine causa et utilitate aliqua?

Possumus autem et alias hic intelligere, sed non comprehendere, uias,
330 quia et ipse incomprehensibiles et *inuestigabiles* sunt, uias scilicet per quas deus ad corda deuia uenit et peruia reddit. De quadam uiarum eius loquens sapientissimus / ille Salomon eam se prorsus ignorare dicit. T 154ra Cum enim tres ei uie uise sint difficiles non modo ad gradiendum sed ad intelligendum, uia scilicet aquile in celo, uia colubri supra petram, uia
335 nauis in mari, quartam se prorsus ignorare fatetur: uiam uiri in adolescentia sua. Quis enim uir iste estimandus est nisi ille, de quo predictum est: *Ecce uir, oriens nomen eius,* et de quo: *Nouum faciet dominus super terram; mulier cir/cumdabit uirum. Via uiri in adolescentia sua* uia est Christi in O 74vb humanitate sua. Viam autem eius, qua nobis ipse factus est uia, quis uel
340 tenuiter capiat intellectus, quomodo scilicet de *sinu patris* in sinum uenerit matris? Quomodo in mundo clauso exiuit utero uirginis? Qua

316 attingit...finem] Sap 8, 1.　　319 Sapientia...temporalibus] cf Gl 299a^i.　　320 sapientia... Martham] cf Io 12, 1-8.　　322　dispositio] cf Gl 299a^i.　　331　De...336 sua] Prv 30, 18s. 337　Ecce...eius] Za 6, 12.　　Nouum...uirum] Ier 31, 22.　　338　Via...sua] Prv 30, 19. 340　sinu patris] cf Io 1, 18.　　341　clauso...utero] Beda, in Lc ev expos 1, 2, 23 (CCL 120, 63); idem, hom ev 2, hom 7 (CCL 122, 227); Gregorius I, hom 6, 1 in ev (PL 76, 1197C); Ambr Autpertus, expos in Apc 3, ad 5, 3 (CCM 27, 258); Paschasius Radbertus, de partu virginis 1 (CCM 56C, p 50.57.59.68.69[bis]. 70); idem, expos in Mt 1, praef (CCM 56, 17). 2, ad Mt 1, 23 (ibid 135); Godefridus Admontensis, hom festivalis 7 (PL 174, 656C); Gl ad Lc 24, 3 (Ed. Rusch IV, 219b^mg); Bernardus, sermo 1, 3 in die paschae (opera 5, 81); Robertus Pullus, sent 22, titulus (PL 186, 715B).

316 profunditas....　sublimitas] bis O *sed semel suprascriptum "uacat"*　317 sublimitas^2] *add* ab eterno T　319 Sapientia....　temporalibus] *trp* in spiritualibus rebus sapientia, in temporalibus scientia T　320 sapientia] sapientiam O　323 effectus diuersos] *trp* T　333 ei] *om* T sint] fiunt T　335 fatetur] fateatur O　338 uia est] *trp* T　339 quis uel] *om* T　340 in....　uenerit] *trp* uenerit in sinum T　341 clauso....　utero] *trp* clauso utero exiuit T

uia *ad inferos descendit* uel qua *ad celos ascendit?* Qua uia cotidie uenit ad nos et recedit a nobis? Has uias Salomon ignorauit; has uias apostolus *inuestigabiles* dicit.

[36] QUONIAM EX IPSO. Ista uariatio prepositionum distinctionem 345 indicat personarum et "ipsi" pronomen substantie identitatem. Pronomen enim significat substantiam. Sed cum ex filio sint omnia et ex spiritu sancto, et per patrem sint omnia et per spiritum sanctum, et in patre sint omnia et filio: Quare per hoc quod dicit *ex ipso* intelligitur pater potius quam filius uel spiritus sanctus; et per hoc quod dicit *per* 350 *ipsum* filius magis quam pater uel spiritus sanctus; et per hoc quod dicit *in ipso* potius spiritus sanctus intelligitur quam pater uel filius?

Responsio: Omnia ex filio et spiritu sancto habent esse. Sed quia hoc habent a patre, quod omnia ex ipsis sunt sicut et ipsi ab illo sunt, merito A 174rb auctoritas essendi ab illis patri attribuitur. / Tota trinitas principium est 355 omnis creature; sed filius et spiritus sanctus principium sunt de principio O 75ra et tamen sine / principio; pater autem principium non de principio et sine principio.

Et notandum, quia filius et spiritus sanctus aliter sunt ex patre et aliter cetera. Filius enim et spiritus sanctus ita sunt ex patre, quod sunt et de 360 patre, hoc est de substantia patris. Cetera uero ex patre siue a patre tanquam a creatore et conditore suo habent esse, sed non de substantia patris. Per hoc autem quod dicit *per ipsum,* merito filius intelligitur; filius enim sapientia dei dicitur. Ipse enim est dei uirtus et dei sapientia. Vnde, quia per sapientiam suam deus omnia fecit que fecit, que magna et 365 incomprehensibilis apparet in operibus eius, merito per filium omnia facta esse dicuntur.

Fecit enim *omnia* in *pondere et numero et mensura,* in quo mira et mirabilis apparet eius sapientia. Pondus ordinem notat. Secundum enim pondus suum singula queque locum suum tenent: terra infimum, quia 370

---

342   ad¹...ascendit] Symbolum Athanasianum (Ed. Lietzmann, Symbole der alten Kirche, 17); Symbolformen der Gallischen Kirche (Ed. Hahn, Bibliothek der Symbole § 59-75, p 69-83); cf Hier, in IV epist Pauli, ad Eph 2 (PL 26, 531B); Hilarius, de trinitate 10, 65 (CCL 62A, 520); Caesarius Arelatensis, sermo 3 (CCL 103, 21); Hermannus de Runa, sermo 58, 1 (CCM 64, 268s); Raimundus Lullus, liber in quo declaratur (opus 165), 1 (CCM 33, 340); idem, de virtutibus et peccatis (opus 205), prol (CCM 76, 111). 3, 4, 1 (ibid 203).   343 Has ...dicit] *Vide supra ad Rm 11, 33.*   345   Ista...392 subsistere] cf Rob 147, 17-148, 21. distinctionem...identitatem] cf Gl 299a^{mg}; Lom 1492D-1493A.   347 Sed...352 filius] cf Lom 1493C.   349 Quare...352 filius] cf Gl 299b^{mg}.   364 dei²...sapientia] I Cor 1, 24.   368 Fecit ...mensura] Sap 11, 21.

---

342 descendit] descenderit A   345 prepositionum] propositionum T distinctionem indicat] *trp* T 349 et] add in T quod dicit] *om* T 354 sicut....   sunt] *om* T 356 sunt] sint T 357 principium] *add* est AT 360 ex] a T 361 a] a T* 366 operibus] omnibus T 369 apparet] *om* T

ceteris elementis est ponderosior; aqua super terram et sub aere, quia terra leuior est et aere ponderosior; celum uero propter leuitatem suam supremum optinet locum. In spiritualibus quoque creaturis idem occurrit, ut iuxta pondus meriti sui singule suum sortite sint locum. Ordo uero

375 non solum secundum locum attenditur, sed et secundum tempus, ut dicatur: *In pondere* omnia fecit, hoc est ubi et quando opor/tuit; *in nume-* O 75rb *ro*: quot fieri oportuit; *in mensura:* quanta et quam diu oportuit. Mensura enim notat quantitatem non solum corporis sed et temporis. Quantitatem corporis oportunam singulis dedit creaturis: Asinum maiorem cane

380 fecit, bouem asino, equum boue; sic / et in singulis commodissime ad T 154rb utilitatem nostram. Mensuram quoque secundum quantitatem temporis unicuique adaptauit, ut homo tantum, asinus tantum, equus tantum uiuat; inanimatis quoque, ut alia diutius, alia minus durent. Sicque per filium, hoc est per sapientiam patris, omnia facta sunt.

385 IN QUO OMNIA, hoc est in spiritu sancto. *Spiritus sanctus amor est.* Vnde beatus Augustinus: *Pater et filius unum sunt per amorem. Intelligat qui potest; nondum michi datum est intelligere. Deus omnia que fecit amat. Nichil enim odisti eorum que fecisti,* ait propheta. Omnia ergo / que sunt, in amore dei A 174va subsistunt; a quo si caderent, et statim esse desinerent. Vnde que deo

390 displicent, nullum esse habent. Quia ergo in amore dei, qui spiritus sanctus est, omnia retinent suum esse, merito in spiritu sancto omnia dicuntur subsistere.

---

385   in...sancto] cf Rob 148, 19s.   Spiritus...est] Gregorius I, hom 2, 30, 1 in ev (PL 76, 1220B); Ps.-Aug, XXI sententiarum, sent 18 (PL 40, 730); Hincmarus, de praedestinatione (PL 125, 293D); Aelredus, liber de speculo caritatis 2, 18, 53 (CCM 1, 91); Hermannus de Runa, sermo 32 (CCM 64, 134); Fulbertus Carnotensis, sermones (PL 141, 317C); Hildebertus Cenomanensis, sermo 74 (PL 171, 705B); Ab 211, 15s; idem, Th SB 3, 91 (CCM 13, 197). t sch 72 (CCM 12, 430). Th Sch 165 (CCM 13, 344). ThChr 1, 33 (CCM 12, 86). Rob 148, 19s; Ps.-Hugo, QEP II Cor q 13 (PL 175, 547C); Ps.-Hugo, miscellanea, titulus 103 (PL 177, 534B); Petrus Venerabilis, epist 28, 20 (Ed. Constable 99); Lom, 1339C; idem, sent 1, 10, 1, 2 (Ed. Brady 1, 110). 1, 17, 1, 2 (ibid 142). 1, 31, 6 (ibid 232). 2, 43, 2 (ibid 573); Reimbaldus Leodiensis, de vita canonica 12 (CCM 4, 31); Rupertus Tuitiensis, liber der divinis officiis 10, 15 (CCM 7, 349). 11, 7 (ibid 377); Martinus Legionensis, sermo 34 (PL 208, 1288D. 1301C); Adamus Perseniae, epist 16 (PL 211, 640B).   386 Augustinus] *Haec sententia integra non invenitur apud Augustinum.*   Pater...sunt] cf Io 10, 30.   Intelligat... potest] cf Aug, in Io ev tr 72, 3 (CCL 36, 509); item: Beda, in ev S. Io (PL 92, 825B); Zacharias Chrysopolitanus, in unum ex quatuor (PL 186, 515A); Petrus Comestor, historia scholastica (PL 198, 1619).   387 nondum...intelligere] *Non inventum.*   Deus...fecisti] cf Sap 11, 25: *Diligis enim omnia quae sunt, et nihil odisti horum quae fecisti. Haec sententia a permultis auctoribus affertur.*

---

371 ceteris elementis] *trp* T 374 ut] *om* T sortite] sortiti T sint] sunt T 375 et] *om* T 378 notat quantitatem] *trp* T 379 cane fecit] *trp* T 381 quoque] uero T 385 quo] ipso Vg

IPSI. Per hoc pronomen semel et singulariter positum intelligitur una et singularis esse substantia trium personarum.

O 75va   GLORIA. Quid est gloria, / superius dictum est.   395

IN SECULA. Seculum dicitur a sequendo, eo quod unum sequitur aliud. Seculum seculorum dicitur eternitas, eo quod omnia sequatur secula et ipsam nullum. Est ergo sensus: *Ipsi gloria in secula,* hoc est in secula seculorum, id est in eternitate, siue: in secula, hoc est per omnes succes-siones temporum.   400

AMEN. Aduerbium optandi est siue, quod dictum est, confirmandi.

---

393 Per...personarum] cf Lom 1495D.   395 superius] *ad Rm 1, 21*   396 Seculum...sequen-do] Haimo 670D.   399   in eternitate] Lom 1495D.   per...temporum] Ab 273, 569. 401 Aduerbium...confirmandi] Ab 72, 884s, ad Rm 1, 25. 273, 570, ad Rm 11, 36.

---

393 pronomen] nomen T   395 dictum] *om* T   398 ipsam] ipsi T hoc est] *om* T   399 succes-siones] successores T

[12, 1] OBSECRO. Tractatum suum, iuxta quod diximus in principio, ordinat apostolus. Hucusque enim de lege et gratia disputauit, merita Iudeorum et gentium ante fidem susceptam nulla esse demonstrauit, deinceps epistolam suam claudere uolens ad moralitatem tendit. Hoc est
5 enim omnis doctrine perfectio, morum scilicet informatio. Hucusque, ne alter aduersus alterum superbiret, prohibuit. Deinceps, ut et alter de utilitate alterius laboret, precipit.

HOSTIAM. Sed quia apud Iudeos et gentiles hostia occidebatur, ne corpora sua uita priuare precipere uideretur, supponit: UIUENTEM.
10 Hostia fiat, et tamen uiuat; hostia fiat in mortificatione uiciorum, uiuat uita uirtutum. SANCTAM, hoc est firmam. Vnde apostolus: *In caritate radicati et firmati*. Sed quia in signis et operibus / hec omnia exterius O 75vb apparere possunt et deo non placere, dicit: DEO PLACENTEM, bona scilicet intentione.
15   RATIONABILE OBSEQUIUM UESTRUM. Obsequium est obedientia, a uerbo "obsequor, obsequeris". Hic autem pro cultu diuino ponitur. Docet enim hic apostolus, cuiusmodi cultum deo debeamus exibere, cuiusmodi hostiam offerre, corpora uidelicet nostra per mortificationem uiciorum. Sed ne quis adeo putet carnem suam mortificandam esse, ut
20 etiam ei necessaria subtrahat, dicit ei apostolus: *Rationabile / obsequium* A 174vb *uestrum, ne quid nimis.* Potest enim modum excedere in subtrahendo

---

1 Tractatum...apostolus] *cf supra*, prol 6s; cf Lom 1496C.   2 Hucusque...7 precipit] cf Gl 299b^mg; Lom 1496A.C.   8 apud...occidebatur] cf Gl 299b^mg.   10 hostia...uirtutum] cf Lom 1496B; Hervaeus 764B.   11 hoc...firmam] cf Gl 299b^i.   In...firmati] Eph 3, 17.   12 hec... placere] cf Lom 1496B.   13 bona...intentione] cf Gl 299b^i; Lom ibid.   18 per...uiciorum] cf Col 3, 5.   21 ne...nimis] Sententiae septem sapientium; μηδεν αγαν. Soloni attribuitur: Terentius, Andria 1, 1, 34 (61); Hyginus, fabula 221, 2 (Ed. Marshall 172); Servius, Aeneidos librorum comm ad 10, 861, sec Terentium (Ed. Thilo/Hagen 2, 472). *Haec sententia saepissime affertur ab auctoribus Christianis;* cf e. g. Aug, de beata vita 4, 32 (CCL 29, 83); idem, de doctrina Christiana 2, 39, 58 (CCL 32, 721); idem, enarr Ps 118, 4, 1 (CCL 40, 1674 [tris]); idem, de diversis quaestionibus 83, 51, 4 (CCL 44A, 82); Hier, epist 60, 7 (CSEL 54, 556). 55, 21 (CSEL 55, 337); Cassiodorus, expos Ps 118, 4 (CCL 98, 1062); Isidorus, sent 2 (CCL 111, 652); Beda, de orthographia CCL 123A, 36); Benedictus de Nursia, regula 64, 12 (SChr 182, 650); Aelredus, sermo 31, 26 (CCM 2A, 256); Carolus Magnus, de imaginibus, praef (PL 98, 1003D). 1, 7 (ibid 1025A). 4, 8 (ibid 1201C); Alcuinus, epist 73 (PL 100, 249A); idem, comm super Ecclesiasten 7, 10(PL 100, 694D); idem, de virtutibus et vitiis 35 (PL 101, 637C); idem, grammatica (PL 101, 850D); idem, de rhetorica et virtutibus (PL 101, 943B); Smaragdus, in regulam 7, 64 (PL 102, 917A); Theodulfus Aurelianensis, fragmenta sermonum (PL 105, 279A); Rabanus, comm in Ecclesiasticum 6, 8 (PL 109, 970C). 7, 7 (ibid 989D); idem, tr de anima 10 (PL 110, 1118A);

---

1   Obsecro] O *littera initialis et praem* § O   2   apostolus] .a. *et in mg* apostolus O merita] meritorum T 4 moralitatem] mortalitatem T Hoc] hec T 5 informatio] in formam T 6 superbiret] superbire T 11 apostolus] .a. *et in mg* apostolus O 12 operibus] *om* T 17 deo] *om* T 19 putet] pati A 20 apostolus] .a. *et in mg* apostolus O

quemadmodum et indulgendo. *Iumentum nostrum est caro nostra*; ei prouidere debemus, sic tamen ut seruiat, non ut seuiat; sic, ut ancilla sit, non
domina. Hostie et uictime apud Iudeos erant et gentiles. Hostia apud
gentiles dicebatur que pro hostibus deuincendis immolabatur. Victimas 25
T 154va uictoria potiti diis suis immolabant. / Ritu Iudeorum ostia dicebatur,
quia ante ostium templi occidebatur super altare, quod erat sub diuo;
uictima quia restibus et funibus uincta ad immolandum ducebatur. Nos
ergo ante ostium templi, hoc est ante ingressum ecclesie, ostias nostras
offerre debemus, uicia nostra in nobis mortificando, conscientias nostras 30
O 76ra purificando. Aliter enim introitu / ecclesie digni non sumus; aliter
intrare non debemus.

Sed quare precipit corpora offerre apostolus potius quam animas,
cum *sacrificium* sit *deo spiritus contribulatus* nec quicquam ualeat sacrificium corporis sine sacrificio mentis? 35

Responsio: Loquitur apostolus nobis secundum spiritum, cuius est
exhibere corpus suum hostiam deo. Non corpus exhibet, sed spiritus.
Vnde, quia hec exhibitio spiritus est, sacrificium hoc a spiritu inchoatur
et in corpore terminatur. Vbi ergo corpus suum spiritus offerre precipitur, ipsemet in eadem hostia intelligitur, a quo et ipsa inchoatur. 40

[2] ET NOLITE. Seculum uocat homines seculi, id est caduca hec amantes et secularem uitam ducentes.

SED REFORMAMINI. Formam imaginis dei ex magna parte in Adam
amisimus. Que nisi reformetur in nobis, similes ei esse nec ad eum
approinquare nequaquam poterimus. Reformemur ergo *in nouitate sensus* 45

---

idem, de ecclesiastica disciplina 3 (PL 112, 1232B); Paschasius Radbertus, epitaphium
Arsenii 2 (PL 120, 1567A). 11 (ibid 1584A); Odilo Suessionensis, sermo de sancto Medardo
(PL 132, 633B); Bruno Astensis, sent 2, 4 (PL 165, 913B); Ps.-Hugo, miscellanea 6 Tit 55
(PL 177, 841A); Hervaeus, ad Rm 12 (PL 181, 764D); Gl 299b^i *et* ad Ecclesiasticum 31, 19
(Ed. Rusch II, 776b^{mg}); Bernardus, de consideratione 1, 9 (opera 3, 404); idem, epist 124, 3
(opera 7, 307). 218, 3 (opera 8, 79); idem, sermo 6 in adventu domini (opera 6, 1, 16);
idem, sermo 18 de diversis (opera 6, 1, 382); idem, sermo 3, 11 in circumcisione domini
(opera 4, 290); Iohannes de Forda, super extremam partem Ct sermo 46 , 7 (CCM 17, 330);
Iohannes Sarisberiensis, metalogicon 4, 17 (CCM 98, 155); idem Polycraticus 1, 4 (CCM
118, 41); anonymus, speculum virginum 4 (CCM 5, 100); Robertus Pullus, sent 2, 12 (PL
186, 737A); Rupertus Tuitiensis, de sancta trinitate 41 (CCM 24, 2098); Petrus Comestor,
sermo 16 (PL 198, 1766A); Petrus Cantor, verbum abbreviatum 84a (PL 205, 254B). 116
(ibid 305D); Thomas de Chobham, summa de arte praedicandi 6 (CCM 82, 201).
22 Iumentum...nostra] *Vide supra p. 142, 75* ad Rm 8, 12. 24 Hostia...28 ducebatur] cf
Haimo 469B. 34 sacrificium^1...contribulatus] Ps 50, 19. 37 exhibere...deo] cf Rm 12, 1.
41 Seculum...seculi] cf Cassiodori discipulus, comm (PL 68, 611D).

---

26 ostia] *corr ex* hostia O 27 quia] quod T ostium] *corr ex* hostium OT 29 ostias] *corr ex*
hostias O 33 precipit.... apostolus] *trp* precipit apostolus corpus offerre T apostolus] .a. *et
in mg* apostolus O 36 apostolus] .a. O 41 id est] *om* T 43 magna parte] *trp* T

nostri, ut, qui prius non nisi terrena sapiebamus, de cetero celestia
sitiamus. Renouatio hec fiat per studium lectionis, per studium bone
meditationis, orationis, et bone operationis. Sic enim reformabimur in
cognitionem ueritatis et amorem bonitatis, in quibus duobus consistit / A 175ra
50 huius perfectio reformationis. Vel: REFORMAMINI de die in diem per
incrementum uirtutum, donec uideatur *deus deorum in Syon.*

VOLUNTAS DEI etc. Quecunque bo/na sunt, deo placent. Sed eorum O 76rb
quedam magis aliis, quedam perfecte. Eo usque igitur reformari et deo
conformari studeamus, ut experimento ipso, que deo placeant et que
55 magis aliis et que his plurimum, cognoscamus, ut ita per singulorum
experientiam usque ad perfectionem ueniamus. Vel, sicut dicunt: bona
in fide, beneplacens in spe, perfecta in caritate. Vel: bona in coniugatis,
beneplacens in uiduis, perfecta in uirginibus.

[3] DICO ENIM. Quia admonitio et preces citius contempni solent et
60 negligi quam precepta, ne putent apostolum talia per ammonitionem
solam dicere, supponit quod non solum hec facere monet, sed precipit.
Quasi: Ne contempnatis que dico, quia PER GRATIAM QUE DATA EST MICHI,
qua uester sum apostolus, ea DICO, hoc est precipio, OMNIBUS etc., hoc
est omnibus uobis. Vel: *omnibus qui sunt inter uos,* hoc est omnibus qui
65 habent esse, qui scilicet illi incommutabili esse, hoc est deo, adherent
per dilectionem inter uos. Solus enim deus uere est, quia incommutabiliter est. Vnde et illi soli dicuntur esse, qui illi esse, quantum possunt, se
conformant et illi incommutabiliter adherere desiderant.

De gratia ista apostolo data queri solet, que fuerit illa. Et dicunt sancti,
70 quia hec fuit donum scientie in intelligentia scripturarum ueteris et noui
/ testamenti et misteriorum fidei, et intelli/gentia etiam archanorum O 76va
dei. De sapientia eius perhibet testimonium beatus Petrus dicens: *Sicut* T 154vb
*frater noster Paulus predicat in omnibus ecclesiis secundum sapientiam sibi a deo
datam. Diuina enim dispensatione,* inquit beatus Augustinus, *factum est, ut
75 ille qui in sapientia ceteris excellebat, gentibus daretur apostolus; ille qui in gratia
miraculorum Iudeis. Iudei* siquidem, sicut habetis, *signa querunt, et Greci*

50 de...uirtutum] Gl 299b^i; Lom 1497A.   51 deus...Syon] Ps 83, 8.   54 ut...placeant] cf Gl
299b^i; Lom 1497B   56   sicut...caritate] Haimo 470CD.   bona...58 uirginibus] Haimo
470D; cf Gerardus Iterii, de confirmatione 86 (CCM 8, 415).   66   Solus...est^2] cf Aug, de
civitate dei 8, 6 (CCL 47, 223); Ps.-Aug, contra philosophos 5 (CCL 58A, 295); Guillelmus
de S. Theodorico, aenigma fidei (Ed. Davy 138); idem, expos 1, 18s (CCM 86, 20).
72 Sicut...74 datam] II Pt 3, 15.   74 Diuina...76 Iudeis] *Haec sententia adhuc inventa non est.*
76 Iudei...sapientiam] I Cor 1, 22.

47 sitiamus] *corr ex* sentiamus T Renouatio] reuocatio A per^1....   lectionis] *bis* T* *sed semel
del* T 49 in] *add* i T* 61 quod] quia T 64 uobis] nobis T uos] nos T 68 conformant] *add
tamen* O* 69 fuerit] fuit T dicunt sancti] *trp* T 75 excellebat] *om* T

sapientiam. Magister, dicunt Iudei, *uolumus a te signum uidere,* et *quanta audiuimus facta a te in Capharnaum, fac et hic in patria tua.* Et iterum: *Quod* A 175rb *signum / ostendis nobis, ut credamus tibi?* Summe itaque bonitatis ordinatione apostolus Petrus potens in signis et uirtutibus Iudeorum apostolus 80 factus est; de quo etiam legitur -quod non de ipso saluatore!- quod umbra illius sanaret, sicut cantatur: *In plateis ponebant infirmos* etc.; et sicut legitur, licet non multum sit autenticum, de disputatione Symonis magi cum apostolis: *Quando de fide agebatur, uerbis et rationibus Paulus respondebat* O 76vb *et opponebat; sed quando opus fuit miraculo et Symon ille uolare ce/pit, "Nonne* 85 *uides, Petre?", inquit Paulus. Tunc beatus Petrus prostrauit se ad orationem, et miserrimus ille statim corruit et toto confractus corpore exspirauit.* Tali apostolo Iudei egebant, et gentes doctore optimo, que non nisi sapientiam querebant.

NON PLUS SAPERE. Nemo in presenti uita tantum sapere potest, quin 90 plus sapere debeat uelle. Quanto enim plus sapit, tanto ad cognitionem dei magis accedit, et quanto ad cognitionem dei magis accedit, tanto plura subtiliora et meliora cognoscit. Quis ergo *plus* sapit *quam oportet* sapere, cum nemo totum sapiat quod debeat sapere? Est modus in rebus, est modus in sapientia et ordo sicut in aliis rebus. Ille igitur *plus quam* 95 *oportet* sapit, qui in sapientia modum excedit et ab ordine recedit, qui scilicet ea, que supra rationem humanam sunt, ratione sua comprehendere querit, que scilicet credi debent et possunt, sed sciri non possunt, ut est illa eterna generatio filii, processio spiritus sancti et cetera que de unitate trinitatis et trinitate unitatis credere iubemur, sed discutere 100 prohibemur. *Plus* sapit etiam *quam oportet,* qui se propter sapientiam suam extollit et alios contempnit.

---

77 Magister...uidere] Mt 12, 38.   quanta...tua] Lc 4, 23.   78 Quod...nobis] Io 2, 18. 79 ut...tibi] Io 6, 30.   81 umbra...sanaret] cf Act 5, 15; missale mixtum (PL 85, 593D): ... *ut veniente Petro saltim umbra illius obumbraret quemquam eorum et liberarentur ab infirmitatibus suis.* 82   In...infirmos] Mc 6, 56; *unus locus tantum adhuc inventus est:* Antiphonaire de Bayeux (1753/54), 241 *(textus non editus, cf http://perso.club-internet.fr/lrs/bayeux.pdf).*   84 Quando... 87 exspirauit] *Similiter:* Acta apostolorum apocrypha I, 45-103, bes. c 32 (Lipsius / Bonnet I, 83; Hennecke/Schneemelcher II, 217); Ps.-Ambr, de excidio urbis Hierosolymitae 3, 2 (PL 15, 2069B); Ps.-Beda, hom subdita 94 (PL 94, 496C-497B); Iacobus de Voragine, legenda aurea 89 de sancto Petro apostolo (Ed. Maggioni 539-575, imprimis 566s); Ordericus Vitalis, ecclesiasticae historiae 2, 8 (PL 188, 132D-133B).   90 Nemo...102 contempnit] cf Rob 149, 3-12.   94   Est...rebus] Horatius, sermones 1, 1, 106 (Ed. Klingner 165). 100 credere...prohibemur] cf Ps.-Hugo, SS tr. 6, 8 (PL 175, 145B); Innocentius III, mysteriorum evangelicae legis 4, 8 (PL 217, 861A).

---

77 Magister dicunt] mag. st. dictum A 80 apostolus Petrus] beatus *(expunct)* Petrus apostolus T potens] *om* T 93 ergo] *om* T 94 totum] tot T quod] quot T 99 spiritus sancti] filii T

Sed sapere ad sobrietatem. Bria est mensura. Sapit ergo ad sobrietatem, / O 77ra
qui se propter sapientiam suam non eleuat, sed magis aliis se commensu-
105 rat, ut cum humilibus humilis fiat. Immo quanto sapientior, tanto debet
esse humilior iuxta illud: *Quanto maior es, / tanto magis humilia te in omnib-* A 175va
us.

ET UNICUIQUE uestrum ita precipio sapere, SICUT DEUS DIUISIT MENSU-
RAM FIDEI, ut nil sapiat uel faciat nisi quod credit esse sapiendum uel
110 faciendum. *Omne enim quod non est ex fide, peccatum est.* Mensurat deus
fidem unicuique et dona fidei. Maiorem enim fidem habuerunt apostoli
montes transferendo et maiora dona fidei quam nos habeamus. Omnibus tamen dat ad mensuram, excepto illo, cui non dedit ad mensuram,
sed omnium donorum / plenitudinem, homini scilicet assumpto.   T 155ra
115 [4] SICUT ENIM. Ostendit similitudine conuenienti, ut quid deus dona
fidei ita mensurat diuersis diuersa largiendo, ut scilicet unitas caritatis
hoc modo seruetur in diuersis. Gratia siquidem unicuique datur non
propter se tantum, sed et propter proximum, ut quod unus per se non
potest, possit per alium. Et hoc est: SICUT etc.
120 [6] HABENTES. Precepit, ut singuli sint *alter alterius membra,* quod fit
per mutua dilectionis obsequia. Sed ne de inpossibilitate se excusarent
di/cendo se non habere unde ad inuicem possint ita sibi subuenire, O 77rb
obuiat apostolus dicens illos habere *donationes* gratiarum *differentes,* in
quibus possunt et debent esse *alter alterius membra.* Defectus est in locutio-
125 ne: Debemus esse *alter alterius membra.* IGITUR nos HABENTES DONATIONES
etc., per quas hoc possumus, simus *alter alterius membra.*
SIUE PROPHETIAM. Enumerat dona gratiarum diuersa, in quibus esse
debemus *alter alterius membra. Prophetia,* sicut in psalmis diffinitur, est
inspiratio diuina futuros euentus rerum immobili ueritate denuntians. Sed hec
130 prophetie diffinitio, sicut in principio huius epistole diximus, generalis
esse non potest, cum tantum prophetie conueniat que de futuro est.
Beatus Gregorius aliter diffinit prophetiam: *Prophetia,* inquit, *est occulto-
rum manifestatio per spiritum sanctum facta.* Itaque qui profunditatem

---

103 Bria...mensura] cf Haimo 485A. 693B; Ab 295, 299-301 *sec Haimonem;* anonymus, comm
in Ruth 2(b) (CCM 81, 174): *...briae, id est mensurae...*   106 Quanto...omnibus] Sir 3, 20.
110 Omne...est^2] Rm 14, 23.   112 montes transferendo] cf I Cor 13, 2.   120 alter...
membra] Rm 12, 5.   128 Prophetia...denuntians] *Vide supra ad Rm 1, 2.* in psalmis]
Scilicet in commentariis ad psalmos, vide: Cassiodorus, expos Ps, Ps.-Beda, de libro Ps, Haimo,
Glossa Ordinaria *(cf notam praecedentem!).*   130 in...diximus] *Ad Rm 1, 2.*   132 Prophetia...
facta] *Haec sententia Gregorii Magni inventa non est; ad sensum cf:* Gregorius I, hom 1, 1 in Ez
(CCL 142, 5): *Qua in re animadvertendum est quod recte prophetia dicitur, non quia praedicit
ventura, sed quia prodit occulta.*

---

103 Sed] et O^c *et* O^{mg} 111 fidei] apostoli T 122 unde] uirum T possint] positum T 123 di-
cens] .a. O 126 alter.... membra] alterius membra] a.m. *et in mg* alterius membra O

scripturarum intelligit et aliis ad edificationem manifestat, donum habet
A 175vb prophetie. Vnde apostolus in prima / epistola ad Corinthios: *Qui prophe-* 135
tat hominibus, loquitur ad edificationem. Secundum etiam primam diffinitionem tempore apostolorum spiritum prophetie quidam habuisse legun-
O 77va tur, sicut Agabus qui accipiens zonam apostoli ea se se / alligauit dicens:
Sic alligabitur uir, cuius est hec zona Ierosolimis. Et quattuor filie Philippi
spiritum prophetie habuerunt et Symon niger. Qui ergo prophetiam 140
habet, hoc est eorum, que occulta sunt in sacra scriptura manifestationem, in ea sit membrum alterius.

SECUNDUM RATIONEM FIDEI. In his enim que contra rationem fidei
sunt, nulli subseruire, nullius membrum debet esse. *Secundum rationem*
fidei prophetiam habet, qui in sua predicatione secundum hoc, quod credit 145
auditoribus esse necessarium, uerba sua moderatur et, quid his siue illis
pro capacitate eorum predicari oporteat, discernit, ut modo lac paruulis,
modo solidum cibum maioribus ministret. Quod et apostolus fecit et
psalmista faciendum esse docuit dicens: *Dies diei eructat uerbum, et nox*
nocti indicat scientiam. Tale est ergo quod dicit *secundum rationem fidei,* hoc 150
est secundum discretionem quam se credit habere. Vbi si forte caritas
errauerit, eam ignorantia excusabit.

[7] SIUE MINISTERIUM. Vbique intelligendum est: *Sit membrum alterius,*
et *secundum rationem fidei.* IN MINISTRANDO, siue administrationem habeat
spiritualium siue temporalium.   155
O 77vb   [8] SIUE QUI DOCET ET QUI EXHORTATUR. Prophetiam, / quam superius
intellexit, uidetur hic per doctrinam et exhortationem distinguere. /
T 155rb Quisquis enim *ad edificationem loquitur,* aut docendo aut exhortando ad
aliquid loquitur. Et est alia species exhortatio a doctrina. Doctrina enim
ad ignorantes, exhortatio pertinet ad scientes, sed, quod sciunt, facere 160
pigritantes, uel de se desperantes.

QUI TRIBUIT, IN SIMPLICITATE. Sunt qui tribuunt in duplicitate, qui ei
sua largiuntur, a quo maiora sperant. Tribuunt etiam in duplicitate
hypocrite qui proprie causa laudis et glorie elemosinas faciunt. Sunt et
A 176ra tercii in duplicitate tribuentes, qui in spe presentis et future / retributi- 165

---

135 Qui...edificationem] I Cor 14, 3.   138 Sic...Ierosolimis] Act 21, 11.   139 quattuor...
habuerunt] Act 21, 9.   140 Symon niger] cf Act 8, 9.   143 Secundum...152 excusabit] cf
Ab 275, 65-75.   147 lac...maioribus] cf I Cor 3, 2; Hbr 5, 13s.   148 Quod...fecit] I Cor 3, 2.
149 Dies...scientiam] Ps 18, 3.   153 Sit...alterius] Rm 12, 5.   156 Prophetiam...159 loqui-
tur] cf Ab 275, 86-89.   superius] *Vide ad Rm 1, 2. 12, 6 (.*   158 ad¹...loquitur] I Cor 14, 3.
159 Et...scientes] cf Comm Cantabrigiensis 1, 181.   162 in duplicitate] Gl 300aⁱ.   165 in²...
retributionis] cf Hervaeus 768C; Lom 1500A.

---

136 Secundum] sed T 138 Agabus] agab A 142 ea] qua T 157 per] secundum T 161 se] se
se AT

onis sua tribuunt. Contra quos dominus loquitur in euangelio dicens:
Cum facis elemosinam, nesciat sinistra tua quid facit dextera tua. Qui ergo
tribuit, in simplicitate, hoc est simplici et pura intentione, tribuat. Simplicem et puram in tribuendo habet intentionem, qui ob hoc solum tribuit,
170 quia id deo placere credit.
    QUI PREEST, IN SOLLICITUDINE. Hoc ad prelatos specialiter, quos circa
curam subditorum sollicitos esse oportet, non negligentes, non presump-
tuosos. Si subditos in ueritate dilexerit, de eorum salute sollicitus erit.
Amor siquidem expellit negligentiam, timor / presumptionem. Non O 78ra
175 tumeat de prelatione sua, sed timeat pro ratione reddenda. Non enim de
solo se apud districtum iudicem, sed de omnibus sibi commissis redditu-
rus est rationem: Si ouis aberrauerit, requiret eam de manu pastoris. Non
se ergo estimet potestate dominante, sed caritate seruiente felicem; et
cum utrumque sit necessarium, plus tamen amari appetat quam timeri.
180   QUI MISERETUR, IN HILARITATE. *Hilarem enim datorem diligt deus.* Opus
misericordie leto animo, leto uultu, non auerso, faciendum est. Qui dat
elemosinam indigenti, non reputet se facultatem bonorum suorum
minuere. Seminat enim centuplum recepturus, si faciat hoc ex caritate.
Aliter enim non meretur. Similiter qui ignoscit delinquentibus in se, cum
185 quadam *hilaritate* et sine omni rancore animi id faciat, iniurias illatas
ueniam petenti non opponat. Hoc est enim penitentem magis confun-
dere quam pacare.
    Queri solet de glosa illa super locum istum apostoli (beati Augustini
est): *Iudicium sine misericordia ei, qui non fecit misericordiam.* Quomodo
190 iudicium dei potest esse sine misericordia, cum scriptum sit: *Vniuerse uie
domini misericordia et ueritas?* Sunt qui concedunt, quod iudicium est illis /
sine misericordia, qui dampnantur eternaliter; et exponunt illud quod O 78rb
premissum est de primo aduentu domini et secundo. Primus enim
aduentus eius misericordia fuit; secundus ueritas erit, in quo reddet

---

167 Cum...tua²] Mt 6, 2s; cf Ab 276, 97s.   171 Hoc...specialiter] cf Ab 276, 110.   177 Si...
pastoris] cf Ez 34, 11: *...ecce ego ipse requiram oues meas et visitabo eas;* cf etiam: Petrus Blessensis, epist 134 (PL 207, 399AB) *et* epist 242 (ibid 554C): *Ecce eo requiram oues meas de manui
pastoris.*   178 et...timeri] cf Aug, regula (PL 32, 1384); idem, epist 211, 15 (CSEL 57, 370);
Benedictus Anianensis, de concordia regularum (PL 103, 758A. 942A).   180   Hilarem...
deus] II Cor 9, 7; cf Lom 1500B.   183 Seminat...recepturus] cf Lc 8, 8.   184 qui...faciat] cf
Ab 276, 118s.   188   Queri...205 oportuit] cf Gl 200a^mg; Rob 149, 94-150, 11; Lom 1500BC.
beati...est] Aug, epist 167, 6, 19 (CSEL 44, 606); Gl 300a^mg.   189   Iudicium...misericordi-
am] Iac 2, 13.   190 Vniuerse...ueritas] Ps 24, 10.

---

168   simplici.... intentione] *trp* pura et simplici T tribuat] *add* faciat T*   171   quos] quis
T 172 presumptuosos] sumptuosos T 175 Non.... 177 rationem] *om* A 176 solo] *add* se
T 181 auerso] aduerso T 184 qui] si T 186 ueniam] *supr lin* O opponat] opponas T 187 pa-
care] paccare O^c 188 locum istum] illum locum T 189 fecit] facit T

unicuique iuxta quod meruerit. Iusticia enim, ut dicunt, hoc exigit, ut 195
tantum reddat quantum quis meruit. Aliter non est ibi equitas. Si enim
A 176rb culpa penam / uel pena culpam excedat, non est equitas sed preponde-
rat alterum alteri. Deus autem contra equitatem facere non potest.
Quare nec plus nec minus quam meruerit, quemquam punire debet.
T 155va Quod / autem supra meritum dat bonis, misericordia est. Si uero minus 200
daret, ab equitate recederet. Ergo nec seruat equitatem, si minus merito
punit iniquitatem. Si queratur ab eis, quare specialiter de inmisericorde
dictum est: *Iudicium sine misericordia* etc., respondent: Non quia in hoc
peccato tantum uerum sit, sed, quod generaliter uerum est, alicubi dici
oportuit.   205

Nobis non uidetur satis conuenienter dictum, ut *uniuerse uie domini*
appellentur uia primi aduentus et uia secundi. De duabus enim quomodo diceretur *uniuerse?* Ideoque, ut de uniuersis uiis eius id intelligamus,
dicimus quia nullum dampnat sine misericordia, nullum punit quantum
O 78va meruit, nec tamen de pena remittendo ab equitate uel / a iusticia rece- 210
dit. Hoc enim iustum est, ut ipse misereatur. Sorores siquidem sunt
misericordia et iusticia, et obuiant sibi non in discordia sed in concordia
seseque osculantur. Nec debet altera esse sine altera. Misericordia enim
iusticiam temperare debet, ne sit nimis rigida et fiat crudelitas; iusticia
misericordiam, ne sit nimis remissa et sequatur dissolutio. Quod ergo 215
dictum est: *Iudicium sine misericordia* etc., non sic est intelligendum, ut
sine misericordia iudicetur, sed quia a miseria non liberatur. Quod etiam
de omni potest dici, qui dampnatur. Sed de inmisericorde dictum est
specialiter propter quorundam austeritatem, qui ita in iusticia sua rigidi
sunt, ut uix plena satisfactione minus punire uelint, non attendentes 220
illud: *Qui nimis emungit, elicit sanguinem.* Dum enim non in misericordia
sed cum rigore iusticie subditos corripiunt, ut ab eis odio habeantur,
ipsimet causa fiunt, et est nouissimum malum peius priore.

[11] SOLLICITUDINE NON PIGRI. Hoc unicuique in ministerio sibi
commisso precipitur. Quidam sunt qui animo satis solliciti sunt, opere 225
tamen pigri. Ideo dicit: *Sollicitudine non pigri*, hoc est solliciti sitis corde,
nec tamen pigri in opere, sed in utroque solliciti.

---

195 Iusticia...meruit] *Ad definitionem iustitiae vide supra ad Rm 1, 32.*   203 Iudicium...miseri-
cordia] Iac 2, 13.   206 uniuerse...domini] *Vide supra ad l. 190!*   209 dicimus...meruit] cf
Rob 149, 15-17.   216 Iudicium...misericordia] Iac 2, 13.   221 Qui...sanguinem] Prov 30,
33.   226 solliciti...opere] cf Gl 300a^i; Lom 1500D-1501A.

---

199 meruerit] *corr ex* meruerat T 204 alicubi] alicui T 207 quomodo] que modo T 208 dice-
retur] dicentur T 227 nec] non T

SPIRITU FERUENTES, hoc est igne caritatis / ardentes. Ardens / est A 176va
caritas, immo, ut Ieronimus in quodam loco dicit, *impatiens est caritas.* O 78vb
230 Parum enim uidetur ei quicquid boni faciat. Hoc igne debetis esse
feruentes, hunc enim *ignem uenit dominus mittere in terram; et quid uult nisi*
ut ardeat? Non sitis tepidi, ne forte *ab ore* dei euomamini, sicut Iohannes
apostolus in apocalipsi sua ex persona domini ad quendam loquens dicit:
Vtinam frigidus esses aut calidus. Sed quia tepidus es, euomam te ab *ore meo.*
235 Frigidus est, sicut sancti exponunt, qui in criminalibus peccatis mortuus
iacet; calidus qui igne caritatis feruet; tepidus qui nec magna mala
committit nec magna bona facit.

Quid est ergo, quod ad tepidum loquens ait: *Vtinam frigidus esses aut*
calidus, quasi melius sit esse frigidum quam tepidum? Quod si est, et
240 melius est in magnis esse peccatis quam in minoribus, in criminalibus
quam in uenialibus.

Responsio: Non rem sicut est, sed que ex re est / oportunitatem in T 155vb
uerbis illis attendit apostolus. Facilius enim et frequentius contingit,
quod hi, qui in profundo sunt uiciorum, ad deum conuersi ad maiorem
245 perueniant perfectionem quam tepidi illi. Putant enim sibi sufficere,
quod non illa magna et horribilia faciunt mala, licet nec magna nec
multa faciant bona. Illi uero e contrario priorem uitam suam semper /
pre oculis habentes, ad euadenda tormenta que meruerunt, bona que O 79ra
facere possint, uix credunt sibi sufficere.

250   Et in omnibus his DOMINO SERUIENTES, ut scilicet in omnibus, que
facitis et que proximo siue superiori siue inferiori impenditis, deum
finem et causam constituatis. Vel secundum Ambrosium: *Tempori seruien-*
tes, hoc est oportunitatem temporis obseruantes. *Singula enim tempus*
suum habent, tempus flendi et tempus ridendi, tempus tacendi et tempus loquendi.
255 Non est uerbum dei passim disseminandum, sed quo conuenientius et ad
edificationem audientium utilius id fieri possit, tempus est obseruan-
dum.

---

229   Ieronimus...caritas] *Non apud Hieronymum, sed cf* Aug, soliloquia 2, 1, 1 (CSEL 89, 45):
impatiens est amor.   231 ignem...ardeat] Lc 12, 49; cf Gl 300a^i; Lom 1501A.   234 Vtinam...
meo] Apc 3, 15s.   236   qui^1...feruet] cf Ps.-Anselmus Laudunensis, enarr in Apc (PL 162,
1515D; Martinus Legionensis, sermones (PL 208, 420C) = expos(PL 209, 322A).   238 Vtinam...calidus] Apc 3, 15.   251 deum...constituatis] cf Ab 278, 152-154.   252 Vel...257
obseruandum] cf Abst (CSEL 81/1, 404s); Rabanus, expos super Ier (PL 111, 1552B-D); Gl
300a^{i+mg}; Lom 1501A.   253 Singula...loquendi] Eccl 3, 4.

---

236 magna.... committit] *trp* mala magna committit A magna committit mala T 240 esse]
supr lin A 243 apostolus] .a. O 246 non] *add* in O 249 credunt] credere T

A 176vb   [12] SPE GAUDENTES. Spes est secura exspectatio / futuri boni adipiscendi. Et hec facit in tribulatione patientes, immo et de tribulatione gaudentes, iuxta illud apostoli Iacobi: *Omne gaudium*, inquit, *existimate*, 260 *fratres mei, cum in temptationes uarias incideritis, scientes quod probatio fidei uestre patientiam operatur.* Et apostolus: *Momentaneum hoc pondus tribulationum immensum pondus glorie operatur in nobis.*

ORATIONI INSTANTES. Instantia hec in assiduitate debet esse et deuoti
O 79rb one. INSTANTES, quia, quod hu/manis auxiliis nec nostris uiribus optine- 265 re possumus, necesse est, ut orationibus a deo impetremus.

[13] NECESSITATIBUS SANCTORUM COMMUNICANTES. Non quin de aliorum necessitatibus sit subueniendum, sed de necessitate sanctorum ideo loquitur, quia tempore illo sancti et fideles quique facultatibus suis spoliabantur. Vnde et idem apostolus ad Hebreos scribens in laudem 270 eorum dicit: *Et rapinam bonorum uestrorum cum gaudio suscepistis.*

HOSPITALITATEM SECTANTES. Non dixit: "Hospitales estote" uel "hospitalitatem sequimini", sed *sectantes*. Sequitur hospitalitatem, qui rogantes in hospitio auscipit. Sectatur, qui etiam non rogantes cogit et, ne forte in uiis uel plateis remaneant, querit.   275

[14] BENEDICITE PERSEQUENTIBUS UOS. Perfectos uult apostolus reddere auditores suos, dum non solum eos bona facere docet, sed etiam pro malis bona reddere, dicens: BENEDICITE. Bis dicit *benedicite*, ut sit benedictio in ore, sit et in corde, sit in affectu, et, si fieri potest, sit in opere. *Maledicimur*, inquit, *et benedicimus.* Exemplo docuit, quod uerbo 280 predicauit.

Et notate, quod non dixit: "Ne maledicatis", sed: *Nolite maledicere.* Cum enim aliquem pro sue culpe obstinatione excommunicamus, profecto in
O 79va eum maledictionis sententiam intor/quemus. Ipse etiam apostolus in actibus apostolorum ei maledixisse legitur, cui ait: *Destruat te dominus,* 285
T 156ra *paries dealbate!* Sed quia zelo iusticie com/pulsi sancti talia faciunt, male
A 177ra dictionis / actionem habent, non uoluntatem.

---

258   Spes...263 operatur] cf Ab 278, 163-165; *vide etiam definitionem spei supra ad Rm 8, 24.* 259 in...patientes] Gl 300b^{mg}.   260 Omne...262 operatur] Iac 1, 2s.   262 Momentaneum... nobis] II Cor 4, 17.   265 quod...impetremus] Haimo 474D.   269 quia...271 suscepistis] Haimo 475A.   271 Et...suscepistis] Hbr 10, 34.   272 Non...275 querit] Haimo 475AB. 278 Bis...corde] cf Ab 279, 197s.   280 Maledicimur...benedicimus] I Cor 4, 12.   282 Et... 287 uoluntatem] cf Ab 279, 199-205.   285 Destruat...dealbate] Act 23, 3.

---

258   secura] secuta T   260   inquit] *pon post* fratres mei T   263   glorie operatur] gloriatur T   265   quia] qui T   267   communicantes] c(ommunicantes) etc T   270   apostolus] .a. O 271 Et] *om* T 275 plateis] *praem* in T 276 apostolus] .a. *et supr lin* pls O 284 etiam] autem T apostolus] .a. O 285 dominus] deus T

[15] GAUDERE CUM GAUDENTIBUS, de quibus scilicet est gaudendum de
profectu uirtutum, cum his qui gaudent non quia demonia subiciuntur
290　eis, sed quia nomina eorum scripta sunt in celis.

FLERE CUM FLENTIBUS, pro quibus scilicet est flendum, sicut de defectu
et casu aliquorum, quando scilicet aliqui qui stare uidebantur per iusticiam, in mortalem corruunt culpam. Et iste est fletus compassionis, et
meritum habet. Est enim fletus pietatis siue nature infirmitatis, quem
295　mereri non credo, nisi ex caritate procedat. Sunt enim quidam huiusmodi complexionis et maxime mulieres, ut si uideant aliquem graui ualitu-
dine corporis uexari siue uerberibus aut tormentis affligi, quadam pietate statim prorumpunt in lacrimas. Et huiusmodi lacrime forsitan culpam
minuunt, sed premium non adquirunt, quia in criminalibus esse possunt
300　et tales lacrimas habere. Due igitur sunt cause, pro quibus est flendum:
peccata scilicet propria seu proximorum, sicut Samuel deflebat Saul, eo
quod dominus recessisset ab eo, et apostolus multos Corinthiorum, qui
post fornica/tionem non egerant penitentiam. Secunda est causa, quod O 79vb
differimur a regno celorum iam securi de premio. Nec enim cum fletu
305　regnum celorum desiderat, nisi qui cum quadam securitate illud exspectat. De his, qui his duabus de causis flent, dominus dicit: *Beati qui lugent,*
quoniam ipsi consolabuntur.

[16] Sed quia est fictum gaudium et lacrime ficte, subiungit apostolus:
ID IPSUM etc., hoc est: in ueritate gaudentes et in ueritate flentes, ut
310　scilicet ita de profectu proximi tui gaudeas uel de casu doleas ac si de
tuo.

NOLITE ESSE PRUDENTES. Prudens apud se potest dici quis quattuor
modis: uel qui prudentiam sibi a deo datam sibi tantum habet et non
eam ad utilitatem proximorum exercet, sicut in glosa habetur; uel qui a
315　se habere putat; siue qui, cum sit apud alios stultus, se tamen prudentem
reputat; siue quia ita totus suo iudicio nititur ut, quicquid / iustum esse
decreuerit, exequi uelit et, cum nemini irascenti ira sua iniusta uideatur, A 177rb
offensus statim se uindicare querit.

288 de².uirtutum] Gl 300bⁱ ; Lom 1501C.　289 non...celis] Haimo 475D.　293 Et...295
procedat] cf Rob 151, 6-8.　301 Samuel...eo²] I Sm 15, 35; 16, 1.　302 apostolus...peniten-
tiam] II Cor 12, 21.　303 Secunda...307 consolabuntur] cf Haimo 475D-476A.　306 Beati...
consolabuntur] Mt 5, 5.　312 Prudens...314 habetur] cf Gl 300bⁱ; Lom 1502B.　315 qui...
reputat] cf Haimo 476B.　316 siue...320 reddentes] cf Haimo 476BC; Ab 282, 295-301.

298　lacrimas] lacrimis A　300　Due] de re T　302　Corinthiorum] .a. *et add in mg* pl
O　303　quod] quia AT　304　differimur] differimus T Nec] non AT　308　apostolus] .a.
O 309 etc] *om* T hoc. ...　casu] *om* T 310 tui] cui AO 313 habet] habeat T

[17] Cui occurrit apostolus dicens: NULLI MALUM PRO MALO REDDEN-
TES. Est quedam alia prudentia, quam non prohibet apostolus, sed ut 320
eam habeamus, dominus precipit in euangelio dicens: *Estote prudentes*
O 80ra *sicut serpentes.* Prudentia serpentis est, et / maxime colubri, ut totum
corpus ictibus opponat, ut caput seruet. Venenum siquidem dicitur
habere in capite, unde uiuit; ideoque quam diu illesum caput habuerit,
uita priuari non poterit. Hoc fecerunt sancti martyres: Totum corpus 325
suum exposuerunt ictibus persequentium, ut caput suum, scilicet Christum, conseruarent. Et quia prudentia sine simplicitate astutia est, quemadmodum et simplicitas absque prudentia fatuitas, supponit: *et simplices*
sicut columbe. Columbina simplicitas lesa nescit reledere; etiam passeres
fugant columbam. Hec a nobis requiritur simplicitas, ut lesi non releda- 330
mus, ut nulli *malum pro malo* reddamus.

PROUIDENTES. Sunt qui prouident bona tantum coram deo, putantes
T 156rb sibi sufficere, / si bonam habuerint conscientiam, paruipendentes, quid
de eo iudicent alii. Quod uolunt habere ex illa auctoritate apostoli: *Michi*
autem pro minimo est, ut a uobis iudicer aut ab humano die. Humanum diem 335
uocat humanum iudicium, quia sicut in die discernuntur res ab inuicem,
sic in iudicio causa deicitur et, quis superior existat quis inferior, discer-
O 80rb nitur. Falluntur isti et contra apostolum, immo contra ipsam aperte sen/
tiunt ueritatem. Ait enim, immo et precipit, in euangelio: *Sic luceat lux*
uestra coram hominibus, ut uideantur opera uestra bona, et glorificent patrem 340
uestrum qui in celis est. Ecce precipit bona fieri non tantum in secreto
A 177va cordis, sed sic, ut uideantur ab hominibus. Nichil humanum a te debes /
reputare alienum. Quomodo bene tibi respondet conscientia, si scandalizat proximum tuum uita tua? Ait apostolus: *Non manducabo carnem in*

---

321 Estote...serpentes] Mt 10, 16.　　322 Prudentia...325 poterit] cf Paschasius Radbertus,
expos 6 ad Mt 10, 16(PCCM 56B, 594); Ps.-Augustinus, sermo 4 ad fratres in eremo (PL 40,
1241); Radulfus Ardens, hom (PL 155, 1510C); Godefridus Admontensis, hom festivales
(PL 174, 860A); Guillelmus de S. Theodorico, speculum fidei (PL 181, 388B).　　328 et²...
columbe] Mt 10, 16.　　334 Michi...die] I Cor 4, 3.　　339 Sic...341 est] Mt 5, 16.　　Sic...342
hominibus] cf Ab 282, 304.　　341 in²...cordis] Gl 300bⁱ.　　342 Nichil...alienum] cf Terentius, Heauton timoroumenos 1, 25 (=77): *homo sum: humani nil a me alienum puto.*　　344 Non
...scandalizem] I Cor 8, 13.

---

320 alia] *om* T apostolus] .a. O　327 quemadmodum] quamdiu A　333 habuerint] *corr ex*
habuerunt O 334 apostoli] .a. O 344 apostolus] .a. O

345 *eternum, ne fratrem meum scandalizem.* Et ille: *Crudelis est, qui famam suam*
negligit.

[18] SI FIERI. Rem difficilem dicturus apostolus premisit dicens: *Si fieri*
potest. Vix enim aut nullatenus fieri potest, ut pax cum omnibus seruetur.
Quod tamen *ex uobis est,* id est: Quantum ad uos spectat et uestre conuenit
350 religioni, faciamus, ut erga omnes bone uoluntatis affectum habeamus,
ut cum propheta dicere possimus: *Cum his, qui oderunt pacem, eram pacifi-*
cus.

[19] NON UOS etc. Se defendit, qui percussus repercutit, qui pro duro
uerbo consimile reddit. SED DATE LOCUM IRE. Ille dat locum ire, qui
355 contumelias illatas patienter audit, qui prouocatus non respondet sed
tacet. Dat *locum ire,* qui irato et feruenti inimico cedit fugiens de loco ad
locum. Vel aliter: Postquam se quis uindicauerit, deinceps non habet
locum ira, hoc est uindicta siue / iudicis secularis siue dei. Qui ergo se O 80va
uindicat quantum in se est, et superiori suo aufert potestatem suam et
360 ipsi deo. Scriptum est enim: *Michi uindictam, ego retribuam, dicit dominus.*

Si ergo malum est se uindicare, quid est quod sancti clamant: *Vindica*
sanguinem nostrum qui effusus est!? Item: Nunquid uult sanctus, ut deus
puniat malum? Item: Ipse dei filius clamat: *Pater, ignosce illis, quia nesciunt*
quid faciunt! Hoc idem et beatus Stephanus. Qui sunt illi sancti qui cla-
365 mant: *Vindica!,* cum ipse sanctorum sanctus clamet: *Ignosce!*? Item: Dicit

---

345   Crudelis...negligit] *Item inferius ad I Cor 4, 3; II Cor 8, 21:* Aug, sermo 355, 1, 1 (Ed.
Lambot 124): *Qui fidens conscientiae suae negligit famam suam, crudelis est. Haec sententia saepe*
affertur: Cassiodori discipulus, comm ad II Cor 8 (PL 68, 574A); Guibertus Gemblacensis,
epist 10 (CCM 66, 156). 32 (CCM 66A, 337s); Radulfus Ardens, hom 5 (PL 155, 1682D). 22
(ibid 1746B); Ivo Carnotensis, epist 68 (PL 162, 87D.88A). 140 (ibid 247C); Hugo, expos in
regulam (PL 176, 910C); Ps.-Hugo, QEP II Cor q 22 (PL 175, 549D); Ab, historia calamita-
tum (Ed. Monfrin 102); idem, Th Chr 2, 102 (CCM 12, 177); idem, sermo 33 (PL 178,
600B); idem, apologia 4 (CCM 11, 361); idem, confessio "universis" praef 3 (Ed. Burnett
133); idem, responsio (PL 180, 329B); Gl ad II Cor 8, 21 (Ed. Rusch IV, 348b^{mg}); Thomas
de Chobham, sermo 13 (CCM 82A, 139); Algerus Leodiensis, de misericordia (PL 180,
910D. 916B); Hervaeus, in Is (PL 181, 1081A); Arnoldus Coloniensis, epist 358 (PL 189,
1402B); Gratianus, decr 2, 12, 1, 10 (Ed. Friedberg I, 680); Lom 61B; Gerhohus Reicherspergensis, comm aureus (PL 191, 1794A); idem, de gloria et honore 15 (PL 193, 1125D);
Eberhardus Bambergensis, epist 8 (PL 193, 500C); Adamus Scotus, de tripertito tabernaculo (PL 198, 747C); Gaufridus S. Barbarae, epist 4 (PL 205, 833B); Alanus de Insulis,
distinctiones (PL 210, 785C); Alexander III, epist ad Henricum Remensem archiepiscopum
(PL 200, 801A); Adamus Perseniae, epist 19 (PL 210, 650B); Vincentius Belvacensis, de
morali principis institutione 22 (CCM 137, 113).   351   Cum...pacificus] Ps 119, 7; cf Gl
300bⁱ.   360 Michi...dominus] Rm 12, 19.   361 Vindica...est] cf Apc 6, 10; Gl 300b^{mg}; Lom
1502D.   363 Pater...faciunt] Lc 23, 34.   364 Stephanus] Act 7, 59.

---

347 apostolus] .a. O 349 uobis] nobis O uos] ns O uestre] nostre O 355 illatas] *praem* sibi
T 357 uindicauerit] iudicauerit T 360 ego] *praem* et T 365 ipse] ille T

beatus Augustinus: *Sanguis Abel clamat uindictam, sanguis Christi clamat ueniam.* Que est ista contrarietas inter sanctum sanctorum et sanctos? Item: Sanguis Abel quare magis clamat uindictam quam sanguis Christi? Nonne adeo, immo magis, rei fuerunt et pena digni effusores sanguinis Christi quam effusor sanguinis Abel? Causa etiam huius dicti quedam 370 alia uerba dicit ibidem beatus Augustinus: *Christus mortuus est pro Petro, sed* T 156va *Petrus non est mortuus pro Christo.* / Dicimus tamen quia Petrus et omnes martyres mortui sunt / pro Christo. "Pro" ergo aliter accipitur et aliter. A 177vb Christus mortuus est pro Petro, ut scilicet Petro uitam donaret. Sed O 80vb Petrus non est mortuus pro Christo, ut Christo aliquid conferret. / 375 Mortuus est tamen pro illo, hoc est pro amore eius. Similiter *sanguis Abel aliter clamat uindictam,* et aliter *sanguis Christi ueniam. Sanguis Christi clamat ueniam* offerendo et eam penitentibus conferendo. In sanguine siquidem eius redempti sumus et baptizati. Quod enim in baptismo uenia datur peccatorum, ex sanguine Christi est, sicut supra diligentius 380 ostensum est. Sanguis uero Abel eo modo quo sanguis sanctorum martyrum uindictam clamat, non propter exsaturandum odium, sicut glosa dicit. Non enim in pena malorum delectantur, sed in iusticia dei, que uindictam sumit, letantur, iuxta illud: *Letabitur iustus cum uiderit uindictam.* Clamant ergo uindictam -siue temporalem, ut castigati mali resipis- 385 cant, siue etiam eternam, quam resipiscere nolentes meruerunt- amore quidem iusticie, non pene, ut supra dictum est. Vel: Clamant sancti uindictam hoc modo, quia effusio sanguinis eorum causa est et quodam modo exigit, ut uindicta sumatur de effusoribus eius.

Videtur autem quod omnimodis contrarie sunt iusticia dei et iusticia 390 humana. Confiteatur quis sacerdoti se fecisse furtum: Absoluitur. Confiteatur coram seculari iudice: Condempnatur et suspenditur. Ecce, quem O 81ra iusticia dei absoluit, / illa dampnat; et quem illa dampnat, ista absoluit.

Responsio: Nulla est hic contrarietas. Quod enim iusticia humana istum de furto confessum uel conuictum dampnat, hoc ad iusticiam dei 395 spectat. Iusticia enim dei pacem in omnibus et communem utilitatem

---

366 Sanguis...ueniam] *Non inventum, sed cf:* Lanfrancus, comm ad Hbr 12, 11 (PL 150, 404A): *Aspersio sanguinis Abel clamat vindictam, aspersio sanguinis Christi misericordiam. Cf etiam* Petrus Blessensis, epist 45 (PL 207, 131D). sermo 19 (PL 207, 616B): *Sanguis Abel clamat ultionem, sanguis Christi clamat redemptionem.* 371 Christus...Christo] *cf:* Aug, sermo 286, 2 (PL 38, 1298): *Et mortuus est prior pro illo dominus, sicut oportebat: et mortuus est postea pro domino Petrus, sicut ordo ipse postulabat.* 381 Sanguis...clamat] cf Gn 4, 10. 382 non...385 uindictam²] cf Aug, enarr Ps 78, 14 (CCL 39, 1107); Hervaeus 772C; Gl 300b^{mg}; Lom 1503A. glosa] 300b^{mg}. 384 Letabitur...uindictam] Ps 57, 11.

---

369 digni] digna O 371 Petro] *add* sed Petrus non est mortuus pro Petro O* *sed supr lin* uacat O 372 Petrus².... martyres] *trp* omnes martires et Petrus T 374 Christus] *praem* Pe T* uitam donaret] *trp* T 392 quem] quam A

uult seruari. Vindicta uero illa, que secundum iusticiam humanam de
fure sumitur, pro pace fit et communi utilitate. Nisi enim impietas
hominum tali pena terreretur et ab impietatis opere cohiberetur, quis de
400 loco ad locum securus transiret? Quis potentiores ab impotentum depre-
datione refrenaret? Iudex enim secularis, sicut apostolus dicit in se-/ A 178ra
quentibus, *minister dei est uindex in iram ei qui malum agit.*

[20] SED SI. Vtrum preceptum sit an consilium, quod hic dicit, solet
queri. Si preceptum est, quis huius precepti transgressor non est? Item:
405 Dicit beatus Augustinus, quia *sufficit inimicos non odisse.* Inter "non odisse"
et "beneficia ista exteriora dare" medium est. Non enim omnes odimus,
quibus ista beneficia non prestamus. Propter hoc uolunt, quod consilium
sit. Dilectio in duobus est: in affectu scilicet et / effectu. Quod beatus O 81rb
Augustinus dicit, de effectu intelligendum est et nullo modo de affectu.
410 Erga inimicos enim affectum bonum habere et eorum salutem desiderare tenemur. *Si enim,* inquit dominus, *eos diligitis qui uos diligunt, quam
mercedem habebitis? Nonne ethnici hoc faciunt?* Plus ergo a nobis requiritur,
ut scilicet dilectio nostra usque ad inimicos extendatur, et si non in
effectu, saltem in affectu. Propitii sumus nobis, et nostra libenter retine-/ T 156vb
415 mus. Si uideo inimicum meum famis angustiam patientem, nec sit alius,
qui subueniat ei et ego possim, nisi liberem eum, non credo me a mortali
peccato liberum. Si ergo secundum talem casum loquitur apostolus,
preceptum esse credo. Quod etiam uidetur uelle littera sequens: HOC
ENIM etc., hoc est ardorem caritatis in mentem eius; sicque eum liberas a
420 mortali peccato. In quo si relinquas eum, cum liberare possis, quomodo
non mortaliter peccas?

[21] NOLI. Sunt qui nec pugnant, qui statim motu carnis insurgente
subcumbunt. Sunt qui pugnant, sed non uincunt, quia ad horam, non
perseueranter pugnant. Sunt qui pugnant et uincunt, quia legittime
425 certant. / Vnde: *Non coronabitur quis, nisi legittime certauerit.* Pugna ista O 81va
non est unius diei, sed uite hominis continuatur. *Caro enim* semper

---

402 minister...agit] Rm 13, 4.   405 sufficit...odisse] Ps.-Aug, serm suppositi de scripturis,
sermo 62, 2 (PL 39, 1860); Hier, in Mt 1 (CCL 77, 34); Beda, in Lc ev expos 2, 6, 27 (CCL
120, 142); Ps.-Beda, hom subdita 32 (PL 94, 352C); Rabanus, comm in Mt (PL 107, 829C);
Paschasius Radbertus, expos in Mt 3 (CCM 56, 354); Ps.-Hugo, QEP 4 Rm q 59 (PL 175,
568A, *sub nomine Gregorii*!); Ps.-Hugo, miscellanea, titulus 170 (PL 177, 563C); Guillelmus
de S. Theodorico, expos Rm 7 (CCM 86, 171); Zacharias Chrysopolitanus, in unum ex
quatuor (PL 186, 135B).   411 Si...faciunt] Mt 5, 47.   419 ardorem...eius] cf Gl 300b^{i}; Lom
1503B.   425 Non...certauerit] II Tim 2, 5.   426 Caro...carnem] Gal 5, 17.

---

397 que] qua *siue* quam A   398 fure] future A   400 securus transiret] *trp* T*   401 secularis]
seculas O   402 uindex] iudex T   405 quia] *om* T   406 exteriora.... beneficia] *om* T   407 uolunt.... sit] *trp* quod consilium sit uolunt T*   412 ethnici] hen(n)ici T   417 casum] *om* T

concupiscit aduersus spiritum, et *spiritus aduersus carnem.* Legittime ergo pugnat, qui in pugna ista perseuerat, qui motibus siue ire siue gule uel quibuscunque aliis illicitis repugnat. SED UINCE IN BONO MALUM: in deo diabolum, in patientia inimicum, in uirtute uicium.

430

427 et] *om* T

[13, 1] OMNIS ANIMA. Epistole sue finem facturus omnem ab eis, quos instruit, actionem superbiendi amputare uult apostolus. Cum enim omnia / superasse te credideris, uincenda superbia restat. Tempore A 178rb apostoli et longo tempore post Romanis preerat princeps gentilis. Ad
5 fidem ergo conuersis, quia de corpore Christi erant, indignum uidebatur, ut infidelibus, qui de corpore diaboli erant, obedientiam aliquam exhiberent, ut Christianus gentili, fidelis subesset infideli. Hanc autem subiectionis obedientiam si eis denegarent, iniuriosa uideretur et odiosa haberetur Christiana religio, et tumor superbie fructum humilitatis
10 expelleret. Propter quod dicit: OMNIS ANIMA. Sinodoche est; pars ponitur pro toto, ut ibi: *Iacob in septuaginta animabus intrauit in Egyptum.*

SUBDITA SIT, hoc est obediat. Ad quod ip/se dominus pro se etiam et O 81vb pro Petro censum Cesari soluere dignatus proprio exhortatus est exemplo.
15 NON EST ENIM POTESTAS. Queri solet, quid uocet apostolus hic potestatem, quid etiam sit potestas, et in quibus potestati sit obediendum. Potestatem, sicut quidam dicunt, uocat personas ipsas potestatem habentes, et est emphatica locutio, hoc est per expressionem dicta, ut: "Dauus est ipsum scelus" et: "Filius baculus senectutis patris". Quod si est, quod
20 scilicet personas ipsas uocat potestates, et, sicut apostolus supponit, ideo est eis obediendum, quia sunt a deo: Ergo et in omnibus eadem ratione eis est parendum, et ubi tyrannidem exercent, quia sunt a deo. Ideoque aliis uisum est, quod non personas, sed ipsam, qua aliis habent preesse, potestatem, hic appellat potestatem. Et dicunt, quod omnis talis potestas,

---

2 Cum...restat] *Vide* Proverbia sententiaeque latinitatis medii aevi (Ed. Walther Nr. 4031): *Cum bene pugnaris, cum cuncta subacta putaris: / Quae magis (alia lectio: post) infestat, vincenda superbia restat. - Ad fontes ibi collectos addendum:* anonymus, Polythecon 7, 319 (CCM 93, 178); Albertanus Brixiensis, de amore et dilectione 4, 4: *de superbia* (Ed. Sharon Hiltz Romino, Albertano of Brescia . Internet: The Latin Library, 2000, sine numeris paginarum - Ed. IntraText Digital Library: Latina Bibliotheca - Latina Mediaevalis, sine pag.).   10 Sinodoche...Egyptum] V*ide superius ad Rm 10, 21.*   pars...toto] cf Gl 300b^mg.   11 Iacob...Egyptum] cf Ex 1, 5 *sec veterem versionem;* cf Andreas de S. Victore, expos super heptateuchum, in Ex (CCM 53, 96): *Alias: "In septuaginta animabus descendit Iacob in Aegyptum";* item*:* anonymus auctor, sermo 1, 1 de communi exortatione (CCM 30, 241).   12 hoc...exemplo] cf Ab 285, 1-9.   dominus...exemplo] cf Mt 17, 24-27.   17 Potestatem...habentes] cf Gl 300b^mg; Lom 1505A.   personas...habentes] cf Gl 300b^mg.   18 Dauus...scelus] cf Everardus Yprensis, dialogus (Ed. Häring 270); Gaufridus Claraevallensis, epist ad Albinum (PL 185, 588C). 19 Filius...patris] cf Tb 5, 23; 10, 4.   23 aliis[1]...potestatem[2]] cf Rob 152, 25-153, 2; Lom 1504B. 1505AB.

---

2 actionem] occasionem A 7 subesset] subessent A 9 tumor] timor T 10 Sinodoche] AOT *pro* sinecdoche 15 potestas] *om* T 17 ipsas] illas T 19 si] cuius O* *corr in mg* si O 22 tyrannidem] tirapnidem A tirampnidem T

siue bona sit siue mala, est a deo; sed bona dispositione, mala permissio- 25
ne. Malam autem uocant potestatem, qua possunt mala facere, sicut fuit
T 157ra illa Pilati et illa, qua / nos ipsi mala multa facere possumus et peccare.
Quod autem talis potestas a deo sit, non solum ex hac auctoritate apostoli, sed et euangelii, ubi ait Pilatus ad dominum: *Nescis quia habeo potestatem*
O 82ra *crucifigere te et potestatem dimitttere te?* Et dominus / ad eum: *Non haberes in* 30
me potestatem, nisi tibi datum esset desuper, hoc est a deo. Ita exponunt,
quamquam sit ibi alia expositio. Item: Dicit beatus Augustinus in quo-
A 178va dam loco: *Voluntatem peccandi a nobis habemus, potestatem autem a deo.* /
Ecce uidetur dicere, quod potestas peccandi sit a deo. Quomodo enim
ipsam a deo haberemus, nisi eadem esset a deo?   35

Primo igitur attendendum, quod illi non bene attendunt, aliquid esse
a deo. Si enim ideo potestas peccandi dicenda est esse a deo, quia dei
permissione eam habent qui peccare possunt, eadem ratione omnia mala
dicent esse a deo, quia nulla fiunt nisi eius permissione. Ergo aut potestas peccandi bona est, quia dei dispositione est, aut ipsa a deo non est. 40
Si enim mala est et a deo est, concedi oportet malum aliquod esse a deo.
Quod non oportet. Sed quomodo ipsa bona est, cum eius effectus non sit
nec possit esse nisi malus?

Item: Si ipsa aliqua est de potestatibus, erit in deo aut non omnis in
illo. Et si non omnis in ipso, nec ipse omnipotens. Restat ergo, ut poten- 45
tia peccandi nec bona sit nec a deo; sed nec potentia sit, sed magis
O 82rb inpotentia. Peccatum enim species est corruptionis. / Peccare enim
corrumpi est; et quanto quis magis peccat, magis corrumpitur. Quanto
autem magis corrumpitur, magis deficit et ad nichilum tendit.

Item: Si posse peccare est posse deficere, quia est posse corrumpi, 50
quero, an posse deficere sit ex potentia uel ex inpotentia. Quod autem
ex potentia sit quod homo deficere possit, quis recipiet? Est ergo posse
deficere ex inpotentia. Quare et posse peccare eodem modo. Illud
autem quod obiciunt: *Non haberes in me potestatem, nisi tibi datum esset*
desuper, sancti etiam ita exponunt: Desuper, hoc est a superiori tuo, a 55
Cesare scilicet. Propter quod et dicit: *Propterea maius peccatum habet qui me*

---

25 siue[1]...mala] cf Ab 285, 10s.   28 Quod...31 deo] cf Rob 153, 7-15.   29 Nescis...te[2]] Io
19, 10s.   30 Non...desuper] Io 19, 11.   31 hoc...deo] cf Rob 153, 7-15; Petrus Comestor,
historia scholastica (PL 198, 1627B).   33 Voluntatem...deo] Aug, enarr Ps 32, 2, 2 (CCL
38, 263). Ps 85, 9 (CCL 39, 1183s); idem, de Genesi ad litteram 11, 3, 5 (CSEL 28/1, 337);
cf Ab 104, 290-293. 286, 18s; Gl 301a^{mg}; Lom 1504C.   45 Restat...47 inpotentia] cf Rob 153,
14s.   54 Non...desuper] Io 19, 11.   56 Propterea...tibi] Io 19, 11b.

---

25   siue[1]....   deo] *trp* siue bona siue mala sit a deo est T dispositione] *corr ex* disponere
O 28 apostoli] a. *et supr lin* apli O 29 et] *supr lin* T habeo potestatem] *trp* T 30 dominus]
d(eu)s T in....   potestatem] *trp* potestatem in me T 32 expositio] ex ipso A 39 dicent] *corr*
ex dicunt O 55 ita] sic T

tradidit tibi. Tu enim inuitus et potestate urgente facis quod facis. Sed ille
sola iniquitate sua *me tradidit tibi·* Vnde et *maius peccatum habet.* Illud uero,
quod dicit beatus Augustinus, sic intelligendum est, quia *uoluntatem*
60 *peccandi a nobis habemus, potestatem autem a deo,* hoc est illud, quo uoluntatem peccandi exequi possumus et ad effectum perducere. Illud re uera a
deo habemus, membra scilicet nostra, sine quibus opus peccati non fit.

Alia / iterum ratione probare uolunt potestatem peccandi esse a deo, A 178vb
quia pars est liberi arbitrii. Liberum enim arbitrium has duas habet
65 partes, ut dicunt: posse facere bonum, posse facere malum. Liberum
uero arbitrium a deo est; quare et partes eius.

Non concedimus, quod posse facere malum sit pars liberi arbitrii,
immo potius repugnat et contrarium / est libero arbitrio. In angelis O 82va
enim est liberum arbitrium, qui peccare non possunt, immo tanto
70 liberius quanto minus peccare possunt. Sunt autem liberi arbitrii partes:
posse dimittere malum et posse facere bonum. Vnde in demonibus non
dicimus esse liberum arbitrium, quia nec malum dimittere nec bonum
facere possunt.

Est igitur potestas ordinatio a deo / disposita in genere humano, qua T 157rb
75 alii habent preesse aliis ad conseruationem pacis et communis utilitatis.
Exiguntur autem quattuor ad esse potestatis: institutio, materia, ordo, et
terminus. Institutionem debet habere. Nisi enim institutione dei uel iuris
humani preesse aliis quis nanciscatur, prelatio eius non potestatis, sed
tyrannidis uel uiolentie nomine recte censetur. Materiam etiam habere
80 debet subiectos, in quibus exerceri possit, bonos defendendo et malos
puniendo. Ordinem etiam, hoc est iusticie equalitatem, ut non a iusticia
recedat, sed secundum eam et eius amore potestatem suam exerceat.
Debet habere et terminum, ne ultra extendatur quam debet, uel quod
alieni iuris est inuadendo, uel spacium temporis longius quam sibi
85 prefixum est usurpando. Quod dicimus propter illas / potestates, que ad O 82vb
tempus dantur, non in perpetuum conceduntur. Cum ergo quis potestatem suam uel ultra quam debet extendit, uel ab ordine, hoc est a linea
iusticie recedit, de potestate facit tyrannidem; nec in his ei obediendum
est, sed resistendum, non ei malum aliquid inferendo sed, ne amplius
90 nocere possit, quantum possumus, impediendo. In his enim que ad

---

59 uoluntatem...deo] *Vide superius notam ad l. 33!*   65 ut dicunt] cf Lom, sent 2, 25, 8 (Ed.
Brady 1, 468).   74 Est...preesse] cf Rob 125, 25.

---

57 Tu.... et^2] in mg O ille] illa T   58 iniquitate sua] *bis* O*   60 a^2] *om* O quo] quod
T 63 peccandi] .p. *et supr lin* peccandi O 64 Liberum.... malum] *in mg* O 77 institutione]
institutionem A 79 etiam] autem T 83 uel] et T quod] quid A 87 a linea] aliena A 89 ali-
quid] aliquod T inferendo] in + *spatium* T

A 179ra potestatem eius pertinent, obedientiam ei debemus, / non in his que ad tyrannidem.

[2] DAMPNATIONEM ADQUIRUNT, hoc est penam, dum uel a iudice temporaliter puniuntur, uel eternam dampnantur. Quia, dum superiori nostro obedientiam debitam denegamus, dignam dampnatione eterna 95 culpam incurrimus.

[3] NAM PRINCIPES. Solent subiecti prelatos et principes suos timere, ne puniantur ab eis. Vnde ne fideles hec timerent et ideo infidelibus principibus subiectionem denegarent, occurrit apostolus, ostendens quibus timendi sunt principes et quibus non. Bonus timere non debet, 100 quia, si bonus est princeps, bene operantem non punit sed diligit; si malus, non nocet bono, immo prodest, quia causa laudis est martyrum et
O 83ra augmentum corone tyrannorum / persecutio.

[4] DEI ENIM. Merito debes subesse, quia MINISTER DEI. Etiam malus princeps minister dei est bonus in bonum. Ministerium enim eius, hoc 105 est potestas ipsa, qua preesse habet, a deo est, licet abutatur ea. Quod etiam est bonis in bonum, ut ostensum est, quia *bonis omnia cooperantur in bonum.*

VINDEX IN IRAM. Qui malum facit, iram dei incurrit. Ad hanc autem iram dei uindicandam minister ab ipso constitutus est. Vel: *Vindex in* 110 *iram,* hoc est in inferendo penam.

[5] IDEO. Quia bonis minister est in bonum, malis *uindex in iram,* IDEO NECESSITATE. Necessitas hec est debiti cuiusdam obligationis, que est inter prelatos et subditos, qua et prelati subditis prouidentiam et subditi prelatis debent obedientiam. Vel: NECESSITATE, hoc est pro uestra utilita- 115 te. "Necessarium" enim sepe pro "utili" ponimus, et "necessarios" amicos nostros appellamus.

SUBDITI ESTOTE, hoc est obedientiam eis exhibete, NON SOLUM PROP-TER IRAM principis uel dei uitandam, quam aliter incurreretis, SED ET PROPTER CONSCIENTIAM. Conscientia enim uestra uos remorderet, si eis 120 obedientiam negaretis.

101 si¹...punit] cf Gl 301a^{mg}; Lom 1505C.　107 bonis²...bonum] Rm 8, 28.　109 Ad...111 penam] cf Gl 301aⁱ; Lom 1506A.　115　pro...utilitate] cf Ab 287, 49s.　119　iram... uitandam] cf Gl 301aⁱ; Lom 150B.

94 dampnantur] damp. O dampnatur T 102 martyrum] *corr ex* martyrium O 103 augmen-tum] augmentorum T 105 bonus] bonis A 111 inferendo] inferno T 112 ideo necessitate] ione T *(pro* io. ne.*)*　114　qua] quia T et².... subditis] *trp* et subditis prelati T prouiden-tiam] preuidentiam T 115 prelatis] prelati T uestra] nostra T 119 incurreretis] incurrentis O incurritis T 120 uestra] nostra T uos] nos T

[7] CUI TRIBUTUM. Tributum a tribuendo uel, ut Aimo dicit, a tribunis. Tribuni a tribubus. / Romulus enim Romane urbis / con/ditor, popu- T 157va lum sibi subiectum in tres partes diuisit, in senatores qui et consules dicti A 179rb
125 sunt, et milites, et agricolas, qui nomine plebis appellati sunt. Vnicuique O 83rb autem tribuum unum prefecit, quem tribunum appellauit. Census uero qui a subditis tribunis soluebatur, *tributum* dictus est.

Vectigal: Stipendium, quod dominis datur, quando per patrias uehuntur. Vel, secundum Aimonem, uectigal est stipendium fiscale, quod de
130 uectis, id est mercibus deportatis, soluebatur.

[8] NEMINI. Ab omni debito uult eos apostolus absolutos esse, absque debito caritatis. Hoc est enim debitum, debitum scilicet caritatis, debitum mutue dilectionis, quod ab omni alio absoluit debito, ab eo tamen nemo absolui potest. Soluendum tamen est, sed sic ut retineatur; et sic
135 retinendum, ut semper soluatur.

QUI ENIM. Ecce dilectionis huius dignitas et utilitas, legis scilicet consummatio. *Plenitudo enim legis,* sicut inferius dicit, *est dilectio.* In dilectione siquidem impletur quod in lege inchoatur. Lex enim preparatio et quedam inchoatio est ad iusticiam, cuius est in dilectione consummatio.
140 Vel aliter: *Lex manum cohibet et non animum:* Ecce imperfectio!; dilectio manum et animum: / Ecce perfectio et illius imperfectionis impletio! O 83va

Quia de dilectione proximi mentionem hoc in loco facit apostolus, solet queri, quid ipsa sit; quis proximus; qualis ordinanda sit; utrum quanto quis melior tanto magis diligendus; utrum maioris uirtutis sit
145 diligere inimicum quam amicum; quare dicat in dilectione proximi consistere legis impletionem potius quam in dilectione dei, cum dilectio dei dignior sit; et qualiter intelligendum sit: *Diliges proximum tuum sicut te ipsum;* et de mandato illo: *Diliges deum ex toto corde tuo,* utrum in hac uita impleri possit et qualiter intelligendum sit.

122   Tributum...tribuendo] cf Atto, expos epist (PL 134, 261A).   a²...127 est] Haimo 481D-482A; cf Ab 287, 65-73.   128 Stipendium...uehuntur] cf Hervaeus 978A; Lom 1507A. 129 uectigal...soluebatur] Haimo 482A; cf Atto l. c.; Ab 287, 73-75.   131 Ab...135 soluatur] cf Ab 288, 80-84; Comm Cantabrigiensis 1, 189. *Vide etiam infra ad I Cor 7, 32!*   137 Plenitudo...dilectio] Rm 13, 10.   140   Lex...animum] cf Lom, comm Ps 18, 9 (PL 191, 210D); idem, sent 3, 40, 1, 2 (Ed. Brady 2, 228); Ps.-Hugo, QEP Rm q 82 (PL 175, 455C); Rodericus Ximenius de Rada, breviarium 8, 47 (CCM 72B, 466).   143 solet queri] cf Ab 290, 157-162; Rob 155, 5-158, 21.   147 Diliges...ipsum] Mt 19, 19. 22, 39; Mc 12, 31; Rm 13, 9: Gal 5, 14; Iac 2, 8.   148 Diliges...tuo] Dt 6, 6. 26, 16; Mt 22, 37; Mc 12, 30; Lc 10, 27.

122 Aimo] Anno A tribunis] tribunus, tribuni T   123 Romane] *corr ex* Rome T   126 uero] autem T 129 est] dicitur T 132 debitum debitum] debitum debit. A debitum T 140 cohibet] choibet A   142   Quia] Q *littera initialis et praem* § O mentionem.... loco] *trp* hoc in loco mentionem T 143 quid] quod T qualis] qualiter AT 146 impletionem] impletione O

Dilectio et caritas nomina sunt eiusdem rei, uirtutis scilicet cuiusdam, 150
que est meritum et uirtus anime, quamquam nonnullis aliter uideatur,
A 179va qui uolunt caritatem, / qua nos diligimus deum et proximum, eandem
esse que est illa, qua nos deus diligit, que est ipse deus. Auctoritates et
rationes, quibus hoc dicere compelluntur, alias deo uolente propone-
mus, et quare illud stare non possit, in quantum dederit ipse, dicemus. 155
Hoc tamen attendendum, quia diffinitio illa, quam dat beatus Augustinus de caritate, plane contra eos est. Ait enim: *Caritas est motus mentis*
O 83vb *rationabilis uoluntatis in deum / propter deum,* et *in proximum propter deum.*
Ecce quia caritas est motus mentis. Deus uero nec motus est, nec in eo
motus.   160

Proximus multis modis dicitur: proximus consanguinitatis cognatione;
affinitate; genere ut Franci, Angli; beneficio ut Samaritanus ille, qui fecit
misericordiam in illum, qui incidit in latrones; lege prime conditionis,
qua omnis homo noster est proximus; et sic hoc loco accipitur.

Quod ordinanda sit caritas, in Canticis habemus, ubi sponsa loquitur 165
dicens: *Introduxit me rex in cellam uinariam, et ordinauit / in me caritatem.*
T 157vb Videamus igitur, quid prius, quid post diligendum sit. Peccat enim, qui
prepostere agit. Nam scire quid facias et nescire ordinem faciendi non
est perfecte cognitionis. Ordinis autem ignorantia conturbat formam
meritorum. Ordinem diligendi beatus Augustinus insinuat dicens: *Ipse est* 170
qui ordinatam habet dilectionem, ne aut diligat quod non est diligendum, aut
non diligat quod diligendum est, aut eque diligat quod minus uel amplius
diligendum est, aut minus uel amplius quod eque diligendum est.

---

154   alias...proponemus] Non invenitur. *Fortasse auctor aliud opus scripturus erat (cf Landgraf,*
The Commentary 57).   157   Caritas...deum] Aug, de doctrina christiana 3, 10, 16 (CCL 32,
87): ...*caritatem vero motum animi ad fruendum deo propter ipsum et se atque proximo propter*
deum...; cf sent 71et 72 ex libro Pancrisis (Ed. Lottin, Psychologie et morale V, 61s); Rob
155, 16-18; Lom sent 1, 17, 6, 6.7 (Ed. Brady 1, 150s).   162   Samaritanus...latrones] Lc 10,
30-37.   165   Quod...176 sunt] cf Ab 289, 129-132.   166   Introduxit...caritatem] Cant 2,4.
169   Ordinis...meritorum] cf Ambr, expositio psalmi 118, 4, 12 (CSEL 62, 73): *Ita ordinis*
ignorantia conturbat negotiorum naturam formamque meritorum.   170   Ipse...173 est[2]] Aug, de
doctrina christiana 1, 27, 28 (CCL 32, 22); Lom, sent 3, 29, 1, 2 (Ed. Brady 2, 171s).

---

152   proximum] *corr ex* pro O pro A   154   hoc] hec T   155   dederit ipse] *trp* T   157   plane....
eos] *trp* contra eos plane T   158   et] *om* T   159   est[1]....   mentis] *trp* motus mentis est T   161   co-
gnatione] cognatio est A   163   lege] legis T   164   qua] quia T   169   cognitionis] agnitionis
T   170   beatus....   insinuat] *trp* insinuat beatus Augustinus T   172   diligat[1]] diligit T

Prius igitur diligendum est, quod supra nos est, deus uidelicet qui
175 propter se ipsum diligendus est, propter quem omnia, / que sunt, dili- O 84ra
genda sunt; secundo autem, quod nos sumus, plus tamen anima quam
corpus; tercio quod iuxta nos est, proximus scilicet noster, quem tamen
magis diligere debemus quam corpus nostrum, sicut dicit beatus Augustinus, quia potest nobiscum deo perfrui, quod non potest corpus;
180 quarto, quod infra nos est, ut creatura non rationalis.

Vtrum omnes equaliter diligendi sunt an quisque eo magis quo melior
est, queri etiam solet. Quod omnes equali affectu / -et si non pari effec- A 179vb
tu- diligendi sunt, uidetur beatus Augustinus uelle in libro de doctrina
Christiana, dicens: *Omnes homines eque diligendi sunt, sed cum omnibus*
185 *prodesse non possis, his potissimum consulendum est, qui pro locorum et tempo-*
rum uel quarumlibet rerum oportunitatibus constrictius tibi quasi quadam sorte
iunguntur. Item idem super locum illum in epistola ad Galathas: *Operemur*
bonum ad omnes, maxime autem ad domesticos fidei: Omnibus enim pari dilecti-
one uita eterna optanda est, et si non omnibus eadem possunt exhiberi dilectionis
190 *officia.* Idem in octauo de trinitate: *Nec illa iam questio moueat, quantum*
caritatis fratri debeamus impendere, quantum deo: Incomparabiliter plus deo
quam nobis, fratri uero quantum nobis. Nos autem tanto magis diligimus, quanto
magis diligimus deum. Ex his auc/toritatibus uolunt quidam habere omnes O 84rb
pari affectu caritatis diligendos esse. Sed obuiat illud Ieronimi super

---

174   Prius...180 rationalis] cf Aug, de doctrina christiana 1, 23, 22 (CCL 32, 18). 1, 26, 27
(ibid 21); *inde* Claudianus Mamertus , de statu animae, epilogus (CSEL 11, 196); Eugyp-
pius, Thesaurus 246 (PL 62, 938D.939A); Alcuinus, epist (PL 100, 162B); Dungalus
Reclusus, responsa (PL 105, 499C); Rabanus, de clericorum institutione 3, 4 (PL 107,
381B); Hildebertus Cenomanensis, sermo 35 (PL 171, 520C); Paschasius Radbertus, de fide
spe et caritate 3 (CCM 97, 113); Lom, sent 3, 28, 1, 2 (Ed. Brady 2, 168). 3, 29, 1, 3 (ibid
172); Bandinus, de verbo incarnato (PL 192, 1083D-1084A); Thomas de Chobham, summa
de arte praedicandi 6 (CCM 82, 186).   178   Augustinus] De doctrina christiana 1, 27, 28
(CCL 32, 22); Lom, sent 3, 29, 1, 2 (Ed. Brady 2, 172); *cf etiam:* Paschasius Radbertus, de
fide, spe et caritate 3 (CCM 97, 120); Hermannus de Runa, sermo 56, 4 (CCM 64, 262);
Dungalus Reclusus, responsa (PL 105, 500CD); Bandinus, de verbo incarnato (PL 192,
1084B).   181   Vtrum...solet] cf Ab 289, 125-132; Rob 157, 18-158, 6.   184   Omnes...187
iunguntur] Aug, de doctrina christiana 1, 28, 29 (CCL 32, 22); Lom, sent 3, 29, 2, 2 (Ed.
Brady 2, 172s).   187   Operemur...fidei] Gal 6, 10.   188   Omnibus...190 officia] Aug, expos
epist ad Gal 61 (CSEL 84, 137).   190   Nec...193 deum] Aug, de trinitate 8, 8, 12 (CCL 50,
288s); Lom, sent 3, 29, 2, 7 (Ed. Brady 2, 174s).

---

176 plus tamen] plus + *spatium* T 179 perfrui] pro + *spatium* T 180 infra] quanto T 181 eo]
eorum T quo] ergo T 183 sunt] sint A uidetur] utrum T uelle] uellet T 190 iam] *supr lin*
O 192 fratri.... nobis] *om* T autem] *om* T

Ezechielem: *Post omnium patrem deum carnis quoque diligatur pater et mater,* 195
filius et filia, frater et soror.

Item: Nonne quis, quanto melior est et deo acceptior, magis a nobis
diligendus est? Quod si conceditur, sequitur ut alium quemlibet meliorem patre meo magis diligere debeam. Quare, si utrumque urgeret
necessitas nec subueniendi utrique michi subpeteret facultas, citius 200
deberem iusto succurrere quam patri meo. Quod nullatenus concedendum est nec uerum.

Propter hoc distinguendum est, quia dilectio consistit in affectu et
effectu. Et contingit aliquando, quia magis aliquem diligere tenemur in
effectu alio, quem magis diligimus in affectu, utpote illum, qui ob hoc 205
ipsum nobis commissus est, ut ei prouideamus. Patrem uero alio quolibet
effectu magis diligere tenemur, ut ei scilicet necessaria prouideamus, et
T 158ra affectu sollicitudinis, ut de ipsius maiorem / quam alterius salute sollicitudinem habeamus; sed non affectu approbationis et electionis, ut magis
O 84va uitam eius approbemus et ad imitandum / eligamus quam uitam alterius 210
meliorem. Quod uero beatus Augustinus dicit omnes homines eque siue
A 180ra pari dilec/tione diligendos esse, non obest. Hoc est enim "communiter"
siue "communi dilectione", sicut alibi habetur: *Erit par gaudium in dispari*
claritate. Par, hoc est commune. Item: Quod ait: *Vt tantum diligamus fratres*
quantum nos, hoc est ut tantum bonum eis optemus in eternitate quan- 215
tum nobis, et si non tanto affectu, Vel: Ibi "quantum" similitudinis est,
non quantitatis.

Vtrum maior uirtus sit maiorisque meriti diligere inimicum quam
amicum, uidetur. In dilectione enim inimici labor magnus et pugna
magna, unde et tantum perfectorum est. In dilectione uero amici nullus 220
labor uel pugna. Quare maius meritum uidetur esse in illa quam in ista·
Econtra: Magis placet deo dilectio amici quam inimici. Plus enim offendit, qui amicum non diligit quam qui inimicum. Si autem placet magis
deo dilectio amici quam inimici, dignior est et melior dilectio amici
quam inimici. Quare maioris est meriti diligere amicum quam inimicum. 225

---

195 Post...soror] Hier, in Ez 44, 25 (CCL 75, 667); Lom, sent 3, 29, 2, 4 (Ed. Brady 2, 173).
197 Nonne...211 meliorem] cf Rob 157, 18-158, 6.   211 Augustinus] *Vide supra l. 1184-1193!*
213 Erit...claritate] *Vide superius ad Rm 1, 32!*   214 Vt...nos] cf Lom, sent 3, 29, 2, 7. 9 (Ed.
Brady 2, 174s).   216 Ibi...quantitatis] cf Rob 158, 22s.   218 Vtrum...231 offendere] cf
Lom, sent 3, 29, 2, 7. 9 (Ed. Brady 2, 174s).

195 carnis] carius T 196 frater....   soror] *trp* soror et frater T 198 sequitur ut] eo quod ait
T   201   patri meo] *trp* T   205   effectu] affectu T quem] quam O affectu] effectu T illum]
ipsum T hoc] *om* T   206   ut....   prouideamus] *om* T   212   diligendos....   dilectione] *om*
A 215 tantum....   eis] *trp* eis tantum bonum T   216   et si] sed T   218   meriti] *om (spatium)*
T 221 ista] iusta AO   222   inimici] *add* dignior est et melior dilectio amici quam inimici, *sed*
expunct et in mg et supr lin "uacat" O Plus....   225 maioris] *om* A 223 placet magis] *trp* T

Orator ille Tullius / dicit: *Non quia laboriosiora, ideo pretiosiora.* Reuera O 84vb
laboriosius multo est diligere inimicum quam amicum, non tamen maius
habet meritum. Laboriosius multo est i*n lingua non offen*dere quam
homicidium non committere, non tamen illud dico esse maioris meriti
230 quam istud. Maius enim peccatum est homicidium committere quam in
lingua offendere.

Sed sunt nonnulli, qui in contrarium concludunt: Ergo minoris meriti
est homicidium non committere quam in lingua non offendere. Similiter: Maius peccatum est non diligere amicum quam inimicum. Ergo
235 minoris meriti est diligere amicum quam inimicum, et hanc generaliter
ubique uolunt conseruare conclusionem. *Perfectus enim est,* inquit apostolus, *qui in lingua non offendit,* non autem ideo, si homicidium non com-
mittat. Sed si, unde sit ista perfectio, subtilius attenderent, in quo ipsorum lateat deceptio, citius agnoscerent. Non enim ait apostolus: *Perfectus*
240 *est,* quia *in lingua non offendit, sed qui.* Et si enim in cumulo sit perfectionis
in lingua offendere, per que tamen et propter que ad hunc cumu-
lum perfectionis perueniat, oportet precedere. Qui ergo sic argumentan-
tur, hoc ipsum, in lingua scilicet non / offendere, quantum sit in se uel O 85ra
ex se non attendunt; sed ei perfectionem que accrescit ex aliis preceden-
245 tibus / meritis attribuunt. Et inde falluntur multi et decipiuntur.   A 180rb

Senex est, dicimus, qui centesimum agit annum. Senectutem tamen
illam non tantum centesimus ei annus contulit, sed ex precedentibus
accreuit. Similiter dicere solemus de illo qui plura habet castra: Diues
esset / ille, si illud haberet castrum, non tamen propter illud diues esset, T 158rb
250 nisi haberet et alia. Comparentur ergo per se et secundum se non
offendere in lingua et homicidium non committere: et quantum hoc illo
maius sit, per eorum contraria luce clarius poterimus agnoscere. Aristoteles in libro de eligendis pro generali regula tradit: "Si duum alterum
altero magis est appetendum, contrarium eius contrario alterius magis
255 est fugiendum", ut: Sanum esse magis appetendum est quam uelocem
esse; quare egrum esse magis fugiendum est quam tardum esse. Similiter:

---

226 Non...pretiosiora] *Non inventum.*   228 in...offendere] Iac 3, 2; cf Aug, enarr Ps 55, 10
(CCL 39, 685): *scriptum est: si quis in lingua non offendit, hic perfectus est.*   236 Perfectus...
offendit] cf Iac 3,2; *vide notam praecedentem!*   252 Aristoteles...eligendis] Boethius,
Topicorum Aristotelis l. 3, c. 4 "De eligendis et fugiendis documenta, loci communes (PL
64, 938D-942A), *sed haec sententia ita non invenitur!*

226 Orator....   Tullius] *trp* orator .t. ille T **Tullius]** .t. AT   230 enim] est A* peccatum est]
trp T   232 in] *om* T   233 non²] *supr lin* O   236 Perfectus] pecc T   238 unde] *om (spatium)* T
attenderent] attendunt T   240   quia] *corr ex* qui T sed qui] *om (spatium)* T enim] *om*
T 241 cumulum....   perueniat] cumulum preueniat perfectionis T 243 scilicet] *om* T quan-
tum] *om* T   245   meritis] *om* T   249   haberet] habent A   253   duum] *sic* AOT; *add* est
T 255 appetendum est] *trp*

Hoc illo magis fugiendum; ergo contrarium huius contrarii illius magis appetendum. Vnde, si homicidium committere magis est fugiendum O 85rb quam in lingua offendere, homi/cidium non committere magis est appetendum quam in lingua non offendere. Audaces sunt; recipiant, si 260 audent, qui in contrarium generaliter concludunt: Maioris offense est deum non diligere quam inimicum. Ergo maioris meriti est diligere inimicum quam deum?

Sequitur ut, quare in dilectione proximi dicat consistere legis plenitu- dinem potius quam in dilectione dei, uideamus. Dei enim dilectio 265 dignior est et precedere debet, et etiam sine dilectione proximi haberi potest uel potuit, ut uidetur. Si enim nullus homo esset preter unum, dei dilectionem posset habere, dilectionem autem proximi non haberet. Ad illud siquidem nemo dilectionem habet, quod nullum esse habet. Ante- quam Eua formaretur, dilectionem dei Adam habuisse creditur. Sed quia 270 proximus non erat quem diligeret, dilectionem proximi habere tunc minime tenebatur.

Positiua est et falsa locutio ista: Dilectio dei haberi potest absque dilectione proximi. Ponit enim proximum esse, et sine dilectione eius dilectionem dei haberi posse. Dignior tamen est dilectio dei et precedit, 275 A 180va et si non / secundum tempus, tamen secundum causam. Dilectio enim O 85va dei causa est di/lectionis proximi. In dilectione tamen proximi apparet dilectio dei. Proximi enim dilectio materia est, dei dilectio forma. Et sicut oculis intuentium materiam forma reddit acceptam, sic in oculis dei gratiosa habetur dilectio proximi, si dilectione dei informatur. Quia ergo 280 in dilectione proximi tanquam in materia sua dei dilectio cognoscitur et in illa tanquam forma in formato comprehenditur, merito in ipsa legis impletio consistere dicitur. Quomodo autem in ea consistat, superius dictum est.

Restat ut dicamus, quomodo illud intelligendum est: *Diliges proximum* 285 *tuum sicut te ipsum.* Quidam ita exponunt, et bene: Hoc est: ad hoc ad quod te ipsum, ad uitam scilicet eternam. Dominus ipse uidetur satis exposuisse, ubi ait: *Quod uultis, ut faciant uobis homines* etc. Diligit ergo proximum sicut se ipsum, qui in his proximum diligit, in quibus se debet uelle diligi.   290

---

285   Restat...290 diligi] cf Ab 290, 171-292, 213; Rob 155, 6-156, 16.   Diliges...ipsum] Mt 19, 19; 22, 39; Gal 5, 14; Iac 2, 8.   288 Quod...homines] Mt 7, 12.

260 si audent] suaderent T 262 deum] *om* T 265 dilectione] dilectionem O 266 et^2] *om* T etiam] enim A* 268 autem] *om* T 275 tamen] *om* T est] *add* enim T 279 oculis^1] *om* T intuentium] interuentiun O   280   informatur] informetur T   285   Restat] *praem* § AO 287 te] *om* T 288 Quod] que T

Qualiter intelligendum sit mandatum illud de dilectione dei: *Dilliges deum ex toto corde tuo et ex tota anima tua et ex tota mente tua,* et utrum in uita presenti impleri possit, breuiter uideamus. Beatus Augustinus ita exponit: *Ex / toto corde, hoc est toto intellectu; to/ta anima, tota uoluntate; tota* T 158va
295 *mente, tota memoria: Vt omnes cogitationes, omnem uitam et omnem intellectum* O 85vb
in illum conferas, a quo habes ea que confers. Quod quia in presenti uita fieri non potest, ut scilicet omnes cogitationes, omnes motus cordis nostri in deum conferamus, preceptum hoc in hac uita mortali a nemine dicunt impleri posse. Quod et ipse sanctus Augustinus dicere uidetur in libro de
300 perfectione iusticie hominis, ubi ait: *Cum adhuc est aliquid carnalis concupiscentie, non omnimodo ex tota anima diligitur deus.*

Cur ergo precipitur ista perfectio homini, cum in hac uita eam nemo habeat? *Quia non recte,* inquit, *curritur, si quo currendum est, nesciatur.*

---

291 Dilliges...tua²] Mt 22, 37; cf Mc 12, 30; Lc 10, 27.   293 Beatus...exponit] *Prima pars huius sententiae (ex....memoria):* anonymus, de dignitate conditionis humanae 2 (PL 17, 1015C); Ps.-Aug, sermo 108, 4 (PL 39, 1960); Alcherus Claraevallensis, de spiritu et anima 35 (PL 40, 805); Ps.-Bernardus (= Alcherus Claraevallensis), de interiori domo (PL 184, 547B); Bonifatius Moguntinus, sermo 7, 3 (PL 89, 857C); Carolus Magnus, de imaginibus (PL 98, 1022D) = Alcuinus, interrogationes et responsiones (PL 100, 566D); idem, de virtutibus et vitiis (PL 101, 615D); Ps.-Alcuinus, disputatio puerorum (PL 101, 1101D); anonymus, libellus sacrarum precum (PL 101, 1413D); Rabanus, comm in Ecclesiasticum (PL 109, 874C); idem, hom 45 (PL 110, 84D); idem, de ecclesiastica disciplina (PL 112, 1236A); Ivo Carnotensis, decr 7, 1 (PL 161, 968B); Godefridus Admontensis, hom dominicalis 78 (PL 174, 551A); idem, hom festivalis 74 (ibid 1003D); Gl ad Mt 22, 37 (Ed. Rusch IV, 70aⁱ); Lom, sent 3, 27, 5, 4 (Ed. Brady 2, 165s); Alanus de insulis, dicta alia (PL 210, 254A); Petrus Pictaviensis, sent 3, 23 (PL 211, 1095B). *Similiter:* Heiricus Autissiodorensis, hom II, 34 (CCM 116B, 313); Wernerus S. Blasii, libri deflorationum (PL 157, 835C); Hugo, de sacramentis 2, 13, 9 (PL 176, 536A); auctor ignotus, de modo bene vivendi 5, 12 (PL 184, 1206D); Martinus Legionensis, sermo 10 (PL 208, 632D). - *Altera pars sententiae (ut...confers):* Aug, de doctrina christiana 1, 22, 21 (CCL 32, 17); Smaragdus, in regulam 4 (PL 102, 749B); Dungalus Reclusus, responsa (PL 105, 499A); Hugo, expos in regulam B. Augustini 8 (PL 176, 907A); Guillelmus de S. Theodorico, expos 7 ad Rm 13, 9 (CCM 86, 174); Bandinus, de verbo incarnato 27 (PL 192, 1083A). - *Totam compilationem praebent:* Alcherus Claraevallensis, de diligendo deo 2 (PL 40, 849): *...ut omnes cogitationes ... in illum conserves (sic!);* Lom, sent 3, 27, 5, 4 (Ed. Brady 2, 165s).   300 Cum...deus] Aug, de perfectione iustitiae 8, 19 (CSEL 42, 17s); Lom, sent 3, 27, 6, 1 (Ed. Brady 2, 166).   302 Cur...304 ostenderetur] Aug l. cit. (CSEL 42, 18); Lom, sent 3, 27, 6, 2 (Ed. Brady 2, 166).   303 Quia ...nesciatur] Aug, l. cit. 8, 19 (CSEL 42, 18); Lom, sent 3, 27, 6, 2 (Ed. Brady 2, 166); Thomas de Chobham, summa de arte praedicandi (CCM 82, 196); cf I Cor 9, 24-27.

---

294 totaanima] *supr lin* T   296 confers] confert T   297 omnes cogitationes] *om* T in] ad T   300 est aliquid] *om (spatium)* T   302 Cur] cum T eam.... habeat] *trp* nemo habeat eam T 303 Quia] et T si.... currendum] *om (spatium)* T

Quomodo autem sciretur, si nullis preceptis ostenderetur? *Ex parte ergo,* inquit, *diligimus, sicut ex parte cognoscimus.* Consequens igitur est, si pre- 305 A 180vb ceptum hoc / in presenti impleri non potest, ut de illo dicamus, immo et conqueramur, quod de iugo legis dictum est: *Onus quod neque nos nec patres nostri portare potuimus.* Item: Preceptum omne decalogi de his est, O 86ra sine quibus salus esse non potest. Hoc autem / unum est de illis, et de magis necessariis. Ergo sine impletione eius nemo salute potest esse 310 dignus. In presenti a nemine impleri potest. Quare nec in presenti aliquis salute dignus esse potest.

Item: Impletio cuiuslibet precepti meritum habet, quia transgressio penam. Quare, si preceptum hoc non nisi in futuro impleri poterit, ibi tantum meritum habebit. Ibi uero locus merendi non erit, sed remune- 315 randi. Item: Condignum impletione huius precepti premium in presenti nemo mereri potest, nec in futuro quisquam aliquid membrum. Ergo si premium illud cuiquam unquam dabitur, non quia preceptum illud impleuerit, sed gratis tantum ei donabitur.

Non satis consentaneum est rationi, ut de his, que in alia uita facienda 320 sunt, preceptum deus in ista dederit homini, maxime cum nullus ibi precepto aliquo tenebitur, sed quicquid ibi fiet ab homine, totum erit de precedentium meritorum remuneratione. Item: Sine impletione decalogi nemo salute dignus esse potest; hoc habet omnis auctoritas. Preceptum autem hoc unum est de illis, immo primum et maximum in illis. 325 Ergo sine eius impletione nemo dignus est salute.

O 86rb Propterea nobis uidetur, / quod in uita presenti impleri possit et impleatur ab omni, qui dignus salute reperitur. Quid est ergo: *Ex toto corde tuo?*

Responsio: Deus in corde hominis aut summus aut solus est; summus 330 in illis, qui superedificant *lignum, fenum et stipulam;* solus in his, qui *aurum, argentum et lapides pretiosos.* In utrisque ergo totum cor habet, quia et illud, in quo solus est ut in uiris contemplatiuis, qui nullam habent in exterioribus occupationem, nullam de his, que ad corpus, sollicitudinem; qui soli deo uacant; qui pro uacantibus et uagantibus iugiter orant. 335

---

304 Ex...cognoscimus] cf Beda, de tabernaculo 1 (CCM 119A, 14); Hermannus de Runa, sermo 53 (CCM 64, 248); Petrus Cellensis, tr de tabernaculo 1a, ad Ex 25, 10 (CCM 54, 181); Lom, sent 3, 27, 6, 1 (Ed. Brady 2, 166). 3, 31, 2, 2 (ibid 183s). 305 ex...cognoscimus] I Cor 13, 9. 307 Onus...potuimus] Act 15, 10. 328 Ex...tuo] Mc 12, 30; Lc 10, 27. 331 superedificant...stipulam] cf I Cor 3, 12. 332 aurum...pretiosos] cf ibid.

---

307 conqueramur] conqueramus T 310 magis] om (spatium) T 311 Quare.... potest] om T 317 quisquam.... membrum] quicquam aliud membrum O si] om T 318 unquam] nunquam T quia] qua T 319 impleuerit] impleuerat T 328 salute] salutem O 331 illis] his T et] supr lin T 332 In] item T utrisque] utriusque T 333 solus] salus T 335 pro] om T

Habet et illud totum, ubi summus est, quia, et si aliquid preter ipsum, / tamen contra ipsum ibi nichil est. Non enim ei displicet ista circa tempo- A 181ra ralia occupatio, ubi necessitas requiritur, iusticia seruatur, et ad ipsum sepius recur/ritur. Nemo enim sic in temporalibus his debet occupari, T 158vb
340 quin ad orationem et ad lectionem, si scit, et bonam meditationem sepissime recurrat et de cotidianis offensis ueniam petat. *Toto corde* eum diligit, qui nichil contra eum, sed uel eum solum uel eum super omnia diligit. Alius nemo dignus est salute uel esse potest. Quid est *toto / corde*, O 86va *tota anima, tota mente?* Sicut supra dictum est, *toto intellectu, tota uoluntate,*
345 *tota memoria.* Toto intellectu deum diligit, qui in ipsum totum intellectum suum conuertit, hoc est qui omne quod intelligit, se per ipsum intelligere credit et totum ad ipsius honorem conuertit, qui scilicet non de scientia, quam habet, superbit, sed humiliatur, dicens cum propheta: *Non nobis, domine, non nobis, sed nomini tuo da gloriam.* Tota uoluntate deum
350 diligit, qui uoluntatem suam uoluntati dei per omnia supponit, ut si quando secundum carnem aliquid contra deum appetat, dicit: *Non sicut ego uolo, sed sicut tu.* Tota uoluntate eum diligit, qui sicut ore ita et corde dicit: *Fiat uoluntas tua sicut in celo et in terra.* Tota memoria deum diligit, qui omne quod se fecisse reminiscitur, ad honorem eius conuertit, super
355 bonis eum glorificando et super malis suis semet ipsum accusando. Clamat propheta: *Clamaui in toto corde meo; in toto corde meo exquisiui te, domine.*

Nonne *toto corde* deum diligebat, qui ad ipsum *toto corde* clamabat et eum in *toto corde* exquirebat? Non sic "totum" intelligas, ut in toto corde
360 omnes motus cordis comprehendas. Hoc enim esset omnimodo ex *tota anima* deum diligere, / quod fieri nequit, dum aliquid in nobis est carna- O 86vb lis concupiscentie, sicut dicit beatus Augustinus. Non enim dicit quod non possit diligi ex tota anima, sed non potest omnimodo ex tota, ut scilicet nichil preter ipsum cogitetur, sed omnes cogitatio/nes in ipsum A 181rb
365 dirigantur.

Et notandum quia duplex est perfectio caritatis: alia ad merendum, que est impletio huius mandati: *Diliges deum* etc.; alia ad remunerandum,

---

343 Quid...345 memoria] *Vide supra ad Rm 13, 7.*   349 Non...gloriam] Ps 113, 1.   351 Non ...tu] Mt 26, 39.   353 Fiat...terra] Mt 6, 10.   356 Clamaui...domine] Ps 118, 145.   357 domine] *add* AEP 902B: *Magister* Acardus *sic exposuit: Clamavi in toto corde meo. Id est in quantum est meum; in quantum enim concupiscentia illud possidet, non est meum.*   361 dum...concupiscentie] *Vide supra ad Rm 13, 7.*   367 Diliges deum] Mc 12, 30; Lc 10, 27.

---

337 ei] *om* T   339 sepius] sepe T   340 scit] *om (spatium)* T   341 offensis] *om* T   342 sed] *om* T   346 se per] semper T   349 Non] non non A   353 deum] eum T   354 reminiscitur] *corr ex* reminiscere A   358 Nonne] *hic nota "Achardus" apud* AEP 902B   359 sic] sicut A   361 quod] quid T in....   est] *om* T   363 tota²] *add* anima T   367 etc] e.c.t. etc T

que erit premium impletionis eiusdem mandati. Sicubi ergo in autentica scriptura reperiatur in uita presenti hoc mandatum impleri non posse, secundum perfectionem patrie intelligendum est, non uie; remuneratio- 370 nis, non meriti.

[9] NAM. Probat eum legem implere, qui proximum diligit, quia omnium mandatorum legis in dilectione est consummatio.

ADULTERABIS. Speciem ponit pro genere, adulterium pro mechia. In lege enim legitur: *Non mechaberis.* Est autem mechia omnis illicita com- 375 mixtio.

NON OCCIDES. In lege prohibetur solus homicidii actus, in euangelio etiam uoluntas et fraternum odium, quod est species quedam homicidii. *Qui enim odit fratrem suum, homicida est.*

NON FURABERIS. Qui furtum prohibuit, rapinam non concessit. Furtum 380 O 87ra ergo pro ra/pina ponit. Et est rapina omnis uiolenta siue fraudulenta rei aliene surreptio.

T 159ra FALSUM TESTIMONIUM. / Falsum testimonium perhibet omnis, qui contra conscientiam alii testimonium perhibet, siue uerum sit siue falsum, cui attestatur. Ex quo contra conscientiam est, mendacii reus 385 habetur.

NON CONCUPISCES. Quam concupiscentiam lex prohibeat, superius dictum est: non solum actus scilicet, sed et consensus. Sed queri potest, cum lex tantum manum cohibeat et non animum, quomodo consensum prohibeat, cum consensus sit tantum animi et non manus. Responsio: Est 390 quidam consensus uoluntatis, quem timor pene non cohibet, ubi affectum effectui mancipandi oportunitas deest. Hunc lex non prohibet. Est alius consensus, ubi non deest oportunitas, eum tamen ad actum exire timor pene non patitur, et huius in lege concupiscentia prohibetur.

[10] ET HOC SCIENTES. Dilectionem proximi plurimum commendauit, 395 tum in hoc quod in ipsa lex impletur, tum in hoc quod ipsa *malum* non *operatur.* Sed quia hoc scire non sufficit, nisi et eadem habeatur, qualiter O 87rb haberi / possit, deinceps / ostendere intendit: Scimus quod *dilectio* A 181va *proximi malum non operatur,* et hoc est: etiam HOC SCIENTES, ut illam habere possimus, quia HORA EST. Horam ponit pro tempore, tempore 400

---

368 in...reperiatur] *Vide superius p. 224, 295-225, 329.* 374 Speciem...genere] cf Ab 288, 99s; Comm Cantabrigiensis 1, 190. 375 Non mechaberis] Ex 20, 14; Dt 5, 18; Mt 5, 27; Lc 18, 20; Iac 2, 11. 379 Qui...est] I Io 3, 15. 385 contra conscientiam] cf Ab 289, 118. 398 dilectio...operatur] Rm 13, 10.

---

369 uita presenti] *trp* T 373 consummatio] confirmatio T 377 prohibetur] prohibitur O 380 Qui] quasi T 384 conscientiam] *corr ex* scientiam O scientiam T 390 sit tantum] *trp* O*

quidem illo, de quo idem alibi dicit: *Ecce, nunc tempus accceptabile, ecce nunc dies salutis.*

DE SOMPNO. Sompnus est quies animalium uirtutum cum intensione naturalium. In sompno magis uiget sensualitas quam ratio. Parum enim
405 tunc discretionis habet anima, unde et tam uariis tamque frequentissime fedis et turpibus imaginibus illuditur et deluditur, nec resistit, quas uel cogitare uigilans abhorreret. In tali sompno sunt, qui in infidelitate sunt, qui lumen fidei ignorant et errant, et talia tunc operantur, qualia ad fidem conuersi etiam cogitare erubescerent, sicut eisdem superius dixit
410 apostolus: *Quem enim fructum habuistis tunc in illis, in quibus modo erubescitis?*

PROPIOR. Quanto enim magis ad finem uite nostre appropinquamus, et saluti nostre, saluti eterne, QUAM erat, CUM primo CREDIDIMUS. Vel: PROPIOR, hoc est magis nobis debita, qui post fidem susceptam bene
415 operati sumus. Et hanc expositionem ui/detur uelle glosa illa: *Baptismus* O 87va *ad ueniam, uita uero bona est ad coronam.* Non hoc dicit, quin baptismus ad coronam sufficiat, si baptizato tempus operandi non succedat, sed ideo, ne baptizatus tantam de salute sua securitatem habeat, ut post baptismum bene operari negligat.

420 [12] NOX PRECESSIT. Nox multis modis dicitur. Quandoque enim ista aeris huius obscuritas, que fit absente sole, nox appellatur; aliquando temporis huius aduersitas. Vnde: *Mea nox obscurum non habet, sed omnia in luce clarescunt.* Aliquando nox peccatum, ut ibi: *Dum medium silentium tenent omnia et nox in suo cursu etc.* Nonnunquam tempus omne, quod fuit
425 a peccato Ade usque ad aduentum Christi, nomine noctis appellatur et tempus gratie dies. Et sic hoc loco / accipi potest. Vsque ad aduentum T 159rb Christi ueritas latuit. Omnia enim que uel in lege uel ante legem fiebant, figure et umbra / future ueritatis erant, sed in morte Christi uelum A 181vb templi scissum est et monumenta aperta, quia tunc patuerunt, que prius
430 latebant uelata. Etiam tempus omne non inconuenienter noctem nominamus respectu claritatis uenture, ubi erit dies sine nocte, claritas sine

---

401   Ecce...salutis] II Cor 6, 2.   403   Sompnus...naturalium] *Vide supra ad Rm 1, 3 (p. 21, 317).*   410 Quem...erubescitis] Rm 6, 21.   414 magis...debita] Gl 301b^i   415 Baptismus... coronam] Gl 301b^mg; Lom 1510AB.   422   Mea...clarescunt] Epistulae Guiberti, epist 8 (CCM 66, 123); Reinerus S. Laurentii Leodiensis, de dedicatione ecclesiae S.Laurentii 5 (PL 204, 150A); Innocentius III, sermones de sanctis (PL 217, 565C).   423 nox peccatum] cf Beda, in primam partem Samuhelis 2, 15, 16 (CCL 119, 132); Thomas de Chobham, summa de arte praedicandi, prol (CCM 82, 7).   Dum...cursu] Sap 18, 4.

---

404 magis.... sensualitas] *trp* uiget sensualitas magis T 406 illuditur] eluditur T 410 modo] *om* T 414 post] prius T 415 uidetur uelle] *trp* T 427 uel^1] *supr lin* O fiebant] *corr ex* umbra T

O 87vb omni obscu/ritate. Dies autem claritatis illius eo magis nobis appropinq-
uare dicitur, quo magis ad illam per bona opera appropinquamus.

INDUAMUR. Indumentum dicitur eo quod super alia uestimenta indu-
catur, quod est quasi totius corporis ORNAMENTUM, ARMA LUCIS, Christi 435
scilicet qui dixit: *Ego sum lux mundi.* Arma eius sunt fides, spes, caritas
cetereque uirtutes, quibus indui et quasi armis undique muniri debemus,
ne sagittis subtilissimisque iaculis inimici aliqua ex parte uulnerari
possimus.

[13] SICUT. Quidam diuidunt, quidam unam partem esse uolunt. 440
Sicut: Sic autem precipit nos his armis indui, ut in eis honeste ambulemus, sicut decet in die. In die enim undique uidetur qui ambulet. Vnde
et eum honestius incedere oportet, ne si incompositos habeat gressus,
quanto a pluribus uidebitur, et magis deridebitur. Similiter et nos, qui de
nocte infidelitatis uenimus, ad diem fidei sic in armis predictis ambulare 445
oportet, ne aliquam in partem titubent pedes nostri, ne derideamur ab
hostibus nostris et dicatur de nobis: *Viderunt eum hostes, et deriserunt sab-*
bata eius.

O 88ra   NON IN COMESSATIONIBUS. Comessatio dicitur a "communi" / et "eden-
do", ubi communiter edunt et communiter expendunt. Vel: comessatio 450
quasi mense collatio uel mense alteratio. Comessationes prohibet apostolus propter multa, que in illis et ex illis fiunt reprehensione digna:
primum superfluitas expensi, secundo crapula et ebrietas, deinde confa-
bulationes multe, in quibus peccatum non deerit, postea quod uenter
estuans mero spumat ad libidinem. Non interdicit omnia conuiuia; 455
quandoque enim conuiuari oportet, raro tamen. Vnde sapiens ille: *Raro*
conuiua.

EBRIETATIBUS. Bria est mensura. Inde ebrius, qui extra mensuram est
A 182ra potatus. Vel, sicut / Aimo dicit: *Bria masculino genere cyphus est aptus ad*
potandum. Ebrietas omnino culpabilis, omnino dampnabilis est. Nemo 460
eam excuset consuetudine, sed nec illa auctoritate de Ioseph, qui in
conuiuio illo, quod fecit fratribus suis, inebriatus esse legitur. Beatus
enim Augustinus dicit, quia non fuit illa ebrietas superfluitatis, sed

---

436 Ego...mundi] Io 8, 12.   437 cetereque uirtutes] Ab 294, 276; Gl 301b^{mg}.   447 Viderunt...eius] Lam 1, 7.   449 Comessatio...edendo] cf Ab 294, 288s.   451 mense collatio]
Pelagius, expos (Ed. Souter 2, 105); Haimo 484C. 693B; Atto, expos epist (PL 134, 623B);
Ab 294, 288.   mense alteratio] (*pro* mense alternatio): Haimo 484C. 693B; Atto, expos
epist (PL 134, 623B); Ab 294, 295s.   456 Raro conuiua] Disticha Catonis S 18 (Ed. Boas
17).   459 Bria...potandum] Haimo, enarr (PL 117, 484C. 693B); cf Lom 1510D; *vide iam*
notam ad Rm 12, 3!   461 illa...legitur] Gn 43, 34.   463 Augustinus] *Non inventum.*

---

442 ambulet] ambulat AT 443 eum] cum T honestius] molestius T 451 uel.... alteratio] *in*
mg O 453 superfluitas] superfuitas T 456 ille] illa T

abundantie, sicut dicitur terra pluuia inebriata esse, non quia plus quam
465 / oportet irrigata sit, sed quia sufficienter.   T 159va

NON IN CUBILIBUS. *Cubilia,* dicit Aimo, *proprie sunt lustra seu lecti fera-*
rum, / dicta a fedis cubitationibus, eo quod in fetore suo ibi resoluuntur et O 88rb
inuoluuntur. Vnde conuenientissime lecti illorum, qui lupanaria fre-
quentant et in fetore libidinis reuoluuntur et inuoluuntur, cubilia appel-
470 lantur.

INPUDICITIIS. Inpudicitia est inuerecundia; generaliter tamen frequentissime ponitur pro incontinentia.

CONTENTIONE. Contentio est inpugnatio ueritatis per confidentiam
clamoris, que sepissime ex scripturis solet oriri.
475   EMULATIONE. Emulationem ponit pro inuidia, que est nouerca aliene
felicitatis.

[14] SED INDUIMINI DOMINUM NOSTRUM JHESUM CHRISTUM. Quidam ex
toto abiciunt Christum, qui fidem eius scilicet contempnunt; quidam
occultant, qui ueritatem, quam in corde habent, amore temporalis boni
480 uel temporalis incommodi timore proferre nolunt uel non audent;
quidam induuntur Christum, qui scilicet nec amore nec timore, ubi res
in arto est et periculum imminet iusticie, abscondunt ueritatem.

---

464   dicitur...esse] cf Is 30, 23; Aug, enarr Ps 64, 14 (CCL 39, 835). Ps 98, 15 (CCL 39,
1392); idem, quaestiones in Heptateuchum (PL 34, 586); Hier, in Os ad 14, 5-9 (CCL76,
156s); Cassiodorus, expos Ps 64, 10 (CCL 97, 567); Allcuinus, interrogationes q 266 (PL
100, 556A); Rabanus, comm in Gn (PL 107, 641C); Haimo, in Ct (PL 117, 326CD); Gl ad
Gn 43, 34 (Ed. Rusch I, 99b^{mg}); Lom, sent 2, 27, 2, 3 (Ed. Brady 1, 482, *ubi nominatur*
Ps.-Chrysostomus, opus imperfectum in Mt, hom 20 (PG 56, 744).   466   Cubilia...468
inuoluuntur] Haimo, enarr (PL 117, 484D).   471 Inpudicitia...incontinentia] Haimo l. cit.
484D-485A.   473 Contentio...clamoris] Gl ad Rm 1, 29 (217a^{mg}).   475 inuidia...felicitatis]
Vide ad Rm 11, 8 !

---

467 cubitationibus] cupiditatibus A (*etiam AEP!*) 468 Vnde.... cubilia] *in mg* O illorum]
add eorum T 471 generaliter] generalis T 478 contempnunt] contemptum A

[14, 1] INFIRMUM. Diligenter attendendus est ordo doctrine apostolice et studiose imitandus. Commendata enim dilectione, qualiter haberi
possit ostensurus, quomodo nos erga nosmet habere debeamus, hucusque ostendit, ubi nos a sompno surgere, arma tenebrarum abicere, et
Christum indui precepit. Deinceps qualiter erga proximos nos habere 5
O 88va debeamus, do/cere intendit. Hic est enim et uite et doctrine conuenien-
A 182rb tissimus ordo, ut prius nosmetipsos diligamus, / quod fit in abiectione
malorum operum et operatione bonorum, postea proximum, in quo est
impletio legis et prophetarum. Erat inter eos, quibus loquitur apostolus,
contentio de usu ciborum. Iudeus enim adhuc in fide nouellus a quibus- 10
dam cibis abstinendum putabat. De quibusdam enim in lege prohibitionem habuerat, nec adhuc de quibuslibet utendi preceptum uel permissionem audierat. Econtra gentilis ante fidem susceptam communiter
omnibus uescebatur, nec in euangelio usus aliquorum ei interdicebatur,
immo fortassis iam legerat uel audierat: *Non quod intrat in os coinquinat* 15
hominem, et: *Omnia munda mundis.* Ideoque se posse omnia manducare
credens, Iudeum a quibusdam abstinentem spernebat, et Iudeus illum
omnia manducantem tanquam ex hoc ipso peccantem iudicabat. Vnde,
quia in dissensione tali fraterna dilectio esse non potest, interponit
partes suas apostolus primo gentili in fide perfecto precipiens, ut infirmi- 20
O 88vb tatem fratris sui patienter sustineat et a cibo, in quo / frater suus scanda-
T 159vb lizatur, abstineat, ostendens, quantum ma/lum sit scandalum fratris.
Deinde utrosque de temerario iudicio redarguit, dicens quod neuter
alterum iudicare presumat, quia omnes ab alio iudice et alibi sumus
iudicandi.   25

INFIRMUM. Eos, qui de gentibus crediderant et iam in fide perfecti
erant, alloquitur. Sunt qui in fide plus habent constantie et minus cognitionis; sunt qui minus constantie et plus cognitionis; sunt et qui plus
constantie et plus cognitionis, et hoc melius; sunt qui et minus constantie
et minus cognitionis, qui circa articulos fidei titubant, et hoc omnibus 30
deterius. Infirmum uero in fide hoc loco uocat infirmum in cognitione
rerum. Perfecte enim fidei est credere, quod nichil immundum sit per
deum. Quod quia Iudeus conuersus nondum credebat, adhuc in fide
infirmabatur.

A 182va   ASSUMITE, illi compatiendo, / non de intentione et cogitationibus eius 35
iudicando.

---

15 Non...hominem] Mt 15, 11.   16 Omnia...mundis] Tit 1, 15.   32 Perfecte...deum] cf
Lom 1511D.

---

2   dilectione] *add* proximi AO*T *expunct* O   3   nosmet] *add* ipsos AT   8   operatione]
operationem T

[2] OLUS MANDUCET. Olus generale nomen est cuiuslibet herbe apte
ad manducandum. Per olus eos generaliter intelligit cibos, de quorum
edulio nullus scandalizatur.

40   [4] POTENS. Similiter / et Iudam et Neronem ipsumque caput mali, O 89ra
diabolum, *potens est deus statuere.* Vt quid ergo de isto dicitur specialiter,
quod de omni potest dici generaliter? Oportunitatem rei respexit apostolus, non potentiam dei. Maior enim in isto est oportunitas resurgendi
quam in illis, qui uel obstinati uel ex toto dampnati sunt.

45   [5] VNUSQUISQUE IN SUO SENSU ABUNDET, hoc est secundum *mensuram
fidei* sue faciat: Si credit esse manducandum, manducet; si credit non esse
manducandum, non manducet. Contra conscientiam facere non coga-
tur.

De ista correctione apostoli et doctrina solet queri, utrum rationabilis
50 sit, et de glosa illa, quomodo intelligenda sit: *Ambigua in meliorem partem
conuertenda sunt.* Videtur omnino reprehensibilis esse doctrina hec
apostoli, quia illos in errore dampnabili degentes suo sensu relinquendos
esse dicit. Error enim dampnabilis est credere aliquem coinquinari
propter cibi alicuius comestionem. Hoc enim credere aperte est ueritati
55 contradicere dicenti: *Non quod intrat in os, coinquinat hominem,* et illud:
Vidit deus cuncta que fecerat, et erant ual/de bona. Propter hoc dicunt qui- O 89rb
dam, quod in errore dampnabili erant, eos tamen ibi relinqui precipit
apostolus, quia, si contra conscientiam comederent, magis peccarent. Vt
ergo maius malum uitetur, in minori relinquendi sunt, quia, quanto
60 magis peccarent, difficilius resurgerent. Vel aliter: Ex consuetudine et
precepto legis habebant aliqua immunda esse, ut carnem porcinam,
leporinam, et omnem piscem squama carentem; nec adhuc, sicut supra
dictum est, preceptum uel permissio in contrarium erant. Et ideo consu-

37 Olus²...manducandum] cf Haimo 486B.   45 mensuram fidei] Rm 12, 3.   49 De...51
sunt] cf Rob 162, 5-7.   50 Ambigua...sunt] Gl 302a^{mg}; Lom 1513C; Rob 162, 5-7 *sec* Augustinum, de sermone domini in monte 2, 18, 59 (CCL 35, 154): *Nolite iudicare, ne iudicetur de
vobis- in quo enim iudicio iudicaveritis, iudicabitur de vobis, et in qua mensura mensi fueritis,
remetietur vobis (Mt 7, 1; cf Lc 6, 37s).* hoc loco aliud nobis praecipi existimo, nisi ut ea facta quae
dubium est quo animo fiant in meliorem partem interpretemur. Cf etiam: *Beda, in Lc ev 2, 6, 37
(CCL 120, 146); Ab 298, 68s; Rob 161, 20-23. 162, 5-7; Ps.-Hugo, QEP Rm q 316 (PL 175,
509A); Guillelmus de S. Theodorico, expos Rm 7 (CCM 86, 181).   55 Non...hominem] Mt
15, 11.   56 Vidit...bona] Gn 1, 31.   61 carnem porcinam] Lv 11, 7   62 leporinam] Lv 11,
6.   omnem...carentem] Lv 11, 10.

37 generale nomen] *trp* T apte] *om* T 40 caput] capud O 41 diabolum] diaboli T 51 hec]
corr ex huius O 52 degentes] degenges O 55 coinquinat] coinquinauit A hominem] *om*
T 59 quia] *om* T 63 permissio] *corr ex* permissionem O permissionem AT erant] audierant
AT

T 160ra etudinem su/am adhuc in talibus retinentes, et si eos errasse credamus,
A 182vb / non tamen mortaliter peccasse.   65

Si queratur, utrum illa ex sola prohibitione uel etiam propter aliquid,
quod ex creatione contraxerant, immunda esse crederent, non certam
habeo responsionem. Nos etiam a quibusdam abstinemus, que nec
prohibita sunt neque ex creatione immunda, sed ideo quia non sunt ad
edendum necessaria, ut est caro equina que, ut dicitur, carne bouina qua 70
uescimur magis sana est magisque sapida. Abstinemus a quibusdam aliis,
O 89va quia nobis sunt noxia, non ex creatione, sed ex culpa nostra. / Si enim
homo non peccasset, uenenum serpentis ei nocere non posset.

Et notandum, quia in primitiua ecclesia quorundam usus interdictus
est a sanctis, qui et in lege prohibebatur, ut sanguinis et suffocatorum. Si 75
causam queratis, non satis euidentem, nisi ad misterium recurrere uelim,
inuenio. Sunt tamen multi, qui sanguine uescuntur, nec tamen ex hoc
illos peccare dico, nisi forte sciant prohibitum esse.

Ambigua in meliorem partem debemus conuertere, sicut glosa dicit. Sed que
sunt illa? Omnia, inquiunt, que possunt bono et malo animo fieri. Quod 80
si est, nulla sunt exteriora aperte bona. Quid est enim in operibus exterioribus, quod non possit bono animo fieri? Etiam miracula et mali faciunt. Et sic omnia exteriora opera ambigua sunt et nulla aperte bona, sed
nec aperte mala, quod apertissime falsum est. Sunt enim aperte bona
opera misericordie: uestire nudum, pascere pauperem, et huiusmodi 85
multa, que, licet a quibusdam animo malo fiant, ea tamen tantum bona
iudicamus propter speciem boni eminentem. Non enim hic ad intentionem facientis respicimus, sed ad operis qualitatem. Opera caritatis facit
O 89vb malus, / sed non ex caritate; et sunt ipsa opera caritatis, non praue
intentionis. Vellere agni contegitur lupus, est tamen uellus uellus agni, 90
non lupi. Ambigua itaque sunt, que nec apertam habent speciem mali
nec manifestam boni, ut causa exempli illud Ieronimi assumamus: *Si*
A 183ra *uideris*, inquit, *sacerdotem leuantem / manum super mulierem, dic, quod ad*
benedicendum fecit. Ecce factum ambiguum, quia nec de ipso facto nec de

---

68 Nos...72 noxia] cf Rob 160, 20-23.   72 Si...posset] cf Ab, expos in Hexaemeron (PL 178,
767B).   74 in...suffocatorum] cf Act 15, 29.   79 Ambigua...conuertere] *Vide supra ad Rm*
14, 5! 84 bona...86 multa] sec Mt 25, 35-37.   90 Vellere...lupus] cf Mt 7, 15   91 Ambigua
...boni] cf Lom 1513C.   92 Si...94 fecit] *Eadem sententia* Rob 161, 23-25 *et* Ps.-Hugo, QEP
Rm q 316 (PL 175, 509A) *sec* Hier, epist 22, 16 ad Eustochim (CSEL 54, 164): *Clerici ipsi,*
quos in magisterio esse oportuerat doctrinae pariter et timoris, osculantur capita patronum (sic CSEL;
Pl 22, 404 et apud auctores nominatos: **matronum**)*, et extenta manu, ut benedicere eos putes velle, si*
nescias, pretia accipiunt salutandi.

---

68 nec] neque T 69 sunt[2]] est T 70 edendum] edenda O 73 uenenum] *praem* et A posset]
post posset *vacat linea* A 74 Et] E *littera initialis et praem* § O 76 recurrere uelim] *trp* T* 80 animo fieri] *trp* T 84 apertissime] aptissime T 91 itaque] tamen T 94 fecit] facit T

95 facientis animo iudicare potes. Sed quomodo huiusmodi facta in meliorem partem sunt uertenda? Nunquid debeo dicere: "Bonum opus fecit
ille", cum ego dubitem, an sit bonum an malum? Si dico: "Bonum est",
contra conscientiam loquor, quia, an ita sit, nescio. Si contra conscientiam aliquid affirmo, grauiter offendo.

100   Ad hec: *Ambigua in meliorem partem debemus conuertere,* non asserendo
sed optando. Quod contra nostram infirmitatem, immo contra nostram
iniqui/tatem, dictum est, qui etiam in aperte bonis proniores sumus ad T 160rb
detrahendum quam ad benedicendum.

     [7] SIBI UIUIT qui non nisi utilitatem suam in uita sua querit. Domino
105 ergo *uiuit,* qui proximi utilitatem sicut suam et domini uoluntatem per
omnia / facere querit. *Sibi moritur,* qui etiam in morte de morte gloria- O 90ra
tur, dum tale quid in morte sua facit, per quod nominis sui famam
decedens ipse succedentibus relinquere cupit. Non sibi, sed domino
moritur, qui sicut in uita ita in morte dominum glorificat, qui alacri et
110 leto animo mortem uenientem suscipit, post quam uita immortali se
uicturum credit.

     VEL: NEMO NOSTRUM SIBI UIUIT ET NEMO SIBI MORITUR, hoc est: Nullius
nostrum uita siue mors in potestate sua est, sed domini.

     [9] IN HOC. Quasi: *Siue uiuimus, siue morimur, domini sumus.* Hoc enim
115 Christus dominus in morte sua et in resurrectione promeruit, ut uite
nostre et morti nostre dominetur. Quia enim pro nobis mortuus est,
morti nostre dominari debet; et quia pro nobis resurrexit, uite nostre.
Ergo quia mortis nostre et uite nostre dominus est, ei tam in morte quam
in uita obedire et eius facere uoluntatem tenemur.

120   [10] STABIMUS ANTE TRIBUNAL. Tribunal sedes est iudicis, thronus
regis, cathedra doctoris. De iudicio illo et quomodo omnes iudicandi
sunt, quidam tamen iudicaturi, superius dictum est.

     [11] VIUO EGO. Iuramentum est in ueteri lege sicut "Amen, amen" in
euangelio.

125   FLECTETUR OMNE GENU. Flexio genuum subiectionem / significat A 183rb
omnium. Tunc enim Christo homini omnia plene subiecta / erunt et O 90rb
esse subiecta cunctis apparebunt, sicut dicit apostolus: *Preter eum qui
subiecit ei omnia.*

---

100   Ambigua...conuertere] *Vide supra ad Rm 14, 5!*   non...optando] Rob 162, 13.
114 Siue...sumus] Rm 14, 8.   117 morti...debet] cf Ab 300, 141.   120 Tribunal...iudicis] Gl
302b^{mg}.   122 superius] ad Rm 2, 5 .   123 Iuramentum...euangelio] Hier, in Ez 5, 16, 48-51
(CCL 75, 205).   127 Preter...omnia] Rm 8, 20.

---

106 Sibi] *corr ex* si O^{mg} 112 nostrum] uestrum AT 113 nostrum] uestrum AT 117 resurrexit]
recurrit T 120 sedes est] *om* T

OMNIS LINGUA, tam bonorum quam malorum, TUNC CONFITEBITUR
DOMINO quadam confessione laudis. Etiam mali tunc confitebuntur 130
domino, sententiam iudicii eius in conscientia sua rectissimam cognoscentes.

[16] NON ERGO BLASPHEMETUR BONUM NOSTRUM. Bonum nostrum
uocat fidem nostram, quam blasphemat Iudeus scandalizatus et recedens
a fide, dicens: "Abominabilis est Christiana religio, que indifferenter 135
munda comedit et immunda, licita et illicita. Ecce, quantum malum
prouenit de cibo tuo!"

[23] DAMPNATUS EST, QUIA NON EX FIDE, hoc est quia contra conscientiam comedit.

OMNE ENIM. Hic solet queri, quid uocet apostolus fidem; postea, 140
qualiter intelligenda sit glosa illa: *Omnis uita infidelium peccatum est,* et
utrum omnis, qui contra conscientiam suam aliquid facit, peccet ad
mortem.

Fidei nomine aliquando uirtus ipsa, aliquando iudicium designatur
conscientie, quo mens dictat sibi aliquid esse faciendum uel dimit- 145
tendum; et hic utroque modo satis conuenienter accipi potest.

Quod enim pro fide catholica hic accipiatur, uidetur uelle glosa illla
beati Augustini: *Omnis uita infidelium peccatum est,* et cetera. De qua
O 90va queritur, qualiter intelligen/da / sit.
T 160va   Nonne infideles aliqua bona faciunt? Nunquid omnia, que ipsi natura- 150
li faciunt ratione peccata sunt? Sanctus Ieronimus dicit, quia *non reprobat
deus bonam uitam philosophorum,* et apostolus maior illo: *Cum gentes, que
legem non habent, naturaliter ea, que legis sunt, faciunt, ipsi sibi sunt lex,* et:
Iudicabit, quod ex natura est preputium legem consummans, te qui per litteram et

133   Bonum...nostram] cf Haimo 491A; Atto, expos epist (PL 134, 270A); Comm Cantabrigiensis 1, 201.   138   contra...comedit] cf Ab 306, 317-320; Comm Cantabrigiensis 1, 203.
140   Hic...148 est] cf Rob 165, 2-166, 5.   141   Omnis...est] Prosper, sent 106 (CCL 68A,
281); idem, epigramma 83 (PL 51, 1104C); Florus, expos (PL 119, 316A); Ps.-Beda, in Prv
(PL 90, 1104C); Othlonus S. Emmerammi, liber Prv (PL 146, 322D): Ab, sic et non q 141
(Ed. Boyer/McKeon 487s); Gl 303b^mg; Hervaeus 795A; Rob 165, 21; cf Lom 1520A; idem,
sent 2, 41, 1, 3 (Ed. Brady 1, 562); Ps.-Hugo, QEP Rm q 99 (PL 175, 459A); Gratianus, decr
II, 28, 1, 14 (Ed. Friedberg I, 1088 *sub nomine Augustini*); Guillelmus de S. Theodorico,
expos Rm 7 (CCM 86, 185); Petrus Pictaviensis, sent 2, 16 (Ed. Moore/Dulong 2, 120);
Vincentius Belvacensis, de morali principis institutione 4 (CCM 137, 23).   147   glosa illla]
Vide notam praecedentem!   148   et cetera] *Scilicet: et nihil bonum sine summo bono. Vbi deest
agnitio veritatis aeternae, falsa virtus est etiam in optimis moribus.*   150 Nonne...faciunt] *Ad hanc
quaestionem* cf Lom, sent 2, 41, 1 (Ed. Brady 1, 561-563).   151   non...philosophorum] cf
Hier, in Mt 4 (CCL 77, 242); Ab 74, 961-75, 965; idem, Th Sch 1, 107 (CCM 13, 360); idem,
sermo 3 (PL 178, 807D-808A); Rob 165, 21. 166, 7; Lom 1520A.   152   Cum...lex] Rm 2, 14.
154 Iudicabit...es] Rm 2, 27.

130 tunc] *om* T 131 eius] *supr lin* O *om* T sua] eius A*

155 *circumcisionem preuaricator legis es.* Propter hoc quidam ita exponunt:
Omnis uita infidelium peccatum est, hoc est: Quicquid ex infidelitate faciunt, peccatum est. Vel: Infideles uocat in infidelitate obstinatos, quibus
peccatum est etiam bona opera facere, quia indigni / sunt ea facere. A 183va
Peccatum enim est peccatori enarrare iusticias dei, unde: *Peccatori autem*
160 *dixit deus* etc.

Sequitur in eadem glosa: *Et nichil est bonum sine summo bono.* Summum
bonum deus est, sine quo nichil est bonum. Ipse enim non solum est
auctor et dator omnis boni, sed et director ad debitum finem dirigens
omne bonum; quo fit, ut, nisi ad fidem debitum dirigatur, iam nec ordi-
165 natum sit nec bonum. *Vbi* enim *deest agnitio eterne ueritatis, falsa uirtus est*
etiam in optimis.

Agnitionem eterne ueritatis uocat fidem Christi, / qui est eterna O 90vb
ueritas, ueritas patris. *Ego sum,* inquit, *uia, ueritas, et uita. Fides in corde,*
dicit beatus Augustinus, *Christus in corde.* Vbi ergo fides non est, Christus
170 non est, ubi Christus non est, ueritas non est. Vbi ueritas non est, uera
uirtus non est. Falsa ergo uirtus in illis est, qui inter gentes siue quoslibet
infideles magni et optimi habentur, ut philosophi ceterique infidelium
sapientes.

Fidem etiam hic appellare potest iudicium mentis, quo sibi dictat
175 aliquid esse faciendum uel dimittendum, contra quod omne quod fit,
peccatum est, non tamen omne dampnabile. Durum est enim dicere,
quod, si cuiquam dictet conscientia sua non amplius comedere quam
comederit uel bibere uel aliquid huiusmodi, et ipse plus inde faciat,
quod statim peccet mortaliter. Quis enim in talibus contra conscientiam
180 sepissime non excedit? Hoc tamen pro certo credimus, quia, si conscien-

---

156 Omnis...est] *Vide supra!*   159 Peccatori...deus] Ps 49, 16.   161 Et...bono] *Continuatio*
sententiae Prosperi (vide supra notam ad l. 148!).   Summum...est] Isidorus, sent 1, 1, 1 (CCL
111, 7); Ps.-Guillelmus de Campellis, dialogus (PL 163, 1061C),   162 sine...bonum] cf Aug,
enarr Ps 134, 6 (CCL 40, 1942); Anselmus Cantuariensis, monologium 6 (Ed. Schmitt I,
20); Bruno Astensis, expos in Iob (PL 164, 587AB); idem, expos in psalmos (PL 164,
1155CD).   165   Vbi...optimis] *Continuatio sententiae Prosperi (vide supra notam 148!).*
167   eterna ueritas] cf Aug, de civitate dei 11, 28 (CCL 48, 348); Prosper, de vocatione
omnium gentium (PL 51, 654D); Alcuinus, confessio fidei (PL 101, 1033A); Godefridus
Admontensis, hom dominicalis 20 (PL 174, 132D); Ps.-Hugo, miscellanea (PL 177, 779B
titulus 53); Lom 265A.   168 ueritas[1]...patris] cf Io 14, 6; *vide etiam supra ad Rm 3, 4!*   Ego
...uita] Io 14, 6.   Fides...corde[2]] cf Aug, in Io ev tr 49, 19 (CCL 36, 429): *Si fides in nobis,*
Christus in nobis; ... ergo fides tua de Christo, Christus est in corde tua. Cf Alcuinus, comm in S. Io
ev (PL 100, 901CD); Gualterus de S. Victore, sermo 18, 9 (CCM 30, 157); Mauricius, sermo
2, 6 (CCM 30, 208).   169 Vbi...184 est] cf Rob 167, 13-16. 164, 21-165, 6.

---

164 quo....   Vbi] *in mg* O nisi] nil O   165 sit] est AT   166 optimis] *add* moribus Prosper l.
cit, 169 Christus[2].... est] *trp* non est Christus A 176 Durum] durus T 177 dictet] diceret
T 180 excedit] exceditur T credimus] *bis* O*

tia sua dictet alicui, quod mortaliter peccabit, nisi hoc uel illud faciat, nisi illud fecerit, mortaliter peccabit. Vnde potest quis in tali conscientia O 91ra esse, quod in neutram partem sine mortali pec/cato potest euadere, sicut de ipso apostolo superius dictum est.

---

181 dictet] diceret T 184 apostolo] apl O

[15, 8] DICO ENIM. Probat Christum utrosque suscepisse, Iudeos scilicet et gentes, et primum Iudeos, quorum minister factus est, hoc est apostolus. Ad eos enim missus est proprie, sicut ipsemet mulieri Cananee dicit: *Non sum missus* etc.

5 PROPTER UERITATEM DEI, AD CONFIRMANDAS, hoc est: ut ueritas dei appareret / in confirmatione promissionum patribus factarum. Multas A 183vb enim super incarnatione filii dei / promissiones a deo patre patres T 160vb habuerant, unde, ut deus pater in promissis uerax esset, filium suum mittere tenebatur. Ergo debitum fuit, quod ad eos uenit; quare non 10 tantum ex gratia.

[9] Quod etiam apostolus innuere uidetur statim subiungens de gentibus, quod *super misericordia* eis exhibita debent *honorare deum.* Quasi diceret: Iudeos suscepit ex debito, uos autem ex misericordia. Sed nunquid non utrosque ex misericordia? Et si ex misericordia, quomodo 15 illos suscepit ex debito?

Ad hec: Est quoddam debitum, quod soluitur peracto merito; est aliud, quod datur ante meritum, meritum tamen sequi oportet. In Iudeis autem neque precedens neque subsequens meritum fuit, quare / Christus ad eos uenire debuerit. Quia tamen ipsum deus pater promiserat, O 91rb 20 quantum ad promissionem debitum in eo fuit. Sed quia promissio illa tantum ex gratia Iudeis facta fuit, quantum ad eos, ad eos ex gratia uenit.

Sed uidetur, quod eodem debito et ad gentes uenerit, quia de uocatione gentium multe leguntur promissiones, quarum quasdam apostolus supponit et hic et alibi sepius interponit. Ergo et illas implere tenebatur 25 quemadmodum et Iudeis factas.

Ad hoc duplex potest dari responsio: Quia, et si de uocatione gentium promissiones dederat, non tamen gentibus sed Iudeis illas fecerat. Vnde nec gentibus de promisso tenebatur.

Vel potest dici, quod neque gentibus neque Iudeis facta fuit promis-30 sio, quod ad gentes Christus ueniret uel eis predicaret. Sed nec sic michi satis excussa uidetur oppositio, si constet de gentibus super assumptione earum siue ipsis siue aliis aliquam factam esse promissionem. Quod neminem credo posse negare, cum clamet Osee in persona domini: *Vocabo non plebem meam plebem meam,* et infinite de gentibus promissiones 35 occurrunt huiusmodi. Eadem ratione, qua tenebatur deus pater mittere filium suum ad Iudeos propter promis/siones patribus factas, tenebatur A 184ra

---

1 Probat...3 apostolus] cf Lom 1521D.   4 Non...missus] Mt 15, 24; cf Ab 315, 117s; Lom 1522A.   31 constet...38 prophetia] cf Rob 168, 5-9.   34 Vocabo...meam²] Os 2, 23s; cf Rm 9, 25.

---

8 habuerant] *corr ex* habendi erant T   14 non] *om* AT   23 quarum....   27 dederat] *in mg* O 27 promissiones] promissionis T 36 suum] *add* mittere T

et uocare *non plebem* suam *plebem* suam, quod similiter et promissio fuit et prophetia.

O 91va   Vt quid ergo *gentes* specialiter *super misericordia* dicit *honorare deum?* / Dicam sine preiudicio sanioris sententie: Et si gentes dicat debere super 40 misericordia honorare deum, non tamen dicit, quin et Iudei similiter ˙ debeant. Gentes tamen dicit precipue debere, quia eis maior exhibita est misericordia. *Vbi enim abundauit peccatum, superabundauit et gratia.* Gentes enim ualde longius recesserant a deo per cultum ydolatrie. Vnde et in eis peccatum abundabat. Quare et abundantiori egebant misericordia, que 45 et prestita est eis, super qua debent honorare deum. Cui enim plus dimissum est, magis debet diligere.

[12] ERIT RADIX. De Iesse exiuit Dauid quasi arbor de radice. Dauid T 161ra quasi ar/bor longe lateque potentie sue ramos expandit et ex se per propagationem prolis quasi multos ramos produxit. Huius arboris ramus 50 fuit beata uirgo. Orta est enim ex semine Dauid. Flos huius rami filius eius, de quo in Canticis: *Ego flos campi et lilium conuallium.* Per arborem itaque et ramum de Iesse quasi de radice surrexit Christus nascendo de uirgine ad regendas gentes. Quod autem dicit *erit* uerbo temporis futuri, non ad Iesse respicit, qui antequam hoc diceretur, multo tempore deces- 55 O 91vb serat, sed ad humani/tatem Christi, que de hac radice producenda erat. Ita exponunt multi, et ita etiam solet depingi, ut Iesse in radice arboris ponatur, Dauid superior in medio arboris, inter ramos uirgo, quasi *flos* rami omnibus superior Christus. Huic autem et lectioni consonat illa alia eiusdem prophete prophetia: *Egredietur uirga de radice Iesse, et flos de radice* 60 *eius ascendet.* Sunt alii, qui aliter legunt et uocant radicem Iesse Christum. Solet autem arbore succisa radix in terra remanens multas ramusculo- rum propagines emittere magisque quam arbor ipsa fructificare. Quod bene conuenit Christo. Christus enim mortuo Iesse quasi radix eius A 184rb remansit. Qui per hoc, quod in terra / iacuit, in multos fidelium ramos 65 pullulauit. Vnde ipsemet de se: *Nisi granum frumenti cadens in terram mortuum fuerit, ipsum solum manet.* Circa hanc radicem fossio facta est clauorum et lancee, et fimus appositus est, ut magis fructificaret. Fimus peccata nostra sunt, que in corpore suo portauit super lignum. Vnde et in nobis postea multipliciter fructificauit. Sic itaque legunt: ERIT RADIX 70

---

43 Vbi...gratia] Rm 5, 20.   48 Erit...50 produxit] Lom 1522CD.   52 Ego...conuallium] Cant 2, 1.   54 Quod...57 multi] cf Rob 168, 20-25.   60 Egredietur...ascendet] Is 11, 1. 61 alii] cf Ab 317, 185; Comm Cantabrigiensis 1, 207.   66 Vnde...76 gloriosum] cf Ab 317, 171-177. 318, 193-195.   Nisi...manet] Io 12, 24s.

---

37 et^1] *om* T 39 specialiter] *om* T 40 preiudicio] iudicio T 55 qui] quia T diceretur] diceret T 57 et] ut AT 59 consonat] consona A 60 Iesse] *om* A 67 est] *om*

IESSE -Iesse genitiui casus-, et ille, qui erit hec radix, EXSURGET a morte
REGERE GENTES. Post mortem enim eius regnum / ipsius per fidem gen- O 92ra
tes susceperunt; ET IN EUM sicut in regem et saluatorem suum GENTES
SPERABUNT. Et huic lectioni concordare uidetur illud, quod idem pro-
75 pheta alibi dicit: *Radix Iesse, qui stat in signum populorum: Ipsum gentes
deprecabuntur, et erit sepulchrum eius gloriosum.*

[13] DEUS AUTEM SPEI. Monuit eos, ut inuicem se se suscipiant. Sed
quia nec hoc nec aliud bonum sine adiutorio dei implere possunt,
conuertit se apostolus ad deum, orans ut in hac mutua dilectione eos
80 confirmare dignetur, nobis relinquens exemplum, ut in his, que per nos
non possumus, ad adiutorium dei recurramus.

OMNI GAUDIO, id est perfecto gaudio, quod est de permanentibus, non
de transitoriis.

VIRTUTE SPIRITUS SANCTI, hoc est in caritate. Omnis uirtus spiritus
85 sancti est; donum enim eius est. Caritas tamen quadam prerogatiua eius
uirtus dicitur, que mater est aliarum uirtutum; cuius tanta est ad spiritum
sanctum similitudo, ut ipse nomine caritatis sepissime designetur.

[16] SANCTIFICANS EUANGELIUM DEI. Quidam euangelium dei, quantum in ipsis est, contaminant; qui bona, que predicant, exemplo / male T 161rb
90 ui/te contempnabilia reddunt. Vnde beatus Gregorius: *Restat ut, cuius* O 92rb
uita despicitur, eius predicatio contempnatur. Sanctificatio itaque euangelii in
duobus consistit: in reddenda eorum que docet ratione, et exemplo
bone uite. De primo loquitur / apostolus ad discipulum suum dicens: A 184va
Paratus esto omni poscenti te reddere rationem de ea, que in te est fide et spe. In
95 primitiua ecclesia tercium erat necessarium: gratia scilicet miraculorum,
ut, qui noua predicabant, noua facerent. Aliter enim infideles et anima-
les homines nunquam fidem istam susciperent, nisi nouitate illa miraculorum traherentur. Signa enim data sunt infidelibus, non fidelibus.
Vnde, sicubi adhuc huiusmodi miracula fiunt, magis est signum infideli-
100 tatis incolarum loci quam fidei.

---

71 a morte] Gl 304a^i.   75 Radix...gloriosum] Is 11, 10.   77 Monuit...suscipiant] cf Gl
304a^i.   80 ut...recurramus] cf Ps.-Hugo, miscellanea (PL 177, 719BC).   90 Restat...
contempnatur] Gregorius I, hom 12 1in ev (PL 176, 1119A): *...quia cuius uita despicitur,
restat ut eius praedicatio contemnatur; similiter* idem, moralia 19, 23, 36 (CCL 143A, 985). *Haec
sententia saepissime ab auctoribus affertur.* 94 Paratus...spe] I Pt 3, 5.   98 Signa...fidelibus] *Sec*
I Cor 14, 22: Gregorius I, hom 1, 10, 1 in ev (PL 76, 1110CD); Taio Caesaraugustanus, sent
(PL 80, 777A); Rabanus, comm in Mt (PL 107, 757B); Atto, expos epist (PL 134, 381A);
Gerardus Iterii, de revelatione beati Stephani 3 (CCM 8, 284).

---

71   casus-] *add* est AT exsurget] exurget O   74   concordare....   illud] satis concordare
uidetur illud A satis uidetur illud concordare T 86 uirtus dicitur] *trp* T cuius] eius T 89 est]
om T

[17] HABEO IGITUR GLORIAM. Quia ita sanctifico euangelium dei,
IGITUR HABEO GLORIAM, sed illam gloriam non michi attribuo, sed AD
DEUM refero IN CHRISTO JHESU, hoc est per Christum Jhesum. Per ipsum
enim, qui mediator est inter deum patrem et nos, deo patri gratias referimus. Ab ipso enim est et euangelii et oblationis mee sanctificatio, non ex 105
me. Et uere non ex me:

O 92va   [18] NON ENIM AUDEO etc., id est: Nil loquor, nisi quod deus precipit /
me loqui, uel: nisi quod deus per me loquitur. Si enim aliud facerem,
audatia esset et presumptio. Vel: NON AUDEO etc., hoc est: Ea tantum
loquor, que per me efficit Christus, id est confirmat et ad effectum ducit. 110

IN OBEDIENTIAM GENTIUM, ut faciam gentes obedire fidei. Confirmat et
ad effectum perducit Christus, quicquid ego loquor. In quibus? IN UERBO
predicationis mee, quod est sine admixtione falsitatis, ET FACTIS, id est
operibus. Opera enim mea non contaminant predicationem meam, sed
confirmant.   115

[19] IN UIRTUTE SIGNORUM ET PRODIGIORUM, id est signorum que
etiam prodigia sunt. Ita legunt quidam. Sunt etiam signa de quibus non
miramur, que secundum solitum cursum nature eueniunt. Vnde dominus de sole et luna et stellis ait: *Vt sint uobis in signum.* Alii per signa
minora intelligunt miracula, per prodigia maiora. Prodigium tamen, ut 120
dicunt, proprie signum est quod aliquid futurum designat. Vnde beatus
Augustinus: *Prodigium quasi porro ditium,* eo quod aliquid indicat porro
futurum.

ILLIRICUM. Regio est. Vnde et mare Illiricum dicitur a circum adiacen-
te regione. Est autem, ut dicunt, Illiricum principium Europe et finis 125
Asie. Illiria regio uicina Italie iuxta Adriaticum mare. Illiricus sinus, Illirie
portus. Illiricum: regio Adriatici maris; Illiricum generaliter omnis Gre-
cia est.

A 184vb   [24] FRUITUS. Quid sit / frui, / quid uti, quibus rebus fruendum et
O 92vb quibus utendum, beatus Augustinus in libro de doctrina Christiana dicit: 130
Frui est amore inherere alicui rei propter se ipsam; uti uero id, quod in usum

---

101 Quia...attribuo] cf Lom 1224AB.   109 Ea...efficit] Gl 304b^i; cf Lom 1224B.   117 Sunt
...123 futurum] cf Ab 320, 250-255.   119 Vt...signum] Gn 1, 14.   Alii] cf Comm Cantabrigiensis 1, 210; Lom 1524B.   122 Prodigium...ditium] Aug, in Io ev tr 16, 3 (CCL 36, 166);
Haimo, hom 136 (PL 118, 726D); Gl ad Io 4, 48 (Ed. Rusch IV, 235a^mg): *...quasi porro
dictum;* Ab 320, 255: *prodendum digito.*   125 principium...Asie] Ab 320, 269s.   131 Frui...
referre] Aug, de doctrina christiana 1, 4 (CCL 32, 8); Ab Th Chr 4, 7 (CCM 12, 269); cf
Comm Cantabrigiensis 1, 211, *ubi haec sententia Hieronymo attribuitur!*

---

101 sanctifico] sanctificatio T 106 me^2] *add* audeo T 111 obedire] *om* T 112 Christus] *om*
T 121 dicunt] *om* T 122 ditium] dicium T digium AEP 904A *et* Haimo, hom 136 (PL 118,
726D); dictum Gl ad Io 4, 48 (Ed. Rusch IV, 235a^mg) 126 Asie] *litteris minoribus scriptum in
mg* O *om* AT 130 beatus] *om* T

uenerit, referre ad optinendum id, quo fruendum est. Alias abuti est, non uti.
Nam usus illicitus abusus uel abusio nominari debet. Res, quibus fruendum est,
sunt pater et filius et spiritus sanctus. Eadem tamen trinitas quedam summa res
135 *est communisque omnibus fruentibus ea.* / *Ceteris uero rebus utendum est, ut ad* T 161va
illarum fruitionem perueniatur. Si ergo queratur, utrum homines se frui dici
debent an uti, beatus Augustinus in eodem sic respondet: *Si propter se*
homo diligendus est, fruimur eo; si propter aliud, utimur eo. Videtur autem michi
propter aliud diligendus.
140   Quid est ergo quod hic dicit apostolus: *Si uobis primum ex parte fruitus*
fuero, et ad Philemonem: *Fruar te, frater in domino?* Hanc questionem
beatus Augustinus facit et ita soluit: *Si dixisset tantum "fruar te" et non*
addidisset "in domino", uideretur finem dilectionis / *in illo constituisse. Sed quia* O 93ra
hoc illud addidit, in domino se finem posuisse eodemque se frui significauit.
145 Similiter, quia hic non dicit simpliciter "fruitus", sed *ex parte,* ostendit se
fruitionis huius finem non in eis constituisse. Frequenter tamen, sicut
idem beatus Augustinus dicit, *frui dicitur cum delectatione uti,* ut sit tamen
delectatio usus, non abusionis. Sicque hic non inconuenienter accipi
potest.
150   [28] ASSIGNAUERO sub signo cuiusque ecclesie, ut sciant, pro qua
deuotius orare debeant, FRUCTUM. Merito elemosina dicitur fructus, quia
et in presenti in gratiam maiorem fructificat et in futuro in multiplicem
retributionem.
    PROFICISCAR PER UOS. Congrue dicit se proficisci per Romanos in
155 Yspaniam, sicut Aimo dicit, quia euntibus de Achaia in Yspaniam in
medio itinere Roma habetur.
    Sed occurrit hic questio, utrum mentiatur apostolus, cum dicat se per
Romanos ad Yspaniam profecturum, quod profecto non fecit. Sed quia
ipsemet eandem ad Corinthios loquens facit questionem, usque ad
160 locum illum eam reseruamus. Vtrum autem / aliquando ad Hyspanos A 185ra

133   Nam...debet] Aug l. cit.; Ab Th Chr 4, 7 (CCM 12, 268s).   Res...135 ea] Aug, de
doctrina christiana 1, 5, 5 (CCL 32, 9); Ab l. cit.; Lom sent 1, 25, 2, 5 (Ed Brady 1, 194).
135 Ceteris...perueniatur] ibid 22, 20 (CCL 32, 16).   136 Si...uti] cf Aug, ibid 1, 20 (16s).
137 Si...139 diligendus] Ibid 1, 22 (ibid 17).   140 Si...fuero] Rm 15, 24.   141 Fruar...
domino] Phlm 20; cf Ab 322, 315; Comm Cantabrigiensis 1, 211.   142 Si...144 significauit]
Aug, de doctrina christiana 1, 33, 37 (CCL 32, 37); *eadem sententia:* Eugippus Africae,
thesauarus (PL 62, 941A); Agobardus, de picturis et imaginibus 12 (CCM 52, 163); Claudius Taurinensis, expos (PL 104, 915D); Atto, expos epist (PL 134, 723C); Lom, sent 1, 1, 3,
5 (Ed. Brady 1, 58); Hervaeus 1515B.   147 frui...uti] Aug, de doctrina christiana 1, 33, 37
(CCL 32, 27); cf Lom, sent 1, 1, 3, 3 (Ed. Brady 1, 58).   150 sub...ecclesie] cf Gl 305a^i; Lom
1526B.   155 Aimo] Haimo 502C.   157 Sed...164 delatum] cf Rob 169, 2-8.   159 usque...
illum] Ad II Cor 1, 17 ; *cf* Rob 169, 10-15.

136 ergo] uero T 144 hoc] *om* AT 155 euntibus] euenientibus T 158 ad] in T

uenerit apostolus, nec satis euidenti nec firma satis auctoritate tenemus.
O 93rb Ieronimus tamen super locum illum Ysaie: *Volabunt in na/uibus alienige-*
narum, et mare simul depredabuntur, dicit hoc per apostolum impletum
esse, quem nauibus alienigenarum ad Yspaniam scribit esse delatum.

[29] IN HABENDAM BENEDICTIONEM, ut mea predicatione, quod minus 165
habetis in fide ceterisque uirtutibus, abundantius percipiatis. Iuxta quod
dicit in principio huius epistole: *Desidero enim uidere uos, ut aliquid imper-*
tiar uobis gratie spiritualis ad confirmandos uos.

[30] OBSECRO. Ierosolimam se profecturum et predictorum oblatio-
nes sanctis, qui sunt Ierosolimis, portaturum dixit apostolus. Sed quia 170
iter periculosum sibi sciebat propter insidias Iudeorum et hereticorum,
qui ubique ei aduersabantur et insidiabantur, obsecrat Romanos, ut
adiuuent eum in orationibus suis ad deum, ut liberetur ab infidelibus,
qui insidiantur ei. *Hic,* inquit Aimo, *decutitur pontificum et potentum huius*
seculi superbia, qui se subditorum orationibus commendare dedignantur.   175
T 161vb Notanda est glosa illa: *Mul/ti minimi* etc.: Quod enim merita unius non
possunt, multorum possunt. *Et multorum preces inpossibile* est, *ut non impe-*
trent, id est ualde difficile. Sic enim accipitur quandoque inpossibile: et
pro eo quod omnino fieri non potest, et pro eo quod nisi cum quadam
O 93va difficultate. / Vnde Tullius: *Sola amicitia,* inquit, *res est, que res inpossibiles* 180
ad possibilem redigit facilitatem.

---

162   Volabunt...depredabuntur] Is 11, 14.   Volabunt...164 delatum] cf Hier, in Is 4, 11 ad
Is 11, 14(AGLB 23, 452; CCL 73, 155); Ab 325, 405-410.   167   Desidero...uos^2] Rm 1, 11.
174   decutitur...dedignantur] Haimo 503B.   176   Notanda...impetrent] cf Lom 1526D.
Multi minimi] Gl 305a^{mg}; Lom 1526D [*continuatio glosse: dum congregantur unanimes, fiunt*
magni].   177   Et...impetrent] cf Ab 325, 428; Gl l. cit.   180 Sola...facilitatem] *Non inventum*
apud Ciceronem, sed cf: comm in Ruth e codice Genovefensi, prol (CCM 81, 61): *...sed sola,*
iuxta Tullium, amicitia est, quae etiam impossibilia redigit ad possibilitatem; Calcidius, epist ad
Ossium (Ed. Waszink, Corpus Platonicum Medii Aevi 4, 5): *Isocrates in exhortationibus suis*
virtutem laudans, cum omnium bonorum totiusque prosperitatis consistere causam penes eam diceret,
addit solam esse, quae res impossibiles redigeret ad possiblem facilitatem; Honorius
Augustodunensis, comm in Timaeum (PL 172, 247): *Et cum haec diceret [scilicet Boethius]*
addidit eam (virtutem) solam esse, quae redigeret ad possibilem facilitatem; Theodoricus
Epternacensis, vita sanctae Hildegardis, prol (CCM 126, 3): *...sed karitas et obedientia ....*
mentem meam etiam de impossibilibus ad possibilem facultatem efferunt. Sed aliter Iohannes
Sarisberiensis, Polycraticus 16 (Ed. Webb 2, 157): *Ipsam fere naturam vincit amor pecuniae, et*
res pene impossibiles ad possibilem redigit facultatem.

---

161 firma satis] *trp* T   162 nauibus]   manibus O 165 habendam benedictionem] habun-
dantia benedictionis A habundantiam b. T   169   Obsecro] *add* .i. T   172   et] *in mg* O et
insidiabantur] *om* T 173 ut] *om* T 174 insidiantur] *corr ex* insidiabantur T et] *om* O 180 in-
quit] *om* T 181 facilitatem] facultatem; *sic* AEP (PL 175, 904B)

[31] OBLATIO ACCEPTA. Si enim causa huius oblationis aliquid michi periculi siue aduersitatis acciderit, contristabuntur propter me; et quodam modo odiosa erit eis oblatio.

185 *Refrigerer,* tum a longo itinere paululum quiescendo, tum desiderium, quod habeo uidendi uos, adimplendo.

---

182 Si...186 adimplendo] cf Ab 326, 436-438.

[16, 1] COMMENDO Nouit apostolus, quia *segnius irritant animum, que sunt dimissa per aurem,* quam que sunt oculis subiecta fidelibus. Inde est, A 185rb quod post doctrinam eorum, que / facienda sunt queque dimittenda, assignat eis apostolus, ad quos respicere et imitari debent, quos superius dixit plenos esse *dilectione* et *scientia.* 5

CENCRIS. Portus est Corinthi, ubi erat ecclesia fidelium, quibus ministrabat uictum et uestitum Phebe ditissima matrona et nobilissima genere, sed fide nobilior et caritate.

[3] SALUTATE PRISCAM. Prisca ipsa est que et Priscilla in actibus apostolorum nominatur, Iudea genere, uxor Aquile Iudei. Qui quodam tempo- 10 re, dum Iudei uellent apud Corinthum Paulum occidere, se se in medio opponentes liberauerunt eum. Vnde: *Quibus non solus ego gratias ago* pro O 93vb hoc facto, / *sed et cuncte ecclesie gentium,* quibus uita mea prodest et doctrina. Isti apud Corinthum manentes Paulum in hospitio susceperunt. Erant enim *eiusdem artis* cui et apostolus operam dabat, *scenofactorie* 15 uidelicet *artis.* Scene tabernaculum dicitur siue obumbratio. Tabernacula autem siue papiliones, in quibus maxime habitant Sarraceni, isti faciebant et uendebant. Apostolus in tria noctem diuiserat; per diem uero tantum predicationi uacabat. Prima parte noctis dormiebat, secunda orabat, tercia operi manuum insistebat, unde et uictum sibi adquirebat. 20 Isti ergo, Prisca scilicet et Aquila, pulsis ab urbe Iudeis Claudii iussione Corinthum deuenerant. Rursum reddita in morte Cesaris redeundi libertate Romam redierant. Quos ibi degentes a Corintho scribens salutat.

[16] SALUTATE INUICEM omnes uos nomine meo, singuli singulos 25 T 162ra amore meo deosculantes IN OSCULO SANCTO, non doloso, / ut sit signum pacis et dilectionis in ore et utriusque ueritas in corde.

---

1   segnius...aurem] Horatius, de arte poetica 180s (Ed. Klingner 301); *idem versus etiam:* Egbertus Leodiensis, fecunda ratis, scholia 1 (Ed. Voigt 22); Guillelmus Tyrensis, chronicon 16, praef (CCM 63A, 714); Petrus Venerabilis, contra Petrobrusianos 198 (CCM 10, 117); epist 393 amici cuiusdam ad Iohannem Sarisberiensem (PL 190. 734D); Helinandus Frigidi Montis, sermo 4 (PL 212, 517A).   5 plenos...scientia] Rm 15, 14.   6 Portus...Corinthi] Or, ad Rm 1, 1 (AGLB 16, 41); cf Ab 326, 12s; Sedulius Scottus, collectaneum (AGLB 31, 299); Haimo 554C; Atto, expos epist (PL 134, 281A); Lom 1299D; Petrus Comestor, historia scholastica (PL 198, 1704C).   Portus...Phebe] cf Ab 326, 13; Comm Cantabrigiensis 1, 214.   7 Phebe...nobilissima] Hervaeus 806C; Lom 1527D.   9 Prisca...Iudei] cf Ab 328, 51-54; Gl 305a^i; Lom 1528A   Prisca...18 uendebant] cf Haimo 504BC.   que...nominatur] cf Act 18, 2; Gl 305a^i.   12 Quibus...gentium] Rm 16, 4.   15 Erant...dicitur] cf Ab 328, 58-62.   eiusdem...artis[2]] cf Act 18, 3.   25 omnes] Gl 305b^i.   26 non doloso] Lom 94A.

---

7 ditissima] dirissima O 9 ipsa] *om* T 10 Iudea genere] *trp* T 16 dicitur] *om* T 23 salutat] *add* .a. A

[17] ROGO AUTEM. Plures salutauit apostolus, et in salutatione plurimum commendauit, immo ipsa ipsius apostoli salutatio magna illorum
30 commendatio fuit. / Vnde et eosdem imitatione dignos esse patenter O 94ra
ostendit. / Sed quia perfectio doctrine et uite in his duobus consistit, in A 185va
boni scilicet operatione et mali dimissione, qui sint illi a quibus cauere
debent, consequenter adiungit, dicens: *Rogo, obseruetis*. Hoc uerbum
obseruare quandoque in bona, quandoque in mala, sicut Ieronimus
35 dicit, accipitur significatione. In bona: *Obserua diem sabbati*; in mala ut ibi:
Erat dies sabbati, *et ipsi obseruabant eum*, hoc est insidiabantur ei.

OBSERUETIS, hoc est caueatis uel, qui sint, discernatis.

PRETER. Exceptionis est sepissime, nonnunquam tamen pro "contra"
poni solet, ut hic.

40 [18] DULCES SERMONES etc., que dulcia carni sunt et suauia persua-
dentes, quod proprium adulatorum est. Ieronimus: *Pulchre apud philoso-*
phos adulator diffinitur blandus inimicus; ueritas enim amara est. Vnde
apostolus: *Inimicus uobis factus sum ueritatem docens*, et comicus: *Obsequium*
amicos, ueritas odium parit.

45 BENEDICTIONES. Benedicunt enim populis quasi benedicti a deo, et
consignant eos per manuum impositionem, quasi dona spiritus sancti
dantes.

[19] SAPIENTES IN BONO. Sapiens in bono est, qui sapientia a deo / sibi
data in his, que ad deum sunt et propter deum, utitur. Sapiens etiam in O 94rb
50 bono est, qui non solum bonum a bono, sed etiam bonum a specie boni
discernere nouit. Et hanc in bono sapientiam eos uult habere apostolus
propter pseudo-predicatores, qui falsitatem suam specie ueritatis obum-
brant.

SIMPLICES IN MALO, *nulli malum pro malo reddentes*. In malo enim duplex
55 est, qui de uno malo duo mala facit, qui scilicet malum pro malo reddit.
Vel: Simplices in malo, hoc est sine omni parte mali.

[21] TIMOTHEUS. Ille est apostoli discipulus, matris Iudee, patris uero
gentilis filius. LUCIUS. Iste est, ut dicunt, Lucas euangelista. Nomina enim

33 Hoc...35 significatione] cf Haimo, hom 129 (PL 118, 689B.C): *Observatio ergo et in bono et*
in malo ponitur.. 35 Obserua...sabbati] Dt 5, 12. 36 et...eum] Lc 14, 1. 37 hoc...caueatis]
cf Hervaeus 809D. discernatis] Ab 334, 204; Gl 305b^j; Lom 1529C. 41 Pulchre...est]
Hier, dialogus contra Pelagianos 1, 27 (CCL 80, 35 = Seneca, epist 45, 7, Ed. Reynolds 117);
cf Hier, epist 22 (CSEL 54, 146); Ab 334, 209-211. 43 Inimicus...docens] Gal 4, 16.
Obsequium...parit] Terentius, Andria 1, 1, 41 (68); Ab 334, 213. 46 per...dantes] cf Ab
334, 216s. 54 nulli...reddentes] Rm 12, 17. 56 Simplices...mali] cf Gl 306a^j; Lom 1530A.
57 Ille...61 apostolorum] cf Or-Rufinus, ad Rm 10, 39 (AGLB 34, 851); Ab 335, 240-246.

28 Rogo] reg(ere) T 30 patenter] patienter T 36 insidiabantur] insidiantur A 39 poni]
queri T 42 enim] autem T 49 ad] *corr ex* a O a A 52 obumbrant] obumbrat T

barbara sepe in nostram solent transferri declinationem, ut Habraham:
Habrahamus, -mi.   60

A 185vb IASON ET SOSIPATER. De his mentio / fit in actibus apostolorum.

[23] GAIUS. Iste est, quem in epistola ad Corinthios dicit apostolus se
baptizasse.

[25] EI AUTEM. In fine epistole sue gratias agit apostolus ei, per quem
epistolam ipsam usque ad finem perduxit. Quasi diceret: Optare possum, 65
monere possum, sed ei sit gloria, qui potens est uos confirmare in bono,
quod accepistis ab eo.

Et notandum quia Martion hereticus quidam, sicut et alias scripturas
O 94va sacras, epistolas apostoli maxime corrupit; et hunc uersum / de hac /
T 162rb epistola penitus abstulit et eam totam ab illo loco: *Omne quod non est ex* 70
fide, peccatum est, corrupit et dissipauit. Vnde etiam et in quibusdam
codicibus iste uersus non habetur; in quibusdam statim post locum illum:
Omne quod non est ex fide, peccatum est, inuenitur. Hic tamen, sicut pars
sanior consentit, conuenientius ponitur. Littera aliquantulum intricata
est, sed glose enodatio ad eius explicationem sufficere potest.   75

ETERNIS TEMPORIBUS. Eterna uocat tempora secundum quosdam
immensa secula, que precesserunt mundi exordium, que ceperunt
discurrere a creatione angelorum usque ad creationem mundi. Quod
enim angeli ante celi et terre creationem creati fuerint, uolunt habere ex
quodam dicto Ieronimi, quod tamen ipse non asserendo, sed magis 80
querendo dicit. Quod quia ecclesia non recipit, nec nos concedimus; sed
nec quomodo stare possit, uidemus. Quod tamen, deo uolente, alibi
diligentius ostendemus.

Eterna ergo uocat apostolus tempora non secula illa fictiua, que
mundi exordium secundum quosdam precesserunt, sed longa et immen- 85
sa tempora, que a mundi exordio usque ad natiuitatem Christi concurre-
runt. Misterium autem sancte trinitatis, misterium dominice incarnatio-
O 94vb nis, ante ipsam incarnationem / non nisi paucis reuelata sunt nec illis ita

61 in...apostolorum] Act 17, 5-9; 20, 4.   62 Iste...baptizasse] cf Or-Rufinus, ad Rm 10, 41
(AGLB 34, 854).   68   notandum...73 inuenitur] Or-Rufinus, ad Rm 10, 43 (AGLB 34,
855s); *idem textus apud* Ab 337, 302-338, 311.   70 Omne...est²] Rm 14, 23.   75 glose] Gl 30
6a^i; Lom 1531A; cf Haimo 508C.   76   Eterna...78 mundi] cf Lom 1531A; cf Haimo 507C.
secundum quosdam] cf Haimo 507C.   79 ex...Ieronimi] in epist Paulinas, in Tit 1, 2 PL 26,
560A); cf Lom, sent 2, 2, 3, 2 (Ed. Brady 1, 338s).   82 alibi...ostendemus] *Non inuenitur in
hoc opere! Fortasse auctor opus aliud scripturus erat (cf Landgraf, The Commentary 57s).*

59 in.... solent] *trp* T 62 apostolus] a T 64 apostolus] *om* T 65 ipsam] suam T 70 penitus
abstulit] *trp* T 71 et²] supr lin O *om* AT 76 uocat tempora] *trp* T 81 nec] neque A 82 nec]
neque A 85 longa] longo A 88 nec] neque A

aperte quemadmodum apostolis et nobis, sed quasi *per speculum et in*
90 *enigmate.*

---

89 per...enigmate] I Cor 13, 12.

[I AD CORINTHIOS PROLOGUS] [1, 1] PAULUS. Ecclesie Corinthiorum duas apostolus scribit epistolas. Quarum utraque ante illam composita A 186ra fuit, quam Romanorum destinat ecclesie, / licet in corpore epistolarum aliter sint disposite.

Quare enim illa, que Romanis scribitur, in dispositione prima pona- 5 tur, in exordio ipsius plures assignauimus causas. Quarum una fuit, quia primum uicium, hoc est superbiam, principaliter eradicare et primam uirtutem, id est humilitatem siue fidem, in eis plantare intendit.

Est autem duplex superbie genus. Primum est, quando ex his, que in nobis sunt uel esse credimus, superbimus. Et hanc specialiter epistola ad 10 Romanos persequitur superbiam. Est alia, que ex his, que in aliis sunt uel esse putamus, oritur superbia, ut quando de nobilitate generis nos iactamus, quando de prelatis siue magistris nostris superbimus. Hec autem in tantum Corinthios occupauerat superbia, ut de baptistis suis se iactarent et de meritis illorum superbirent. Quanto enim quis a meliore 15 et sanctiore baptizatus fuerat, tanto se melius et sanctius baptizatum putabat.

Conuenienter ergo hec epistola in dispositione secunda ponitur, que O 95ra primi et principalis / uicii genus secundum principialiter insequitur. Vbi uero hoc uicium eradicare, ibidem contrarium eius, hoc est secundum 20 humilitatis genus, plantare intendit. Est autem primum humilitatis T 162va genus, ut nichil a nobis, / secundum, ut nichil ab aliis, unde gloriandum sit, nos habere credamus.

Est alia satisque fortasse rationabilis causa, quare hec epistola post primam continue ponatur, quia in sacramentorum profunditate ceteris 25 omnibus ei uicinior et similior inuenitur. Agit enim de sacramento baptismatis, de sacramento altaris, de sacramento coniugii, de uirginitate et quibusdam aliis; et de his omnibus ita diligenter, ut nusquam in canonica scriptura maiorem siue diligentiorem doctrinam de aliquo istorum sacramentorum habeamus. 30

Cuius que sit materia, que intentio, quis modus et ordo agendi, deinceps uideamus. Habet igitur apostolus in hac epistola, sicut et in aliis, materiam specialem, habet et generalem. Specialem: statum ecclesie A 186rb Corinthiorum, qualis tunc erat, quando / eis scribebat. Generalem: statum ecclesie uniuersalem. Quod enim uni dicit, sicut magister suus 35

1　Ecclesie...8 intendit] cf Rob 171, 3-172, 16.　　6　in...causas] *Vide supra, ad Rm prol p. 7!*
31 Cuius...46 comparando] cf Rob 172, 17-26.

1　Paulus] *in mg sup: Epla prima ad Cor* O - *litteram initialem* P *om* AOT , *sed spatium* AOT *et in mg pro rubricatore* p: O; *etiam in mg* mate(ria) O 5 enim] autem T 9 duplex.... hanc] *in mg* O est] *add* ex his T 14 in tantum] interim T 15 a] *om* T 18 ergo] *om* T 35 magister] *add supr lin* scilicet Christus O

omnibus dicit. Intentio eius / est Corinthios ab erroribus et scismatibus O 95rb
aliisque uiciis, quibus irretiti erant, reuocare et eos in doctrina fidei,
quam eis predicauerat, conformare.

Modus correctorius est et edificatorius. Primo enim corripit, eosque
40 corripiendo corrigere et circa finem epistole bonis informare moribus
intendit.

Ordo talis est: More suo, immo iuxta omnium scribentium epistolas
consuetudinem, salutationem premittit. Deinde bonos laudat pro bonis
eorum gratias agens, ut ita competentius ad malorum correctionem
45 descendat. Postea singulorum errores diligenter prosequitur diligenter
de sacramentis, in quibus errabant, doctrinam comparando.

Est autem Corinthus metropolis Achaie prouincie Egypti, ubi apostolus per annum et menses sex, sicut legitur, ad predicandum residens fere
omnes ad fidem Christi conuertit. Quibus postmodum a pseudo-predica-
50 toribus multipharie subuersis scribit apostolus ab Epheso per Timothe-
um, discipulum suum, reuocans eos ad unitatem fidei et sacramentorum,
quam ab ipso didicerant.

Et notandum, quia in salutationibus suis aliquando nomina dignitatis
/ et humilitatis, aliquando nomina tantum dignitatis ponit apostolus. O 95va
55 Nomina dignitatis ideo ponit, ut audito nomine magistri et apostoli sui
correctioni eius adquiescant, significans se talem esse, qui eos corrigere
possit et debeat. Vbi ergo ad illos scribit, apud quos in honore erat et
reuerentia, cum nominibus dignitatis nomina etiam humilitatis apponit
ut *seruus*, ut eos per humilitatis nomen ad humilitatis prouocet exem-
60 plum. Ad eos uero scribens, apud quos humilis erat et abiectus, sicut
apud Corinthios, humilitatis nomina non apponit sed dignitatis tantum,
quibus iam non erat necessaria / humilis / ammonitio, sed aspera T 162vb
correctio.   A 186va

42 More...premittit] cf Comm Cantabrigiensis 2, 225.   47 apostolus...49 conuertit] Act 18,
11.   49   Quibus...51 eos] *cf argumentum in I Cor.* Ps.-Hier = Pelagius (Ed. Souter 2, 127);
Rabanus, enarr, argumentum (PL 112, 9A); Gl 307a; *inde:* Florus, expos (PL 119, 317AB);
Lanfrancus, comm (PL 150, 155C); Lom 1533B.

[1, 1] PAULUS. Et si plures sint huius nominis interpretationes, ut "modicus" siue "quietus", una tamen est, que huic loco specialiter conue- 65 nit: "admirabilis" scilicet. Sic enim per Ieronimum interpretatur hoc nomen *Paulus*. Et bene se admirabilem nominat, scribens ad eos, apud quos non iam admirabilis sed uilis et abiectus erat.

PER UOLUNTATEM DEI. Nomen uoluntatis dei in diuina scriptura, sicut superius ostensum est, multis modis positum inuenitur. Hic tamen pro 70 dispositione siue gratia dei non inconuenienter accipitur.

O 95vb   SOSTENES. Iste / dicitur errores et culpas Corinthiorum apostolo nuntiasse. Cuius nomen ideo cum nomine suo in salutatione apposuit, ne ea que in sequentibus in Corinthiis reprehensurus est, ex se se fin- gere, sed potius per alium scire credatur, et per talem qui rei ueritatem 75 cognouit. Sed ne Sostenes iste more delatoris id fecisse uideatur, dicit apostolus: FRATER, quasi: Non ex inuidia uel adulatione michi Sostenes de uobis ueritatem nuntiauit, sed ex fraterna caritate. Idem unicuique nostrum incumbit, ut, si peccata fratrum que nobis manifesta sunt, per nos corrigere non possumus, prelato nostro indicemus; nec id facientes 80 nomen accusatoris incurrimus, sed culpam consentientis euitamus. Vnde beatus Augustinus: *Si frater tuus uulnus habet in corpore quod uelit occultari dum timet secari, nonne crudeliter abs te sileretur et misericorditer indicaretur? Quanto ergo magis peccatum ipsius tu debes manifestare, ne deterius putrescat in corde!* Solet etiam apostolus eorum nomina, quos missurus erat ad eos, ad 85 quos scribit, cum nomine suo apponere, ut, cum ad eos uenirent, in maiori essent reuerentia et auctoritate.

[2] ECCLESIE DEI. Ego Paulus et Sostenes scribimus ECCLESIE DEI, non O 96ra hominum / sicut glosa dicit. Ecclesiam illi faciunt hominum, qui dispen- satores ministeriorum dei arbitrantur esse auctores gratiarum. Quos 90

---

64 plures...68 erat] *Vide supra p. 10 ad Rm 1, 1!*   66 admirabilis] Hier, in IV epist Paulinas, ad Phlm (PL 26, 618C).   69 Nomen...71 accipitur] cf Rob 173, 6-14.   70 superius] *Vide superius ad Rm 2, 18. 12, 2; cf* Rob 173, 6-14.   pro dispositione] cf comm Cantabrigiensis 2, 226.   72 Iste...apposuit] cf Lom 1534D.   dicitur...nuntiasse] cf Gl 307aⁱ.   78 ex...caritate] cf Gl l. cit.   82 Si...85 corde] Aug, epist 211, 11 (CSEL 57, 364): *si enim soror tua uulnus haberet in corpore, quod occultari uellet, dum timeret secari, nonne crudeliter abs te sileretur et miseri- corditer indicaretur? quanto ergo potius eam debes manifestare, ne perniciosius putrescat in corde. Cf* Landulfus Mediolanaensis, historia Mediolanensis (PL 147, 935D); Hugo, expos in regulam S. Augustini (PL 176, 902C); Ps.-Hugo, sermo 71 (PL 177, 1125BC); Gratianus, decr II, 5, 5, 1 (Ed. Friedberg I, 549). *Hi omnes habent pro "soror tua " (Aug) "frater tuus".*   88   non hominum] Gl 307aⁱ; Lom 1534D-1535A.

---

64 Paulus] *praem* § AO ut....   quietus] *in mg* O *om* AT   65 huic....   conuenit] *trp* huic nomini (*expunct*) conuenit loco T* specialiter] *om* T   67 scribens] et scribit T   69 Nomen uoluntatis] nominum uoluntas T   70 ostensum] dictum T   74 se se] se T   80 nostro] *om* T nec] neque A 82 quod] quid A

autem ecclesiam dei uocet, aperit dicens: SANCTIFICATIS IN CHRISTO
JHESU / in baptismate, UOCATIS SANCTIS, id est preelectis a deo ad hoc, ut A 186vb
sint sancti.

CUM OMNIBUS. Quasi: Non solis illis, qui sunt Corinthi, scribimus, sed
95 illis pariter CUM OMNIBUS etc., IN OMNI LOCO IPSORUM, hoc est: omnibus
suffraganeis Corinthiorum, sicut glosa dicit, qui sunt in omni loco ad
Corinthios pertinente, in oppidis et uillis Corintho adiacentibus et
subiacentibus, in quibus et ipse apostolus predicauit. Vnde et dicit: et
NOSTRO, a domino nobis commisso.

100   QUI INUOCANT NOMEN. Sunt uocantes et non inuocantes; sunt et
inuocantes, quorum et alii inuocant, ut extra habeant, alii ut intus.
Vocantes et non inuocantes sunt, de quibus dominus dicit: *Non omnis, qui
dicit / michi domine, domine, intrabit in regnum celorum,* et de quibus per T 163ra
prophetam: *Populus hic labiis me honorat, cor autem eorum longe est a me.*
105 Sunt, qui toto cordis affectu deum pro diuitiis habendis siue pro
honore aliquo uel prosperitate temporali inuocant; sed isti non petunt,
ut deus ad eos ueniat, sed diuitie uel honores. Contra quos beatus Augustinus super psalmum octogesimum ita loquitur, dicens: *Deus gratis se* / O 96rb
uult coli et diligi. Hoc est enim caste amare, non quia dat aliquid preter se,
110 sed quia dat se. Sic diligentibus dicit apostolus: *Qui inuocant,* ut intus
habeant. De quibus dicitur: *Prope est dominus omnibus inuocantibus eum.*

[3] GRATIA ETC. Hoc totum in salutatione ad Romanos expositum est.

GRATIAS AGO. Ordinem, quam notauimus, exequitur apostolus. Premissa enim salutatione ad bonorum laudem se conuertit, pro quorum
115 gratia eis a deo collata gratias agit, dumque bonos laudat, ad eorum
conformationem alios prouocat.

[5] DIUITES. Diues est in aliqua re non quicunque in illa sufficientiam
habet, sed qui abundantiam, qui scilicet aliis impertiri potest. Erant ergo
inter eos aliqui laude digni, qui in doctrina apostolica firmiter stabant et
120 in donis gratiarum abundabant.

IN OMNI UERBO. In quibus omnibus diuites sint, per partium enu-
merationem ostendit: *in omni uerbo.* Glosa sufficienter exponit. Aimo
tamen per uerbum uetus testamentum, per scientiam / nouum intelligit. A 187ra

92   id...sancti] Lom l. cit.   95   omnibus²...Corinthiorum] cf Gl 307a^mg; Lom 1535A.
96 suffraganeis] cf comm Cantabrigiensis 2, 226.   99 commisso] Lom l. cit.   102 Non...
celorum] Mt 7, 21.   104 Populus...me²] Is 29, 13.   108 Deus...diligi] Aug, enarr Ps 52, 8
(CCL 39, 643).   111 Prope...eum] Ps 144, 18; Lom 1535B.   112 Hoc...est] *Supra ad Rm 1,
8.*   113 Ordinem...conuertit] cf Lom 1536A.   122 Glosa] cf Gl 307b^i.   Aimo...intelligit]
Haimo 510D.

93 sancti] *om* T   94 Cum.... cum] *rep in mg* T   112 Gratia] gratias T   120 abundabant]
habundant O

[12] HOC AUTEM DICO, id est simile. Identitas enim similitudinis est
sicut essentie.   125

EGO SUM PAULI. Paucos ibi baptizauerat apostolus, sicut ipsemet
postmodum dicit, qui tamen de ista contentione non erant. Sed ideo in
O 96va se et in alios apostolos contentionem / illorum transfert, ne, si nomina
pseudo-predicatorum, de quibus illi gloriabantur, poneret, uideretur
glorie illorum ex inuidia detrahere. Vel: Ideo potius eorum, qui maiores 130
erant in apostolis, nomina ponit, aperte innuens, quia, si de eis qui
maiores sunt, gloriandum non est, multo minus de aliis.

Notanda est autem glosa illa -beati Augustini est-, in qua dicitur:
Potestatem baptizandi Christus sibi retinuit, quam si uellet, poterat seruis suis
dare. Vnde solet queri, de qua potestate hoc dicat, an de potestate que 135
idem est quod ipse deus, an de ministerio baptizandi. De ministerio
constat, quod illud discipulis suis dedit nec sibi retinuit. Legimus enim
eum baptismum predicasse, sed non legimus eum quemquem baptizasse.
Potestatem uero illam, que ipse est, nulli prestare potuit magis quam esse
suum. Si enim illam alicui dedisset, et ei esse deum dedisset, quod dare 140
T 163rb non potuit nec oportuit. Glosa ipsa, ut michi uidetur, / satis exponit, de
qua potestate hoc dicatur: ut scilicet tanta uis esset in baptismo serui
quanta in baptismo Christi, hoc est, ut, sicut ad inuocationem nominis
Christi conficitur baptismus et datur remissio peccatorum, ita fieret ad
O 96vb inuocationem nominis uite subditorum, Petri uel / Pauli uel alicuius 145
aliorum, quod utique Christus eis dare potuit, ipso tamen, sicut nunc,
remissionem peccatorum operante. Sicut enim uidemus sepissime ad
inuocationem nominis alicuius sanctorum nos ab aliquo periculo liberari, demones pelli, domino tamen hoc ipsum operante, ita fieri potuit, ut
ad inuocationem nominis Petri in baptismate daretur remissio peccato- 150
rum, sed non oportuit, ne essent tot baptismi quot serui et spem salutis
sue poneret quis in homine. Quod utique fieret, si ad inuocationem /
A 187rb nominis eius sibi daretur remissio peccatorum.

---

127 Sed...132 aliis] cf Gl 307b^{mg};cf Lom 1537BC.   128 ne...130 detrahere] cf Gl 307b^{mg}.
133 Notanda...153 peccatorum] cf Rob 175, 17-176, 15.   134 Potestatem...dare] Gl 307b^{mg};
Lom 1538C; cf Luculentus, comm (PL 72, 810A); Haimo 497A. 513CD; Ps.-Hugo, QEP I
Cor q 8 (PL 175, 515AB); Ps.-Hugo, posteriores excerptiones 5, 2 (PL 175, 840A); Petrus
Comestor, historia scholastica (PL 198, 1555D). *Ad sequentia vide Landgraf, Potestas auctorita-*
tes, ministerii, excellentiae und der Streit um die potestas, quam Christus potuit dare servis et non
dedit. DG III/!, 169-209, imprimis 186s!   141 Glosa] *Vide notam praecedentem!.*   151 sed...
serui] cf Gl 307b^{mg}; Lom 1539A.

---

128 nomina] *corr ex* omnia A 133 est-] *om* T 134 sibi] *om* T 136 ministerio¹] corr ex misterio
O misterio AT ministerio²] corr ex misterio O misterio AT   138   quemquem] quemquam
T 141 ipsa] illa T 143 in] *om* T 144 Christi.... uel] in mg O datur] daretur O 145 uite
subditorum] *om* AT

[13] NUMQUID PAULUS CRUCIFIXUS EST PRO. Quid est quod dicit: *Num-*
155 *quid Paulus crucifixus est pro uobis,* ac si reprehensibile esset, si pro eis
crucifixus esset? Nonne *bonus pastor animam* debet ponere *pro ouibus* suis?
Debet, sed ad confirmationem, non ad redemptionem. Solus enim
summus pastor morte sua oues potuit redimere; alii possunt et debent
urgente necessitate morte sua oues suas confirmare. Quando enim
160 generaliter persecutio seuit in ecclesiam dei, debent prelati se periculo
opponere et, ne minores in fide periclitentur, persecutoris gladium
primi suscipiere. Vita enim prelatorum exemplum est et regula / uite O 97ra
subditorum. Si autem solius pastoris anima queratur, cedat exemplo
apostoli, qui in sporta demissus per murum euasit, iuxta illud: *Si uos*
165 *persecuti fuerint* etc.

NUMQUID PAULUS CRUCIFIXUS EST PRO UOBIS? Sed Christus. AUT IN
NOMINE ETC.? Non, sed Christi. Quod enim a se remouet apostolus, hoc
Christo attribuit.

Sed nunquid in nomine Christi tantum baptizati erant; aut quare
170 potius in nomine Christi quam in nomine patris uel spiritus sancti? Ad
hoc respondent, dicentes quod, sicut singule persone intelliguntur in
singulis, ita singularum nomina in nominibus singularum, ut idem sit
dicere: "In nomine Christi baptizati estis", hoc est: in nomine patris et
filii et spiritus sancti. Potest etiam dici, quia in primitiua ecclesia in
175 nomine Christi potius baptizabant quam in nomine patris uel spiritus
sancti ad maiorem auctoritatis eius commendationem. De ipso enim
causa tunc agebatur, de ipso dubitabatur, utrum deus esset an non, aliis
predicantibus et dicentibus, quia deus est, aliis autem non. Per hoc ergo,
quod in nomine eius dabatur remissio peccatorum, euidenti signo mon-
180 strabatur ipsum esse deum et quod in nomine eius daretur remissio
peccatorum, nec infideles negare poterant, cum statim baptizati acciperent spiritum sanctum, linguis loquerentur, et miracula facerent. Vbi
ergo fides Christi communiter recepta est, ea forma baptizandi seruari
de/buit, / quam ipse Christus instituit, ut dicatur: *Baptizo te in nomine* O 97rb
A 187va

---

156 Nonne...suis] cf Io 10, 11.   162 Vita...subditorum] *Haec sententia iam supra ad Rm 1, 8.*
164 qui...euasit] Act 9, 25; II Cor 11, 32s.   Si...fuerint] Act 9, 25.   169 Sed...186 trinitatis]
cf Lom, sent 4, 3, 3. 4 (Ed. Brady 2, 245-247); Petrus Comestor, historia scholastica (PL 198,
1655A); Petrus Pictaviensis, sent 5, 4s (PL 211, 1230D-1231A).   182 Vbi...185 sancti] *cf*
Landgraf, Die Frage des Baptizo te zur Form der Taufe. DG III/2, 47-86, imprimis 58!   184 Baptizo
...sancti] *Formula baptismatis sec* Mt 28, 19.

---

154 Numquid Paulus[1]] *om* T 159 suas confirmare] *trp* T 160 ecclesiam] ecclesia A 166 pro]
om T 169 nunquid] nunquam O 172 in.... est] *in mg* O 174 etiam] enim T 176 sancti] *add*
scilicet T auctoritatis] *om* T   177   dubitabatur] dubitatur O   179   euidenti.... 181
peccatorum] *in mg* O *om* T

patris et filii et spiritus sancti. Sed si in nomine patris et filii et spiritus 185
sancti baptizamur, ergo in nomine trinitatis.

Quod ergo nomen est hoc, in quo baptizamur? Estne hoc nomen
T 163va "trinitas" uel / hoc nomen "deus"? Neutrum, dum baptizamur, profertur.
Responsio: Vulgo dicitur, et uerum est: "Per nomen cognoscitur homo,
et per fidem deus." *Per fidem enim ambulamus et nondum per speciem,* sicut 190
apostolus dicit. Quia ergo per fidem in presenti deum cognoscimus,
merito per nomen patris et filii et spiritus sancti fidem trinitatis intelligimus, ut sit sensus: *In nomine patris* etc., hoc est: in fide trinitatis.

[17] NON IN SAPIENTIA UERBI. Sapientiam uerbi, sicut glosa dicit, uocat
sapientiam philosophorum. Que recte *sapientia uerbi* dicitur, non rei, 195
quia lepore quodam uerborum adornatur, non ueritatis fundamento
innititur, sicut de quodam illorum beatus Augustinus dicit: *Linguam cuius
omnes mirantur, pectus non ita.*

Nec reprehenditur sapientia talium, quia secundum naturam iudicat,
sed quia dei potentiam nature alligatam putat. Non enim putant deum 200
aliquid posse, nisi quod secundum nature cursum uident contingere.
Vnde nec deum hominem posse fieri intelligunt nec deum posse mori.
O 97va Et ita secundum eos euacuatur et adnichilatur passio / Christi.

[18] Et uere euacuaretur *crux Christi,* si in scientia tali predicarem,
quia UERBUM, hoc est misterium siue predicatio, CRUCIS *pereuntibus,* id est 205
sapientibus huius mundi, qui in sapientia sua pereunt, uidetur esse
STULTICIA. Bene dicit *pereuntibus,* quia et ipsi in sapientia sua pereunt, et
eorum sapientia perit et destruitur, dum id, quod inpossibile credit, per
dei sapientiam adimpletur.

[20] VBI SAPIENS? Quasi: Comparentur Christo, et nichil apparent. 210
Absorpti sunt enim *iuncti petre iudices eorum.*

[21] NAM QUIA. Vere *sapientiam mundi stultam fecit deus* et eam reproba-
uit, quia, ut saluos faceret credentes, stulticiam mundi elegit. Et hoc est:
NAM PLACUIT DEO SALUOS FACERE CREDENTES PER STULTICIAM PREDICATI-
A 187vb ONIS, hoc est per predicatores qui stulti / et idiote uidebantur, uel per 215

---

190 Per...speciem] II Cor 5, 7.   195 sapientiam philosophorum] Gl 308aⁱ; Lom 1541B-D.
196 lepore...adornatur] cf Lom 1541D.   197 Linguam...ita] Aug, confessiones 3, 4, 7 (CCL
27, 30 *de Cicerone*).   199 Nec...201 contingere] cf Rob 177, 1-3.   204 euacuaretur...Christi]
I Cor 1, 17; Gl 308a^{mg}.   206 sapientibus...mundi] cf Gl 308a^{mg}; Bruno Carthusianorum,
expos Rm (PL 153, 128D); Hervaeus 823B; Lom 1542A.   207 et¹...destruitur] cf Gl l. cit.;
Lom l. cit.   211 Absorpti...eorum] Ps 140, 6.   212 Vere...elegit] cf Lom 1542B.   sapientiam...deus] I Cor 1, 20.   215 hoc...uidetur] cf Gl 308aⁱ; Lom 1542C.

---

187 Quod] quid A 191 per....   presenti] trp in presenti per fidem T 200 sed.... nisi] *in
mg* O   210 sapiens] *corr ex* sapientes O sapientes AT Comparentur] *corr ex* compararentur
O apparent] apparerent T 212 stultam....   mundi] *om* T 213 credentes] cr(edentes)] .ce.
T 214 stulticiam] stultum T

rem predicatam, hoc est per passionem Christi, que stulticia uidetur. Et
hoc ideo, QUIA MUNDUS NON COGNOUIT DEUM *per,* id est propter SAPIENTI-
AM scilicet, hoc est: Sapientes mundi non cognouerunt deum propter
sapientiam suam, ubi est superbia, que mentem excecat, ne lumen
220 ueritatis agnoscat. *Non cognouit,* dico, IN DEI SAPIENTIA, id est per dei
sapientiam, *per filium* scilicet, qui est dei uirtus et dei sapientia. Nemo
enim nouit patrem nisi per filium. Et est sensus: Quia sa/pientes mundi O 97vb
in filio incarnato propter superbiam sapientie sue deum non potuerunt
cognoscere, placuit deo stultos et idiotas ad hanc cognitionem eligere et
225 per predicationem illorum *saluos facere credentes,* ut ita salus hominis non
humane sapientie ascribatur sed gratie dei. Vel: IN DEI SAPIENTIA, hoc est
alto et secreto consilio suo, illo quidem, quo *conclusit omnia sub peccato, ut
misereatur omnium.*

[30] FACTUS EST NOBIS SAPIENTIA ET IUSTICIA. Christus in se *sapientia* est
230 *et iusticia,* et incommutabilis. Tunc tamen nobis dicitur ipse fieri *sapientia
et iusticia,* quando per ipsum illuminamur et iustificamur.

---

217 per...219 superbia] Lom 1543C.   221 per filium] I Cor 1, 24; Gl 308a^i.   qui...sapien-
tia] cf I Cor 1, 24.   Nemo...filium] cf Mt 11, 27.   227 conclusit...omnium] Rm 11, 32 Vg:
*Conclusit enim deus omnia in incredulitatem, ut omnium misereatur. Sed saepissime apud Hierony-
mum aliosque auctores pro "in incredulitate(m)" invenitur "sub peccato"!*   231 quando...iustifica-
mur] cf Gl 309a^i.

---

218 scilicet] .s. = scilicet *sive* suam 225 illorum] eorum T salus] *corr ex* saluus A 230 et^2] *om*
T dicitur....   fieri] *trp* dicitur fieri ipse T* 231 quando] quoniam A

[2, 2] NON ENIM IUDICAUI. Nemo putet, quod eis Christum hominem tantum predicauerit, sed et eundem deum, et omnia, que necessaria sunt ad salutem. Aliter enim predicatio eius sufficiens non esset, immo reprehensibilis foret, si ab eis, quorum salutem querebat, necessaria saluti absconderet. Quid est ergo quod dicit?   5

NON IUDICAUI ME ETC. Hoc est: Quod saluator mundi et rector, sicut
T 163vb glosa dicit, quod crucifi/xus et mortuus resurrexit et cetera, que minus capaces intelligere possunt, uobis predicaui; non de unitate trinitatis et
O 98ra trinitate unitatis ceterisque profundio/ribus misteriis, que perfectioribus et in fide constantioribus dicenda sunt, inter uos disserui.   10

[6] SAPIENTIAM AUTEM LOQUIMUR. Diceret quis: Non est mirum, si de profunditate misteriorum illorum nil dixisti, si in ostensione sapientie non uenisti, quia nec sapientiam habes nec misteria illa intelligis. Ad hec apostolus: Immo et sapientiam habeo, quia eam loquor inter sapientes,
A 188ra et misteria ueteris testamenti et noui pseudo-predicatoribus / abscon- 15 dita.

[7] PREDESTINAUIT. Solius nature rationalis est predestinatio. Hic tamen *predestinauit* accipitur pro "preparauit". Vel, si de sapientia dei, hoc est de filio dei, quis uelit intelligere, intelligat ipsam predestinatam esse secundum humanitatem, sicut et in epistola ad Romanos dicit: *Qui* 20 *predestinatus est filius dei in uirtute.* Secundum hoc enim predestinatus est, secundum quod et factus, secundum quod de matre temporaliter natus.

[8] SI ENIM COGNOUISSENT: Per principes seculi demones uel philosophos gentium uel etiam peritos in lege superius intelleximus. Hec tamen littera medie non respondet sententie, sed prime tantum et ultime. 25 Nusquam enim legitur, quod philosophi gentium in mortem Christi conspirauerint uel morti eius consenserint. De demonibus et scribis et
O 98rb Pha/riseis et principibus sacerdotum patet, quod Christum in mortem tradiderunt. Sed, ut uidetur, et demones et Iudeorum principes cognouerunt ipsum esse deum. In Marco enim habemus: *Erant demonia exeuntia* 30 *a multis et clamantia: Tu es Christus, filius dei!,* et alibi: *Et increpans non sinebat ea loqui, quia sciebant ipsum esse Christum.* Sed hec magis estimando uidentur dixisse quam asserendo. Ea enim, que a Christo et in Christo fiebant, tantam in ipsis dubitationem faciebant, ut nunc deum ipsum

---

6 saluator...rector] cf Gl 309aⁱ.   20 Qui...uirtute] Rm 1, 4.   23 principes...demones] Gl 309ab^{mg}; Rob 180, 11.   24 superius] ad Rm 10, 18.   29 uidetur...42 suaserunt] Rob 180, 13-19. 181, 2.   30 Erant...dei] Mc 3, 11s; Lc 4, 41.   31 Et...Christum] Mc 3, 12; Lc 4, 41.

1 iudicaui] *scriptum esse uidetur* uidi. AOT 4 necessaria saluti] *rep, sed supr lin "uacat"* O 7 glosa] *praem* et T 11 Sapientiam] *praem* § T 15 pseudo-predicatoribus.... 188ra] predicatoribus speudo (*siue* spendo) T* 19 uelit] *om* T 21 Secundum.... est] *in mg* O 27 conspirauerint] conspirauerunt AT consenserint] consenserunt AT 34 nunc] nec T

35 esse predicarent, nunc hominem purum estimarent. Attendentes enim
ad opera eius qualia purus homo facere non posset, deum eum esse
estimabant. Item uidentes eum fatigari, esurire, dormire et cetera infirmitatis humane infirma patientem purum hominem esse putabant.
  Vel potest dici quod, licet ipsum deum esse crederent, nondum tamen
40 agnoscebant, quod potestatem, quam in humano genere habebant, per
ipsum amitterent. Quod quidem postquam sciuerunt, ut dimitteretur,
Pilato per uxorem suam suaserunt. Quod autem principes et magistratus
Iudeorum Christum deum et dei filium esse crederent, in Luca / super O 98va
locum illum: *Ecce heres, uenite, occidamus eum, et habebimus hereditatem!,*
45 uidetur haberi posse. Ibi enim / sancti per agricolas Iudeos, per here- A 188rb
dem Christum dei filium intelligunt / et exponunt. Sed sic intelligen- T 164ra
dum est: *Ecce heres,* hoc est: qui se heredem facit, quemadmodum et ibi:
Ecce, rex uester, hoc est: qui se dicit regem uestrum, sicut et ipsemet Iudei
Pilato dixerunt: *Noli scribere: Rex Iudeorum, sed quia ipse dixit: Rex sum*
50 *Iudeorum.* Sed occurrit illud quod scriptum est: *Sciebat enim, quod per*
inuidiam tradidissent eum. Quod si uerum est, et eum uirum bonum et
sanctum esse credebant. Malo enim nemo inuidet sed bono tantum.
  Item: Cum nichil in operibus eius reprehensibile, nichil contra legem
ab eo fieri uiderent, sed talia, que non nisi per deum facere posset,
55 quomodo non crederent eum uirum bonum et sanctum? Quod si est, et
deum ipsum esse credebant. Deum enim se esse manifeste predicabat.
Aut ergo eum deum esse credebant, aut mendacium detestabile dicere
eundem putabant. Quod si quis mendacium tale diceret, non sanctus,
immo deo contrarius esset. Si ergo eum deum putabant, qua cecitate
60 mentis eundem crucifigere uoluerunt?
  Videntur / autem nobis in populo Iudeorum tunc temporis quinque O 98vb
genera hominum esse: Quidam enim illorum dei filium ipsum esse
credebant. Eorundem tamen alii ei manifeste adherebant ut apostoli, alii
adhuc in occulto propter metum Iudeorum, ut Nichodemus. Alii eum
65 pseudo-prophetam et seductorem esse credebant, putantes obsequium se

---

41 ut...suaserunt] Mt 27, 19.   42 Quod...45 posse] cf Rob 181, 3-5.   44 Ecce...hereditatem]
Lc 20, 14: Mc 12, 1; Mt 21, 38.   45   sancti] Beda, in Mc ev 3, 12, 1-8 (CCL 120, 583-585);
idem, in Lc ev 5, 20, 20 (ibid 353s); Haimo, hom 40 (PL 118, 245D); Isidorus, allegoriae
187. 188 (PL 83, 122CD); Ps.-Anselmus Laudunensis, enarr (PL 162, 1433AB); Zacharias
Chrysopolitanus, in unum ex quatuor (PL 186, 388BC).   46   Sed...52 tantum] AEP (PL
175, 906D): *quidam sic exponunt....*   48   rex uester] Io 19, 14; *vide etiam* Za 9, 9. Mt 21, 5. Io
12, 15.   49   Noli...Iudeorum²] Io 19, 21.   50   Sciebat...eum] Mt 27, 18; cf Mc 15, 10.
64 propter...Iudeorum] cf Io 20, 19.   Nichodemus] cf Io 3, 1. 7, 50. 19, 39.

---

35 esse] *om* O nunc] nec T 36 homo] hoc O posset] *add* facere O eum esse] *trp* O* 44 locum illum] *trp* T 45 posse] post se O 48 ipsemet] ipsi + *spatium* T 56 esse credebant] *trp*
T 57 eum] *om* T 59 eum deum] *trp* T 62 ipsum esse] *trp* T

prestare deo, si eum morte condempnarent; et tales nonnulli de principibus erant, propter quos dicit apostolus: *Si enim cognouissent, nunquam dominum glorie crucifixissent,* et apostolus Petrus: *Scio, quia per ignorantiam fecistis, sicut et principes uestri.* Alii erant, qui in lege periti et per legem edocti eum, qui in lege promissus erat, esse credebant et bonum esse et 70 dei filium; sed facibus inuidie accensi credulitati adquiescere non poterant. Vnde nec perfecte credebant. Hoc est enim perfecte credere: ei quod credit adquiescere. De quibus per prophetam scriptum est: *Vt uidentes non uideant,* hoc est: ei quod uiderint et intellexerint, non adquiescant.   75

A 188va   Nec hoc alicui / mirum uideatur: Sicut enim amoris uehemencia malum, quod audit de amico, non facile credere permittit, sic et ardor inuidie bono, quod audit uel etiam uidet in aliquo, adquiescere non

O 99ra   sinit. Tanta igitur erat quorundam / inuidia, ut ueritatem scienter inpugnarent et eum, quem bonum et dei filium esse credebant, et si non 80 perfecte, occiderent. Et propter hos uidetur dictum esse de Pilato: *Sciebat*

T 164rb *enim, quod per inuidiam tradidissent eum.* Videntur adhuc / fuisse et alii, qui, utrum bonus et dei filius esset uel non, nec credebant nec decredebant; dubitationis tamen huius sibi fidem facere uolebant argumento necessario: argumento mortis, argumento sumpto a loco clauorum. De 85 talibus uidentur fuisse, qui ipso iam in cruce suspenso clamabant: *Si filius dei est, descendat nunc de cruce, et credimus ei.* Sed probat auctoritate Ysaie, quod non cognouerunt: Credere enim hominem illum esse dominum glorie, donum dei magnum est, unum eorum, que preparauit deus diligentibus se, que nec uisu corporeo nec auditu sed nec humana 90 ratione comprehendi possunt, sed tantum per reuelationem dei, sicut et ipse dominus glorie apostolo Petro dicit: *Beatus es, Symon Bar Iona, quia caro et sanguis non reuelauit tibi sed pater meus qui est in celis.*

[9] IN COR ASCENDIT. Quod infra cor hominis est, in cor hominis potest ascendere inuestigatione rationis. Quod supra cor est, nisi ad / 95

O 99rb cor prius descendat, ad ipsum non potest cor ascendere.

---

67 Si...crucifixissent] I Cor 2, 8.   68 Scio...uestri] Act 3, 17.   71 facibus inuidie] V*ide ad Rm 2, 5 (p. 61)!*   73 Vt...uideant] Is 6, 9s; cf Lc 8, 10.   81 Sciebat...eum] Mt 27, 18.   85 a... clauorum] Io 21, 25.   86 Si...ei] Mt 27, 42; Mc 15, 32.   87 Ysaie] Is 64, 3.   92 Beatus... celis] Mt 16, 17.   94   Quod...ascendere] cf Aug, sermo 331, 4 (PL 38, 1460); Gl 399b^mg; Hervaeus 833C; Lom 550C.

---

66 deo] *om* T   71 facibus] sic AEP 907B et supra ad Rm 2, 5 (p. 76); fascibus AOT credulitati] crudelitati T   73 credit] *fort legendum* creditur   76 alicui.... mirum] *trp* T   77 sic et] *trp* T   80 quem] quodque T   84 tamen] causam A   87 Sed] s(anct)i T   88 dominum] deum T   89 donum] *praem* i *vel* b O   90 nec^3] neque A

[12] VT SCIAMUS. Hoc est argumentum, quo quis potest cognoscere, utrum spiritum dei habeat: si intelligat, que a deo donata sunt ei. Is autem hoc intelligit, qui pro donis sibi gratis a deo collatis gratias agit
100 eisque utitur in quo debet et propter quod debet, hoc est in bono usu et propter deum. Et hoc quidem glosa super locum istum, licet decurtata sit, dicere intendit.

[14] ANIMALIS. Animalis dicitur homo secundum quendam modum, quia uegetationem scilicet habet ab anima. Vnde: *Factus est homo in*
105 *animam uiuentem.* / Dicitur etiam homo animalis uel uita uel animi sensu; A 188vb uita: qui extra naturalis ordinis metas dissoluta lasciuia fertur; animi sensu: qui de deo secundum corporum fantasiam iudicat uel qui potentiam eius nature cursui credit alligatam, qui nec deitatis humilitatem intelligit nec uirginis partum. Et hoc modo hic accipitur animalis. Vere
110 animalis non potest intelligere spiritualia que predicamus, QUIA EXAMINA-TUR, hoc est: Talium examinatio et comprobatio fit tantum SPIRITUALI-TER, hoc est a spirituali. Spiritualis enim tantum in/telligit, an uerum sit O 99va et fidei consonum, quod predicatur; animalis non potest.

[15] Sed SPIRITUALIS diiudicat et discernit OMNIA, que saluti necessaria
115 sunt uel repugnantia, ET IPSE A NEMIME, hoc est a nullo animali homine, IUDICATUR, id est reprehenditur, an bene uel male intelligat. Vel: *A nemine iudicatur spiritualis* ad dampnationem. Reprehendi enim potest ab alio spirituali, si errauerit, sed condempnari non potest.

---

101 glosa] Gl 310a^{mg}.   104 Factus...uiuentem] Gn 2, 7.   105 Dicitur...107 iudicat] Gl 310a^{mg}; Lom 1552CD.   109 Vere...112 spirituali] Gl l. cit.; Lom l. cit.   115 hoc...intelligat] cf Gl 310a^{i}; Lom 1553B.

---

99 intelligit] intelligat T gratis] *om* T   103 modum] *corr ex* motum T   104 uegetationem] negationem T

[3, 1] NON POTUI uobis impedientibus, qui carnales estis. Et notandum est quod dicitur in glosa: *Non est necesse, ut aliqua taceantur paruulis
dicenda perfectis, quia dicit apostolus: Non potui uobis loqui quasi spiritualibus,*
T 164ᵛᵃ *sed quasi carnalibus.* Vbi enim simul perfecti / et imperfecti, nec propter
imperfectos altiora nec propter perfectos minora tacenda sunt; et eadem 5
doctrine uerba alii simplicius, alii sublimius intelligunt, unusquisque pro
modo suo, ut, quod illi est lactis alimentum, alii sit cibi solidamentum.

[4] QUID IGITUR EST ETC. Quasi: Non sunt datores gratiarum, sicut uos
putatis, sed

[5] MINISTRI EIUS ETC.   10

[6] EGO PLANTAUI. Ostendit apostolus, quid ipse, quid Apollo, quid
per se ipsum deus operetur: Apostolus per predicationem ad fidem
uocat, uocatos Apollo baptizat, deus intus operans gratiam inspirat et
O 99ᵛᵇ *incrementum / dat.* Frustra enim laboraret lingua predicatoris, nisi interius
operaretur gratia illustratoris.   15

[8] VNUM SUNT, hoc est: Indifferenter, quantum ex ipsis est, operan-
A 189ʳᵃ tur, quia neque ex / predicante neque ex baptizante aliquid gratie con-
fertur. In sacramento baptismatis non plus per unum dat quam per
alium, non plus per bonum quam per malum. Sed in predicatione
dissimiliter. Caueant ergo, qui filios suos a religiosioribus et laudabilioris 20
uite sacerdotibus baptizari uel etiam sacramenta altaris accipere appetunt, ne ipsi in errore Corinthiorum inuoluantur, ne dum baptistas et
ministros altaris diiudicant, iudicentur.

[9] DEI ENIM. Si *neque qui plantat est aliquid neque qui rigat, sed tantum
qui incrementum dat deus,* qua ratione *unusquisque mercedem accipiet*   25
AGRI CULTURA. *Dei agri cultura* sumus, quia colit nos ad fructum, et *dei
edificatio,* quia qui colit nos, habitat in nobis. Et ita idem est ager et edifi-
cium, quod non est in rebus uisibilibus. Apostoli etiam possunt dici
agricole. Agricola enim est *et qui plantat et qui rigat.* Sed quoniam nec hoc
O 100ʳᵃ de suo habent, rectius / solus deus agricola dicitur, apostoli uero eius 30
operarii. Homo agricola uineam colit et cetera adhibet que pertinent ad
agricolarum diligentiam. *Incrementum* uero sarmentis dare, fructus forma-
re non potest. Deus igitur, qui hec facit, proprie agricola est.

---

2 Non...4 carnalibus] Gl 310bᵐᵍ = Aug, in Io ev tr 98, 3 (CCL 36, 577).   3 Non...carnalibus]
I Cor 3, 1.   7 quod...solidamentum] cf Hbr 5, 12-14.   8 Non...10 ministri] cf Hervaeus
820B; Lom 1563C.   11 Ostendit...15 illustratoris] cf Rob 183, 2-6.   14 incrementum...dat]
cf I Cor 3, 7.   16 Indifferenter] cf Gl 311aⁱ; Rob 183, 8.   24 nequeⁱ...deus] I Cor 3, 7.
25 unusquisque...accipiet] I Cor 1, 8.   26 quia...28 uisibilibus] Gl 311aᵐᵍ.   29 etⁱ...rigat] I
Cor 3, 8.

---

2 glosa] *add* illa AT   7 cibi] sibi A   8 Quasi....   10 etc] *om* T   14 interius] *om* T   18 quam....
alium] *om* T   20 a] ac O   25 qua] qui T

Et notandum, quia et deus colit nos et nos colimus deum, sed aliter et
35 aliter. Colimus eum adorando, non ornando. Non enim ipse melior fit
cultu nostro uel pulchrior. Ipse autem sic colit nos, quod meliores nos
reddit.

[15] SI CUIUS OPUS ARSERIT. Queritur, quid sit Christum habere in
fundamento; quomodo *super hoc fundamento ligna fenum et stipula* supere-
40 dificentur; de igne etiam illo, quem beatus Augustinus uocat dolorem
amissorum, quomodo per eum a delectatione eorum, que cum amore
possidebamus, purgemur, cum dolor talis peccatum potius uidebatur
esse quam purgatio peccati.

Christum habere in fundamento est, ut dicunt, esse talem, qui -alter- A 189rb
45 utra conditione proposita, quod uel Christum neget uel in penis mortem /
suscipiat- spreta penarum acerbitate Christo adhereat. Sed cum multi
sint, qui in pace dormientes ad Christum migrant, quos si persecutoris
gladius reperisset, separasset a Christo, / non uidetur usquequaque T 164vb
ueritatem habere quod dicunt. Non ergo secundum constantiam mentis
50 illud dici potest, sed ut secundum proposi/tum dicatur, oportet. Aliter O 100rb
enim nemo Christum habet in fundamento, nisi in uoluntate et proposito mentis habeat, quod, si necessitas urgeret ad alterum, potius adhere-
ret Christo quam negaret. Quod si quis nec tantum ab unoquoque, qui
Christum habet in fundamento, exigi dicat, audiat quod sequitur: Non
55 habet Christum in fundamento, qui non habet propositum abstinendi ab
omni mortali peccato. Mortaliter autem peccaret etiam, si in necessitate
constitutus uitam temporalem Christo preponeret. Ergo aut in mortali
peccato est, aut a tali peccato abstinendi propositum habet.

Per *lignum, fenum* et *stipulam* intelliguntur opera illa que, et si dampna-
60 tionem non mereantur, quia tamen in se delectationem carnalem et
cupiditatem maiorem siue minorem habent, satisfactione purgantur.

---

35 Colimus...ornando] Gl 311a^{mg}.   36 Ipse...reddit] Gl l. cit.   38 Queritur...fundamento]
cf Aug, de civitate dei 21, 26 (CCL 48, 796): *Inveniemus ergo quis possit salvari per ignem, si
prius invenerimus, quid sit habere in fundamento Christum.*   39   super...stipula] I Cor 3, 12.
40   dolorem amissorum] cf Aug, de octo Dulcitii quaest, q 1, 12 (CCL 44A, 268); de fide et
operibus 16, 27 (CSEL 41, 71); enchiridion 18, 68 (CCL 46, 86s); de civitate dei 21, 26
(CCL 48, 799); cf Sedulius Scottus, collectaneum in apostolum, in epist ad Cor I (AGLB 32
372); Haimo, de varietate librorum 3, 3 (PL 118, 934CD); Lom 1559B.   41 cum...posside-
bamus] Gl 311a^{mg}.   44   dicunt] *Vide notam praecedentem!* -alterutra...proposita] Gl
311a^{mg}.   59 lignum...stipulam] V. 12.

---

42 possidebamus] possideamus T uidebatur] AO*T uideatur O^c 43 purgatio] *corr ex* purgati
A 46 spreta] sumpta T adhereat] *corr ex* adhereant T 47 qui.... separasset] *in mg* O 48 se-
parasset] separatim O 59 Per] *om* T 60 delectationem.... minorem] dampnationem
(*expunct*) carnalem delectationem siue maiorem siue minorem T

Sed quomodo huiusmodi opera, cum mala sint -aliter enim non com-
burerentur-, super fundamentum edificantur? Sine cemento enim caritatis nulla structura huic fundamento coheret. Opera autem illa non ex
caritate fiunt, sed ex necessitate uel cupiditate.   65

Responsio: Superedificari dicuntur talia non quia fundamento cohereant, sed quia superapposita fundamentum non destruunt. Non enim
O 100va omnia, que superappo/nuntur, superedificantur. Fundamentum non
destruunt quia, alterutra conditione proposita, talibus carere mallent
quam Christo. Quod autem in glosa habetur: *Non hec de malis operibus* 70
intelligenda sunt: de malis, hoc est dampnabilibus, intelligendum est. De
A 189va dolore amissorum / potest dici, quod in quibusdam sit peccatum, in
quibusdam purgatio peccati et non peccatum. In illis, qui Christum non
habent in fundamento, peccatum est; in illis qui habent, non est peccatum sed purgatio peccati, illius uidelicet delectationis, que de possessis 75
habebatur. Contraria siquidem contrariis curantur: delectatio per dolorem, gaudium per merorem. In quo enim quis peccauit, in eo puniendus
est. Sed nunquid displicet ei dolor talis? Displicet quidem, si Christum
habet in fundamento, nec ideo malus, quia bono displicet, nisi malus
dicatur, hoc est amarus. Displicet uiro sancto dolor capitis, quo ieiunandi 80
propositum impeditur, nec est dolor ille peccatum, sed ex infirmitate
nature custosque uirtutis. Reuera perfectius esset, si *cum gaudio rapinam
bonorum* suorum susciperet.

---

66 Superedificari...70 Christo] cf Aug, de octo Dulcitii quaest 1, 11 (CCL 44A, 267s); idem,
enchiridion 18, 68 (CCL 46, 86s); idem, de civitate dei 21, 26 (CCL 48, 799); Sedulius
Scottus, collectaneum ad I Cor 3, 15 (AGLB 32, 371); Haimo, de varietate librorum 2 (PL
118, 934B); Lanfrancus, comm (PL 150, 165B); Hildebertus Cenomanensis, sermo 21 (PL
171, 427D); Lom 1559B.   69 alterutra...proposita] Gl 311a^{mg}; *vide iam ad I Cor 3, 15 (p. 262,
44s).* 70 Non...sunt] Gl 311a^{mg}.   76 Contraria...curantur] Gregorius I, moralia 24, 2 (CCL
143A, 1189); Isidorus, etymologiae 4, 9, 7; Rabanus, comm in librum Idc (PL 108, 1126A);
Odo Cluniacensis, II moralium in Iob libri XXXV (PL 133, 383C); Gl ad Lv 25, 51 (Ed
Rusch 1, 269a^{mg}); Bernardus, sermo 55, 2 de diversis (opera 6, 1, 281); auctor anonymus
(Hugo de Folieto?), de medicina animae (PL 176, 1187D); Petrus Comestor, historia
scholastica ad Ruth (PL 198, 1293D add 4); Richardus de S. Victore, de verbo incarnato
(PL 196, 1095B); Petrus Cantor, verbum abbreviatum (PL 205, 312C); Alanus de Insulis, de
arte praedicatoria (PL 210, 174B sec Gregorium).   81 ex...uirtutis] cf Gregorius I, moralia
19, 6, 10 (CCL 143B, 963). 19, 6, 12 (ibid 964); Petrus Damiani, sermo 17, 2 (CCM 57, 99).
82   cum...susciperet] cf Hbr 10, 34; Beda, in Prv 2, 12, 26 (CCL 119B, 78. 81). 2, 13, 101s
(ibid 317); Aelredus, liber de speculo caritatis 1, 24, 69 (CCM 1, 42); Guibertus Gemblacensis, epist 11 (CCM 66, 173); Gilbertus de Hoilandia, serm in Ct 30, 8 (PL 184, 159).

---

63 enim] *om* T 64 nulla structura] *om* T 67 destruunt] *vacat linea post* destruunt T 71 damp-
nabilibus] *praem* de T 78 ei.... displicet] *om* A 79 habet] fieret T 82 nature] *om* T

IN IGNE REUELABITUR. / Ignem istum uocant etiam sancti ignem illum O 100vb
85 extremi iudicii, quo mundus iste sensibilis in meliorem purioremque
formam reformabitur. Qui tantum, ut dicunt, spacium aeris occupabit
quantum aqua diluuii, hoc est usque ad lunarem circulum, tam diu
etiam duraturus quousque, qui saluandi sunt, purgabuntur. Iam uero
purgatis ignis ille / idem erit quod tribus pueris fuit caminus ignis.　　　T 165ra
90 Dicit etiam beatus Effrem, quod in die illa tantus terror inuadet omnes bonos et malos, dum uiderint infernum ardentem et dominum
Jhesum Christum in gloria et maiestate uenientem, ut, nisi iam immortales essent effecti, ipso timore denuo morerentur.

[16] NESCITIS. De fornicatore illo acturus, qui uxorem patris sui
95 publice tenebat, eius causa de fornicatione generaliter capitulum hoc
premittit, ut nos compungat et de tali peccato terreat, dicens: NESCITIS
etc.

Notandum, quia capitulum hoc inducit beatus Augustinus contra eos,
qui negabant spiritum dei deum esse. Cum enim premisisset apostolus:
100 *Nescitis, quia templum dei estis?*, ad quid supponeret: *Et spiritus dei habitat in
uobis*, nisi spiritus dei / deus esset? Eius enim templum est qui inhabitat.　　O 101ra

[18] / STULTUS FIAT. Stultus fit ut sit sapiens, qui sapientiam huius A 189vb
seculi, qua sapiens uidebatur, stulticiam reputat apud deum.

84　　　ignem...iudicii] cf Aug, enarr Ps 80, 20 (CCL 39, 1132); idem, de civitate dei 21, 21
(CCL 48, 786); Ps.-Aug, sermones suppositi de scripturis 4, 3 (PL 39, 1746). 104, 8 (ibid
1949); Hier, in Am 1, 2, 13-16 (CCL 76, 241); Pelagius ad I Cor 3 (Souter 2, 144); Beda, de
temporum ratione 70 (CCL 123B, 540); Gregorius I, hom 2, 17in Ez (CCL 142, 27); Paschasius Radbertus, expos 11 (CCM 56B, 1198); Rabanus, enarr (PL 112, 36B); Haimo 526B;
Atto, expos epist (PL 134, 318CD); Lom 1558A.　　86 Qui...diluuii] Haimo 1189C　　87 lunarem circulum] Chalcidius, comm in Platonis Timaeum 1, 73 (Plato Latinus 4, 121).　　tam...
purgabuntur] Lom 1558B.　　89 tribus...ignis] Dan 3, 23.　　90 Effrem] *Ad* Ephraemum
Latinum *vide:* Siegmund, die Überlieferung 67; Hemmerdinger-Iliadou, Art. Éphrem
latinus 816. *Haec sententia non invenitur apud* Florum *(cf Fransen, Les extraits d´ Éphrem), sed
sumpta esse videtur ex* Haimonis *expositione ad I Cor 3 (PL 117, 526C):* "Dicit enim beatus Ephraem
quia tantus terror invadet omnes in die illa et bonos et malos dum viderint infernum ardentem, et
Dominum Jesum cum majestate et gloria venientem ad judicium, ut si immortales jam non essent
effecti, iterum morerentur."* Cf etiam: Ephrem Syrus, de die iudicii c 2 et 5 (Ed. Fischer sine
numeris paginarum).　　94 De...tenebat] I Cor 5, 1.　　qui...patris] Gl 311b^mg.　　96 premittit
...compungat] cf Gl l. cit.　　98 Notandum...esse] Aug, collatio cum Maximino (PL 42, 722.
736); cf: idem, contra Maximinum 2, 21, 1 (PL 42, 791). 1, 11 (ibid 752s); idem, de trinitate
7, 3, 6 (CCL 50, 254); idem, enchiridion 15, 56 (CCL 46, 80); idem, epist 187, 5, 16 (CSEL
57, 93s). 238, 21 (CSEL 57, 550); idem, sermo 99, 9 (PL 38, 600); idem, sermo 214 (Ed.
Verbraken 20); Gl 311b^mg.

---

85 sensibilis] sensilis T　　90 terror] horror *corr ex* ferror T　　92 uenientem] *add* ad iudicium
Haimo, expos (PL 117, 526C)　　93 ipso.... denuo] iterum Haimo l. cit.　　95 eius] cuius
T 96 premittit] premittat O 98 capitulum hoc] *trp* T 99 enim] *add* deum T

[20] DOMINUS NOUIT COGITATIONES. Et si generaliter uerum sit omnes cogitationes uanas esse, quibus circa uanitates seculi huius euagamur, de 105 his tamen cogitationibus hic agit, quibus quarundam subtilitate rationum gentium philosophi deum contra naturam nichil posse probare conantur. Ad hoc enim respondet exemplum, quod premisit: *Comprehendam* etc.

[21] ITAQUE. Multa proposuit apostolus, quibus non esse gloriandum 110 in hominibus euidenter ostendit sed, quemadmodum scriptum est: *Qui gloriatur, in domino glorietur.* Vnde ex premissis infert: ITAQUE ETC.

OMNIA ENIM. Alia probatio, quare non sit in hominibus gloriandum: quia in re tantum excellentiori gloriandum est. Omnia uero preter deum aut paria aut nobis inferiora sunt. Quod inde apparet, quia nobis serui- 115 unt, quod in glosa satis manifestatur. Sed hac ratione uidetur non esse in Christo gloriandum, quia nobis seruiuit, immo quis tantum? Sed aliud est seruire ut seruum, aliud seruire ut dominum. Christus non ut seruus O 101ʳᵇ seruiuit sed ut dominus, non ut inferior sed ut superi/or.

[23] VOS AUTEM CHRISTI. Non Pauli, non Apollo, sicut dicitis, sed 120 Christi estis creatione, Christi redemptione. CHRISTUS AUTEM DEI, quia se ei subiciens eius per omnia uoluntatem fecit. Quod et uos Christo debetis, cuius estis. *Christi caput deus est,* sicut inferius dicit apostolus, secundum quod homo, uel etiam secundum quod filius a patre. Eius enim est a quo est.   125

107   gentium...conantur] Marius Victorinus, explanationes 1, 24 (Ed. Halm 215): *Plato autem sic definivit: natura est dei voluntas.* Hervaeus, ad I Cor 1, 22 (PL 181, 826AB). ad I Cor 11, 25 (PL 181, 756C); Iohannes Sarisberiensis, Polycraticus 2, 12 (CCM 118, 91); vide etiam Gl ad Rm 11, 24 (298aᵐᵍ): *Deus nihil contra naturam facit, quia id est natura quod facit;* Aug, contra Faustum 26, 3 (CSEL 25/1, 730s); Haimo 464A.   deum...posse] Gl 298aᵐᵍ. 108   Comprehendam] I Cor 3, 19.   111   Qui...glorietur] I Cor 1, 32; cf Lom 1563C. 115   nobis seruiunt] Gl 312aⁱ; cf Lom 1563CD.   116   in glosa] *Vide notam praecedentem!* 123 Christi...est] I Cor 11, 3.

107 gentium philosophi] *trp* T   110   proposuit] proponit T   119   sed[1]....   dominus] *om* T 120 Vos] nos T

[4, 1] SIC NOS. Hactenus de gloria pseudo-predicatorum. Nunc agere intendit de contemptu suo ceterorumque discipulorum Christi. Reprehendit itaque eos apostolus de contemptu suo non quia doleat se contempni, sed in contemptu suo dolet eos pec/care; de peccato illorum T 165rb
5 dolet, non de contemptu suo. DISPENSATORES, non corruptores uel uenditores, MINISTERIORUM uel, sicut in quibusdam libris habetur, MISTE-

---

1   Hactenus...Christi] cf Gl 312b^{mg}; Lom 1564D; Hervaeus 1309A; cf Haimo, ad I Cor 4, 1 (PL 117, 529A): *Quod autem sequitur: Et dispensatores mysteriorum Dei: et, ut quidam codices habent, ministeriorum Dei, melius est dicere mysteriorum Dei, quia si dixerimus ministeriorum, erit sensus quasi tantummodo ad disponendos et ordinandos gradus ecclesiasticos sint vocati, episcopos videlicet, presbyteros, diaconos, caeterosque ordines, qui et ministeria ecclesiastica qppellantur. Cum vero dicimus dispensatores mysteriorum, intelligimus illius electos ad dispensanda suis auditoribus mysteria et sacramenta Veteris Novique Testamenti, quamvis et ordines Ecclesiae, sicut alii apostoli, ita et ipsi ordinaverint.*

---

1   Hactenus]   3   suo] *add* ceterorum discipulorum Christi. Reprehendit eos apostolus de contemptu suo T se] sed T   5   non[1]] *om* T non[2]] *add* contemptores T   6   ministeriorum.... misteriorum] ministeriorum: Ps.-Aug, sermo 39 ad fratres in eremo commemorantes (PL 40, 1308); Pelagius, comm in I Cor 4, 1 (*Mss H[-R]VCas; vide notam add locum!* Ed. Souter 2, 146); Ps.-Hier, comm ad I Cor 4, 1 (PL 30, 727B); Cassiodori discipulus, comm (PL 68, 515A); anonymus, missale mixtum (PL 85, 641AB); Beda, in S. Matthaei ev expos (PL 92, 106A); Petrus Damiani, liber qui appellatur gratissimus 2 (PL 145, 102D); Urbanus II, sermo 3, 5 (PL 151, 574D; inde Fulcherius Carnotensis, historia Hierosolymitana, PL 155, 825D); anonymus, historia Compostellana 1, 89, 2 (CCM 70, 144 [bis]); Ps.-Bruno, expos I Cor 4, 1 (PL 153, 142A); Radulfus Ardens, hom de sanctis 20 (PL 155, 1564B, sed vide infra!); Gl 312a in textu; Lom 1564C un textu; Hugo, expos in regulam (PL 176, 898B); Ps.-Hugo, miscellanea tit. 65 (PL 177, 793D); Lom 1564C; praesens expositio ad I Cor 1, 2; misteriorum: Vg et permulti auctores, e.g.: Ambr, de fide 5 prol 8 (CSEL 78, 219); Aug, enarr in ps 35, 9 (CCL 38, 329 [bis]). ps 103, 1, 16 (CCL 40, 1488); idem, de baptismo 5, 13, 15 (CSEL 51, 275); idem, contra litteras Petiliani 3, 2, 3 (CSEL 52, 162); Hier, comm in Is 18, 66, 21 (CCL 73A, 793); idem, adversus Iovinianumn 2, 22 (PL 23, 332A); idem, de spiritu sancto (PL 23, 123C); Pelagius, in epist Pauli ad I Cor 4, 1 (Ed. Souter 2, 146, [*sed ministeriorum nonnulli MSS, vide supra!]*); Abst ad I Cor 4, 1 (CSEL 81, 2, 41); Fulgentius, sermo 1 de dispensatoribus domini 2 (CCL 91A, 890); Zacharias Romanus, epist (PL 89, 924D); Smaragdus, collectiones (PL 102, 519D-520A); idem, summarium (PL 102, 589D); Rabanus, comm in Mt (PL 107, 1081D); idem, enarr (PL 112, 43C); Paschasius Radbertus, expos in Matheo 11 (CCM 56B, 1206); Atto, expos (PL 134, 324B-325A); Lanfrancus, comm (PL 150, 167A); Radulfus Ardens, hom de sanctis 6 (PL 155, 1510A). 25 (ibid 1587-A); Hildebertus Cenomanensis, sermones (PL 171, 768D); Epistularium Guiberti Gemblacensis, epist 53 (CCM 66A, 534); Godefridus Admontensis, hom dominicalis 10 (PL 174, 72); Hervaeus, comm in Is (PL 181, 525C); Lom 1540C; Balduinus de Forda, sermo 6, 18 (CCM 99, 99); Iohannes de Forda, super extremam partem cantici 41, 8 (CCM 17, 304). 78, 7 (CCM 18, 544). 78, 10 (ibid 546); Bernardus, liber de praecepto 3 (opera 3, 256); idem, sermo 32, 1 de diversis (opera 6, 1, 218); Rupertus Tuitiensis, comm in ev S. Iohannis 10 (CCM 9, 570); idem, de sancta trinitate 6 (CCM 21, 390). 7 (ibid 461); anonymi auctoris collectio canonum in V libris 3, 116 (CCM 6, 369); Gerhohus Reicherspergensis, expos in ps (PL 194, 84C. 112C); Petrus Blessensis, sermones (PL 207, 739A); - utramque lectionem habent: Haimo, expos (PL 117, 529A, vide notam ad I Cor 4, 1!); Gl 312a^i; Bruno, expos in

RIORUM. Vtraque enim ipse fideliter dispensat: et misteria, hoc est occulta dei, et ministeria / ecclesiastica: aliis presbiteriatum, aliis diaconatum
A 190ra siue episcopatum et ceteras huiusmodi dignitates et gradus ordinis.

[2] HIC IAM QUERITUR. Quasi: Ita de uobis existimandum est, sed uos 10
aliter facitis, qui de dispensatoribus et ministris Christi iudicatis, querentes quis bene, quis male, quisque melius alio sacramenta Christi dispen-
O 101va set, cum non solum boni, / sed etiam mali dispensatores sint et ministri
eorum, quorum participatione peruenitur ad eternam salutem. Non
enim esse salutis dispensatorem per uerbum et sacramentum est illius 15
esse participem.

[3] MICHI PRO MINIMO. Quid est quod dicit apostolus: *Michi autem pro
minimo?* Nonne *crudelis est, qui famam suam negligit?* Et dominus in euangelio: *Sic luceant opera uestra* etc. Sed sic est intelligendum: Iudicium
uestrum neque me extollit neque deprimit, siue pro me siue contra me 20
detur sententia.

HUMANO DIE. Humanum diem uocat humanum iudicium. Quemadmodum enim per diem habetur rerum discretio, ita per iudicium fit
cause decisio. Quia antequam iudicio causa decidatur, dubium est, cuius
pars habeatur.   25

[5] NOLITE ANTE TEMPUS IUDICARE. De quibus liceat nobis iudicare et
de quibus non, super illud apostoli ad Romanos: *Tu quis es, qui iudicas
alienum seruum?* aliquantulum distinximus et quomodo *ambigua in meliorem partem sunt uertenda,* non iudicio assertionis sed optationis.

[6] HEC AUTEM. Quare superius dixerit illos dixisse: *Ego sum Pauli, ego* 30
Apollo, cum tamen hoc nullus forsitan dixerit, aperit hic. Quasi: Dixi non
O 101vb esse gloriandum in / nobis. SED, omnia, FRATRES, TRANSFIGURAUI HEC.
Figura rei est forma rei. Per formam uero res queque cognoscitur, unde:
Hec in me et Apollo transfiguraui, hoc est: Me et Apollo uobis in formam et
exemplum huius glorie uestre proposui, et hoc non sine causa, sed 35
PROPTER UOS, hoc est pro utilitate uestra.

---

13   non...16 participem] Gl 312b^{mg}; Lom 1564D-1565A *sec Augustinum.*   18   crudelis...
negligit] *Vide supra ad Rm 12, 17 (p. 210, 345); eadem sententia etiam ad II Cor 8, 21.*   19 Sic...
uestra] cf Mt 5, 16.   27 Tu...seruum] Rm 14, 4.   28 aliquantulum distinximus] *Supra ad
Rm 14, 5.*   ambigua...uertenda] Gl 302a^{mg}; *vide iam ad Rm 14, 5.*   30   Ego...Apollo] I Cor
1, 12. 3, 4.   36 pro...uestra] cf Gl 312b^j (*sed* humilitate *pro* utilitate). 342b^j; Lom 1566D.

epist Pauli (PL 153, 142A); Radulfus Ardens, hom de sanctis (vide supra!); Lom 1564D
(vide etiam supra!); - *ministrorum:* Defensor Locogiacensis, liber scintillarum 32, 6 (CCL
117, 124)

8 et] *bis, sed semel expunct* O 27 iudicas] iudices Vg, *sed* iudicas *editio Clementina* 32 omnia] *sic
apud Augustinum, sermo 154 (PL 38, 833)* transfiguraui] transgiguraui O 36 utilitate] humilitate Gl 313a^i

[7] QUID AUTEM HABES. Supra temerarium iudicium prohibuit; hic de alio arrogantie genere eos redarguit, quod non solum inuasit Corinthios, / sed nos omnes aut pene omnes occupauit: quod est de gratia super- A 190rb
40 bire. Consulat unusquisque conscientiam suam, uideat utrum de donis gratie superbiat! Quis enim sepe aduersus alterum non extollitur, quia in hac scientia uel arte illum sibi precellere uidetur? Non dico tantum de donis mentis, sed et de pul/chritudine corporis et nobilitate generis. T 165va Cum ergo sentit quis in se huiusmodi elationis motum, statuat contra se
45 istud apostoli, dicens sibi: *Quid habes quod non accepisti? Si autem accepisti, quid gloriaris, quasi non acceperis?* Quod enim apostolus Corinthiis dixit, exemplo magistri sui omnibus dixit.

[8] IAM SATURATI. Yronice hoc legendum est et per contrarium; hoc autem quod sequitur: ET UTINAM REGNETIS, optatiue et assertiue. Illi in
50 presenti seculo regnant, qui non solum motibus carnis imperant, sed qui talia opera agunt, / pro quibus iam securi sunt, quod cum Christo regna- O 102ra turi sint in eternum.

[9] PUTO. Hoc yronice legitur secundum glosam illam: NOUISSIMOS, id est uilissimos, quasi: quod non est putandum; et assertiue secundum
55 alteram glosam: NOUISSIMOS, hoc est similes nouissimis apostolis, Elie scilicet et Enoch, qui in nouissimis uenturi sunt. Similes, dico, in perfecti- one doctrine et tribulationum patientia. Erit enim in diebus nouissimis ecclesie persecutio, impio illo et omni impietate pleno antichristo persecutionem excitante in Christi nominis professores.

60 [15] NAM IN CHRISTO JHESU. Hic mouet beatus Augustinus questionem suam dicens: *Quomodo uocat se apostolus patrem esse Corinthiorum, cum ueritas dicat in euangelio: Nolite uocare uobis patrem super terram.?* Sed scien- dum, quia pater dicitur pluribus modis: pater natura, pater cura, pater reuerentia. Pater natura deus est omnium; pater cura apostolus Corinthi-
65 orum, de quorum salute sollicitus curam eorum agebat. Patres etiam appellamus, quibus reuerentiam uel propter etatem uel sanctitatis meri- tum seu propter honoris alicuius dignitatem siue etiam propter scien- tiam exhibemus.

---

38 alio...genere] cf Gl 313a^{mg}; Lom 1567B.   45 Quid...acceperis] I Cor 4, 7.   48 Yronice... est] cf Gl 313a^{i+mg}; Lom 1568A.   53 secundum...illam] 313a^{mg}; Lom 1568B.   54 secun- dum...glosam] cf Gl 313a^{mg+i}; Lanfrancus, comm (PL 150, 169); Hervaeus 853A; Lom 1568B.   55 Nouissimos...Enoch] Gl 313a^{i+mg}; Lom 1568B; Bruno Carthusianorum, expos epist (PL 153, 143D).   61 Quomodo...terram] *Non inventum ad verbum apud Augustinum; ad sensum:* Aug, contra litteras Petiliani 3, 55, 67 (CSEL 52, 221s); Haimo, hom 113 (PL 118, 710AB); Gl 313b^{mg}; Lom 1569D-1570A.

---

38 solum inuasit] *trp* O* 46 Quod] quid OT Corinthiis] *om* T 51 sunt] sint T 55 Elie] helye O 56 scilicet] *om* T 57 diebus nouissimis] *trp* T 61 patrem] partem T esse] *om* AT 63 pluri- bus] multis T 64 apostolus] pater T 68 exhibemus] exhibeamus T

[21] IN UIRGA AN IN CARITATE. Nunquid, si *in uirga correctionis* ueniret,
O 102rb in / caritate non ueniret? Quare ergo uirgam a caritate / separat, cum 70
A 190va fratres errantes corrigere maxima sit caritas? Ad quod dicimus, quod non
distinguit inter caritatem et correctionem, sed diuersos modos ueniendi
in caritate ostendit per hoc, quod supponit: in *spiritu mansuetudinis.* Et
est sensus: Vultis, ut ego ueniam ad uos *in uirga correctionis,* quod erit, si
uos emendatos non inuenero, an in *spiritu mansuetudinis,* si correctos?   75

---

69 Nunquid...separat] cf Rob 187, 5s.   uirga correctionis] Ps 44, 7 Vg: *virga directionis.*

---

74 correctionis] directionis Vg

[5, 5] TRADERE. Que fuerit ista traditio, glose satis manifestant. Sed queri potest, quare non similiter modo diabolus excommunicatum et a communione ecclesie separatum ad uexandum in carne suscipiat. Paucos enim uel nullos tales uidemus sic uexari, immo multos talium in
5 multis uidemus sepissimie prosperari. Hoc facit diaboli astucia, ut eis, quos ita in potestate habet, propter aliorum subuersionem ad tempus parcat. Si enim excommunicatos statim in carne uel in facultatibus uexaret, / alii excommunicationem timentes sibi cauerent, ne talia, pro T 165vb quibus excommunicatio sequeretur, committerent.

10   [6] NESCITIS. *Fermentum* aliquando in bono, aliquando in malo accipitur, quia est *fermentum* nouum et *fermentum* / uetus. Nouum *fermentum* O 102va illud est, quod mulier illa euangelica accipiens miscuit in tria sata, et fermentatum est totum. *Fermentum* hoc est feruor caritatis, quem fidei trinitatis quilibet debet admiscere. Est *fermentum* uetus, de quo dominus
15 in euangelio: *Cauete a fermento Phariseorum,* quod est praua doctrina. Est et *fermentum* uetus tumor superbie, qui hominem inflatum reddit et a uirtutum substantia uacuum. Quod merito uetus appellatur, quia ab illo incepit, qui in initio sedem suam ad aquilonem ponere uoluit, ut esset similis altissimo. Vetus etiam ideo, quia ueteri homini nos fecit confor-
20 mes et eius uetustatis participes. Hoc fermento corrupti erant Corinthii, quibus apostolus dicebat: / *Et uos inflati estis.* Et tanquam non uenturus A 190vb sim ad uos - sic inflati sunt quidam. *Fermentum* etiam hic appellari potest fornicator ille, de quo supra locutus est, qui totus acidus exempli contagio ceteros corrumpere poterat.

25   TOTAM MASSAM. Si tota massa unius exemplo corrumpi potest, et ad *totam massam* eiusdem spectat correctio, ne dicat quis fratris sui conscius culpe: "Non sum prelatus eius, ad me non spectat eius correctio", cum dominus in euangelio dicat: *Si peccauerit in te frater tuus, corripe eum / inter* O 102vb *te et ipsum solum.* Quid est *in te?* Audi beatum Augustinum: *Hoc est in*
30 *conspectu tuo, in conscientia et noticia tua. Si eum non corripis, certe corrumperis et iam in te massa corrupta est.*

---

1 glose] Haimo 535D-536A; Gl 314a^{mg}.   10 Fermentum...14 admiscere] cf Haimo 536D.
12 quod...totum] cf Mt 13, 33; Lc 13, 21.   14 Est...doctrina] cf Haimo 536AB.   15 Cauete
...Phariseorum] Mc 8, 15; Mt 16, 6. 11.   18 sedem...uoluit] cf IV Reg 16, 4 (*de Achaz rege*).
21 Et^1...estis] I Cor 5, 2.   22 Fermentum...24 poterat] cf Lom 1773BC.   28 Si...solum] Mt
18, 15.   29 Hoc...31 est] *Non inventum.*   31 massa corrupta] cf Aug, epist 108, 3 (CSEL
34/2, 620). de unico baptismo 14, 24 (CSEL 53, 26); anonymus, soliloquia animae ad deum
28 (PL 40, 886); Cassiodorus, expos Ps 18, 14 (CCL 97, 175); Balduinus de Forda, tractatus

---

4 uidemus] *corr ex* uidimus O   5 uidemus] *corr ex* uidimus O   10 aliquando^1] quandoque
T aliquando^2] quandoque T   12 miscuit] misciue A   16 et^1] *om* T   20 uetustatis] uetustati
T Corinthii] *corr ex* Corinthi O   22 inflati] inflammati A   26 dicat.... cum] *in mg* O   31 est]
om T

Fermentum greco uocabulo dicitur zima. Inde azimus panis uocatur sine zima, id est sine fermento.

[7] COMSPERSIO. Comspersio dicitur farina per aquam conglutinata, que prius tamen dura molarum attricione et cribri excussione diligenti 35 studio a furfure purgatur. Sic et nos dura carnis maceratione et contritione cordis a furfure peccatorum purgari oportet, ut sic dealbati et tandem per lacrimarum compunctionem conglutinati in fraternum amorem per ignem spiritus sancti solidemur.

Sed quare dicit: SITIS et SICUT ESTIS, cum idem sit azimus et ista noua 40 comspersio? *Sitis* uerbum substantiuum est et notat perseuerantiam. *Sitis*, hoc est: perseueretis, sicut facti ESTIS AZYMI per aquam baptismatis.

ETENIM. Quasi: Ideo puri esse debetis, quia aliter *pascha nostrum* salubriter comedere non potestis, quia *Christus immolatus* pro nobis est PASCHA NOSTRUM, quod debemus mandcucare.   45

T 166ra   *Pascha* aliquando nomen est / agni, qui in / pascha immolabatur,
O 103ra sicut ibi: *Quo uis eamus ut paremus tibi comedere pascha?*, agnum scilicet paschalem. Aliquando *pascha* transitum significat, sicut et hic secundum quosdam. Christus enim noster transitus est, per quem debemus / transi-
A 191ra re ab Egypto in terram promissionis, de uiciis ad uirtutes, de hoc mundo 50 ad patrem. Aliquando *pascha* dicitur ipsa septem dierum paschalium sollemnitas. Et quia *Christus immolatus est pascha nostrum*:

[8] ITAQUE EPULEMUR. Epulum prandium est leticie, que esse debet de conscientia bonorum operum. Si enim conscientiam bonam habuerimus, sicut beatus Petrus apostolus dicit, *fiduciam habemus ad deum*. Sine 55 hac leticia ad pasche huius edulium accedere non debemus.

2, 4 (SChr 94318); Raimundus Lullus, liber praaedicationis 45 (CCM 38, 68) 1 200; Rupertus Tuitiensis, de victoria verbi dei (PL 169, 1329C). de omnipotentia dei (PL 170, 468A); Honorius Augustodunensis, elucidarium (PL 172, 1145D); Robertus Pullus, sent (PL 186, 757C); Ioslenus Suessionensis, expos symboli (PL 186, 1484D); Alanuls de insulis, de articulis catholicae fidei (PL 210, 613C); Petrus Pictaviensis, sent (PL 211, 860A); *vide etiam ad Rm 9, 21 (massa perdita)*.
32 Fermentum...fermento] cf Haimo 537A; Lom 1735C.   34 Comspersio²...conglutinata] Gl 314a^mg; Lanfrancus, comm (PL 150, 171A); Bruno Carthusianorum, expos epist (PL 153, 147C); Ps.-Balduinus de Forda, de sacramento (SChr 94, 318); Lom 1735C.   farina... conglutinata] cf Gl 314a^mg.   42 perseueretis...baptismatis] cf Lom 1573C.   46 Pascha...52 nostrum] cf Haimo 537BC; Lom 537B-534A.   47 Quo...pascha] *Compilatum ex* Mc 14, 12: *"Quo vis eamus et paremus ut manduces pascha "* et Mt 26, 17: *"Vbi vis paremus tibi comedere pascha"*. *Item:* Beda, in Mc ev expos 4, 14 (CCL 120, 608); idem, hom subditae 53 (PL 94, 392A); Ps.-Hier, in Mc (PL 30, 630C); Haimo, hom 66 (PL 118, 396B).   55 fiduciam... deum] cf I Io 3, 21.

---

34 Comspersio¹] consparsio Vg 36 a....   purgatur] *trp* purgatur a furfure T 40 quare] quid est quod AT et¹] *supr lin* O *om* AT 44 potestis] potestàtis A 46 nomen est] *trp* T 47 ut] et AT Vg 53 prandium est] *trp* T

NEQUE IN FERMENTO MALITIE ET NEQUITIE. *Fermentum* uetus per partes distinguit: Malitia, sicut dicunt, que in alios exercetur; nequitia quam in se quis habet. Que ne exeat, obstaculo exteriori impeditur, quando 60 scilicet malum quod in uoluntate habet, ad opus perducere nequit.

SED IN AZIMIS SINCERITATIS ET UERITATIS, hoc est in puritate et ueritate; in puritate a uiciis et ueritate bonorum operum.

[9] SCRIPSI UOBIS. Epistolam aliam -quam nos non habemus- dicit se apostolus eis scripsisse, in qua monuit eos, ne se miscerent fornicariis. 65 Sed quia ipsi uerbum hoc / non sane intellexerunt, quomodo intelli- O 103rb gendum sit, determinat dicens:

[10] NON UTIQUE. Fornicator est qui corpus suum alteri dat quam debeat, tam in coniugio positus quam extra. Vnde conuenienter sumpta similitudine fornicatores *huius mundi* dicuntur, qui neglecto deo, cui 70 adherere deberent tanquam membra capiti, rebus mundanis affectu toto coniunguntur, siue cultum deo debitum ydolis exibentes siue se ipsos quibuslibet uiciis, post concupiscentias suas euntes. De qualibus per prophetam scriptum est: *Perdidisti omnes qui fornicantur abs te.*

[11] FRATER NOMINATUR. Ostendit quod cum infideli et gentili non 75 prohibuit cibum sumere, qui etiam alibi ait: *Si quis uocat uos ex infidelibus ad cenam et uultis ire, omne quod appositum fuerit, manducate.* Eam nomina- tionem, sicut beatus Augustinus dicit, hic intelligi uoluit apostolus, que fit in quemquam cum sententia ordine iudiciario. Nam si / nominatio A 191rb quelibet sufficit, multi dampnandi sunt innocentes. Vnde et beatus 80 Ambrosius super hunc eundem locum apostoli: *Non temere et quomodolibet, sed per iudicium auferendi sunt mali ab ecclesie communione....Nos enim a com/* O 103va *munione quemquam prohibere non possumus, nisi aut sponte confessum aut in aliquo iudicio uel ecclesiastico uel seculari nominatum atque conuictum.* Quod autem dixit *sponte confessum,* de publica intelligendum est confessione. 85 Aliter enim monere potes, prohibere non.

---

57 Fermentum...59 habet] cf Lom 1574B.   62   a...operum] Gl 314a^i; cf Lom 1574B. 71 cultum...exibentes] cf Hugo, eruditio didascalica (PL 176, 814D).   72 post...euntes] cf Sir 18, 30.   73 Perdidisti...te] Ps 72, 27.   75 Si...manducate] I Cor 10, 27.   76 Eam...79 innocentes] Gl 314b^{mg}.   77 Augustinus] Aug, sermo 351 (PL 39, 1547).   80 Non...83 conuictum] = Aug l. cit. (ibid 1546).

---

77 sicut] quam T uoluit] *add* hic T* 78 ordine iudiciario] *trp* T 79 sufficit] sufficite A

T 166rb [6, 3] ANGELOS IUDICABIMUS: apostatas intellige, / quos sancti iudicabunt. Eo modo iudicandi, quem in epistola ad Romanos suo loco notaui-
mus.

[4] SECULARIA. Nota eos in tribus reprehendi: Primo eo quod iudicia
habebant; secundo quod simplices et idiotas in ecclesia ad dirimendas 90
lites iudices constituebant; tercio quod infideles iudices adibant.

[7] IAM QUIDEM OMNINO. Non potest esse, quod causa contra aliquem
sine peccato moueatur. Tuum enim uel illius in causa est peccatum, et
de causa parua magnum et mortale fere semper oritur peccatum. Ex
causa enim lis, inde discordia, inde odium, inde homicidium. *Qui enim* 95
odit fratrem suum, homicida est.

[12] OMNIA MICHI LICENT. Littera hec ad superiorem et ad inferiorem
secundum diuersas glosas refertur sententiam. De illa tamen lectione,
qua de suis repetendis legitur, hic solet queri, utrumne uerum sit quod
cuiquam sua liceat repetere, maxime cum scriptum sit: *Tua ne repetas,* et 100
O 103vb iterum: *Si quis abstulerit / tibi pallium, prebe ei et tunicam.* Si autem nulli sua
repetere licet, uidetur fides nostra magnam in populo suo diminutionem
incurrere. Si autem audiat Iudeus aut gentilis, quod Christiane religionis
professores possessionibus suis spoliati sua repetere non possint, illam
suscipere abhorrebunt, in qua necessario tantam eos oportebit necessita- 105
A 191va tem sustinere. Item: Prelati ecclesie, ut sua recipiant, sepissime contra /
alios causas agunt; immo nisi agerent, in duobus grauiter offenderent:
primo quia ita res ecclesie deperirent et pauperes inopia lederentur;
secundo quod raptores ipsi ad alia et alii ad consimilia taliter animaren-
tur. Licet ergo sua repetere et adire iudicem hac intentione etiam perfec- 110
tis, ut raptor ipse corrigatur, non ut auaricie sinus impleatur.

Quod ergo dictum est: *Tua ne repetas,* uel consilium est uel etiam
prohibitio, ubi sine scandalo fratris repeti non possunt. Item: *Si quis
abstulerit tibi pallium, prebe ei et tunicam,* si auferre uoluerit antequam
percutias.   115

[16] QUI ADHERET MERETRICI, UNUM CORPUS EFFICITUR, hoc est in
corporali fornicatione ei unitur. Que unio tanta est, ut etiam *unum corpus*

---

86 apostatas] Gl 314bⁱ.   87 notauimus] *Vide supra ad Rm 2, 5.*   94 Ex...odium] cf Haimo
540D.   95 Qui...est] I Io 3, 15.   98 secundum...glosas] Gl 315b^{mg}.   illa...101 tunicam] cf
Rob 191, 6-9.   99 qua...legitur] cf Lom 1579AB.   100 Tua...repetas] Lc 6, 30.   101 Si¹...
tunicam] cf Lc 6, 30; Mt 5, 40.   112 Quod...prohibitio] cf Rob 191, 14s.   uel¹...est] cf Rob
191, 14s.   113 Si...tunicam] cf Lc 6, 30; Mt 5, 40; *vide supra ad v 12.*

---

91 quod] quid T   98 refertur sententiam] *trp* T   99 qua] que A   100 repetas] *corr ex* reputas
A 102 licet] *add* sua T 103 audiat] nulli sua repetere licet T 109 taliter] talia T 114 tibi] *om*
AT prebe] pre. AOT

ambo dicantur. Heu, quam ignominiosa, quam detestanda est unio talis,
qua *membrum Christi* unitur corpori meretricis et fit *membrum / diaboli!*   O 104ra
120   ERUNT, INQUIT, DUO IN CARNE UNA, hoc est: in debito carnalis copule
reddendo pares. In ceteris uero uir superior est, in debiti redditione par.
Neque enim exigenti negare potest, sicut nec illa.

Sed quid ad rem, dicet aliquis, cum hoc de legittime coniunctis, illud,
propter quod hoc inductum est, de fornicantibus dicatur? Immo mul-
125 tum; et est probatio / a minori. Minor quippe delectatio est, ubi licita est T 166va
commixtio, quam ubi illicita. Si ergo illa, que minor est, tanta est, ut
etiam propter eam dicantur una caro, multo magis illicite commixtorum
propter maiorem carnis delectationem potest dici *unum corpus* siue una
caro.

130   [17] QUI AUTEM ADHERET ETC.: Ecce quam diuersa unio! Illa *unum
corpus* facit cum meretrice, ista unum cum deo spiritum.

VNUS SPIRITUS. Non queras, quis unus, creatus an increatus. Ista unio
non est identitatis substantie uel persone, sed est in beatitudinis participatione.

135   [18] FUGITE FORNICATIONEM. Non confidas in longeua castitate uel
mentis firmo proposito! Vicium hoc melius non uincitur quam fugiendo.
Fuge ma/teriam, fuge locum, fuge quicquid fornicandi potest afferre A 191vb
occasionem! *Periculose tibi ministrat, cuius uultum frequenter attendis. /*

OMNE enim *peccatum quodcunque fecerit homo, exrtra corpus est* preter O 104rb
140 fornicationem. Peccatum enim fornicationis in corpus est, unde supponit: QUI AUTEM FORNICATUR, IN CORPUS SUUM PECCAT, hoc est contra
dignitatem corporis. Iniuria enim in fornicatione magna fit corpori, cum
ipsum, quod membrum dei est et *templum spiritus sancti,* fit membrum
meretricis; nec etiam hoc absque dampno ipsius corporis. Ibi enim enerua-
145 tur et in naturali fortitudine plurimum debilitatur. Peccat ergo *in corpus
suum,* quicunque fornicatur hoc modo: contra dignitatem eius agendo et
in se ipso eidem ipsi dampnum faciendo.

---

133 non...participatione] cf Gl 315b$^{\text{i + mg}}$ 138 Periculose...attendis] Hier, epist 52, 5 (CSEL
54, 423); *inde* Gl ad Sir 42, 11 (Ed. Rusch II, 788a^{mg}); Rabanus, comm in Ecclesiasticum (PL
109, 1067C).   141 contra...corporis] cf Gl 315a^{i}.   143 membrum^1...sancti] I Cor 6, 19.
templum...sancti] cf I Cor 6, 15; Aug, de fide et operibus 1, 1 (CSEL 41, 35). 12, 18 (ibid
58). 17, 32 (ibid 76); Paschasius Radbertus, de corpore et sanguine 7 (CCM 16, 38). 8 (ibid
40). 21 (ibid 119s); idem, expos in lamentationes 2 (CCM 85, 84): idem, expos in Mt 9
(CCM 56B, 941); Bernardus, sent 3, 53 (opera 6, 2, 95); idem, sermo 2, 11 in die paschae
(opera 5, 101).

---

118 est] *om* T 125 quippe] quidem T 132 an] uel T increatus] mercatus O 138 tibi] cibi
O 144 dampno] *om* T 145 debilitatur] *praem* delectatur T*

[7, 1] DE QUIBUS. Pseudo-predicatores, ut puriores uiderentur, nuptias improbabant continentiam Corinthiis predicantes. Quod uerbum quia
eis displicuerat, utrum licitum esset nubere, ab apostolo quesierant.
Cuius occasione questionis agit hoc loco de sacramento coniugii, et hoc
tripliciter: secundum indulgentiam, secundum preceptum, et consilium. 5
Agit autem de hoc sacramento latius quam de aliquo aliorum. *Hoc* enim,
sicut ipsemet dicit, *sacramentum magnum est in Christo et in ecclesia.* Multe
circa hoc sacramentum dubitationes occurrunt et difficultates, que
decem causarum siue decem librorum tractatibus in decretis diligentius
O 104va explicantur. Sub breuitate igitur ea, que in presenti loco dici solent, / 10
percurrentes, de coniugio hec inquirenda proponimus: Quid sit coniugium; que causa institutionis eius; que impedimenta coniugii; et que sit
fides illa, que dicitur unum esse de bonis coniugii; et de his, qui post
fidem desponsationis interpositam cum aliis uolunt matrimonia contrahere, utrum hoc liceat uel, si contraxerint, utrum propter fidem alii 15
datam dissolui possint; utrum coniugium aliquando dici debuit, quod
iudicio ecclesie postea solutum est; utrum inter infideles uel etiam inter
A 192ra fidelem et infidelem coniugium sit uel esse possit. *Coniugium est,* / ut

---

1 Pseudo-predicatores...improbabant] Gl 316b^mg.   4 Cuius...consilium] cf Gl 316b^mg.   de
...coniugii] *Ad sequentia:* H.J.F.Reinhardt, Der Ehetraktat "De sacramento coniugii" im
Römerbriefkommentar der Hs. Vat. Ottob. Lat. 445 und parr.; *cf* ders.: Ehelehre 50-129;
Zeimentz, Ehe 104-203.   6 Hoc...ecclesia] Eph 5, 32.   8 que...10 explicantur] Gratianus,
decr II, causae 27-36 (Ed. Friedberg I, 1046-1159. 1256-1292); cf Ivo Carnotensis, decr
partes 8. 9 (PL 161, 583C-690C); idem, Panormia 6. 7 (PL 161, 1243D-1304D); Rob 195,
5-196, 24; Hugo, de sacramentis 2, 11 (PL 176, 479D-520C); Lom sent 4, 26, 1-42, 6 (Ed.
Brady II, 416-509).   17 utrum...possit] *Vide infra notam ad v 12!*   18 Coniugium est] *Haec
definitio ad verbum inventa non est, sed cf* Gl 316b^mg: *Coniugium sive matrimonium est maritalis
coniunctio maris et feminae individualem vitae consuetudinem retinens;* Ivo Carnotensis, decr 8, 1,
29 q 1, 1 (PL 161, 583D) *et* Panormia 6, 1 (ibid 1244D) sec librum constitutionum (Ed. Krü-
ger/Mommsen 1, 295): *Nuptiae sive matrimonium est viri mulierisque conjunctio, individuam
consuetudinem vitae continens;* Gratianus, decr II, 29, 1 (Ed. Friedberg I, 1091): *Coniugium siue
matrimonium est uiri et mulieris coniunctio, indiuiduam uitae consuetudinem retinens. Item
consensus utriusque matrimonium facit. Quia ergo isti coniuncti sunt, ut indiuiduam uitae consuetudinem conseruarent, quia uterque consensit in alterum, coniuges sunt appellandi. Cf etiam* decr II,
27, 2, 1 (Ed. Friedberg I, 1062s); Hugo, de sacramentis 2, 11, 4 (PL 176, 483A): *Quidam hoc
modo coniugium diffiniendum putaverunt, ut dicerent coniugium esse consensum masculi et feminae
individualem vitae consuetudinem retinentem. Cui diffinitioni "legitimum" adiungere oportet, quia si
consensus masculi et feminae legitimus, hoc est legitime et inter personas legitimas factus, non fuerit,
coniugium in eo consecrari non potest.* Idem, ibid 485C: *Qui ergo diffinire voluerit coniugium, dicere
potest coniugium esse consensum legitimum, hoc est inter legitimas personas et legitime factum masculi
et feminae ad individualem vitae consuetudinem observandam.*

---

5 secundum indulgentiam] *om* T 6 hoc] *om* T 14 desponsationis] dispensationis T interpo-
sitam] interposita O 15 propter] per T 17 postea] *om* T

multis placet, *legittimus / maris et femine consensus indiuiduam uite consuetu-* T 166vb
20 *dinem retinens.* Sed istud "legittimum" ad quid referant, queri potest. Aut
enim ad personas tantum uel ad legis institutionem uel ad utrumque. Si
ad personas tantum, ergo qui sibi clanculo consentiunt, ex quo legittime
fuerint persone, coniuges appellandi sunt et ratum habebitur, quod
omnino factum ignoratur. Sed ecclesia huiusmodi matrimonia non
25 recipit sed inhibet, taliterque coniunctis, donec institute sollemnitates
subsequantur, carnalem commixtionem interdicit. Quod ad legis institutionem et non ad per/sonas illud referant "legittimum", non dicunt. Nisi O 104vb
enim legittime fuerint persone, matrimonium contrahere posse non
uidentur. Ergo ut legittimum sit coniugium, oportet et personas esse
30 legittimas et consensum secundum legis institutionem, hoc est ecclesie
consuetudinem, sollemniter celebrari. Vnde, donec expressior occurrat
diffinitio, coniugium sic interim diffinimus: Coniugium est maris et
femine legittima spontaneaque coniunctio sollemniter celebrata. "Legittima" ad personas referimus; "spontanea" propter coacta coniugia, que
35 coniugia non sunt, apponimus; per sollemnitatem clandestina pariter
coniugia remouemus. *Aliter* enim, sicut in decreto legitur Euaristi pape,
legittimum non fit coniugium, nisi ab his, qui super feminam dominationem
habere uidentur, petatur, secundum leges dotetur, a sacerdote benedicatur etc.,

---

Cf etiam: Rob 195, 6s: *Est autem coniugium potestas legitime conmiscendi ex legitimo consensu*
contracta; idem 198, 26-199, 2 (*sec corpus iuris civilis, inst. 1, 9, 1 [Ed. Krüger/Mommsen 1, 295]:*
Coniugium est legitimus consensus legitimarum personarum individuae vitae consuetudinem retinens;
Radulfus Ardens, hom 21 (PL 155, 1743A): *Quid est coniugium? Legitima coniunctio maris et*
feminae, indiuiduam vitae consuetudinem retinens; Wernerus S. Blasii, libri deflorationum (PL
157, 772A): *Coniugium quippe est consensus legitimus de coniunctione duarum idonearum persona-*
rum...; Ab, sent 31 (Ed. Buzzetti 135): *Coniugium est maris et feminae foederatio legitima, per*
quam licet eis sine culpa commisceri; cf Comm Cantabrigiensis 2, 241; Zacharias Chrysopolitanus, in unum ex quatuor (PL 186, 131D): *Est autem coniugium viri et feminae foederatio*
legitima, per quam licet eis ad lusum carnis permisceri secundum divinas et humanas leges; Alanus,
de articulis fidei (PL 210, 613A): *Matrimonium est legitima coniunctio maris et feminae, unionem*
Christi et Ecclesiae repraesentans; Bonaventura, breviloquium 6, 13, 1 (Ed. Sépinski 151a =
Lom, sent 4, 27, 2 [Ed. Brady 2, 422]): *...quod matrimonium est coniunctio legitima maris et*
feminae individuam vitae consuetudinem retinens.
19 indiuiduam...retinens] *Vide notam praecedentem; item:* Ivo Carnotensis, decr 29, 1 (PL 161,
583D); idem, Panormia 6, 1 (ibid 1244D); Gratianus, decr II, 27, 2, 1 §1 (Ed. Friedberg I,
1062); Rob 199, 1s; Ps.-Hugo, QEP I Cor q 56 (PL 175, 524C). q 63 (ibid 525D); Lom
1586A; idem, sent 4, 27, 2 (*vide supra*); Bandinus, de ecclesiasticis sacramentis 26 (PL 192,
1106A); Petrus Pictaviensis, sent 5, 14 (PL 211, 1257C).   32 Coniugium...celebrata] *Vide*
supra!   36 Aliter...38 benedicatur] Evaristus papa, decreta (PL 130, 81BC); *inde* Ivo
Carnotensis, decr 8, 4 (PL 161, 854D); idem, Panormia 6, 31 (ibid 1249D-1250A);
Gratianus, decr II, 30, 5, c 1 *Aliter* (Ed. Friedberg I, 1104); Ps.-Hugo, SS 7, 6 (PL 176, 519C);
Lom, sent 4, 28, 1, 4 (Ed. Brady 2, 433).

---

20 istud] illud T 35 apponimus] apponitur T 38 dotetur] docetur AT

que in eodem apponuntur decreto. Propterea qui clandestina coniugia
uolunt esse, dicunt, ubi sollemnitates predicte non habentur, coniugia 40
quidem esse et rata, et si non legittima. Vnde et huiusmodi de coniugio
O 105ra faciunt diuisionem: coniugium aliud ratum et non legit/timum; aliud
legittimum et non ratum; aliud legittimum et ratum. Ratum et non
legittimum: inter eos qui clanculo nubunt. Legittimum et non ratum:
A 192rb quod, quando contrahebatur, impedimentum / nullum habere uidebat- 45
ur. Vnde et ecclesia tales personas coniunxit, quas tamen, quia postmodum consanguineas esse apparuit uel alio modo illegittimas, separauit.
Legittimum et ratum: quod in conspectu ecclesie contrahitur, et persone
plene legittime habentur.

Coniugii institutio duplex est: una ante peccatum ad officium facta in para- 50
dyso; altera post peccatum ad remedium extra paradysum facta. Prima, ut natura
multiplicaretur; secunda, ut natura exciperetur et uicium cohiberetur. Quod sanis
esset ad officium, egrotis est ad remedium.

Sunt alie honeste cause, quare sepius contrahatur matrimonium, ut
inimicorum reconciliatio et pacis redintegratio et huiusmodi. Sunt et alie 55
T 167ra minus honeste, ut / uiri siue mulieris pulchritudo, questus quoque et
diuitiarum ambitio et alia multa, que diligentiam adhibenti facile est
discernere.

O 105rb Impedimenta coniugii sunt que / ad contrahendum matrimonium
personas faciunt minus legittimas, ut est: cognatio, affinitas, publicum 60
uotum continentie, ordo, dispar cultus, conditio, et nature frigiditas.
Conditio tamen et frigiditas nature contracta matrimonia non dissol-
uunt, si cohabitare simul uiro et mulieri placuerit. Idem dicimus et de
errore persone. Est tamen error multiformis: alius persone, alius fortune,
alius conditionis, alius qualitatis. Error persone: quando hic putatur esse 65
ille homo, et est alius; fortune: quando creditur esse diues qui pauper est
uel e conuerso; conditionis: quando seruo nubit putans se nubere libero;
qualitatis: quando putatur esse bonus qui malus est. Error fortune et

---

41 Vnde...43 ratum²] cf Gratianus, decr II, 28, 1, 17 (Ed. Friedberg I, 1089); cf Lom, sent 4,
39, 7, 1 (Ed. Brady 2, 490s); Bandinus, de ecclesiasticis sacramentis 32 (PL 192, 1108D).
50 Coniugii...52 cohiberetur] Lom, sent 4, 26, 2, 1 (Ed. Brady 2, 417); cf Gratianus, decr II,
32, 2, 2, II pars 2 (Ed. Friedberg I, 1120); *similiter* II, 20, 1 (Ed. Friedberg I, 427s).
52   Quod...remedium] Aug, de Genesi ad litteram 9, 7 (CSEL 81, 1, 275); Hugo, de sacramentis 2, 11, 3 (PL 176, 481B. D; cf ibid 1, 7, 12, 314C); Lom, sent 4, 26, 2, 2 (l. cit.).
54 Sunt...huiusmodi] cf Lom 1668B.   55 Sunt...58 discernere] cf Ps.-Hugo, SS 7, 1 (PL 176,
155A).   59   Impedimenta...61 frigiditas] cf Ab, sent 31, 49 (Ed. Buzzetti 137); Ps.-Hugo,
QEP I Cor q 56 (PL 175, 524D); Lom 1568C; Rob 195, 12-14.   64 Est...70 euacuat] cf Lom,
sent 4, 30, 1 (Ed. Brady 2, 437s); Gratianus, decr II, 29, 1 § 2 (Ed. Friedberg I, 1091).

---

39 qui] que T 44 nubunt] nubent T 45 quando] non T 48 persone plene] *om* T 50 una]
unum AOT una Lom l. cit. 56 mulieris pulchritudo] *trp* T quoque] uero T

qualitatis coniugii consensum non excludit; error uero persone et condi-
70 tionis consensum prorsus euacuat, nisi post fraudem detectam utrique
cohabitare placuerit. Idem uidetur dicendum de etate.

Que sit fides illa, que dicitur esse unum de bonis coniugii, Augustinus
super Genesim ostendit dicens: *Nuptiale bonum tripertitum est: fides, proles,
sacramentum. / In fide attenditur, ne post uinculum coniugale cum alio uel alia* A 192va
75 */ coeatur; in prole, ut amanter suscipiatur, religiose educetur; in sacramento, ut* O 105va
coniugium non separetur. Separatio autem gemina est: corporalis et sacra-
mentalis. Corporaliter possunt separari causa fornicationis uel causa
orationis ad tempus siue usque in finem; sacramentaliter uero separari
nequeunt dum uiuunt, si legittime persone sint.

80   Notandum tamen, quia non semper hec tria bona coniugium comi-
tantur. Non enim in omni coniugio fides seruatur nec in omni proles
suscipitur aut religiose educatur. Sacramentum uero ita inseparabiliter
adheret coniugio, ut etiam interueniente diuortio causa fornicationis
non soluatur.

85   Attendendum quoque, quia alterius rei sacramentum est ipsum coniugium et alterius coniugii officium. Coniugium enim sacramentum est
illius societatis, que in spiritu est inter deum et animam; officium uero
coniugii sacramentum est illius societatis, que in carne est inter Christum
et ecclesiam. Hoc est sacramentum, quod ait apostolus, *magnum in Christo*
90 *et in ecclesia.* Ad quod sacramentum pertinere non potest mulier, cum
qua noscitur non fuisse carnale commercium; pertinet tamen ad aliud
sacramentum non / magnum in Christo et ecclesia, sed maius in deo et O 105vb

---

72   fides...coniugii] cf Gl 316b^{mg}; Lom, sent 4, 31 (Ed. Brady 2, 442).   73   Nuptiale...76
separetur] Aug, de Genesi ad litteram 9, 7, 12 (CSEL 28/1, 275); idem, de nuptiis et
concupiscentia 1, 11, 13 (42, 225); cf Gl 316b^{mg}; Hugo, de sacramentis 2, 11, 7 (PL 176,
494B-D); Gratianus, decr II, 27, 2, 10 (Ed. Friedberg I, 1065); Ps.-Hugo, SS 7, 4 (PL 176,
157AB); Rob 196, 5; Lom, sent 4, 31, 1 (Ed. Brady 2, 442).   76   Separatio...79 sint] Lom,
sent 4, 31, 2, 1 (Ed. Brady 2, 442s); Martinus Legionensis, sermo 4, 33 (PL 208, 486D).
80   Notandum...84 soluatur] cf Aug, de bono coniugali 7, 7 (CSEL 41, 197); Ivo Carnotensis, decr 8, 9 (PL 161, 586A); idem, Panormia 7, 4 (PL 161, 1280A); Gratianus, decr II, 29, 1
§ 2-5 (Ed. Friedberg I, 1091s); Lom, sent 4, 31, 4 (Ed. Brady 2, 443s); cf Hugo, de sacramentis 2, 11, 7 (PL 176, 494D-496B).   81   Non...educatur] cf Rob 196, 7-9.   85   Attendendum...89 ecclesiam] cf Hugo, de sacramentis 2, 11, 8, 13 (PL 176, 496AB; cf 495C); idem,
de virginitate B. Mariae (PL 176, 874CD); Wernerus S. Blasii, libri deflorationum (PL 157,
1196C).   89   Hoc...93 anima] Hugo, de sacramentis 11, 3 (PL 176, 482B); Wernerus S.
Blasii, libri deflorationum (PL 157, 1197A).   magnum...ecclesia] Eph 5, 32.

---

70 post] *corr ex* pri T detectam] deiectam T 75 coeatur] choeatur O 77 causa orationis] ex
communi consensu causa religionis: Lom, sent 4, 31, 2, 1 (Ed. Brady 2, 443); Martinus
Legionensis, sermo 33 (PL 208, 486D) 78 separari] *om* T 84 non] *om* T 91 carnale] *corr ex*
carnales O

T 167rb anima. Ad hoc sacramentum pertinet matrimonium beate uirginis et Io/
seph, quod tanto sanctius fuit atque perfectius, quanto a carnali opere
immunius.   95

De illis qui post fidem desponsationis interpositam cum aliis matrimonia contrahunt, breuiter respondemus matrimonia huiusmodi, quamuis
minus legittima, dissolui non posse. Prohibui potuit et debuit ne aliquam
duceret nisi illam, quam desponsauerat; separari tamen de cetero non
poterit, quamuis inobediens et fidei transgressor existat.   100

Vtrum coniugium aliquando uere dici potuit, quod postea iudicio
ecclesie solutum est, nobis non uidetur. Persone enim, quas modo con-
A 192vb sanguineas esse apparet, non minus consanguinee erant, / quando
coniungebantur, quando consanguinitas ignorabatur. Coniugium uero
inter consanguineos esse non potest. Quia tamen consanguinitas igno-   105
rabatur, coniunctio que inter eos erat, pro coniugio habebatur. Vnde et
qui interim ex eis nati sunt, secundum quosdam pro legittimis habentur
et in successionem hereditatis admittuntur.

O 106ra   Item: Si coniugium fuit, et coniugii sacramentum / pariter affuit. Et si
enim reliqua duo, hoc est fides et proles, coniugio possint abesse: 110
sacramentum tamen, quod est tercium coniugii bonum, semper necesse
est adesse. Corporaliter siquidem possunt separari coniuges, sacramentaliter uero minime, dum uiuunt. Vnde Augustinus: *Vsque adeo manent*
inter uiuentes semel inita iura nuptiarum, ut potius sint inter se coniuges etiam
separati quam cum aliis, quibus adheserunt. Item: *Manet inter uiuentes quod-* 115
dam coniugale uinculum, quod nec separatio nec cum alio copulatio possit au-
ferre.

Patet ergo inter personas illas sacramentum coniugii non fuisse, que
cum aliis utroque uiuente licita possunt matrimonia contrahere. Quod
etiam ad euidentiam facit ultime questionis, qua quesitum est, utrum 120
inter infideles uel inter fidelem et infidelem possit esse coniugium. Si
enim fidelis uoluerit, immo hoc tempore cogeretur, nolentem conuerti
poterit dimittere et cum fideli licite matrimonium contrahere. Ergo nec
inter tales sacramentum coniugii fuit nec uerum coniugium. Si enim

---

93   matrimonium...95 immunius] Lom, sent 4, 26, 6, 3 (Ed. Brady 2, 421); inde Martinus
Legionensis, sermo 4, 33 (PL 208, 486A).   113 Vsque...115 adheserunt] Aug, de nuptiis et
concupiscentia 1, 10, 11 (CSEL 42, 223).   115 Manet...auferre] Aug l. cit.   120 utrum...
coniugium] cf Ab, sent 31 (Ed. Buzzetti 138); Rob 197, 12-15; Ps.-Hugo, SS 7, 8 (PL 176,
160C-161B).   utrum...133 astruere] cf Ps.-Hugo, SS 7s (PL 176, 160C-161B).

---

96 desponsationis] dispensationis T 97 respondemus] *bis* T 98 Prohibui] *sic* AOT 100 trans-
gressor] *corr ex* transgressoribus O 101 dici potuit] *trp* T 105 consanguineos] consanguineas
T 110 abesse.... 112 possunt] *om* T 115 quam] qua O 116 copulatio] *praem* separatio
T* 121 infideles] fideles A 122 cogeretur] cogentur T

125 uerum fuisset, sacramentotenus cassari non posset. Idem et de coniugio
infidelium dici potest, / si alter ad fidem conuertatur altera in infidelita- O 106rb
te remanente. Hoc idem uolunt auctoritates ille: *Non est imputandum
matrimonium quod extra decretum dei est factum; sed cum cognoscitur, est emen-
dandum.* Item: *Non est ratum coniugium quod sine deo est; et ideo non est
130 peccatum dimisso propter deum, si alii copuletur. Si ambo credunt, per cognitionem dei confirmatur coniugium.* Scio non omnes huic parti consentire
propter auctoritates plurimas, que inter infideles coniugia uidentur / A 193ra
astruere. Sciendum / tamen, quod auctores de coniugio diuersis modis T 167va
et secundum diuersas consuetudines et uarios status locuti sunt; et inter
135 personas tales magis propter usum loquendi et formam coniugii quam
propter coniugii ueritatem coniugia esse dixerunt.

[2] VNUSQUISQUE SUAM HABEAT PROPTER FORNICATIONEM. Cum alie
quam plures contrahendi matrimonii sint honeste cause, ut spes prolis et
cetere quas supra posuimus, queri potest, quare hanc solam proponat
140 apostolus. Ad quod dici potest, quia illam solam posuit, pro qua sola
matrimonium indulsit. Nisi enim periculum timeret fornicationis,
nunquam diceret: *Vnusquisque suam uxorem habeat,* maxime cum ad eosdem loquens subsequenter dicat: *Volo omnes esse sicut / me ipsum,* et item: O 106va
De uirginibus preceptum domini non habeo; consilium autem do.

145 [6] HOC AUTEM SECUNDUM INDULGENTIAM. Indulgentia ibi tantum fieri
solet, ubi maius aliquid precipi potest uel exigi. Continentiam apostolus
precipere non posset, quia nec eam dominus precepit; sed ad eam
adhortans: *Qui potest capere, capiat,* inquit. Quomodo ergo matrimonium
indulget, qui continentiam precipere non potest? Item: Si de his, que
150 indulgentiam capiunt est coniugium, uidetur uel esse uel in se habere
peccatum. Cui enim uenia datur nisi peccato? Ad quod dici potest, quia
et si coniugium bonum sit, opus tamen coniugii, id est commixtio carnis,
sine peccato non fit. Vnde Dauid de legittimo natus et conceptus
matrimonio dicit: *In peccatis concepit me mater mea. In peccatis,* sicut in glosa

---

125 de...infidelium] cf Rob 197, 16-198, 7.   127 Non...emendandum] Abst (CSEL 81/2,
77); cf Lom, sent 4, 39, 2, 3 (Ed. Brady 2, 486). 4, 39, 5, 3 (ibid 489); Hugo, de sacramentis
2, 11, 13 (PL 176, 509CD).   129 Non...131 coniugium] Abst l. cit.; cf Lom, sent 4, 39, 5, 3
(Ed. Brady 2, 489). cf 4, 39, 7 (ibid 491).   131   Scio...133 astruere] cf Ab, sent 31 (Ed.
Buzzetti 138); Rob 197, 16-20; Ps.-Hugo, SS 7, 8 (PL 176, 161B *sec Ambrosiastrum*); Lom, sent
4, 27, 3, 2 (Ed. Brady 2, 423).   133 Sciendum...sunt] cf Rob 198, 7-9.   143 Volo...ipsum] I
Cor 7, 7.   144 De...do] I Cor 7, 25.   148 Qui...capiat] Mt 19, 12.   154 In[1]...mea] Ps 50, 7.

125 cassari] cessari T 128 extra decretum] decretum est extra T* est factum] *trp* T 130 dimis-
so] dimissum T 133 tamen] *om* T 142 nunquam] *add* quam O* 153 legittimo] coniugio
T 154 concepit] *supr lin* O

habetur, *originalibus et actualibus.* Non enim quantumlibet iustorum 155
potest caro carni commisceri hoc modo, quin inordinatam aliquam
carnis ibi sentiant delectationem, que procul dubio peccatum est et
effectus peccati originalis. Et hoc est quod indulget apostolus.

Quid est ergo, obiciet aliquis, quod dicit Augustinus: *Quod est preter*
generationis intentionem, non est nuptiarum malum, sed ueniale propter nuptia- 160
O 106vb *rum bonum.?* Hic enim innue/re uidetur, quod concubitus, qui fit preter
generationis intentionem, peccatum sit; ille uero, qui fit intentione
generandi, non sit peccatum. Quem etiam uocat inculpabilem et solum
nuptialem. Sed est hoc comparatiue dictum: Adeo enim parua est, ut et
nulla uideatur et omnino non imputetur culpa concubitus generationis 165
A 193rb causa respectu culpe / illius, que est in concubitu qui fit preter generationis intentionem, que tamen et ipsa uenialis est propter nuptiarum
bonum.

Aliter: SECUNDUM INDULGENTIAM. Quia dixerat: *Vnusquisque suam*
habeat propter fornicationem, ne uideretur his uerbis matrimonium preci- 170
pere et ita uirginitatem et continentiam uidualem prohibere uel damp-
T 167vb nare, remouet hoc, dicens: HOC AUTEM SECUNDUM INDULGENTIAM, / hoc
est secundum permissionem, DICO *propter infirmitatem carnis uestre.* Non
enim omnes uerbum continentie capere possetis. Tamen *qui potest capere,*
capiat. Quasi: Si quis uult continere, hoc uolo et consulo; si non uult, 175
matrimonio iungi eum permitto. Non erit igitur concedendum ibi
tantum esse indulgentiam siue permissionem, ubi maius aliquid precipi
potest uel exigi, sed etiam ubi ad maius quis moneri potest et exhortari.
Propter infirmitatem meam permittit me prelatus meus bis comedere; /
O 107ra ieiunium tamen rationabiliter michi non posset imponere. Deberem 180
quidem, sed non possum, nec plus posse meo reddere possum.

[9] MELIUS EST NUBERE QUAM URI. Vstio materiam, in qua fit, corrumpit et deformat. Sic et ardor libidinis, qui in fornicatione est, naturam corrumpit et macula afficit infamie. Vritur ergo qui fornicatione
uincitur, hoc est: et interius corrumpitur et exterius infamie macula 185
afficitur.

155 originalibus...actualibus] cf Ps.-Anselmus Cantuariensis, meditatio 13s (PL 158,
829D-830C); Gl ad Ps 50, 7 (Ed. Rusch II, 516a^i); Lom, comm Ps 50 (PL 191, 487C).
159 Quod...161 bonum] cf Aug, de bono uiduitatis 4, 5 (CSEL 41, 308).   163 inculpabilem
...nuptialem] Aug, de bono coniugali 10, 11 (CSEL 41, 203).   169 Vnusquisque...fornicati-
onem] I Cor 7, 2.   173 secundum permissionem] cf Lom 1588D-1589A; idem, sent 4, 31, 6,
2 (Ed. Brady 2, 447s).   propter...uestre] Rm 6, 19.   174 qui...capiat] Mt 19, 12.

156 inordinatam] *corr ex* ordintam T 164 enim] *om* T 181 nec] n(on) T

[12] SI QUIS FRATER ETC. Huic auctoritati innituntur omnes fere auctoritates et rationes eorum, qui dicunt inter infideles siue inter fidelem et
infidelem esse coniugium. Cum enim apostolus permittat -permissio
190 enim est, ut sancti dicunt, fidelem ab infideli cohabitare uolenti non
discedere, si carnale debitum sibi inuicem interim reddiderint-, aut
fornicatio erit ad minus aut copula coniugalis. Si fornicatio est, peccatum
mortale est. Quod nullatenus permitteret apostolus. Est ergo copula
coniugalis; ergo et inter eos coniugium, quod supra negauimus.
195   Sed aduertendum diligenter, secundum quem statum et qua de causa
hoc dicat apostolus. Multa enim secundum statum primitiue ecclesie dici
oportuit, que ad presentem referri non possunt. Si enim in primitiua
ecclesia conuersus ad fidem / statim uxorem / suam conuerti nolentem A 193va
cohabitare tamen uolentem dimittere cogeretur, a paucioribus multoque O 107rb
200 difficilius aut tardius fidei nostre predicatio caperetur. Salubri igitur
talium cohabitatio permissa est, ut uerbum fidei libentius audiretur et
per fidelem infidelis Christo lucraretur.
    Quid ergo? Si se se interim cognoscerent, essetne coniugalis concubi-
tus aut fornicatio? Neutrum. Cognouit Abraham Agar, ancillam Saray,
205 cognouit et Iacob ancillas uxorum suarum: neuter tamen fornicatus est.
Huiuscemodi nempe copulatio tunc temporis uiris sanctis permittebatur,
ut etiam sic populus dei multiplicaretur. Sed et modo, si quis uxori sue se
debitum reddere credens alteram cognouerit, reus adulterii non tenetur,
nisi forte eiusmodi fuerit ignorantia, que excusationem non / admittit, T 168ra
210 ut si ex ebrietate.
    Ad statum itaque nouelle et quasi incipientis ecclesie et nullo modo
ad presentem referenda est hec apostoli permissio. Sed uideri forsitan
aliquibus potest minus discrete minusque rationabiliter facta. Cum enim
omnis etas ab adolescentia pronior sit ad malum quam ad bonum,
215 facilius in cohabitatione tali auerti po/terat fidelis per infidelem quam O 107va
infidelis conuerti per fidelem. Propter quod et hodie talium inhibita est
cohabitatio. Si quis enim de Iudaismo hodie conuerteretur, etiam uolentem cohabitare et conuerti nolentem, que illi antea uxor uidebatur,

---

188 dicunt...coniugium] cf Ps.-Hugo, SS 8 (PL 176, 160C-161B); Zacharias Chrysopolitanus,
in unum ex quatuor (PL 186, 131D); Lom, sent 4, 39, 2, 1-5 (Ed. Brady 2, 484-487).
195 secundum...statum] cf Rob 198, 8; Lom 1585Ds.   202 per...lucraretur] cf I Cor 7, 14.
16; Lom 1592BC.   204 Cognouit...Saray] cf Gn 16, 4.   Cognouit...207 multiplicaretur] cf
Ab, sent 31 (Ed. Buzzetti 135); Gratianus, decr II, 32, 4, partes 2.3 (Ed. Friedberg I,
1126-1128).   205 cognouit...suarum] cf Gn 30, 3-12.   207 si...tenetur] cf Gratianus, decr
II, 15, 1, 2 §3 (Ed. Friedberg I, 746): *Caecus namque, si debitum suae uxori se credens reddere
alienam polluit, non est reus adulterii.*

---

188 et infidelem] *supr lin O* om A   200 igitur] ergo T *add* consilio T   201 libentius] libenter
T   205 et] *om* T   207 sic] *corr ex* sicut O   212 uideri] *corr ex* uidei O

cogeretur relinquere; liciteque posset cum alia matrimonium contrahere. Ad hec tanta conuersis ad fidem tunc temporis dabatur gratia, 220
tanta in fide constantia, ut eos, non dico mulierum blandimenta, sed nec
exquisita tormentorum genera a Christo possent auellere.

[14] ALIOQUIN FILII UESTRI IMMUNDI ESSENT. Hec littera aliquantulum
ambigua est et obscura. Si enim uerborum superficies attendatur, hoc
uidetur uelle apostolus, quod consensus talium, quorum alter fidelis est 225
et altera infidelis uel e conuerso, filios, antequam alter eorum conuerteretur genitos, faciat legittimos; et separatio eorundem eosdem faciat
A 193vb illegittimos. / Quod enim de filiis, quos de aliis post separationem sustul-
erint, loquatur apostolus, sicut quidam sentiunt, nichil est. Nulla enim sic
esset littere coherentia nec ad propositum facere uideretur apostoli 230
probatio, cum de his supponat filiis, qui ante conuersionem alterius
O 107vb eorum nati sunt, dicens: *Nunc autem / sancti sunt.*

Sed quomodo consensus talis facit filios legittimos, si prius erant
immundi, hoc est spurii, sicut glosa dicit; uel, si prius erant legittimi,
quomodo propter separationem parentum ab inuicem fiunt illegittimi? 235
Non enim ecclesia illam legum admittit clementiam, qua in fornicatione
nati -interueniente postmodum inter parentes matrimonio- pro legittimis
habentur et cum postea natis diuidunt hereditatem. Receptum est
autem, ut, si iudicio ecclesiastico matrimonium dissoluatur, proles
suscepta, dum pro legittimo habebatur, hereditario iure succedat. 240

Facilior ergo erit exitus nec quid obiciatur occurrit, si illam teneamus
expositionem, que immundos filios intelligit infideles, sanctos autem
uocat fideles. Si enim uir factus fidelis uxorem suam adhuc infidelem
cohabitare tamen uolentem dimitteret, filii matrem ceterosque propuin-
T 168rb quos infideles citius sequerentur quam pa/trem, et sic essent immundi, 245
hoc est infideles. *Nunc autem sancti sunt,* id est fideles, dum per patrem
filii Christo adquiruntur et mater.

[28] ET SI NUPSERIT UIRGO, NON PECCAUIT. De illa loquitur, que uotum
O 108ra non fecit continentie. Sed de illa queri potest que, si uotum non / fecerit, habet tamen et credit se habere donum continendi, utrum, si nubat, 250
peccet. Quod uidetur. Ad hoc enim ei datum fuerat, ut illo uteretur et in
eo deo seruiret. Si ergo donum illud relinquit et a se abicit, ingrata
datori efficitur et displicet ei, quod gratia data illa non utitur. Patet ergo,
quia peccat, cum id faciat quod deo displicet, cui solum et omne pecca-

---

222 exquisita...genera] cf Petrus Damiani, sermo 3, 9 (CCM 57, 14); Ab, hymni et sequentiae (PL 178, 1815A). 234 glosa] Abst (CSEL 81/2, 76); Gl 317b^{i + mg}; Lom 1592C.
242 infideles] Gl 317b^i. 246 fideles] Gl ibid.

---

225 quod] quo T est] *om* T 234 glosa dicit] *trp* T 236 qua] quam T 241 quid] quod
T 242 autem] *om* T 251 fuerat] fuerit T 254 peccatum] *praem* p. O*

255 tum displicet. Idem opponi potest de quolibet qui, cum habeat et se
habere credat excellentiorem gratiam, remanet in minori, in qua tamen
uitam meretur eternam. /

EGO AUTEM UOBIS PARCO. Hoc est quod supra dixit: *Hoc autem dico* A 194ra
secundum indulgentiam. Si districte uellet cum eis agere et quantum
260 debent exigere, continentiam precipere posset. Sed si preciperet, transgressores fierent precepti et sic mortaliter peccarent. Quod precauens
apostolus dicit: *Ego autem uobis parco.* Debet omnis homo deo continentiam, et si non omnis eam reddere possit. Debet omnis deo plus quam
possit, et si non plus reddere possit quam possit. Vnde cum omnibus
265 misericorditer agit deus minus ab unoquoque accipiens quam debeat
premium, supra quantitatem meriti reddens.

Notanda est hic illa opposi/tio et ratio Iouiniani, qua probabat coniu- O 108rb
gium preferendum esse uirginitati. *Cum enim,* inquit, *coniugatorum multo*
plures multoque maiores sint labores quam uirginum, que et propter deum toleran-
270 *di sunt, maioris meriti est coniugatorum uita quam uirginum. Etenim iuxta*
apostolum unusquisque mercedem accipiet secundum suum laborem.

Item: Celibatus Iohannis non prefertur coniugio Abrahe. Sed priuilegia singulorum non faciunt legem communem. Non enim consequens
est, ut, si celibatus Iohannis non prefertur coniugio Abrahe, quod ideo
275 non possit celibatus huius coniugio alterius preferri.

Immo, si dignitatem attendas statuum, non personarum, celibatus
Iohannis longe excellentior fuit coniugio Abrahe. Cum enim uirginitatem coniugio preferimus, statum statui, non personam persone
comparamus. Quod autem ille argumentabatur uitam coniugatorum

---

258 Hoc².…indulgentiam] I Cor 7, 6.   268 Cum…271 laborem] *cf:* Aug, de peccatorum
meritis 3, 7, 13 (CSEL 60, 139): *Ante paucos annos Romae quidam exstitit Iovinianus, qui sancti-*
monialibus etiam aetate iam provectioribus nuptias persuasisse dicitur … disputando virgines sancti-
monio dicatas nihil amplius fidelibus coniugatis apud deum habere meritorum; Hier, adv Iovinianum 1, 3 (PL 23, 214B): *dicit, virgines, viduas, et maritatas, quae semel in Christo lotae sunt, si*
non discrepent ceteris operibus, eiusdem esse meriti. Isidorus, etymologiae 8, 5, 56 *(inde* Gratianus,
decr II, 24, 3, 39 § 55, Ed. Friedberg I, 1005): *Iovinianistae a Ioviniano quodam monacho dicti,*
asserentes nullam nuptiarum et virginum esse distantiam nullumque inter abstinentes et simpliciter
epulantes esse discrimen. Inde Rabanus, de clericorum institutione (PL 107, 375D); Honorius
Augustodunensis, de haeresibus (PL 172, 239A). *Vide etiam* Rob 200, 4-23.   271 unusquisque…laborem] I Cor 3, 8.   272 Celibatus…Abrahe] Aug, de bono coniugali 21, 26 (CSEL
41, 221); Rob 200, 9-11.   priuilegia…communem] Hier, in Ion 1, 7 (CCL 76, 387); *inde*
Beda, expos Act (CCL 121, 14); Rabanus, comm in Par (PL 109, 933C); Ivo Carnotensis,
decr 11, 21 (PL 161, 751BC); idem, Panormia 73 (PL 161, 1323C). 78 (ibid 1326A);
Rupertus Tuitiensis, comm in XII prophetas minores (PL 168, 408C).

---

256   excellentiorem] *praem* maiorem T*   260   transgressores] *om* -gres- *in fine lineae*
O 262 deo] *supr lin* O 263 omnis²] *add* homo T 266 quantitatem meriti] *trp* T 269 que] *sic*
AOT 273 legem communem] *trp* O*

maioris esse meriti uita uirginum, quia maioris est laboris: Miror ab 280
aliquo receptum fuisse qui apostolum reciperet, qui dicit: *Bonum est*
mulierem non tangere. Nusquam dicit: "Bonum est nubere". Istud, hoc est
T 168va continere, tanquam id, quod maioris est / meriti et uie sublimioris dicit
O 108va esse de consilio; illud uero, scilicet nubere, quod morbi remedium est,
dicit esse de permissione; et sicut supra monstratum est, non quia labori- 285
osiora ideo gloriosiora. Labor Marthe maior, sed quies Marie fructiosior.
A 194rb Martha / sollicita erat et turbabatur erga plurima. Maria autem sedebat
secus pedes domini et audiebat uerbum illius.

[29] TEMPUS BREUE. Tempus uite humane quantumcunque longius
protrahatur, eternitati comparatum nichil est. Et quia breue, RELIQUUM 290
EST, hoc est consequens, UT QUI HABENT UXORES, SINT TANQUAM NON
HABENTES. Vxorem habet tanquam non habens, quem ad uxorem trahit
necessitas debitum reddendi, non uoluptas exigendi. Vel aliter: Vxorem
habet tanquam non habens, qui ita prouidet uxori, ut tamen in his, que
dei sunt, principaliter occupetur.   295

[30] ET QUI FLENT, quibus adest materia flendi, dampnum scilicet
aliquod siue persecutio seu quecunque molestia carnis, sint TANQUAM
NON FLENTES. Pudor est enim illum flere pro molestia temporali, quem
exspectat eterne beatitudinis leticia, maxime cum dicat apostolus: *Omnes*
qui uolunt pie uiuere in Christo, persecutionem patiuntur, et si non ab homi- 300
nibus, certe a malignis spiritibus.

[31] ET QUI UTUNTUR HOC MUNDO, TANQUAM NON UTANTUR. Bonis
O 108vb huius mundi tanquam non utens utitur, qui non delecta/tionem suam
uel spem ponit in illis, sed sic, ut ad ea perueniat quibus fruendum est,
eis utitur. Et uere non est spes in istis ponenda aut habenda delectatio, 305
quia PRETERIT FIGURA HUIUS MUNDI. Pulchritudo mundi huius cotidie
senescit et transit, ultimo igne iudicii ex toto transitura; species quidem,
non substantia. Totus enim illo igne conflagrabitur mundus et glorificatis
condigna corporibus specie uestietur. Vbi tamen post diem iudicii futura
sit et permansura sanctorum habitatio, quia et ipsa localis erit propter 310

---

281 Bonum...tangere] I Cor 7, 1.   285 non...gloriosiora] *Vide supra p. 222, 226 ad Rom 13,*
8!   287 Martha...plurima] cf Lc 10, 40s.   Maria...illius] cf Lc 10, 39.   290 eternitati...est]
cf Hier, comm in Ez 9, 30, 1/19 (CCL 75, 424): ...*aeternitati comparatum, omne tempus breve*
est; inde Rabanus, comm in Ez (PL 110, 807B); cf Haimo, in Apc (PL 117, 1088D).
293 debitum...exigendi] cf Gl 318a^{mg}.   299 Omnes...patiuntur] II Tim 3, 12.   306 cotidie
senescit] cf Gl 318b^{i}.

---

287 Martha.... illius] *in mg* O   289 breue] *add* est AT   293 necessitas.... exigendi] *trp*
necessitas non uoluptas debitum reddendi, non exigendi AO*T non] *praem* sed A   300 uolunt.... uiuere] *trp* pie uolunt uiuere T hominibus] omnibus T   306 mundi huius] *trp*
T 308 illo igne] *trp* T 310 localis] lecalis A

corpora, an scilicet supra empyrium celum quod angelorum agminibus creditur esse refertum, an in aere uel in terra, certam auctoritatem non habemus nisi quantum dicit apostolus, quia occuremus *obuiam Christo in aere, et sic semper cum domino erimus.*

315   [32] VOLO AUTEM UOS SINE SOLLICITUDINE ESSE. Quid est quod dicit: *Volo uos esse sine sollicitudine* ita absolute, / et tamen statim subdit: *Qui sine* A 194va *uxore est, sollicitus est, que sunt domini?* Et illam uellet omnes habere sollicitudinem? Patet ergo, quia de alia et alia loquitur hic et ibi sollicitudine. Illam enim uult eos non habere sollicitudinem, de qua dominus in
320 euangelio: *Nolite solliciti esse, dicentes: Quid manduca/bimus etc.* Hec enim O 109ra sollicitudo est quedam uehemens et anxia cura, que mentem his, que dei sunt, manere non sinit. Est alia sollicitudo, qua quis non solum, ut precepta dei impleat, sed ut aliquid / superimpendat, sollicitus est. Et hoc T 168vb innuit glosa illa interlinearis: *Non quoquo modo seruiat,* exequendo scilicet
325 quod mandatum est, sed ut placeat supererogando, quod non debet, dicens cum apostolo: *Ministerium meum honorificabo.*

Sed quomodo potest quis aliquid superimpendere, hoc est plus quam debeat reddere, cum superius dictum sit et Augustinus dicat, quod plus debemus deo quam possimus reddere? Si quis enim totum deo reddere
330 posset quod ei debet, misericordia eius non egeret. Proinde notandum est, quod est debitum necessitatis, est debitum recompensationis. Debitum necessitatis est, quo quis ex precepto uel uoto tenetur, ut ad omnes caritas et post uotum castitas. Hoc debitum ita unumquemque ligat, ut, nisi soluatur, dampnationem incurrat. Debitum recompensationis est,
335 quo deo tenemur obnoxii pro omnibus que fecit pro nobis: quia scilicet fecit nos et morte sua redemit. Quid dignum reconpensa/bimus ei? *Quid* O 109rb *retribuam domino,* clamat psalmista, *pro omnibus que retribuit michi?* De hoc

---

311   empyrium...refertum] cf Ernaldus Bonaevallis, comm in Ps 132 (PL 189, 1579B): *Coelum illud in quo creati sunt angeli empyrium appellari, id est igneum, asserit Dionysius Atheniensis, in libro De sacro principatu;* cf Beda, Hexaemeron 1, 1, 2 (CCL 118A, 4); Rupertus Tuitiensis, de gloria et honore filii 13 (CCM 29, 421).   313   obuiam...erimus] I Th 4, 17. 316 Qui...domini] I Cor 7, 32.   320 Nolite...etc] Mt 6, 3.   324 Non...seruiat] Gl 318b^i: *non quomodo mundo seruiat.*   326 Ministerium...honorificabo] Rm 11, 13.   328 superius] ad Rm 11, 13.   plus...reddere] *Haec sententia apud Augustinum inventa non est; ad sensum cf:* Aug, enarr Ps 36, 3, 18 (PL 36, 393): *Sed nos caritas debitores semper tenet. Illa enim una est, quae et si quotidie redditur, semper debetur;* Ps.- Anselmus Cantuariensis, epist 436 (Ed. Schmitt V, 365); *cf etiam* AEP 912B: *...quod non possumus reddere quantum debemus.*   336 Quid^2...michi] Ps 115, 12.

---

324   quoquo modo] quo modo mundo Gl 318b^i scilicet] sed T   329   possimus] possumus AEP 912B 331 quod] quia AT

itaque debito intelligendum quod dicit Augustinus nos plus debere deo quam reddere possimus.

[33] ET DIUISUS EST. Quomodo diuisus, nisi duobus dominis seruiat? 340 Hoc nemo potest. Diuisus est quis a deo per peccatum mortale, scilicet in presenti, per quod ad consortium diaboli transit et membrum eius efficitur; diuisus erit et in futuro per penam, que omnimoda erit separatio. Est alia diuisio, de qua hic loquitur apostolus: quam facit cura et sollicitudo A 194vb necessariorum, debita scilicet uxori et filiis pro/uidentia. Hi sunt, qui 345 superedificant *lignum fenum et stipulam*, habent tamen in fundamento fidem Christi, a quo non recedunt. Et si enim non omnia propter deum faciunt, hoc tamen summopere precauent, ne quid contra deum faciant. Quod et nos in omnibus, que agimus uel agere nolumus, magnopere cauere debemus, ut si non propter deum, saltem ne contra deum facia- 350 mus. Huiusmodi itaque diuisi sunt: modo in his que ad deum sunt, modo in his que ad mundum, non tamen contra deum, immorantes.

[39] QUOD SI DORMIERIT UIR EIUS, SOLUTA EST A LEGE; UIRO NUBAT CUI O 109va UULT, TANTUM IN DOMINO, / hoc est uiro sue religionis, non monacho uel clerico; hoc enim non esset *in domino*, sed contra dominum. *Hinc,* 355 sicut beatus Augustinus dicit, *Catafrigarum et Nouatianorum hereses maxime destruuntur, quas buccis sonantibus, non sapientibus, Tertullianus inflauit, dum secundas nuptias tanquam illicitas maledico dente concidit, quas omnino licitas apostolus sobria mente concedit.* Tercias autem et quartas et ultra plures nuptias beatus Augustinus, sicut in glosa habetur, dampnare non 360 audet, quia nec dominus septemuiram dampnauit, nec contra humane T 169ra uerecundie sensum dicere, ut quotiens uo/luerint, nubant. Sanctus Ieronimus contra Iouinianum loquens ad commendationem uirginitatis in secundas et ultra plures nuptias adeo inuehitur, ut eas etiam dampnare uideatur, dicens eos, qui eiusmodi sunt, nec primo homini, hoc est 365 Ade, nec secundo, hoc est Christo, conformes esse. Primus enim homo monogamus fuit, secundus agamus. Cuius rei causa quiddam refert, quod Rome contigit, mirabile quidem et stupendum: *Rem,* inquit, *dicturus sum incredibilem: Ante annos plurimos, cum in cartis ecclesiasticis iuuarem*

---

338   nos...possimus] Non inventum apud Augustinum; *vide etiam expositionem ad Rm 13, 8!* 346 lignum...stipulam] I Cor 3, 12.   355 Hinc...359 concedit] Aug, de bono viduitatis 4, 6 (CSEL 41, 309).   360   in...habetur] Gl 319a^mg; Lom 1600BC; Gratianus, decr II, 31, 1, 13 (Ed. Friedberg I, 1112); cf Aug, de bono viduitatis 12, 15 (CSEL 41, 320s); Fulgentius, de fide 45 (CCL 91A, 742s). 85 (ibid 758); Hier, adv Iovinianum 1, 10 (PL 23, 234); idem, epist 49, 5s (CSEL 54, 358); Ab, sic et non q 129 (Ed. Boyer/McKeon 446).   361   nec^1... dampnauit] cf Mc 12, 18-27 par.   368 Rem...377 tuus] Hier, epist 123 (CSEL 56, 82).

338 intelligendum] *add* est AT dicit] fecit T plus] uolumus T 344 facit] fecit T 349 nolumus] uolumus T 351 ad.... que] *in mg* O 352 ad] apud T 355 Hinc] hic T 362 ut] *om* T 364 eas etiam] *trp* T 367 rei] res A

370 *Damasum, urbis Rome episcopum, uidi duo inter se paria uilissimorum e ple/*be O 109vb
hominum comparata, unum, qui uiginti sepelisset uxores, alteramque, que
uicesimum secundum habuisset maritum, extremo sibi matrimonio copulatos.
Summa omnium / exspectatio uirorum pariter ac feminarum, post tantos rudes, A 195ra
quis quem primum efferret. Vicit maritus, et totius urbis populo confluente corona-
375 *tus et palmam tenens multinube feretrum precedebat. Quid dicimus tali mulieri?*
Nempe illud, quod dominus Samaritane: Viginti duos habuisti maritos, et iste, a
quo nunc sepeliris, non est tuus.

De secundis nuptiis et ultra pluribus queri potest, quomodo sit ibi
matrimonium, quia non uidetur ibi Christi et ecclesie esse sacramentum.
380 Vna est nempe ecclesia, nec moritur nec Christus alteri copulatur.

Ad hec. Ista successio non tollit sacramentum, quia non est nisi una
unius, non simul plures unius. Quid ergo de nuptiis Iacob? Duas enim
simul habuit uxores. Quomodo ibi sponse, unius ecclesie scilicet, et
sponsi, unius Christi, fuit sacramentum? Vna est ecclesia sponsa Christi,
385 sed de diuersis gentibus, in cuius rei signum et sacramentum plures
antiquis patribus habere licuit uxores. Non autem una plures potuit
habere maritos, quia nec ecclesia plures uel habet uel habuit / Christos. O 110ra

[40] PUTO AUTEM. Ne quis hoc consilium tanquam humanum et non
diuinum contempnendum putaret, obuiat apostolus dicens: PUTO. Hoc
390 uerbum non semper dubitatiue, sed nonnunquam assertiue poni solet.
Ideo tamen et hic et alibi sepius ponitur, ut illorum, ad quos dirigitur
sermo, incredulitas arguatur.

376 Viginti...tuus] cf Io 4, 18.   378 De...pluribus] cf Ps.-Hugo, SS 7, 21 (PL 176, 172BC); *vide etiam indicem de matrimonio IV, de secundis nuptiis et polygamia, PL 219, 914!*

372 habuisset] *om* T   373 post tantos] postandos A tantos] tantas CSEL 56, 82 rudes] *om* T 374 urbis] orbis T 375 tenens] *add* adorans que per "singulas sescentas!" clamantes uxoris CSEL 56, 82   379 ibi.... sacramentum] *trp* ibi esse Christi et ecclesie sacramentum T 380 Vna] unam A 381 nisi.... unius] *trp* una nisi unus T 392 incredulitas] incrudelitas A

[8, 1] DE HIS AUTEM QUE IDOLIS. Cum summa edificatione Corinthiorum, immo omnium ecclesiarum, doctrinam huius epistole exequitur apostolus. Absoluta enim dubitatione super qua quesierant Corinthii,
aliam de qua non quesierant, in qua tamen plurimum errabant, in tractatum assumit. Que si indiscussa remaneret, multos per errorem in pericu- 5
lum dampnationis induceret. Erant itaque in populo Corinthiorum
nonnulli, qui omnes escas mundas esse per deum credentes ydolothyta,
T 169rb hoc est immola/ta ydolis, eque ut alios cibos secure comedebant, etiam
in ydolio recumbentes. Quos uidentes infirmiores in fide, eos sub uene-
A 195rb ratione ydoli edere putabant, et eorum exemplo sub ydoli reuerentia / 10
comedebant. Illos igitur redarguit apostolus, dicens eos scientiam quidem habere bonam, sed ea non bene uti. Sic enim utendum est bonis, ut
boni sint exemplum, non perditionis occasio.

O 110rb   [4] IDOLUM / *nichil est.* Istud diuersi diuerso modo exponunt, et dum
nouas uariasque querunt expositiones, a sensu apostolico longius rece- 15
dunt. Hoc enim apostolus intendit ostendere, quod immolata ydolis nec
ab eis sanctificationem habent, ut cum ueneratione et reuerentia comedi
debeant, nec contaminationem, ut tanquam immunda respuantur. Eo
igitur modo loquendi quo dicit: *Neque qui plantat est aliquid neque qui rigat,*
et: *Circumcisio nichil est, et preputium nichil est,* dicit, quia *ydolum nichil est,* 20
hoc est nullius potentie, nullius uirtutis uel efficatie, qua possit escas sibi
immolatas uel sanctificare uel contaminare. Et sub hoc sensu intelligenda est glosa illa beati Augustini: *Idolum nichil est in mundo, id est: inter*
creaturas mundi, quia nullius potentie, nullius utilitatis.

[5] SIQUIDEM SUNT DII MULTI. In ueritate dii, participatione scilicet 25
deitatis, *ut sancti,* sicut glosa dicit; non quod essentia diuina participent
in presenti nisi eo modo, quo essentialiter est in omnibus, sed quia
participant donis eius. In futuro autem multo uerius, quia multo beatius
et expressius deitatis essentia participabunt, ipsa uidelicet fruendo, ipsam
reuelata facie contemplando.   30

Accipitur autem tribus modis hoc nomen deus: substantiue, adoptiue,
O 110va / nuncupatiue. Substantiue: deus trinitas; adoptiue: sancti, qui per
adoptionis gratiam dii sunt; nuncupatiue: demones et ydola, quia nomin-

---

16 Hoc...habent] cf Rob 204, 14-18.   19 Neque...rigat] I Cor 3, 7.   20 Circumcisio...est²] I
Cor 7, 19.   ydolum...est] I Cor 8, 4.   21 hoc...contaminare] cf Rob 204, 16-18.   23 Ido-
lum...mundi] cf Aug, in Io ev 1, 3 tr. 1, 13 (CCL 36, 7); Gl 319a^{mg} (*sub nomine Ambrosii*);
Lom 1602B; idem, sent 3, 37, 2, 1 (Ed. Brady 2, 207); Hervaeus 892A.   25 participatione...
sancti] Gl 319aⁱ; Lom 1603D.   26 glosa] 319b^{mg dext}.   31 Accipitur...33 ydola] Gl 319b^{mg};
Lom 1604A.

---

7 ydolothyta] idolotita AOT 19 Neque] nec T neque] nec T 25 dii¹] *om* T 32 deus] *praem* ut
T per] *om* T 33 gratiam] gratia T

etenus dii sunt, non natura uel participatione. De diis igitur adoptiuis
35 dictum est: ET SI SUNT QUI DICUNTUR DII, SIUE IN CELO SIUE IN TERRA. Qui
et ipsi in lege prohibentur maledici, ubi legitur: *Diis non maledices uel*
detrahes. Homines itaque in multis dominice scripture locis legimus deos
appellatos, sed quod angeli dii nuncupentur, nusquam legimus; hac de
causa, sicut beatus Augustinus dicit, ne ab / hominibus colendi putaren- A 195va
40 tur, et eis exhiberent, que soli deo debetur, seruitutem.

[6] EX QUO OMNIA. Hoc in epistola ad Romanos diligentius expositum
est.

[7] MENS IPSORUM, CUM SIT INFIRMA, POLLUITUR. Tribus modis conscientia contaminatur: primum infirmatur, postea leditur, ad ultimum
45 polluitur. Infirmatur dum hesitare incipit; leditur dum erronea efficitur;
polluitur dum cultui demonum subicitur.

[13] NE / FRATREM MEUM SCANDALIZEM. Non quotiens in uerbis nostris T 169va
uel factis quis scandalizatur, et fratrem scandalizamus. In uerbis siquidem saluatoris multi scandalizabantur, ipse tamen neminem scandali-
50 zauit. Ille / igitur fratrem scandalizat, qui eo presente scienter aliquid O 110vb
dicit uel facit, unde ille offenditur, a quo potest salua conscientia absti-
nere. Non enim, si prelatus fratrem corripiendo eum offendit, ideo
peccat uel eum scandalizat; immo peccaret et ageret contra conscientiam, nisi illum corriperet.

55 Queri potest, cuiusmodi sit hec doctrina apostoli. Sicut enim illos
reprehendit, hoc est perfectiores in fide, quia eorum exemplo infirmiores sub ydoli ueneratione ydolothyta comedebant, ita et si abstinerent,
reprehendendi uiderentur, quia eorum exemplo ceteri ab huiusmodi
escis quasi ab immundis abstinerent parique modo in culpam erroris
60 inciderent. Parum enim aut nichil distat in culpa escas aliquas immundas
estimare aut easdem sub ydoli reuerentia comedere. Consulo conscientiam meam, nec me huiusmodi escas, hoc est ydolis immolatas, posse
comedere inuenio. Vt quid hoc? Non quia illas tactu ydoli uel immolatio-
ne huiusmodi pollutas esse credam, sed in odium et in detestationem

---

35 Qui...37 detrahes] Lom l. cit.   36 Diis...detrahes] Ex 22, 28.   37 Homines...appellatos]
cf Lom 1604C.   38   sed...40 seruitutem] cf Lom l. cit., *sec* Augustinum, enarr Ps 135, 3
(CCL 40, 1958s).   hac...40 seruitutem] cf Aug, enarr Ps 135, 3 (CCL 40, 1958s).   40 eis...
seruitutem] cf Aug, collatio cum Maximino (PL 42, 722).   41 in...Romanos] *vide supra ad*
Rm 11, 36!

35   sunt] sint Lom 1663C; sunt *ibid* 1664A dicuntur] (dntur) AOT; dicantur Lom 1663C;
Vg 36 ubi] n(isi) O 37 dominice] di(uin)e AT 43 Mens] conscientia Vg 48 quis] qui
T 50 igitur] *om* T 52 eum] om T 59 abstinerent] abstinent T 60 escas aliquas] *trp* T 61 aut]
ut T

ydoli et huiusmodi sacrificiorum. Sic et illi, si tali consideratione abstine- 65
rent, quicquid iudicarent alii de conscientia ipsorum, non peccarent. /

[9, 9] Nunquid DE BOBUS CURA EST DEO? Quomodo non est illi *cura de* O 111ra
bobus, cuius creature sunt, cum lilia agri ipse uestiat et passer non cadat
super terram sine patre deo? Si ergo de talibus illi *cura* est, multo magis
de illis, quorum est / maior utilitas. *Cura est* deo de omni creatura sua. A 195vb
5 Omnem enim regit et ordinat, et ad utilitatem nostram, si attendatur,
administrat. Non tamen adeo *cura est illi de bobus* et iumentis, ut propterea hominibus precepta daret, quibus illa nutrire scirent et pascere. Hec
enim et homo per se nouit, et iumenta ipsa, que sibi prosunt aut nocent,
naturaliter appetunt aut respuunt.

10 [10] QUONIAM DEBET IN SPE, QUI ARAT, ARARE. Certus enim debet esse
predicator, quia ex merito laboris sui debetur ei merces, unde cotidia-
num transigat uictum. *In spe debet* predicare, non propter spem. Non
enim hec temporalia finem debet constituere sue predicationis, sperare
tamen debet et certus esse, quia non deficient ei.

15 [19] NAM CUM LIBER. Quomodo *liber* erat *ex omnibus?* Nonne omnibus
quibus poterat predicare tenebatur et prodesse? Hoc enim ei iniunctum
erat, et hoc debitum caritatis exigebat. *Liber* erat *ex omnibus,* hoc est
nullorum secte sub/iectus, qui tamen sectis omnium se subiecit uolun- O 111rb
tate, non necessitate, consuetudines et ritus / omnium, non tamen T 169vb
20 omnes, in se suscipiens, non spem in illis ponens. Vnde et dicit:

[20] FACTUS SUM IUDEIS TANQUAM IUDEUS. Super hunc locum apostoli
est illa disputatio Augustini et Ieronimi, sed maior in epistola ad Galathas. Que tamen disputatio nulla est, uel tantum ad nomen est secundum quosdam. Cum enim eos contraria nec sensisse nec dixisse audeant,
25 patet quia nec eos disputasse fateri audebunt. Vbi enim nulla contrarietas est, nec disputatio. Legatur glosa diligenter, et quam manifesta sit ibi
contrarietas, apparebit. Beatus Augustinus dicit inter eos contrarietatem
esse. Cum enim Ieronimus dicat loquens Augustino in epistolis suis:
Nichil interest inter meam sententiam et tuam, Augustinus respondet: *Immo*
30 *multum interest inter meam et tuam.* Non est inconueniens, si eos contraria
sensisse et alterum eorum errasse sentiamus, ubi periculum fidei non est.

---

1 Nunquid...7 pascere] cf Haimo 552D.   2 lilia...uestiat] Mt 6, 28.   passer...deo] Mt 10,
29.   6 ut...daret] Gl 320b^j.   12 propter spem] pro spe Gl 320b^j.   22 disputatio...Ieronimi]
Vide: A. Fürst, Der Disput über Paulus′ Konflikt mit Petrus (Gal 2, 11-14): Epistolae mutuae
I (FC 41/1) 27-51.   26 glosa] 321a^mg.   29 Nichil...tuam] Hier, epist 112, 3, 17 (CSEL 55,
387; FC 41/1, 212) = epist 75, 4, 17 inter epist Augustini (CSEL 34/2, 312s); Gl 321a^mg.
Immo...tuam] *Non ad verbum apud Augustinum, cf:* Aug, epist 28, 3, 3-5 (CSEL 34/1, 107-112;
FC 41/1, 102-110) = epist 56, 6 inter epist Hier (CSEL 54, 498-503); Aug, epist 40, 3, 3-4, 7
(CSEL 34/2, 71-78; FC 41/1, 122-130) = epist 67, 3-7 inter epist Hier (CSEL 54, 668-672).

---

4 maior] maiorum O 8 ipsa] illa T 11 ei] esse T 12 debet predicare] *trp* T 18 nullorum] *add*
subiectorum T 20 illis] *corr ex* aliis T 31 fidei] *om* T

Nonne errabat Petrus, quando restitit ei Paulus in faciem, eo quod *repre-*
hensibilis erat et non recte ambulabat ad ueritatem euangelii? Error autem
talis uenialis est aut forsitan sine culpa, eo quod non contra conscientiam
A 196ra sit et caritas / sit in / causa.   35

O 111va   [21] ET HIS QUI SUB LEGE, hoc est Samaritanis. Hos rex Assiriorum
sublato Israel posuit ad incolendam terram Samarie. Sed cum ibi uiuere
non possent, responsum acceperunt a demonibus, ut legem dei celi
susciperent et uiuerent. Quod et fecerunt; prophetas tamen non recipiunt nec *coutuntur Iudeis.*   40

CUM IPSE NON ESSEM SUB LEGE, hoc est sub dominio legis. Lex enim ei
non dominabatur, cuius iugum euaserat. Christus tamen dicitur factus
esse *sub lege,* non sub dominio legis, quia ipse dominus erat legis, sed
ritus et obseruantias legis in se suscipiens et adimplens, ut post eum
nullus eas suscipiere teneatur.   45

[22] INFIRMIS INFIRMUS, hoc est quod alibi dicit: *Quis infirmatur, et ego*
non infirmor?, non febres se habere mentiendo, sed febricitantibus uel
quocunque modo aliter infirmantibus misericorditer compatiendo.

OMNIBUS OMNIA FACTUS. Vt ad unumquemque lucrandum accessum
haberem, ita me moribus singulorum conformaui, quasi omnium secta- 50
rum essem.

[23] VT PARTICEPS EIUS EFFICIAR. Hec debet esse cuiuslibet predicatoris
et doctoris intentio, ut predicationis siue doctrine sue particeps efficiatur. Quod erit, si eorum, quibus predicat uel quos docet, salutem querat,
non ut loculos impleat aut sibilum populi, hoc est leuis aure famam, 55
consequatur.

O 111vb   [24] NESCITIS? Videns aliquis, / quanti sit laboris de predicatione
sumptus non accipere, moribus singulorum se ita conformare, ut particeps efficiatur euangelii, querere posset ab apostolo, an cum minori
labore et aliter agendo ad idem premium posset pertingere. Huic / 60
T 170ra questioni et quasi sub silentio facte obiectioni respondet apostolus,
cursorum et agonistarum inducens similitudinem. Si enim illi pro paruo

---

32   restitit...erat] Gal 2, 11.   36   hoc...Samarie] cf Abst ad I Cor 9, 21 (CSEL 81/2, 104);
Rabanus, enarr (PL 112, 82B); Lanfrancus, comm (PL 150, 186B); Bruno,Carthusianorum,
expos epist (PL 153, 170BC); Zacharias Chrysopolitanus, in unum ex quatuor (PL 186,
628A); Gl 321b^mg   39   prophetas...recipiunt] cf Isidorus, etymologiae 8, 4, 9.   40   nec...
Iudeis] Io 4, 9.   42 Christus...lege] Gal 4, 4.   46 Quis...infirmor] II Cor 11, 29.   50 quasi...
essem] Hervaeus 904C; Lom 1613C.   55   sibilum...famam] cf III Rg 19, 12: *sibilus aurae*
tenuis; inde Gregorius I, moralia 5, 36, 66 (CCL 143, 265); *inde* Gl ad III Rg 19, 12 (Ed.
Rusch II, 135a^mg b^mg) *et alii.*

---

37   posuit] *add* Israel T   39   fecerunt] fecere T   42   factus esse] *trp* T   43   dominus erat] *trp*
T   48   modo aliter] alio modo T   52   debet....   cuiuslibet] *trp* debet cuiuslibet esse
T 61 apostolus] .a. *et in mg* apls O

et temporali premio tantum laborant et ab omnibus, que eos possunt
impedire quominus illud consequantur, abstinent: multo magis nos, qui
65 premium magnum quia eternum exspectamus et quod non unus, sed
singuli comprehendere poterimus!

Stadium centum viginti quinque passuum est, octauus scilicet pars
miliarii. Quod a stando dicitur. Tantum enim spacii, ut dicitur, Hercules
/ uno anhelitu cucurrit et substitit.   A 196rb

70 [27] NE FORTE CUM ALIIS. Quomodo reprobari timet apostolus, cum
alibi dicat: *Certus sum, quia neque mors neque uita potest me separare a caritate
Christi?* Sed ibi quantum de misericordia dei confidat, hic quid de propria infirmitate sentiat, ostendit.

---

67   Stadium...69 substitit] cf Isidorus, etymologiae 15, 16, 3; Rabanus, de universo (PL 111,
412A); Haimo, in Apc (PL 117, 555C); Bruno Carthusianorum, expos epist (PL 153, 171A);
Comm Cantabrigiensis 2, 254.   71 Certus...Christi] Rm 8, 38.

---

63   possunt impedire] *trp* T   65   non] *supr lin* O   69   anhelitu] hanelitu O substitit] subsistit
AT 70 apostolus] .a. *et in mg* apls O 71 quia] quod T neque^1] nec T neque^2] nec T

[10, 1] NOLO ENIM. Quandam presumptionem Corinthiorum, immo falsam opinionem multorum, que de sacramentis domini habebatur et adhuc a quam pluribus habetur, hoc loco reprimere intendit apostolus. O 112ra Erant enim, sunt et adhuc, qui sola sacramenta suffi/cere putant ad salutem, opera bona ob hoc ipsum remissius et mala securius agentes. 5 Hos deterret apostolus, antiquos eis patres in exemplum proponens, qui eisdem communiter participauerunt sacramentis, et tamen non in omnibus *eorum beneplacitum est deo*. Quasi: Sic est currrendum, ut dixi, nec propter sacramentorum participationem remissius agendum, quia NOLO etc. 10

[3] EANDEM ESCAM SPIRITUALEM, eandem quam nos. Si enim istud *eandem* illorum tantum omnium escam respiciat, non nostram, non uidetur prefato errori conuenienter occurrere apostolus. Possent enim respondere Corinthii, quia illa sacramenta non erant ad salutem, nostra autem sunt. Ergo legendum est, sicut beatus Augustinus legit, *eandem* 15 *quam nos.*

Sed queritur, quomodo *eandem*. Non enim *eandem* in materia; quare *eandem* in significatione uel in efficatia. In significatione non uidetur. Erant enim sacramenta sacramentorum illa nostrorum; illa significantia, nostra significata. Transitus enim maris rubri, in quo omnes Egyptii 20 mortui sunt, ut nec unus ex eis remaneret, ablutionem nostri figurabat baptismatis, in quo Egyptii nos persequentes et in seruitutem suam captiuare uolentes, hoc est peccata nostra, submerguntur, ut nec unum O 112rb eorum remaneat. / Manna, sicut in glosa habetur, significabat Christum, hoc est corpus Christi, quod in altari consecratur et sumitur. Et sicut 25 manna unicuiqe sapiebat in ore quod uolebat, sic et corpus Christi unicuique sapit quod uult, hoc est uirtutem ei dat et gratiam, quam magis appetit. Hoc est *manna* siue / *manhu*, quod interpretatur: *Quid est* A 196va *hoc?* Quod non certificari querentes, quod in uita presenti esse non potest, sed admirantes et stupentes circa hoc sacramentum dicere possu- 30

---

4   qui...6 proponens] cf Comm Cantabrigiensis 2, 255.   8   eorum...deo] I Cor 10, 5.
15 eandem...nos] Aug, in Io ev tr 26, 12 (CCL 36, 265).   17 Sed queritur] *Ad sequentia cf*
Rob 206, 8 - 207, 12.   20   Transitus...25 sumitur] cf e. g.: Aug, sermo 363 (PL 39, 1635);
Cassiodorus, expos Ps 73, 13 (CCL 98, 679); Rabanus, de universo (PL 111, 230B); Ps.-An-
selmus Laudunensis, enarr in Ct (PL 162, 1193D); Honorius Augustodunensis, speculum
ecclesiae (PL 172, 921D); Rupertus Tuitiensis, de sancta trinitate 4 (CCM 21, 304); Petrus
Pictaviensis, sent 5, 6 (PL 211, 1236C).   24   Manna...Christum] Aug, sermo 130 (PL 38,
726); Gl 321b^i.   26   manna...uolebat] *Sic etiam* Martinus Legionensis, expos in epist I B.
Petri (PL 209, 244C).   28 manhu] Ex 16, 15.

11 nos] *praem* et T 15 est] *om* T legit] legat A 20 enim] *om* T 23 submerguntur] subiun-
guntur T 28 manhu] manu AO*T

mus: *Quid est hoc?* Sacramentum autem hoc, id est corpus Christi, sub specie panis corpus significat ecclesie, proprietate significandi sumpta a materia panis. / Sicut enim panis ex multis granis conficitur, sic et cor- T 170rb pus ecclesie ex multis hominibus. Modus autem conficiendi, si diligenter

35 attendatur, expressissimam habet similitudinem. Sanguis uero sub specie uini, quod ex multis acinis exprimitur, caritatem designat, que ad multos, immo ad omnes, extenditur; aqua populum gentilem, que ideo apponitur, ut populus ille esse de corpore ecclesie ostendatur: aque multe, populi multi. Vel: Per corpus Christi sub specie panis fides desig-

40 natur, proprietate significandi sumpta a natura panis. Sicut enim *panis cor hominis confirmat* et forte reddit, sic et fides animam, huius / etiam O 112va proprietatis seruata similitudine. Per sanguinem sub specie uini caritatem intelligimus. Sicut enim uinum sumptos cibos deducit, inducit et digerit, et ut prosint corpori facit, et *cor hominis letificat,* sic et caritas

45 ceteras uirtutes deducit et ordinat, et fructificare facit, et animam exhylarat.

In efficatia iterum non uidentur sacramenta illa eadem fuisse cum nostris. Non enim illis tantum profuit mare quantum nobis baptismus, nec manna quantum nobis corpus Christi, nec illis tantum Moyses quan-

50 tum nobis Christus. Sed nec circumcisio, quod fuit illis maximum sacramentum, tante efficatie fuit quante nunc baptismatis. Beatus Augu-

---

31   Sacramentum] *Ad sequentia cf Landgraf, Beiträge der Frühscholastik zur Terminologie der allgemeinen Sakramentenlehre. DG III/1, 109-168, imprimis 110s!*   corpus...ecclesie] cf Ps.-Balduinus de Forda, de sacramento altaris (PL 204, 770D).   33   Sicut...hominibus] cf Lom, sent 4, 8, 7, 2s (Ed. Brady 2, 285): *Unde Augustinus: Vnus panis et unum corpus ecclesia dicitur, pro eo quod, sicut unus panis ex multis granis et unum corpus ex multis membris componitur, sic ecclesia ex multis fidelibus caritate copulante connectitur. Pro fonte ab editore Aug, sermo 229 (PL 128, 1103, cf PLS 2, 406s) affertur, sed ibi haec sententia non invenitur. Similiter.* Sedulius Scottus, collectaneum in apostolum ad I Cor 10, 17 (AGLB 32, 415); Lanfrancus, comm (PL 150, 189B); Gl ad Rm 12, 3 (Ed. Rusch IV, 293b^{mg}); Honorius Augustodunensis, elucidarium 1, 28 (PL 172, 1129AB); Ps.-Hugo, QEP I Cor q 86 (PL 175, 530D); Ps.-Hugo, SS 6, 3 (PL 176, 140B); Algerus Leodiensis, de sacramentis 2, 5 (PL 180, 823A); Lom 1264C; Heiricus Autissiodorensis, hom II, 2 (CCM 116B, 21); Ps.-Balduinus de Forda, de sacramento altaris 2, 4 (SChr 94, 362).   38   aque...multi] *Apud permultos auctores secundum Apc 17, 15 (sed non versio vulgatae editionis!), e.g.:* Haimo, in Apc (PL 117, 1128D); Petrus Damiani, expos mystica (PL 145, 841D); Bruno Carthusianorum, expos Ps (PL 152, 701D); Gl ad Ps 1, 3 (Ed. Rusch II, 458b^{mg}); Ab, sent c. 29 (Ed. Buzzetti 127); Lom, comm in Ps 1, 3 (PL 191, 63C); Hugo, sententiae de divinitate pars I (Ed. Piazzoni 933); cf anonymus, commentarium in LXXV Psalmos (PL 21, 647A): *Solet autem in scriptura sacra aquarum nomine aliquando populus designari, sicut legitur in Apocalypsi, ubi per angelum dicitur: Aquae multae, populi multi sunt.*   40   panis^2...confirmat] Ps 103, 15.   44   cor...letificat] Ibid. 51 tante...baptismatis] cf supra ad Rm 4, 11 (p. 95, 191).

---

36 uini] *add* est T   acinis] *corr ex* conficitur T   51 baptismatis] baptismus AT

stinus satis exponere uidetur, quomodo *eandem: significatione* scilicet, *non specie*, quemadmodum et illud quod sequitur:

[4] PETRA AUTEM ERAT CHRISTUS, non per substantiam sed per significationem. Esca enim illorum, hoc est manna, corpus Christi prefigura- 55 bat, et ita per significatonem ipsum erat.

A 196vb   Sed quomodo uerum est, quod in eadem glosa sequitur: / *Et idem credentibus efficit?* Longe enim alia et maior est nostrorum efficatia sacramentorum, ut supra monstratum est, quam illorum. Sed notandum, quod dicit: *Idem credentibus efficit.* Efficatiam enim hanc non uirtuti 60
O 112vb sacramentorum attribuit, sed fidei. Ex fide / siquidem erat, quod huius erant efficatie. Si idem obicias de nostris, quia non nisi fidem habenti prosunt, uerum est. Maioris tamen sunt efficatie magisque fidem habentibus prosunt quam illa; sicut hec arma non nisi in manu forti ualent nec illa, hec tamen magis quam illa; et hec scientia non nisi bene utenti 65 prodest, nec alia, hec tamen magis quam alia.

Iterum de glosa illa queri potest: *In signis diuersis eadem fides, sed illi uentura, nos uenisse credimus.* Quomodo enim Abraham idem credidit quod nos, qui Christum uenturum credidit, quem nos credimus uenisse? Aliud siquidem est uenturum esse et aliud uenisse, nec nos credimus 70 uenturum nec ipse credidit uenisse. Quare aliud nos, aliud credidit ipse. Item: Quod Abraham credidit, modo credendum non est, quia falsum est, Christum scilicet uenturum et moriturum esse. Ad hec: Dicta quidem harum propositionum: "Abraham credidit Christum uenturum", "Nos
T 170va credimus Christum uenisse" diuersa sunt. / Articulus tamen fidei idem 75 est, quem Abraham credidisse dicitur et nos credere. Articuli enim fidei sunt: natiuitas Christi, mors, resurrectio, in celum ascensio, spiritus sancti missio, generalis omnium resurrectio. Cum ergo dicitur: "Abraham
O 113ra credidit Christum nasciturum", / nichil aliud est quam: "Credidit natiuitatem Christi", qui tunc nasciturus erat. Idem credimus nos. Similiter et 80 de singulis articulis.

---

52 significatione...specie] Aug, enarr Ps 77, 2 (CCL 39, 1067); Gl 322a^mg.   54 non...significationem] Aug, quaest in heptateuchum (CCL 33, 216); Paulus Diaconus, hom 26 (PL 95, 1481D-1482A); Haimo 559D; Hervaeus 909A; Gl 322a^mg; Lom 1618A; *similiter* Zacharias Chrysopolitanus, in unum ex quatuor (PL 186, 613D).   57   Et...efficit] Gl 321b^i; Lom 618C.   67 In...fides] Aug, in Io ev tr 45, 9 (CCL 36, 392); Gl 322a^mg.   sed...credimus] cf Aug, enarr Ps 36, 3, 4 (CCL 38, 370); idem, de catechizandis rudibus 3, 6 (CCL 46, 125); Florus, de expos missae (PL 119, 35B = Aug, enarr Ps 36, 3, 4); Hier, epist 108, 10 (CSEL 55, 317); Gl l. cit.; Wernerus S. Blasii, libri deflorationum (PL 157, 904A); Zacharias Chrysopolitanus, in unum ex quatuor (PL 186, 364A); Lom 1619C.

---

58 alia....   est] *trp* alia est et masior T   67 Iterum] it(em) T   69 Christum] Christi A   70 et] *om* T   80 Idem] item T

CONSEQUENTE EOS PETRA. Fingunt Iudei petram quam percussit
Moyses, quocunque irent per desertum, semper eos secutam fuisse et,
ubicunque figebant tentoria, uoluebatur in medium castrorum nemine
85 impellente, emittens largissimos riuulos ad sacietatem populi et iumen-
torum. Sompniant alii lapidem illum tante paruitatis extitisse, ut Maria,
soror Moysi, ferrret illum pro monili in pectore suo per uastam solitudi-
nem. Rei autem / ueritas habet, sicut tradunt doctores sancti, montem A 197ra
Oreb lapideum esse, quem in latere percussit Moyses. Et quia natura
90 aque est per uallem defluere, filii Israel per uallem semper aut prope
uallem gradiebantur, unde de facili ad aquam possent accedere. Si uero
ad intelligentiam spiritualem recurramus, quia spiritualis est petra, sicut
apostolus dicit, et spiritualis potus. Petra eos ubique sequebatur, quia
Christi auxilio nunquam destituebantur.
95   Notanda est glosa illa beati Augustini: *Christus est panis qui de celo*
descendit etc., sed quod pertinet ad uirtutem / sacramenti, non ad uisibile O 113rb
sacramentum. Qui manducat, intus, non foris; corde, non qui premit
dente. Hoc est, quod idem alibi dicit: *Crede, et manducasti.* Videtur itaque
sufficere nobis ad salutem, si panem hunc spiritualiter tantum manduce-
100 mus et non sacramentaliter, corde et non ore. Sed hoc propter eos
dictum est, qui in articulo necessitatis positi ad sacramentum accedere
non possunt non solum corporis Christi, sed et baptismatis; quibus idem
est uelle quod accipere, et deuotio reputatur pro opere. Alias autem non
perfecte credit, si ad baptismi siue corporis Christi sacramentum acce-
105 dere negligit.

---

82 Fingunt...86 iumentorum] cf Ex 7, 6: Nm 20, 7-11; Ps 77, 15s; Haimo 559B.   86 Sompniant...solitudinem] cf Haimo 593BC; Comm Cantabrigiensis 2, 255.   88   Rei...Moyses]
Haimo, ibid 593C.   91 Si...93 sequebatur] Haimo 559CD.   92 spiritualis...potus] cf I Cor
10, 4.   95 Christus...descendit] Io 6, 59.   Christus...98 dente] Aug, in Io ev tr 26, 12 (CCL
36, 266); Gl 322a^{mg}; *inde multi auctores, e. g.:* Beda, in ev Io (PL 92, 717D); Alcuinus, comm
in S. Io ev, PL 100, 834B); Haimo, hom (PL 118, 571B); Florus, adv Amalarium (PL 119,
83C); Adrevaldus Floriacensis, de corpore et sanguine (PL 124, 950D); Lanfrancus, de
corpore et sanguine (PL 150, 429D-430A); Ivo Carnotensis, decr (PL 161, 138A); Ab, sic et
non q 117, 92 (Ed. Boyer/McKeon 402); Gl 322a^{mg}; Guillelmus de S. Theodorico, de
sacramento altaris (PL 180, 357D); Algerus Leodiensis, de sacramentis 1, 3. 9 (PL 180,
749D. 798A); Zacharias Chrysopolitanus, in unum ex quatuor (PL 186, 253D).   98 Crede...
manducasti] Aug, in Io ev tr 25, 12 (CCL 36, 254).   100 corde...ore] cf Rm 10, 10.   101 in
...103 opere] cf Aug, de baptismo 4, 22, 29 (CSEL 51, 257); *inde* Lom, sent 4, 4, 4, 3 (Ed.
Brady 2, 256); Bernardus, epist 77 (opera 7, 190).   102 idem...accipere] cf Alcuinus, comm
in S. Io ev (PL 100, 838A); *inde* Haimo, hom (PL 118, 351A).

---

84   tentoria] temptoria T   90   defluere] *add* filii Israel per uallem defluere O*, *sed in mg:*
uacat O^c 99   nobis....   salutem] *trp* ad salutem nobis T   102   non possunt] *in mg* T quibus]
quod T

[11] FINES SECULORUM. Finis figure ueritatis est exhibitio. *Fines* ergo
seculorum sunt omnium, que in precedentibus seculis figuraliter prerces-
serunt, in diebus nostris exhibite ueritates.

[13] TEMPTATIO UOS. *Temptatio* est quedam rei precurrens experientia
ad probandum, quid in re possimus quam temptamus; uel: ipsa in nobis 110
temptatio alia probationis, alia deceptionis, alia presumptionis, alia
humane infirmitatis. *Temptatio* probationis: qua temptauit deus Abraham,
O 113va / hoc est probauit; *temptatio* deceptionis: qua temptat nos diabolus, qua
et temptauit dominum; *temptatio* presumptionis: qua temptauerunt filii
T 170vb Israel in deserto / dominum, dicentes: *Nunquid poteris parare nobis mensam* 115
in deserto? Et si enim uideatur ibi fuisse desperatio, ad hoc tamen erat
A 197rb intentio, ut ad gloriam et / exaltationem ipsorum eis pararet *mensam in
deserto.* Ad hanc spectat temptationem illa, qua multi temptant deum,
uolentes ipsius experiri potentiam nondum auxilio destituti rationis. Ibi
enim tantum diuine potentie siue uoluntatis prestolari debet homo 120
iudicium, ubi exitum per se non inuenit nec alterius, qui subueniat,
adest auxilium. *Temptatio* humane infirmitatis est, qua mentem pulsat
motus concupiscentie siue delectationis. Motum enim illum sentire
humane infirmitatis est, sed ei consentire diabolica *temptatio* est. Si quis
in consilio siue in iudicio aliquando labitur, si zelo discipline correctionis 125
modum transgreditur, humane infirmitatis *temptatio* est.
O 113vb   Fit autem *temptatio* aliquando exterius tantum, aliquando inte/rius
tantum, aliquando interius et exterius. Exterius tantum fuit illa, qua
dominum angelorum malus temptauit angelus. Verba enim foris protulit,
materiam temptationis ostendit, sed ut cogitatio illicita mentem eius 130
tangeret, efficere non potuit. Temptationes interiores tantum et interiores et exteriores cotidiano addicimus experimento.

De glosa illa questio potest esse, quomodo intelligenda sit: *Pati propter
Christum humana temptatio est.* Cum enim uirtus maxima sit siue opus
uirtutis *pati propter Christum,* quomodo *temptatio* est? Non hoc dicitur, 135
quasi hoc ipsum *pati propter Christum temptatio* sit, sed quia sine temptati-
one non fit. Licet enim passio illata propter Christum summa deuotione

---

109   Temptatio²...probandum] cf Ps.-Hugo, QEP Hbr q 38 (PL 175, 618B).   111   alia¹...
deceptionis] cf Aug, epist 205, 2 (CSEL 57, 337); *inde* Eugippius Africae, thesaurus (PL 62,
1072C); Atto, expos epist (PL 134, 489C).   112   temptauit...Abraham] Gn 22, 1-14.
114 temptauit dominum] Mc 1, 12s par.   115 Nunquid...deserto] Ps 77, 19.   127 temptatio...tantum²] cf Lom, sent 2, 21, 6 (Ed. Brady 1, 436).   129 dominum...angelus] cf Mt 4,
1-11 par.   133 Pati...est] Abst ad I Cor 10, 13 (CSEL 81/2, 112); Rabanus, enarr (PL 112,
91C); Gl 322b^mg; Lom 1622B.

---

113 temptat.... diabolus] *trp* nos diabolus temptat T 115 parare nobis] *trp* T 117 intentio]
praem eorum AT 119 destituti rationis] *trp* T 129 protulit] *corr ex* tempt. T 130 mentem eius]
trp T 131 et interiores] *om* T 137 Christum] *om* T

sustinenda sit et amanda, tamen, quia caro caro est, grauis est ei et
molesta passio ipsa mentemque pulsat et temptat, si forte ad euadendum
140 ei consentiat. Sed quia ei resistitur, apud deum per huiusmodi temptationem proficitur. Sic ergo, ut michi uidetur, sane intelligi potest, quod *pati
propter Christum* sit humane infirmitatis *temptatio;* secundum causam, non
secundum substantiam.

FIDELIS AUTEM ETC. Quasi: Temptationes declinare non potestis, sed
145 nolite timere, quia DEUS FIDELIS ETC.. Deus dicitur fidelis promissorum
adimpletione, homo uero fidei participatione et operis executione./

SUPRA id quod potestis. Dat intelligi / aliquem posse temptari supra A 197va
uires. Quod si est, que culpa eius, si uincitur? Si quis enim cum fortiore O 114ra
se contendat, que culpa eius, si succumbat? Ad hec: Aliquando temptatio
150 minor est uiribus nostris, et tunc magna culpa magnumque dedecus et
obprobrium nostrum, si uincimur: Vt temptatio illa, qua temptatus est
Dauid pro Betsabee, minor erat caritate quam habuit ceterisque uirtutibus suis. Ali/quando par est, et tunc culpa minor, si uincimur. Quando T 171ra
uero maior est, uidetur nulla culpa esse, quod tamen uerum non est. Si
155 enim gratia, quam habemus resistendi, eo usque resisteremus, quo se
posset extendere, augmentum gratia statim acciperet fortemque fortior
superueniens alligaret. Nemo igitur se excuset nec immunem se protestet-
tur a culpa, si sub quantolibet temptationum graui pondere subcumbat.
Si reluctari quoad potest uoluerit, usque ad uictoriam auxilium ei non
160 deerit.

Et notandum, quia tribus modis contra temptationes prouidet nobis
deus: aliquando temptationem ex toto tollendo, quod fit uel quando
temptator desinit seuire uel quando *rapitur iustus, ne malitia mutet cor eius;*
aliquando temptationem minuendo; aliquando uires maiores tribuendo.
165   [20] NON POTESTIS CALICEM etc. ita, ut participes sitis cali/cis domini O 114rb
et calicis demoniorum. Vnde et supponit:

[22] NON POTESTIS MENSE DOMINI. Sacramentaliter enim multi corpori
et sanguini Christi communicant, qui tamen participes sunt *mense demoniorum,* sed non in uirtute misterii. Et secundum hoc mensam domini
170 uocat ipsum altare uel quod in altari sumitur corpus domini; mensam
uero demoniorum ydolatriam. Tempore siquidem illo nonnulli sacra-

---

151 temptatio...Betsabee] II Sm 11, 2-5.   156 fortemque...alligaret] cf Mc 3, 27; Mt 12, 29;
vide iam p. 11, 88 ad Rm 1, 1!   163 rapitur...eius] cf Sap 4, 11 Vg: *raptus est ne malitia mutaret
intellectum illius;* cf Andreas de S. Victore, expos historicae in libros Salomonis, in
Ecclesiasten (CCM 53B, 125).

---

138 caro est] *om* T   144 Quasi.... etc] *in mg* O   155 eo] et O* *corr in mg* O   159 quoad] ut
T   163 iustus] intus T   165 calicem] *om* T   170 domini] dei T   171 uero] *om* T

mentis Christi participabant, qui nondum ex toto a cultu ydolatrie recesserant. Vel: Mensa domini fides appellari potest, cui cetere uirtutes quasi
fercula supponuntur; mensa uero demoniorum infidelitas.

[25] IN MACELLO UENIT, hoc est uenditur. Macellum a mactando, eo 175
quod ibi carnes mactantur.

CENAM. Cena uocatur a communione uescentium, quasi commune
A 197vb conuiuium. "Cenon" quippe Greci "commune" dicunt. / Consuetudo
autem apud ueteres erat hora nona cenare nec ante sumere cibum. Vnde
non solum in diuinis, sed frequenter in ethnicis reprehenduntur scriptu- 180
ris, qui ante horam illam ad manducandum residebant.

[31] OMNIA IN GLORIAM DEI FACITE. Quod erit, si scandalum fratrum,
quod ex uobis est, per omnia caueatis et communem utilitatem proprio
commodo preferatis. Vnde et de utroque supponit: primo ut / scanda-
O 114va lum euitetur, postmodum ut, quod multis utile est ad salutem, proprie 185
utilitati preponatur.

[33] PER OMNIA OMNIBUS PLACEO. Quomodo dicit se apostolus *per
omnia omnibus* placere, qui per multa multis displicebat, et idem alibi: *Si
adhuc omnibus placerem, Christi seruus non essem.*? Placere se dicit *omnibus*,
quia ea facit, que placere debent *omnibus*, scandalum scilicet proximi per 190
omnia uitando et non terrenum commodum, sed salutem omnium
querendo. Vel: PER OMNIA OMNIBUS PLACET, qui ueritatem ubique docet.
T 171rb Sicut / enim nullius conscientia potest odisse bonum, sic non potest non
amare bonum.

175 hoc...uenditur] Gl 323aⁱ.   Macellum...mactantur] Haimo 565D-566A.   177 Cena...
dicunt] Isidorus, etymologiae 20, 2, 14; *inde* Smaragdus, in regulam (PL 102, 876D); Rabanus, de universo (PL 111, 569D); Haimo 566B. 571C; Ratherius, sermo 4, 4 (CCM 46, 101);
Hervaeus 921A.   178 Consuetudo...cibum] Haimo, l. cit.   188 Si...essem] Gal 1, 10.
189 Placere...192 docet] cf Lom 1628A.

172 recesserant] recesserunt T   174 supponuntur] superponuntur T   177 commune] *om*
T 179 erat] *corr ex* erant A 187 dicit] *om* T apostolus] .a. O

[11, 2] LAUDO ETC. Ad perfectionem doctrina tendit apostoli, que in subditis non solum que saluti contraria sunt corrigit, sed que honestati. Erat itaque Corinthiorum consuetudo, ut uiri in oratione siue in doctrina caput suum uelarent, mulieres uero minime. Hanc consuetudinem
5 reprehensibilem esse probat apostolus ratione creationis, ratione ordinationis, et ratione mistice significationis.

Notandum tamen primo: Quod dicit: *Laudo,* yronia est et per contrarium facta reprehensio. Non enim per omnia precepta eius tenebant, sed multorum transgressores erant. Vnde et superius reprehenduntur in
10 multis et inferius.

[3] OMNIS UIRI CHRISTUS CAPUT EST. Si ad creationem hoc referatur, eodem modo et tota trinitas caput uiri est. Quod uerum esse potest, quia omnis uiri tota trinitas principium est et dominus, eique uir omnis subiectionem debet. Quare ergo caput uiri Christus specialiter appella-
15 tur? Alia forsitan, / que non totam trinitatem respicit, causa: Caput enim O 114vb et membra eiusdem debent esse nature. Aliter enim coherere non possunt nec aliquod unum efficere. Propter ueritatem ergo assumpte humanitatis Christus caput dicitur hominis, cui omnis homo / debet subiectio- A 198ra nem, a qua et per quam habet redemptionem.

20   CAPUT MULIERIS UIR, quia subiecta illi debet esse, a quo habet esse.

CAPUT UERO CHRISTI DEUS. Si secundum humanitatem Christi hoc dicatur, secundum quam non solum patre sed tota trinitate minor est, uerum est, quia secundum hanc ei subiectionem debet. Sed tunc aliter caput accipietur, cum alterius nature Christi sit humanitas et alterius
25 patris diuinitas. Potest et secundum diuinam naturam legi, quod Christi caput est deus pater, per quam, et si subiectionem ei non debeat, quia equalis illi est, hoc tamen ei debet, quia ab illo est, quia ille huius principium est.

[4] VELATO CAPITE. De cuiusmodi uelamine loquatur hic apostolus,
30 ambiguum est. Nos enim capite cooperto frequenter oramus et legimus et populo predicamus. Forsitan peplis et eiusmodi ligaturis mulierum more capita sua tunc temporis uelabant homines, quod nec tunc decuit nec modo decet. /

[5] MULIER ORANS AUT PROPHETANS, hoc est scripturas reserans, sicut O 115ra
35 glosa dicit. Vtrum tunc liceret mulieribus scripturas docere et predicare populo, nescio. Scio autem, quia modo non licet, maxime quia dicit apostolus: *Mulieres in ecclesia non loquantur.* Non enim credo, quod loqua-

---

7 yronia] Gl 324a^{mg}.   20 quia...esse^2] cf Lom 1629B.   34 scripturas reserans] Gl 324a^i; Lom 1630C.   37 Mulieres...loquantur] I Cor 14, 34.

---

3 oratione] ratione T   5 creationis ratione] *in mg* O   14 specialiter] *corr ex* spiritualiter O   16 possunt] *praem* debent T*

tur hic de mulieribus religiosis ut de abbatissis, que re uera sororibus suis
scripturas aperire et predicare possunt.

[7] VIR QUIDEM ETC. Probat apostolus ratione misterii, quod uir non 40
debet uelare caput, quoniam *imago est et gloria dei.* Sed quia non est
corporis hec imago sed mentis -non enim secundum corpus factus est
homo ad imaginem dei sed secundum spiritum-, uidetur et super mulie-
T 171va re / eadem posse fieri probatio. Sicut enim in Genesi legitur: *Fecit deus*
hominem ad imaginem et similitudinem suam, et ut de muliere idem intelli- 45
geretur, subsequenter adiungit: *Masculum et feminam creauit eos:* Ergo,
cum in rationali spiritu mulieris eque ut hominis sit ista dei imago, si uir
non debet uelare caput, quia est dei imago, nec mulier. Propterea de
mistica uelatione id intelligendum esse dicunt, sicut in quadam glosa
O 115rb habetur: *Per uirum enim ratio designatur,* / que uelo cohibenda non est; 50
per mulierem sensualitas, cui ratio preesse et eam regere tanquam uir /
A 198rb mulierem debet. Et nisi sic intelligatur, sicut in eadem legitur glosa, *aliter*
inane est. Sed cum de materiali uelatione hic loquatur apostolus et proba-
re intendat uirum non debere uelari, etiam ad litteram probatio eius
intelligenda est. Quod enim in glosa habetur: *Aliter inane est,* hoc est 55
infructuosum. Nichil enim prodest hoc exterius obseruare, nisi obseruetur interius, ut, quod de uiro et muliere materialiter dicitur, de ratione et
sensualitate spiritualiter intelligatur. Quod ergo dicitur: *Vir non debet*
uelare caput, quoniam imago est dei, sic exponitur: *Imago,* id est *forma,* sicut
in epistola ad Romanos: *Qui est forma futuri.* Quia, sicut ex deo omnia, sic 60
ex Adam omnes homines. Vel: Sicut ex latere Christi dormientis in cruce
origo fluxit ecclesie, sic Eua formata est de costa Ade. Vel: Sicut deus
preest omnibus per potentiam, sic homo terrenis omnibus per intelligentiam. Vel: Vir specialiter dicitur *imago dei,* quia in eo principaliter uiget
ratio et uis prelationis, in quibus deum imitari et illi subesse et mulierem 65

---

41   Sed...44 probatio] cf Lom 1632C; *vide etiam* Ps.-Hugo, QEP I Cor q 109 (PL 175, 533C).
44   Fecit...suam] Gn 1, 27; 5, 1s.   46   Masculum...eos] Gn 1, 27; 5, 2.   48   Propterea...52
debet] cf Gl 324b^{mg}; Lom 1632C; *vide etiam* Ps.-Hugo, QEP I Cor q 109 (PL 175, 533CD).
52   aliter...est] Gl 324b^{mg} (*Ambr*); Lom 1632C.   58   Vir...dei] I Cor 11, 7.   60   Qui...futuri]
Rm 5, 14.   sicut...homines] cf Gl 324b^{mg} (*Ambr*); Hildebertus Cenomanensis, tr (PL 171,
118D-119A); Ps.-Hugo, QEP I Cor q 109 (PL 175, 533C); Ps.-Hugo, SS 3, 2 (PL 175, 91D).
sicut...62 Ade] cf Gl 324b^{mg} (*Aug*); Lom 1631AB. 1392C (*sub nomine Remigii*); Sedulius
Scottus, collectaneum ad Rm 5, 8 (AGLB 31, 134); Lanfrancus, comm (PL 150, 121B);
Bruno Carthusianorum, expos epist (PL 153, 52C).   62   Eua...Ade] Gn 2, 22.   Sicut...
intelligentiam] cf Gl 324a^{mg} (*Aug*); Hervaeus 726C; Lom 1631D.   64   Vir...66 homo] cf Gl
324b^{mg} (*Aug*); Lom 1631B.

---

40 quidem] quidam A 44 posse] *om* T 46 subsequenter] *om* T 48 nec mulier] *om* T 51 per
mulierem] *om* T 53 loquatur] loquitur A apostolus] *om* T 55 est²] *supr lin* O 58 Vir] *om*
T 64 specialiter] *corr ex* spiritualiter O

regere et illi preesse debet / homo. Quod autem additur: ET GLORIA, O 115va
endiadis est, hoc est: gloriosa imago, in quo tanquam in speculo imago
dei gloriosa relucet, dum ei per amorem boni incommutabilis inheret.

MULIER AUTEM GLORIA EST UIRI. Quia *ex eo est*, sicut glosa dicit. *Mulier*
70 *gloria est uiri*, si bene regatur a uiro. Bonus enim discipulus gloria est
magistri.

[8] NON ENIM. Ecce quam aptissime respondent misteria reparationis
operibus creationis! Ibi mulier ex uiro sine muliere, hic uir, hoc est
Christus, de muliere sine uiro. Non miretur Iudeus aut gentilis, si uirgo
75 uirum sine semine concepit, quia de uiro sine muliere mulier processit.

[10] IDEO DEBET MULIER POTESTATEM, hoc est uelamen, signum potestatis, HABERE. Hec est ratio, ut uidetur, quare mulier uelamen debet
habere, quia caput habet inter se et deum: hominem. Ergo et homo,
quia caput habet supra se: Christum; *uiri enim caput est Christus, Christi*
80 *autem deus.*

Ad hec: Caput hoc, caput scilicet hominis Christus, non est operiens
sed aperiens; non est obumbrans sed illuminans. Vnde, quia caput hoc
non uelat sed reuelat, / in signum eius non debet habere uelatum caput, A 198va
sed apertum.

85   ET PROPTER ANGELOS. Grata est siquidem angelis mulieris / obedi- O 115vb
entia, quibus eiusdem / inobedientia displicuit. Vel: Angelos uocat T 171vb
sacerdotes et altaris ministros, propter quos uelatum debet habere caput,
ne crinium expansio eos prouocet ad lapsum.

[19] NAM OPORTET ET HERESES ESSE. Ecce quod prius dixit *scissuras*,
90 nunc *hereses* appellat. Licet enim heresis dicatur proprie circa articulos
fidei, ubi scilicet contrarium fidei aliquid docetur, hereses tamen apostolus scismata uocat, ubi unitas pacis scinditur. Sunt enim omnes scismatici
heretici; nec minus est peccatum caritatis unitatem scindere quam fidei.
Ecce dicit apostolus, quia *oportet hereses esse*. Quare utile est *hereses esse,*
95 ergo et bonum est eas esse. Quare uelle debemus *hereses esse*. Item: Si

---

69 Quia...est] Gl 324b^{mg} *(Aug)*; Lom 1631B.   70 Bonus...magistri] cf: Hier, in Mt 4, 24, 36
(CCL 77, 231); Beda, in Mc ev expos IV (CCL 120, 603); Cassiodori discipulus, comm in
epist s. Pauli, ad Phil 2 (PL 68, 633): *Perfectio discipulorum magistri gloria comprobatur;* idem ad
Gal 4 (ibid 596); Bernardus, epist 385, 1 (opera 8, 351): *Discipulus quippe proficiens gloria est
magistri.*   73 Ibi...uiro^{2}] cf Isaac de Stella, sermo 54, 7 (SChr 339, 252).   76 hoc...uela-
men] cf Gl 324b^{i+txt}.   signum potestatis] cf Ps.-Hier, in epist Pauli (PL 30, 750A).   79 uiri
...deus] I Cor 11, 3.   86   Angelos...ministros] cf Cassiodori discipulus, comm (PL 68,
532D).   Angelos...88 lapsum] cf Bruno Carthusianorum, expos epist (PL 153, 181BC);
Hervaeus 926D-927A; Lom 1632B.   89 scissuras] I Cor 11, 18.   94 utile est] cf Hervaeus
930C; Lom 1637 .1638 .

---

67 hoc] hec AT imago^{1}] glosa T 69 est uiri] *trp* T 72 aptissime.... reparationis] *trp* aptissime misteria reparationis respondent T 79 supra se] *om* T 95 ergo] *om* T

bonum est *hereses esse*, bonum est mala esse, bonum est mala fieri, bonum est homines peccare.

Ad hec: Duplex iudicium in talibus locutionibus solet et debet fieri. Aliquando enim iudicamus de locutione secundum qualitatem rei, aliquando secundum consequens, id est secundum oportunitatem quam 100 prestat ad id, quod consequitur. Cum ergo dicit apostolus: *Oportet hereses esse*, bonum quod inde sequitur attendit, non qualitatem rei. Eodem modo beatus Augustinus, ubi dicit: *Deus est cui / mala nostra bona sunt et qui bene utitur malis nostris.* Cum autem dicitur: "*Bonum est mala esse*, bonum est homines peccare*", si secundum qualitatem rei locutio iudice- 105 tur, non est concedenda. Hoc enim esset, quod illa in se haberent, unde ea esse bonum esset.

O 116ra

VT QUI PROBATI. Ecce utilitas, quare *hereses esse oportet*: quia per hereses *probati manifesti* fiunt et reprobi similiter. Nunquam adeo claruisset doctrina beati Augustini et aliorum doctorum, nisi per inpugnationem 110 heresum manifestaretur. /

m 769C

[20] CONUENIENTIBUS. Post doctrinam eorum, que spectant ad hone-statem, subsequenter agit de his, que necessaria sunt ad salutem, hoc est de sacramento altaris, in quo Corinthii maxime errabant. Conueniebant enim in ecclesia ad manducandum et bibendum, et postmodum saturati 115 et inebriati corpori Christi et sanguini communicabant. In quo reprehen-duntur / in duobus: tum quia pauperes ad cenam suam non uocabantur, tum quia pransi et non ieiuni tanto sacramento communicabant. Chri-stus reuera p*ost cenam* discipulis *corpus suum et sanguinem* dedit, sicut

A 198vb

---

96 bonum²...fieri] cf Lom, sent 1, 46, 3, 6 (Ed. Brady 1, 315). 1, 46, 3, 4, 1s (ibid 317). 1, 46, 6, 2 (ibid 318s).   103 Deus...sunt] *Non inventum.*   104 qui...nostris] Aug, quaest in hepta-teuchum (Idc) q 49, 13 (CCL 33, 365); cf: idem, in Io ev t tr 27, 10 (CCL 36, 275); idem, epist 140, 2 (CSEL 44, 157s). 149, 2 (ibid 364). 190, 3 (CSEL 57, 145). 264, 1 (ibid 635); idem, enarr Ps 93, 28 (CCL 39, 1328s). 104, 17 (CCL 40, 1545); idem, sermo 214 (Ed. Verbraken 16); idem, de diversis quaest ad Simplicianum II, 1 q 11 (CCL 44, 74); idem, contra Faustum 16, 21 (CSEL 25/1, 463); idem, contra adversarium legis 1, 15 (CCL 49, 56); idem, contra Iulianum 2, 32 (PL 44, 754D); Lom 1637C.   Bonum...esse] cf Aug, enchiridion 24, 96 (CCL 46, 100); Lom, sent 1, 46, 3, 6 (Ed. Brady 1, 315). 1, 46, 4, 1s (ibid 317). 1, 46, 6, 2 (ibid 318s).   105 bonum...peccare] *Non inventum.*   109 Nunquam...111 manifestaretur] cf Aug, de civitate dei 16, 2 (CCL 48, 499); Lom 1637D.   112 Conuenien-tibus] *Vide apparatum ad locum!*   118 Christus...dedit] Mc 14, 22-24 par; I Cor 11, 23-25.

---

98 et] *om* A   101 prestat] prat. AO   apostolus] .a. *et in mg* aplus O   112 Conuenientibus] "Rurs-us de epistola prima ad Corinthios: Convenientibus vobis in unum", etc. (I Cor. XI). *Sequens textus usque ad finem expositionis capituli 11 idem est ac* Ps.-Balduinus de Forda (Cantuariensis), liber de sacramento altaris (PL 204, 769B-774A = m); *nova editio* SChr 93.94 *omittit hunc textum, quia Balduini non est: vide SChr 93, 60*   113 subsequenter] consequenter m   117 in¹] *supr lin* O   uocabantur] uocabant ATm   119 discipulis....]   dedit] *trp* corpus suum et sanguinem discipulis dedit m

120 beatus Augustinus dicit, *quo uehementius commendaret,* uolens *hoc ul/timum* O 116rb
memorie eorum tenatius *infigere.* Vel, sicut alibi habetur, celebrato cum
discipulis pascha more Iudeorum, nouum pascha incoauit, / donans m 769D
corpus suum et sanguinem discipulis in sacramento panis et uini, significans illud pascha de cetero non esse tenendum, instituens et precipiens,
125 illud, quod in fine fecit, esse retinendum.

IAM NON EST DOMINICAM CENAM MANDUCARE. Hoc est: Non conuenitis
tanquam ad dominicam cenam mandu/candam, sed tanquam ad ue- T 172ra
stram, qui nichil pauperibus erogatis. Quod probat:

[21] VNUSQUISQUE etc. Vel aliter: CONUENIENTIBUS UOBIS IN UNUM IAM
130 NON EST, hoc est iam non licet, DOMINICAM CENAM MANDUCARE, hoc est
corpori et sanguini domini communicare. Et quare illis iam non licet,
subdit: Quia UNUSQUISQUE SUAM CENAM PRESUMIT, hoc est sumit ante
dominicam cenam; et ita pransi sumitis dominicam cenam, quod iam
non / licet, sed tantum ieiunis. Et secundum hanc lectionem manifestam m 770A
135 habemus hic ab apostolo auctoritatem, quod non nisi ieiuni debemus
hoc sacramentum accipere. Alibi autem in toto apostolo ita manifeste
non habetur.

[23] QUONIAM DOMINUS JHESUS. Quia circa sacramentum hoc salus
nostra consistit et eo nullum est in ecclesia maius, preter seriem aposto- O 116va
140 licam quedam / hic queri solent que, quia fidei necessaria sunt, preter-
mitti non debent.

Notandum tamen primo et sane intelligendum, quia in fine cuiusdam
glose super hunc locum habetur, quia *caro Christi pro salute corporis, sanguis pro anima nostra.* Nonne utrumque, hoc est caro Christi et sanguis,
145 utrumque in nobis operatur, hoc est salutem anime et corporis? Quare
ergo ita diuidit, / quasi non utrumque utriusque salutis sit effectiuum? m 770B
Alibi dicit apostolus: *Christus mortuus est propter delicta nostra, et resurrexit
propter iustificationem nostram.* Tamen et mors Christi utrumque operatur

120   quo...infigere] Aug, epist 54, 6 (CSEL 34/2, 167); Florus, de expos missae 8 (PL 119,
24B); Ivo Carnotensis, decr 2, 2 (PL 161, 112); Gratianus, decr III de consecratione d 2 c 53
(Ed. Friedberg I, 1334); Hildebertus Cenomanensis, de expos missae (PL 171, 1175A);
Hervaeus 932B; Gl 325a^{mg}; Lom 1639A; idem, sent 5, 8, 5, 2 (Ed. Brady 2, 284); Balduinus
de Forda, de sacramento altaris 2, 4 (SChr 94, 404); [Ps.-Balduinus, *PL 204, 769C invenitur
textus praesentis expositionis*].   130 non licet] Gl 235b^{i}.   132 ante...cenam] Gl ibid.   143 caro...nostra] Abst ad I Cor 11, 26 (CSEL 81/2, 128); cf Gl 326a^{mg}; Lom, sent 4, 11, 4, 1 (Ed.
Brady 2, 300); anonymus, liber Quare q 10a (CCM 60, 6).   147 Christus...nostram] Rm 4,
25.

125 esse] ad m 126 Hoc] hec AO 128 nichil] nil m 129 etc] enim suam cenam praesumit
m in unum] *om* m 130 hoc^{l}] id m iam] *om* m 132 suam cenam] *trp* m hoc] id m 133 dominicam cenam^{l}] *trp* m 134 tantum] solum m 138 circa.... hoc] *trp* sacramentum circa hoc
T, circa hoc sacramentum m 142 quia] quod A 148 Tamen et] et tamen et *supr lin* A

in nobis, peccatorum scilicet remissionem et nostram iustificationem, et
resurrectio utrumque. Consimiliter dictum est, quia caro Christi salutem 150
A 199ra corporis, et anime / salutem operatur sanguis, licet utrumque utriusque
salutem operetur in nobis. Caro enim magis proprie ad corpus, sanguis
uero ad animam referri solet, quia sedes anime in sanguine est; amplius
autem, quia caro sumitur in specie panis qui est cibus corporis et susten-
m 770C tamentum, sanguis uero in specie uini, quod / generat leticiam mentis. 155
Panis enim cor hominis confirmat, et uinum letificat. Sub utraque specie
O 116vb sumitur totus Christus. Si enim sub al/tera tantum sumeretur, ad alterius
tantum, id est anime uel corporis, salutem ualere significaretur.

Sed queritur, quare sacramentum hoc in specie panis et uini potius
celebretur quam aliarum rerum: Ideo quia ipse auctor et dator huius 160
sacramenti sub his speciebus illud consecrauit et dedit; et ideo in specie
panis de frumento, quia ipse se *granum frumenti* nominauit, quod ceteris
granis dignius est et utilius.

Sunt autem tria circa hoc sacramentum attendenda: significantia
tantum; significata et significantia; et significata tantum. Significantia 165
T 172rb tantum: species uisibiles, que sacra/menta dicuntur / iuxta illud: Sacra-
m 770D mentum est uisibile signum inuisibilis gratie dei. Significata et significantia sunt ipsum corpus et sanguis Christi. Corpus enim Christi per
speciem panis ibi designatur, sanguis uero per speciem uini. Item:
Corpus Christi, quod ibi sumitur, corpus significat ecclesie, sanguis uero 170
caritatem, sumpta proprietate significandi a natura specierum uisibilium,
in quibus sumuntur, quemadmodum in hac ipsa epistola dictum est.
Significata tantum sunt corpus Christi, quod est ecclesia, et caritas, per
quam unitur capiti suo, quod est Christus, et in qua tanquam in sanguine
uita est huius corporis.   175
O 117ra   Item queritur, utrum substantia / panis transeat in corpus et substan-
m 771A tia uini in sanguinem. / Quod omnimodo credendum est, scilicet quod
substantia illa panis materialis per sacerdotalem benedictionem transit in
uerum corpus Christi, et uinum in sanguinem.

---

156   Panis...letificat] Ps 103, 15.   Sub...Christus] cf Lom, sent 4, 11, 4, 2 (Ed. Brady 301);
Ps.-Hugo, SS 6, 6 (PL 176, 142C-143A).   162 granum frumenti] Io 12, 24.   164 Sunt...175
corporis] cf Gl 325b^mg.   166   Sacramentum...gratie] Sic Ab, ThSch 1, 9 (CCM13, 321);
idem, t sch 16 (CCM 12, 406, *vide et notam ad locum!);* idem, sic et non q 117, 109 (Ed.
Boyer/McKeon 407 [*cum fontibus in margine*])*; cf etiam* Gl 326a^mg.

149 peccatorum scilicet] *trp* m 150 quia] quod AT 154 sustentamentum] sustentatio T
m 157 enim] autem m 158 anime] *om* A 159 sacramentum] sacramen *(finis lineae)* O hoc....
specie] in hac specie m 176 corpus] *add* Christi AT 177 scilicet quod] Si ergo m

180 Substantia panis erit corpus Christi; ergo aliqua substantia, que non
est nata de uirgine, erit corpus Christi: Non est uerum, sicut: Substantia
humana est deus, non tamen aliqua substantia, que non sit ab eterno, uel
aliquid, quod non sit ab eterno, est deus.

De accidentibus illis, que post consecrationem uidentur et sentiuntur,
185 in quo subiecto remaneant, solet queri. Et sunt qui / dicant illa in aere A 199rb
fundari; sunt qui in oculis intuentium; sunt qui sine subiecto illa manere
credant, quod uerisimilius uidetur, licet contra naturam eorum hoc esse
uideatur. Non enim hic querendus est ordo nature, / ubi supra naturam m 771B
est totum quod agitur.

190 De fractione illa etiam queri solet, cuius rei sit, id est quid ibi franga-
tur, et quid partes ille significent fractionis. Dicunt quidam solum
sacramentum ibi frangi, eo quod corpus Christi inpassibile sit et nullam
recipiat fractionem, nullam partium diuisionem. Sed quomodo uera
tunc erit illa confessio Berengarii, que Rome coram papa Nicholao /
195 presentibus centum tredecim episcopis facta est et scripta? Confessus est O 117rb
enim panem et uinum, que in altari ponuntur, post consecrationem non
solum sacramentum, sed etiam uerum corpus et sanguinem Christi esse
et sensualiter, non solum sacramentum, sed in ueritate manibus sacerdotum tractari et frangi et fidelium dentibus atteri. Ecce dicit, quia corpus
200 Christi in ueritate frangitur, / in ueritate fidelium dentibus atteritur! m 771C
Eadem ratione ibidem in ueritate uidetur, non solum oculis cordis sed
corporis. Error Berengarii fuit, quod post consecrationem panis pa/nis T 172va
remanebat et solum sacramentum corporis Christi, non uerum corpus
eius ibi erat. Sua ergo confessione fidei expressit ueritatem, dicens non
205 solum sacramentum fractioni illi subesse, quod prius crediderat, sed
corpus Christi in ueritate. Corpus enim Christi est in ueritate, quod

---

181 Substantia...183 deus] *Vide supra ad Rm 1, 3!* 184 De...189 agitur] cf Gl 326a^mg.
185 in^2...fundari] *Haec doctrina Petro Abaelardo attribuitur a Guillelmo de S. Theodorico: vide
notam ad P. Lom, sent 4, 12, 3, 2 (Ed. Brady 2, 305)!* 190 De...207 atteritur] cf Gl 326a^mg-
b^mg. 193 Sed...207 atteritur] cf Rob 211, 15-212, 11. 194 confessio Berengarii] *In concilio
1079 Romae habito; cf: Bernoldus Constantiensis, de Berrengarii haeresiarchae damnatione (PL 148,
1455B);* Lanfrancus, de corpore et sanguine (PL 150, 410D); Ivo Carnotensis, decr 2, 10
(PL 161, 1072D.1073A); idem, Panormia 126 (PL 161, 161A.B); Gratianus, decr III, de
consecratione, d. 2, 42, 16 (Ed. Friedberg I, 1328s); Rob 211, 15-212, 11; Lom, sent 4, 12, 3,
1 (Ed. Brady 2, 305); Algerus, de sacaramentis 19 (PL 180, 797A.B); Gerhohus
Reicherspergensis, de gloria et honore (PL 194, 1125A); Innocentius III, mysteriorum
evangelicae legis 2, 10 (PL 217, 862CD); Ps.-Balduinus PL 204, 771B.C.

---

182 eterno] *add* est deus m 183 est deus] *om* T m 186 intuentium] *corr ex* intueuntium
T 187 hoc] *om* A 188 hic.... est] *trp* quaerendus est hic m 189 totum.... agitur] *trp* quod
totum agitur m 190 illa] *om* m 194 Nicholao] *om* T (*spatium*) m 195 est^1] *om* T est enim]
etenim m 200 in ueritate^1] *om* T in^1.... frangitur] trp frangitur in ueritate m 204 ergo]
uero m 206 est.... ueritate] *trp* in ueritate est T m

uidetur et frangitur et fidelium dentibus atteritur. Sed quomodo, inquis,
si inpassibile, frangitur, quomodo, si indiuisibile, diuiditur?

    Responsio: Quomodo deus mori potuit, si immortalis fuit; quomodo
m 771D comprehendi, si incomprehensibilis? Secundum / aliud et aliud dices, et 210
tamen unus et idem. Sic unum et idem corpus inpassibile, et tamen
O 117va frangitur, sed secundum / aliud et aliud, utrumque tamen in ueritate.
Quod secundum se et in se inpassibile est, in sacramento diuiditur, in
sacramento uidetur et fidelium dentibus atteritur; hec omnia tamen in
ueritate, et in fantasmate nichil.   215

    Quare autem in tres frangitur portiones? Propter sacramentum corpo-
ris Christi, id est capitis et membrorum. Vna enim duarum, que extra
A 199va calicem remanent, caput huius corporis iam / inpassibile iam glorifica-
tum significat; altera membra illa corporis huius, que iam inpassibilia,
iam glorificata capiti suo in requie coniunguntur; tercia que sanguini 220
m 772A admiscetur, illa corporis huius membra figurat, que nondum / mortem
euaserunt, que adhuc in laboribus huius uite detinentur.

    Queritur etiam de aqua, quare in hoc sacrificio apponatur, et utrum
ut uinum in sanguinem conuertatur. Non autem ideo apponitur, ut
quorundam fortassis habet opinio, quia pariter cum sanguine fluxit de 225
latere Christi. Illa enim aquam significauit baptismatis, quod purificandi
uirtutem habet a sanguine Christi. Ideo tamen pariter sanguis et aqua,
quia nec sine sanguine salus nec sine baptismo. Aqua uero, que in calice
ponitur, ut dicunt, populum significat, qui per Christi passionem est
O 117vb redemptus. Vnde, si uinum tantum / quis offerat, sanguis Christi incipit 230
esse sine nobis. Si enim uinum tantum quis offerat sine aqua simpliciter
m 772B uel ignoranter, consecrat quidem, sed / penitentiam agere debet.

    Quod aqua illa uertitur in sanguinem, nobis uidetur. Si enim per
uinum Iudaicus populus designatur, quod plerumque fit, et per aquam
gentilis: cum uterque sit de corpore Christi, utrumque in sanguinem, 235
hoc est uinum et aqua, uidetur conuerti.

---

223 Queritur...230 redemptus] cf Gl 326a^mg.   225 pariter...Christi] cf Io 19, 34.

---

207 et^1] quod m   208 si^1] om m si^2] om T m   indiuisibile] *corr ex* diuiso A   209 Responsio]
Respondemus m   210 dices] dicis m   214 fidelium dentibus] *trp* T m omnia tamen] *trp*
m   216 Quare] Quod m frangitur] diuiditur m Propter] *praem* Est m   218 iam^2] *praem* et
m   221 corporis.... membra] *trp* membra corporis huius T m   223 etiam] autem T
m   224 autem] *om* m   226 aquam] aqua AT aquam significauit] *trp* m   227 sanguis] *add* ea
T*   229 dicunt] *add* calicem T* populum significat] *trp* m   230 offerat] offeret m   233 Quod]
add autem m illa] *om* m uertitur] uertatur T m   235 gentilis] gentiles m   236 uidetur
conuerti] *trp* m

Queritur etiam, utrum debeat concedi quod Christus cotidie immole-
tur. De quo Augustinus: *Semel immolatus est in semetipso Christus, et tamen
cotidie immolatur in sacramento, uocaturque ipsa carnis immolatio, que sacerdo-*
240 *tis manibus fit, Christi passio et mors et crucifixio, non rei ueritate, sed significati
misterio.* Immolatio hec non est occisionis, sed sanctificationis et repre-
sentationis.

Queri pretera solet, utrum corpus Christi sumptum a nobis uadat in
uentrem, / uel aliquid / tale. Huiusmodi questionem utinam nemo T 172vb
245 faceret! Eam tamen facienti beatus Ambrosius ita respondet: *Non iste* m 772C
*panis est qui uadit in corpus, sed panis uite est eterne, qui anime nostre substan-
tiam fulcit.* Si muscidum fiat, si a mure corrodatur, uel aliquid minus
honestum circa ipsum fiat nunquam. Ipsum enim nullius immun/dicie O 118ra
sordes attingunt, et si circa speciem sacramenti uideantur accidere.
250 [25] HIC CALIX. Continens pro contento, *calix* pro sanguine, quia in
calice sanguis. *Calix* / in scriptura sacra pluribus modis accipitur: Ali- A 199vb
quando enim per calicem sanguis Christi designatur, sicut hic et in
psalmo: *Et calix meus inebrians, quam preclarus est!;* / aliquando mors ipsa m 772D
Christi et suorum, ut ibi: *Potestis bibere calicem quem ego bibiturus sum?* Que
255 ideo *calix* dicitur, quia ad mensuram est, ut eius acerbitas patientiam

---

238   Semel...sacramento] Aug, epist 98, 9 (CSEL 34, 2, 530); Ps.-Beda, aliquot quaest (PL
93, 473A); Florus, expos (PL 119, 291C); Ratramnus, de corpore et sanguine (PL 121,
142A); Lanfrancus, de corpore et sanguine 15 (PL 150, 425B); Guillelmus de S. Theodorico, de sacramento altaris (PL 180, 364C); Algerus Leodiensis, de sacramentis 1, 18 (PL 180,
793A); anonymus, liber Quare, appendix II additio 32 (CCM 60, 184); Ivo Carnotensis,
decr 2, 4 (PL 161, 137A). 2, 9 (ibid 155A); Ab, sic et non q 117, 105 (Ed. Boyer/McKeon
406); Gratianus, decr III, de consecratione, d. 2, 52 *semel* (Ed. Friedberg I, 1333 [*ubi Prosper
nominatur*]); Lom, sent 4, 12, 5, 2 (Ed. Brady 2, 309); cf 4, 12, 5, 3 (ibid).   239 uocaturque
...241 misterio] Lanfrancus, de corpore et sanguine 14 (PL 150, 425A); Ivo, decr 2, 9 (PL
161, 155A); idem, Panormia 1, 137 (PL 161, 1076B); Ab, sic et non q 117, 46 (Ed. Boyer/-
McKeon 389); Algerus Leodiensis, de sacramentis 1, 18 (PL 180, 793A); Gratianus, decr III,
de consecratione, 3,48, 2 (Ed. Friedberg 1, 1332 [*ubi Prosper nominatur*]); Lom, sent 4, 10, 1,
9 (Ed. Brady 2, 294).   245   Non...247 fulcit] Ambr, de sacramentis 5, 4, 24 (CSEL 73, 68).
247   a...corrodatur] cf Gl 326b^mg; Ps.-Hugo, QEP II Cor q 104 (PL 175, 532D); Lom, sent 4,
13, 1, 8 (Ed. Brady 2, 314); Bernardus, sermo 5, 2 (opera 4, 189); Helinandus, sermo 3 (PL
212, 500B); Innocentius IIII, mysteriorum evangelicae legis 9 (PL 217, 862A). 11 (ibid
863A). *Vide Landgraf, Die in der Frühscholastik klassische Frage* Quid sumit mus. *DG III/2,
207-222!*   250   Continens...contento] cf Comm Cantabrigiensis 2, 265.   251   Calix...258
tormentorum] cf Balduinus de Forda, tr de sacramento altaris 2, 4 (SChr 94, 382).   253   Et
...est] Ps 22, 5.   254   Potestis...sum] Mc 10, 38; Mt 20, 22.

---

238   semetipso] seipso m   241   sanctificationis] significationis m   244   uel] aut m   245   beatus]
S. m   ita] *om* T m   247   muscidum] mucidum m   mure] muribus m   248   fiat] *add in mg* sordida-
tur A^c   nunquam] sacramentum tamen, etsi uideatur, nihil tale contaminat. Ps.-Balduinus
(PL 204, 772C)   249   attingunt] attengunt m   251   sacra] *om* m   252   enim] *om* m   253   Et] *om*
m   254m 772D] *trp* T m   254   Que] quod A   255   patientiam sustinentis] *trp* m

sustinentis non excedat. Dicitur etiam *calix* pena malorum, ut ibi: *Plues super peccatores laqueos, ignis* etc.; *pars calicis eorum,* quia ipsa eis sunt ad mensuram genera tormentorum.

Hic calix est nouum testamentum, id est noui testamenti confirmatio, quia morte testatoris confirmatur. Quare hoc testamentum nouum et 260 alterum uetus dicatur, in principio opusculi huius dictum est. Nouum etiam potest dici ad similitudinem noui panni, qui calorem habet et m 773A splendorem, / calorem caritatis et splendorem bone operationis. Vetus testamentum similitudinem tenet ueteris uestimenti in deformitate et O 118rb frigiditate. Deformitatem procul dubio habent obseruantie ille ueteris / 265 testamenti et ritus sacrificiorum. Habent et frigiditatem, quia timore fiunt, non amore.

[27] REUS ERIT CORPORIS, hoc est reatum dominice mortis incurret. Non enim minorem ei facit iniuriam, qui eum in uase locat immundo, quam qui eum crucis affixit patibulo. Vel: REUS ERIT CORPORIS ETC., quia 270 beneficium mortis eius, quantum in se est, euacuat, ut Christus frustra mortuus esse uideatur.

[28] PROBET AUTEM interrogando conscientiam, cuius semper debet esse responsio, quia non est dignus ad tantum sacramentum / accedere. m 773B Sed interest, quomodo. Si enim eundem conscientia de criminali accu- 275 sat, et accipit: *iudicium sibi manducat et bibit.* Si uero in mortali peccato se esse non inuenit, quia sine cotidianis non est, peniteat de ipsis et communicet, dicens tamen cum illo centurione: *Domine, non sum dignus, ut intres sub tectum meum.* Quid ergo? Nonne dignus est communicare? Nonne digne communicat? Alioquin *iudicium sibi manducat et bibit.* Et si 280 dignus est et dicit se indignum, mentitur, et ita fit indignus.

Responsio: Non est mentitus apostolus, ubi ait: *Non sum dignus uocari apostolus,* et tamen dignus erat; nec iste qui dicit se indignum communi- T 173ra care, et tamen / dignus est. Excellentiam enim tanti sacramenti consi- O 118va derat, et propria me/rita, que tante rei equiperari / non posssunt. Ex 285 m 773C

---

256 Plues...eorum] Ps 10, 7. 260 morte testatoris] cf prol ad Rm (p. 2, 44). 261 in...est] *Supra, prol p. 2, 45-53.* 276 iudicium...manducat] I Cor 11, 29 278 dicens...meum] cf Gl 326b^mg. Domine...meum] Mt 8, 8. 282 Non^1...apostolus] cf etiam ad II Cor 1, 17. Non^2...apostolus] I Cor 15, 9.

---

256 Plues] pluet T 257 laqueos] laqueo m etc] sulphur et spiritus procellarum m ipsa] *om* m sunt.... mensuram] *trp* ad mensuram sunt T m 261 alterum] aliud m in.... etiam] *om* m 262 potest dici] *trp* m ad] *praem* quod hoc m panni] *add* dicitur m 263 bone operationis] boni operis m 264 uestimenti] testamenti Ps.-Balduinus 266 ritus sacrificiorum] *trp* T m 267 non] *praem* et m 268 corporis] *add* et sanguinis domini m 269 ei facit] *trp* T eum.... uase] trp in uase eum m 272 mortuus esse] *trp* m 273 autem] *add* se m 275 eundem] eum AT m 277 esse] *om* m 278 tamen] *om* T m ut.... meum] etc. m 280 Nonne] Non m 282 Responsio] Quomodo m apostolus] .a. O 285 merita] me *bis in fine lineae* O

misericordia igitur / dei est, quod dignus est, que paruum bonum ei A 200ra
reputat pro maiori, qui fidem Abrahe ei reputauit pro iusticia, quemadmodum ibi dictum est.

Notandum autem, quia beatus Augustinus duos manducandi Chri-
290 stum modos assignat: unum quo manducant / eum boni et mali; alterum m 774A
quo boni tantum; unum sacramentaliter, alterum spiritualiter. Vnde et
idem dicit: *Qui discordat a Christo, nec carnem Christi manducat, nec sangui-*
nem bibit, et si tante rei sacramentum ad iudicium cotidie accipiat. Hec uerba
nisi cautum et catholicum habuerint interpretem, simplicitatem fidei
295 facile decipient. Dictorum igitur intelligentia ex causis est assumenda
dicendi. Ideo enim dicit eum, qui a Christo discordat, Christi carnem
non manducare, quia per hanc manducationem Christo non incorpora-
tur. Causam habet, sed effectus non sequitur. Non manducat, quia ad
utilitatem sibi non manducat, sicut nec habere dicitur quis, quod ad
300 utilitatem suam non habet, ut ibi: *Ei autem qui non habet, et quod / habet* m 774B
auferetur ab eo.

[31] QUODSI NOSMETIPSOS. Quomodo debeat homo se iudicare, bea-
tus Augustinus in libro de penitentia his uerbis osten/dit, dicens: *Versetur* O 118vb
ante oculos imago iudicii futuri, et ascendat homo aduersum se tribunal mentis
305 *sue; constituat se ante faciem suam, atque constituto in corde iudicio assit accusa-*
trix cogitatio, et testis conscientia, et carnifex timor: Inde quidam sanguis animi
confitentis per lacrimas profluat. Postremo ab ipsa mente talis sententia profera-
tur, ut se indignum homo iudicet participatione corporis et sanguinis domini, ut,
qui separari a regno timet per ultimam sententiam, ad tempus per ecclesiasticam
310 *disciplinam a sacramento celestis panis separetur. Indigne enim accipit, si / tunc* m 774C
accipit, cum deberet agere penitentiam. Sed hoc de publice penitentibus, hoc

---

288   ibi...est] Rm 4, 3; cf Gl 327a^{mg}; Lom 1643D; idem, sent 4, 9, 1, 1 (Ed. Brady 2, 286);
Aug, sermo 71, 9, 17 (PL 38, 453).   289 duos...modos] Gl 327a^{mg}; Lom 1643D; idem, sent
4, 9, 1, 1 (Ed. Brady 2, 286). 4, 9, 1, 4 (ibid 287).   292 Qui...accipiat] Prosper, sent 343
(CCL 68A, 345); *inde*. Gl 327a^{mg}; Berengarius Turonensis, rescriptum 3 (CCM 84, 196);
Hincmarus, de praedestinatione (PL 126, 415A); idem, opuscula (PL 126, 479AB); Ivo
Carnotensis, decr 2, 8 (PL 161, 152); Algerus Leodiensis, de sacramentis 1, 16 (PL 180,
788A); Gratianus, decr III de consecratione 2, 65 (Ed. Friedberg I, 1338); Lom, sent 4, 9, 1,
1 (Ed. Brady 2, 286). 4, 9, 1, 4 (ibid 287); Gerhohus, de gloria et honore 14, 4 (PL 194,
1122B).   300 Ei...eo] Mc 4, 25 par.   303 Versetur...310 separetur] Aug, sermo 351, 4, 7
(PL 39, 1542s).   310 Indigne...penitentiam] Gl 327a^{mg} ad I Cor 11, 28; Lom 1648C.

---

286   que] qui m 287 287A] ergo m   287   reputauit] reputat m quemadmodum] ut T
m 289 quia] quod m beatus] S. m duos.... modos] *trp* duos modos manducandi T 291 boni tantum] *trp* T m Vnde] *corr ex* Vnu O   292   nec^1] *add* enim A*   293   accipiat] accipit
m 295 facile] fa + *spatium* T igitur] ergo m 298 effectus] effectum AT m 302 nosmetipsos]
nos iudicauerimus m debeat.... se] *trp* homo se debeat m iudicare] diiudicare A   303   li-
bro] *add* homiliarum m 304 iudicii futuri] *trp* m aduersum] aduersus m 305 constituat]
praem et m

est extra ecclesiam penitentiam agentibus, dictum esse uidetur. Ceteri enim nondum peracta penitentia communicare possunt et debent statutis temporibus.

312 penitentiam] *om* m 313 enim] *om* T

[12, 1] DE SPIRITUALIBUS. Postquam docuit, qualiter misterium eucharistie celebrari oporteat, agit de donis sancti spiritus, pro quorum maioribus alii superbiebant / et minores inuidebant, nonnulli etiam dona ipsa A 200rb
non spiritui sancto sed meritis suis siue etiam ydolis et demonibus at-/ O 119ra
5 tribuebant. Sed antequam dona spiritus sancti distinguat, de fonte singu-
lari omnium illorum, hoc est de spiritu sancto, prius agit, quoddam
ipsius donum, quod omnibus qui de ipso bene sentiunt est commune,
premittendo, ubi ait: *Nemo in spiritu dei* etc.

[7] VNICUIQUE DATUR AD UTILITATEM. Omnibus dona, que habent,
10 dantur ad utilitatem, si tamen ad intentionem referas dan/tis, non ad T 173rb
usum accipientis. Vel: ad utilitatem, et si non suam, tamen aliorum.

[11] HEC AUTEM OMNIA OPERATUR UNUS. Cum hec omnia dona sint et
operationes patris et filii sicut et spiritus sancti, queri potest, quare potius
dicantur esse spiritus sancti quam patris et filii. Hec est scripture creber-
15 rima consuetudo, ut per spiritum sanctum ea opera facta esse dicantur,
in quibus gratia dei, benignitas, et misericordia precipue commendan-
tur. Quod quia hic est -dona enim et operationes non ex meritis nostris
sunt, sed ex gratia dei, unde et dicit: *Diuidens singulis prout uult-,* non
inmerito spiritus sanctus hec operari dicitur.

20 [12] SICUT ENIM. Similitudine corporis humani probat ita esse in
corpore ecclesie; et agit hic et de corpore humano et de membris eius
magis secundum operationem quam secundum compositionem, ut in
sequentibus apparet. /

ITA ET CHRISTUS. Christum uocat hoc loco fideles omnes cum ipso O 119rb
25 Christo, caput cum membris, propter illam ineffabilem unionem capitis
et membrorum, sicut et idem alibi: *Donec occurramus omnes in uirum perfectum.* Tunc enim Christus uir perfectus erit, quando singula ipsius membra ei coniungentur.

[13] IN UNO SPIRITU POTATI SUMUS. In cibo transigendo aliqua est
30 difficultas, in potu nulla. Potus etiam cibos sumptos inducit et digerit et,
ut corpori prosint, efficit. Sic et caritas, que cum nulla difficultate habetur, cum nulla difficultate sed cum multa suauitate impletur; opera
exteriora, in quibus est aliqua difficultas, ad facilitatem multam redigit
et, ut nobis prosint, ipsa sola facit. Per unum ergo spiritum hoc unum

---

2   de...spiritus] cf Hervaeus 938D-939A; Lom 1649D.   pro...inuidebant] cf Gl 327a^{mg}.
5 Sed...agit] cf Lom 1649D.   8 Nemo...dei] I Cor 12, 3.   18 Diuidens...uult-] I Cor 12, 11.
26 Donec...perfectum] Eph 4, 13.

---

1 De] *praem* § AO spiritualibus] sic O! 4 siue] si no A 7 qui] *supr lin* O 13 sicut] *om* T 14 scri-
pture] *add* sacre AT 15 facta esse] *trp* T 21 et^2] *om* T 25 illam ineffabilem] *trp* T 29 est] *om*
T 31 difficultate] difficulta *in fine lineae* O 32 cum^1.... difficultate] *om* T

spiritus sancti donum, hoc est caritatem, uocat apostolus. Que, quantum 35
A 200va ad opera exteriora, / nobis potus est, eo modo quo diximus. Vel: Potus,
quia *letificat* mentem et inebriat sobria ebrietate, ea scilicet, qua temporalia hec obliuiscimur et mente excedimus deo.

---

37 letificat mentem] Ps 103, 15.

---

35 sancti] .s. AOT

[13, 3] ET SI DISTRIBUERO OMNES FACULTATES. Super hunc locum dicit
Augustinus: *Impar facultas multum uel parum danti, sed non impar caritas; et
ideo tantum est dare calicem aque quantum fuit Zacheo dare dimidium patrimo-
nii.* / Ergo in quibuscunque par est caritas, et si imparia sint opera carita-   O 119va
5 tis, pares sunt in meritis. Quod si est, uidemus nichil mereri ex operibus;
uidentur opera nichil conferre bone uoluntati. Quare pro bona uoluntate tantum remunerabimur et non pro operibus, cum tamen apostolus
dicat: *Vt recipiat unusquisque prout gessit in corpore, siue bonum siue malum.*
Hic aperte dicit pro opere exteriori fieri remunerationem, non pro sola
10 uoluntate.

Ad hec. Verum est opera remunerari et unumquemque pro operibus;
sed quod opera digna sunt remuneratione, hoc ex caritate habent, nec
habent parem caritatem pares in facultate, nisi pariter operentur. Si
enim tantum potes operari quantum et ille, nisi tantum opereris, non
15 habes tantam / uoluntatem operandi quantam ille.   T 173va

Sed obicitur de merito passionis Christi. Plus enim nobis uidetur
meruisse in passione sua quam ante passionem, cum tamen nec maiorem
habuerit in passione sua caritatem erga nos quam ante, nec maiorem
uoluntatem redimendi nos. Ergo propter opus accreuit meritum, nullum
20 tamen uoluntate ipsius accipiente incrementum. Quis enim dicere
audeat, quod ante passionem / suam meruerit redemptionem nostram? O 119vb
Eam tamen in passione meruit nobis, non sibi.

Ad hec. Ante passionem suam uoluntatem habuit redimendi nos,
quantam et in passione, non tamen ante meruit redemptionem nostram,
25 sed merebatur quam in passione permeruit. Quantum ad se, tantum sibi
meruit ante passionem quantum et in passione, quia eque dilexit, eque
obediens eque bonus et dignus ante passionem et in passione fuit. Meri-

---

1   Et...15 ille] *Vide Landgraf, Die Bestimmung des Verdienstgrades. DG I/2, 75-110, imprimis 79s!*
2   Impar...patrimonii] Gl 329a^mg.b^mg; Lom 1660B; cf Aug, enarr Ps 121, 10 (CCL 40, 1811).
3 Zacheo...patrimonii] cf Lc 19, 8.   8 Vt...malum] *Sec* II Cor 5, 10: "*...ut referat unusquisque
propria corporis prout gessit sive bonum sive malum.*" *Versionem praesentis expositionis praebent:*
Balduinus de Forda, sermo 8, 27 (CCM 99, 133); Isaac de Stella, sermo 28, 3 (SChr 207,
154); anonymus, comm in Ruth 3 (b) (CCM 81, 239); Anselmus Cantuariensis, de conceptu
virginali 25 (Ed. Schmitt 2, 168s); idem, epist 252 (Ed. Schmitt 4, 164). epist 346 (ibid 5,
284); Petrus Blessensis, epist 229 (PL 207, 521B). *Similiter (prout...):* Cassiodori discipulus
(PL 68, 746C); Haimo 887D; idem, hom 56 (PL 118, 331C); Ps.-Hugo, miscellanea (PL 177,
798B); Bernardus, sermo 106, 1 (opera 6, 1, 177); Petrus Venerabilis, contra Petrobrusianos
214 (CCM 10, 127). 254 (ibid 150); Lom, comm in Ps (PL 191, 894D); Adamus Scotus,
serm (PL 198, 435C); Petrus Cellensis, sermones (PL 202, 776D); Martinus Legionensis,
sermones (PL 208, 62C).

---

3 patrimonii] patrimonium A 9 fieri] *add* ad retributionem T* 11 Ad....   remuneratione]
om A 15 quantam] quantum A 19 opus] nos T

tum tamen nostrum, quod ante passionem inchoauerat, in passione
consummauit. Neutrum itaque concedendum uidetur: uel quod ante
A 200vb passionem / nostram meruerit redemptionem uel quod non meruerit, 30
sed quod ante merebatur, et eam in passione, ut dictum est, permeruit.

[8] CARITAS NUNQUAM EXCIDIT, hoc est a nullo, ut quidam uolunt, qui
caritatem semel habitam nunquam posse amitti dicunt. Sed quia opinio
hec rationibus et exemplis facillime refellitur, dicendum est, sicut et
auctoritas dicit: Hoc est, nec in hoc seculo nec in futuro finitur.   35

Sed ea ratione, qua dicit scientiam esse destruendam, quia scilicet *ex
parte* est, uidetur posse dicere et caritatem esse destruendam, quia et ipsa
O 120ra *ex parte* est. Sicut enim nunc *ex parte* deum / *cognoscimus*, et *ex parte*
diligimus. Multo enim perfectius deum, multo et perfectius proximum
diligemus in futuro quam nunc.   40

Responsio: *Scientia* non solum qua nunc deum cognoscimus, sed etiam
quam de creaturis et circa creaturas habemus, imaginaria est et umbra
tantum illius, quam in futuro de deo et de creaturis habebimus. Illa
siquidem erit in ueritate, ista est in imagine; ista in umbra, illa in lumine.
Illa ergo alia erit quam ista. Ista peribit et esse desinet illa apparente, 45
sicut umbra perit luce accedente. Secus est de caritate: Non enim exci-
det, nec esse desinet, sed consummabitur. Ipsa eadem numero que hic
est et in futuro habebitur, nec est caritas *ex parte*, hoc est ex imperfectione, sed de toto deo scilicet, quia ipsum inmediate, non per creaturas,
diligimus, sed et ipsum et cetera omnia propter ipsum.   50

Scientia uero *ex parte* est et ex imperfectione, quia non inmediate
dirigitur ad cognoscendum deum, sed per creaturas. *Inuisibilia enim ipsius*
T 173vb *per ea, que facta sunt intellecta conspicuntur.* Creature si/quidem in presenti
speculum sunt creatoris, sed in futuro ipse *speculum* erit omnium. Quia
ergo mediante creatura ad deum scientia dirigitur, merito *ex parte*, hoc 55
O 120rb est ex imperfectione, esse dicitur, / quia ab eo secundum quod imperfectum est inchoatur. SIUE PROPHETIE EUACUABUNTUR: In futuro prophetie
non erunt, quia ibi omnia presentia et aperta erunt.

[12] COGNOSCAM, SICUT ET AGNITUS SUM, hoc est inmediate, deum,
sicut ipse me inmediate cognoscit.   60

---

32   hoc...35 finitur] cf Hugo, de sacramentis (PL 176, 542BC).   ut...dicunt] cf Rob 217,
1-3.   35 Hoc...finitur] Lom 1661A.   nec[1]...finitur] cf Mt 12, 32.   36 Sed...38 est] cf Gl
329b^mg.   38 ex[2]...cognoscimus] I Cor 13, 9.   52 Inuisibilia...conspicuntur] Rm 1, 20.
53 Creature...omnium] Rob 218, 20-219, 1.   54 speculum[1]] cf v. 12.   57 In...erunt[2]] cf
Haimo 583C.   58 omnia...erunt] cf Gl 329b[j].

---

38 deum.... cognoscimus] *trp* T 47 nec] non T numero] mio. A 49 de] *supr lin* O 53 facta]
om T 59 agnitus] cognitus AT

[13] MAIOR AUTEM HORUM EST CARITAS. Queritur, utrum / idem ordo A 201ra
sit in his habendis uirtutibus, quo eas enumerat apostolus. De fide tamen
constat, quia precedit caritatem, et sine caritate haberi potest. Quod
apostolus euidentissime superius docuit. Cui et beatus Augustinus super
65 locum istum consonat, dicens: *Maior est caritas, cui fides et spes non possunt*
deesse. Sed spes, quomodo sine caritate esse poterit? Est enim spes fiducia
futuri commodi adipiscendi ueniens ex precedentibus meritis. Si ergo
merita nulla sine caritate possunt esse, nec spes sine caritate erit, immo
ut spem caritas precedat, necessario oportebit. Si uero de precedentibus
70 meritis non surgit, non spes sed presumptio potius appellari poterit.
Quod apostolus in epistola ad Romanos manifestius exprimit, dicens:
Tribulatio patientiam operatur, patientia probationem, probatio uero spem. Spes
autem non confundit, quia quod sperat, optinebit.   O 120va

Responsio: Spei due sunt partes / siue duo status, incipientis scilicet et
75 prouecti. Spes incipientis est de consequenda indulgentia, spes prouecti
de percipienda corona. Spes incipientis est, qua peccator credens deum
iustum, misericordem et pium, ueniam se consequi confidit, si penituerit. Nec est spes talis presumptio, sed donum gratie. Spes prouecti est,
que uenit ex precedentibus meritis, que sine caritate esse non potest, sed
80 ista potest, de qua loquitur hic Augustinus et ipse apostolus: spes uidelicet incipientis, que est de consequenda indulgentia.

---

62   De...potest] cf Hildebertus Cenomanensis, tr theologicus (PL 171, 1070D); Ps.-Hugo,
QEP Rm q 88 (PL 175, 456D); idem, q 121 (ibid 536D-537A); Ps.-Hugo, SS 1, 2 (PL 176,
45B); Hervaeus 958B; Lom, sent 3, 25, 5, 2 (Ed. Brady 2, 159)   64   superius] ad Rm 1, 17
(p. 39. 849-858).   65   Maior...deesse] *Non inventum apud Augustinum, sed cf* Gl 330a^{mg}; Lom
1663B; Hervaeus 958B.   66   Sed...meritis] cf Ps.-Hugo, QEP I Cor q 122 (PL 175, 537A);
Zacharias Chrysopolitanus, in unum ex quatuor (PL 186, 283C).   Est...adipiscendi] *Vide*
supra ad Rm 8, 24!   67   ueniens...meritis] Hildebertus Cenomanensis, tr theologicus (PL
171, 1069B); Ps.-Hugo, QEP Rm q 122 (PL 175, 537A); cf Ps.-Hugo, SS 1, 2 (PL 176, 43D.
44A).   69   Si...poterit] Hildebertus l. cit.; Ps.-Hugo, SS l. cit; Zacharias Chrysopolitanus, in
unum ex quatuor (PL 186, 283B); Lom, sent 3, 26, 1 (Ed. Brady 2, 159).   72   Tribulatio...
optinebit] Rm 5, 5.   80 Augustinus] *vide supra!*

---

62 eas] *om* T 74 Responsio] *om* T siue] si uero A 75 indulgentia] *praem* intel T 80 potest]
potentia T hic] *om* T

[14, 2] QUI ENIM LOQUITUR LINGUA. Quid uocet apostolus *lingua* loqui, ut quibusdam uidetur, non satis apparet. Alii enim diuersitate linguarum, alii parabolice et sub obscuris similitudinibus loqui uolunt hoc loco intelligere *lingua* loqui. De diuersitate illa linguarum, que in primitiua ecclesia data est apostolis multisque aliis ad fidem uenientibus, 5 dubium non est, quin donum sit spiritus sancti. Aliis enim datam esse non credimus. Sed parabolice loqui, qua ratione dicetur esse donum

T 174ra spirituale, cum infideles quique, et maxime / mimi et ioculatores fre-
O 120vb quentius parabolice loquantur et obscuris similitudinibus? *Lin/gua* uero loqui apostolus inter dona spiritualia enumerat, quod est parabolice 10 loqui et uelatis significationibus, sicut beatus Augustinus hunc locum intelligit et legit. /

A 201rb   Sed sciendum, quia non de qualibet parabolica et uelata significatione hoc dicit, sed de illa tantum, cuius interpretatio est *ad edificationem.* Hec enim donum est spirituale. Parabolice et uelatis significationibus fre- 15 quenter, immo fere semper, locuti sunt prophete, sed et ipse Christus et apostoli. Quod fit tribus de causis: ut scilicet qui digni sunt et attendunt, magis attendant; et ut, qui indigni sunt, non intelligant, sicut scriptum est: *Vt audientes non audiant, et intelligentes non intelligant.* Teguntur etiam, ne uilescant. 20

SPIRITUS LOQUITUR MISTERIA. Distinguendum est inter spiritum et mentem. In lingua, hoc est in membro illo corporis, quod mouemus in ore cum loquimur, signa rerum dantur, non res ipse proferuntur. Ideo translato uerbo linguam hic dicit prolationem, ubi sunt significationes uelut imagines rerum. Que ut intelligantur, indigent mente, id est, 25 intellectu mentis. Dum uero intelliguntur, dicuntur in spiritu, non in mente. Mens autem hic accipitur superior uis anime; spiritus uis eiusdem

O 121ra inferior / mente, cui rerum imagines inprimuntur. Quod totum patens est in Pharaone et Ioseph. Pharao enim lingua locutus est, quia in spiritu uidit imagines, et non intellexit. Ioseph uero huius uisionis propheta 30 fuit, qui eam mente intellexit et exposuit.

---

1   Quid...9 similitudinibus] cf Ab, sermo 18 (PL 178, 511B-D).   2   Alii...12 legit] cf Ab, sermo 18 (PL 178, 511B-D).   11   uelatis significationibus] cf Aug, enarr Ps 77, 7 (CCL 39, 1071).   beatus...legit] Aug, de Genesi ad litteram 12, 8 (CSEL 28, 1, 390).   14   ad edificationem] *Vide* v. 26!   19   Vt...intelligant] cf Mc 4, 12. 8, 17s; Lc 8, 10; Io 12, 40; Rm 11, 8. Teguntur...uilescant] cf Aug, de doctrina christiana 2, 6, 7 (CCL 32, 35); Prosper, sent 67 (CCL 68A, 273); Ab Th SB 1, 38 (CCM 13, 99); idem, Th Sch 1, 157 (CCM 13, 383); Gl 330a^mg(*Aug*).   21 Distinguendum...28 inprimuntur] cf Gl 330a^mg; Lom 1664A.   28 Quod... 31 exposuit] cf Gl l. cit.; Lom 1664B.   29 in^1...Ioseph] Gn 41, 1-36.

8 frequentius] frequenter T 9 13gua] *om* A (*spatium*) 13 quia] quod T 15 est spirituale] *trp* T 16 semper.... sunt] *trp* locuti sunt semper T et^1] *om* T 17 qui] om T 25 indigent mente] *trp* T 26 non.... mente] *del* T 30 uisionis.... fuit] uisionis ca. (*expunct*) fuit propheta T

[21] IN ALIIS LINGUIS ET NEC SIC EXAUDIENT. Quid mirum, si tunc non exaudiunt, quando non intelligunt? Quomodo enim credam ei, qui michi barbara lingua loquitur, si eidem lingua, quam intelligo, loquenti
35 non credo? Deberent credere excitati nouitate miraculi, quod in apostolis factum est in diuersarum gratia linguarum. Vel: Ideo etiam in parabolis et uelatis significationibus eis loquebantur, ut uel sic ad audiendum magis attenti redderentur et ex ipsa attentione fides eis reuelaretur.

[22] Itaque lingue, diuersitas scilicet linguarum uel parabolice locutio-
40 nes, IN SIGNUM infidelitatis eorum, ne detur *sanctum canibus.* Infideles enim uocat non omnes qui sunt sine fide, sed obstinatos in fide, propter quos in parabolis et linguis aliis, si ceteri intelligere possunt, debent loqui predicatores. / Sunt autem alii, qui nondum fidem susceperunt, A 201va quibus magis necessaria est ma/nifesta predicatio / quam obscura.   O 121rb

45   [38] SI QUIS IGNORAT, IGNORABITUR. Sicut in glosa habetur, hoc de T 174rb predictis dicit, ut: *Prophetia linguis preponatur,* et ut: *Mulieres in ecclesia non loquantur,* et cetera, que secundum ordinem et honestatem fieri paulo supra precepit apostolus. Sed durum ualde uidetur, et est re uera, quod propterea ignoretur quis a deo, quod est ipsum reprobari ab eo, quia
50 ignorat mulieres in ecclesia non debere loqui aut generibus linguarum prophetias debere preponi. Hec enim, et si ad honestatem spectent et morum informationem, a multis tamen simplicibus et minus discretis ignorantur, qui perueniunt ad salutem. Propterea premisit apostolus: [37] *Si quis uidetur propheta esse aut spiritualis,* quibus ista ignorare damp-
55 nosum est, non passim omnibus. *Cui enim plus commissum est, plus exigetur ab eo.*

---

35 quod...linguarum] cf Act 2, 1-13.   40 ne...canibus] cf Mt 7, 6; cf Gl 331aⁱ.   41 obstina-tos] cf Gl 331aⁱ.   45 hoc...48 apostolus] cf Gl 332a^{mg}.   46 Prophetia...preponatur] Aug, epist 169, 1 (CSEL 44, 612).   Mulieres...loquantur] I Cor 14, 34.   55 Cui...eo] Lc 12, 48.

---

32 non] om T 33 qui] *bis* O 36 Ideo] *om* T 38 redderentur] *corr ex* loquerentur T 42 si] *corr ex* sic T 46 dicit] *om* T ut²] *om* T 54 ista] *om* T 55 Cui] cum A

[15, 1] NOTUM AUTEM. Egit hucusque de donis spiritus; agit nunc de corporum resurretcione, quam predicatione eius primo crediderant. Sed quorundam prauiloquiis ab hac fide deciderant. Ipsam ergo futuram probat primo per resurrectionem Christi, quam testium multitudine certam esse demonstrat, et per multa alia. 5

[9] EGO ENIM SUM *minimus apostolorum, qui non sum dignus* UOCARI
O 121va APOSTOLUS. Queri potest, quare / apostolus se minimum apostolorum dicat et quod *non* sit *dignus uocari apostolus,* cum nullo aliorum inferior sit sanctitate uel dignitate. Ad cuius commendationem et excellentie prerogatiuam quodam loco ait beatus Ieronimus, de die iudicii loquens: *Veniet* 10 *Petrus cum Iudeis, Bartholomeus cum Ethiopibus, Thomas cum Indis, ille cum illis, ille cum illis, Paulus autem cum toto mundo.*

Item: Si apostolus sciebat se esse minimum apostolorum et etiam quod non erat dignus uocari apostolus, ut quid statim supponit, quod *amplius omnibus* laborauit? Hec enim sibi aduersari uidentur. Causa 15 humilitatis, inquiunt, hec ait. Ergo quod sciebat uerum esse uel non humilitatis causa dicit. Non autem potest dici, quod sciret illud uerum esse, quod humilitatis causa dicit: se esse minimum apostolorum, quia
A 201vb ipse minimus / non erat, immo maior aut par maioribus. Ergo quod causa humilitatis dicebat, in conscientia non habebat, immo contra 20 conscientiam erat. Et sic causa humilitatis mentiebatur, causa humilitatis mortaliter peccabat.

Quid ergo? Nonne humilitatis causa illi, qui perfectiores sunt in religione, se minimos fratrum uocant, et summus pontifex se seruum
O 121vb seruorum dei? Non est faten/dum, quod isti causa humilitatis mentian- 25 tur uel quod contra conscientiam loquantur. Immo, quando huiusmodi nominibus humilitatis se designant, illius se officii uolunt intelligi, ex quo ceteris debent subseruire. Sic enim domus sue, sancte uidelicet

---

1   Egit...5 alia] cf cf Gl 332a^{i + mg} Lom 1674A.   7   Queri...9 dignitate] cf Rob 223, 16s; Ps.-Hugo, QEP I Cor q 129 (PL 175, 538D).   10   Veniet...12 mundo] *Non inuentum apud Hier, sed cf:* Ps.-Hugo, posteriores excerptiones 2, 36 (PL 175, 795A).   15   amplius...laborauit] I Cor 15, 10.   Causa humilitatis] cf Cassiodori discipulus (PL 68, 581); Haimo 594D. 660D. 786C; Gl 332b^{mg}; Lom 1675C.   21   causa^1...peccabat] cf Ps.-Hugo, QEP I Cor q 129 (PL 175, 539A).   24   summus...dei] cf Aug, epist 217 (CSEL 57, 403); *titulus pontificum maximorum:* Gregorius I et sequentes saepissime; cf. e. g. Gregorius I, moralia, epist ad Leandrum, titulus (CCL 143, 1); idem 15^{ies} in registro epistularum (*epist 1, 41; 5, 53; 6, 52; 6, 53; 9, 214; 9, 219; 9, 228; 9, 229; 9, 230; 11, 39; 11, 45; 11, 56; 14, 14; appendix 1; appendix 2;* CCL 140. 140A).

---

1   hucusque] *corr ex* hic usque A   5   demonstrat] *bis (corr ex designat et rep)* T   8   uocari] *om* T inferior sit] *trp* T   11   ille.... illis^2] *semel* T   14   quid] quod AT   15   sibi aduersari] *trp* T   16   uel] *om* O   17   humilitatis causa] *trp* AT   autem] enim T   26   quod] om T   27   humilitatis] *om* T

ecclesie, Christus ordinauit officia, ut / qui maiores sunt prelatione, T 174va
30 serui sint aliorum administratione. Vnde: *Qui uoluerit inter uos maior esse,*
erit uester seruus; et idem de se: *Ego non ueni ministrari, sed ministrare.* Et de
prelatis dicit beatus Augustinus: *Honore sit prelatus uobis, timore autem*
substratus sit pedibus uestris.

　Potest autem dici quod apostolus se minimum uocat, hoc est nouissi-
35 mum tempore, non merito uel dignitate. Sed quomodo intelligi uult,
quod subsequenter adiungit: *Qui non sum dignus uocari apostolus, quoniam*
persecutus sum ecclesiam dei? Nonne meritum illud malum omnino ei
dimissum erat, ut propter illud nichil minus haberet dignitatis in apostolatus honore et uite sanctitate?

40　Ad hec: Si quis sacerdotium persequitur, ex hoc ipso, licet postmodum penitentiam agat, meretur, ne in sacerdotem promoueatur.
Potest tamen utilitatis causa dispensatio fieri. Sic et apostolus apostolatum persequendo se indignum faciebat /apostolatu; cuius meritum O 122ra
apostolatui penitus repugnabat, ut postmodum nisi ex gratia sola in
45 apostolum ordinari non posset. Quod de ceteris apostolis dici non
potest. Hac igitur consideratione dicit se indignum uocari apostolum,
qui tamen ex gratia dignus erat. Vnde et dicit: *Gratia dei sum id quod sum.*

　[10] NON AUTEM EGO, SED GRATIA DEI MECUM. Hic et Pelagianorum
destruitur error, qui totum hominis bonum ex gratia sola esse dicebant,
50 et Manicheorum, qui sic ex meritis, quod non ex gratia unumquemque
remunerari credebant. Neque enim aliquid meretur homo sine gratia,
nec gratia aliquid in homine / sine homine. In primo merito hominis A 202ra
cooperatur homo gratie, in sequentibus meritis gratia homini. De gratia
preueniente et subsequente superius dictum est.

55　[19] SI IN HAC UITA TANTUM IN CHRISTO SPERANTES SUMUS, quod non
credamus nos aliam uitam habere per Christum nisi uitam presentem,
MISERABILIORES etc.

30　Qui...seruus] cf Mc 10, 43; Mt 23, 11; Lc 9, 48.　　31　Ego...ministrare] Mt 20, 28.
32　Honore...uestris] Aug, regula tertia (Ed. Verheyen 436): *honore coram uobis praelatus sit*
uobis, timore coram deo substratus sit pedibus uestris.　34 nouissimum tempore] cf Haimo 713C;
Lom 1675C.　35 tempore...dignitate] cf Gl 332b^{mg}.　36 Qui...dei] I Cor 15, 9.　44 gratia
sola] Gl 332b^{mg}.　47 Gratia...sum^2] I Cor 15, 10.　48 Hic...51 credebant] cf Ps.-Hugo, QEP
I Cor q 130 (PL 175, 539B-D); *ad Pelagianos et Manichaeos uide etiam:* Aug, contra Iulianum
opus imperfectum 4, 2 (PL 45, 1339); idem, contra duas epistulas Pelagianorum 2, 2, 2
(CSEL 60, 461s). 4, prooemium (ibid 609).　52　in...homine^2] cf Petrus Pictauiensis, sent
(PL 211, 1051A. D. 1043B. 1044B).　54 superius] *Ad Rm 4, 8.* (p. 93, 109-94, 151).

---

29 sunt] *corr ex* sint T　31 uester seruus] *trp* T　35 tempore.... dignitate] tempore tempore
uel dignitate non merito T* intelligi uult] *trp* T　37 persecutus] *add* sum T　41 penitentiam
agat] *trp* T　47 Gratia] *add* autem T　48 ego] ago T　49 esse dicebant] *trp* T　51 aliquid] aliud
A meretur] metur O

[23] VNUSQUISQUE IN SUO ORDINE: Martyr ut martyr, apostolus ut apostolus, confessor ut confessor.

De his ordinibus queri potest, qui sint digniores et quare. Cum enim 60 plures sint in ordine confessorum digniores quibusdam, qui sunt in ordine martyrum, quare dignior est ordo martyrum ordine confessorum? O 122rb Hec questio non mul/tum ponderis habet; eam tamen facienti sic responderi potest: Ordo presbyteriatus dignior est ordine diaconali, licet in diaconali ordine nonnulli digniores sint multis, qui sunt in ordine pres- 65 biteriatus.

[28] OMNIA IN OMNIBUS. Super hunc locum dicit beatus Augustinus, quia erit *par gaudium in dispari claritate, ut, quod habebunt singuli, commune sit omnibus.* Tantum enim, sicut aiunt, gaudebit unusquisque de bono alterius quantum de bono proprio. Quod si est, tanta erit beatitudo 70 sancti Martini quanta et beati Petri, quia tantum eius erit gaudium. Tantum enim gaudebit beatus Petrus de gaudio sancti Martini quantum de suo.

Nec est credendum nec uerisimile, quod plus gaudeat beatus Petrus T 174vb de gaudio sancti Martini quam ipse Martinus de gaudio suo. / Si enim 75 hoc esset, plus a sancto Petro diligeretur quam a se. Ergo equaliter singuli gaudebunt de bono suo et de bono singulorum. Quod si est, equale erit gaudium omnium et beatitudo singulorum omnesque equaliter beati. Quod falsum est.

Responsio: Gaudii participatio duplex est: secundum affectum et 80 secundum experientiam. Secundum experientiam non erit alicui tantum O 122va gaudium de bono alterius / quantum de suo, et si tantum dicatur esse secundum caritatis affectum. Vel dici potest *par gaudium* non quod in omnibus eque intensum, sed quia de quibuscunque gaudebit unus et omnes.   85

[34] IGNORANTIAM ENIM. Ignorantia proprie dicitur eorum, que sciri debent et non sciuntur. Que aliquando est ex contemptu, aliquando ex infirmitate aliqua siue defectu mentis. Ignorantia eorum, que ad salutem sunt necessaria, *postquam in omnem terram exiuit sonus* predicationis

---

58 Martyr...confessor²] Gl 333aⁱ; Lom 1678B.   68 par...omnibus] *Vide superius ad Rm 1, 32!* 69 Tantum...proprio] cf Lom, sent 4, 49, 3, 2 (Ed. Brady 2, 552); Bandinus, de ecclesiasticis sacramentis (PL 192, 1112A); Martinus Legionensis, sermones (PL 208, 1178AB). 70 Quod...73 suo] cf Rob 227, 23-228, 3.   80 Responsio...85 omnes] cf Rob 228, 17-229, 6. 86   Ignorantia...sciuntur] cf Lom, sent 2, 20, 5, 4, 1 (Ed. Brady 1, 432). 2, 22, 5, 2 (ibid 446).   89 postquam...sonus] Ps 18, 5.

---

60 qui] que T 63 tamen] *om* T 71 sancti] beati T eius....   gaudium] *rep* erit eius gaudium T 72 beatus] *om* T 73 de....   75 quam] om T 77 bono¹] *praem* merito T* 78 equaliter beati] *rep* T 79 falsum est] *trp* T 87 debent] debentur T

90 apostolorum, ex contemptu est et ideo / dampnabilis est. De qua dicitur, A 202rb
quia *ignorans ignorabitur.* Et dicuntur plerique ignorare deum non quia
fidem de deo non habeant, sed quia in operibus deum non cognoscunt.

[41] STELLA ENIM ETC. Ad insinuandam glorie corporum differentiam
hanc inducit similitudinem apostolus, per claritatem solis illos designans,
95 qui centesimum numerum habent, per lunarem eos qui sexagesimum,
per stellas illos qui tricesimum. Corporum uero gloria de beatitudine
procedet animarum, magis minusue pro diuersitate meritorum. Nec
mirum, quia etiam in presenti, sicut Salomon dicit, *cor gaudens exhilarat
faciem,* ut et solis claritas uitreum corpus illuminat et clarificat.

100   [42] Sed quomodo differens erit secundum merita beatitudo, / cum
totam habeat iste quod ille, unde beatus sit et iste et ille? Non enim per O 122vb
partes erit in illis omni parte carens, sed secundum se totum. Quod ergo
minus gaudebit iste quam ille, quod minus sentiet, minus cognoscet de
bono quod totum habebit, non ex bono erit, sed ex ipso, quia minoris
105 erit capacitatis et minoris intelligentie. Nec mirum, cum et cibus unus et
idem magis afferat huic saporis quam illi magisque delectationis; quod
non est ex cibo, sed ex natura participantium.

[45] FACTUS EST PRIMO HOMO. Exponit quod dixerat *corpus animale,*
hoc est quod sic ab anima habet uegetationem, ut etiam extrinsecis
110 alimentis egeat ad sustentationem. Tale enim corpus habemus ex Adam,
tale habuit et Christus.

[46] Vnde Augustinus in glosa illa: *Dixit corpora nostra* etc., dicit: *Non
prius fuit in Christo* illud *quod est spirituale,* corpus scilicet, *sed quod animale,
deinde quod spirituale,* post surrectionem uidelicet. In quo manifeste er-
115 rant, qui ex ipsa assumptione corporis in uirgine dicunt Christi corpus
immortale factum et inpassibile. Si enim simul assumptum et immortale
factum fuit, nunquam in Christo corpus animale fuit, sed semper spirituale; quia / si immortale, et spirituale.   T 175ra

[45b] SECUNDUS IN SPIRITUM UIUIFICANTEM, hoc est quod prius dixit
120 *corpus spirituale,* quod iam ad sui / sustentationem cibis corporalibus non O 123ra

---

91   ignorans ignorabitur] I Cor 14, 38.   93   Ad...differentiam] cf Gl 334b^i.   Ad...96
tricesimum] cf Abst ad I Cor 15, 41 (CSEL 81/2, 180); Rabanus, enarr (PL 112, 151C);
Lom 1686B.   corporum differentiam] cf Gl 334b^i.   95   qui^1...tricesimum] cf Mt 13, 8.
98 cor...faciem] Prov 15, 13.   108 Exponit...animale] cf Gl 334b^i.   corpus animale] I Cor
15, 44.   112 Dixit...114 spirituale] Aug, contra Iulianum opus imperfectum 6, 40 (PL 45,
1599); Gl 335a^{mg}; Lom 1688C.   120 corpus spirituale] I Cor 15, 44.

---

92 deum] *corr ex* fidem T 93 enim] *om* T 94 claritatem solis] *trp* T illos] *om* T 99 et^1] *om*
T 105 cum] est T 107 natura] cibo T 108 primo] primus AT 109 sic ab] sub T 110 alimen-
tis] *post* sustentationem T* 118 si] *praem* et T 119 Secundus] sanctos A, novissimus Adam
Vg prius] *om* T

A 202va egeat. Quod intelligendum / est in resurrectione. Alioquin contrarium
esset ei, quod hoc in loco dicit Augustinus.

[51] NON OMNES IMMUTABIMUR, in immortalitatem scilicet inpas-
sibilitatis, sed soli electi. Mali uero, et si in immortalitate resurgant dissolutionis, in mortalitate tamen resurgent passibilitatis, ut scilicet immorta- 125
liter patiantur et nunquam patientes dissoluantur.

[52] CANET ENIM TUBA. Nomine tube aliquod preclarum et euidens
signum potentie dei intelligitur. Cuius tanta erit uirtus, ut per ipsam
omnes a morte quasi a sompno excitentur. Quod signum nomine tube
merito censetur. Tubis siquidem Iudei quondam utebantur sollem- 130
nitatem aliquam facturi et ad bella profecturi, modo tamen differenti
clangentes. In resurrectione uero ad sollemnitatem congregabuntur
electi. Reprobi autem perpetuis cruciatibus et quasi bellicis laboribus
summittentur.

[54] ABSORPTA EST MORS IN UICTORIA, Christi scilicet in resurrectione. 135
Vno modo absorpta est mors in Christo, duobus in nobis. Mortuus est
enim Christus tantum in corpore. Vnde et resurgens mortem solam
corporis in se absorbuit. Morimur nos prius in anima, postmodum in
O 123rb corpore, sed utraque mors absorpta est in no/bis per uirtutem resurrectionis Christi, iam nunc in anima, in resurrectione generali in corpore.   140

[56] STIMULUS MORTIS PECCATUM. *Stimulus* est aculeus, qui impulsu
aperit cutem. Vnde et peccatum *stimulus mortis* dicitur, quia morti aditum
aperuit, per quem mors corpora dissoluere potuit. Vel: Peccatum originale ideo *mortis stimulus* appellatur, quia motus de illo prouenientes
hominem illiciunt et incitant ad peccandum, pro quo eternaliter 145
moritur.

121 in resurrectione] Gl 335aⁱ,   123 in immortalitatem] Gl l.cit.   127 Nomine...intelligi-
tur] Gl 335b^{mg}; Lom 1690D; idem, sent 4, 43, 2 (Ed. Brady 2, 511); Ps.-Hugo, QEP I Cor q
140 (PL 175, 542C); Martinus Legionensis, sermo 30 (PL 208, 1185B).   135   Christi...
resurrectione] Gl 335bⁱ.

124 immortalitate] mortalitate T   125 mortalitate] immortalitate A resurgent] resurgunt
AT 126 patiantur] *add* et nunquam patiantur T nunquam] nonnunquam O 128 potentie]
patientie T 142 aditum] additum O

[16, 1] DE COLLECTIS. Duplici de causa ecclesia illa Ierosolimorum aliorum elemosinis egebat: tum quia domos, agros, et possessiones suas uendiderant et posuerant ad pedes apostolorum, tum quia hi, quibus aliqua remanserant, bonorum suorum rapinam sustinuerant.

---

2 quia...apostolorum] cf Act 4, 34s.   4 bonorum...sustinuerant] cf Hbr 10, 34.

---

2 tum.... apostolorum] *om* T´ 4 sustinuerant] *vacat linea post sustinuerant* AOT

[II ad Cor 1, 1] PAULUS APOSTOLUS. Quibusdam Corinthiorum per
A 202vb primam epistolam correctis causa eorum, qui adhuc / in errore et peruersitate sua remanserant, hanc secundam eisdem destinat epistolam.
Cuius circa sex tota uidetur intentio consistere: Primo enim incorrectos
corrigere intendit; secundo pseudo-predicatores repellere, quorum 5
suggestionibus falsisque circumuentionibus apud Corinthios plurimum
O 123va uiluerat ./ Vnde et tercio loco multis modis personam propriam commendat. Quarto notat eos nimis parcos in elemosinis faciendis. Quinto
T 175rb ad opera / misericordie eos adhortatur, monens, ut fornicarium illum,
quem in prima epistola notauerat, post condignam satisfactionem in 10
ecclesia recipiant. Sexto exemplum patientie his, qui inter eos tribula-
bantur, se ipsum proponit.

More igitur suo salutationem premittit, que quia superius exposita est,
eam, hic non oportet exponere.

PER UOLUNTATEM DEI. Eliguntur per uoluntatem dei et boni et mali. 15
Malus erat Paulus, quando a deo electus est, sed ex electione factus est
bonus. Electus est, quamuis ex merito non esset dignus eligi. Electus est
et Iudas per uoluntatem dei, licet nec esset dignus eligi nec dignus
futurus. Electus est tamen propter bonum illud incomparabile et necessarium, quod futurum erat per operationem eius. Electus est, et si non 20
ad bonum suum, ad bonum tamen nostrum. Eliguntur et boni per
uoluntatem dei, qui merito uite et scientie ad regimen ecclesie ordinan-
tur. His diebus uoluntas principis super eligendis exspectatur, non dei.

[3] BENEDICTUS DEUS ET PATER. Deus ad naturam, pater refertur ad
O 123vb personam. Ideo distinguit deus et pater, / quia aliunde deus, aliunde pater. 25
deus natura, pater generatione.

DOMINI NOSTRI JHESU CHRISTI. Queritur, utrum natura uel gratia pater
sit hominis Christi, hominis scilicet assumpti. Natura non potest dici: Sic
enim nature essent eiusdem deus pater et Christus homo siue Christus
secundum quod homo, nec esset uerum quod dicitur Christus in terra sine 30
patre et in celo sine matre. Si gratia pater est hominis assumpti, uidetur quod

---

1 Quibusdam...3 epistolam] cf Gl 337a^mg; Lom 9B.   4 Cuius...12 proponit] cf Lom 9BC.
13 More...premittit] cf Gl 337b^mg; Rob 233, 17s.   que...est] supra ad Rm 1, 1 .   17 Electus^2
...21 nostrum] cf Alcuinus, comm in S. Io ev (PL 100, 927): Electus est ille Iudas, non ad
beatitudinem, sed ad proditionis perfidiam ob salutem mundi, non suam....   30 Christus...matre]
Gerhohus Reicherspergensis, de gloria et honore (PL 194, 1078CD. 1079A. 1104C);
Martinus Legionensis, sermo 4, 4 (PL 208, 124D).

---

1 Paulus] littera initialis OT spatium pro littera initiali A Quibusdam] quidam T   7 et] om
A 9 monens] mouens O 11 tribulabantur] tribulantur T 15 et^1] om T 16 est^1] om T 17 Elec-
tus est^1] trp T   22   uite et] om T   24   pater refertur] trp T   27   natura uel] naturalis
T 30 secundum] om T

homo assumptus filius sit gratie, non nature, adoptiuus, non naturalis
filius.

Responsio: Christus nomen est persone duarum naturarum, quando-
35 que designans personam illam secundum naturam unam, quandoque
secundum alteram. Vnde, quicquid de Christo dicitur, secundum hanc
uel illam naturam uel secundum communionem / earum siue unionem
dicitur. *Pater* est *Christi deus,* persone scilicet illius, natura: propter nature A 203ra
eiusdem communionem. *Pater* est hominis assumpti per gratiam, quia
40 homo assumptus, sicuti per gratiam est assumptus, ita et per gratiam
filius factus, filius dico naturalis, non adoptiuus. Si ergo homo assumptus
filius dei est per gratiam, non uideo, quare negandum sit deum patrem
eius esse per gratiam. Gratia enim fuit, que illum non-filium filium naturalem fecit. Nec inferat quis: Si pater est hominis assumpti per gratiam,
45 ergo *pater* eius est adoptiuus. Quia idem ipse homo assumptus per gratiam / filius est, sed naturalis, non adoptiuus.   O 124ra

PATER MISERICORDIARUM. *Pater* Christi est generatione, sed nobis *pater*
est miseratione, non uniformi sed multiformi.

[8] VT TEDERET NOS UIUERE. De uita exteriori loquitur, cui graue erat
50 pondus tribulationum, adeo ut nichil nisi defectum, hoc est separationem anime et corporis, responderet. Et hoc est:

[9. 10] SED IPSI INTRA NOS...IN QUEM SPERAMUS. Distinguunt inter
sperare in aliquo et in aliquem. / Sperare in aliquo est auxilium aliquod T 175va
ab eo exspectare, quod ab homine licet. Sperare in aliquem est totam
55 spem salutis et auxilii in eum ponere, quod in solum deum fas est.

[11] VT EX PERSONIS. Hic erit fructus orationum uestrarum factarum
pro nobis, ut scilicet GRATIE AGANTUR deo PRO NOBIS PER MULTOS, id est a
multis; gratie, dico EIUS DONATIONIS, hoc est pro ea donatione liberatio-
nis, QUE IN NOBIS EST, *donationis* dico, prouenientis ex PERSONIS MULTA-
60 RUM FACIERUM, hoc est ex personis diuersorum meritorum siue diuersarum uirtutum, quod idem est, siue diuersarum etatum. Per hoc itaque
adhortatur perfectos et imperfectos, maiores et minores tam etate quam
merito, ad deum orare pro eo, dicens eorum orationes tantum ualere
apud deum, ut et ipse, qui in uinculis erat, liberetur et pro liberatione
65 eius a multis gratiarum actiones deo referantur.

---

41   filius²...adoptiuus] cf Gualterus de S. Victore, sermo 12, 9 (CCM 30, 112); Heiricus
Autissiodorensis, hom I, 5 (CCM 116, 48).   46   naturalis...adoptiuus] *Vide notam praecedentem!*   58 liberationis] Gl 338a^i.   61 siue...etatum] Gl ibid.

---

34 est] *om* T 38 nature] *om* A 40 assumptus¹] aliquis T ita] *praem* et T 43 eius] *om* T filium]
om T 45 est] om T ipse homo] *trp* T 49 tederet] cederet A 51 responderet] respondent
T 52 Distinguunt] distingunt O 55 in eum] *om* T 60 facierum] .f. AO *om* T 61 idem est] *trp*
T 63 tantum] tam T

O 124rb　　[12] NAM GLORIA. / Merito speramus, quod eripiet nos. Nam purita-
tem *conscientie* mee considerans de diuino auxilio non diffido; unde
etiam glorior. Vel aliter: Solent merita eius, pro quo oratur, orationes
aliorum pro ipso sepius impedire, ne exaudiantur. Quod a se remouet
apostolus dicens, quia secure possunt orare pro eo. Bonam enim habet 70
conscientiam de eo quod agit. Vnde et de bone conscientie testimonio
gloriatur.

A 203rb　　Sunt autem tria, que petitionem / frequenter impedire solent, scilicet
quia persona indigna est que petit; uel pro qua petit; uel res quam petit.
Aliquotiens tamen aliter contingit, ut scilicet persona indigna petat et 75
exaudiatur, non tamen pro bono suo, sed pro bono aliorum, ut Sathan
Iob ad temptandum. Item: Orat persona digna nec exauditur, ut apostolus liberari ab angulo Sathane, et hoc ad bonum suum. Item: Orat dignus
pro indignis, et exauditur gratia proprii meriti, non illorum, ut Moyses
pro filiis Israel in deserto.　　　　　　　　　　　　　　　　　　　80

Potest autem queri, quare dicat apostolus se gloriari in testimonio
conscientie sue, cum iuxta eundem in solo deo sit gloriandum.

Responsio: Conscientia est certum rationis iudicium, quo mens dictat
sibi aliquid esse faciendum uel dimittendum. Per rationem autem similes
sumus deo. Per illam enim dicimur imago dei. Et cum nichil sui appeten- 85
O 124va tius sit similitudine / -similia enim similibus gaudent-, ratio semper se
ipsam superius erigens ad suum simile tendit, id est ad deum; sicque,
dum rationem sequimur, bonum semper operamur. Apostolus uero
semper rationem sequens se non nisi bona operari intelligit. Vnde et de
tali conscientia gloriatur, quod non est aliud quam in domino gloriari, 90
quem bene operando imitatur.

IN SIMPLICITATE. Simplicitas est zelo iusticie propter deum tantum
aliquid facere, ut apostolus zelo legis et iusticie propter deum dei eccle-
T 175vb siam / persequebatur. Sed quia *in* tali *simplicitate* frequenter error admix-
tus est, addit: ET SINCERITATE, ut sit scilicet simplicitas pura et discreta.　　95

[17] CUM ERGO UOLUISSEM. Quia in priori epistola promiserat se
uenturum ad eos et non uenerat, ne de leuitate possent eum arguere seu

---

76 Sathan...temptandum] Iob 1, 12. 2, 6.　77 apostolus...Sathane] II Cor 12, 7.　79 Moyses
...deserto] Ex 32, 11-14.　82 in...gloriandum] II Cor 10, 17; cf 1, 12.　86 -similia...gau-
dent-] cf Alcherus Claraevallensis, de spiritu et anima 14 (PL 40, 789); Radulfus Ardens,
hom 28 (PL 155, 1412D); Hugo, sent (Ed. Piazzoni 945); Alanus de Insulis, elucidatio (PL
210, 108A); Salimbene de Adam, cronica ad 1284 (CCM 125A, 802). ad 1285 (ibid 857).
93　　apostolus...persequebatur] cf Act 8, 3. 22, 4.　zelo legis] cf Bruno Astensis, hom 140
(PL 165, 854C).　96 Quia...98 apostolus] Gl 338b^mg *(Aug)*; Lom 14C.　in...epistola] I Cor
16, 5.

---

71 de^1] *om* T 73 tria] *om* T 82 sit] *om* T 86 enim] *om* T 95 scilicet] *om* T 96 epistola] ecclesia
T

de mendacio, excusat se apostolus, causam, quare non uenerit,
insinuans.
100   Solet autem queri hoc loco, utrum mentitus sit apostolus aut, si mentitus non est, an concedendum sit eum falsum dixisse, cum se uenturum
ad eos promiserit.
Sed notandum, quia aliter iudicant scripture alie de locutionibus
nostris, aliter scriptura sacra. Ille enim tantum secundum uocis signifi-
105 cationem, ista secundum proferentis intentionem. Ille, / quid proferens O 124vb
intendat, non attendunt, sed quid uox habeat significare. Vnde et quemlibet mentiri dicunt, quem constat falsum enuntiare. Sacre uero scripture
professio illum mentiri non iudicat, qui falsum quod putat esse uerum,
enuntiat, si tamen intentionem fallendi non habeat. Vnde Augustinus:
110 *Mendacium est enuntiatio falsi / cum intentione fallendi.* Est autem falsus in A 203va
enuntiatione, quicunque aliud habet in corde et aliud in ore. Vnde et
mentiri est contra mentem ire. Quod quia apostolus non habuit, nec
mentitus esse dicendus est. In mente enim habuit et in uoluntate, quod
ad eos ueniret, quando se uenturum esse promisit. Quod uero postea
115 propositum mutauit, non fuit ex leuitate, sed pro maiori utilitate. Plus
enim eis profuit hac uice absentis correctio quam presentis.
Sed dicis: "Non impleuit apostolus quod promisit; ergo non fuit ita in
re ut dixit. Quare falsum dixit; ergo non uerum. Et putauit se uerum
dicere; quare deceptus fuit. Parum autem distat in uicio decipere quem-
120 quam aut decipi posse." At Iacobus apostolus, quid huiusmodi oppositio-
nibus respondendum sit, euidenter docet. Ait enim, quia in huius/modi O 125ra
locutionibus, que de contingenti futuro aliquid promittunt, semper
conditio apponenda est aut, si non apponitur, tamen subintelligenda. Vt
cum dicimus: "Hoc uel illud faciemus", uel: "Mercabimur in illa ciuitate
125 uel in illa", apponendum est uel subintelligendum: *Si deus uoluerit.* Hanc
autem conditionem, et si apostolus non expresserit, tamen suppressam
eam in mente habuit. Voluntatem enim ueniendi ad eos habuit, sed eam
uoluntati diuine omnino supposuit.

---

100   utrum...102 promiserit] cf Rob 235, 2; *vide etiam expositionem ad II Cor 11, 28 et ad I Cor
15, 9!*   101 se...promiserit] Rm 1, 11.   108 qui...enuntiat] Gl 338b^{mg}.   110 Mendacium...
fallendi] Aug, de mendacio 4, 4 (CSEL 41, 418); Gl 338b^{mg}; Rob 235, 4.   112 mentiri...ire]
cf Thomas de Chobham, sermo 7 (CCM 82A, 78); idem, summa de arte praedicandi 7
(CCM 82, 291); Alanus de Insulis, distinctiones (PL 210, 856A).   125 Si...uoluerit] Iac 4,
15s.

---

105 quid] quidem O 112 apostolus] .a. O 116 eis] *post* uice T 120 aut] et T t(ame)n A At]
om AT 123 non] *om* A

De Iudeis etiam solet queri, utrum mentiantur negantes Christum esse deum. Non enim contra conscientiam loquuntur. Propter hoc dicunt 130 quidam, quia non mentiuntur, sunt tamen rei mendacii.

Nobis uidetur, quod absurdum sit dicere eos non mentiri, qui tam detestabile falsum tamque dampnabile mendacium dicunt, licet contra conscientiam non loquantur. Conscientiam enim non habent, sed *excecati sunt*. Non enim proprie potest dici conscientia, ubi non est scientia, sicut 135 nec consensus, ubi non est sensus.

T 176ra   [21] QUI UNXIT NOS, unctione interiori, / unctione spiritus sancti, corda scilicet nostra que frigore peccati indurata erant.

[22] ET SIGNAUIT: In libro uite scripsit, uel: SIGNAUIT: Signo fidei nos O 125rb ab infide/libus discreuit.   140

PIGNUS SPIRITUS. Potius hic deberet esse "arra" quam *pignus*, sicut beatus Augustinus dicit. *Pignus* enim pretium ualet pro quo ponitur et quandoque magis. Arra uero est pretii parua particula. *Pignus* autem spiritus hic appellat caritatem, per quam certi sumus de immortalitate consequenda, que re uera hic tanta non est, quantum est illud, cuius ipsa 145 pignus uel arra est. Vnde potest dici, quod pignus pro arra posuit aposto- lus. Vel aliter: *Pignus* certum facit uendentem de pretio habendo; sic et A 203vb caritas apostolum / et quemlibet iustum de premio consequendo. Pro qua certitudine, quam facit, et securitate *pignus* appellatur.

---

131 quidam] Ab, 306, 326-307, 348; idem, Ethica 1, 37-39 (CCM 190, 36-39).   134 excecati sunt] Rm 11, 7.   139   In...scripsit] cf Phil 4, 3; Apc 3, 5. 13, 8. 17, 8. 20, 12. 15; 21, 27; Gl 339a^i.   140 discreuit] Gl 339a^i.   142 Augustinus] Aug, sermo 23, 8 de Vetere Testamento (CCL 41, 313).   Pignus...147 apostolus] cf Haimo 611A; Bruno Carthusianorum, expos epist (PL 153, 241A); Ps.-Hugo, QEP II Cor q 13 II (PL 175, 547C); Lom 16C. 38D.

---

131 quidam] *om* T 137 nos] uos AO 145 quantum] quanta T ipsa] quanta T

[2, 10] CUI AUTEM ALIQUID DONASTIS. Quia de condonationibus mentionem facit, a quibus et quando faciende sint, breuiter uideamus. Quibus? Penitentibus tantum. Aliis enim nec amicorum intercessione facienda est condonatio. Verum nec omnibus passim. Tunc enim peni-
5 tenti tantum facienda est condonatio, quando uel infirmitate grauatus penitentiam iniunctam facere non potest; uel quando timendum est de desperatione propter nimiam austeritatem penitentie, *ne forte*, sicut apostolus dicit, *abundantiori tristicia absorbeatur* et *cadat in idipsum* uel in deterius. Quod enim quidam tam de facili / in dedicationibus uel conse- O 125va
10 crationibus altarium tam generales faciunt condonationes, non approbamus. Sequitur enim, ut propter duos uel quattuor quadrantes annum remissionis quis consequatur; et cuius penitentia in septennium extendi deberet, propter septem obolos ei relaxatur; sicque facilius peccat et securius, qui tam facile ab omni pena peccati absoluitur.
15 [11] VT NON CIRCUMUENIAMUR A SATHANA. Hoc et de prelatis et de subditis legi potest. Prelatum enim, quem per consensum peccati diabolus non potest seducere, sub specie correctionis circumuentum per nimiam asperitatem facit in subditos seuire. Circumuenitur ex hoc ipso et subditus, dum uel per desperationem in deterius cadit uel inobedien-
20 tie frontem prelato opponit.
[15] ODOR BONUS HIS ETC. Quomodo *bonus odor est his qui pereunt,* cum illi odore illo moriantur? Huiusmodi siquidem est ipse *odor mortis in mortem,* sicut consequenter ipse supponit. Vtrisque *bonus odor* erat, et his qui salui fiunt et his qui pereunt, bona salutis omnibus annuntiando. Sed
25 odorem uite odorem mortis sibi faciebant hi, qui pereunt predicationem eius contempnendo. Non ergo predicatio apostoli causa erat mortis eorum, sed culpa propria, / que eos predicationi eius adquiescere non O 125vb sinebat. Consimile est illud, quod in euangelio legitur: *Ecce, positus est hic in ruinam* etc. Quod tamen Origenes sic exponit: *Positus est in ruinam, id*
30 *est ad hoc uenit, ut multos in Israel a pec/catis ruere faciat et sic uirtutibus* T 176rb *resurgere.*

---

1   Quia...uideamus] cf Hervaeus 1015CD; Lom 19BC.   7   ne...idipsum] II Cor 2, 7.
9   Quod...14 absoluitur] cf Ab, Ethica 73, 1 (CCM 190, 73); cf Alexander III (Mansi 22,
393).   17   per...asperitatem] cf Cassiodori discipulus, expos (PL 68, 558); Gl 339b$^{i + mg}$;
Sedulius Scottus, colletaneum (AGLB 32, 463); Lom 19C.   per...facit] cf Gl 339b$^{i + mg}$.
19 per...cadit] cf Gl l. cit.   22 odor...mortem] II Cor 2, 16.   28 Ecce...ruinam] Lc 2, 34.
29 Positus...31 resurgere] cf: Or, hom 163 ad Lc 2, 34 (GCS 49, 96s; FC 4/1, 186). 17, 3ad
Lc 2, 34 (GCS 49, 102-104; FC 4/1, 196/198).

1 Cui] Qui T 2 sint] *corr ex* sunt O sunt AT breuiter] *add* tamen AO*T *sed expunct* O 6 non]
supr lin T 7 austeritatem] absteritatem A 8 idipsum] ipsum T in^2] *om* T 12 et] R(*esp.*)
T 13 sicque] neque T 14 absoluitur] *corr ex* soluitur T 16 consensum] *in mg* O 20 frontem]
om T 22 odore] ordine T

[17] ADULTERANTES UERBUM DEI. Ad similitudinem carnaliter adulte-
rantium: Qui enim uxorem alterius adulterat, non prolem sed solam
carnis delectationem querit ex ea. Sic et pseudo Corinthiis, quos apostolus Christo desponsauerat, predicantes, quasi aliene coniugi se misce- 35
A 204ra bant, non / salutem eorum, sed solum ex eis commodum temporale
querentes, ueritatem falsitatis admixtione corrumpentes et predicationem suam adulatione mollientes. De quibus Ysaias: *Caupones tui uino
aquam miscent,* id est mere doctrine dulces adulationis sermones, quibus
fit, ut homines ab *uberitate domus* supercelestis inebriari non possint, sed 40
delectati uanitate tepescant. Merito itaque *adulteri uerbi dei* dicuntur, qui
O 126ra non filios / in fide generare, sed delectationem temporalem querunt
explere.

---

33   Qui...ea] cf Gregorius I, moralia 16, 60, 74 (CCL 143A, 842); Haimo 615B; Atto, expos
epist (PL 134, 429D); Thomas de Chobham, summa de arte praedicandi 2 (CCM 82, 26). 4
(ibid 90).   38 De...miscent] cf Gl 340a^mg.   Caupones...miscent] cf Is 1, 22.   40 uberitate
domus] Ps 35, 9.   41 adulteri...dei] cf II Cor 2, 17.   42 filios...generare] cf Gregorius I,
moralia 16, 60, 74 (CCL 143A, 842); Lanfrancus, comm (PL 150, 345); Gerhohus Reicherspergensis, comm aureus (PL 113, 1332D ad Ps 33, 12); Martinus Legionensis, sermo 14 (PL
208, 770A).

---

34 pseudo] *sic* AOT *pro "pseudo-apostoli" (cf Gl 340a^mg Ambr)* 35 predicantes. ...   37 et] *bis* O

[**3**, 6] LITTERA ENIM OCCIDIT. Litteram legem uocat, spiritum gratiam. Vnde et dicitur, Augustinus, de littera et spiritu siue de lege et gratia: Lex uero ideo littera dicitur, quia ad litteram data erat, et secundum litteralem intelligentiam professores eius eam obseruare tenebantur. Ea nempe
5 in tanta austeritate tantaque preceptorum multiplicitate consistebat, ut a nemine posset adimpleri, sed omnes preuaricationis reos faciebat. *Lex* etiam *occidit,* quia sine misericordia punit: *dentem pro dente, oculum pro oculo, animam pro anima. Spiritus autem,* hoc est gratia spiritus sancti, *uiuificat* parcendo, culpam remittendo, uitam temporalem et eternam
10 tribuendo.

[18] NOS UERO REUELATA. Quasi: Illi uelamen habent super faciem cordis, sed nos REUELATA FACIE etc. gloriam domini speculamur duobus modis: potentiam eius scilicet, sapientiam et benignitatem in creaturis attendendo, per que nobis omnis gloriosus apparet, et ipsum fide et
15 expedita quantum potest ratione in se ipso contemplando.

SPECULANTES. A speculo, non a specula. Non enim eum, sicuti est, in presenti uidere possumus, sed *per speculum in enigmate,* ut eundem postmo/dum in essentia uideamus.   O 126rb

IN EANDEM IMAGINEM TRANSFORMAMUR. Est imago ad imaginem, est
20 imago non ad imaginem. Filius est imago patris non ad imaginem sed per equalitatem; nos uero imago ad imaginem filii per similitudinem. Imago autem hec in nobis per peccatum deformata est, sed in eam, id est in integritatem eius, per gratiam dei *transformamur,* id est reformamur. Vel: TRANSFORMAMUR IN EANDEM, id est ad quam facti sumus: Hoc est
25 conformamur illi, ut, cum ipse apparuerit in gloria, similes ei inueniamur.

---

1 Litteram...gratiam] cf Gl 340b^{mg}(*Aug*).   2 Lex...6 faciebat] *Non inventum apud Augustinum in libro de spiritu et littera nec alibi; paraphrasis esse videtur libri de spiritu et littera.*   7 dentem... anima] Ex 21, 24; Lv 24, 20: Dt 19, 21; Mt 5, 38.   8   Spiritus...uiuificat] II Cor 3, 6.
11   uelamen...cordis] cf Gl 341bⁱ.   12   gloriam...15 contemplando] cf ad Rm 1, 20.
13   potentiam...attendendo] *cf supra p. 43, 935s ad Rm 1, 20.*   16   A...specula] Aug, de trinitate 15, 8 (CCL 50A, 479); Gl 341b^{mg}; Lom 28B.   17 per...enigmate] I Cor 13, 12.   ut ...uideamus] cf Gl 341bⁱ; Lom 29C.   24 ad...sumus] Aug, enarr Ps 94, 2 (CCL 40, 1332); cf: idem, sermones suppositi 292, 6 (PL 39, 2300); Bruno Astensis, expos Ps 41 (PL 164, 845C); Lom, comm Ps 89, 19 (PL 191, 842A).

---

2 dicitur] dicit T 14 omnis] deus AT 21 imago] *om* T 22 autem] *om* T 23 in] supr lin T

[4, 4] DEUS HUIUS SECULI: Diabolus, qui alibi *princeps mundi* huius appellatur pro eo, quod in his, in quibus habitat, quendam uindicat principatum, sicut alibi dicitur: *Quorum deus uenter est,* et: *Dii gentium* A 204rb *demonia.* / Non tamen uenter deus est nec demonia dii, uerum propter T 176va Ma/nicheorum calumpnias, qui duo statuebant fuisse rerum principia, 5 bonum scilicet et malum, melius hic intelligitur uerus deus, secundum beatum Augustinum, qui mentes infidelium dicitur excecare, non impertiendo malitiam, sed subtrahendo gratiam. Que subtractio etiam eius operatio nominatur, ut ibi: *Operatur deus in cordibus hominum ad inclinan-* O 126va *das eorum uoluntates, siue ad bonum siue ad malum.* Gratiam / enim subtra- 10 hit, quo fit ut uoluntas inclinetur ad malum, sicut gratiam apponit, quando inclinatur ad bonum.

[6] QUONIAM DEUS. Qui de operatione gratie dubitat, recurrat ad opera creationis. Quemadmodum autem in illa confusa mole elementorum de tenebris subito lux emicuit, sic in initio conuersionis nostre ad 15 deum lux fidei inter tenebras mentis nostre primum irradiat; sequiturque firmamentum rationis diuidens aquas ab aquis, superiores ab inferioribus. Aque inferiores affectus sunt carnis, qui, ne pro uoluntate effluant, congregandi sunt et sub dominio rationis cohercendi. Sicque apparet arida, anima scilicet nostra apta ad colendum et fructificandum. Per 20 aquas superiores caritas intelligitur; que congregari non debent nec coherceri, quia caritas ad omnes extendi debet, etiam ad inimicos. IN FACIE CHRISTI, hoc est coram Christo. Vel: *In facie Christi,* ad imitationem Christi, qui est facies patris, quia per ipsum cognitio patris habetur.

---

1 Diabolus...mundi] cf Gl 342a^mg.   princeps mundi] Io 12, 31; 13, 30; 16, 11.   3 Quorum ...est] Phil 3, 19.   Dii...demonia] Ps 95, 5.   6 melius...excecare] cf Aug, contra Faustum 21, 2 (CSEL 25/1, 571).   7 non...gratiam] cf Aug, epist 194, 3 (CSEL 57, 187): *..nec obdurat deus impertiendo malitiam, sed non impertiendo misericordiam. Vide etiam:* Everardus Yprensis, dialogus (Ed. Häring 267); Prudentius, epist ad Hincmarum (PL 115, 981C); Hincmarus, de praedestinatione (PL 125, 93D. 100BC. 156B. 428C. 449A); Atto, expos epist (PL 134, 223D); Ps.-Hugo, QEP Rm q 264 (PL 175, 497A).   9 Operatur...malum] *Vide supra ad Rm 1, 24 (49, 1077- 1080).*   14 in...emicuit] cf Gn 1, 3.   17 diuidens...inferioribus] cf Gn 1, 7. 19 apparet arida] cf Gn 1, 9.   24 qui...patris] cf Faustus Reiensis, de spiritu sancto 1 (CSEL 21, 108s); Gaudentius Brixiensis, sermo 14 (PL 20, 946C); Ps.-Hier, in Mt (PL 30, 951D); Caesarius Arelatensis, sermo 212, 3 (CCL 104, 845); anonymus patristicus, comm in Lc 1, 76 (CCL 108C, 12); Paschasius diaconus, de spiritu sancto (PL 62, 14A); Hermannus de Runa, sermo 9, 1 (CCM 64, 418); Paschasius Radbertus, expos 6 in Mt (CCM 56A, 624); Bruno Carthusianorum, expos Ps (PL 152, 865C); Gl 342a^i; Radulfus Ardens, hom 11 (PL 155, 1339D); Hildebertus Cenomanensis, sermo 57 (PL 171, 618B); Lom 32B; Balduinus de Forda, de sacramento altaris 3, 2 (SChr 94, 474); Alanus de Insulis, distinctiones (PL 210, 784C); Helinandus Frigidi Montis, sermo 2 (PL 212, 490C).

---

2 in^2] *supr lin* T   4 uerum] utrum A   6 deus secundum] uerius T   15 emicuit] emittit T 21 aquas] *om* O *sed signum omissionis in mg*

25   [10] MORTIFICATIONEM JHESU: Pericula mortis et flagella sicut ipse; et
hoc pro amore eius. Vel: Mortificationem carnis exemplo Jhesu, qui
nobis exemplum continentie et carnis affligende reliquit, UT ET UITA
JHESU, qua uixit / in corpore degens mortali, quasi exemplar in exem- O 126vb
plo, MANIFESTETUR IN CORPORIBUS NOSTRIS, non solum intus in anima per
30 dilectionem ceterasque uirtutes, sed etiam exterius in carnis mortificatione et bona operatione. Vel: Hec mortificatio, quam pro amore Jhesu
circumferimus in membris corporis nostri, euidens argumentum est,
quod certi sumus de uita Jhesu immortali.

    [13] HABENTES AUTEM. Diceret quis apostolo: Si a predicatione desiste-
35 res, mala hec et mortis pericula non sustineres. Ad hec apostolus: Prophete *spiritum fidei habentes* non poterant non loqui que credebant,
quamuis propter hoc ipsum in mortem traderentur. Ergo et nos *habentes*
eandem *fidei* gratiam quam illi, non possumus non loqui quod credimus
et quod expedit uobis. /

40   [15] *Omnia enim* hec facimus *propter uos.* Sic lege: Prophete *habentes* A 204va
spiritum fidei non poterant non loqui que credebant, sicut scriptum est:
Credidi propter quod locutus. Sed et nos habentes eundem spiritum fidei
quem illi *credimus, propter quod et loquimur,* nec timore mortis ab hac
predicatione cessare possumus. Non enim perfecte credit, / qui immi- T 176vb
45 nente salutis periculo tacet. Quod uero dicimus: "Non poterant non
loqui", non est contrarium ei, quod supra dixit: *Spiritus prophetarum
prophetis / subiecti sunt.* Non enim necessitate coactionis loquuntur, sed O 127ra
debite obedientie exigentia, quam bonus subiectus negare non potest,
eam tamen deuota reddit uoluntate.

50   [18] NON CONTEMPLANTIBUS QUE UIDENTUR. Contemplatio hec ex
tribus est siue per tria: hoc est per fidem, spem et caritatem.

    Fides sacramentum est, hoc est forma quedam et figura rerum eterna-
rum, quas per fidem quodammodo contemplamur. Accedit fidei spes; et
confidentia precedentium meritorum ad ea, que per fidem in imagine
55 quodammodo uidet, se erigit; et crescit contemplatio et in contemplatione cognitio. Sed quia inutiliter et creduntur et sperantur eterna, nisi et
amentur, necessario aduenit caritas, que et credita diligere et sperata

---

25 Pericula mortis] Lom 33A.   29 non...anima] cf Gl 342a^{i}.   42 Credidi...loquimur] II Cor
4, 13.   46 Spiritus...sunt] I Cor 14, 32.   51 fidem...caritatem] cf I Cor 13, 13.   52 Fides...
est] cf Aug, epist 98 (CSEL 34, 2, 531): *...ita sacramentum fidei fides est; inde* Lom, sent 4, 10,
1, 9 (Ed. Brady 2, 294).

32   membris.... nostri] m(embris). c(orporis). n(ostri) AOT   34   desisteres] desistens
A 37 in.... traderentur] *trp* traderentur in mortem O*T 40 enim] *om* T 41 fidei] *add* quem
illi O* (*del* O) non poterant] *in mg* O^{c} scriptum] dictum T   42 locutus] *add* sum T nos] uos
O 45 Quod] quo O 51 hoc] *corr ex* hec O 54 ad] ab T 55 erigit] erigi T

desiderare facit, et fidei et spei dat in eorum contemplatione constantiam. Hec contemplatio uite presentis est, sed in imagine tantum et um-
bratilis. Vtrum uero aliquis alium ab his tribus habeat contemplationis 60
oculum, ut in corpore mortali degens ueritatem ipsam in se ipsa possit
contueri, expertus non sum. Si quis tamen est, magnus inter magnos et
inter perfectos perfectissimus est.

62   magnus...magnos] cf Dionysius Exiguus, ad Iulianum presbyterum, praef 3, 7 (CCL 85, 47); Guerricus Igniacensis, sermo 3, 3 (SChr 202, 342).   63   inter...perfectissimus] cf Adamus Perseniae, epist 25 (PL 211, 672A).

[5, 1] SCIMUS ETC. Sicut series littere habet et superficies et in glosa legitur, / sensus hic est: *Scimus quod habemus edificationem in celis, si domus* O 127rb *nostra terrestris,* hoc est corpus nostrum, *dissoluatur* per tribulationes, hoc est per tormenta et martyrii passiones. Quod innuit causalis conditio
5 apposita: "Si". Sed hoc tantum martyrum est, ut habitatio eorum hoc modo dissoluatur. Quid ergo pie uiuentes in Christo et in pace morientes? Nonne et illi habituri sunt *in celis edificationem?* Item: De illa communi dissolutione, que est anime et corporis, dici non potest. Hoc enim modo omnes dissoluuntur, / nec habent tamen omnes *in celis edificatio-* A 204vb
10 *nem.* De illa communi dissolutione satis potest legi, sed non in persona omnium. Non enim dicit apostolus: "Sciunt omnes", sed: *Scimus,* nos et uos, qui pie in Christo uiuimus. Vel: De dissolutione, que fit a massa peccatorum, potest legi, qua, cuiuscunque habitatio dissoluatur, *edificationem* habebit *in celis,* ordinatam et stabilem mansionem.
15   DOMUM NON MANUFACTAM. Non negat esse factam, sed *manu factam.* Factam uero aliter eam non dicimus, nisi ab eterno preparatam. Hec est enim interna et eterna uisio dei.
   [2] SUPERINDUI CUPIENTES, ut morte non gustata mortalitas ab immortalitate absorbeatur. Sed cum / hoc sciret apostolus fieri non posse, O 127va
20 queritur, utrum rationabile sit desiderium eius. Magis enim id desiderare deberet, quod sciebat deum uelle. Volebat quidem apostolus quod sciebat deum uelle, uoluntate, / sed rationis, non affectu carnis. Vnde: T 177ra *Cupio dissolui et esse cum Christo.* Hec est uoluntas rationis; "Cupio *superindui":* Hic est affectus carnis siue affectus naturalis, qui tamen anime est,
25 sed ex carne. Nec dico quod affectus iste sit bonus, hoc est meritorius, nec malus, sed naturalis, qui "uoluntas" sepe nominatur; magis proprie tamen -siue in Christo siue in quocunque alio- "naturalis affectus, qui uoluntas appellatur". Tali affectu amara queque et carni contraria refugimus, et in diebus abstinentie ante horam cibum appetimus.
30   [3] Sic lege: *Cupientes superindui habitationem nostram,* quam habebimus, SI TAMEN UESTITI ETC.: *Vestiti fide,* dicit glosa, *posito corpore.* Ergo fides erit deposito corpore? Non. Fidem enim hic appellat rem fidei, qua in futuro uestiemur.
   [10] VT REFERAT UNUSQUISQUE. Etiam de pueris hoc legit beatus
35 Augustinus, *qui,* ut dicit, *per alios crediderunt uel non crediderunt,* quod est:

---

1 glosa] Gl 342b^i+mg.   4 causalis...apposita Si] cf Gl 342b^mg; Lom 36A.   23 Cupio^l...Christo] Phil 1, 23.   31 Vestiti...corpore] cf Aug, sermo 58 (Ed. Verbraken 132); Gl 343a^i.   35 qui... crediderunt^2] Aug, epist 217, 5 (CSEL 57, 415); Gl 343b^mg.

---

6 pie uiuentes] *trp* T   12 uos] nos T   17 interna.... eterna] *trp* T   18 immortalitate] -mor-*finis lineae et iteratum in initio lineae sequentis* O   22 sed] scilicet T   26 qui.... naturalis] *om* O   27 qui] quam A qua T   35 dicit] dictum A

per alios sacramentum fidei susceperunt. Hoc est enim talibus credere:
sacramentum fidei, scilicet baptismatis, suscepisse. Si "gerere" tam passi-
O 127vb ue quam actiue accipiamus, de baptizatis paruulis con/stat, quia referent
prout gesserunt in corpore uel gestum est ab aliis in eorum corpore. Sed
non baptizati quid? Nichil enim uel ab eis uel ab aliis gestum est in 40
eorum corpore, unde ipsi dampnari debeant uel saluari. /
A 205ra De talibus dicimus, quia habent et ipsi actualiter motus illicitos, motus
inordinatos in corpore, quibus inordinate etiam naturalia appetunt et
concupiscunt. Et hi motus sunt illis ad penam, quia surgunt ex peccato
originali, quod non est eis dimissum per gratiam.   45

[11] TIMOREM DOMINI SUADEMUS. Quare *timorem* potius quam amorem? Immo per *timorem* et in timore amorem! Timor enim iste non est
sine dilectione, immo est ex dilectione, filialis scilicet timor, quo caste
deus timetur; et permanet in seculum seculi. Sed quare dicit: *Suademus,*
et non "precipimus"? Timor enim iste est, sine quo salus non est, et ideo 50
de his est, que ad preceptionem pertinenet potius quam admonitionem.
Sed de isto timore est, sicut de fide caritate ceterisque uirtutibus, que
non nisi uoluntarie habentur: Cetera si qua potest homo nolens - credere
non potest nisi uolens. Voluntas enim cogi non potest, sed potest ad-
moneri.   55

O 128ra [12] NON AUTEM. Quasi: / Et si in his uidear me commendare, non
causa mei hoc facio propriam in his gloriam querens, sed honorem dei
et utilitatem proximi.

SED OCCASIONEM DAMUS. Aperit sue commendationis causam: ut
scilicet Corinthii pseudo-predicatores, qui se ab aliis apostolis didicisse 60
gloriabantur, possent repellere scientes, quia Paulus apostolus est nec
aliis inferior.

Sed potest aliquem mouere disiunctio illa glose illius: *De nobis potestis*
T 177rb *gloriari, quia, quicquid agimus, uel est honor / dei uel utilitas proximi.* Nonne
ubi est utilitas proximi, et honor dei? Non enim bene querit utilitatem 65
proximi, qui propter honorem dei eam non querit. Re uera adiunctus est
hic illi, honor dei scilicet utilitati proximi. In quibusdam tamen special-

39   prout...corpore] cf Aug, epist 217, 5 (CSEL 57, 415).   Sed...quid] cf Aug, contra
Iulianum 1 (PL 44, 633).   48 caste...timetur] cf Gl 343b^i.   53 Cetera...uolens] cf Aug, in
Iohannis ev tr 26, 2 (CCL 36, 260); Gl 296a^{mg} ad Rm 10, 10; Radulfus Ardens, hom 30 (PL
155, 1608B); Ps.-Hugo, QEP Rm q 260 (PL 175, 495D); Zacharias Chrysopolitanus, in unum
ex quatuor (PL 186, 252B); Petrus Pictaviensis, sent 3, 1 (PL 211, 1043C); Helinandus
Frigidi Montis, sermo 27 (PL 212, 704D); Innocentius III, de quadripartita specie nuptiarum (PL 217, 956BC).   63 De...proximi] Hervaeus 1074A; Lom 41A.

39 ab.... Sed] *trp* in corpore eorum ab aliis T 40 uel^1] om O 42 actualiter.... illicitos] *trp*
motus illicitos actualiter T 53 si qua] siquidem A 60 Corinthii.... repellere] *in mg* O

ius apparet honor dei, in quibusdam honor proximi. Honorem dei
querebat, ubi sapientia inter sapientes loquebatur; utilitatem proximi,
70 ubi *lac paruulis potum* dabat, *non escam*; inter quos nichil iudicauit se scire
nisi Jhesum Christum, et hunc crucifixum.

[13] SIUE ENIM. Excessus mentis "extasis" appellatur, quando scilicet
mens supra se rapitur. Fit autem hoc multis modis: quandoque tumore
superbie propriam gloriam querens; quandoque magnitudine doloris
75 siue timoris siue etiam gaudii; quandoque contemplatione / rationis, A 205rb
quando scilicet mens desiderio rapitur ad superna, nullam inferiorum
habens memoriam. Huic autem excessui operam / dant uiri religiosi, O 128rb
uiri contemplatiui.

[19] DEUS ERAT IN CHRISTO, diuinitas scilicet in homine asssumpto, *in*
80 *quo* *habitat plenitudo diuinitatis corporaliter*, erat in eo personali unione.

RECONCILIANS SIBI MUNDUM, non quidem illum, de quo ipse Christus
ait: *Non pro mundo rogo*, sed illum de quo dicitur: *Venit filius hominis, ut*
saluetur mundus per ipsum, electos scilicet de mundo reconcilians sibi.

---

70 lac...escam] I Cor 3, 1s.   nichil...crucifixum] I Cor 2, 2.   72 Excessus...appellatur] Aug,
epist 80, 3 (CSEL 34, 2, 348); Remigius Antissiodorensis, enarr Ps 30 (PL 131, 290C);
Gerhohus Reicherspergensis, comm aureus ad Ps 30 (PL 193, 1285B).   79   in³...
corporaliter] Col 2, 9.   82 Non...rogo] Io 17, 9.   Venit...ipsum] cf Mt 18, 11; Lc 19, 10; Io
3, 17.

---

69 sapientia] sapientiam A 73 tumore] timore T 78 uiri] om A 81 ipse Christus] *trp* T

[6, 1] NE IN UACUUM GRATIAM DEI RECIPIATIS. Gratiam fidem uocat, quam quidam non recipiunt, quidam recipiunt, sed *in uacuum,* alii utiliter, qui scilicet in ea perseuerant. *In uacuum* eam recipit et qui eam receptam reicit et qui eam factis non implet.

De illo, qui ad tempus credit et in tempore temptationis recedit, queri 5 potest, utrum prosit ei ad tempus credidisse. Quod uidetur. Dicit enim beatus Augustinus, quia *prodest per unum diem bonum fuisse,* et *nullum bonum irremuneratum.* Videtur ergo, quia bonum quod tunc fecit, et si non prosit ei usque ad perceptionem corone, prodest tamen ad diminutionem pene.   10

Econtrario autem auctoritas persuadet et ratio. Scriptum est enim, quia *melius est uiam ueritatis non agnouisse quam post agnitam retro abisse.* Caritatem enim quam habuit, conseruare debuit. Quam quia amisit, de
O 128va ingratitudine / et contemptu dei tenetur, quod maius est apud deum peccatum grauiusque puniendum, quam sit adulterium uel homicidium. 15 Peccatum siquidem ingratitudinis tantum est, quod etiam prius dimissa reducit ad penam, sicut patet in seruo nequam. Hoc etiam inde est euidentius, quia grauius offendo, si eum, qui michi multa bona fecerat et de me tanquam de amico confidebat, offendam, quam si eum, qui nichil apud me promeruit nec mecum aliquam habebat amicitiam.   20

[2] AIT ENIM: TEMPORE ACCEPTO ETC. Ne illi difficultatem gratie con-
seruande pretenderent et quod supra uires suas sit in gratia perseuerare,
A 205va remouet hoc apostolus, dicens quia possunt. Quod probat / auctori/tate
T 177va Ysaie prophete, qui de tempore hoc locutus est, dicens: TEMPORE ACCEP-
TO EXAUDIUI TE clamantem tam pro peccatis dimittendis quam pro gratia 25 conseruanda. *Et* IN DIE SALUTIS ADIUUI TE ad bene uolendum et bene operandum. Et: *Ecce,* inquit apostolus, *tempus* illud: Ne illi tempus illud nondum uenisse quererentur.

[11] OS NOSTRUM PATET. Quorundam os, qui predicare deberent, imperitia claudit; quorundam timor uel amor; quorundam uita peruersa; 30
O 128vb nonnullorum /acceptio munerum.

---

5   De] *Ad sequentia vide Landgraf, Die Streitfrage vom Wiederaufleben der Sünden. DG IV/1, 193-275, imprimis 209!*   7   prodest...fuisse] *Non inventum; cf I Pt 2, 21 (vide supra ad Rm 8, 28); AEP 892A: bonum fuisse per unum diem utile est* et ibid *912C: Prodest vel per diem bonum fuisse.*   nullum...irremuneratum] *vide supra ad Rm 8, 28.*   12 melius...abisse] cf I Pt 2, 21: *... melius enim erat illis non cognoscere viam iustitiae quam post agnitionem retrorsum converti.* Pro *"viam iustitiae" permulti auctores* habent *"viam veritatis".*   17 patet...nequam] cf Mt 18, 23-35. 24 Tempore...te] Is 49, 8.   26 in...te] ibid.   27 Ecce...tempus] ibid.

---

7 prodest] *corr ex* pro O 9 ei] *om* T 13 debuit] *om* T 17 est euidentius] *trp* T 21 conseruande] seruande T 25 gratia] *supr lin* O 28 quererentur] quererent T 29 nostrum] meum T

[17] PROPTER QUOD EXITE. Glosa: *Maius malum committimus in separati-*
one bonorum -hoc est separando nos a bonis causa malorum- quam sit
illud, quod fugimus in coniunctione malorum. Hoc non uidetur genera-
35 liter uerum: Vbi enim timemus, ne *corrumpant bonos mores colloquia mala,*
et *modicum fermentum totam massam,* non uidemur peccare, si a malis
etiam corpore et loco separemur, quamuis sint inter eos et aliqui boni.
Sed hoc de prelatis et perfectis dictum est, qui grauiter delinquunt, si
subditos et imperfectos, quos regere habent et confirmare, inter malos
40 relinquunt.

---

32   Maius...bonorum] Aug, sermo 88 (Revue Bénédictine 94, 100); Gl 340a^mg; Lom 51A.
35 corrumpant...mala] I Cor 15, 33.   36 modicum...massam] I Cor 5, 6 Gal 5, 9.

---

36 massam] *add* corrumpit T

[8, 13] EX EQUALITATE. In Glosa: *Qui uiuunt in seculo, non habent merita ad uitam eternam sufficientia*; sed per merita eorum, quos per elemosinas sustentant, consequuntur quod per se non merentur. Sed hoc quomodo? Si enim caritatem non habent, per merita aliorum non uidentur posse saluari, siquidem sine caritate nemo salute dignus est uel esse potest, qua 5 dignus est omnis qui caritatem habet.

Dictum est hoc de illis, qui adhuc degentes in seculo peccandi consue-
O 129ra tudinem nondum euadere possunt, piis tamen operibus et elemo/sinis operam dantes pauperum Christi, quos sustentant, orationibus gratiam dei consequuntur, qua digni fiunt salute.   10

[15] QUI MULTUM NON ABUNDAUIT. Solet hic queri de uoluntate et operibus, an scilicet propter opera aliquid meritorum accrescat bone uoluntati. De quo diligentius egimus in premissis. Hoc autem hic queri potest, utrum aliqui impares in facultate, pariter tamen dantes et ex pari caritate, equaliter mereantur. Quod uidetur. *Dominus enim non pensat* 15 *censum sed affectum; non quantum des, sed ex quanto.* Hi autem pares sunt in
A 205vb affectu, / quare et in merito. Sed nonne quisque tenetur operari et pauperibus erogare secundum facultatem suam? Huius uero maior est facultas. Ergo et magis in ea operari tenetur quam ille in minori. Amplius ergo meretur ille tantum de facultate paruula faciens quantum iste 20 de maiori, sicque nec par uoluntas nec par opus equales facit in merito.
T 177vb   Ad quod dici potest, quod ille, qui maior est in facultate, / aut non tantus est in caritate, aut amplius dabit, aut forsitan non animo retinendi ea, que nondum dat, retinet, sed ut aliis magisque forsitan egentibus
O 129rb ero/gare possit. Sicut enim ex caritate dat, sic et ex caritate retinet. 25 Potest etiam de huiusmodi dici quod et de equalem in peccando delecta-tionem habentibus, quorum tamen alterum altero magis peccare in

---

1 Qui...sufficientia] Hervaeus 1078A; Gl 341b^mg-342a^mg; Lom 95B.   2 sed...merentur] cf Gl l. cit.   13 in premissis] *Vide supra* ad I Cor 13, 3.   Hoc...30 laico] *cf Landgraf, Die Bestimmung des Verdienstgrades. DG I/2, 75-110, imprimis 80!*   15 Dominus...quanto] *Prima pars huius sententiae Hieronymo attribuitur a Petro Abaelardo sive discipulo eius:* Ab, sent 34 (Ed. Buzzetti 153), *sed non inventa est apud Hieronymum. Cf.:* Cyprianus, de opere et eleemosynis 15 [de vidua paupera, Mc 12, 41-44; cf Lc 21, 1-4] (CCL 3A, 64): *...non quantum, sed ex quanto dedisset...;* Ps.-Hier, in Mc (PL 30, 627A): *Non quantum ... sed ex quanto considerat deus;* anonymus (Rufinus ?), comm in LXXV Psalmos, ad Ps 49, 14 (PL 21, 846C): *Cor namque et non substantiam pensat deus; nec perpendit quantum in eius sacrificio, sed ex quanto proferatur;* item Defensor Locogiacensis, liber scintillarum 11, 22 (CCL 117, 57); Beda, in Lc ev expos 5, 21, 2s (CCL 120, 362); idem, in Mc ev expos 3, 12, 43 (ibid 594); Gregorius I, hom 1, 5, 2 in ev (PL 76, 1093C); *cf etiam* Radulfus Ardens, hom 29 (PL 155, 1416C): *Non pensat dominus quantum tribuatur, sed ex quanta caritate et possibilitate;* Hildebertus Cenomanensis, sermo 77 (PL 171, 714CD): *Deus enim non pensat quantum, sed ex quanto offeras.*

---

12 aliquid] aliqui A 13 De] *om* T hic] *om* A 19 et] *om* T 27 tamen alterum] *trp* T

euidenti est. Magis enim peccat sacerdos fornicando quam laicus, licet
nec maiorem habeat pecccandi uoluntatem nec maiorem de peccato
30 delectationem. Minus namque licitum est ei quam laico.

[21] PROUIDEMUS ENIM BONA. Hoc prudentis est, talia scilicet operari,
que et in oculis dei placeant et in quibus homines nichil reprehensibile
reperiant. Cauere non possumus, quin bonis operibus nostris quandoque
detrahant homines. Sed hoc non est ex qualitate operum, sed ex peruer-
35 sitate detrahentium. Sed quid est, quod in glosa illa dicit beatus Augustinus: *Qui conscientie fidens famam negligit, crudelis est?* Quid uocat famam
nisi laudem humanam? Hanc non solum negligere, sed etiam fugere
tenemur. Quid sit famam negligere quantumque peccatum, apostolus in
epistola ad Romanos euidenter docet, ubi ait: *Beatus, qui non iudicat semet*
40 *ipsum in eo quod probat.* Ille enim famam negligit, qui facit se ipsum, ut ita
/ dicam, iudicabilem dignumque reprehensione, id agens cum scandalo O 129va
fratrum, quod licite posset dimittere.

---

35 in...illa] 348b^mg.   36   Qui...est] *Vide ad Rm 12, 17 ! Eadem sententia etiam ad I Cor 4, 3.*
39 Beatus...probat] Rm 14, 22.

---

28 enim] tamen T 30 ei] *om* T 32 et^1] *supr lin* O 39   38 epistola] apostolus] .A. O 41 dicam
iudicabilem] *trp* T

[9, 6] QUI PARCE SEMINAT ETC. Quomodo *parce metet,* qui uitam eternam, deum ipsum, in metendo accipiet? Ita enim unusquisque ibi
abundabit, ut amplius accipere quam habeat non uelit. Sed quia secundum diuersitatem meritorum erit ibi et premiorum differentia, potest
dici in comparatione *parce* messurus, qui minus promeruit. Vel: *Parce* 5
seminare potest dici, qui non ex caritate dat, sed uel propter presentem
A 206ra pudorem uel, *ut careat tedio / interpellantis,* sicut glose dicunt. *Qui et rem
perdit et meritum.* Sed quid metet iste et quomodo *parce? Metet* dampnationem, et parce, ut tamen *parce* istud referas non ad messem, sed ad
seminantis intentionem. Et notat causam illud ultimum *parce,* sicut et ibi: 10
Eadem mensura, qua mensi fueritis, remetietur uobis. Et quid, si iniusta mensura mensi fuerint, nunquid et iniusta remetietur eis? Non, sed iusta et pro
iniusta. *Eadem mensura,* hoc est pro eadem mensura.

---

6   propter...pudorem] Abst ad II Cor 9, 7 (CSEL 81/2, 267); Rabanus, enarr (PL 112,
213B); Gl 348b^mg; Haimo 646B; Gratianus, decr II, 23, 6, 4 §1 (Ed. Friedberg I, 949); Lom
63A.   7   ut...interpellantis] cf Aug, eanarr Ps 42, 8 (PL 36, 482); Gl 348b^mg-349a^mg; Lom
63AB; Hervaeus 1084C); Petrus Cantor, verbum abbreviatum (PL 205, 288B).   Qui...
meritum] Gl l. cit.; Radulfus Ardens, hom 42 (PL 155, 1818B); Gratianus, decr (l. cit.);
Thomas de Chobham, sermo 14 (CCM 82A, 150).   11 Eadem...uobis] Lc 6, 38.

---

1 etc] *om* T 10 illud] istud T 11 Eadem] ea T 12 et^2] *om* T

[10, 2] SECUNDUM CARNEM AMBULEMUS. Secundum carnem / ambula- T 178ra
re potest dici quis tribus de causis: scilicet uel quia carnis desideria
sequitur; uel quia secundum sapientiam huius mundi agit et agitur; uel
quia legem adhuc secundum carnem putat obseruandam. /

5 [6] IN PROMPTU HABENTES ULCISCI OMNEM INOBEDIENTIAM. Prompti- O 129vb
tudo hec in tribus consistit, scilicet in uita, in scientia, et potestate. In
uita: quia non bene potest ulcisci inferiorum *inobedientiam,* qui superiori
suo repperitur inobediens; nec potest de crimine iudicare, qui et ipse
habetur criminosus. Vnde: *Si quis sine peccato est, primus in illam lapidem*
10 *mittat.* In scientia: ut pro persona, pro loco et tempore correctionem
sciat temperare, ne forte, sicut apostolus dicit, *abundantiori tristicia absor-*
beatur, qui mitius corripiendus erat. In potestate: ut iudex ad hoc ex
officio sit constitutus.

[12] NON ENIM AUDEMUS. Notanda est glosa illa, in qua legitur, *quod*
15 *posset recte habens potestatem,* adulari scilicet et palpare uicia eorum, sicut
pseudo. Sed hoc de potestate non esset, sed potius abuti potestate.

Non est enim potestas ad malum, sed ad bonum, quemadmodum in
epistola ad Romanos ostendimus. Vnde et infra apostolus: *Secundum*
potestatem, quam dedit michi dominus in edificationem, non in destructionem.
20 Quid est ergo quod dicit, quod posset recte habens potestatem, etc.? Non
quod hoc de potestate esset, adulari scilicet et palpare uicia, sed quia
occasionem posset habere ex potestate; sicut de potestate non est, quod
rex iste exercet tyrannidem, quod limites suos / transgreditur; sed occasi- O 130ra
onem habet ex potestate. Potestas enim nulla contra iusticiam est, quia
25 omnis ordinata est. Si ergo ab equitate discordat, et ab ordine. Quare et
potestas non est.

Et notandum, quia persona quandoque excedit potestatem, ut qui
limites suos, ut supra dictum est, transgreditur; quandoque potestas
personam, ut ordo sacerdotii indignum sacerdotem. Potest enim celebra-
30 re ex officio, sed non potest ex uita.

---

2   carnis...sequitur] cf Aug, sermo 155 (PL 38, 846): *Quid est secundum carnem ambulare?*
carnalibus concupiscentiis consentire.   9 Si...mittat] Io 8, 7.   11 abundantiori...absorbeatur] II
Cor 2, 7.   14 glosa] Gl 350a^{mg}.   quod...potestatem] II Cor 2, 7.   15 adulari...eorum] Gl
350a^{mg}; Lom 68B.   17 in...Romanos] *ad* Rm 13, 1.   18 Secundum...destructionem] II Cor
10, 8.   21 adulari...uicia] *cf supra* Gl 350a^{mg}; Lom 68B.   28 ut...est] supra l. 22-24.
30 uita] *Sequuntur* O fol 130ra SUBSCRIPTIONES: *vide supra p. XIII: fol. 130^{b} mg dext sup*: *Totius*
sacr(e) script(ure); figura orbis ventorum, in quo inscriptum est: *Epist. pauli quod. Incip. totius*
sacre scripture.

---

6 et] in T 8 repperitur] *corr ex* imp. A 11 sciat temperare] *trp* T dicit] *om* O 16 pseudo] *sic*
AOTm 17 sed] *corr ex* si O 18 apostolus] .a. O 19 non] *praem et* AT 20 recte] *om* T

AUCTORES ET FONTES

Hier sind auch Werke aufgenommen, die zwar nicht direkte Quellen für den vorliegenden
Kommentar sind, jedoch formale und inhaltliche Parallelen aufweisen

Abaelardus => Petrus Abaelardus

Achardus de S. Victore

Sermo de resurrectione. Ed. J.Châtillon, Mélanges F. Cavallera, Toulouse
1948, 317-337

Sermones: J. Châtillon: Achard de Saint-Victor- sermons inédits, Paris
1970 (=Textes philosophiques du moyen âge 17)

Works. Translation and Introduction by H.B. Felss OSB. New York 2001

Acta apostolorum apocrypha

Ed. R.A. Lipsius/M. Bonnet. 3 Bde. Leipzig 1891-1903, repr. Darmstadt
1858. Hildesheim 1990³

Adamus de S.Victore

Sequentiae. PL 196, 1423A-1534A

Adamus Perseniae

Epistolae. PL 211, 583B-694C

Adamus Scotus

De ordine, habitu, et professione canonicorum ordinis Praemonstraten-
sis. PL 198, 439C-610A

De tripartito tabernaculo. PL 198, 609B-792C

Sermones. PL 198, 91A-440B

Adrevaldus Floriacensis

De corpore et sanguine Christi. PL 124, 947D-954B

Aelredus Rievallensis

Compendium speculi caritatis. Ed C.H. Talbot, CCM 1 (1971) 171-238

De institutione inclusarum. Ed. C.H. Talbot, CCM 1 (1971) 637-682

Dialogus de anima. Ed. C.H. Talbot, CCM 1 (1971) 685-754

Liber de speculo caritatis. Ed. C.H. Talbot, CCM 1 (1971) 3-161

Sermones 1 - 46. Ed. G. Raciti, CCM 2A (1989)

Agobardus Lugdunensis

De picturis et imaginibus. Ed. L. van Acker, CCM 52 (1981) 151-181

Alanus de Insulis

De arte praedicatoria. PL 210, 111A-198A

De VI alis Cherubim. PL 210, 269A-280C

De articulis catholicae fidei. PL 210, 595A-618B

De fide catholica contra haereticos sui temporis, praesertim Albigenses,
liber (!) quatuor. PL 210, 305A-430A

Dicta alia. PL 210, 253A-264D

Distinctiones dictionum theologicalium. PL 210, 685A-1012D
Elucidatio in Cantica canticorum. PL 210, 51A-110B
Liber poenitentialis. PL 210, 281A-304D
Liber sententiarum ac dictorum memorabilium. PL 210, 229A-252D
Theologicae regulae. PL 210, 621A-684C
ALBERTANUS BRIXIENSIS
De amore et dilectione Dei et proximi et aliarum rerum et de forma
vitae. Ed. S. Hiltz Romino: Albertano of Brescia. Diss. Univ. of Pennsylva-
nia 1980. www. Intra Text.com/Latina/Mediaevalis/Latinum - LAT 0673
(sine numeris paginarum)
ALCHERUS CLARAEVALLENSIS
De diligendo deo liber unus. PL 40, 847-864 (= Ps.-Augustinus)
De interiori domo. PL 184, 507C-552C (= Ps.-Bernardus)
De spiritu et anima liber unus. PL 40, 779-832 (= Ps.-Augustinus)
ALCUINUS
Commentaria in S. Iohannis Evangelium. PL 100, 733B-1008B
Commentaria in Apocalypsin. PL 100, 1087A-1156B
Commentaria super Ecclesiasten. PL 100, 667A-722D
Confessio fidei. PL 101, 1027D-1098D
Contra epistolam sibi ab Elipando directam libri IV. PL 101, 243B-270D
De animae ratione liber ad Eulaliam virginem. PL 101, 639A-647B
De divinis officiis liber. PL 101, 1174A-1286C
De rhetorica et virtutibus. PL 101, 919C-950A
De virtutibus et vitiis. PL 101, 613C-638D
Epistolae. PL 100, 139C-512B
Grammatica. PL 101, 849A-902B
Interpretationes nominum Hebraicorum progenitorum Domini nostri
Jesu Christi. PL 100, 725A-734A
Interrogationes et responsiones in Genesim. PL 100, 516C-570B
PS.-ALCUINUS
Disputatio puerorum. PL 101, 1099D-1144C
ALDHELMUS SCIREBURNENSIS
De laudibus virginitatis. PL 89, 103C-162A
Vita Alcuini. PL 100, 89C-122A
ALEXANDER III
Epistolae et privilegia ordine chronographico digesta (anno 1159-1181).
PL 200, 69A-1329A
ALGERUS LEODIENSIS
De misericordia et iustitia. PL 180, 857A-968D
De sacramentis corporis et sanguinis dominici. PL 180, 739C-854C
ALULFUS TORNACENSIS
Expositio Novi Testamenti. PL 79, 1137A-1424B

AMBROSIASTER
Ambrosiastri qui dicitur commentarius in epistulas Paulinas. Ed.H.J. Vogels. I in epistulam. ad Romanos, CSEL 81/1 (1966). II in epistulas ad Corinthios, CSEL 81/2 (1968). III in epistulas ad Gal, Eph, Phil, Col, Thes, Tim, Tit, Phlm. CSEL81/3 (1969)
Quaestiones Veteris et Novi Testamenti CXXVII. Ed. A. Souter, CSEL 50 (1908)
AMBROSIUS AUTPERTUS
Expositio in Apocalypsin. Ed. R. Weber, CCM 27.27A (1975)
AMBROSIUS MEDIOLANENSIS
De Abraham. Ed. C. Schenkl, CSEL 32, 1 (1897) 501-638
De Elia et ieiunio. PL 14, 731A-764B
De fide. Ed. O. Faller, CSEL 78 (1962) 3-307
De officiis ministrorum. Ed. M. Testard, CCL 15 (2000)
De paenitentia: La pénitence. Ed. R. Gryson (lat.-französisch), SChr 179 (1971)
De sacramentis. Ed. O .Faller, CSEL 73 (1955) 13-85
Epistulae et Acta .I Ed. O. Faller, CSEL 82/1 (1968). II Ed. M. Zelzer, CSEL 82/2 (!990). III Ed. M. Zelzer, CSEL 82/3 (1982)
Explanatio psalmorum XII. Ed. M. Petschenig, CSEL 64 (1919); Ed. altera supplementis aucta curante M. Zelzer (1999)
Expositio evangelii secundum Lucam. Ed. M. Adriaen, CCL 14 (1957) 1-400
Expositio psalmi CXVIII. Ed. M. Petschenig, CSEL 62 (1913)
PS.-AMBROSIUS
De excidio urbis Hierosolymitanae libri V. PL 15, 1961B-2206A
ANDREAS DE S. VICTORE
Expositio historica in Ecclesiasten. Ed. R. Berndt, CCM 53B (1991) 93-138
Expositio super Danielem. Ed. M. Zier, CCM 53F (1990) 5-113
Expositio super heptateuchum. Ed. Ch. Lohr/R. Berndt, CCM 53 (1986)
Expositiones historicae in libros Salomonis. Ed. R. Berndt, CCM 53B (1991)
ANONYMI AUCTORES
Anonymus (patristicus): Commentarium in Lucam. Ed. J.F. Kelly, CCL 108C (1974) 3-101
Apologia de verbo incarnato. Ed. N.M. Häring: The so-called Apologia de Verbo incarnato, FS 16, 1956, 102-143
Ars Ambrosiana: Commentarium anonymum in Donati partes maiores. Ed. B. Löfstedt, CCL 133C (1982)

Auctoritates Aristotelis: J. Hamesse: Les auctoritates Aristotelis. Un florilège médiéval. Étude historiqe et édition critique. Louvain/Paris 1974 (=Philosophes médiévaux 17)

Bibliothek der Symbole und Glaubensregeln der alten Kirche. Ed. A. Hahn, Hildesheim 1962 (=Breslau 1897³)

Breviarium fidei adversus Arianos haereticos. PL 13, 653C-672A

Breviarium in psalmos. PL 26, 821C-1278D

Collectio canonum in V libris (libri I - III). Ed. M. Fornasari, CCM 6 (1970)

Commentarium in Ruth e codice Genouefensi 45. Ed. G. de Martel, CCM 81 (1990) 61-312

Commentarius Cantabrigiensis => Petrus Abaelardus, Abaelardi discipuli

Commentarius Porretanus in primam epistolam ad Corinthios. Ed. A.M. Landgraf, Città del Vaticano 1945 (=Studi e Testi 117)

De conflictu vitiorum et virtutum liber unus. PL 40, 1091-1106

De digniate conditionis humanae libellus. PL 17, 1015A-1018C

De modo bene vivendi. PL 184, 847-864

Excerptiones allegoricae. PL 177, 191-285

Expositiones Pauli Epistolarum ad Romanos, Galathas et Ephesios e codice Sancti Michaelis in periculo Maris (Avranches, Bibl. mun. 79). Ed. G. de Martel, CCM 151 (1995)

Gesta collationis Carathaginiensis habitae inter Catholicos et Donatistas anno 411. Ed. S. Laurel, CCL 149A (1974) 3-257

Historia Compostellana. Ed. E. Falque Rey, CCM 70 (1988)

Initia carminum Latinorum saeculo undecimo antiquiorum: Bibliographisches Repertorium für die lateinische Dichtung der Antike und des frühen Mittelalters, bearbeitet von D. Schaller/E. Könsgen. Unter Mitwirkung von J. Tagliabue. Göttingen 1977

Libellus fidei=> PELAGIUS

Libellus sacrarum precum. PL 101, 1383C-1416B

Liber Quare. Ed. G.P. Götz, CCM 60 (1983) 1-235

Liber sacramentorum Augustodunensis. Ed. O. Heiming, CCL 159B (1984)

Liber sacramentorum Engolismensis. Ed. P. Saint-Roch, CCL 159C (1987)

Liber sacramentorum excarpsus. Ed. C. Coebergh/P .de Puniet. CCM 47 (1977) 85-110

Liber sacramentorum Gellonensis. Ed. A. Dumas, CCL 159 (1981)

Missale mixtum secundum regulam b. Isidori dictum Mozarabes. PL 85, 109A-1036C

Ordo Romanus, PL 78, 1009A-1026B

Polythecon. Ed. A. P. Orbán, CCM 93 (1990)

Proverbia sententiaeque medii ac recentioris aevi. Aus dem Nachlass von H. Walther hrsg. von P.G. Schmidt, 3 Bde. Göttingen 1982-1986

Regula Stephani Muretensis. Ed. J. Becquet, Scriptores ordinis Grandimontensis, CCM 8 (1968) 65-99

Sacramentarium Gallicanum. PL 72, 451A-580B

Sententiae Divinitatis, ein Sentenzenbuch der Gilbertschule. BGPhMA 7/2.3. Münster 1967²

Sermones anonymi VIII. Ed. J. Châtillon, CCM 30 (1975) 241-290

Soliloquiarum animae ad deum liber unus. PL 40, 863-898

Speculum virginum. Ed. J. Seyfarth, CCM 5 (1990)

Symbole der alten Kirche. Ausgesählt von H. Lietzmann, Berlin1935⁴ (= Kleine Texte für Vorlesungen und Übungen 17/18)

Vita Alcuini => Alcuinus

Ysagoge in theologiam => Petrus Abaelardus, Abaelardi discipuli

ANSELMUS CANTUARIENSIS

S. Anselmi Cantuariensis archepiscopi opera omnia. Ed. F.S. Schmitt, 6 Bde., Rom/Edinburg 1938-1961, repr, Stuttgart-Bad Cannstadt 1968

PS.-ANSELMUS CANTUARIENSIS

Epistula 107 de coena domini. PL 159, 225-258

Homiliae et exhortationes. PL 158, 585-688

Orationes sive meditationes.: Ed. F.S.Schmitt, Opera omnia III, 1-91

ANSELMUS LAUDUNENSIS

Anselms von Laon Systematische Sentenzen. Ed. F. Bliemetzrieder, 2 Teile, Münster 1919 (=BGPhThMA18/ 2.3)

PS.-ANSELMUS LAUDUNENSIS

Enarrationes in Apocalypsin. PL 162, 1499C-1586D

Enarrationes in evangelium Matthaei PL 162, 1227C-1500B

PS.-ANTONINUS PLACENTINUS

Itinerarium. Ed. P. Geyer, CSEL 39 (1898) 159-218

APPONIUS MEDIOLANENSIS

In Canticum canticorum expositio. Ed. B. de Vregille/L. Neyrand, CCL 19 (1986) 1-311

AREVALUS => FAUSTINUS

Isidoriana. PL 81, 9-568

ARISTOTELES

Auctoritates Aristotelis: J. Hamesse: Les auctoritates Aristotelis. Un florilège médiéval. Étude historique et édition critique. Louvain/Paris 1074 (= Philosophes médiévaux 17)

ARISTOTELES-BOETHIUS

Elenchorum sophisticorum Aristotelis libri II An.Manl.Sev. Boetio interprete. PL 64, 1007C-1040D

In librum De interpretratione Aristotelis libri duo. Editio prima PL 64, 293D-392D, editio secunda ibid 393A-640A

Priorum analyticorum Aristotelis libri II An.Manl.Sev. Boetio interprete. PL 64, 639B-712C

Topicorum Aristotelis libri VIII An.Manl.Sev. Boetii(!) interprete. PL 64, 909D-1008C

ARNOLDUS COLONIENSIS

Epistola 358 inter epistolas Wibaldi PL 189, 1401C-1402C

ATTO VERCELLENSIS

De Pressuris Ecclesiasticis. PL 134, 51D-96A

Expositio epistolarum S. Pauli, PL 134, 125A-834A

Sermones. PL 134, 833B-860A

[AUCTOR AD C. HERENNIUM = PS.-CICERO]

Incerti auctoris de ratione dicendi ad C.Herennium libri IV. Ed. F. Marx/W. Trillitzsch, Leipzig 1964² (M.T.Ciceronis scripta quae manserunt omnia, fasc 1, BT)

AUGUSTINUS HIPPONENSIS

Collatio cum Maximino Arianorum episcopo. PL 42, 709-742

Confessiones. Ed. P.Knöll, CSEL 33,/1 (1986) 1-388 - Ed. L. Verheijen, CCL 27 (1990²)

Contra Adimantum Manichaei discipulum. Ed.J. Zycha, CSEL 25/1 (1891) 113-190

Contra adversarium legis et prophetarum. Ed. K.-D. Daur, CCL 49 (1985) 35-131

Contra duas epistulas Pelagianoroum libri IV. Ed. C.F. Urba/J. Zycha, CSEL 60 (1913) 421-570

Contra Faustum Manichaeum libri XXX. Ed.J. Zycha, CSEL 25/1 (1891) 249-797

Contra Iulianum libri VI. PL 44, 641-874

Contra Iulianaum opus imperfectum I - III . Ed. M. Zelzer, CSEL 85,/1 (1974). IV-VI PL 45, 1337-1608

Contra litteras Petiliani. Ed. M. Petschenig, CSEL 52 (1909) 3-227

Contra Maximinum haereticum Arianorum episcopum libri II. PL 42, 743-814

De baptismo contra Donatistas libri III. Ed.M. Petschenig, CSEL 51 (1908) 145-375

De beata vita. Ed. W.M. Green, CCL 29 (1970) 65-85

De bono coniugali. Ed. J. Zycha, CSEL 41 (1900) 185-231

De bono viduitatis. Ed. J. Zycha, CSEL 41 (1900) 305-343

De cantico novo. => Quodvultdeus

De civitate Dei libri XXII. Ed.B. Dombart/A. Kalb, CCL 47.48 (1955)

De diversis quaestionibus LXXXIII. Ed. A. Mutzenbecher, CCL 44A (1975) 3-249

De diversis quaestionibus ad Simplicianum. Ed. A. Mutzenbecher, CCL 44 (1970)

De doctrina christiana libri IV. Ed. J. Martin, CCL 32 (1961) 1-167

De fide ad Petrum => Fulgentius Ruspensis

De fide et operibus. Ed. J. Zycha, CSEL 41 (1900) 35-97

De genesi ad litteram libri XII. Ed. J. Zycha, CSEL 28/1 (1894) 1-456

De genesi contra Manichaeos libri II. PL 34, 173-220

De gestis Pelagii. Ed. C.F. Urba/J. Zycha, CSEL 42 (1902) 49-122

De gratia Christi et de peccato originali. Ed J. Zycha, CSEL 42 (1902) 125-206

De gratia et libero arbitrio. PL 44, 881-912

De haeresibus ad Quodvultdeum liber I. Ed. R. Vander Plaetse/C. Beukers, CCL 46 (1969) 286-345

De libero arbitrio libri III. Ed.G.M. Green, CSEL 74 (1956) = CCL 29 (1970), 211-321

De mendacio. Ed. J. Zycha, CSEL 41 (1900) 411-466

De moribus ecclesiae catholicae et de moribus Manichaeorum libri II. Ed. J.B. Bauer, CSEL 90 (1992)

De natura boni liber. Ed. J. Zycha, CSEL 25/2 (1892) 855-889

De nuptiis et concupiscentia ad Valerium. Ed. C.F. Urba / J. Zycha, CSEL 42 (1902) 207-319

De octo Dulcitii quaestionibus. Ed. A. Mutzenbecher, CCL 44A (1995) 253-297

De patientia. Ed. J. Zycha, CSEL 41 (1900) 663-691

De peccatorum meritis et remissione et de baptismo parvulorum. Ed. C.F. Urba/J. Zycha, CSEL 60 (1913) 1-151

De perfectione iustitiae hominis. Ed. C.F. Urba/J. Zycha, CSEL 42 (1902) 1-48

De praedestinatione sanctorum. PL 44, 959-992

De sermone domini in monte libri II. Ed. A. Mutzenbecher, CCL 35 (1967)

De spiritu et littera liber unus. Ed. C.F. Urba /J. Zycha, CSEL 60 (1913) 153-229

De trinitate libri XV. Ed. W.J. Mountain/F. Glorie, CCL 50.50A (1968)

De unico baptismo. Ed M. Petschenig, CSEL 53 (1910) 3-34

De utilitate ieiunii. Ed. S.D. Ruegg, CCL 46 (1969) 231-241

Enarrationes in Psalmos. Ed. E. Dekkers/J. Fraipont, CCL 38 (1990²) 39. 40 (1956)

Enchiridion ad Laurentium seu de fide, spe et caritate. Ed. E. Evans, CCL 46 (1969) 21-114

Epistulae. Ed. A. Goldbacher, CSEL 34/1 (1895). 34/2 (1898). 44 (1904). 57 (1911). 58 (1923)

Epistulae ad Romanos inchoata expositio. Ed. J. Divjak, CSEL 84 (1971) 143-1181

Epistulae ex duobus codicibus nuper in lucem prolatae. Ed. J. Divjak, CSEL 88 (1981)

Epistulae mutuae. Augustinus und Hieronymus. Ed. A. Fürst, FC 41/1.2 (2002) - The correpsondence (394-419) between Jerome and Augustine of Hippo. Ed. C. White. Studies in the Bible and early Christianity 23 (1990)

Expositio epistulae ad Galatas. Ed. J. Divjak, CSEL 84 (1971) 53-141

Expositio in apocalypsim B. Joannis. PL 35, 2417-2452

Expositio quarundam propositionum ex epistola ad Romanos. Ed. J. Divjak, CSEL 84 (1971) 1-52

In Iohannis epistulam ad Parthos tractatus X. Ed. P. Agaesse: Commentaire de la première épître de S. Jean. SChr 75 (1971) - PL 35, 1977-2062

In Iohannis evangelium tractatus CXXIV. Ed. R. Willems, CCL 36 (1954)

Quaestiones evangeliorum. Ed. A. Mutzenbecher, CCL 44B (1980)

Quaestionum in Heptateuchum libri VII. Ed.J. Fraipont, CCL 33 (1958) 1-377

Regula ad servos Dei. PL 32, 1377-1384

Regula tertia vel praeceptum. Ed. L Verheyen: La règle de Saint Augustin I, Études Augustiniennes (Paris 1967) 417-437

Retractationum libri duo. Ed. A. Mutzenbecher, CCL 57 (1984) - Ed. P.Knöll, CSEL 36 (1902)

Sermo 58. Ed. P.-P. Verbraken: Le sermon LVIII de Saint Augustin pour la traduction du "Pater". Ecclesia Orans 1 (1984) 113-132 (textus 119-132)

Sermo 71: Le sermon LXXI de Saint Augustin sur le blasphème contre le Saint-Esprit. Ed. P. Verbraken, Revue Bénédictine 75 (1965) 54-108 (textus 65-108)

Sermo 214: Le sermon CCXIV de Saint Augustin. Tractatus Sancti Augustini episcopi de symbolo. Ed. P.-P. Verbraken, Revue Bénédictine 72 (1962) 7-21 (textus 14-21)

[Ps.-Augustinus?] Sermones ad fratres in eremo commemorantes, et quosdam alios. PL 40, 1235-1358

Sermones de diversis. PL 39, 1493-1638

Sermones de pascha: Sermons pour la Pâque. Ed. S. Poque, SChr 116 (1966)

Sermones de sanctis. PL 38, 1247-1484

Sermones de scripturis. PL 38, 23-994

Sermo de symbolo ad catechumenos. Ed R. Vander Plaetse, CCL 46 (1969) 179-199

Sermones de tempore. PL 38, 995-1248

Sermones de Vetere Testamento (I-L). Ed. C. Lambot, CCL 41 (1961)

Sermones inediti. PL 46, 817-940

Sermones post Maurinos reperti. Ed. G.Morin, Miscellania Agostiniana. Testi et Studi 1. 2 , Roma 1930. 1931

Sermones selecti duodeviginti. Ed. C. Lambot, Stromata patristica et mediaevalia 1 (1950)

Soliloquiorum libri II. Ed. W. Hörmann, CSEL 89 (1986) 3-98

Speculum. Ed. F. Weihrich, CSEL 12 (1887) 3-285

Tractatus de symbolo => sermo 214

PS.-AUGUSTINUS

Breviarium in psalmos. PL 26, 821C-1278D

Contra Felicianum => Vigilius Thapsensis

Contra philosophos vel altercationes christianae philosophiae. Ed. E. D. Aschoff, CCL 58A (1975)

De cantico novo => Quodvultdeus

De diligendo deo => Alcherus Claraevallensis

De interiori domo => Alcherus Claraevallensis

De spiritu et anima => Alcherus Claraevallensis

De symbolo => Quodvultdeus

De trinitate et unitate dei liber unus PL 42, 1193-1200

De vera et falsa poenitentia ad Christi devotam liber unus. PL 40, 1113-1130

Dialogus quaestionum LXV Orosii percontantis et Augustini responden-tis. PL 40, 733-752

Epistulae ad Augustinum et alios. Ed. J. Divjak, CSEL 88 1981)

Expositio in Apocalypsim. PL 35, 2417-2452 =>Caesarius Arelatensis

Expositio super symbolum: Expositio beati Augustini super symbolum. Ed. C.P. Caspari, Kirchenhistorische Anecdota I, Christiania 1883 (Nach-druck Brüssel 1964), 290-292 = PLS 2, 1361-1363

Meditationum liber unus. PL 40, 901-944

Quaestiones veteris et novi testamenti =>Ambrosiaster

Sententiae: XXI sententiarum sive quaestionum liber unus. PL 40, 725-732

Sermo 10 adv quinque haereses =>Quodvultdeus

Sermo 35 ad iudices: Sermones ad fratres in eremo commemorantes. PL 40, 1297s

Sermo 57,2 => Caesarius Arelatensis

Sermo 236, 6 de fide catholica => libellus fidei

Sermo de symbolo. PL 40, 1189-1202

Ps.-Augustinus Belgicus, Sermones. Ed. D.A.B. Caillau/D.B. Saint-Yves: Sancti Augustini Hipponensis episcopi operum supplementum II, Pasris 1836

Sermones suppositi. PL 39, 1735-2354

BALDRICUS DOLENSIS

Hierosolymitanae Historiae libri IV. PL 166, 1061D-1152B

BALDUINUS DE FORDA (CANTUARIENSIS)

Sermones: Balduini de Forda opera. Sermones de commendatione fidei. Ed. D.N. Bell. CCM 99 (1991)

De sacramento altaris: Le sacrement de l´autel par Baudouin de Ford. Introduction par J. Leclercq, texte latin etabli par J. Morson, traduction francaise par E.de Solms. 2 Bde, Paris1963 (= SChr 93. 94)

PS.-BALDUINUS DE FORDA

Auctoris ignoti tractatus de sacramento altaris (*Rursus de epistola prima ad Corinthios....communicare possunt et debent statutis temporibus*), PL 204, 769B-774C)

BANDINUS (MAGISTER)

De mundi creatione et Hominis lapsi peccato liber. PL 192, 1027D-1070D

De sacrosancta trinitate liber qui est sententiarum primus. PL 192, 971A-1028C

De verbo incarnato et hominis restauratione (=sent. liber III). PL 192, 1071A-1090B

Liber de ecclesiasticis sacramentis. PL 192, 1089C-1112B

Sententiarum libri V. PL 192, 971A-1112B

BEATUS LIEBANENSIS

Adversus Elipandum libri II. Ed. B. Löfstedt, CCM 59 (1984) 1-168

BEDA VENERABILIS

De orthographia.. Ed. C.W. Jones, CCL 123A (1975) 7-57

De mundi coelesti terrestrique constitutione liber. PL 90, 881C-910A

De templo libri II. Ed. D. Hurst, CCL 119A (1969) 143.234

De temporum ratione liber. Ed. C.W. Jones, CCL 123B (1977) 263-544

De tabernaculo et vasis eius ac vestibus sacerdotum libri III. Ed. D. Hurst, CCL 119A (1969) 5-139

Expositio actuum apostolorum. Ed. M.L. W.Laistner, CCL 121 (1983) 3-99

Expositio apocalypseos. Ed. R. Gryson, CCL 121A (2001)

Expositio actuum apostolorum. Ed. M.L.W. Laistner, CCL 121 (1983) 3-99

Hexaemeron seu libri IV in principium Genesis. Ed. C.W. Jones, CCL 118A (1967)

Homiliae: Homeliarum euangelii libri II. Ed. D. Hurst, CCL 122 (1955) 1-378

In canticum canticorum libri VI. Ed. D. Hurst, CCL 119B (1983) 167-375

In epistulas septem catholicas. Ed. D. Hurst, CCL 121 (1983) 179-342

In Ezram et Neemiam libri II. Ed. D. Hurst, CCL 119A (1969) 237-392

In Ioannis evangelium expositio PL 92, 633D-938A

In Lucae Evangelium expositio. Ed. D. Hurst, CCL 120 (1960) 3-425

In Marci Evangelium expositio. Ed. D. Hurst, CCL 120 (1960) 427-648

In Matthaei evangelium expositio. PL 92, 9A-132C

In Pentateuchum commentarii. PL 91, 189D-394C

In primam partem Samuhelis libri IV. Nomina locorum. Ed. D. Hurst, CCL 119, (1962) 5-287

In provervbia Salomonis libri III. Ed. D. Hurst, CCL 119B (1983) 23-163

In regum librum XXX quaestiones. Ed. D. Hurst, CCL 119 (1962) 293-322

In S. Joannis evangelium expositio. PL 92, 633D-938A

Libellus precum. PL 94, 515B-532B

Super epistolas catholicas expositio. PL 93, 9A-130C

PS-BEDA

Aliquot quaestionum liber. PL 93, 455A-478A

De constitutione mundi. PL 90, 881C-910A

De loquela per gestum digitorum et temporum ratione libellus. PL 90, 685-698

De psalmorum libro exegesis. PL 93, 477B-1098C

Homiliae subditae. PL 94, 267D-516A

Proverbia. PL 90, 1089C-1114A

Quaestionum super Genesim ex dictis patrum dialogus. PL 93, 233D–364C

Sententiae philosophicae collectae ex Aristotele atque Cicerone. PL 90, 965B-1090B

Sententiae sive axiomata philosophica ex Aristotele et aliis praestantibus collecta => Iohannes de Fonte

BENEDICTUS ANIANENSIS

De concordia regularum. PL 103, 717D-1380B

Opuscula. PL 103, 1381D-1420B

BENEDICTUS DE NURSIA

Regula: La règle de Saint Benoît. Texte ed. J. Neufville, SChr 181. 182 (1972)

BERENGARIUS TURONENSIS

Rescriptum contra Lanfannum. Ed. R.B.C. Huygens, CCM 84 (1988) 35-212

BERNARDUS CLARAEVALLENSIS

De consideratione libri V. Opera 3, 393-493

Epistolae. Opera 7. 8. - Lettres I (1-41) Ed. J. Leclerq / H. Rochais / Ch. H. Talbot, SChr 425 (1997)

Opera. Ed. J. Leclercq/C.H. Talbot /H. Rochais: Sancti Bernardi Opera 1-8, Rom 1957-1977

Parabolae. Opera 6/2, 259-303

Sententiae. Opera 6, 2, 7-255

Sermones de diversis. Opera 6/1, 73-406

Sermones in die Pentecostes 1-3. Opera 5, 160-176

Sermones in psalmum "Qui habitat" 1-17. Opera 4, 382-402

Sermones in vigilia nativitatis domini 1-6. Opera 4, 197-244

Sermones super Cantica Canticorum. Opera 1. 2

Vita prima: Sancti Bernardi abbatis Clarae-Vallensis vita et res gestae libris VII comprehensae. PL 185, 225A-466D

Vita secunda: PL 185, 469A-524C.

Ps.-Bernardus

Tractatus de interiori domo seu de conscientia aedificanda. => Alcherus Claraevallensis

Bernoldus Constantiensis

De Berengarii haeresiarchae damnatione multiplici Bernaldi tractatus. PL 148, 1453B-1460A

De sacramentis morienium infantium. PL 148, 1271C-1276A

Epistolae pro Gebhardo Constantiensi. PL 148, 1239A-1244A

Biblia Sacra => Vulgata => Novum Testamentum

Boethius => etiam Aristoteles.

De instititutione arithmeticae libri duo. Ed. G. Friedlein, Leipzig 1867

De praedicatione trium personarum. PL 64, 1299D-1302C

Philosophiae consolatio. Ed. L. Bieler, CCL 94 (1957)

Bonaventura

Breviloquium. Ed. A. Sépinski, opera theologica selecta 5, Quaracchi / Firenze 1964, 3-175

Collationes de septem donis spiritus sancti: Doctoris Seraphici S. Bonaventurae S.R.E. Episcopi Opera omnia 5. Ed. collegium a S. Bonaventura, Quaracchi 1891, 455-503

Collationes in Hexaemeron. Ed. F. Delorme, Bibliotheca Franciscana Scholastica Medii Aevi 8 (1934) 1-275

Sermones dominicales. Ed I.G. Bougerol, Bibliotheca Franciscana Scholastica Medii Aevi 27 (1977)

Bonifatius Moguntinus

Sermones. PL 89, 843C-872A

Brendanus

Oratio sancti Brandani [Brendano attributa]. Ed. P. Salmon, CCM 47
(1977), 1-31
Bruno Astensis
Expositio in Iob. PL 164, 551A-696A
Expositio in Pentateuchum. PL 164, 147A-550D
Exposito in Psalmos. PL 164, 695B-1228C
Homiliae. PL 165, 147C-864A
Sententiae. PL 165, 875A-1078D
Sermones tres inediti. PL 165, 863B-868C
Bruno Carthusianorum
Expositio in omnes epistolas b. Pauli. PL 153, 11A-568A
Expositio in omnes psalmos Davidicos. PL 152, 637B-1420C
Bruno Herbipolensis
Expositio psalmorum. PL 142, 49A-530C
Caesaerius Arelatensis
Expositio in Apocalypsim B. Joannis. PL 35, 2417-2452 (= Ps.-Augustinus)
Sermones ex integro a Caesario compositi vel ex aliis fontibus hausti. Ed.
D.G. Morin, CCL 103.104 (1953)
Calcidius
Epistula ad Ossium. Ed. J.H. Waszink, Corpus Platonicum Medii Aevi 4
(London/Leiden 1975²) 5s
Carolus Magnus
De imaginibus: Contra synodum, quae in partibus Graeciae pro adoran-
dis imaginibus stolide sive arroganter gesta est. PL 98, 999D-1248A
Epistolae. PL 98, 893A-936B
Cassianus => Iohannes Cassianus
Cassiodorus Vivariensis
De anima. Ed. J.W. Halporn, CCL 96 (1973) 534-575
Expositio psalmorum. Ed. M. Adriaen, CCL 97. 98 (1958)
Institutiones. Ed. R. Mynors, Oxford 1961
Ps.-Cassiodorus [Cassiodori discipulus; Ps.-Primasius Hadrumetinus
(Adrumetanensis)]
Exposito S. Pauli epistulae ad Romanos, una cum complexionibus in XII
sequentes epistulas a quodam Cassiodori discipulo anonymo concinnatis.
PL 68, 415D-686A.
Cato
Disticha Catonis. Ed. M. Boas / H.J. Botschuyver, Amsterdam 1952
Christianus Stabulensis (Druthmarus)
Expositio in euangelium Matthaei. PL 106, 1261C-1504C
Chromatius Aquileiensis
Tractatus in Mathaeum. Ed. R. Étaix / F. Lemarié, CCL 9A (1974)
185-489. 624-636

CICERO, MARCUS TULLIUS
De finibus bonorum et malorum libri V. Ed. L.D. Reynolds, Oxford 1998
De inventione: Rhetorici libri duo qui vocantur de inventione. Ed E.
Stroebel (=Scripta quae manserunt omnia, fasc 2, BT) München/Leipzig1977 (=Leipzig 1915)
De legibus. Ed. G. de Plinval: Traité des lois. Paris 1968² (= Soc. d´Ed.
´Les Belles Lettres´)
De natura deorum. Ed. M. van den Bruwaene, 3 Bde. (=Collection
Latomus 107.154.175) Bruxelles 1970-1981
De officiis. Ed. M. Winterbottom, Oxford 1994
De re publica. Ed. K. Ziegler (= Scripta quae manserunt omnia, fasc 39,
BT), München/Stuttgart 2001⁸ (=Leipzig1969⁷)
PS.-CICERO =>Auctor ad Herennium.
CLAUDIANUS MAMERTUS
De statu animae. Ed. A. Engelbrecht, CSEL 11 (1885) 18-197)
CLAUDIUS TAURINENSIS
Expositio epistolae ad Philemonem. PL 104, 911C-918B
COMMENTARIUS CANTABRIGIENSIS =>Petrus Abaelardus, Abaelardi discipuli
CONSTANTINUS I
Conciones. PL 8, 400B-478A
CORPUS IURIS CANONICI
Corpus iuris canonici - Ed. Lipsiensis secunda post Aemilii Ludovici
Richteri curas ad librorum manu scriptorum et editionis Romanae fidem
recognovit et adnotationibus criticis instruxit Aemilius Friedberg. 2 Bde.
Leipzig 1879, repr. Graz 1959
CORPUS IURIS CIVILIS
I, 1 Institutiones, rec. P. Krüger. I, 2 Digesta, rec. Th. Mommsen, Berlin
1962¹⁷
Cyprianus Carthaginensis
De opere et eleemosynis. Ed. M. Simonetti, CCL 3A (1976) 55-72
PS.-CYPRIANUS
Ad Novatianum. Ed. G.F. Diercks, CCL 4 (1972) 137-152
Exhortatio ad patientiam. PL 4, 1153B-1190C
DEFENSOR LOCOGIACENSIS
Liber scintillarum. Ed. H.M. Rochais, CCL 117 (1957) 2-234
DENZINGER => ENCHIRIDION SYMBOLORUM
DHUODA
Liber manualis: Manual pour mon fils. Ed. P. Riché, SChr 225 bis (1991)
DIONYSIOS AREOPAGITA - IOHANNES SCOTUS ERIUGENA
De caelesti hierarchia. Ed. Ph. Chevalier et alii: Dionysiaca. Recueil
donnant l´ensemble des traductions latines des ouvrages attribués au

Denys de l´Aréopage et synopse marquant la valeur de citations presque innombrables. 4 Bde. Brügge 1937 (Nachdruck Stuttgart-Bad Cannstadt 1989)

Dionysius Exiguus
Praefatio ad Iulianum presbyterum in collectionem decretorum Romanorum pontificum. Ed. F. Glorie, CCL 85 (1972) 45-47

Dungalus Reclusus
Responsa contra Claudium. PL 105, 465A-530A

Eberhardus Bambergensis
Epistola VIII. PL 193, 489A-618D

Eckbertus Schonaugiensis
Sermones contra Catharos. Epistulae Guiberti. Ed. A. Derolez / E. Dekkers / R. Demeulenaere, CCM 66.66A (1988.1989) - PL 195, 11A-98C

Egbertus Leodiensis
Fecunda ratis. Ed. E. Voigt: Egberts von Lüttich fecunda ratis zum 1. Mal herausgegeben, Halle 1889

Elipandus Toletanus
Epistolae. PL 96, 859A-882C

Enchiridion Symbolorum
H. Denzinger / P.-Hünermann: Enchiridion symbolorum et definitionum, quae de rebus fidei et morum a conciliis oecumenicis et summis pontificibus emanaverunt. / Kompendium der Glaubensbekenntnisse und kirchlichen Lehrentscheidungen. Verbessert, erweitert, ins Deutsche übertragen und unter Mitarbeit von H. Hoping herausgegeben von P. Hünermann. Freiburg 2001[39]

Epistularium Guiberti => Guibertus

Ernaldus Bonaevallis
Commentarius in psalmum CXXXII. PL 189, 1561B-1590B

Ernasius S. Victoris
Epistola ad Robertum Herefordensem: Thomas Cantuariensis, ep 351. PL 190, 687B-688B

Euclides
Elementa mathematica: The mediaeval Latin translation of Euclid´s Elements: made directly from the Greek. Ed. H.L.L. Busard, Stuttgart 1987

Eugippus Africae
Thesaurus ex S. Augustini operibus. PL 62, 561D-1088A

Eulogius Toletanus
Documentum martyriale. PL 115, 819A-834D

Eusebius Caesariensis

Ecclesiastica historia: Eusebius Werke II/ 1-3. Ed. E. Schwartz, die lateinische Übersetzung des Rufinus ed. Th. Mommsen. GCS 9/1-3 (1906--1909), 2. unveränderte Aufl. von F. Winkelmann = GCS NF 6/1-3 (1999)

EUSEBIUS CREMONENSIS

De morte S. Hieronymi ad Damasum. PL 22, 239-282

EVARISTUS PAPA

Decreta de ordinatione diaconorum et legitimo conjugio, atque de fide et non injuriandis episcopis aut lacerandis. PL 130, 81A-84C

EVERARDUS YPRENSIS

Dialogus Ratii et Everardi: N.M. Häring, A Latin Dialogue of the Doctrine of Gilbertt of Poitiers. MS 14 (1953) 245-289

AREVALUS FAUSTINUS

Isidoriana. PL 81, 9-936B

FAUSTUS REIENSIS

De gratia libri II. Ed. A. Engelbrecht, CSEL 21 (1891) 2-96

De spiritu sancto libri II. Ed. A. Engelbrecht, CSEL 21 (1891) 102-157

FILASTRIUS BRIXIENSIS

Diversarum hereseon liber. Ed. V. Bulhart, CCL 9 (1957) 217-324

FLORUS LUGDUNENSIS

De expositione missae. PL 119, 15C-72C

Expositio in epistolas B.Pauli. PL 119, 279A-420B

Liber adversus Joannem Scotum. PL 119, 101A-250A

Opuscula adversus Amalarium. PL 119, 71D-96C

FRIEDBERG => Corpus iuris canonici

FULBERTUS CARNOTENSIS

Sermones ad populum. PL 141, 317B-340A

FULCHERIUS CARNOTENSIS

Historia Hierosolymitana. PL 155, 823B-942A

FULGENTIUS RUSPENSIS

Ad Euthymium de remissione peccatorum libri II. Ed.J. Fraipont, CCL 91A (1968) 649-707

Contra Fabianum fragmenta. Ed. J. Fraipont, CCL 91A (1968) 763-866

De fide ad Petrum (= Ps.-Augustinus). Ed. J. Fraipont, CCL.91A (1968) 711-760

De dispensatoribus domini. Ed. J. Fraipont, CCL 91A (1968) 889-896

Epistulae (= Ps.-Augustinus). Ed. J. Fraipont, CCL 91 (1968) 189-273. 362-381. 387-444; CCL 91A (1968) 447-457. 563-624

Liber de trinitate ad Felicem. Ed J. Fraipont, CCL 91A (1968) 633-644

Sermones. Ed. J. Fraipont, CCL 91A (1968) 887-959

GARNERIUS LINGONENSIS

Sermones in festa domini et sanctorum. PL 205, 559C-828B

GAUDENTIUS BRIXIENSIS

Sermones qui exstant. PL 20, 827-1002B

Gaufridus Claraevallensis

Declamationes de colloquio Simonis cum Iesu ex sermonibus Bernardi collectae. PL 184, 437A-476A

Epistola ad Albinum. PL 185, 587B-596B

Gaufridus S. Barbarae in Neustria

Epistolae. PL 205, 827C-885D

Gelasius I

Sacramenta Romanae ecclesiae [sacramentarium Gelasianum]. PL 74, 1055D-1243B

Gerardus Iterii

De revelatione beati Stephani auctore Gerardo Iterii. Ed. J.Becquet, Scriptores ordinis Grandimontensis, CCM 8 (1968) 277-311

Sermo sive tractatus de confirmatione seu emulatione "Speculi Grandimontanensis" auctore Gerardo Iterii. Ed. J. Becquet, Scriptores ordinis Grandimonetnsis, CCM 8 (1968) 343-419

Gerardus Moresenus seu Csanadiensis

Deliberatio super hymnum trium puerorum. Ed.G. Silagi, CCM 49 (1978)

Gerhohus Reicherspergensis

Commentarius aureus in psalmos et cantica ferialia. PL 193, 619A-1814A; continuatio PL 194, 9A-998B

De gloria et honore filii hominis. PL 194, 1073A-1160C

Epistolae Gerhohi. PL 193, 489A-618D

Expositionis in psalmos continuatio PL 194, 9A-998B

Gilbertus de Hoilandia

Sermones in Canticum Canticorum Salomonis. PL 184, 11A-252C

Gilbertus Foliot

Expositio in cantica canticorum. PL 202, 1147A-1304D

Gilbertus Porretanus

Tractatus de Trinitate. Ed. N. Häring, Revue Théologique 39 (1972) 14-50

Glossa Ordinaria

Biblia Latina cum Glossa Ordinaria. Facsimile reprint of the editio princeps Adolph Rusch of Strassburg 1480/81. 4 Bde. Ed.. K. Fröhlich / M.T. Gibson, Turnhout 1992 - [Ps-Walafridus Strabo]: Glossa Ordinaria. PL 113, 67B-1316C. 114, 9A-752B]

Godefridus sive Irimbertus Admontensis

Homiliae dominicales. PL 174, 21A-632D

Homiliae festivales. PL 174, 633A-1060A

Homiliae in diversos scripturae locos. PL 174, 1059-1134

Liber de decem oneribus Isaiae. PL 174, 1157D-1210C

Opusculum de benedictionibus Jacob patriarchae ad cap. XLIX Geneseos. PL 174, 1133C-1158C

GRATIANUS

Concordiae discordantium canonum (=Decretum). PL 187, 29A-1870B
Decretum => Corpus Iuris Canonici

GREGORIUS MAGNUS

Dialogi: Grégoire le Grand. Dialogues tome II (livres I-III), tome III (livre IV). Texte critique et notes par A. de Vogüé. Traduction par P. Antin. SChr 260 (1979). 265 (1980)

Epistola XLIII ad Leandrum. PL 77, 496B-498C

Homiliae in Hiezechielem prophetam. Ed. M. Adriaen, CCL 142 (1971)

XL Homiliarum in euangelia libri II. PL 76, 1075A-1312C

In VII psalmos poenitentiales expositio. PL 79, 549D-658B

In librum primum Regum expositionum libri VI. E.P. Verbraken, CCL 144 (1963) 47-641 - Grégoire le Grand commentaire sur le Premiere Livre des Rois. Ed. A. de Vogüé, SChr 351. 391. 432 (1989-1998)

Liber antiphonarius per circulum anni ordinatus. PL 78, 641A-724A

Liber responsalis sive antiphonarius. PL 78, 725-850A

Liber sacramentorum. PL 78, 25A-240A

Moralia in Iob. Ed. M. Adriaen, 3 Bde. CCL 143 (1979).143A(1979). 143B (1985)

Prolegomena. Vita S. Benedicti. PL 66, 125A-204C

Registrum epistularum. Ed. D. Norberg, CCL 140. 140A (1982)

GREGORIUS VII

Epistolae extra registrum vagantes.. PL 148, 643B-748

GREGORIUS TURONENSIS

Historia Francorum. Ed. B. Krusch/ W. Levison, MGH.SRM 1/1, Hannover 1937[2] (repr 1957)

GUALTERUS DE SANCTO VICTORE

Contra quatuor labyrinthos Franciae. Ed E.P. Glorieux, AHDL 19 (1952) 187-335

Sermones XXI.. Ed. J. Châtillon, CCM 30 (1975) 11-185

Sermones anonymi VIII. Ed J. Châtillon, CCM 30 (1975) 241-290

GUALTERUS DE SANCTO VICTORE ET QUIDAM ALII

Sermones inediti triginta sex. Ed. J. Châtillon, CCM 30 (1975)

GUERRICUS IGNIACENSIS

Sermones. Ed. J. Morson/H. Costello, SChr 166. 202 (1970. 1973)

GUIBERTUS GEMBLACENSIS

Epistolae: Epistularium Guiberti. Ed. A. Derolez/E. Dekkers/R. Demeulenaere, CCM 66. 66A (1988.1989)

[GUILLELMUS DE CAMPELLIS ?]

Dialogus inter Christianum et Iudaeum de fide catholica. PL 163, 1045A-1072A

GUILLELMUS DE SANCTO THEODORICO

Aenigma fidei. Ed. M.M. Davy, Guillaume de Saint-Thierry. Deux traités sur la foi: le miroir de la foi, l´énigme de la foi. (=Bibliothèque des textes philosophiques), Paris 1959, 92-178

De contemplando deo. Ed. J. Hourlier, SChr 61 bis (1968) 58-120

De natura corporis et animae. PL 180, 695A-726C

De natura et dignitate amoris. Ed. M.- M. Davy, Deux traités de l´amour de Dieu (=Bibliothèque des textes philosophiques), Paris (1953) 70-136

De sacramento altaris. PL 180, 341A-366A

Epistula ad fratres de Monte Dei. Ed. J.M. Déchabnet, SChr 223 (1975) 131-385

Expositio altera in Cantica canticorum. PL 180, 473C-546D

Expositio super cantica canticorum. Ed. P. Verdeyen, CCM 87 (1997) 19-133

Expositio super epistulam ad Romanos. Ed. P. Verdeyen, CCM 86 (1989) 3-196

Meditivae orationes. Ed. M.-M. Davy, Bibliothèque des textes philosophiques, Paris 1934, 36-284

Speculum fidei. Ed. M.M. Davy, Guillaume de Saint-Thierry. Deux traités sur la foi: le miroir de la foi, l´énigme de la foi. Bibl. des textes philosophiques, Paris 1919, 24-90

GUILLELMUS TYRENSIS

Chronicon. Ed. R.B.C. Huygens/H.E. Mayer/G. Rösch, CCM 63.63A (1986)

GUNTHERUS CISTERCIENSIS

De oratione, ieiunio et eleemosyna libri XIII. PL 212, 99-222A

HAIMO HALBERSTATENSIS

Commentaria in Cantica, PL 116, 95A-714A

Commentariorum in Isaiam libri III. PL 116, 715C-1086D

De varietate librorum sive de amore coelestis patriae libri III. PL 118, 875A-958D

Enarratio in duodecim prophetas minores. PL 117, 9A-294D

Expositionis in Apocalypsin libri III. PL 117, 937C-1220D

In Divi Pauli epistolas expositio, PL 117, 361C-938B

In omnes psalmos pia brevis ac dilucida explanatio. PL 116, 193D-696A

Homiliarum sive concionum ad plebem in evangelia de tempore et sanctis. PL 118, 11B - 816B

HATTO => Atto

HEIRICUS AUTISSIODORENSIS

Homiliae per circulum anni. Ed. R. Quadri, CCM 116. 116A. 116B
(1992-1994)
HELINANDUS FRIGIDI MONTIS
Sermones. PL 212, 481C-720C
HENNECKE-SCHNEEMELCHER => Neutestamentliche Apokryphen
HERMANNUS DE RUNA
Sermones festivales. Ed. E. Mikkers/I. Theuws/R. Demeulenaere, CCM
64 (1986)
HERMANNUS S. MARTINI TORNACENSIS
Tractatus de incarnatione Iesu Christi domini nostri. PL 180, 9A-38B
HERMES LATINUS (Hermes Trismegistus)
Corpus Hermeticum. Texte établi par A.D. Nock et traduit par A.-J.
Festugière. 4 Bde. Paris 1945-1954; repr 1960
HERV(A)EUS BURGIDOLENSIS
Commentaria in epistolas divi Pauli. PL 181, 591D-1692B
Commentariorum in Isaiam libri VIII. PL 181, 17A-592C
HIERONYMUS STRIDONENSIS
Adversus Iovinianum libri II. PL 23, 211-338A
Commentarii:
-in Danielem: Commentariorum in Danielem libri III (IV). Ed. F. Glorie,
CCL 75A (1964)
- in epistulas Paulinas: Commentarii in IV epistulas Paulinas [Gal, Eph,
Tit, Phlm]. PL 26, 331-656
- in Ezechielem: Commentariorum in Hiezechielem libri XIV. Ed. F.
Glorie, CCL 75 (1964) 3-743
-in Ieremiam: In Hieremiam prophetam libri VI. Ed. S. Reiter, CCL 74
(1960)
- in Isaiam:
-Commentariorum in Esaiam prophetam libri. Ed. M. Adriaen, I-XI: CCL
73 (1963) XII-XVIII: CCL 73A (1963) - -Commentaires de Jerome sur le
prophète Isaie. Ed. R. Gryson / P.-A. Deproost / J. Coulie / E. Crousse /
V. Somers /C. Gabriel / H. Bourgois / V. Leclercq / H. Stanjek, AGLB
23 (1993). 27 (1994). 30 (1996). 35 (1997). 36 (1999)
- in Matthaeum: Commentariorum in Mattheum libri IV. Ed. D. Hurst /
M. Adriaen, CCL 77 (1969)
-in Iob: Commentarii in Iob. PL 26, 619A-802B
- in prophetas minores: Commentarii in prophetas minores. Ed. M.
Adriaen, CCL 76.76A (1969.1970)
- in Zachariam prophetam libri II: Commentarii in prophetas minores ,
CCL 76A, 747-900
Dialogi contra Pelagianos libri III. Ed. C. Moreschini, CCL 80 (1990)

Epistulae. Ed. L. Hilberg, CSEL 54 - 56 (1910-1918). Indices et addenda composuit M. Kamptner, CSEL 56/2 (1996). Epistulae ex duobus codicibus nuper in lucem prolatae. Ed. J. Divjak, CSEL 88 (1981)

Epistulae mutuae. Augustinus und Hieronymus => Augustinus

Hebraicae quaestiones in libro Geneseos. Ed. P. de Lagarde, CCL 72 (1959) 1-56

Homilia in Iohannem eavangelistam. Ed. G. Morin, CCL 78 (1958) 517-523

Liber de viris inlustribus. Ed. E.C. Richardson, Leipzig 1896 (=TU 14, 1a)

Liber interpretationis Hebraicorum nominum. Ed. P. de Lagarde, CCL 72, 59-161

Ps.-Hieronymus

Breviarium in psalmos. PL 26, 863A-1382C

Commentarii in epistolas Pauli . PL 30, 645A-902B

Commentarius in euangelium secundum Marcum. PL 30, 589A-644A

Explanatio fidei catholicae => anonymus, LIBELLUS FIDEI

Expositiones XIII epistularum Pauli => Pelagius

Expositio quatuor evangeliorum. PL 30, 531B - 590A

Hilarius Pictaviensis

De trinitate. Ed. P. Smulders, CCL 62.62A (1979.1980)

Tractatus super Psalmos (ps 1-91). Ed. J. Doignon, CCL 61 (1997) - Ed. A. Zingerle, CSEL 22 (1891)

Hildebertus Cenomanensis

De quatuor virtutibus vitae honestae. PL 171, 1055C-1064C

Sermones de tempore. PL 171, 343A-964C

Tractatus theologicus. PL 171, 1067A-1150B

Vita Beatae Mariae Aegyptiacae. PL 171, 1321D-1340B

(H)ildefonsus Toletanus

Annotationum de cognitione baptismi liber unus. PL 96, 111A-172C

Hildegardis Bingensis

Epistolarium (pars prima 1-90). Ed. L. Van Acker, CCM 91 (1991)

Subtilitates diversarum naturarum creaturarum libri IX. PL 197, 1125A–1352A

Hincmarus Rhemensis

De divortio Lotharii et Tetbergae. PL 125, 619A-772D

De praedestinatione. PL 125, 65B-474B

Epistolae. PL 126, 9A-280A

Opuscula et epistolae quae spectant ad causam Hincmari Laudunensis. PL 126, 279B-648C

Vita S. Remigii. PL 125, 1129A-1188B

Honorius Augustodunensis

Commentarius in Timaeum. PL 172, 245-253

De philosophia mundi libri IV. PL 172, 39A-102A

Elucidarium sive dialogus de summa totius Christianae theologiae. PL 172, 1109A-1176D

Expositio in cantica canticorum. PL 172, 347C-946C

Liber de haeresibus. PL 172, 233D-240D

Speculum ecclesiae. PL 172, 807A-1108A

Q. HORATIUS FLACCUS

Opera. Ed. F. Klingner, Leipzig 1959 (=BT) - Ed.D.R. Shackleton Bailey, Leipzig 2001[4] (=BT)

HRABANUS MAURUS => Rabanus

PS.-HUGO DE FOLIETO

De medicina animae. PL 176, 1183A-1202C

HUGO DE S. VICTORE

Adnotiunculae elucidatoriae in Ioelem prophetam. PL 175, 321C-372B

Adnotiunculae elucidatoriae in Threnos Ieremiae secundum multiplicem sensum et primo secundum litteralem. PL 175, 255D-322B

De amore sponsi ad sponsam. PL 176, 987B-994A

De arca Noe morali libri PL 176, 617A-680D

De fructibus carnis et spiritus. PL 176, 997B-1006C

De sacramentis fidei Christianae. PL 176, 183A-618B

De sacramentis legis naturalis et scriptae PL 176, 17C-42B

De scripturis et scriptoribus sacris. PL 175, 9A-28D

Didascalicon, De studio legendi. Ed. C. H.Buttimer, Washington, D.C. 1939 (= Studies in Medieval and Renaissance Latin 10. - Studienbuch. Lateinisch/deutsch von Th. Offergeld, FC 27 (1997)

Explanatio in canticum B. Mariae. PL 175, 413B-432B

Expositio in regulam S. Augustini. PL 176, 881A-924D

Expositio moralis in Abdiam. PL 175, 371C-406A

Sententiae de divinitate: A.N. Piazzoni, Ugo di San Vittore "auctor" delle "Sententiae de divinitate". Studi Medivali 23/2 (1982) 861-955 (Text 912-955)

PS.-HUGO

Allegoriae in epistolas Pauli. PL 175, 879D-924A

Allegoriae in Novum testamentum. PL 175, 749D-924A

Eruditio didascalica. PL 176, 741A-838D

Miscellanea. PL 177, 469C-900C

Posteriores excerptiones XIII continentes utriusque testamenti allegorias. PL 175, 635A-924A (*vide etiam* => Allegoriae in Novum Testamentum *et* Allegoriae in epistolas Pauli)

Quaestiones et decisiones in epistolas D. Pauli. PL 175, 431C-634A

Sententiae de divinitate.=> Hugo

Sermones centum. PL 177, 899A-1210A

ODO CLUNIACENSIS
MORALIUM IN IOB LIBRI XXXV. PL 133, 105A-512D
[Odo de Lucca] => Ps.-Hugo, Summa Sententiarum. PL 176, 42-174A
HUGO METELLUS
Epistolae. PL 188, 1273A-1276B
HUMBERTUS SILVAE CANDIDAE
Adversus Simoniacos libri tres. PL 143, 1007A-1212B
C. IULIUS HYGINUS
Fabulae. Ed. P.K. Marshall, München/ Leipzig 2002² (=BT)
IACOBUS DE VORAGINE
Legenda aurea: Jacopo da Varazze, legenda aurea. Ed. G.P. Maggioni. 2
Bde. Tavamuzze/Firence 1998 (=Millennio medievale 6, testi 3)
INITIA CARMINUM LATINORUM saeculo undecimo antiquiorum: Bibliographisches Repertorium für die lateinische Dichtung der Antike und des frühen Mittelalters. Bearbeitet von D. Schaller / E. Könsgen. Göttingen 1977
INNOCENTIUS III
De contemptu mundi. PL 217, 701B-746C
De quadripartita specie nuptiarum. PL 217, 923A-967
Mysteriorum evangelicae legis et sacramenti eucharistiae libri VI. PL 217, 763C-916A
Prima collectio decretalium. PL 216, 1173B-1272D
Regesta. PL 214, 1-1186C. 215, 9A-1612D. 216, 9A-992B
Sermones de diversis. PL 217, 649B-690D
Sermones de sanctis. PL 217, 451A-596C
Sermones de tempore. PL 217, 313A-450D
Sermones communes. PL 217, 595C-650A
IOHANNES CASSIANUS
Conlationes XXIIII. Ed. M. Petschenig, CSEL 13 (1886)
De coenobiorum institutis libri XII. PL 49, 53A-476B
IOHANNES CORNUBIENSIS
Eulogium ad Alexandrum VI papam. Ed. N. Häring: The Eulogium ad Alexandrum Papam tertium of John of Cornwall. Medieval Studies 13 (1951) 253-300 (Text 256-300)
IOHANNES DAMASCENUS
De fide orthodoxa. Versions of Burgundio et Cerbanus. Ed. E.M. Buytaert, St. Bonaventura, N.Y. / Louvain / Paderborn 1955
IOHANNES DE FONTE
Auctoritates Aristotelis, Senecae, Boethii, Platonis, Apulei Africani, Porphyrii et Gilberti Porretani. Ed. J. Hamesse, Les Auctoritates Aristotelis. Un florilège médiéval. Etude historique et édition critique, Louvain 1974

Auctoritates Aristotelis, Senecae, Boethii,Platonis, Apulei et quorundam aliorum. I Concordance. II Index verborum, Listes de fréquence, Tables. Ed. J. Hamesse, Louvain 1972. 1974

IOHANNES DE FORDA

Super extremam partem cantici canticorum sermones CXX. Ed. E. Mikkers / H. Costello, CCM 17. 18 (1970) 33-811

IOHANNES SARISBERIENSIS

Epistula 393 amici cuiusdam ad Ioannem Sarisberiensem. PL 190, 734D-737C

Epistularium Iohannis Sarisberiensis. Ed. W.J. Millor / H.E. Butler / C. M.L. Brook, Oxford 1979

Metalogicon. Ed. J.B. Hall / K.S.B. Keats-Rohan, CCM 98 (1991)

Polycraticus. Ed. C.C.J. Webb, Oxford 1909 - I-IV: Ed. K.S.B Keats-Rohan, CCM 118 (1993)

IOHANNES SCOTUS ERIUGENA

Expositiones in hierarchiam coelestem. Ed. J. Barbet, CCM 31 (1975)

IOSLENUS SUESSIONENSIS

Expositio symboli et orationis Dominicae. PL 186, 1479A-1496C

ISAAC DE STELLA

Sermones: Ed. A. Hoste/G. Salet/G. Raciti. SChr 130.207.339 (1967-1987)

ISIDORUS HISPALENSIS

Allegoriae quaedam sacrae scripturae. PL 83, 97A-130B

De summo bono = sententiarum libri tres.. Ed. P. Cazier, CCL 111 (1998)

Etymologiarum sive Originum libri XX. Ed. W.M. Lindsay, 2 Bde Oxford 1911 (repr. 1987) [sine numeris paginarum]

Sententiae. => De summo bono

Synonyma de lamentatione animae peccatricis, PL 83, 825C - 868C

Ps.-ISIDORUS

Dogma Pelagii haeretici. PL 130, 902D-903A

Mysticorum expositiones sacramentorum seu quaestiones in vetus testamentum. PL 83, 207B-424D

IULIANUS TOLETANUS

Commentarius in Nahum. PL 96, 705D-758A

De comprobatione sectae aetatis libri tres. Ed. J.N. Hillgarth, CCL 115 (1976) 143-212

Prognosticorum futuri saeculi libri III. Ed. J.N. Hillgarth, CCL 115 (1976) 11-126

IUSTINIANUS

Digesta Iustiniani Augusti. Ed. P. Krüger / Th. Mommsen, 2 Bde. Berlin 11870; repr. 1963[2]

Ivo Carnotensis
Decretum. PL 161, 47B-1022D
Epistulae. PL 162, 11D-288B
Meditatio super miserere. PL 162, 821A-844C
Panormia. PL 161, 1041A-1344D
Sermones. PL 162, 505A-610B
Landulfus Mediolanensis
Historia Mediolanensis. PL 147, 819B-954A
Lanfrancus Cantuariensis
De coropore et sanguine Domini. PL 150, 407A-442D
Decreta pro ordine S. Benedicti. PL 150, 443C-516B
In omnes epistolas S. Pauli commentarii cum glossula interjecta. PL 150, 101B-406A
Legenda Aurea => Iacobus de Voragine
Leo Magnus
Decreta: Dionysius Exiguus, collectio decretorum pontificum Romanorum. PL 67, 229-316A; decreta Leonis 277D-302C
Dogma Pelagii haeretici: PL 130, 902D-903B
Epistola ad Rusticum. PL 84, 763C-788D
Epistolae. PL 54, 593A-1218B. 130, 763C-902D
Sermones: Leon le Grand Sermons . Introduction de Dom J. Leclercq, traduction et notes de Dom R. Dolle. 4 Bde.) Paris 1949-1973 (=SChr 22. 49. 74. 200
Tractatus 97. Ed. A. Chavasse, CCL 138.138A (1973)
Lobienses Monachi
Epistula ad episcopos Leodinensem et Cameracensem. Ed. L.C.B. Hethmann, MGH SS 7 (1846), 455s
Luculentius
In aliquot novi testamenti partes commentarii. PL 72, 803A-860A
J.D. Mansi
Sacrorum conciliorum nova et amplissima collectio. 59 Bde, Paris 1901-1927 (repr. Graz 1961.1962)
Marbodus Redonensis
Sermo in vitam S.Florentii. PL 171, 1579A-1592D
Marius Mercator
Dissertationes septem, quibus integra contuetur historia Pelagiana, multaeque populares opiniones refelluntur. PL 48, 255-698D
Marius Victorinus
Explanationes in Ciceronis rhetoricam. Ed. C. Halm: Rhetores latini minores, Leipzig 1863, 153-304
Martinus Legionensis
Expositio epistolae I B. Ioannis. PL 209, 253A-298D

Expositio in epistolam I B.Petri apostoli. PL 209, 217A-252D
Expositio libri apocalypsis. PL 209, 299A-420A
Expositio epistulae I B.Ioannis. PL 209, 253A-298D
Sermones: Sermonum liber. PL 208, 27-1350C
Sermones de diversis. PL 209, 61D-184C
Sermones de sanctis. PL 209, 9A-62C

Mauricius (Magister)
Sermones VI. Ed. J. Châtillon, CCM 30 (1975) 201-231; [ibi: II sermo de
Sancto Victore, 205-210]

Ps.-Melito
Clavis scripturae. Ed. J.-P. Laurant: Symbolisme et écriture: le cardinal
Pitra et la "Clef" de Méliton de Sardes. Paris 1988

Neutestamentliche Apokryphen
in deutscher Übersetzung. Ed. E. Hennecke, 3. völlig neu bearbeitete
Auflage hrsg von W. Schneemelcher. II.: Apostolisches Apokalypsen und
Verwandtes. Tübingen 1987[5]. 1989[5]

Notgerus Leodiensis
Vita S. Hadalini. PL 139, 1144B-1148B

Novum Testamentum Domini Nostri Iesu Christi Latine secundum
Editionem sancti Hieronymi. Ed. J. Wordsworth / H. White. II: Epistulae
Paulinae. Oxford 1913-1941 (repr 1954)

Odilo Suessionensis
Sermo de sancto Medardo. PL 132, 629B-634D

Odo Cluniacensis
Moralium in Iob libri XXXV. PL 133, 105A-512D

Odo de Lucca => Ps.-Hugo, summa sententiarum

Odo Tornacensis
De peccato originali. PL 160, 1071A-1102D

Ordericus Vitalis
Ecclesiasticae Historiae. PL 188, 17A-984B

Origenes
Commentarium in canticum canticorum. Ed. W. A. Baehrens, GCS 33
(1925) 61-241
Commentarium in evangelium Matthaei: Matthäuserklärung. Ed. E.
Klostermann, GCS 40 (1935)
Commentarius in Pauli epistulam ad Romanos latine versus: Der Römer-
briefkommentar des Origenes: Kritische Ausgabe der Übersetrzung
Rufins, Buch 1-10. Ed C.P. Hammond Bammel. AGLB 16 (1990). 33
(zum Druck vorbereitet und gesetzt von H.J. Frede / H. Stanjek 1997).
34 (aus dem Nachlaß herausgegeben von H.J. Frede / H. Stanjek 1999)-

Commentarii in epistulam ad Romanos / Römerbriefkommentar, 6
Bde., eingeleitet und übersetzt von T. Heither (FC 2/1-6), Freiburg
1990-1999

De principiis. Ed. T. Koetschau, GCS 22 (1913) 7-364

Homiliae:

In Exodum homiliae: Homilien zum Hexateuch in Rufins Übersetzung.
Ed. W.A. Baehrens, GCS 6, 1 (1920) 145-279:

Homilien zu Jeremia: Homélies sur Jérémie. Edition, introduction et
notes par P. Nautin. I (hom. 1-11) SChr 232 (1976). II (hom. 12-20 et
homélies latines) SChr 238 (1977)

Homiliae in librum Iudicum. Ed. W.A. Baehrens, GCS 30 (1921) 464-522
- Homélies sur les Juges. Ed P. Messié / L. Neyrand/M. Borret, SChr 389
(1993)

In Leviticum homiliae. Ed. W.A.Baehrens, GCS 29 (1920) 280-507 -
Homélies sur le Levitique, 2 Bde. Ed M. Borret, SChr 286. 287 (1981)

In Lucam homiliae - Die Homilien zu Lukas in der Übersetzung des
Hieronymus. Ed. M. Rauer, GCS 49 (1959) - In Lucam homiliae: Homilien zum Lukasevangelium. Ed. H.J. Sieben, FC 4/1.2 (1991)

In Numeros Homiliae secundum translationem quam fecit Rufinus. Ed.
W.A. Baehrens, GCS 30 (1921) 3-285 - Homélies sur les Nombres, homélies I-X. Ed L. Doutreleau, SChr 415 (1996)

Homilien zu Samuel I, zum Hohelied und zu den Propheten, Kommentar zum Hohelied in Rufins und Hieronymus´ Übersetzung. Ed W.A.
Baehrens, GCS 33 (1925)

Origenes - Hieronymus

Translatio homiliarum in Ieremiam et Ezechielem. PL 25, 583B-786D

Orosius

Dialogus quaestionum LXV => Ps.-Augustinus

De errore Priscillianistarum et Origenistarum (consultatio sive commoni-
torium Orosii ad Augustinum).Ed. K.-D. Daur, CCL 49 (1985) 157-163

Orsiesius

Doctrina atque tractatus. PL 103, 453A-476C

Othlonus S. Emmerammi

Liber proverbiorum. PL 146, 299B-338A

Vita Sancti Wolfkangi. PL 146, 395C-422C

Paschasius diaconus

De spiritu sancto. PL 62, 9B-40A

Paschasius Radbertus

De benedictionibus patriarcharum Iacob et Moyses. Ed. B. Paulus, CCM
96 (1993)

De corpore et sanguine Domini. Ed. B. Paulus, CCM 16 (!969) 1-130

De fide, spe et caritate. Ed. B. Paulus, CCM 97 (1990) 3-142

De partu virginis. Ed. E.A. Matter, CCM 56 (1985) 47-89
Epitaphium Arsenii, seu vita venerabilis Walae abbatis Corbeiensis in
Gallia duobus libris scripta dialogico modo. PL 120, 1559D-1650B
Expositio in Lamentationes Hieremiae libri IV. Ed. B. Paulus, CCM 85
(1988)
Expositio in Matheo libri XII. Ed. B. Paulus, CCM 56.56A.56B (1984)
Expositio in psalmum XLIV. Ed B. Paulus, CCM 94 (1991)
In Threnos sive Lamentationes Ieremiae libri V. PL 120, 1059B-1256B
PAULINUS AQUILEIENSIS
Liber exhortationis vulgo de salutaribus documentis. PL 99, 197C-282C =
PL 40, 1047-1078
PS.-PAULUS - SENECA
Epistulae Senecae ad Paulum et Pauli ad Senecam. Ed. W. Barlow, Roma
1938 = PLS 1, 1958, 673-678
PAULUS DIACONUS
Homiliae de sanctis. PL 95, 1457C-1566C
PELAGIUS
Expositiones XIII epistularum Pauli. Ed. A.Souter: Pelagius´s Expositions
of thirteen Epistles of St. Paul. Texts and Studies IX, 1 (Einleitung 1922).
2 (expositio 1926). 3. (Ps.-Jerome interpolations 1931, Ed J.A. Robin-
son). Repr. Nendeln 1967 et PLS 1,110-1374
PELAGIUS
Confessio seu libellus fidei a Pelagio ex oriente Romam missus ad sedem
apostolicam. PL 39, 2181-2183. PL 45, 1716-1718. PL 48, 488D-491C
[Pelagius] Scripta et monumenta pertinentia ad historiam Pelagiano-
rum. PL 45, 1679-1898
[Pelagius interpolatus =>PS.-HIERONYMUS
PETRUS ABAELARDUS
Apologia contra Bernardum. Ed. E.M. Buytaert, CCM 11, 359-368
Collationes [=Dialogus]: Ed. R. Thomas: Dialogus inter philosophum,
Iudaeum et Christianum. Stuttgart-Bad Cannstadt 1970 - Ed. and transla-
ted by J. Marenbon and G. Orlandi. Oxford 2001
Commentaria in epistolam Pauli ad Romanos. Ed.E.M. Buytaert, CCM 11
(1969) 41-340 .Vide etiam =>expositio
Confessio fidei "Universis": Ed. C.S.F. Burnett, A Critical Edition of
Abelard´s Reply to Accusations of Heresy. MS 48 (1986) 111-138 (lat.
Text 132-138)
Dialectica. Ed. M.L. de Rijk: Petrus Abaelardus Dialectica. Assen 1970^2
Dialogus => Collationes
Ethica: Peter Abelard's Ethics. Ed. D.E. Luscombe, Oxford 1979^2 - Scito
te ipsum. Ed. R.M. Ilgner, CCM 190 (2001)

Expositio in epistolam ad Romanos - Römerbriefkommentar lateinisch -
deutsch. Ed R. Peppermüller, FC 26/1-3 (2000)
Historia clamitatum (=epist 1): Ed. J. Monfrin, Paris 1978[4]
Hymni et sequentiae. PL 178, 1765B-1818B
Liber adversus haereses. PL 178, 823A-1846D
Logik: Peter Abaelards philosophische Schriften. Ed. B. Geyer, 4 Bde
(BGPhThMA 21/1-4) Münster 1973[2]
Responsio contra calumnias obiectorum. PL 180, 329A-332D
Sententie magistri Petri Abelardi / Sententie Hermanni. Ed. S. Buzzetti,
Firenze 1983
Sermones ad virgines Paraclitenses. PL 178, 379-610D
Sic et Non. Ed. B. Boyer / R. McKeon, Chicago/London 1976/77
Soliloquium. Ed. C. Burnett: Peter Abelard "Soliloquium". A Critical
Edition. Studi Medievali 25/2 (1984) 857-894 (Textus 885-894)
Theologia Christiana (Th Chr). Ed. E.M. Buytaert, CCM 12 (1969)
71-372
Theologia Scholarium (Th Sch). Ed. E.M. Buytaert / C.J. Mews, CCM 13
(1987) 313-549
Theologia Scholarium (Kurzfassung = t sch). Ed. E.M. Buytaert, CCM 12,
1969, 401-451
Theologia Summi Boni (ThSB). Ed. E.M. Buytaert / C.J. Mews, CCM 13
(1987) 85-201
ABAELARDI DISCIPULI
Commentarius Cantabrigiensis in epistolas Pauli e schola Petri Abaelardi.
Ed. A. Landgraf, 4 Bde. Notre Dame, Indiana, 1937-1945
Petri Abaelardi expositionis in epistolam S. Pauli ad Romanos abbrevia-
tio. Ed. A. Landgraf, Leopoli 1935
Ysagoge in theologiam. Ed A. Landgraf: Écrits théologiques de l´école
d´Abélard. Textes inédits. Louvain 1934 (=Spicilegium Sacrum Lovani-
ense 14) 63-285
PETRUS BLESSENSIS
De divisione et scriptoribus sacrorum librorum. PL 207, 1051B-1056D
Epistolae. PL 207, 1A-560C
Sermones. PL 207, 560D-776D
PETRUS CANTOR
Summa de sacramentis et animae consiliis, ed. J. Dugauquier (Analecta
mediaevalia Namurcensia 4.7.11.16.21) (1954-1967)
Verbum abbreviatum. PL 205, 23A-554D
PETRUS CELLENSIS
De conscientia. PL 202, 1083D-1098A
De disciplina claustralis. Ed. G. de Martel, SChr 240 (1977) 96-234
Tractatus de tabernaculo. Ed. G. de Martel, CCM 54 (1983) 171-243

PETRUS CHRYSOLOGUS
Collectio sermonum. Ed. A. Olivar, CCL 24 (1975). 24A (1981). 24B (1982)

PETRUS COMESTOR
Historia Scholastica. PL 198, 1045-1722A
Sermones. PL 198, 1721-1844

PETRUS DAMIANI
De bono status religiosi et tropologia variarum animantium (=opuscula 52). PL 145, 763C-792A
De divina omnipotentia in reparatione corruptae et factis infectis reddendis. PL 145, 595B-622D
De frenanda ira et simultatibus exstirpandis. PL 145, 649A-660B
De horis canonicis (=opuscula 10). PL 145, 221D-251A
De frenanda ira et simultatibus exstirpandis. PL 45, 649A-660B)
De patientia in insectatione improborum (=opuscula 53). PL 145, 791A-796B
De perfecta informatione monachi (=opuscula 49). PL 145, 721B-732A
Epistola 6 ad monachos monasterii Pomposiani.. PL 144. 386A-C
Expositio mystica historiarum Libri Geneseos. PL 145, 841B-858A
Liber qui appellatur *gratissimus* ad Henricum archiepiscopum Ravennatem. PL 145, 100B-156B
Opuscula varia. PL 145, 19C-858A
Sermones. Ed. I. Lucchesi, CCM 57 (1983)

PETRUS LOMBARDUS
Collectanea in omnes D.Pauli epistolas. PL 191, 1297A-1696C. PL 192, 9A-520A
Commentarii in Psalmos Davidicos. PL 191, 55A-1296D
De corpore Christi: Sententiae Ed. I .Brady II, 77*-84*
Sententiae in IV libris distinctae. Ed. I. Brady , Grottaferrata I (1971). II (1981) (=Spicilegium Bonaventurianum 4-5)
Tractatus de coniugio: Sententiae Ed I. Brady, II, 84*-87*
Tractatus de incarnatione: Sententiae Ed I.Brady, II, 54*-77*

PETRUS PICTAVIENSIS
Sententiarum libri I.II. Ed. P.S. Moore/M. Dulong, 2 Bde. Notre Dame (Indiana) 1943. 1950 (=Publications in Medieval Studies 7. 11) - Sententiarum libri V. PL 211, 789A-1280D
Summa de confessione: Compilatio praesens. Ed. J. Longère, CCM 51 (1980)

PETRUS VENERABILIS
Adversus Iudaeorum inveteratam duritiem. Ed. C.Y. Friedmann, CCM 58 (1985)
Contra Petrobrusianos haereticos. Ed. J. Fearns, CCM 10 (1968)

Epistulae. Ed. G. Constable, Harvard Historical Studies 78 (1967)
PHILIPPUS DE HARVENG
De institutione clericorum. PL 203, 665D-1206A; ibi: 1. De dignitate
clericorum. 665D-694A, 4. De continentia clericorum. 727C-840C
In cantica canticorum moralitas. PL 203, 489C-584D
PHILO ALEXANDRINUS
De opificio mundi. Ed. L. Cohn: Philonis Alexandrini opera que super-
sunt I, Berlin 1896, 1-60
PLATO LATINUS
Timaeus. Ed. J.H. Waszink, London / Leiden 1975² (= Corpus Platoni-
cum Medii Aevi ed.R. Klibanski, 4: Timaeus a Calcidio translatus com-
mentarioque instructus)
PLINIUS MAIOR
Naturalis Historia: Pline l´ ancien. Histoire naturell livre VII, text établí,
traduit et commenté par R. Schilling. Paris 1977
PRIMASIUS HADRUMETINUS
Commentarius in Apocalypsin. Ed. A.W. Adams, CCL 92 (1985)
PS.-PRIMASIUS
Commentaria in Epistolas B.Pauli. PL 68, 415D-794B => Cassiodori
discipulus
PROSPER AQUITANUS
De vocatione omnium gentium libri II. PL 51, 648A-722B
Epigrammatum ex sententiis S.Augustini liber unus. PL 51, 497-532B
Sententiae: Liber sententiarum. Ed. M. Gastaldo, CCL 68A (1972)
215-365
PROVERBIA SENTENTIAEQUE LATINITATIS MEDII AEVI - Lateinische Sprich-
wörter und Sentenzen des Mittelalters in alphabetischer Anordnung. Ed.
H. Walther. 5 Bde., Göttingen 1963-1967 (= Carmina medii aevi posteri-
oris Latini II, 1-5)
PRUDENTIUS TRECENSIS
De praedestinatione contra Ioannem Scotum. PL 115, 1009C-1366A
Excerpta ex pontificali S. Prudentii, sive antiqui ritus ecclesiae Trecensis.
PL 115, 1439C-1450B
Epistola ad Hincmarum et Pardulum. PL 115, 971D-1010B
QUODVULTDEUS
Adversus quinque haereses. Ed R. Braun, CCL 60 (1976) 259-301
Sermo de symbolo. PL 40, 1189-1202
Liber promissionum et praedictorum Dei. Ed. R. Braun, CCL 60 (1976)
1. 11-223
Sermo I de symbolo. Ed R. Braun, CCL 60 (1976) 305-334
Sermo III de symbolo. Ed. R.Braun, CCL 60 (1976) 349-363
Sermo V de cantico novo. Ed. R. Braun, CCL 60 (1076) 381-392

RABANUS MAURUS

Commentaria in Ecclesiasticum. PL 109, 763A-1126C

Commentaria in Ezechielem. PL 110, 497D-1084C

Commentaria in librum Iudicum. PL 108, 1111A-1200B

Commentariorum in Genesim libri IV. PL 107, 441B-670B

Commentaria in libros Machabaeorum. PL 109, 1125D-1256D

Commentaria in libros II Paralipomenorum. PL 109, 279B-540B

Commentariorum in Matthaeum libri VIII. PL 107, 729D -1156B

De clericorum institutione. PL 107, 295B-420A

De ecclesiastica disciplina. PL 112, 1191B-1262C

De universo libri XXII. PL 111, 9A-614B

Enarrationum in epistolas B.Pauli libri XXX. PL 111, 1273A-1616D. PL 112, 9A-834C

Expositio in librum Iudith PL 109, 539C-592C

Expositionis super Ieremiam prophetam libri XX. PL 111, 793A-1772C

Homiliae. PL 110, 9-468B

Liber de sacris ordinibus. PL 112, 1165B-1192A

Tractatus de anima. PL 110, 1109B-1120C

RADULFUS ARDENS

Homiliae. PL 155, 1667A-2118D

RAIMUNDUS LULLUS

Ars brevis (opus 126). Ed. A. Madre, CCM 38 (1984) 192-255

Ars brevis, quae est de inventione iuris (opus 127). Ed. A. Madre, CCM 38 (1984) 268-389

Liber de virtutibus et peccatis (op. 205). Ed. F. Dominguez Reboiras/A. Soria Flores, CCM 76 (1987) 109-432

Liber in quo declaratur quod fides sancta catholica est magis probabilis quam improbabilis (op. 165).Ed. H. Riedlinger, CCM 33 (1978) 328-373

Liber praedicationis contra iudaeos (opus 123). Ed. A. Madre, CCM 38 (1984) 1-78

RATHERIUS VERONENSIS

Dialogus confessionalis. Ed. P.L.D. Reid, CCM 46A (1984) 221-265

Epistolae. Ed. F. Weigle, Die Briefe des Bischofs Rather von Verona. MGH, Die Briefe der deutschen Kaiserzeit 1 (1949, Repr. 1981)

Itinerarium. Ed. F. Weigle, Die Briefe (l. cit.) Nr. 26, 137-155

Praeloquia. Ed. P.L.D. Reid, CCM 46A (1984) 3-196

Sermones. Ed. P.L .D.Reid, CCM 46 (1976) 31-197

RATRAMNUS CORBEIENSIS

De corpore et sanguine Domini. PL 121, 125D-170C

De praedestinatione dei libri duo. PL 121, 13A-80C

REIMBALDUS LEODIENSIS

De vita canonica. Ed. C. de Clercq, CCM 4 (1966) 9-33

REINERUS S. LAURENTII LEODIENSIS
De dedicatione ecclesiae S.Laurentii. PL 204, 145B-152C
REMIGIUS ANTISSIODORENSIS
Enarrationes in psalmos. PL 131, 145-844C
Commentarius in Genesim. PL 131, 51C-134C
Homiliae XII. PL 131, 865B-932A
REMIGIUS LUGDUNENSIS
De tribus epistolis liber. PL 121, 985B-1068A
RICHARDUS DE S. VICTORE
Adnotationes mysticae in Psalmos. PL 196, 265D-404D
Beniamin maior. PL 196, 63B-202B
Beniamin minor. PL 196, 1A-64A
Declarationes nonnullarum difficultatum scripturae. PL 196, 255A-266C
De eruditione hominis interiore libri III. PL 196, 1239D-1366A
De exterminatione mali et promotione boni. PL 196, 1073C-1116C
De potestate ligandi et solvendi. PL 196, 1159C-1178B
De statu interioris hominis. PL 196, 1115C-1160B
De trinitate: La trinité. Texte Latin, introduction, traduction et notes de
G. Salet. SChr 63 (1959) - Ed. J. Ribaillier. Textes philosophiques du
moyen âge 6 (1958)
De verbo incarnato. PL 196, 995A-1010D
Epistulae et miscellanea. PL 196, 1225A-1230C
Explicatio aliquorum passuum difficilium apostoli. PL 196, 665A-684A
In apocalypsim Ioannis. PL 196, 683B-888B
RICHERUS S. REMIGII
Historiarum libri IV. PL 138, 17B-710D
RIQUARDUS BRUGENSIS
Miracula Donatiani Brugensis (miracula secunda). Ed O. Holder-Egger,
MGH SS 15 (1887) 856s
ROBERTUS MELIDUNENSIS
Oeuvres de Robert de Melun. I Questiones de divina pagina. Ed. E.M.
Martin, Spicilegium Lovaniensis 13 (1932). II. Questiones [theologice]
de epistolis Pauli. Ed. R.M. Martin, Spicilegium Sacrum Lovaniense 18
(1938). III, 1 Sententie volumen 1. Ed. R.M. Martin, Spicilegium Sacrum
Lovaniense 21 (1947). III, 2 Sententie volumen 2. Ed. R.M. Martin /
R.M. Gallet, Spicilegium Sacrum Lovaniaense 25 (1952)
Sententiae [Christologie]: F. Anders: Die Christologie de Robert von
Melun: aus den Handschriften zum ersten Male herausgegeben und
literar- und dogmengeschichtlich untersucht. Paderborn 1927 (=For-
schungen zur christlichen Literatur- und Dogmengeschichte 15/ 5)
ROBERTUS PULLUS
Sententiae. PL 186, 639 -1010B

Rodericus Ximenius de Rada
Breviarium historie catholice. Ed. J. Fernández Valverde, CCM 72A.72B (1992.1993)
Rolandus Bandinelli
Sententiae. Ed. A. Gietl: Die Sentenzen Rolands, nachmals Papstes Alexander III., Freiburg 1891
Rudolfus I
Epistolae tres. PL 98, 701D-844A
Rufinus(?): Commentarius in LXXV psalmos. PL 121, 645B-960B
Rupertus Tuitiensis
Commentaria in canticum canticorum. Ed. R. Haacke, CCM 26 (1974)
Commentaria in duodecim prophetas minores. PL 168, 9A-836D
Commentaria in evangelium S.Iohannis. Ed. R. Haacke, CCM 9 (1969)
Liber de divinis officiis. Ed. R. Haacke, CCM 7 (1967)
De gloria et honore filii hominis super Matheum. Ed. R. Haacke, CCM 29 (1979) 3-421
De omnipotentia dei liber unus. PL 170, 453C-476D
De sancta trinitate et operibus eius. Ed. R. Haacke, CCM 21 (1971).22 (1972).23 (1972).24 (1972)
De victoria verbi ldei. PL 169, 1215-1502B
Sacrorum conciliorum nova et amplissima collectio => Mansi
Salimbene de Adam
Cronica. Ed. G. Scalia, CCM 125 (1998)
Sedulius Scottus
Collectaneum in apostolum. I In epistolam ad Romanos II in epistolam ad Corinthios usque ad Hebraeos. Ed. H.J. Frede / H. Stanjek, AGLB 31 (1996). 32 (1997)
Collectaneum miscellaneum. Ed. D. Simpson, CCM 67.67 Supplementum (1988.1990)
Explanationes in praefationes S.Hieronymi ad evangelia. PL 103, 331D-352A
In Donati artem maiorem. Ed. B.Löfstedt, CCM 40B (1977)
Lucius Annaeus Seneca
Ad Lucilium epistulae morales. Ed. L.D. Reynolds. 2 Bde. Oxford 1991[10] (= 1965)
Ps.-Seneca - Paulus => Ps.-Paulus
Sententiae Hermanni = Sententie magistri Petri Abelardi => Petrus Abaelardus
M. Servius Honoratus
Servii Grammatici qui feruntur in Vergilii carmina commentarii. Ed. G. Thilo/H. Hagen, 2 Bde., Leipzig 1881 (2. Repr.Hildesheim 1986)
Sigebertus Gemblacensis

Chronica. Ed. L. Bethmann, MGH SS 6 (1844) 300-374

Gesta abbatum Gemblacensium et vita Wicberti. Ed. G.H. Pertz, MGH SS 8 (1848) 523-557 = PL 160, 595C-676A

SIMON TORNACENSIS

Disputationes 81: Les disputationes de Simon de Tournai. Ed. E. J. Warichez, Spicilegium Sacrum Lovaniense 12 (1932)

SMARAGDUS S. MICHAELIS

Collectiones in epistolas et evangelia, quae per circuitum anni leguntur. PL 102, 15B-552D

Commentaria in regulam S. Benedicti. PL 102, 689B-932C

Summarium in epistolas et evangelia quae leguntur in templis per circuitum anni. PL 102, 553A-594B

STEPHANUS TORNACENSIS

Epistolae. PL 211, 309A-542D; Supplementum 543A-562D

Sermo de mutatione canonicorum saecularium. Ed. J. Desilve: Lettres d´Étienne de Tournai, nouvelle édition. Valenciennes/Paris 1984, 426-434

SYMBOLUM APOSTOLORUM

Symbole der alten Kirche. Ed. H. Lietzmann, Berlin 1968[6] (= Kleine Texte für Vorlesungen und Übungen 17.18)

TAIO CAESARAUGUSTANUS

Sententiarum libri V. PL 80, 727B-990A

P. TERENTIUS AFER

Comoediae. Ed. R .Kauer / W.M. Lindsay / O. Skutsch. Oxford 1997[5] [sine numeris paginarum]

TERTULLIANUS

De oratione. Ed. G.F. Diercks, CCL 1 (1954) 257-274

De pudicitia. Ed. C. Micaelli. SChr 394 (1993, textus). 395 (1993, notae.)

THEODORICUS EPTERNACENSIS

Vita sanctae Hildegardis virginis. Ed. M. Klaes, CCM 126 (1993) 3-71

THEODULFUS AURELIANENSIS

Fragmenta sermonum. PL 105, 275D-376D

THIOFRIDUS EFTERNACENSIS

Flores epitaphii sanctorum. PL 157, 313A-404C

THOMAS CANTUARIENSIS

Epistolae. PL 190, 435C-672C

THOMAS CISTERCIENSIS; JOANNES ALGRINUS

Commentaria in cantica canticorum. PL 206, 17A - 862A

THOMAS DE CHOBHAM

Sermones. Ed. F. Morenzoni, CCM 82A (1993)

Summa de artae praedicandi. Ed. F. Morenzoni, CCM 82 (1990)

UDASCALUS AUGUSTANUS S. ULRICI
Vita Chounradi. PL 170, 865A-876A
URBANUS II
Sermones. PL 151, 561D-582C
VETUS LATINA
Vetus Latina.
Nach Petrus Sabatier neu gesammelt und herausgegeben von der Erzabtei Beuron unter der Leitung von Roger Gryson. Freiburg 1957ff
VICTOR III
Epistolae. PL 149, 961B-964B
VIGILIUS THAPSENSIS (= Ps.-Augustinus) Contra Felicianum Arianum de unitate trinitatis liber unus. PL 42, 1157-1171
PS.-VIGILIUS THAPSENSIS
Opus contra Varimadum Arianum. Ed. B. Schwank, CCL 90 (1961) 9-134
VINCENTIUS BELVACENSIS
De morali principis institutione. Ed. R.J. Schneider, CCM 137 (1995)
VULGATA
BIBLIA SACRA IUXTA VULGATAM VERSIONEM. Adiuvantibus B. Fischer / I. Gribomont / H.F.D. Sparks / W. Thiele recensuit R. Weber. Editio tertia emendata quam paravit B. Fischer cum sociis H.I. Frede / I. Gribomont / H.F.D. Sparks / W. Thiele. Stuttgart 1994[7]
Novum Testamentum Latine => Novum Testamentum. Ed Wordsworth / White
WERNERUS S. BLASII
Libri deflorationum. PL 157, 725-1255
WOLBERO S. PANTALEONIS
Commentaria in Canticum canticorum. PL 195, 1001-1278A
WORDSWORTH / WHITE => Novum Testamentum Latine
Ysagoge in theologiam => Abaelardi discipuli
ZACHARIAS CHRYSOPOLITANUS
In unum ex quatuor sive de concordia evangelistarum libri IV. PL 186, 11A-620B
ZACHARIAS ROMANUS
Episltulae eat decreta. PL 89, 917B-960B
ZENO VERONENSIS
Tractatus. Ed. B. Löfstedt, CCL 22 (1971)

LITERATUR

BAMMEL, C.P.: Die Hexapla des Origenes. Die *hebraica veraitas* im Streit der Meinungen. Augustinianum 28 (1988) 125-149

BERNDT, R.: Art. Walter von St.-Victor. LMA 8, 2000s

[BERNARD DE CLAIRVAUX] Histoire, mentalités, spiritualité. Colloque de Lyon-Cîteaux-Dijon (=oeuvres complètes I) SChr 380 (1992)

BLOMME, R.: La doctrine du péché dans les écoles théologiques de la première moitié du XIIᵉ siècle. Louvain1958

BOHN, V. (Hrsg.): Typologie. Frankfurt a. M. 1988

BOUHOT, J.-P.: La Bibliothèque de Clairvaux. SChr 380, 141-153

BRADY, C.: Peter Manducator and the Oral Teaching of Peter Lombard. Antonianum 41 (1966) 454-490

BRINKMANN, H.: Mittelalterliche Hermeneutik. Tübingen 1980

BROWER, J.E. / GUILFOI, K. (Hrsg.): The Cambridge companion to Abelard. Camridge / New York 2004

BRUNHÖLZL, F.: Art. Bibelübersetzungen I: LMA 2, 88-93

CATALOGUE GÉNÉRAL DES MANUSCRITS DES BIBLIOTHÈQUES PUBLIQUES DE FRANCE: Quarto séries II (1885): Catalogue des manuscrit de la Bibliothèque de l'Arsenal. - Catalogue Général des manuscrits des bibliothèques publiques des départements II (1855): Troyes. Bibliothèque municipale

CHÂTILLON, J.: Achard de St. Victor et les controverses christologiques au XIIᵉ siècle. Mélanges offerts au R. P. FERDINAND CAVALLERA, Toulouse 1948, 317-337

CHENU, M.-D.: La théologie au douzième siècle. Paris 1976³

COLISH, M.L.: Christological Nihilianism in the second half of the Twelfth Century. RThAM 63 (1996) 146-155

- Peter Lombard. 2 Bde. Leiden 1994

- Systematic Theology and Theological Renewal in the Twelfth Century. Journal of Medieval and Renaissance Studies 18 (1988) 135-156

DAHAN, G.: Les prologues des commentaires bibliques (XIIᵉ-XIVᵉ siècle): Les prologues médiévaux. Actes du colloque international organisé par l'Academia Belgica et l'Ecole francaise de Rome avec le concours de la F.I.D.E.M. (Rome, 26-28 mars 1998), édités par J.HAMESSE, Turnhout 2000 (= Textes et études du moyen âge 15), 427-470)

DEKKERS, E.: Clavis patrum latinorum. Steenbrugge 1995³

DILG, P.: Art. Theriak, LMA 8, 677-679

DREVES, G.M. / BLUME,C.: Ein Jahrtausend lateinischer Hymnendichtung. Leipzig 1909 (Repr. Bologna 1969)

EHLERS, J.: Art. Hugo v. St. Victor. LMA 5, 177s

-: Hugo von St.-Viktor. Wiesbaden 1973 (=Frankfurter Historische Abhandlungen 7)

ENGEN, J. VAN: Studying Scripture in the Early University: Neue Richtungen in der hoch- und spätmittelalterlichen Bibelexesgese (hrsg. von R.E. LERNER = Schriften des Historischen Kollegs. Kolloquien 32) München 1996, 17-38

ERNST, S.: Petrus Abaelardus (=Zugänge zum Denken des Mittelalters 2). Münster 2003

FISCHER, B.: Zur Überlieferung altlateinischer Bibeltexte im Mittelalter: B. FISCHER, Lateinische Bibelhandschriften im frühen Mittelalter. AGLB 11 (1985) 404-421

FRANSEN, P.-I.: Les extraits d´ Éphrem Latin dans le compilation des xii pères de Florus de Lyon. Revue Benedictine 87 (1977) 349-371

FREDE, H.J.: Des Sedulius Scottus Collectanea in apostolum. In: H.J. FREDE, Pelagius, der irische Paulustext, Sedulius Scottus. AGLB 3 (1961) 87-161

FREYTAG, H.: Allegorie, Allegorese: Historisches Wörterbuch der Rhetorik 1, Tübingen 1992, 330-392

FROMM, H. / HARMS, W. / RUBERG, U. (Hrsg.): Verbum et signum. Beiträge zur mediävistischen Bedeutungsforschung. Studien zur Semantik und Sinntradition im Mittelalter. F. OHLY zum 60. Geburtstag, 2 Bde. München 1975

FÜRST, A.: Augustinus und Hieronymus. Jahrbuch für Antike und Christentum, Ergänzungsband 29, Münster 1999

GERZ-VON BUREN, V.: Le catalogue de la Bibliothèque de l´Abbaye de Saint-Victor de Claude de Grandrue 1514. Paris 1983

GHELLINCK, J.DE: Eucharistie au XIIe siècle en Occident. DTh 5/2, 1233–1302

GIBSON, M.: "Artes" and Bible in the Medieval West. Aldershot/Brookfield 1993

- The Place of the Glossa Ordinaria in Medieval Exegesis: Ad Litteram. Authoritative Texts and Their Medieval Readers (hrsg. von M.D. JORDAN / K. EMERY JR. = Notre Dame Conferences in Medieval Studies 3). Notre Dame, Indiana, 1992, 5-27

GLORIEUX, P.: Essay sur les "Quaestiones in epistolas Pauli" du Ps.-Hugues de Saint-Victor. RThAM 19 (1952) 48-59

GRABMANN, M.: Die Geschichte der scholastischen Methode. 2 Bde., Freiburg 1909.1911, repr. Darmstadt 1961

GRABOIS, A.: The "Hebraica Veritas" and Jewish-Christian Intellectual Relations in the Twelfth Century. Speculum 50 (1975) 613-634

GROSS, J.: Geschichte des Erbsündendogmas: I Entstehungsgeschichte des Erbsündendogmas: von der Bibel bis Augustinus. München 1960. II

Entwicklungsgeschichte des Erbsündendogmas im nachaugustinischen Altertum und in der Vorscholastik (5. - 11. Jahrhundert). München / Basel 1963. III Entwicklungsgeschichte des Erbsündendogmas im Zeitalter der Scholastik (12.-15. Jaherhundert). München/Basel 1971. IV Entwicklungsgeschichte des Erbsündendogmas seit der Reformation. München / Basel 1972

HAMESSE, J.: Auctoritates Aristotelis, Senecae, Boethii, Platonis, Apulei et quorundam aliorum. I Concordance, Louvain 1972, II Index verborum, Louvain 1974

- (Hrsg.): Les prologues médiévaux: actes du colloque international organisé par l'Academia Belgica (= Textes et études du moyen âge 15) Turnhout 2000

HEMMERDINGER-ILIADOU, D.: Art. Éphrem latin. DSp 4 (1960) 815-819

HÖDL, L.: Art. Anselm von Canterbury. LMA 1, 680-686

- :Die dialektische Theologie des 12. Jahrhunderts: Arts libéraux et Philosophie au Moyen Âge. Actes du IVe Congrès International de Philosophie Médiévale, Montreal/Paris 1969, 137-147

–:Die Geschichte der scholastischen Literatur und der Theologie der Schlüsselgewalt von ihren Anfängen an bis zur Summa Aurea des Wilhelm von Auxerre. Münster 1960 (=BGPhThMA 38/4)

- -:Art. Nihilianismus. LMA 6, 1148s

–Art. Petrus Lombardus. LMA 6, 1977s

HORST, U.: Beiträge zum Einfluß Abaelards auf Robert von Melun. RThAM 26 (1959) 314-326

–:Die Trinitäts- und Gotteslehre des Robert von Melun. Mainz 1964

HUYGENS, R.B.C.: Accessus ad auctores: Bernard d'Utrecht, Conrad d'Hirsau. Leiden 1970

JANSON, T.: Prose Rhythm in Medieval Latin from the 9th to the 13th Century (=Studia Latina Stockholmiensia 20), Stockholm 1975

JOLIVET, J.: Données sur Guillaume de Champeaux, dialecticien et théologien: L'Abbaye Parisienne de Saint-Victor au Moyen Âge (hrsg. von J.LONGÈRE = Bibliotheca Victorina 1), Turnhout 1991, 235-251

KLINCK, R.: Die lateinische Etymologie des Mittelalters. München 1970

KOCH, J. (Hrsg.): Arates liberales. Von der antiken Bildung zur Wissenschaft des Mittelalters. Leiden/Köln 1959

KRISTELLER, P.O./KRÄMER, S.: Latin Manuscript Books before 1600. A List of Printed Catalogues and Unpublished Inventories of Extant Collections (MGH Hilfsmittel 13) München 1993[4]

LANDGRAF, A.M.: Der Einfluß des mündlichen Unterrichts auf theologische Werke der Frühscholastik. Collectanea Franciscana 23 (1953) 285-290

- :Der Magister Petrus Episcopus. RThAM 8 (1936) 198-203

- :Der Paulinenkommentar und Psalmenkommentar des Petrus Cantor und die Magna Glossatura des Petrus Lombardus. Biblica 31 (1950) 379-389

- : Die "Quaestiones super epistolas S. Pauli" und die "Allegoriae". Collectanea Franciscana 16.17 (1946.1947) 186-200

- : Dogmengeschichte der Frühscholastik. I, 1-IV, 2 Regensburg 1952-1956

- : Einführung in die Geschichte der theologischen Literatur der Frühscholastik. Regensburg 1948

- : Familienbildung bei Paulinenkommentaren des 12. Jahrhunderts. Biblica 18 (1932) 61-72. 169-193

- : Notes sur l'oeuvre littéraire de Pierre le Mangeur. RThAM 3 (1931) 54-66

- : Recherches sur les écrits de Pierre le Mangeur. RThAM 3 (1931) 292-306. 341-372

- : The Commentary on St. Paul of the Codex Paris Arsenal lat. 534 and Baldwin of Canterbury. The Catholic Biblical Quarterly 10 (1948) 55-62

- : Untersuchungen zu den Paulinenkommmentaren des 12. Jahrhunderts. RThAM 8 (1936) 253-281. 345-368

-: Zur Methode der biblischen Textkritik im 12. Jahrhundert. Biblica 10 (1929) 445-474

- /LANDRY, A.M.: Introduction à l' histoire de la littérature théologique de la scolastique naissante. Montreal/Paris 1973

LECLERCQ, J.: Naming the Theologies of the Early Twelfth Century. Medieval Studies 53 (1991) 327-336

- The Renewal of Theology: Renaissance and Renewal in the Twelfth Century ed. R.L. Benson / G. Constable), Oxford 1982, 68-87

LERNER, R.E. / MÜLLER-LUCKNER, E (Hrsg.): Neue Richtungen in der hoch- und spätmittelalterlichen Bibelexegese (= Schriften des Historischen Kollegs, Kolloquien 32), München 1996

LINDGREN, U.: Die Artes liberales in Antike und Mittelalter (= Algorismus 8) München 1992

LOBRICHON, G.: La Bible des maîtres du XIIe siècle. SChr 380, 209-236

LOGAN, A.H.B.: Art. Simon Magus. TRE 31 (2000), 272-276

LOTTIN, O.: Psychologie et morale aux IIe et XIIIe siècles, I, 1 - 6, Gembloux 1942-1959

LUBAC, H. DE: Exégèse médiévale. Les quatre sens de l' Écriture. 4 Bde. Paris 1959-1964

LUSCOMBE, D.E.: The School of Peter Abelard. Cambridge 1969

- : The School of Peter Abelard. Revised. Vivarium 30 (1992) 127-138

MARTIN, R.-M.: Notes sur l'oeuvre littéraire de Pierre Le Mangeur. RThAM 3 (1931) 54-66

MEIER, C.: Wendepunkte der Allegorie im Mittelalter: Von der Schrift-hermeneutik zur Lebenspraktik: Neue Richtungen in der hoch- und spätmittelalterlichen Bibelexegese (hrsg. von R.E. LERNER = Schriften des Historischen Kollegs, Kolloquien 32), München 1996, 39-64

MEWS, C.J.: The Sentences of Peter Abelard. RThAM 53 (1986) 130-184

NIELSEN, L.O.: Theology and Philosophy in the Twelfth Century: A Study of Gilbert Porreta´s Thinking and the Theological Expositions of the Doctrine of the Incarnation during the Period 1130-1180. Leiden 1982 (=Acta theologica Danica 15)

OESTERLE, H.J.: Art. Achard v. St. Victor (v. Bridlington). LMA 1, 78

OHLY, F.: Schriften zur mittelalterlichen Bedeutungsforschung. Darmstadt 1977

PEPPERMÜLLER, R.: Abaelards Auslegung des Römerbriefes (= BGPhTh-MA NF 10), Münster 1972

–: Erlösung durch Liebe. Abaelards Soteriologie. Peter Abaelard. Leben - Werk - Wirkung. Hrsg. von U. Niggli. Freiburg 2003 (=Forshungen zur euroopäichen Geistesgeschichte4),

–: Zu Abaelards Paulusexegse und ihrem Nachwirken: Petrus Abaelardus (1079-1142) - Person, Werk und Wirkung. Hrsg. von R.THOMAS, Trierer Theologische Studien 38 (1980) 217-222

–: Zum Fortwirken von Abaelards Römerbriefkommentar in der mittelal-terlichen Exegese: Pierre Abélard - Pierre le Vénérable. Les courants philosophiques, littéraires et artistiques en occident au milieu du XIIe siècle, Abbaye du Cluny 2 au 9 juillet 1972, hrsg. von R. LOUIS / J. JOLI-VET / J. CHÂTILLON (= Actes et Mémoires du Colloque international 546) Paris 1975, 557-568

PERKAMS, M: Liebe als Zentralbegriff der Ethik nach Peter Abaelard. Münster 2001 (= BGPhThMA NF 58,)

POIREL, D.: Livre de la nature et débat trinitaire au XIIe siècle. Le "de tribus diebus" de Hugues de Saint-Victor. Turnhout 2002 (= Bibliotheca Victorina 14)

- Hugues de Saint-Victor. Paris 1998

QUAIN, E.A.: The Medieval Accessus ad Auctores. Traditio 3 (1945) 215–264

RATHBONE, E.: John of Cornwall: A brief Biography. RThAM 17 (1950) 46-60

REICHMANN, V.: Art. Bibelübersetzungen I, 3, 3: Zur Geschichte der Vulgata. TRE 6, 178-181

REINHARDT, H.J.F.: Der Ehetraktat "De sacramento coniugii" im Römer-briefkommentar der Hs. Vat. Ottob. Lat. 445 und parr.: Renovatio et reformatio. Wider das Bild vom "finsteren" Mittelalter. Festschrift für L.

HÖDL zum 60. Geburtstag, hrsg. von M. GERWING / G. RUPPERT, Münster 1985, 25-43

- : Die Ehelehre der Schule des Anselm von Laon: eine theologie- und kirchenrechtsgeschichtliche Untersuchung zu den Ehetexten der frühen Pariser Schule des 12. Jahrhunderts. Münster 1974 (=BGPhThMA NF 14)

REPERTORIUM BIBLICUM MEDII AEVI. Ed. F. STEGMÜLLER / K. REINHARD. 11 Bde. Madrid 1951-1980

REPERTORIUM HYMNOLOGICUM: Catalogue des chants, hymnes, proses, sequences, tropes en usage dans l'eglise latine depuis les origines jusqu'a nos jours; extrait des "Analecta Bollandiana". Ed. U. CHEVALIER, 6 Bde. Louvain 1892-1920 (= Subsidia hagiographica 4)

REVENTLOW, H. GRAF: Epochen der Bibelauslegung. 2 Bde., München 1990. 1994

RICHÉ, P. / LOBRICHON, G. (Hrsg.): Le Moyen Âge et la Bible. Paris 1984

ROST, H.: Die Bibel im Mittelalter. Augsburg 1939

SARAYANA, J.-I.: La discusión medieval sobre la condición femenina (siglos VIII al XIII) (=Bibliotheca Salamanticensis. Estudios 190), Salamanca 1997

SCHALLER, D. / KÖNSGEN, E.: Initia carminum Latinorum saeculo undecimo antiquiorum: bibliographisches Repertorium für die lateinische Dichtung der Antike und des frühen Mittelalters, bearbeitet von D. SCHALLER UND E. KÖNSGEN, unter Mitwirkung von J. TAGLIABUE. Göttingen 1977

SCHLEUSENER-EICHHOLZ, G.: Biblische Namen und ilhre Etymologie in ihrer Beziehung zur Allegorese in lateinischen und mittelhochdeutschen Texten: Verbum et Signum. Beiträge zur mediävistischen Bedeutungsforschung. Studien zur Semantik und Sinntradition im Mittelalter. Fr. OHLY zum 60. Geburtstag, I (hrsg. von H. FROMM/W. HARMS /U. RUBERG), München 1975, 267-293

SCHWERTNER, S.: Internationales Abkürzungsverzeichnis für Theologie und Grenzgebiete. Berlin 1999[2]

SIEGMUND, A.: Die Überlieferung der griechischen christlichen Literatur in der lateinischen Kirche bis zum zwölften Jahrhundert. München 1949

Silagi, G.: Art. Albertanus von Brescia. LMA 1, 290s

SMALLEY, B.: Art. Glossa ordinaria: TRE 13, 4452-457

- The Study of the Bible in the Middle Ages. Oxford 1984[3]

SMITH, L.: What was the Bible in the Twelfth and Thirteenth Centuries?: Neue Richtungen in der hoch- und spätmittelalterlichen Bibelexegese (hrsg. von R.E. LERNER = Schriften des Historischen Kollegs, Kolloquien 32), München 1996, 1-15

SPICQ, C.: Esquisse d' une histoire de l' exégèse latine au moyen âge. Paris 1944

STEGMÜLLER, F. => REPERTORIUM BIBLICUM MEDII AEVI

STOTZ, P.: Handbuch der lateinischen Sprache des Mitelalters, Bd. 1-5 (=Handbuch der Altertumswissenschaften 5/1-5) München 1996-2002

STUDENY, R.F.: John of Cornwall: an Opponent of Nihilianism. Mödling / Vienna 1938

- : Walter of St. Victor and the "Apologia de verbo incarnato". Gregorianum 18 (1937) 579-585

STUMMER, F.: Einführung in die lateinische Bibel. Ein Handbuch für Vorlesungen und Selbstunterricht. Paderborn 1928

VAN CANEGEM, R.C./GANSHOF, F.L,. traduction de l´anglais par B. VAN DEN ABÉELE, nouvelle édition par L. JOCQUÉ: Introduction aux sources de l´histoire médiévale. Tournhout 1997

VERNET, A.: La Bible au moyen âge. Paris 1990

–./ GENEST, J.-F.: La bibliothèque de l´abbaye de Clairvaux du XIIe au XVIIIe s. I catalogues et répertoires. Paris 1979

WEIMAR, P. (Hrsg.): Die Renaissance der Wissenschaften im 12. Jahrhundert (=Züricher Hochschulforum 2). Zürich 1981

WEISWEILER, H: Die Arbeismethode Hugos von St. Viktor. Ein Beitrag zum Entstehen seines Hauptwerkes De Sacramentis. Scholstik 20/24 (1949) 59-87. 232-267

- : Zur Einflußsphäre der "Vorlesungen" Hugos von St. Viktor. Mélanges J.DE GHELLIHCK II, Gembloux 1951, 527-581

WHITMAN, J.: Allegory. The Dynamics of an ancient and medieal Technique. Oxford 1987

WIELAND, G.: Aufbruch - Wandel - Erneuerung. Beiträge zur Renaissance des 12. Jahrhunderts. Stuttgart 1995

WINKLER, L.: Galens Schrift "De Antidotis": ein Beitrag zur Geschichte von Antidot und Theriak. Marburg 1980

WIPFLER, H.: Die Trinitätsspekulation des Petrus von Poitiers und die Trinitätsspekulation des Richard von St. Viktor. Münster 1965 (= BGPhThMA 4, 1)

ZEIMENTZ, H.: Ehe nach der Lehre der Frühscholastik: eine moralgeschichtliche Untersuchung zur Anthropologie und Theologie der Ehe in der Schule Anselms von Laon und Wilhelms von Champeaux bei Hugo von St. Viktor, Walter von Mortagne und Petrus Lombardus. Düsseldorf 1973 (= Moraltheologische Studien / Historische Abteilung 1)

LOCI SACRAE SCRIPTURAE

(excepto textu, qui continue exponitur)

16, 8	140	10, 30	195
16, 16	173	12, 1-8	193
17, 4	138	12, 15	257
18, 20	226	12, 24s	125. 238. 306
19, 8	315	12, 31	334
19, 10	339	12, 38	176
20, 14	257	12, 40	318
21, 1-4	342	13, 5	175
22, 24	67	13, 30	334
23, 34	209	14, 6	77. 78. 82. 184.
23, 43	124		235
23, 44	142	14, 9	151
24, 21	29	14, 15	75
		14, 27	102

Evangelium sec Iohannem

1, 3	50	15, 13	86
1, 14	27. 168	15, 15	10
1, 16	92. 102. 129	16,11	334
1, 18	193	16, 21	147
1, 35	88	17, 1	125
2, 18	200	17, 9	339
2, 19	20 (bis). 74	19, 10	214
2, 21	20	19, 11	214
3, 1	257	19, 14	257
3, 2	126	19, 15	169
3, 5	96	19, 21	257
3, 14	22	19, 34	308
3, 15	226	19, 39	257
3, 17	339	20, 19	257
3, 18	62	20, 25	68
4, 9	292	21, 18	103
4, 18	142. 287	21, 25	258
4, 37	13		

Actus Apostolorum

5, 16	170	2, 1-13	319
5, 22	63	2, 3	45. 144
5, 43	68	3, 17	178 (bis). 258
6, 1-13	1	4, 11	22
6, 30	200	4, 34s	325
6, 59	297	5, 15	200
7, 50	257	5, 41	104
8, 7	79. 345	7, 59	209
8, 12	228	8, 3	328
8, 35	10	8, 9	202
8, 50	27	9, 4s	10
9, 16	181	9, 15	30
10, 8	12. 81. 175	9, 25	253
10, 9	82	10, 2	85
10, 11	253	10, 22	85
10, 13	67	13, 2	12

10, 4	22. 297
10, 5	294
10, 11	161
10, 27	271
10, 31	45
11, 3	107. 264. 303
11, 7	302
11, 18	303
11, 23-25	304
11, 29	310
12, 2	179
12, 3	313
12, 11	313
13, 2	201
13, 8	39
13, 9	224. 316
13, 12	47. 247. 333
13, 13	335
13, 27	39
14, 3	202 (bis)
14, 22	239
14, 32	335
14, 34	301. 319
14, 38	323
15, 53s	75
15, 9	310. 321
15, 10	92. 320. 321
15, 28	102
15, 33	341
15, 44	323 (bis)
15, 53	97
16, 1s	7
16, 5	328

Epistula ad Corinthios II

1, 12	70. 148 (bis). 328
1, 17	241. 310
1, 22	148 (bis)
2, 7	331. 345 (bis)
2, 16	331
2. 17	74. 332
3, 6	184. 333
4, 2	74
4, 13	335
4, 17	206
5, 5	148 (bis)
5, 7	254
5, 10	315

5, 19	186
5, 21	33. 84
5, 7	150
6, 2	227
7, 4	74
9, 7	203
10, 8	345
10, 17	328
11, 29	292
11, 32s	253
12, 7	328
12, 21	207
12, 7	148

Epistula ad Galatas

1, 1	12
1, 10	300
1, 12	12. 35
1, 13	10
1, 23	10
2, 11	291
2, 11-14	291
2, 15	122
2, 16	20
3, 10	69
3, 27	124
4, 4	292
4, 16	245
5, 2	4. 75
5, 6	39. 85 (bis). 173
5, 9	341
5, 14	217. 222
5, 17	211
5, 21	75
6, 10	219

Epistula ad Ephesios

3, 17	197
4, 5	89
4, 13	313
5, 23	107
5, 32	274. 277
6, 12	28

Epistula ad Philippenses

1, 23	337
2, 8.	120. 168
2, 10	52

AUCTORES ET FONTES, QUI IN NOTIS NOMINANTUR

Abaelardus => Petrus Abaelardus
Achardus de S. Victore IXs; XI, 72;
90.; 98.;105; 114; 225
Acta apostolorum apocry-
pha 200
Adamus de S. Victore 181
Adamus Perseniae 150; 195; 209;
336
Adamus Scotus 142; 144; 209; 315
Adrevaldus Floriacensis 297
Aelredus Rievallensis 55; 58; 161;
195; 197; 262
Agobardus Lugdunensis 241
Aimo => Haimo
Alanus de Insulis 3; 21; 40; 51; 142;
173; 185; 209; 223; 262; 275; 328;
329; 334
Albertanus Brixiensis 213
Alcherus Claraevallensis 223 (bis);
329
Alcuinus 5 (bis); 12; 25; 52; 78; 87;
92; 100; 181; 182; 197; 219; 223; 235
(bis); 297 (bis); 326
Ps.-Alcuinus 223
Aldhelmus Scireburnensis 44
Alexander III III; 209; 331
Algerus Leodiensis 100; 209; 295;
297; 307; 309 (bis); 311
Alulfus Tornacensis 96
Ambrosiaster (Abst) XII; 10; 13; 33;
38; 44; 107; 109; 113; 121; 140; 156
(bis); 167; 168; 205; 265; 279 (bis);
282; 292; 298; 305; 323; 344
Ambrosius Autpertus 52; 61; 72;
144; 193
Ambrosius Mediolanensis XII; 10;
13; 15; 67; 109; 121; 167 (bis); 265;
271; 302 (bis); 309 (bis)
Ps.-Ambrosius 200
Andreas de S. Victore 3; 40; 47; 49;
55; 213; 299
anonymi auctores
Anonymus patristicus 72; 144; 334
Apologia de verbo incarnato X; XII;
15; 16 (ter); 17 (bis); 18 (quinqui-

es); 19 (quinquies); 20 (quater); 25;
26 (bis); 27; 39; 100; 219 (bis); 223
Breviarium fidei 77
Collectio canonum 57
Commentarius Cantabrigiensis =>
Petrus Abaelardus, discipuli
Commentarium in Ruth e codice
Genovefensi 45 5; 57; 59; 72; 242
Commentarius Porretanus in
primam epistolam ad Corinthios XI
De conflictu vitiorum et virtutum 80
De dignitate conditionis humanae
223
De modo bene vivendi 223
Expositiones Pauli epistolarum ad
Romanos, Galathas et Ephesios e
codice S. Michaelis in periculo
maris 55; 78
Gesta collationis Carthaginiensis
habitae inter Catholicos et Dona-
tistas 59
Historia Compostellana 266
Libellus sacrarum precum 223
Liber Quare 305; 309
Liber sacramentorum Augustodu-
nensis 190
Liber sacramentorum Engolismen-
sis 190 (bis)
Liber sacramentorum excarpsus 190
Liber sacramentorum Gellonensis
190
Missale mixtum 52; 190; 200
Ordo Romanus 190
Polythecon 213
Proverbia sententiaeque
medii aevi 213
Regula Stephani Muretensis 3
Sacramentarium Gallicanum
190 (bis)
Sermones anonymi VIII; 72; 192;
213
Speculum virginum 3; 55; 161; 191;
198
Symbolum Apostolorum 194

Anselmus Cantuariensis; X; 25; 78; 93; 235; 315

Ps.-Anselmus Cantuariensis 121; 280; 285

Anselmus Laudunensis (vide etiam => Glossa Ordinaria!) X; 93

Ps.-Anselmus Laudunensis 87; 205; 257; 294

Ps.-Antoninus Placentinus 44; 180

Apponius Mediolanensis 58; 87

Aristoteles-Boethius 40; 152; 221

Arnoldus Coloniensis 209

Ars Ambrosiana 5

Atto Vercellensis 30; 31; 39; 55; 57; 88; 184; 192; 217; 228; 234; 239; 241; 244; 263; 298; 332; 334

Auctor ad Herennium 55

Augustinus Hipponensis *passim* (Reperiuntur in textu plures quam 120, in notis plures quam 230 loci!)

Baldricus Dolensis 3 (bis

Balduinus de Forda XI (bis); 3; 102; 148; 265; 269; 305; 309; 315; 334

Ps.-Balduinus 270; 295; 305; 307; 309; 310

Bandinus (magister) 92; 96; 110; 149; 151; 219 (bis); 223; 275; 276; 322

Beatus Liebanensis 144

Beda Venerabilis 11; 20 (bis); 31; 34; 44; 59; 60 (ter); 69 (bis); 72 (ter); 77; 78; 94 (bis); 96; 102; 107; 108; 110; 114; 161; 193; 195; 197; 200; 211; 224; 227; 265 (sexies); 231; 257; 262; 263; 265; 270; 283; 285; 297; 303; 342

Ps.-Beda 66; 79; 87; 150; 182; 183; 201; 234; 309

Benedictus Anianensis 78; 203

Benedictus de Nursia 58; 197

Berengarius Turonensis 311

Bernardus Claraevallensis 265; 273; 297; 303; 309; 315

Bernoldus Constantiensis 57; 65; 307

Boethius 5; 77; 152; 221; 242

Bonaventura 3; 4; 66; 72; 275

Bonifatius Moguntinus 39; 223

Brendanus 154

Bruno Astensis 3; 39; 55; 182; 184; 185; 198; 235; 270; 328; 333

Bruno Carthusianorum 3; 32; 64; 79; 88; 254; 265; 266; 267; 292; 293; 295; 302; 303; 330; 334

Bruno Herbipolensis 78

Caesarius Arelatensis 5; 44; 58; 161; 194; 334

Calcidius 242

Carolus Magnus 92; 181; 197; 223

Cassiodorus Vivariensis 13 (bis); 16; 18; 25; 34; 52; 55 (bis); 58; 66; 72; 102; 154; 181; 187; 197; 201; 229; 269; 294

Cassiodori discipulus 12; 39; 59; 94; 191; 198; 209; 265; 303 (bis); 315; 320; 321

Cato Uticensis: (Disticha Catonis) XIV; 70; 228

Christianus Stabulensis 4; 44; 72; 105; 144

Chromatius Aquileiensis 59

M.T. Cicero 47; 55 (quater); 66; 188; 242; 254

Claudianus Mamertus 25; 289

Claudius Taurinensis 241

Commentarius Cantabrigiensis => P. Abaelardus, discipuli

Constantinus I 55

Corpus Iuris Canonici => Gratianus

Corpus Iuris Civilis 44; 55; 274 (bis)

Cyprianus Carthaginiensis 121; 342

Ps.-Cyprianus 58 (bis);102

Defensor Locogiacensis 266; 342

Dhuoda 57; 58

Ps.-Dionysius Areopagita 154; 285

Dionysius Exiguus 171; 336

Dungalus Reclusus 219 (bis); 223

Eberhardus Bambergensis 209

Eckbertus Schonaugiensis 192

Egbertus Leodiensis 244

Ephrem Syrus 263 (bis)

Elipandus Toletanus 191

Ernaldus Bonaevallis 285

Ernasius S. Victoris 57

Euclides 5

Eugippus Africae 241

205; 211; 220; 229; 232; 233; 234;
240; 242; 245; 250; 255; 263; 265;
273; 283 (bis); 284; 286 (bis); 291
(ter); 296; 303 (bis); 320 (bis); 342
Ps.-Hieronymus (=> etiam Pelagius)
12; 105; 121; 270; 334
Hilarius Pictaviensis 18 (quater); 19
(ter); 25; 118; 181; 194
Hildebertus Cenomanensis 3; 19;
26; 27; 39 (bis); 43; 52; 55; 96; 100;
102; 113; 142; 191; 195; 219; 262;
302; 305; 317 (ter); 334; 342
Hildefonsus Toletanus 110
Hildegardis Bingensis 44; 146; 242
Hincmarus Rhemensis 96; 100;
164; 195; 311; 334
Honorius Augustodunensis 21; 79;
142; 269; 283; 294; 295
Q. Horatius Flaccus 183; 200; 244
Hrabanus => Rabanus
Ps.-Hugo de Folieto 262
Hugo de S. Victore *passim* (plures
quam 50 loci)
Ps.-Hugo *passim* (QEP plures quam
75 loci, SS plures quam 40 loci)
Hugo Metellus 100
Humbertus Silvae Candidae 57
C. I: Hyginus 197
Iacobus de Voragine 200
Ildefonsus => Hildefonsus
Innocentius III 51; 52; 57 (bis); 150;
178; 200; 227; 307; 309; 338
Iohannes Cassianus 40; 44; 154 (bis)
Iohannes Cornubiensis X; 15; 17; 18
(quater); 19 (quinquies); 20
Iohannes Damascenus 15; 18 (bis)
Iohannes de Fonte 40; 150
Iohannes de Forda XI; 21; 79; 149;
198; 265
Iohannes Sarisberiensis 21; 39; 40;
1898 198; 242; 244; 264
Iohannes Scotus Eriugena 154
Ioslenus Suessionensis 40; 150; 269
Isaac de Stella 3 (bis); 100; 183; 303;
315
Isidorus Hispalensis 5; 12; 19 (bis);
22; 44; 72; 114; 154 (bis); 187; 197;
235; 257; 262; 283; 292; 293; 300
Ps.-Isidorus 19; 114

Iulianus Toletanus 66; 100; 110
Iustinianus 44; 55
Ivo Carnotensis 44; 79; 96; 100;
209; 223; 274 (bis); 275 (ter); 277
(bis); 283 (bis); 297 (bis); 305; 307
(bis); 309 (bis); 311
Landulfus Mediolanensis 250
Lanfrancus Cantuariensis 52; 100;
210; 249; 262; 265; 267; 270; 292;
295; 297; 307; 309 (bis); 332
Leo Magnus 58; 171
Lobienses Monachi 3
Luculentius 3; 252
Marbodus Redonensis 66
Marius Mercator 92
Marius Victorinus 66; 185; 264
Martinus Legionensis 49; 54; 57; 61;
78; 195; 205; 223; 277; 278; 294;
315; 322; 324; 326; 332
Mauricius (magister) 39; 40; 184;
235
Ps.-Melito 72
Neutestamentliche Apokryphen
200
Notgerus Leodiensis 3
Odilo Suessionensis 197
Odo Cluniacensis 262
Odo de Lucca => Ps.-Hugo, SS
Odo Tornacensis 68
Ordericus Vitalis 200
Origenes XII; 10 (bis); 28 (bis);40;
41 (bis);
58; 81; 154; 161; 244; 245; 246 (bis);
330 (bis)
Orosius => Ps.- Augustinus
Orsiesius 102
Othlonus S. Emmerammi 100; 234
Paschasius Diaconus 334
Paschasius Radbertus 3; 12; 25; 78;
105; 108; 144; 193 197; 208; 211;
219; 263; 265; 273; 334
Paulinus Aquileiensis 149
Ps.-Paulus - Seneca 5 (bis)
Paulus Diaconus 100; 296
Pelagius XII; 2; 5; 7; 8; 41; 58; 88;
92; 94; 114; 228; 249; 263; 265 (bis)
Petrus Abaelardus *passim*
(inveniuntur plures quam 300 loci)
Abaelardi discipuli:

RES ET NOMINA
quae in textu reperiuntur

230; 264 (bis); 298; 311
coheredes 144 (bis)
colere 42; 48; 179 (bis); 182; 251;
260; 261 (ter); 289; 334
commixtio 94; 226; 273; 275; 279
commodum 37; 148; 300 (bis); 317;
332
communicare 136; 206; 299; 305
310 (ter); 312
communio 269; 271; 300; 327 (bis)
compassio 207
compati 144 (quater); 230; 292
compunctio 183 (quinquies); 270
conceptio 28; 158
concipere 14; 19; 28 (quinquies
conceptus); 158 (ter); 279; 303
concubitus 158; 159; 280 (ter); 281
concupiscentia 84; 108; 113 (qua
ter); 116 (bis); 131 (bis); 132 (un
decies); 134 (bis); 135 (quater);
136; 137; 223; 225; 226 (bis); 271;
298
concupiscere 83; 84; 108; 113 (bis);
132 (quater); 134 (bis); 135 (sep
ties); 137 (bis); 174; 212; 226; 338
condempnare 6; 190; 192;
210; 258; 259
condempnatio 111 (bis)
condignus 131; 145 (bis); 146; 149;
164 (bis); 224; 284; 326
conditio 7; 9 (bis); 20; 42; 103; 145
(bis); 146; 158; 179; 218; 261; 262;
276 (quater); 277; 329 (bis); 337
conditor 194
condonare 91
condonatio 331 (quater)
confessio 91; 93; 126; 175; 234; 271;
307 (bis)
confessor 322 (quater)
confessus 210; 271 (bis); 307
confitens 77; 311
confiteri 17; 21 (bis); 76; 171; 175;
176; 210 (bis); 234 (bis); 312
conformatr 2; 199 (bis); 249; 292
(bis); 333
conformis 131; 151 (bis); 269; 286
confutare 78; 166; 167
congregare 13; 324; 334 (bis)
congruus 7; 242

congruens 20
congruenter 15
coniugalis 277; 278; 281
coniugati 4; 199; 283 (ter)
coniunx 275; 278 (bis); 332
coniugium 248; 271; 274 (ter); 275
(bis); 276 (quinquies); 276; 277
(quater); 278 (quater); 279 (qua
ter); 281; 283(quinquies); 376; 387
consanguineus 276; 277 (ter)
consanguinitas 278 (bis)
conscientia 62; 70 (ter); 71 (bis);
104; 156 (bis); 178; 198; 208 (bis);
216; 226 (bis); 231; 233; 234 (ter);
235 (bis); 236; 267
269; 270 (bis); 289 (bis); 290;
292; 300; 310 (bis); 311; 320 (bis);
328 (ter); 330 (ter); 344
conscius 70 (bis); 269
consecrare 294; 306; 308
consecratio 307; 331
consensus 54; 57; 84; 132 (ter); 134;
139; 168; 226 (quinquies); 275 (bis);
277 (bis); 282 (bis); 330; 331
consentire 27; 56 (quinquies); 57
(bis); 85; 107 (bis); 109; 112; 117;
132; 134 (bis)); 135 (sexies); 162
(tredecies); 163; 174; 178; 246; 250;
256; 275; 279; 298; 299
conseruare 120; 153; 208; 221 340
(ter);
conseruatio 153; 215
consilium 4 (bis); 115; 128 (bis);
191 (ter); 211 (bis); 255; 272 274;
279; 284; 287; 298
consubstantialis 14 (bis); 29; 30
contaminare 117; 239; 240; 288; 289
contaminatio 288
contemplare 288; 333; 335 (bis)
contemplatio 91; 1943 334 (bis);
336 (ter); 339
contemplativus 90; 224; 339
contempnere 37; 94; 192; 199 (bis);
200; 229; 239; 265; 287; 331
contemptus 145 (bis); 172(bis); 265
(quater); 322; 323; 340; 368
continentia 274; 279 (bis); 280
(bis); 282; 283(bis); 335
continens 189; 309

continere 1; 6; 41; 95; 143; 280; 282; 284;

continuare 106; 156; 157; 191; 211

continuatio 40; 362 (bis)

contradicere 11; 30; 74; 166 (bis); 178; 179; 181 (bis); 231

contradictio 135

contrarius 5; 10 (bis); 39; 40 (bis); 73; 103 (bis); 99 (bis); 116 (bis); 127; 136; 139; 165; 189; 205; 210; 215; 221 (ter); 222 (bis); 231; 248; 257; 262 (bis); 267; 291; 301 (bis); 303; 324; 335; 337

contrarietas 139; 155; 210; 291 (bis)

contristari 130; 243

contritio 60; 68; 82; 91; 149; 191; 270

conuersi 2; 7; 8; 23; 24; 26; 51; 77; 123; 185; 186; 189; 205; 227; 230; 276; 281; 282 (bis

conuersio 9; 10 (bis); 172; 185; 186; 189; 282; 334

Corinthii 7; 202; 207; 241; 246; 248 (quater); 249 (bis); 250; 251 (bis); 260; 267 (bis); 269; 274; 288 (bis); 294 (bis); 301; 304; 326 (bis); 332; 338

Corinthus 244 (quinquies); 249: 251 (bis);

Cornelius 85

corona 103 (bis); 1549 216; 227 (bis); 317; 340

coronare 102; 142(bis); 211; 287

corporalis 25; 272; 277; 323

corporaliter 74; 184; 277; 278; 339

corpus *passim* (plures quam 250 loci)

correctio 35; 103; 231; 249 (bis); 268 (ter); 269 (bis); 298; 329: 331;345

correctorius 249

corrigere 56 (ter); 57; 75; 167; 168 (ter); 249 (bis); 250; 268 (bis); 272; 301; 326 (bis) 327 (bis)

corruptibilis 48; 75; 97

corruptio 75; 92; 97; 106; 108; 115; 116 (ter); 118 (ter); 139; 140 (bis); 147; 148; 214

corruptor 265

corruptus 109; 115; 116; 118

creabile 18 (bis)

creare 13; 19; 25; 43; 44 (bis); 59;117; 128; 188; 246; 273; 302

creatio 33; 44; 117; 135; 160 (bis); 232 (ter); 246 (ter); 264; 301 (bis); 303; 334; 355

creator 27; 35; 41; 87; 91; 146 (ter); 170; 194; 316

creatrix 43; 45

creatura 21; 27 (ter); 35 (bis); (quinquies); 41 (bis); 43 (quinqui es); 44; 45 (quinquies); 52 (quin quies); 64; 87; 109; 146 (sexies); 147 (bis); 155 (bis); 170; 193; 194; 195 (bis); 288; 291; 316 (sexies); 333

crimen 4; 34

criminalis 205 (bis); 207; 310

criminosus 345

cruciare 183

cruciatus 117 (bis); 183

crucifigere 74; 169; 178 (bis); 214; 257; 258

crucifixio 309

crucifixus 126; 169; 253 (bis); 256; 339

crux 11 (bis); 37; 52 (novies); 180 (bis); 254 (bis); 258 (bis); 302; 310

culpabilis 67; 228

culpare 131; 134

cultor 182

cultura 177; 179; 260 (bis)

cultus 41 (ter); 51; 52 (bis); 72; 74; 109 (bis); 156; 177 (bis); 179 (bis); 185; 187 (bis); 197 (bis); 238; 261; 271; 277; 289; 300

cupiditas 32; 46; 261; 262

cupidus 103

cupere 156; 233; 337 (quater)

cura 126; 203; 267 (bis); 285; 286; 291 (bis)

curiosus 140

custodia 148

custodire 69 (bis); 133; 181

custos 262

cutis 324

cyphus 228

manifestare 43; 63; 84 (bis); 85 ; 86
(ter); 87 (ter); 100; 104; 132; 181;
202; 250; 264; 269; 304; 335
manifestatio 84; 202 (bis)
manifestissimus 8
manifestius 317
manifestus 4; 5; 32; 42 (bis); 43; 49;
62; 67; 76; 84 (bis); 87; 92; 132; 133;
145; 154; 165; 232; 250; 257 (bis);
291; 304; 305 (bis);319; 323
manna 6; 294 (ter); 295 (bis); 296
mansio 337
mansuetudo 268 (bis)
marca 145 (ter)
Marcus 20; 256
Maria 27; 194; 284; 297
maritus 287 (quater)
Martha 193; 284 (bis)
Martinus 322 (quater); 365; 371
Martion (sic!) 246
martyr 63; 66; 208; 210 (bis); 216;
322 (quater); 339
martyrium 66; 97; 337
massa 138 (bis); 166; 187 (septies);
269 (quater); 337
mater 7; 14; 20; 23; 69; 109; 160;
193; 220; 239; 245; 256; 279; 282
(bis); 326
materia 4 (bis); 6 (quater); 9 (bis);
14; 45; 51 (bis); 162; (bis); 165; 166;
215 (bis); 222 (ter); 248 (bis); 273;
280284; 294; 295; 298
materialis 74; 187; 302 (bis); 307
matrimonium 94; 274; 275 (bis);
276 (ter); 278 (quinquies); 279
(quinquies); 280 (bis); 282 (ter);
287 (bis)
matrona 244
mechari 74 (quater); 226
mechia 227 (bis)
mediare 25 (ter); 316
mediator 33; 102; 240
medicina 120; 128
medicus 122 (bis); 128
meditari 90
meditatio 198; 224
medulla 1 (bis); 2
membrum 10; 33; 35; 44; 64; 85; 87;
94; 95 (ter); 116; 118; 127 (quinqui

es); 131 (bis); 137;(ter); 139 (qua
ter); 140; 144 (bis); 157; 201 (quin
quies); 202 (ter); 215; 224; 271; 273
(quater); 286; 301; 308 (bis); 313
(ter); 318; 335
memorare 1; 71
memoria 35; 56 (ter); 144; 223; 225
(bis); 305; 339
mendacium 51; 74; 79; 80 (ter);
156; 226; 257 (bis); 329 (bis); 330
(bis)
mendax 78 (bis); 79
mensura 194; 195 (ter); 201
(quater); 228 (bis); 231; 309; 310;
344 (quater)
mensurare 201 (bis)
mentiri 137; 156; 241; 292; 320
(bis), 310 (bis); 329 (sexies); 330
(bis)
mercenarius 67 (bis)
merces 211; 260; 283; 291
Mercurius 42
mereri 60; 64 (bis); 69 (bis); 85
(quater); 92 (ter); 109 (bis); 116;
117; 118 (quinquies); 119 (quin
quies); 120 qua(ter); 121 (bis); 129;
145 (ter); 159; 172; 179; 204 (bis);
205; 207; 210; 224 (bis); 225; 261;
315 (quinquies); 316 (bis); 342(ter)
meretrix 272; 273 (ter)
meritum *passim* (plures quam 190
loci)
meror 262
messis 344
metere 13; 344 (quinquies)
metropolis 249
miles 142; 216
militare 120; 128
minister 127; 211; 216 (quater);
237; 260 (bis); 266 (bis); 303
ministerium 12; 186; 202; 204; 216;
250; 252 (bis); 265 266; 285
ministrare 36; 203 (bis); 245; 274;
mirabilis 119 (bis); 123; 164; 194;
286
miraculum 10 (bis); 37; 100; 177;
199; 200; 232; 239 (ter); 240; 243
319
mirari 240; 254; 284; 302

mirum 19; 113; 149; 256; 258; 319; 323(bis)

miserabilior 106; 32

miserare 6; 164

miseratio 165; 327

misereri 164 (ter); 165 (ter); 172; 192 (ter); 203; 204; 255

miseria 124; 147 (bis); 204

misericordia 49; 55; 92; 127; 128; 129; 149; 159; 161; 164 (bis); 172; 175; 192; 203 (ter); 204 (ter); 232; 237; 238; 285; 293; 211; 218; 313; 326; 327; 333

misericorditer 129; 149; 167 (ter); 250; 283; 292

misericordius 167 (bis)

misericors 166; 317

missio 37; 169; 296

misterium 5; 47; 52; 96; 97; 188; 189 (bis); 192 (quater); 199; 232; 246 (bis); 254; 256 (quater); 265; 266; 299; 302; 309; 313; 318

misticus 1; 131; 301; 302

mitigare 2; 68

mitior 2; 59; 345

mitissimus 117

modicus 10 (ter); 100; 250; 341

modus *passim* (plures quam 160 loci)

moles 334

molestia 68; 142; 284 (bis)

molestus 299

monachus 167; 286

monere 1 (bis); 3 (bis); 4; 56; 57; 199; 271 (bis); 246; 280; 326

monile 297

monogamus 288

monstrare 104; 253; 284; 296

moralis 96; 168

moralitas 197

mori *passim* (plures quam 110 loci)

mors *passim* (plures quam 230 loci)

mortalis 12; 15; 17; 18 (bis); 23 (bis); 25; 61; 75; 97; 122; 127 (bis); 129 (bis); 138; 157 (bis); 207; 211 (ter);223; 236; (ter); 261 (ter); 272; 281; 286; 310; 335; 336

mortalitas 324; 337

mortaliter 59; 65; 126; 127; 157; 211; 232; 235; 236; 261; 283; 320

mortificare 106; 130; 141 (quater); 169; 197; 198

mortificatio 197 (bis); 335 (quater)

mortuus *passim* (plures quam 80 loci)

mos 7 (bis); 9; 20; 29; 30; 48; 51; 151; 181; 197; 249 (bis); 250; 292; (bis); 301; 305; 319; 326

Mosaycus 4

motus 40; 49 (bis); 65; 84; 112 (bis); 116; 132; 135 (bis); 211; 212; 218 (ter); 223; 225; 267 (bis); 298 (bis); 324; 338 (ter)

mouere 47 (bis); 49 (ter); 65; 71; 821 103; 136; 144; 148; 162 (bis); 163 (bis); 168; 219; 272; 318; 338

Moyses 1 (bis); 29 (bis); 69; 86; 87; 109 (bis); 134; 138; 139 (ter); 140; 156 (bis); 173 (quater); 174 (qua ter); 175 (bis);178 (bis); 180; 295; 297 (ter); 328; 164 (ter)

mulcere 67

mulier 28 (bis); 51; 94 (bis); 107; 130; 147 (ter); 190; 193; 207; 232; 237; 269; 276(bis); 277; 282; 284; 287; 301 (sexies); 302 (novies); 303 (decies); 319 (bis)

multare 171

multiformis 276; 327

multinubis 287

multipharius 249

multitudo 35; 63; 71; 189; 320

mundanus 142 (bis); 271

mundare 94; 95; 126; 166

muniri 228

mus 309

muscidus 309

mutus 179

mutabilis 1; 78; 146

mutare 2; 10 (bis); 108; 155; 191 (sexies); 299; 329

mutatio 109; 191 (bis)

mutuare 135; 143

mutuus 26; 201; 217

Nabal 34

nare 175

nasci 18; 80; 105; 110 (bis); 115

(ter); 116; 177; 238; 296 (bis)
natiuitas 7; 9 (quater); 36; 96; 97;
115; 120; 121 (octies); 246; 296 (bis)
natu 160
natura *passim* (plures quam 140
loci)
naturalis 14; 18 (bis); 21; 32; 42
(bis); 44; 50; 70 (novies); 76 (bis);
78 (bis)92 (septies); 98; 104; 108;
115; 117 (bis); 121; 136 (bis); 152;
187; 188 (ter); 227; 234 (bis); 259;
273; 291; 327 (quater); 337 (ter);
338
nauis 193; 242
necessitas 4; 90; 96; 97; 113; 114;
116 (quinquies); 117; 119 (bis); 120;
138; 139; 141; 151 (quinquies); 152
(bis); 170; 206 (ter); 216 (ter); 220;
225; 253; 261 (bis); 262; 272; 284;
285 (bis); 291; 297; 335
nefas 21
negligenter 4
negligentia 149; 203
negligere 4; 53; 109 (bis); 133; 199;
203; 209; 227; 266; 271; 343
(qua_ter) 297; 343
negotiatio 74
negotium 7 (bis); 10 (bis); 32 (bis);
140
nephas 21
nequam 340
nequire 66; 117 (bis); 165; 225; 271;
277
nequitia 271 (bis)
Nero 8; 231
nescire 21; 54; 56 (bis); 59; 84; 108;
128 (bis); 151; 157; 169; 182; 203;
208; 209; 214; 218; 223; 233; 263
(ter); 269; 292; 301
Nichodemus 257
Nicholaus 307
Niniue 158 (bis)
niti 50; 92; 137; 207
nocentius 82
nocere 63; 82; 110; 153; 159; 215;
216; 232; 291
nociuus 44; 114; 127
nodus 20
nolens 92; 137; 175 (ter); 185; 210;

278; 281 (bis); 338
nomen *passim* (plures quam 130
loci)
nominatio 271 (bis)
nominatiuus 111
noscere 21; 42 (ter); 71; 72; 96; 117
(bis); 130; 174; 175; 244; 245; 255;
264; 291; 277
notare 8; 10 (bis); 11 (bis); 19; 23;
26; 29; 30; 31;37; 51; 54; 61; 62; 66;
67; 77; 78; 81; 87; 93; 101; 103; 104;
106 (bis); 111; 118; 121; 131; 133;
137; 142; 163; 166; 167 (bis); 170;
175 ; 176 (zer); 179; 184; 188; 189;
190; 194 195; 206; 225; 232; 242;
246; 249; (bis); 251; 252; 260; 261;
263; 270; 272 (bis); 277; 283; 285;
296; 297; 299; 301; 305; 311; 326
(bis); 329; 344; 345 (bis)
Nouatiani 286
nouerca 183; 229
nouissimus 59; 192; 204; 267 (quin
quies); 321
nouitas 125 (ter); 131 (bis); 198;
239; 319
nox 122 (quater); 153; 154; 181; 202
(bis); 227 (novies); 228; 244
noxius 153; 232
nubere 274; 276 (ter); 280; 282; 284
(bis); 286 (bis)
nudus 46 (bis); 50 (ter); 90; 232
numerare 129
numeratio 153
nuncupare 32; 289
nuncupatio 11
nuncupatiue 11; 288 (bis)
nuntiare 13; 250 (bis)
nuptialis 277; 280
nuptie 274; 278; 280 (ter); 286
(ter); 287 (bis)
nutrix 181
nutrire 291
obduratio 165
obedientia 11; 36; 91; 112 (quinqui
es); 118; 125; 151; 153 (bis); 197;
213 (bis); 216 (quinquies); 240; 303;
33
obedire 6 (bis); 7; 10 (bis); 11 (bis);
27; 30 (ter); 90 97; 107; 112; 120;

128; 168; 175 (sexies); 213 (ter);
216; 233; 240; 31
obeditio 128
obest 77; 220
obiectio 17; 96; 164; 292
oblatio 46; 240; 242; 243 (bis);
obligare 56
obligatio 34; 216
obliuisci 314
obnoxius 128; 187; 192 (bis); 285
obprobrium 299
obscuritas 156; 228; 227
obscurus 227; 282; 318 (bis); 319
obsecrare 36; 197; 242 (bis)
obsecratio 36; 170 (ter)
obsequi 131; 197 (bis);
obsequium 6!; 120; 156; 197 (ter);
201; 245; 257
obseruantia 1; 46; 69; 83; 88; 310
obseruare 34 (quater); 35; 46;
74 ; 75 (bis); 76; 130 (qua
ter); 134 (bis); 173; 245 (quinquies); 302 (bis); 333
obseruatio 1 (bis); 3; 6; 9; 34; 69; 75
(quater); 76 (bis); 174 (bis)
obseruator 1
obses 35
obstaculum 271
obstare 137
obstinatio 206
obstinatus 59; 60; 66; 190; 231; 235;
319
obstruere 83
obesse 139
obseruantia 1; 69; 89; 139; 140; 292
obuiare 124; 128; 150; 169; 201; 204;
219; 287
obumbrare 28 (ter); 245; 303
obumbratio 244
occasio 23; 49; 57; 61; 64; 81; 116;
121; 124; 131; 132 (bis); 133; 134
(quater;); 164; 165 (quater); 167
(bis); 168; 189; 192; 273; 274; 288;
338; 345 (bis)
occidere 54 (bis); 61; 69; 82; 133
(ter); 143; 153 (bis); 156; 179 (bis);
182; 184; 190; 197; 198; 226; 244;
257; 258; 333 (bis)

occisio 153 (ter); 309
occultare 82; 229; 250
occultus 42; 49; 62; 76; 201; 257
occupare 12; 225; 248; 267; 284
occupatio 224; 225
odisse 143; 161; 162; 178; 195; 211
(bis); 226; 272; 300
odiosus 170; 213; 243
odium 1; 69; 156; 161; 163; 170;
(bis); 204; 210; 226; 245; 272; 289
odor 108; 127 (bis); 165; 331 (ter)
offensio 169; 184
officium 1; 2; 9; 10 (bis)30 (bis); 36;
37 (bis); 45; 137; 185; 186; 219; 276
(bis); 277 (bis); 320
oleaster 187 (bis)
oliua 187 (bis); 188
olus 231 (ter)
omnipotens 27 (ter); 32; 100; 122
(bis); 214
omnipotentia 43
oneratus 181
onus 69; 185; 224
operire 62; 303
opes 186
opinari 99; 119
opinio 39; 47; 48; 59; 294
oportere 22; 32; 48; 115 (bis); 148;
185; 195 (ter); ; 200 (ter); 202; 203;
204; 214 (bis); 221; 228 (ter); 229;
237; 252 (bis); 261; 270; 272; 275;
281; 303; 304; 313; 317
oportunitas 186; 205 (bis); 219; 226;
231 (bis); 304
opponere 27; 43; 83 (bis); 164; 200;
203; 208; 244; 253; 283; 331
oppositio 237; 283; 329
optare 32; 156 (sexies); 157 (quinquies); 185; 196; 219; 220; 233; 246
optatio 266
optatiue 267
optimus 47; 200; 235 (bis)
optinere 2 (bis); 9; 125; 146; 195;
206; 241; 317
opus *passim* (plures quam 130 loci)
opusculum 310
orare 9 (bis); 36 (ter); 90; 148 (bis);
170 (septies); 177; 224; 239; 241;

128 (bis); 145 (bis); 149 (bis); 150;
182; 207 (bis); 224 (bis); 226;; 283;
292; 293 (bis); 330; 344
prenuntiare 13
preoccupare 96
preordinare 162; 193
preordinatio 162 (bis)
preparare 29; 44; 51; 57; 127; 151
(bis); 176; 193; 256; 258; 337
preparatio 29; 151; 169; 217
preponderare 204
preponere 38; 99; 170; 261; 300; 319
(bis)
prepositio 194
preputiatus 93 (bis); 97
preputium 76 (quater); 77; 93; 94
(bis); 97 (sexies); 99; 234; 288
prerogatiua 13; 30; 33; 87; 150; 239;
320
presbyteriatus 266; 322 (bis)
prescientia 151 (ter); 152 (sexies);
161; 163 (bis); 168 (bis); 182 (bis)
prescire 142; 150 (ter); 151 (qua
ter); 152 (octies); 159; 161; 168
(ter); 182 (bis)
presidere 35
prestare 28 (bis); 60; 61; 120; 136;
163; 164 (bis); 211; 238; 252; 258;
304
prestolari 298
presumere 192; 230; 305
presumptio 104; 203; 240; 294; 298
(bis); 317 (bis)
presumptuosus 203
pretendere 66; 340
preteritus 13; 60 (bis); 153 (ter
pretermittere 77; 305
pretiosior 64; 221
pretiosus 145; 224
pretium 145; 330 (ter)
 preuaricare 109
preuaricatio 74; 99 (ter); 99 (bis);
109; 333
preuaricator 74; 75; 76; 98; 235
preuidere 161
primitie 147 (bis)
primitiuus 232; 239; 253; 281 (bis);
318

primogeniti 151 (ter); 156; 160
(quater); 161
primordialis 160; 162
princeps 28; 33; 61; 172; 178; 181;
213; 216 (sexies); 256 (bis); ; 257:
258 (bis); 326
prinncipialiter 248
principium 13; 17; 43 (ter); 164; 194
(sexies); 197; 201; 240; 242; 301
(bis); 310
Prisca 244 (ter)
Priscilla 244
priuare 45; 145; 197; 208
priuatio 50; 113; 114 (bis); 115
priuilegium 283
probare 39; 48; 50; 53; 65; 70; 73;
76; 78; 80; 84; 87 (bis); 89 (bis); 91;
92; 93; 97; 104 (bis); 105; 106 (bis);
110; 111; 130; 131; 132; 133; 135;
140; 148 (bis); 149; 159; 164; 175;
176; 177 (ter); 178; 185; 187; 191;
215; 226; 237; 258; 264; 298 (bis);
301; 302 (bis); 304 (bis); 305; 310;
313; 320; 340; 343
probatio 80; 89; 104 (bis); 206;
264; 273; 282;298 (bis);
302 (bis); 317 (bis)
probitas 53
procedere 38; 43; 53; 51; 65; 76; 88;
156; 162; 170; 207; 303; 323
processio 200
proconsul 10
procreare 188
procurare 127
prodigium 37; 240 (quinquies)
prodire 183; 188; 193
producere 185; 190; 238 (bis)
proemium 9 (bis); 32
profectus 95; 148; 166; 207 (bis)
proferre 63 (ter); 82; 229; 254; 311;
318; 329 (bis)
professio 62; 319
professor 46; 267; 272; 333
proficere 4; 88; 104; 133; 164; 299
proficisci 241 (ter); 241; 242; 324
profiteri 9; 11; 17 (bis); 46
profluere 109; 160; 311
profunditas 192 (ter); 193 (bis);

pseudo 332; 345
pseudo.predicator 245; 249; 252;
257; 265; 274; 326; 338
pseudo-propheta 257
publicus 94; 263; 271; 276; 311
pudor 35; 284; 344
puer 95; 96; 136 (bis); 262; 336
pugna 102 (bis); 136; 211; 212; 220
pugnare 101; 211 (quater); 212
pulcher 245
pulchrior 261
pulchritudo 267; 276; 284
pullulare 238
pulsare 298; 299
punctum 144
punire 41; 48; 49; 51 (sexies); 53
(ter); 55; 56; 59; 64 (bis); 68 (ter);
79; 103; 109; 117 (ter); 128; 130;
139; 145; 167; 171; 173;184; 204
(quater); 209; 216 (ter); 262; 333;
340
purgare 95; 104; 166; 261 (bis); 263
(bis); 270 (bis)
purgatio 104 (bis); 166; 261; 262
(bis)
purificare 71; 198; 308
purior 263; 274
puritas 33; 87; 151; 257 (bis); 271
(bis); 328
purus 203; 257 (bis); 270
pusillus 146; 184
putare 23; 37; 40; 51; 53 (bis); 61;
66; 108 (ter); 128; 172 (bis); 197;
199; 205; 207; 208; 230; 248 (bis);
254 (bis); 256; 257 (ter); 260; 267
(bis); 276 (ter); 287 (ter); 288; 289;
295; 329 (bis); 345
putatio 93
putrescere 250
pythonicus 13; 14
qualitas 51 (bis); 63 (septies); 232;
276 (bis); 277; 304 (ter); 343
quantitas 63 (bis); 64; 128; 145
(bis); 195 (ter); 220; 283
quaternarius 5 (bis); 6 (bis)
quaternitas 16
quererere 3; 17; 18; 19; 27 (bis); 44;
48 (bis); 59; 66 (bis); 69; 76; 88; 93;

99; 103; 115; 116; 117; 121; 122;
124; 130 (bis); 141 (bis); 160 (septies); 163 (bis); 188; 189 (bis); 199;
200 (bis); 204; 206; 207; 214; 232
(bis); 241; 246; 253; 256; 266; 273;
274; 278; 283 (bis); 288 (ter); 292
(bis); 294; 300; 307; 332 (ter); 338
(ter); 339 (bis)
queri *(queror, questus sum)* 7 (bis); 14
(bis); 21; 25; 27; 29; 38; 46; 47; 53
(bis); 56; 59; 61; 62; 721 83 ; 84
(ter); 90; 92; 93; 95; 99; 107 (ter);
109; 112 (bis); 116; 117; 118;
120(bis); 122; 123; 124; 130; 132
(bis); 136; 145; 148; 149; 162; 163:
165 (bis); 167; 172; 178; 199; 203;
211; 213; 217; 219; 226; 231; 234
(bis); 252; 261; 266; 269; 272; 275;
279; 282; 287; 289; 294; 298; 305;
306 (bis); 307 (bis); 308; 309 (bis);
313; 317; 320; 322; 326; 328; 329;
337; 340; §$!; 342 (bis)
queso 20
questio 3; 7 (bis); 14; 59 (bis);
64; 66; 67; 77 (bis); 81; 94; 112; 116
(bis); 117 (bis); 136; 147; 148 (bis);
149; 159; 160 (ter); 163; 165; 166;
167; 189; 219; 241 (ter); 267; 274;
278: 292; 298; 309; 322
questus 276
quies 21; 102; 227; 284;
quiescere 125; 243
quietus 10 (bis); 250
radicare 125 (bis); 197
radius 105
radix 27; 132; 187; 188 (bis); 238
(duodecies); 239 (bis)
ramus 187 (bis); 238 (octies)
ramusculus 238
rancor 203
rapax 46
rapere 4; 299; 339 (bis)
rapina 127; 206; 226 (bis); 262; 325
raptor 272 (bis)
raritas 176 (bis)
raro 228 (bis)
ratio *passim* (plures quam 130 loci)
rationabilis 141; 197 (bis); 218; 231;

309 (ter); 311 (ter)
sanior 115; 238; 246
sanitas 33; 120
sanus 221; 232; 276
  sane 27; 59; 80; 88; 98; 108; 116;
149; 182; 165; 167; 271; 299; 305
sapere 36; 140; 199; 200 (decies);
201 (quater); 294 (bis)
sapidus 232
sapiens 3; 30; 36; 47; 48 (bis); 128;
177; 178; 179; 188; 189 (ter); 228;
235; 245 (ter); 254 (bis); 255; 256;
263 (bis); 286; 339
sapientia *passim* (plures quam 70
loci)
sapientior 37; 201
sapientissimus 193
sapr 323
Sara 99; 100; 158
Saray 281
sarmentum 260
Sarracenus 244
sat 174
satum 269
Sathan 148; 153; 328 (bis); 331
satisfacere 99
satisfactio 84; 91; 149; 171; 204; 261;
326
saturare 268; 305
Saul 10 (ter); 191; 207
Saulus 10 (quater)
scandalizare 130 (ter); 169 (bis);
184 (bis); 208; 209; 230; 231; 234;
289 (septies)
scandalum 169 (ter); 184 (bis); 230;
272; 300 (ter); 343
scelus 213
scena 244
scenofactorius 244
scientia 7 (bis); 32; 37 (bis); 39; 46;
47 (ter); 71 (bis); 73 (ter); 113;117;
130; 154; 160; 170 (bis); 171; 172
(septies); 192; 193 (quater); 199;
202; 225; 244; 251; 254; 267 (bis);
288; 316 (ter); 330; 326; 345 (bis)
scindere 227; 303 (bis)
scintilla 149
scire *passim* 99 loci)
scisma 249; 303

scismaticus 303
scissura 303
scolares 112
scribere *passim* (119 loci)
scriptura 1 (quater); 3; 9 (bis); 14
(sexies); 29; 35; 43 (bis); 58; 73; 78;
89 (ter); 96; 104; 119; 154; 164
(quater); 169; 172; 174; 175; 180;
184 (ter); 191; 199; 202 (bis); 226;
229; 246; 248; 250; 289; 300; 301
(bis); 302; 309; 313; 329 (ter)
scrutari 115; 177; 184
secare 250
secessus 108
secludere 92
secretus 97; 189; 208; 255
sectari 97; 179; 206 (ter)
secta 291 (bis); 292
secularis 55 (bis); 140; 145 (bis);
198; 209; 210; 211; 271
seculum 140; 161; 171 (bis); 177;
196 (novies); 198 (ter); 242; 246
(bis); 256; 263; 264; 267; 298 (ter);
316; 334; 338 (bis); 342 (bis)
securior 123; 128; 294; 331
securitas 207; 227; 330
securus 139; 147; 206; 207; 211; 267;
288; 328
sedere 21; 62 (bis); 63; 79; 103; 153;
175; 284
sedes 62; 122 (bis); 233; 306
seducere 133; 331
seductor 257
seges 168
segnior 244
segregare 12 (quater)
semen 9; 14; 27; 79; 89; 98 (ter); 99;
101; 103; 137; 158; 159 (ter); 169
(bis); 170 (bis); 238; 303
sempiternus 45
senator 217
Seneca 5; (bis)
senectus 213; 221
senescere 284
senex 99; 101 (bis); 158 (quater);
221
sensibilis 21; 263
sensualitas 53; 135; 136 (ter); 170
(bis); 227; 302 (bis)

status 4; 6 (bis); 36; 40; 74; 75
(sexies); 85; 88 (bis); 103 (bis); 130;
159(quater); 161 (bis); 192; 248
(bis); 279; 281 (ter); 283 (bis); 312;
317
stella 101; 240; 323 (bis)
Stephanus 209
sterilis 99; 101; 153 (bis); 187
stimulus 148; 324 (bis)
stips 129
stipendium 129 (quinquies); 131;
217 (bis)
stipula 224; 261 (bis); 286
stola 103; 107; 120; 147
structura 262
studere 27; 112; 129 (bis); 199
studiosus 230
studiosior 30
studium 54 (bis); 199 (bis)
stulticia 186; 254 (ter); 263
stultus 37; 48 (ter); 207; 254 (bis);
255; 263 (bis)
stultissimus 160
stupere 286; 294
styrps 7; 27; 71; 79; 94 (quater); 96
(bis)
suadere 70; 257; 338 (bis)
suauis 245
suauitas 98; 313
suauior 98
subcumbere 148; 211; 299
subdere 11; 33; 36; 83; 203 (bis);
204; 213; 216 (quater); 217; 242;
252; 253; 285; 301; 305; 331 (ter);
341
subesse 105; 213; 216; 302; 308
subiacere 21; 114; 139; 152; 162
(bis); 251
subicere 10 (bis); 11 (sexies); 35;
36; 53 (bis); 115; 130; 131; 138; 146
(ter); 147 (quater); 172; 173; 175;
207; 215; 216; 217; 233 (ter); 244;
264; 289; 291 (bis); 301; 335 (bis)
subiectio 116; 213; 216; 233; 301;
307
subintelligere 158; 329 (bis)
subintrare 108; 120 (quater)
subiungere 18; 126; 143; 207; 237
subleuare 137

sublimior 259; 284
sublimitas 192; 193 (bis)
submergere 294
submersio 166
subpetere 220
subplantatio 87
subsequi 47; 51; 92 (bis); 133; 154;
157; 237; 275; 302; 304; 321 (bis)
subseruire 202; 320
subsistere 17; 195 (bis); 293
substantia 11; 16 (octies); 17 (bis);
19 (septies); 22 (quinquies); 23 (duodecies); 27; 64 (bis); 78(bis); 80;
129; 194 (bis); 196; 269; 284;
190; 194 (bis); 273; 296; 299; 306
(bis); 307 (quinquies); 309
substantiue 288 (bis)
substantiuum 270
subsratus 321
subtilis 66; 115 (bis)
subtilior 200; 221
subtilissmus 228
subtilitas 7; 264
subtractio 49; 162; 192; 334
subtrahere 49 (ter); 50 (bis);51; 57;
99; 118; 162 (ter); 140; 165 (bis);
179; 186 (bis); 192; 334 (bis)
subuenire 114; 201; 206; 211; 220;
298
subuertere 158 (bis); 169; 249; 269
succedere 93; 96; 227; 233; 282
successio 196; 237; 278; 287
succinctus 112
succisus 238
succumbere 102; 299
succurrere 220
sudor 142
sufficere 3; 21; 37 (bis); 40; 43 (quater); 90; 96; 98: 113; 139; 163; 165;
166; 192 (bis); 193; 113; 128; 174;
183; 205 (bis); 208; 211; 226; 227;
229; 246; 251; 256; 271; 294; 297
sufficientia 43; 251; 342
suffocatus 232
suffodere 182 (bis)
suffraganeus 251
suffragari 67
suggestio 103; 107; 326
sulleuare 92

215 (bis); 221; 256; 258; 259; 269; 297; 335

traditio 49 (bis); 269

traducere 112

tradux 116

trahere 80; 92; 107; 127; 131; 134; 239; 284

tranquillitas 28; 40; 102; 103 (quater)

tranquillus 103

transcendere 174; 179

transferre 39; 74; 103; 107; 201; 246; 252; 318

transfigurare 266 (bis)

transformare 333 (ter)

transfretare 174

transgredi 121; 122; 133 (bis); 298; 345 (bis)

transgressio 35; 112 (quinquies); 121; 130; 132; 145; 174; 183; 224

transgressor 34; 69; 131; 132; 139; 173; 211; 278; 283; 301

transigere 291; 313

transire 146; 177; 179; 211; 270; 284; 306; 307

transitorius 239

transitus 270 (bis); 294

translatio 10 (bis); 38; 99; 174; 346; 360; 372 (bis)

transponere 71

transuolare 177

tribuere 56; 66; 67; 115; 181; 202; 203 (ter); 204 (sexies); 217 (bis); 299; 333

tribulari 326

tribulatio 68 (bis); 103 (ter); 104 (quinquies); 147; 206 (bis); 267: 317; 327; 337

tribunal 63; 233 (bis); 311

tribunus 217 (quater)

tributum 217 (ter)

trinitas 16 (ter); 17 (bis); 18 (bis); 19 (quater); 20; 22; 23 (bis); 42; 43; 45 (bis); 63; 77; 194; 200 (bis); 219; 241; 246; 254 (quater); 256 (bis); 269; 288; 301 (quater)

trinus 43; 45; 82

triplex 2; 47; 56 (bis); 75

tristicia 147; 156; 157 (bis); 331; 345

tropologicus 184

trucidare 153

truncus 188 (bis)

tuba 324 (quater)

Tullius 47; 221; 242

tumescere 203

tumor 213; 269; 339

tunica 188; 272 (bis)

turba 179

turbare 284

Turonensis 8

turpis 94; 227

turpissimus 6

turpitudo 40; 75

tyrannis 215

tyrannus 153; 183; 213; 215 (bis); 216 (bis); 345

tyriaca 44

uacare 5; 90; 224 (bis); 244

uacillare 101

uacuus 269; 340 (ter)

uadere 309 (bis)

uagari 72; 224

uagus 90; 147

ualere 2; 37; 76; 81; 90; 92; 96; 111; 117; 137; 161; 174; 175; 192 (ter); 198; 296; 306; 327; 330

ualidissimus 23

ualitudo 207

uallis 297 (ter)

uanitas 119; 146 (undecies); 147 (quater); 264; 332

uanus 46; 264

uariare 169

uariatio 194

uarius 206; 227; 279; 288

uas 30; 116; 166 (decies); 310

uastus 297

uberitas 332

uectigal 217 (ter)

uegetari 135

uegetatio 259; 323

uehemencia 258

uehemens 285

uehementior 305

uehere 217 (bis)

uelare 301 (bis)

uelamen301; 303 (bis); 333

uelare 38; 227; 301 (bis); 302 (quater);
303 (ter); 318
uelatio 302 (bis)
uelle *passim* (plures quam 40 loci)
uelox 221
uellus 4; 232 (quater)
uelum 227; 302
uendere 244; 300; 325; 330
uenenum 44 (bis); 82 (bis); 208;
232
ueneratio 30; 52; 288 (bis); 289
uenia 60; 80; 153; 171; 172 (bis);
203; 210 (quater); 225; 227; 279;
317
uenialis 67 (bis); 205; 280 (bis); 292
uenter 108; 177; 228; 309; 334
uenumdare 134 (ter)
uerax 24; 77 (ter); 78 (bis); 117; 237
uerbum *passim* (plures quam 125
loci)
uerecundia 286
uerisimilis 82; 322
uerisimilior 307
ueritas *passim* (plures quam 105
loci)
uerus *passim* (plures quam 70 loci)
uermis 69
uernaculus 94 (quater)
uersari 106; 311
uersiculus 81 (bis)
uersus 81; 246 (bis)
uertere 130; 149; 233; 266; 308
uerus *passim* (plures quam 70 loci)
uesci 230; 232 (bis); 300
Vespasianus 82
uestigium 43; 151
uestimentum 15; 46 (ter); 228; 310
uestire 15; 46 (bis); 50 (bis); 90;
107; 147; 232; 244; 284; 291; 337
(bis)
uestis 50
uetus 1 (nonies); 2 (quinquies); 5;
29; 38; 69 (bis); 70; 81; 96; 101; 126
(quinquies); 131 (bis); 132; 156;
174; 199; 233; 251; 269 (sexies);
271; 300; 310 (quater)
uetustas 125; 131 (bis); 269

uexare 207; 269 (ter)
uia *passim* (plures quam 25 loci)
uicarius 30; 91
uicis 7; 30; 87 (bis); 126; 127; 197
(bis); 198; 205; 212; 248 (ter); 249;
270; 271 (bis); 276; 329; 345 (bis)
uicinior 248
uicinus 119; 240
uicium 7; 67; 87 (bis); 95; 126; 127;
140; 197 (bis); 197; 198; 205; 212;
248 (ter); 249; 270; 271 (bis); 273;
276; 277; 329; 345 (bis)
uictima 198 (quater)
uictor 102
uictoria 103 (bis); 198; 299; 324
uictus, -us 94; 173; 244 (bis); 291
uidere / uideri *passim* (plures
quam 325 loci)
uidua 200
uidualis 280
uigere 36; 70; 115; 133; 227; 302
uigilare 227
uigiliae 141
uilis 13; 142; 145 (bis); 250
uilescere 318; 326
uilissimus 267; 287
uilla 251
uinarius 218
uincere 55; 74; 79 (bis); 80; 102 103
(bis); 211 (bis); 212; 213;273; 280;
287 (bis); 299 (ter)
uincibilis 53; 54 (bis)
uincire 198
uinculum 4 (bis); 25 (ter); 277; 278;
327
uindex 211; 216 (quater)
uindicare 207; 209 (sexies); 216;
334
uindicta 41 (bis); 48; 49 (bis); 62;
68; 80; 165; 166; 184; 191; 209; 210
(undecies); 211
uinea 260
uinum 295 (ter); 305; 306 (quinquies); 307 (bis); 308 (quinquies);
332
uiolare 74
uiolatio 74
uiolentus 226

Beiträge zur Geschichte der Philosophie und der Theologie des Mittelalters – Neue Folge

Ausführliche Prospekte auf Wunsch. Verlag Aschendorff, Postanschrift: D-48135 Münster Internet: http://www.aschendorff.de/buch **Aschendorff**

Beiträge zur Geschichte der Philosophie und der Theologie des Mittelalters – Neue Folge

63 Andrew Traver: The Opuscula of William of Saint-Amour. The Minor Works of 1255–1256. 2003, 232 Seiten, kart. 36,– €.

64 Thomas Marschler: Auferstehung und Himmelfahrt Christi in der scholastischen Theologie bis zu Thomas von Aquin. 2003, 2 Bände, zus. 1040 Seiten, kart. 119,– €.

65 Gerhard Krieger: Subjekt und Metaphysik. Die Metaphysik des Johannes Buridan. 2003, 352 Seiten, kart. 47,– €.

66 Meik Schirpenbach: Wirklichkeit als Beziehung. Das strukturontologische Schema der Termini generales im Opus Tripartitum Meister Eckharts. 2004, 269 Seiten, kart. 37,– €.

67 Johannes Wolter: Apparitio Dei. Der Theophanische Charakter der Schöpfung nach Nikolaus von Kues. 2004, 320 Seiten, kart. 44,– €.

Ausführliche Prospekte auf Wunsch. Verlag Aschendorff, Postanschrift: D-48135 Münster Internet: http://www.aschendorff.de/buch

Aschendorff